SIHAO LIU

Die Grenzen der Schärfe

Schriften zum Strafrechtsvergleich

Herausgegeben von

Prof. Dr. Dr. Eric Hilgendorf, Würzburg und
Prof. Dr. Brian Valerius, Passau

Band 31

Die Grenzen der Schärfe

Die Einschränkung des Notwehrrechts im deutsch-chinesischen Vergleich

Von

Sihao Liu

Duncker & Humblot · Berlin

Die Rechtswissenschaftliche Fakultät
der Albert-Ludwigs-Universität Freiburg hat diese Arbeit
im Jahre 2025 als Dissertation angenommen.

Bibliografische Information der Deutschen Nationalbibliothek

Die Deutsche Nationalbibliothek verzeichnet diese Publikation in
der Deutschen Nationalbibliografie; detaillierte bibliografische Daten
sind im Internet über http://dnb.d-nb.de abrufbar.

Satz: 3w+p GmbH, Rimpar
Druck: Prime Rate Zrt., Budapest, Ungarn

ISSN 2364-8155
ISBN 978-3-428-19798-9 (Print)
ISBN 978-3-428-59798-7 (E-Book)

Gedruckt auf alterungsbeständigem (säurefreiem) Papier
entsprechend ISO 9706 ♾

Verlagsanschrift: Duncker & Humblot GmbH, Carl-Heinrich-Becker-Weg 9,
12165 Berlin, Germany | E-Mail: info@duncker-humblot.de
Internet: https://www.duncker-humblot.de

Vorwort

Die vorliegende Arbeit wurde im Wintersemester 2025/2026 von der Rechtswissenschaftlichen Fakultät der Albert-Ludwigs-Universität Freiburg als Dissertation angenommen.

Mein aufrichtiger und tief empfundener Dank gilt meinem Doktorvater Prof. em. Dr. Walter Perron, Dr. h. c. Cajamarca (Perú), der mich in Freiburg sowohl während meines Masterstudiums (LL. M.) als auch auf meinem Weg zur Promotion begleitet hat. Seine großzügige und kluge Betreuung hat mich nicht nur wissenschaftlich gefördert und inspiriert, sondern mir auch in den dunkelsten Momenten meines Lebens Hoffnung und Zuversicht gegeben, meinen Weg fortzusetzen. Meine Dankbarkeit ihm gegenüber lässt sich kaum in Worte fassen. Ich hoffe, ihm, in akademischer wie menschlicher Hinsicht ein Vorbild, folgen zu dürfen.

Ebenso danke ich Prof. Dr. Dr. h. c. mult. Michael Pawlik, LL. M. (Cantab.), für die Erstellung des Zweitgutachtens und seine wertvollen, konstruktiven Anmerkungen zu dieser Arbeit. Ich danke auch Dr. Norbert Richter herzlich für die sorgfältige Korrektur und seine hilfreiche Mitwirkung. Für die Aufnahme in die Schriftenreihe „Schriften zum Strafrechtsvergleich“ danke ich den Herausgebern Prof. Dr. Dr. Eric Hilgendorf und Prof. Dr. Brian Valerius sehr herzlich.

Das Leben in Freiburg war für mich eine unvergessliche und wundervolle Zeit. Ich danke dieser Stadt, die mir die Möglichkeit gab, mich persönlich und akademisch zu entfalten. Ganz gleich, wie lange ich fort sein werde, werde ich diese schöne Stadt stets in dankbarer Erinnerung behalten. Mein Dank gilt ebenso allen Lehrern und Freunden, die mich auf meinem Weg in Deutschland und China begleitet und mir geholfen haben, die Herausforderungen dieser Jahre zu meistern.

Mein besonderer Dank gilt meiner Familie, insbesondere meinen Eltern, meiner Frau und meinen Schwiegereltern. Diese Arbeit ist meinen Eltern gewidmet, die mir stets volle Rückendeckung gegeben haben. Meiner Frau gilt mein tiefster Dank, denn nur durch ihre unerschütterliche Unterstützung und standhafte Begleitung konnte ich diese Arbeit erfolgreich vollenden.

Peking, im November 2025 *Sihao Liu*

Inhaltsverzeichnis

Zweites Kapitel

Die Grundgedanken des Notwehrrechts 81

Drittes Kapitel

Abkürzungsverzeichnis

a. A.	anderer Ansicht
Abs.	Absatz
a. i. i. c.	Actio illicita in causa
a. l. i. c.	Actio libera in causa
ALR	Allgemeines Landrecht für die Preußischen Staaten
Alt.	Alternative
ArchCrim NF	Archiv für Kriminologie Neue Folge
ARSP	Archiv für Rechts- und Sozialphilosophie (Zeitschrift)
Art.	Artikel
AT	Allgemeiner Teil
Aufl.	Auflage
BayObLG	Bayerisches Oberstes Landesgericht
Bd.	Band
BGH	Bundesgerichtshof
BGHSt	Entscheidungen des Bundesgerichtshofs in Strafsachen
BSG	Bundessozialgericht
BT	Besonderer Teil
BT-Drucks.	Bundestagsdrucksache
BVerfG	Bundesverfassungsgericht
BVerfGE	Entscheidungen des Bundesverfassungsgerichts
CCC	Constitutio Criminalis Carolina
chBGB	Chinesisches Bürgerliches Gesetzbuch
chStGB	Chinesisches Strafgesetzbuch
chVG	Chinesisches Verfassungsgesetz
chVSchöG	Volksschöffengesetz (China)
dBGB	Bürgerliches Gesetzbuch (Deutschland)
dBVerfGG	Gesetz über das Bundesverfassungsgericht (Deutschland)
dBWahlG	Bundeswahlgesetz (Deutschland)
dBWO	Bundeswahlordnung (Deutschland)
ders.	derselbe
dGG	Grundgesetz (Deutschland)
dGVG	Gerichtsverfassungsgesetz (Deutschland)
d. h.	das heißt
Dig.	Digesten
dJGG	Jugendgerichtsgesetz (Deutschland)
DÖV	Die Öffentliche Verwaltung
DRZ	Deutsche Rechts-Zeitschrift
dStGB	Strafgesetzbuch (Deutschland)
dStPO	Strafprozessordnung (Deutschland)
DVBl	Deutsches Verwaltungsblatt
E	Entwurf

ECtHR	European Court of Human Rights
EGGVG	Einführungsgesetz zum Gerichtsverfassungsgesetz
EGMR	Europäischer Gerichtshof für Menschenrechte
EMRK	Europäische Menschenrechtskonvention
f./ff.	folgende
FG	Festgabe
Fn.	Fußnote
FS	Festschrift
GA	Goltdammer's Archiv für Strafrecht
GerS	Der Gerichtssaal (Zeitschrift)
ggf.	gegebenenfalls
h. L.	herrschende Lehre
h. M.	herrschende Meinung
HK-GS	Gesamtes Strafrecht Handkommentar
HRR	Höchstrichterliche Rechtsprechung im Strafrecht
HRRS	Höchstrichterliche Rechtsprechung im Strafrecht
Hrsg.	Herausgeber
i. S. d.	im Sinne des
JA	Juristische Arbeitsblätter
JR	Juristische Rundschau
JuS	Juristische Schulung
JZ	Juristenzeitung
KK/StPO	Karlsruher Kommentar zur Strafprozessordnung
krit.	kritisch
LeitNotw	Leitlinien zur rechtmäßigen Anwendung des Notwehrsystems
LG	Landgericht
LK/StGB	Leipziger Kommentar Strafgesetzbuch: StGB
LKRZ	Zeitschrift für Landes- und Kommunalrecht
MA	Massachusetts
M. a. W.	mit anderen Worten
MDR	Monatsschrift für Deutsches Recht
MK/BGB	Münchener Kommentar zum Bürgerlichen Gesetzbuch
MK/StGB	Münchener Kommentar zum Strafgesetzbuch
MK/StPO	Münchener Kommentar zur Strafprozessordnung
M. M.	Mindermeinung
MÖS	Ministerium für Öffentliche Sicherheit
n. Chr.	nach Christus
NJW	Neue Juristische Wochenschrift
NK	Neue Kriminalpolitik
NK/StGB	Nomos-Kommentar Strafgesetzbuch
no.	number
Nr.	Nummer
NStZ	Neue Zeitschrift für Strafrecht
NStZ-RR	Neue Zeitschrift für Strafrecht-Rechtsprechungs-Report
NVwZ	Neue Zeitschrift für Verwaltungsrecht
NZG	Neue Zeitschrift für Gesellschaftsrecht
OGHBrZ	Oberster Gerichtshof für die Britische Zone
OLG	Oberlandesgericht

OLGSt	Entscheidungen der Oberlandesgerichte zum Straf- und Strafverfahrensrecht (Zeitschrift)
OVG	Oberster Volksgerichtshof
OVS	Oberste Volksstaatsanwaltschaft
PolG BW	Polizeigesetz Baden-Württemberg
PolizeiR	Polizei- und Ordnungsrecht
RG	Reichsgericht
RGSt	Entscheidungen des Reichsgerichts in Strafsachen
Rn.	Randnummer
RSpr.	Rechtsprechung
RW	Rechtswissenschaft (Zeitschrift)
S.	Seite
SchwGer.	Schwurgericht
sic	sic erat scriptum
SK/StGB	Systematischer Kommentar zum Strafgesetzbuch
StHGe	Stellungnahmen zur gerichtlichen Behandlung von Fällen häuslicher Gewalt
StR	Strafrecht
StS	Strafsenat
StV	Strafverteidiger (Zeitschrift)
u. a.	unter anderem
Urt.	Urteil
v. Chr.	vor Christus
VersR	Versicherungsrecht
vgl.	vergleiche
Vorbem.	Vorbemerkung
VRS	Verkehrsrechtssammlung (Zeitschrift)
Z.	Zeile
z. B.	zum Beispiel
ZStW	Zeitschrift für die gesamte Strafrechtswissenschaft

Einleitung

A. Die Problematik der Schärfe des deutschen Notwehrrechts

Bernsmann stellt in seinem Beitrag die Frage, wie ein Notwehrrecht, das die Tötung des Angreifers erlaubt, mit dem staatlichen Schutzauftrag für das menschliche Leben vereinbar ist.[1] Deutsche Lehre[2] und Judikatur[3] lehnen beim Notwehrrecht die Anwendung des allgemeinen Verhältnismäßigkeitsgrundsatzes ab, mit dem das Notwehrrecht auf eine verfassungsrechtliche Grenze festgelegt würde. Nach h. M.[4] kann eine Tötung des Angreifers auch gerechtfertigt sein, um nicht höchstpersönliche Rechtsgüter zu schützen. Die deutsche Rechtsordnung betrachte einerseits das menschliche Leben als den höchsten verfassungsrechtlichen Wert,[5] erlaube andererseits jedoch durch den Verzicht auf Güterproportionalität in der Kollision zwischen Leben und Eigentum eine Tötung. Dies offenbare einen unauflösbaren Widerspruch.

Zum einen würde wohl kaum jemand in der modernen Gesellschaft versuchen, den Status des menschlichen Lebens als höchsten Wert in Frage zu stellen. Als Reaktion auf die Verbrechen der nationalsozialistischen Zeit schützt das deutsche Grundgesetz das Recht auf Leben und körperliche Unversehrtheit durch Art. 2 Abs. 2 S. 1 sowie durch die ausnahmslose Abschaffung der Todesstrafe in Art. 102. Eine verfassungsrechtliche Rechtfertigung von Eingriffen wäre nur in sehr engen Grenzen, wie etwa beim polizeilichen Todesschuss bei Geiselnahmen, denkbar.[6] Es erscheint daher nachvollziehbar, dass ein Leben nur dann ausgelöscht werden dürfte, wenn es vorwerfbar an der Entstehung des Konflikts beteiligt war.[7] Die typische Situation im Bereich des Strafrechts wäre die gerechtfertigte Tötung eines Angreifers durch die Ausübung des Notwehrrechts gemäß § 32 dStGB. Trotz der Zulassung der Tötungshandlung im Rahmen des Notwehrrechts weist Bernsmann[8]

---

[1] *Bernsmann*, ZStW 1992, 290 ff.

[2] *Kühl*, AT, § 7 Rn. 20 ff.; *Stratenwerth/Kuhlen*, AT, § 9 Rn. 58; *Erb*, MK/StGB, § 32 Rn. 12.

[3] Vgl. BGH NJW 1980, 2263 f.; 1983 2267; 1989, 3027 f.

[4] BGH StV 1982, 219; *Wessels/Beulke/Satzger*, AT, Rn. 340.

[5] *Jarass*, Jarass/Pieroth/GG Art. 2 Rn. 96.

[6] *Epping*, Grundrechte, Rn. 120.

[7] Vgl. *Roxin*, in: FS-Oehler, S. 187.

[8] *Bernsmann*, ZStW 1992, 290 ff.

jedoch darauf hin, dass das Recht, durch Notwehr zu töten, bislang kaum einer ausführlichen verfassungsrechtlichen Kontrolle unterzogen worden sei.

Zum anderen konstruiert die h. M. der strafrechtsdogmatischen Lehre ein scharfes Notwehrrecht ohne eine allgemeine Verhältnismäßigkeitsklausel.[9] Nach dem Wortlaut des § 32 Abs. 2 dStGB setzt das Notwehrrecht in der Notlage lediglich die Erforderlichkeit der Verteidigungshandlung voraus, ohne dass eine Güterabwägung stattfindet,[10] und stellt somit ein Notwehrinstitut dar, das nicht durch die Angemessenheit begrenzt ist. Allerdings müssen sich sowohl die Theorie als auch die Praxis des Strafrechts trotz der stark betonten Rigorosität weiterhin mit Fragen wie Bagatellangriffen oder Provokationsfällen auseinandersetzen, die insbesondere aus kriminal- und sozialpolitischer Sicht problematisch erscheinen und sich nicht allein unter Rückgriff auf das Merkmal der Erforderlichkeit klären lassen. Infolgedessen haben Rechtsprechung[11] und Lehre[12] sog. „sozialethische Einschränkungen" entwickelt, die an das Merkmal der „Gebotenheit" in § 32 Abs. 1 dStGB anknüpfen.[13] Obwohl die h. M.[14] diese Lösung angenommen hat, kritisiert Engländer an dieser Anknüpfungsmöglichkeit für die sachliche Einschränkung des Notwehrrechts, dass die Wahl des Begriffs „geboten" zur Bezeichnung eines Angemessenheitsvorbehalts ausgesprochen unglücklich erscheine.[15]

Der auffallende Widerspruch zwischen dem tatsächlichen Bedarf an Angemessenheit und der demonstrativen Ablehnung einer Güterabwägung bleibt schwer nachvollziehbar. Die Bemühungen der Strafrechtsdogmatik, diesen Widerspruch durch das Modell einer spezialisierten Ausnahmebehandlung von Einzelfällen mittels der Auslegung der Gebotenheit aufzulösen, sind bislang nicht überzeugend. Im Gegenteil lässt sich zusammenfassend feststellen, dass die Einschränkung des Notwehrrechts durch die Erforderlichkeit und die Gebotenheit zwar in der Literatur weitgehend Zustimmung findet, jedoch weiterhin vor der Herausforderung steht, mit den Grundgedanken der Notwehr vereinbar zu sein und ihre eigene Bestimmtheit zu gewährleisten.

Die sogenannte Schärfe des Notwehrrechts zeigt sich im Übrigen nicht nur in seiner Folgekompetenz (es wird zugelassen, dass die Notwehr den Rechtsgütern des Angreifers mehr Schaden zufügt als der Angriff dem zu schützenden Objekt, und zwar bis hin zum Tod des Angreifers), sondern auch in seiner Instrumentalkompetenz, d. h., es besteht keine allgemeine Pflicht zum Herbeiholen hoheitlicher Hilfe oder kein Vorrang eines Ausweichens oder einer Duldung im allgemeinen Sinne

---

[9] *Engländer*, Handbuch des Strafrechts, § 38 Rn. 63.

[10] *Rengier*, AT, § 18 Rn. 38.

[11] BGH 42, 102; BSG NJW 99, 2302.

[12] *Lenckner*, GA 68, 9; *Kühl*, in: FS-Bemmann, S. 197; *Roxin*, ZStW 93, 78.

[13] *Perron/Eisele*, Schönke/Schröder/StGB, § 32 Rn. 44.

[14] *Lenckner*, GA 68, 9; *Lührmann*, Tötungsrecht S. 84; *Rengier*, AT, § 18 Rn. 54; *Stiller*, Grenzen, S. 128 f.

[15] *Engländer*, Nothilfe, S. 305.

(Ablehnung der Ausweich- oder Duldungspflicht),[16] die sich in anderen Notrechten[17] oder den Prototypen der Notwehrregel im antiken Recht[18] finden lassen. Während der Angegriffene, der einen rechtswidrigen Angriff erleidet, in der Tat eine breite Palette möglicher Verhaltensalternativen hat, wie z.B. die Hilfe staatlicher Behörden zu suchen, zu fliehen oder einfach zu kapitulieren und die Beeinträchtigung seiner Rechtsgüter hinzunehmen, räumt die Notwehrregel dem Angegriffenen das Recht ein, die anderen Handlungsmöglichkeiten außer Acht zu lassen, und erlaubt ihm, direkt zurückzuschlagen, selbst wenn dies zu einer Bedrohung der Rechtsgüter des Angreifers führt.

Obwohl die Verneinung der Ausweich- oder Duldungspflicht im Rahmen der Notwehr grundsätzlich durch die Maxime „Das Recht braucht dem Unrecht nicht zu weichen" gestützt wird, bleibt die Frage offen, ob es Ausnahmen vom Vorrang des Abwehrrechts geben kann. Besonders relevant wird diese Frage, wenn das Wesen des „Rechts" oder des „Unrechts" abgeschwächt ist, wie etwa im Fall der Notwehrprovokation oder eines schuldlos handelnden Angreifers. In solchen besonderen Konstellationen kann der uneingeschränkte Vorrang des Abwehrrechts problematisch werden, wenn er bis zur letzten Konsequenz durchgesetzt wird. Mit dieser Fragestellung setzt sich die vorliegende Arbeit auseinander.

Der Problembereich der Schärfe des Notwehrrechts verdient eine vertiefte Untersuchung, da er einen Rechtskonflikt zwischen mindestens zwei Persönlichkeitssubjekten in der Notwehrlage beinhaltet. Die Schärfe des Notwehrrechts räumt dem oder der Angegriffenen in den meisten Situationen einen Vorrang ein, der es zu rechtfertigen scheint, unverhältnismäßige Verteidigungshandlungen vorzunehmen, ohne alternative Handlungsmöglichkeiten zu berücksichtigen.[19] Dies kommt insbesondere im Fehlen einer Ausweich- oder Duldungspflicht zum Ausdruck.[20] Es gibt jedoch Umstände, unter denen das Strafrecht das Wiederaufleben einer Ausweichpflicht oder sogar die Einführung einer Duldungspflicht anerkennen könnte. Daher ist es notwendig, die Grenzen der Schärfe des Notwehrrechts zu analysieren und eine fundierte theoretische Grundlage für die Grenzziehung zu erarbeiten.

---

[16] *Erb*, MK/StGB, § 34 Rn. 94.

[17] Im Anwendungsbereich des § 34 dStGB (rechtfertigender Notstand) besteht kein gerechtfertigtes Bedürfnis, aktiv auf die drohende Notstandsgefahr zu reagieren, wenn man ihr ausweichen oder sie durch das Herbeiholen hoheitlicher oder privater Hilfe ohne Eingriffe in fremde Rechtsgüter abwenden kann. *Erb*, MK/StGB, § 34 Rn. 94.

[18] In der chinesischen Zhou-Dynastie gab es ebenfalls eine Bestimmung, die besagte: „Wenn die Rache an einem Feind angemeldet und vom zuständigen Beamten genehmigt wurde, ist sie kein Verbrechen mehr." Das bedeutet, dass eine rechtmäßige Rache von einer behördlichen Genehmigung oder Unterstützung abhängt.

[19] *Bülte*, GA 2011, 147.

[20] *Erb*, MK/StGB, § 32 Rn. 201.

B. Der Zweifel an der Interessenabwägung in der chinesischen Notwehrbefugnis

Das Fehlen einer Interessenabwägung zur Bestimmung der Grenzen des Notwehrrechts macht das deutsche Recht im internationalen Rechtsvergleich zu etwas Außergewöhnlichem.[21] Während in Deutschland die Schärfe des Notwehrrechts grundsätzlich nicht in Frage gestellt wurde, sind die Grenzen des Notwehrrechts in der chinesischen Literatur und Rechtsprechung sehr umstritten. Die Begrenzung des Notwehrrechts im chinesischen Recht ist in § 20 Abs. 2 chStGB wie folgt formuliert: „Wenn die Verteidigungshandlung offenkundig die notwendig gebotenen Grenzen überschreitet und ein erheblicher Schaden verursacht wird, ist eine strafrechtliche Verantwortlichkeit gegeben, jedoch ist die Strafe zu mildern oder von Strafe abzusehen." Damit schließt der Gesetzeswortlaut weder eine Interessenabwägung noch die Berücksichtigung der Beeinträchtigung des Angreifers ausdrücklich aus.

Im Gegensatz zum scharfen deutschen Notwehrrecht zeigt das chinesische Notwehrrecht in der Praxis eine Tendenz zu einer allzu engen Auslegung.[22] Lao Dongyan kritisiert, dass der Standard für die Grenzen der Notwehr zu streng definiert sei, wodurch Angegriffene, die sich verteidigen, häufig vor Gericht damit konfrontiert würden, nicht in Notwehr gehandelt zu haben, und stattdessen wegen Vorsatzdelikten bestraft würden.[23] Angesichts zahlreicher theoretisch komplexer Ansichten betont Zhang Mingkai, dass die Verteidigungsgrenze in der Praxis das am schwierigsten zu beurteilende Merkmal unter den Voraussetzungen der Notwehr darstelle.[24] Insbesondere in Fällen, in denen der rechtswidrige Angriff nicht ausreicht, um den Tod oder eine schwere Körperverletzung der angegriffenen Person herbeizuführen, ist es nahezu unmöglich, Notwehr anzuerkennen, wenn die Verteidigungshandlung zum Tod oder zu einer schweren Verletzung des Angreifers geführt hat.[25] In der Frage der Grenzen der Notwehr sind Lehre und Rechtsprechung

---

[21] *Rönnau/Hohn*, LK/StGB, § 32 Rn. 50.

[22] *Zhang*, Strafrecht I, S. 211.

[23] *Lao*, Peking University Law Journal, 2015 (1), 13. Anders als § 33 dStGB ist eine Überschreitung der Notwehr (Notwehrexzess) i. S. d. § 20 Abs. 2 chStGB nach h. M. im Prinzip kein Entschuldigungsgrund und strafbar. Darüber hinaus ist eine extrem unverhältnismäßige Verteidigungshandlung nach h. M. in Deutschland schwer als Notwehrexzess anzusehen, wohingegen ein solcher Fall in China unbestritten unter die Anwendung von § 20 Abs. 2 chStGB fällt. Daher wird in dieser Arbeit die „Überschreitung der Notwehr" gemäß § 33 dStGB als „Notwehrexzess" bezeichnet, während der Begriff gemäß § 20 Abs. 2 chStGB als „Notwehrüberschreitung" übersetzt wird. Siehe *Zhang*, Strafrecht I, S. 212; *Zhou*, Strafrecht AT, S. 202 f.

[24] *Zhang*, Law Science 2019 (1), 3.

[25] *Wang*, Peking University Law Journal 2018 (6), 1589.

gespalten. Während die Rechtsprechung die Grenzen der Notwehr zu eng auslegt,[26] herrscht in der Lehre ein weitgehendes Einvernehmen darüber, dass die Befugnisse zur Verteidigung angemessen erweitert werden sollten.[27]

Nach der von utilitaristischen Prinzipien geprägten traditionellen Ansicht entspricht eine Notwehrhandlung zwar formal einem strafrechtlichen Tatbestand, schließt jedoch inhaltlich ein sozialschädliches Unrecht aus und schützt ein höherwertiges Interesse. Daher ist sie rechtlich durch das Fehlen eines sozialen Schadens gerechtfertigt.[28] Vorrangige Interessen nehmen eine überwältigende Stellung in der Rechtfertigung der Notwehr ein.[29] Im Konflikt zwischen Recht und Unrecht werden die Rechtsgüter des Angreifers deutlich geringer bewertet, weshalb eine höhere Beeinträchtigung des Angreifers im Vergleich zum möglichen Schaden des Angegriffenen durch den rechtswidrigen Angriff als gerechtfertigt angesehen wird.

Doch kann diese utilitaristische Perspektive den Konflikt zwischen dem rechtlichen Schutz des Lebens und der Gewährung des Notwehrrechts überzeugend lösen und zugleich konsistent bleiben? Führt die utilitaristische Betonung der Folgekompetenz dazu, dass die Untersuchung der Instrumentalkompetenz der Notwehr vernachlässigt wird? Auch diese Fragen werden in dieser Arbeit thematisiert.

C. Methode und Ziel dieser Arbeit

Obwohl es zwischen China und Deutschland viele Unterschiede de lege lata sowie in der Tradition der Lehre gibt, ist die grundlegende Frage, mit der man im Notwehrrecht konfrontiert ist, bemerkenswert ähnlich: Unter welchen Umständen hat ein Bürger das Recht, einen rechtswidrigen Angreifer zu töten, und gehen der Ausübung der Abwehr andere Verhaltenspflichten voraus? Diese Ähnlichkeit eröffnet die Möglichkeit, das Thema auf verschiedenen Ebenen vergleichend zu diskutieren. Der Widerspruch zwischen dem Notwehrrecht und dem rechtlichen Lebensschutz betrifft nicht nur deren juristische Bewertung, sondern ist auch im Hinblick auf die historische Tradition der jeweiligen Rechtsordnung sowie die zugrunde liegenden moralischen Wertvorstellungen kontrovers.

Im Rahmen der Rechtswissenschaft sind nicht nur strafrechtliche, sondern auch verfassungsrechtliche Aspekte zu erörtern. Aufgrund von Unterschieden in der rechtskulturellen Entwicklung gibt es institutionelle und konzeptionelle Abweichungen zwischen China und Deutschland hinsichtlich des Notwehrrechts und dem Recht auf Leben. Unter diesen Umständen ist eine funktionale Rechtsvergleichung

---

[26] Vgl. Urteil des mittleren Volksgerichts Putian, Fujian, (2016) Nr. 260; Urteil des unteren Volksgerichts Yuecheng, Shaoxing, Zhejiang, (2009) Nr. 753.

[27] *Chen*, The Jurist 2017 (5), 98.

[28] *Wang*, Rechtfertigungshandlung, S. 50.

[29] Vgl. *Zhang*, China Legal Science 2011 (5), 113 ff.

als Ankerpunkt zu bevorzugen, da jede Gesellschaft ihrem Recht im Wesentlichen die gleichen Probleme aufgibt und verschiedene Rechtssysteme diese Probleme, selbst wenn am Ende die Ergebnisse gleich sind, auf sehr unterschiedliche Weise lösen.[30] Die Notwehr als Überbleibsel privater Selbsthilfe aus der Zeit vor der Entstehung des modernen Staates stellt in modernen Staaten eine typische Ausnahme vom staatlichen Gewaltmonopol dar. Daher ist auch ihre Verbindung zu strafrechtlichen Sanktionen von besonderem Interesse und diskussionswürdig.

Die Notwehr ist ein institutioneller Entwurf für Interessenkonflikte im allgemeinen Teil des Strafrechts, der die widerstreitenden Interessen beider Konfliktparteien sowie diejenigen des Staates (der Rechtsordnung) als abstrakten Dritten zu berücksichtigen hat. Aus funktional vergleichender Sicht stehen sowohl das chinesische als auch das deutsche Strafrecht vor dem Problem, wie dieser Interessenkonflikt zu lösen ist. Der offensichtlichste Unterschied in der Rechtsanwendung zwischen China und Deutschland liegt jedoch in der Einstellung zur Verhältnismäßigkeit, insbesondere wenn die Verteidigungshandlung zum Tod oder zu schweren Verletzungen des Angreifers führt. Dies liegt nicht nur an den unterschiedlichen strafrechtlichen Bestimmungen der beiden Länder, sondern hängt auch mit der Verfassung zusammen.[31] Im Rahmen einer vergleichenden Sichtweise sollten daher nicht nur die Unterschiede im Wortlaut des Strafrechts, sondern auch die Unterschiede in dessen gedanklichen Grundlagen sowie die Behandlung konkreter Fälle berücksichtigt werden.

Der Zweck dieser Arbeit besteht darin, durch den Vergleich der Kontroversen über die Grenzen des Notwehrrechts in China und Deutschland die konkrete Ausprägung und die jeweiligen Einschränkungen der Schärfe des Notwehrrechts zu untersuchen. Zudem wird versucht, eine einheitliche dogmatische Grundlage zu entwickeln und zu klären, welche Rolle das Prinzip der Verhältnismäßigkeit im Bereich des Notwehrrechts tatsächlich spielen sollte.

Die vom Staat geleistete öffentliche Hilfe in der modernen Gesellschaft war zwar noch nie so stark, wie sie es heute ist; die zunehmende Komplexität der Gesellschaft und die Verschärfung des Aufeinandertreffens verschiedener Werte lässt es jedoch unmöglich und zudem auch nicht erstrebenswert erscheinen, dass die Tentakel der Macht alle Aspekte des Lebens der Bürger erfassen. Daher ist es notwendig, das Notwehrrecht zu präzisieren, denn je klarer die Grenzen des Notwehrrechts gezogen werden, desto besser können die Bürger diese rechtliche Waffe einsetzen, wenn sie das Notwehrrecht in der Notsituation wahrnehmen.

---

[30] *Zweigert/Kötz*, Rechtsvergleichung, S. 33.

[31] *Perron/Eisele*, Schönke/Schröder/StGB, § 32 Rn. 43.

Erstes Kapitel

Gemeinsame Grundlagen des Notwehrrechts

A. Historische Grundlagen der Notwehr

I. Allgemeine Rechtsgeschichte des Notwehrrechts im Altertum

Wilhelm von Humboldt schrieb im Jahr 1792: „Denn bei der Zwietracht entstehen Kämpfe aus Kämpfen. Die Beleidigung fordert Rache, und die Rache ist eine neue Beleidigung. Hier muss man also auf eine Rache zurückkommen, welche keine neue Rache erlaubt – und diese ist die Strafe des Staats."[1] Die Entwicklung des Staates hat dazu geführt, dass frühere Formen der Konfliktlösung, wie Rache und Privatstrafen, durch staatliche Strafen als Mittel zur Rechtsdurchsetzung ersetzt wurden. Das Gewaltmonopol des Staates schützt die Bürger vor Angriffen durch andere, indem es Einzelpersonen oder Gruppen daran hindert, ihre Rechte gewaltsam durchzusetzen oder willkürlich zu handeln. Dies trägt zur Verringerung von Angst bei und gilt als Zeichen zivilisatorischen Fortschritts.[2] Das Notwehrrecht, wie es vom modernen Staat allgemein anerkannt wird, ist ursprünglich aus dem Racherecht hervorgegangen und hat dieses im Laufe der Zeit weitgehend ersetzt.[3]

1. Keilschriftrecht

Um 3500 v. Chr. schufen die Sumerer und Akkader die antike Zivilisation des Zweistromlandes, aus der die frühesten Zivilisationen der Menschheitsgeschichte hervorgingen. Das Keilschriftrecht war ein Teil dieser Zivilisation und ebnete den Weg zur Entwicklung einer juristischen Kultur. Der Kodex von Hammurabi, verkündet im 18. Jahrhundert v. Chr. von Hammurabi, dem 6. König der ersten babylonischen Dynastie, gilt als eine bedeutende Quelle des Keilschriftrechts. § 21 des Kodex enthält eine Vorschrift zur Tötung von Einbrechern: „Hat ein Mann in ein Haus eingebrochen, so soll man ihn vor jenem Loch töten und (dort) begraben." Ähnlich regelt § 25 die Tötung eines Diebes in besonderen Fällen: „Ist im Hause

---

[1] *Humboldt*, Grenzen, S. 12.

[2] Vgl. *Leßmann-Faust*, Polizei, S. 68.

[3] „Nothwehr ist gleich zu achten" im Strafgesetzbuch für die Preußischen Staaten von 1851; „nicht strafbar" seit dem Strafgesetzbuch für den Norddeutschen Bund. *Kindhäuser/Pawlik*, Einleitung, in: Notwehr in Deutschland und China, S. 14.

eines Mannes ein Feuer ausgebrochen, und ein Mann, der zum Löschen gekommen ist, hat auf das Gerät des Hausherrn sein Auge erhoben und es an sich genommen, so soll dieser Mann in jenes Feuer geworfen werden."

Nach Ansicht von Jeremias kann man die bezeichneten Fälle (Einbruch und Diebstahl bei Feuersbrunst) auch unter dem Gesichtspunkt der Notwehr und des Lynchrechtes betrachten.[4] Diese Fälle verdeutlichen die Unterscheidung zwischen Selbstjustiz und Notwehr im frühen Recht, d. h. ob die Verletzung im Rahmen eines bestimmten Ereignisses begangen wurde, und spiegeln zudem das Talionsprinzip[5] wider, auf dem der Kodex basiert. Der Schaden des Opfers, etwa ein Eigentumsverlust, wird dabei einem wesentlich höheren Schaden gegenübergestellt, nämlich dem Tod des Täters vor Ort. Darüber hinaus befassen sich die §§ 6–25 des Kodex vor allem mit Eigentumsdelikten, die die Todesstrafe für den Täter vorsehen. Dies zeigt, dass der Verlust von Eigentum zu dieser Zeit als ausreichend angesehen wurde, um ein Leben als Ausgleich zu verlangen.

2. Antikes griechisches Recht

Die Gesetze der antiken griechischen Stadtstaaten trugen ebenfalls wesentlich zur menschlichen Rechtszivilisation bei, obwohl ihre politische Gesetzgebung weiter entwickelt war, während ihre Privatrechts- und Strafgesetze vergleichsweise schwächer ausgeprägt waren.[6] Das attische Recht, als Repräsentant des antiken griechischen Rechts, enthält zwei signifikante Formen der Notwehr: Zum einen wurde Diebstahl als Straftat behandelt, und ein Dieb, der nachts auf frischer Tat ertappt wurde, durfte getötet werden.[7] Zum anderen konnte ein auf frischer Tat ertappter Ehebrecher vom Ehemann der Frau getötet werden,[8] was eine gesetzliche Erlaubnis von direkter Rache darstellt.

3. Römisches Recht

a) Römisches Zwölftafelgesetz

Das römische Zwölftafelgesetz aus dem 6. Jahrhundert v. Chr. legte in Tafel VIII §§ 12–13 fest:

---

[4] *Jeremias*, Moses und Hammurabi, S. 25; a. A. *Stooss*, Babylonische Strafrecht Hammurabis, S. 10.

[5] *Pfeifer*, in: Examinatorium Rechtsgeschichte, S. 1 ff.

[6] Vgl. *He*, Ausländische Rechtsgeschichte, S. 46.

[7] *Busolt*, Griechische Staatskunde, S. 534. Diese Bestimmung wurde höchstwahrscheinlich durch den Kodex von Hammurabi beeinflusst und übte Einfluss auf die späteren Zwölftafelgesetz aus.

[8] *Manthe*, Große Prozesse im antiken Athen, S. 218.

§ 12 Wenn jemand nachts einen Diebstahl begangen und der in seinen Rechten Angegriffene ihn dabei erschlagen hat, so soll das mit Recht geschehen sein.

§ 13 [Wenn jemand] am hellen Tage … [in seinem Haus von einem Dieb heimgesucht wird, so kann er], wenn er sich bewaffnet verteidigt, … [den Eindringling töten] und soll die Leute in der Nachbarschaft [zu Hilfe oder als Zeugen] zu sich hereinrufen.[9]

Demzufolge war es erlaubt, einen auf frischer Tat angetroffenen nächtlichen Dieb zu töten und einen am hellen Tag auftretenden bewaffneten Dieb unter Herbeirufung Dritter zu töten.

Mommsen vertritt die Ansicht, dass diese Regelung des Zwölftafelgesetzes den Notwehrgedanken widerspiegelt.[10] Denn ein nächtlicher bzw. sich mit Waffen wehrender Dieb bedroht nicht nur das Eigentum, sondern es handelt sich um eine vermutete Lebensgefahr. Dazu fasst Krey die Grundlagen dieser beiden Gesetze folgendermaßen zusammen: Einerseits wird das Prinzip der Selbstverteidigung gegen Lebensgefahr eingeführt, andererseits hat diese Bestimmung ihre Wurzeln im antiken Recht zur Tötung des handhaften Täters aufgrund des Rachegedankens.[11]

Im Allgemeinen ist die frühe Entwicklungsgeschichte der Notwehr eng mit der Rache verknüpft, da sie eine Form der Privatstrafe darstellte, die von der damaligen Rechtsordnung erlaubt war. Wird ein Täter von den staatlichen Justizbehörden gefasst, konnte er gemäß geltendem Recht häufig zum Tode verurteilt werden. Daher lief die Notwehr in diesem Kontext auf eine bedingte Abtretung der staatlichen Strafgewalt an Privatpersonen hinaus. Notwehr als eigenständige Rechtsfigur wurde im römischen Recht noch nicht klar von Lynchjustiz und Rache abgegrenzt. Der Schwerpunkt der damaligen Regelungen lag auf einem gesetzlichen Tötungsrecht, während ein gerechtfertigtes Verteidigungsrecht lediglich subsidiär und abgeleitet war.

b) Notwehrrecht als Naturrecht bei Cicero

Cicero war der Erste, der das Notwehrrecht als ein Konzept betrachtete, das relativ unabhängig vom staatlichen Recht sei. In seiner Verteidigungsrede für Milo bezeichnete er das Notwehrrecht als ein Naturrecht.[12] Dabei beschränkte er sich zwar auf die Verteidigung zur Rettung von Leib und Leben.[13] Dennoch stellt sein Ansatz eine bedeutende Neuerung dar, da er den Grundsatz des Notwehrrechts aus dem Tötungsrecht herauslöst. Die Rechtfertigung der legitimen Tötung eines aktiven Täters knüpfte somit nicht mehr an den Rachegedanken an, sondern an die Selbsterhaltung als natürliches, ungeschriebenes Recht. Dieser Ansatz bleibt jedoch

---

[9] *Gizewski*, Römisches Recht, S. 3 ff.

[10] *Mommsen*, Römisches Strafrecht, S. 620; a. A. *Kaser*, Das römische Privatrecht, S. 505.

[11] Vgl. *Krey*, JZ 1979, 702.

[12] *Cicero*, Pro Milone, 4, 10.

[13] *Krey*, JZ 1979, 702.

vorläufig ein eher grober Hinweis auf die Zulässigkeit der Selbstverteidigung, da ein eindeutiges und systematisches Notwehrkonzept daraus nicht hervorging.[14]

c) Digesten

In den Digesten (auch Pandekten) wurden Regelungen zur Selbstverteidigung festgelegt.[15] Fraglich bleibt jedoch, wie umfangreich diese Verteidigungsrechte waren. Die Digesten geben keine eindeutige Antwort darauf, ob diese Rechte ausschließlich für die Verteidigung von Körper und Leben galten oder auch das Vermögen einschlossen.[16] Erwähnenswert ist jedoch, dass nach Dig. 9, 2, 5 und Dig. 9, 2, 45, 4 die Tötung eines Diebes aus Rache als rechtswidrig angesehen wurde.[17] Dementsprechend sollte eine mögliche Festnahme des Diebes die Rechtmäßigkeit seiner Tötung ausschließen, und die Anwendung von Gewalt war nur zur Verteidigung und nicht mehr aus Rache zulässig.

Einerseits bedeutete dies, dass das im Zeitalter des Zwölftafelgesetzes gewährte Recht auf private Bestrafung zurückgenommen wurde und der Strafprozess seitens der öffentlichen Gewalt die private Hinrichtung ausschloss. Andererseits wurde der Gedanke der Selbstverteidigung deutlich vom Gedanken der Rache getrennt, woraus die Notwendigkeit entsteht, das subjektive Bewusstsein des Verteidigers zu überprüfen.

II. Historische Entwicklung der Notwehr in Deutschland

Unter der deutschen Rechtsgeschichte versteht man in erster Linie die Rechtsgeschichte des deutschen Volkes, das durch Kultur und Sprache verbunden ist.[18] Obwohl Deutschland in seiner heutigen Form erst 1871 als politische Einheit entstand, reicht die deutsche Rechtsgeschichte weit zurück bis in die frühe Geschichte des deutschen Volkes, nämlich in die Zeit der germanischen Stämme.

---

[14] *Hass*, Notwehr und Nothilfe, S. 35 f.

[15] Dig. 1, 1, 3: die Verteidigung gegen „Gewalt" und „Widerrechtlichkeit"; Dig. 9, 2, 45, 4 und Dig. 43, 16, 1, 27: die Erlaubnis, sich mit Gewalt gegen Gewalt zu wehren; Dig. 43, 16, 3, 9: Recht zur bewaffneten Vertreibung eines Bewaffneten; Dig. 9, 2, 5: Straflosigkeit der Tötung eines Diebes aus Furcht vor Lebensgefahr. Vgl. *Krey*, JZ 1979, 703 f.; *Mommsen*, Römisches Strafrecht, S. 620.

[16] *Hass*, Notwehr und Nothilfe, Fn. 11.

[17] *Krey*, JZ 1979, 704.

[18] *Mitteis/Lieberich*, Deutsche Rechtsgeschichte, S. 4.

1. Germanisches Recht

Im germanischen Recht war Rache eine weit verbreitete Reaktion auf Unrecht. War eine Tat handhaft, durften der Angegriffene und seine Sippengenossen den Angreifer in Rücksicht auf die Schwere des Angriffs töten. Nach der Erklärung der gerechten Rache vor dem Notgericht war jedoch eine Gegenrache nicht mehr erlaubt.[19] War die Tat hingegen nicht mehr handhaft und „übernächtig" geworden, konnte eine Fehde, also eine organisierte Rache der Sippe, eingeleitet werden.

Das Notwehrrecht konnte im Zeitalter des germanischen Rechts keinen unabhängigen Status gegenüber jenem Tötungsrecht erlangen, das von der Idee der Rache dominiert wurde.[20] Der Gedanke der Rache war so tief im germanischen Rechtsempfinden verwurzelt, dass das Recht, aus Rache angesichts einer handhaften Tat zu töten, auch in der fränkischen Zeit nach dem Zusammenbruch des Weströmischen Reiches nicht abgeschafft, sondern lediglich abgeschwächt wurde. Ein generelles Tötungsrecht wurde zwar nicht mehr anerkannt, blieb jedoch in Fällen wie Diebstahl, Brandstiftung, Ehebruch sowie bei Widerstand oder Flucht des Täters weiterhin bestehen.[21]

2. Landfriedensbewegung im Mittelalter

Die Bemühungen um die Abschaffung des Tötungsrechts aus Rache und Fehde wurden erst im hohen Mittelalter, unter dem Heiligen Römischen Reich, abgeschlossen. Die wachsende Staatsmacht löste schließlich die Familie und die Sippe als dominierende Herrschaftsordnung ab; dies geschah durch die Landfriedensbewegung ab dem 12. Jahrhundert. Das Recht auf Rache und das Recht der Fehdeführung, die aus dem germanischen Recht stammten, wurden aufgehoben und durch die staatliche Justiz ersetzt.[22] Bezeichnenderweise wird dieses Prinzip des Vorrangs der staatlichen Justiz vor der Selbstjustiz durch den Vorbehalt des Notwehrrechts eingeschränkt, da die Ordnung der allgemeinen Rache und der Fehde zerfällt, was die Anerkennung des Notwehrrechts erforderlich macht. Beispielsweise wurde ein Notwehrrecht bereits im Landfrieden von 1152 und 1179[23] sowie im Sachsenspiegel aus dem 13. Jahrhundert festgelegt.[24]

Allerdings war dieses Notwehrrecht stark eingeschränkt. Es beschränkte sich in dieser Zeit häufig auf den Schutz von Leib und Leben, während andere Rechtsgüter

---

[19] *Mitteis/Lieberich*, Deutsche Rechtsgeschichte, S. 39.

[20] *Lührmann*, Tötungsrecht, S. 10.

[21] Vgl. *Mitteis/Lieberich*, Deutsche Rechtsgeschichte, S. 98.

[22] *Hass*, Notwehr und Nothilfe, S. 31 f.

[23] *Schmidt*, Strafrechtspflege, S. 74.

[24] *Krey*, JZ 1979, 704.

außerhalb seines Anwendungsbereichs lagen.[25] Die Verpflichtung, eine Tötung kundzutun, blieb weiterhin bestehen.[26]

3. Constitutio Criminalis Carolina

Die Constitutio Criminalis Carolina (CCC) von 1532 wird als das erste allgemeine Strafgesetzbuch in Deutschland angesehen und enthält zahlreiche Vorschriften zur Notwehr. Nach den Artikeln 139 und 140 CCC galt das Notwehrrecht nur für die Abwehr zur Rettung von Leben und Körper, wobei auch der Tod des Angreifers zulässig war.[27] Ein Widerspruch ergibt sich jedoch daraus, dass die tödliche Nothilfe zur Verteidigung von Sachgütern eines anderen gemäß Artikel 150 CCC ebenfalls erlaubt war. Der CCC gestattete somit die tödliche Nothilfe zum Schutz fremden Eigentums, jedoch nicht zur Verteidigung des eigenen Eigentums. Über diesen Widerspruch gibt es unterschiedliche Ansichten.

Böhmer argumentierte, dass eine Tötung des Angreifers zum Schutz des eigenen Eigentums erst recht erlaubt sein müsse.[28] Krey wandte sich gegen diese Ausweitung des Notwehrrechts und wies darauf hin, dass das Konzept des „erst recht" zu jener Zeit noch nicht entwickelt war und Artikel 150 CCC keine Rechtfertigungsklausel darstelle, sondern lediglich die Straffreiheit erkläre.[29] Schaffstein betonte ebenfalls, dass das Notwehrrecht zu dieser Zeit die Tötung eines Angreifers zum Schutz von Eigentum nicht gestattete, da das menschliche Leben weitaus wichtiger sei als Eigentumsrechte.[30]

Nach der von Carpzov vertretenen weit verbreiteten Ansicht kann die Tötungsnotwehr auf Eigentumsdelikte angewandt werden.[31] Er widersprach der bis dahin vertretenen Ansicht, dass das Leben wertvoller sei als das Eigentum, mit der Begründung, dass die Todesstrafe für Diebe und Räuber zulässig sei.[32] Dennoch betonte er, dass das Tötungsrecht bei geringwertigen Gütern nicht akzeptabel sei. Diese Ansicht erlangte damals breite Anerkennung und die Einbeziehung von Sachgütern in die Notwehrkonzeption stellte bereits einen bedeutenden Fortschritt dar.[33]

---

[25] Es gibt einzelne Ausnahmen; so heißt es etwa in der Regelung des Mainzer Landfriedens: „Abwehr von Gewalt mittels Gewalt, um seinen Körper oder seine Güter zu schützen." Solche Abweichungen lassen sich auf die politische Uneinigkeit der deutschen Regionen zu dieser Zeit zurückführen.

[26] *Krey*, JZ 1979, 704.

[27] *Schmidt*, Strafrechtspflege, S. 120; *Krey*, JZ 1979, 705.

[28] *Schaffstein*, Verbrechen, S. 78.

[29] *Krey*, JZ 1979, 705.

[30] *Schaffstein*, Verbrechen, S. 77.

[31] *Schaffstein*, Verbrechen, S. 77.

[32] *Schaffstein*, Verbrechen, S. 78.

[33] *Krey*, JZ 1979, 706.

Obwohl das Heilige Römische Reich auch im 16. Jahrhundert nicht in der Lage war, ein hochgradig zentralisiertes kaiserliches Machtzentrum zu errichten, und somit keine reichsweite Einheitlichkeit der Rechtsordnung herstellen konnte, bildete die CCC eine einheitliche Grundlage für die weitere Entwicklung des deutschen Strafrechts. Sie war der Ausgangspunkt für die sogenannte Wissenschaft des gemeinen Strafrechts.[34]

4. Das preußische Allgemeine Landrecht

Mit dem Inkrafttreten des preußischen Allgemeinen Landrechts (ALR) von 1794 wurde die Notwehr nicht mehr ausschließlich im Zusammenhang mit der Tötung diskutiert, sondern im positiven Recht auf den Schutz aller berechtigten Güter ausgeweitet. Nach den §§ 517, 519 und 520 ALR wurde die Notwehr von der konkreten Straftat abstrahiert und als allgemeine Befugnis des Mitbürgers gegen jede unrechtmäßige Beschädigung anerkannt. Ihr Umfang war jedoch durch die Angemessenheit der Mittel (§ 517), die Notwendigkeit zur Abwendung des drohenden Übels (§ 519) und die Verhältnismäßigkeit (§ 520) begrenzt.

Insbesondere bestätigte § 522 ALR das Recht lebensgefährdender Notwehr zur Verteidigung des Besitzes durch die Einführung des Kriteriums der Unersetzlichkeit des verteidigten Rechtsgutes. Diese Lehre der Unersetzlichkeit wurde als Standard etabliert, um die Tötungsnotwehr im Bereich des Eigentumsschutzes zu rechtfertigen: Es war nur dann gestattet, den Angreifer zu töten, wenn entweder das Leben der angegriffenen Person bedroht war oder der Diebstahl ein solches Ausmaß annahm, dass die Person für einen längeren Zeitraum ihrer Lebensannehmlichkeiten, ihrer Gesundheit oder ihrer Freiheit beraubt würde.[35]

Krey betrachtet diese auf der Grundlage der Unersetzlichkeit begründete Einschränkung des Notwehrrechts als ein enges Konzept der damaligen Zeit. Im Rückblick auf die historische Entwicklung legt er dar, dass diese anachronistische Einschränkung schließlich mit dem Aufkommen eines liberaleren Verständnisses des Verhältnisses zwischen Bürger und Staat aufgegeben wurde.[36]

Einerseits verstärkte der preußische Staat zu jener Zeit seinen Absolutismus, um den Ideen der Französischen Revolution entgegenzuwirken, und weitete im Rahmen dieses Programms aus Angst vor Rechtsmissbrauch das staatliche Gewaltmonopol aus. Andererseits spiegelte diese Regelung auch eine Betonung der Menschenwürde und die Anerkennung des menschlichen Lebens als höchsten Wert wider, so dass ihre fortschrittliche Bedeutung unbestreitbar ist.

In den meisten Teilen Preußens wurde das ALR bis zum Inkrafttreten des Strafgesetzbuches für die Preußischen Staaten von 1851 angewendet. Dieses

---

[34] *Schmidt*, Strafrechtspflege, S. 139 f.

[35] *Uttelbach*, Verhältnismäßigkeit, S. 38.

[36] *Krey*, JZ 1979, 706.

Strafgesetzbuch regelte die Notwehr in § 41 wie folgt: „Ein Verbrechen oder Vergehen ist nicht vorhanden, wenn die That durch die Nothwehr geboten war. Nothwehr ist diejenige Vertheidigung, welche erforderlich ist, um einen gegenwärtigen rechtswidrigen Angriff von sich selbst oder Anderen abzuwenden." Diese klassische Formulierung wurde 1871 unverändert in das Strafgesetzbuch des vereinigten Deutschen Reiches übernommen, und auch die heutigen strafrechtlichen Bestimmungen zur Notwehr (§ 32 StGB) sind davon abgeleitet.

Mit dieser Regelung wurde der Grundsatz der Verhältnismäßigkeit, der im ALR noch aufrechterhalten worden war, aufgehoben, was bedeutete, dass in der Notsituation eine Verteidigung auch zur Abwendung von Angriffen auf geringwertige, ersetzbare Güter zulässig war.[37] Dies stellt eine klare Schwächung des staatlichen Gewaltmonopols dar und spiegelte einen liberaleren Standpunkt wider, der die Idee „Das Recht braucht dem Unrecht nicht zu weichen" umsetzt.[38]

1870 wurde diese Bestimmung zur Notwehr in das Strafgesetzbuch des Norddeutschen Bundes aufgenommen und galt auch nach der Gründung des Deutschen Reiches als § 53 des Reichsstrafgesetzbuches weiter. Das Notwehrrecht, das nur durch den Grundsatz der Erforderlichkeit und nicht durch den der Verhältnismäßigkeit eingeschränkt wurde,[39] galt im gesamten Deutschen Reich und erlaubte auch die Tötung zur Verteidigung des Eigentums, wenn die übrigen Voraussetzungen erfüllt waren.

5. Strafrecht im neunzehnten Jahrhundert

Im 19. Jahrhundert erlebte das deutsche Notwehrrecht eine schrittweise Lockerung der Einschränkungen. Zu Beginn waren die Notwehrrechte durch zahlreiche Bedingungen begrenzt, insbesondere durch die Anforderung, dass die Verteidigungshandlung im Verhältnis zur Schwere des Angriffs stehen musste. Mit der Zeit wurden diese Einschränkungen, vor allem in den Strafgesetzbüchern von Bayern und Preußen, zunehmend gelockert. Die auffälligste Veränderung war, dass das Bayerische Strafgesetzbuch als einzige Voraussetzung für eine Notwehrhandlung deren Notwendigkeit hervorhob, ohne das Verhältnis zwischen Verteidigung und Angriff zu berücksichtigen. Dies bedeutete, dass in einigen Fällen der Verteidiger übermäßige Abwehrmaßnahmen ergreifen konnte, wie zum Beispiel den Angreifer zu töten, um Eigentum zu schützen.

Im Jahr 1851 erweiterte das Preußische Strafgesetzbuch die Notwehrrechte weiter, indem es festlegte, dass alle rechtlichen Güter als notwehrfähig gelten, ohne dem eine Verhältnismäßigkeitsanforderung hinzuzufügen. Diese Veränderung spiegelte die damals vorherrschende liberale Tendenz wider, die Notwehr als ein

[37] *Goltdammer*, StGB I, S. 366 ff.

[38] *Schroeder*, in: FS-Maurach, S. 130.

[39] *Binding*, Handbuch, S. 752.

legitimes Mittel im Kampf gegen Ungerechtigkeit zu betrachten.[40] Schließlich erreichte diese Entwicklung ihren Höhepunkt im Strafgesetzbuch des Deutschen Reiches von 1871, in dem das Notwehrrecht nur noch durch das Erforderlichkeitsprinzip begrenzt wurde. Der Verteidiger konnte nun, wenn alle Voraussetzungen für die Notwehr erfüllt waren, sogar den Angreifer töten, ohne dass es auf das Verhältnis der betroffenen Güter ankam.

6. Strafrecht in der Zeit des Nationalsozialismus

Die Schärfe des Konzepts der Notwehr wurde erst im Dritten Reich wirklich erschüttert. Denn den Bürgern ein umfassendes Notwehrrecht einzuräumen, steht immer im Widerspruch zum Gewaltmonopol des Staates. Ein totalitärer Staat wie das Dritte Reich muss sich daher an einem so weitreichenden Notwehrrecht, das seinen Bürgern bisher gewährt wurde, gestört haben. Die Einschränkungen des Notwehrrechts in dieser Zeit spiegelten sich vor allem in einer Reihe von Rechtsprechungen wider. In einer Entscheidung wurde der geplante Gesetzentwurf der Reichsregierung aus dem Jahr 1936 angeführt und festgestellt, dass der Verhältnismäßigkeit des angegriffenen und des durch die Abwehr bedrohten Rechtsguts eine entscheidende Bedeutung eingeräumt werden sollte.[41] Der Begriff „gesundes Volksempfinden" spielte eine wesentliche Rolle,[42] und das Notwehrrecht wurde als typisches Beispiel für eine Rechtsmaterie angesehen, die diesem Konzept unterliegen sollte. Einerseits hat sich die Rechtsprechung auf diesen Grundsatz als Einschränkung des „zu weit gefassten" Notwehrrechts berufen;[43] andererseits hat die Literatur den Gedanken des „gesunden Volksempfindens" als theoretische Grundlage für die Begrenzung des Notwehrrechts in das Merkmal der „Gebotenheit" eingeführt.[44] So wurde in der Zeit des Nationalsozialismus das Notwehrrecht beschnitten und die Abwehr von Angriffen auf das Eigentum konnte unter Umständen als unverhältnismäßig angesehen werden.[45]

7. Geltendes Strafrecht

Nach dem Ende des Naziregimes wurde die Idee des „gesunden Volksempfindens" zwar aufgegeben, jedoch blieb das Notwehrrecht in der Rechtsprechung weiterhin durch das Merkmal der „Gebotenheit" eingeschränkt. Trotz unterschiedlicher Begründungen herrscht weitgehender Konsens in der Rechtsprechung dar-

---

[40] *Schroeder*, in: FS-Maurach, S. 130.

[41] RGSt 69, 310.

[42] *Dohna*, Verbrechenslehre, S. 24.

[43] RGSt 69, 310.

[44] *Niethammer/Olshausen*, Strafgesetzbuch, S. 333.

[45] *Lührmann*, Tötungsrecht, S. 25.

über, dass die Tötung eines Menschenlebens zum Schutz von Eigentum von geringem Wert nicht gerechtfertigt sein sollte.[46]

Darüber hinaus spiegelt das Strafrecht der Bundesrepublik Deutschland die Ablehnung der Gräueltaten des nationalsozialistischen Regimes wider. Dies zeigt sich insbesondere in der Abschaffung der Todesstrafe (Art. 102 dGG) und der Wiedereinführung des Bestimmtheitsgrundsatzes (Art. 103 Abs. 2 dGG). Das Verhältnis zwischen diesen grundlegenden verfassungsrechtlichen Prinzipien des modernen deutschen Strafrechts und den Grenzen des Verteidigungsrechts in Verbindung mit § 32 StGB wird im Folgenden näher erläutert.

III. Historische Entwicklung der Notwehr in China

Aus Sicht der vergleichenden Rechtsgeschichte lässt sich die frühe Entwicklungslinie der chinesischen Rechtsgeschichte nicht auf den Kodex von Hammurabi oder die Tradition des Zwölftafelgesetzes zurückführen. Stattdessen basiert sie auf einer eigenständigen und unabhängigen Quelle, die die Rechtskultur Chinas und des gesamten ostasiatischen Kulturkreises bis heute prägt. Josef Kohler war in seiner Studie von 1889 ein früher Vertreter der Auffassung, dass das chinesische Recht eine bedeutende Rolle in der Rechtsvergleichung spiele. Er nahm auch das japanische und vietnamesische Recht als Anhang in seine Analyse auf,[47] was die herausragende Stellung des alten chinesischen Rechts als übergeordnetes Rechtssystem für die japanischen, vietnamesischen und koreanischen Rechtstraditionen unterstreicht.[48]

Die Geschichte des chinesischen Rechts kann daher nicht ohne Bezugnahme auf den sogenannten „chinesischen Rechtskreis“ nachvollzogen werden. Dieser hat nicht nur das moderne China beeinflusst, sondern auch einen tiefgreifenden Einfluss auf ganz Ostasien ausgeübt. Was die Merkmale des chinesischen Rechtskreises betrifft, so hat der japanische Wissenschaftler Asai Toruo erstmals 1915 in seinem Buch eine ausführliche Darstellung vorgelegt.[49] Trotz der Vielzahl unterschiedlicher Ansichten über die Eigenheiten des chinesischen Rechtskreises herrscht im Mainstream ein allgemeiner Konsens über einige zentrale Fragen:[50]

(1) Es gibt nur wenige privatrechtliche Bestimmungen und viele öffentlichrechtliche Bestimmungen; mit anderen Worten, es gibt kein eigenständiges Gesetzbuch für das Privatrecht und keine Trennung von Zivil- und Strafrecht.

---

[46] OLG Stuttgart, Urteil vom 21.04.1948 in DRZ 1949, 43; BGH, Urteil vom 10.01.1956 in NJW 1956, 920; LG München I, Urteil vom 10.11.1987 in NJW 1988, 1862.

[47] *Kohler*, Islamitisches Recht, S. 197 ff.

[48] *Heuser*, Chinesische Rechtskultur, S. 39.

[49] *Asai*, Kodifizierung, S. 390 ff.

[50] *Chen*, Chinese Journal of Law 1980 (7), 9 ff.; *Zhang*, Jiangxi Social Sciences 2005 (8), 47.

(2) Das chinesische Recht enthält viele moralische Elemente, so dass Moral und Gesetze oft miteinander verwechselt werden.

(3) Im Bereich der Legislative bleibt das Merkmal einer autokratischen, kaiserlichen Gesetzgebung prägend.

(4) Im Bereich der Justiz ist die Einheit von Judikative und Exekutive ein konstantes Merkmal; es gibt keine unabhängigen Berufsrichter, vielmehr fungieren oft Verwaltungsbeamte zugleich als Richter.

In der Geschichte des chinesischen Rechtskreises spielte das Strafrecht eine zentrale Rolle, und „Strafe" war oft ein Synonym für „Recht".[51] Dies zeigt, dass in der Entwicklung des chinesischen Rechtssystems stets eine Tendenz zur Zunahme des staatlichen Gewaltmonopols bestand. Diese Entwicklung steht in engem Zusammenhang mit der zentralistischen Tradition des alten Chinas und der wachsenden Macht des Zentrums im Laufe der Geschichte.

Dieses Phänomen war jedoch nicht von Beginn an gegeben. Wie in anderen frühen Zivilisationen war die öffentliche Macht in den Anfängen der chinesischen Zivilisation nicht so stark ausgeprägt, dass private Rechtsmittel für die Beilegung von Streitigkeiten unverzichtbar gewesen wären. In dieser Lücke konnte sich das Konzept der Notwehr entwickeln. Man kann sagen, dass zwei Voraussetzungen für die Schaffung eines Notwehrsystems erforderlich sind: das staatliche Gewaltmonopol und die Ausnahme von diesem Monopol in Gestalt von privaten Rechtsmitteln.

Fehlt das staatliche Gewaltmonopol, handelt es sich bei der Notwehr lediglich um einen reinen Lynchmord, da eine gerechtfertigte Genehmigung durch die Justiz fehlt. Fehlt hingegen die Ausnahme in Gestalt von privaten Rechtsmitteln, wird die Notwehr zu einer bloßen Vollstreckung der Strafe.

Die Entstehung, Etablierung und Entwicklung des Notwehrsystems im antiken China ist ein langer historischer Prozess. Zwar wurde in diesem Verlauf weder eine vollständige Theorie der Notwehr noch ein einheitliches Notwehrsystem geschaffen, doch mangelte es nicht an institutionellen Regelungen und praktischen Anwendungen der Notwehr. In der gesamten Geschichte vor dem Aufkommen eines organisierten Staates mit Gewaltmonopol waren private Hilfsmittel die einzige Möglichkeit, Streitigkeiten beizulegen. Rache und Lynchjustiz stellten dabei die extremsten Formen dieser privaten Rechtsmittel dar. Mit der Entstehung staatlicher Organisationen, der Stärkung öffentlicher Gewalt und der Weiterentwicklung des politischen Systems nahm der Staat jedoch eine zunehmend feindselige Haltung

---

[51] Die Sechs Ministerien (ein Sammelname für mehrere offizielle Ämter im alten China, Korea und Vietnam) können als Beispiel dienen. Ab der Sui- und Tang-Dynastie war dies die allgemeine Bezeichnung für die verschiedenen Ministerien der Zentralverwaltung. Eines davon war das Xing Bu (das Ministerium für Strafe), das für die Justiz zuständig war.

gegenüber privaten Abhilfemaßnahmen ein. Je stärker die öffentliche Macht wurde, desto stärker war die Tendenz, private Selbsthilfe zu beschränken.[52]

1. Zhou-Dynastie (1046 v.Chr. – 256 v.Chr.)

Die Rechtsgeschichte Chinas wurde zunächst durch nicht kodifizierte Sippenregelungen geprägt, die die soziale Ordnung bestimmten. Die bekanntesten dieser Regeln und zugleich die reichhaltigsten erhaltenen historischen Quellen in dieser Hinsicht sind die Rechtsregeln der Zhou-Dynastie (Westliche Zhou-Dynastie 1046–771 v.Chr., Östliche Zhou-Dynastie 771–256 v.Chr.).[53] Dies war eine Zeit, in der der Staat noch nicht sehr zentralisiert war und Reste primitiver Sitten und Gebräuche beibehielt; zudem war das Gewohnheitsrecht des Clans und das Strafrecht des Staates in der Herrschaftsstruktur der Sklavengesellschaft gleichzeitig wirksam, so dass die Selbstjustiz in dieser Zeit ein wirksames, aber unerbittliches Mittel zur Ergänzung der öffentlichen Macht wurde. Cai Shuheng hat darauf hingewiesen, dass die Inanspruchnahme der Familie des Opfers zur Ahndung bzw. Abschreckung von Morden, um die Ordnung aufrechtzuerhalten, im Wesentlichen ein Zeichen dafür ist, dass der Herrscher nicht mächtig genug ist.[54]

Das Ritenrecht[55] der Zhou beschreibt sehr sorgfältig und detailliert die Riten des Zhou-Dynastie und ist zugleich das erste Buch in China, das die Organisation der Staatsmacht und ihre Funktionen dokumentiert und auch die Bestimmungen des Strafrechts enthält. Darin enthalten ist eine detaillierte Beschreibung des Systems der „erlaubten Rache“: Sofern die Rache an einem Feind angemeldet und vom zuständigen Beamten genehmigt wurde, ist sie kein Verbrechen mehr. Eine weitere Erscheinung der Rache ist die eiserne Regel, dass „der Mörder getötet werden soll“, die seit jeher die natürliche Gerechtigkeit in einfachster Form darstellt. Zheng Xuan, ein Gelehrter aus der Han-Dynastie, kommentierte dies wie folgt: Es war nicht nur nicht verboten, einen Menschen aus Gerechtigkeit, d.h. zur Vergeltung zu töten, sondern die Verwandten des Opfers durften sich auch nicht rächen; und wenn sie es taten, wurden sie ihrerseits getötet. Laut Chen Xingliang ist dies die Notwehr des modernen Strafrechts, und zugleich ist es auch ein wichtiges Zeichen für die Ethnisierung des antiken Strafrechts.[56]

Allerdings können diese frühen gesetzlichen Bestimmungen aus folgenden Gründen noch nicht als Notwehr angesehen werden: Erstens sind sie zu abstrakt und

---

[52] *Wang*, Peking University Law Journal 2018 (6), 1.

[53] *Zhao/Cheng*, Journal of Hainan Open University 2022 (3), 111.

[54] *Cai*, Geschichte des chinesischen Strafrechts, S. 164.

[55] „Riten“ bezeichneten zunächst die Rituale der alten chinesischen Gesellschaft zur Verehrung von Himmel und Erde, Geistern und Göttern sowie die Normen verschiedener menschlicher Beziehungen und verschmolzen dann allmählich mit dem Gesetz zum „Ritenrecht“.

[56] *Chen*, Notwehr, S. 6.

wurden mit moralischen Normen verwechselt, so dass es im Einzelfall schwierig festzustellen ist, ob eine Handlung damals eine gerechte Tötung war; zweitens werden diese Bestimmungen oft nicht im Voraus bekanntgegeben: „Das Gesetz ist so angelegt, dass die Bestrafung abgewartet wird, und das Verbrechen wird im Angesicht der Sache diskutiert, so dass das Volk nicht im Voraus informiert werden muss, sondern immer in Angst ist.“[57] Zumindest in der westlichen Zhou-Dynastie wurde das Gesetz also geheimgehalten und das Gerichtsverfahren war dem einfachen Volk kaum bekannt.

2. Qin-Dynastie (221 v. Chr. – 207 v. Chr.) und Han-Dynastie (206 v. Chr. – 220 n. Chr.)

Die Qin-Dynastie (221 – 207 v. Chr.) war die erste zentralisierte und geeinte Dynastie in China. Ihre Staatspolitik orientierte sich am Legalismus, d. h. an „strengen Strafen und strengen Gesetzen“, und infolgedessen machte das Rechtssystem große Fortschritte. Aber die Qin-Dynastie war so brutal und hart, dass sie nach nur einem Dutzend Jahren Herrschaft von der Han-Dynastie (206 v. Chr. – 220 n. Chr.) abgelöst wurde. Von dieser Phase an setzte das staatliche Bestrafungsmonopol das private Racherecht außer Kraft. Im Gegenzug wurden die Bestimmungen zur Notwehr stärker normiert, aber es gab nach wie vor keine allgemeinen Regelungen zur Notwehr, sondern lediglich besondere Vorgaben für die Notwehr gegen bestimmte Angriffe. Das typischste Beispiel dafür ist der Artikel „Nächtlicher Wohnungseinbruch ohne Grund“.[58] Der Han-Kodex zu Gewalttaten und Diebstahl besagt, dass „eine Person, die ohne Grund in das Haus eines anderen eindringt oder in das Fahrzeug oder Boot eines anderen einsteigt oder eine andere Person in der Absicht entführt, ein Verbrechen zu begehen, unmittelbar getötet werden kann und jemand, der dies tut, keines Verbrechens schuldig ist“. Diese Bestimmung ist sehr repräsentativ für den Schutz der körperlichen Unversehrtheit der Person, da sie dem Opfer erlaubt, den Räuber rechtmäßig zu töten, wenn er in den Wohnbereich eindringt oder wenn er eine Person entführt.

3. Tang-Dynastie (618 – 907)

Mit der Gründung der Tang-Dynastie beendete China einen jahrhundertelangen Bürgerkrieg, eine neue Periode des Wohlstands für die chinesische Zivilisation wurde eingeläutet und das chinesische Recht trat in eine neue Phase der Geschichte

[57] Chunqiu Zuozhuan Zhengyi (Historische Schrift über politische und rechtliche Konzepte der östlichen Zhou-Dynastie): Daher sollte man Gesetze aufstellen, um die Erwartung einer Strafe herbeizuführen, bei der Bearbeitung von Fällen sollte man über die Strafe nachdenken, ohne die Untertanen im Voraus zu informieren, und sie selbst immer in Angst und Schrecken versetzen.

[58] *Min*, Chinese Journal of Law, 2010 (6), 183.

ein. Hauptdokument ist der Tang-Kodex, der zwar nicht das erste chinesische Gesetzbuch, wohl aber das älteste noch heute vollständig erhaltene Gesetzeswerk ist.[59] Der Tang-Kodex zu Gewalttaten und Diebstahl enthält eine Klausel über den „nächtlichen Wohnungseinbruch ohne Grund". Darin heißt es: „Wer nachts ohne Grund in ein Haus einbricht, wird mit vierzig Peitschenhieben bestraft. Wenn der Besitzer des Hauses ihn auf der Stelle tötet, wird er nicht bestraft. Wenn der Eigentümer jedoch weiß, dass der Einbrecher nicht die Absicht hat, einen Angriff auf ihn selbst zu verüben, wird er mit Freistrafe von 3 Jahre bestraft. Verletzt oder tötet der Eigentümer den Eindringling, nachdem er „in Gewahrsam genommen" wurde, wird der Eigentümer wegen Körperverletzung oder mit Verbannungsstrafe von 3.000 Meilen und drei Jahren Zwangsarbeit bestraft.

Nach dieser Klausel hat der Eigentümer das Recht, den Eindringling zu töten, wobei fünf Voraussetzungen erfüllt sein müssen. Erstens muss das Eindringen in der Nacht erfolgen. Wie bereits erwähnt, ist das „nächtliche Betreten eines Hauses ohne Grund" eine Handlung, die gegen das nächtliche Ausgangsverbot verstößt und die Ruhe und den Frieden in der Wohnung einer anderen Person verletzt. Zweitens bedeutet die Formulierung „ohne Grund", dass es keinen rechtfertigenden Grund für das Betreten gab und der Eigentümer den Grund für das Betreten nicht kennt. Der Tang-Kodex hat die Bedeutung von „ohne Grund" nicht präzisiert. Nach der allgemeinen Logik des gesellschaftlichen Lebens sind jedoch von Personen, die nachts ohne Grund ein fremdes Haus betreten, Straftaten wie Raub, Diebstahl, Vergewaltigung, Brandstiftung, Mord, Geiselnahme usw. regelmäßig zu erwarten. Drittens muss der Gastgeber den Eindringling zum Zeitpunkt des Eindringens, d. h. „zum Zeitpunkt des Eindringens", töten. Wenn der Eindringling bereits unter Kontrolle ist, kann der Besitzer ihn nicht weiter schädigen, sonst wird er bestraft. Das entspricht der „Gegenwärtigkeit" des Angriffs im modernen Notwehrrecht. Viertens muss es sich bei dem vom Täter betretenen Ort um eine „Wohnung" handeln und nicht um einen anderen Ort, an dem Menschen leben oder sich aufhalten, wie etwa ein Fahrzeug oder ein Boot (Dies ist eine Einschränkung des Anwendungsbereichs im Vergleich zum Han- Kodex). Und fünftens: Wenn jemand sein Haus betritt, kann der Eigentümer den Eindringling sofort töten, auch wenn kein Angriff auf ihn selbst erfolgt.[60] Aus den oben genannten Merkmalen lässt sich erkennen, dass die Bedingungen für die Anwendung der Notwehr im Zeitalter der Tang-Dynastie ziemlich streng waren, was das Konzept der strikten Begrenzung der Notwehr widerspiegelt.

Die strengen Beschränkungen der Notwehr spiegeln sich auch in der Tatsache wider, dass der Tang-Kodex „gegenseitige Körperverletzung" nicht als Notwehr ansieht. In Paragraph 9 des Tang-Kodex (Rechtsstreitigkeiten und Kämpfe) wird festgelegt: „In allen Kämpfen, bei denen beide Parteien verletzt werden, wird jede Partei nach der Schwere der Verletzung beurteilt. Wenn der Gegenangriff des zuerst Angegriffenen begründet ist, wird die Strafe um zwei Stufen herabgesetzt, das gilt

---

[59] *Weggel*, Chinesische Rechtsgeschichte, S. 47.

[60] *Min*, Chinese Journal of Law, 2010 (6), 185.

aber nicht, wenn er die Person bis zum Tod verletzt hat.“ Diese Bestimmung verweist den Selbstschutz eindeutig in dieselbe Kategorie wie eine Schlägerei, mit dem Unterschied, dass ersterer nur mit einem um zwei Stufen reduzierten Strafmaß geahndet wird. Eine Ausnahme für Schlägereien existiert in Paragraph 34: Wenn ein Großelternteil oder ein Elternteil von einer Person angegriffen wird und das Kind oder Enkelkind ihn oder sie angreift ohne Bruch eines Gliedes, wird der Täter (d. h. das Kind oder Enkelkind) nicht bestraft; wenn eine Person in dieser Konstellation einer anderen Person ein Glied bricht, wird das Vergehen um drei Grade herabgesetzt. Wenn sie die andere Person tödlich verletzt, so wird dies als Totschlag bestraft. Diese Bestimmung verkörpert eine ausgeprägte ethische Wertvorstellung, die die Umstände, unter denen Notwehr gerechtfertigt und straffrei gestellt werden kann, auf einen äußerst engen Bereich beschränkt. Diese Einschränkung beruht auf der damaligen Kultur und einem Rechtssystem, das gesellschaftliche Gegebenheiten und ethische Vorstellungen als Maßstab nahm. Die Notwehr diente also eher der Aufrechterhaltung der sozialen Ordnung als dem Schutz der persönlichen Rechte.[61]

4. Ming-Dynastie (1368–1644) und Qing-Dynastie (1644–1912)

a) Letzter traditioneller chinesischer Kodex

Das Tötungsrecht unter dem Artikel „Nächtliches Betreten eines Hauses ohne Grund“ wurde in späteren Gesetzbüchern beibehalten. Diese Vorschrift wurde ohne Änderung in das spätere Song-Strafgesetz übernommen. In der Ming- und Qing-Dynastie wurde diese Bestimmung weitergeführt, nur die Strafen wurden geändert. Darüber hinaus wurde im Qing-Kodex das Tötungsrecht im Falle von Ehebruch festgeschrieben. Das Tötungsrecht bezüglich des Ehebrechers besagt: „Wer von jemandem mit seiner Frau oder seiner Konkubine betrogen worden ist und den Ehebrecher oder die Ehebrecherin an dem Ort tötet, an dem der Ehebruch stattgefunden hat, wird nicht bestraft.“ Diese Vorschrift verlangt, dass der Ehemann selbst den Ehebrecher an dem Ort und zu dem Zeitpunkt, an dem er ihn stellt oder gefangen nimmt, töten muss, um von der Strafe befreit zu werden, während diese Tötung in anderen Fällen als Totschlag gilt. Einerseits spiegelt dies die strikte Einschränkung des „Notwehrrechts“ wider, nur in einem sehr engen Bereich wirksam zu werden, andererseits spiegelt es auch eine bestimmte Wertorientierung wider, d. h. die Gesetzesnorm soll die Vorrangstellung des Rechts des Ehemannes in der ethischen Ordnung sichern. Darin manifestiert sich die Tatsache, dass die alte chinesische Gesetzgebung lange Zeit von der Aufrechterhaltung der ethischen Ordnung durch Bestrafung geprägt war.

[61] *Chen*, People’s Procuratorial Semimonthly 2020 (17), 69.

b) Das Neue Qing-Strafgesetz

Am Ende der Qing-Dynastie unternahmen die Herrscher des Reiches angesichts der Herausforderung durch die westliche Zivilisation und einer Welle innerer Unruhen und Umwälzungen einen letzten Versuch, die Herrschaft der Dynastie zu bewahren. Eines der Projekte war die Formulierung des modernen „Neuen Qing-Strafgesetzes“.[62] Das „Neue Qing-Strafgesetz“ war ein spezialisiertes Strafgesetzbuch, das die alte Form der Kodifizierung aufgab und den Stil moderner westlicher Strafgesetzbücher übernahm, d.h. es war in zwei Teile gegliedert, nämlich in den Allgemeinen Teil und den Besonderen Teil. In dem Neuen Qing-Strafgesetz wurden traditionelle Bestimmungen wie „nächtliches Betreten eines Hauses ohne Grund“ durch allgemeine Notwehrvorschriften aus dem Westen ersetzt.[63]

Bei der Untersuchung der Notwehr in der alten Rechtsgeschichte Chinas lassen sich folgende Merkmale feststellen: Erstens hat sich die staatliche Regulierung des „privaten Tötens“ und der Rache mit dem Aufschwung und der Entwicklung der gesellschaftlichen Zivilisation von der Einfachheit zur Komplexität entwickelt und hat allmählich an Bedeutung verloren.[64] Die Regeln zur Notwehr beschränken sich auf die Bekämpfung bestimmter Straftaten, und die Anforderungen an Ort und Zeit sind sehr streng; in anderen Fällen wird der Täter einfach als Schläger bezeichnet und bestraft. Zweitens verfolgte die Notwehr in der Antike eine Art Ordnungswert „Ruhe und Frieden“, der in erster Linie die Stabilität der feudalen Herrschaftsordnung sicherte, denn jeder gewalttätige Faktor kann diese Ordnung bedrohen; daher war die Notwehr streng begrenzt. Die Untertanen durften das Recht nicht ohne Beteiligung der Regierung in die eigenen Hände nehmen. Dieses Rechtssystem hat immer die kulturellen Traditionen des chinesischen Kaiserreichs widergespiegelt und entsprach der Notwendigkeit eines staatlichen Gewaltmonopols im agrarischen Wirtschaftssystem und der konfuzianischen Kulturherrschaft der damaligen Zeit.

5. Republik China (1912–1949)

Kurz nach der Verkündung des Neuen Qing-Strafgesetzes wurde die Qing-Dynastie gestürzt, und das Gesetz wurde nicht formell umgesetzt. Nach der Xinhai-Revolution löste die Republik China die Qing-Dynastie ab. Die neue Regierung überarbeitete das Neue Qing-Strafgesetz geringfügig und benannte es in „Vorläu-

---

[62] Es wurde von dem japanischen Juristen Okada Asataro auf der Grundlage des japanischen Strafgesetzbuches von 1880 kodifiziert, das wiederum auf der Grundlage des französischen Strafgesetzbuches von 1810 erarbeitet wurde.

[63] § 15 des neuen Qing-Strafgesetz lautet: Handlungen, die zur Verteidigung dienen, um einen gegenwärtigen rechtswidrigen Angriff von sich oder einem anderen abzuwenden, sind keine Straftaten. Wenn der Rahmen der Abwehrhandlung jedoch überschritten worden ist, kann die Strafe um einen bis drei Grade reduziert werden.

[64] *Liu*, Notwehr in der chinesischen Rechtsgeschichte, in: People's Court Daily, 16.11. 2018, S. 5.

figes Neues Strafrecht der Republik China“ um, das als Grundlage des Strafrechts fungieren sollte. Der § 15 über die Notwehr wurde dabei unverändert beibehalten. Mit diesem Paragraphen wurde das moderne System der Notwehr eingeführt. Die Vorschriften zur Notwehr im chinesischen Strafrecht sehen keine besonderen Beschränkungen mehr in Bezug auf die Identität des Notwehrträgers und auch keine bestimmten zeitlichen Beschränkungen für die Notwehrhandlung vor. Was das Verteidigungsobjekt anbelangt, so legt der Artikel als Gegenstand der Abwehr das Recht fest, sich selbst oder andere zu verteidigen. Einerseits wird dadurch offensichtlich der Anwendungsbereich der Feststellung der Notwehr ausgeweitet, andererseits begründet der Paragraph unter dem Gesichtspunkt der Wertorientierung auch die Position des auf Rechten und nicht auf Ordnung basierenden Rechtsverständnisses.

Als das Strafrecht der Republik China 1928 offiziell veröffentlicht wurde, wurde die Bestimmung über die Notwehr in § 36 verschoben, ohne dass sich an den Voraussetzungen für die Entstehung etwas geändert hätte. Lediglich die Rechtsfolgen der Überschreitung haben sich von einer einfachen Strafminderung zu einer Strafminderung oder Strafbefreiung geändert. Diese Vorschrift wurde auch unverändert in § 23 des Strafgesetzbuches der Republik China von 1935 übernommen und ist heute noch in Taiwan in Kraft.

Nach dieser Formulierung des Gesetzes ist die „Überschreitung“ eine negative Voraussetzung für die Begründung der Notwehr. Der Wortlaut des Gesetzes führt nicht direkt zu der Beantwortung der Frage, ob für die Notwehr ein Interessenausgleich erforderlich ist oder nicht, daher gibt es unterschiedliche Ansichten über die Auslegung der „Überschreitung“. Nach Chen Tzu-ping bezieht sich die Überschreitung auf das Ausmaß, in dem die Abwehrhandlung über die Erforderlichkeit und Verhältnismäßigkeit hinausgeht. Mit dem Begriff der Verhältnismäßigkeit meint er, dass kein offensichtliches Ungleichgewicht zwischen den zu schützenden Rechtsgütern und den zu verletzenden Rechtsgütern besteht.[65] Mit anderen Worten: Wenn ein offensichtliches Ungleichgewicht zwischen den beiden Rechtsgütern besteht, kann ein Fall von Überschreitung der Notwehr festgestellt werden. Daher ist die Verhältnismäßigkeit des Rechtsgutes nach diesem Verständnis eine notwendige Voraussetzung für die Begründung der Notwehr.

Eine andere Ansicht lehnt die Interessenabwägung als wesentliches Merkmal der Notwehr ab und vertritt die Auffassung, dass die Notwehr den Schutz des Eigentums als Rechtsgut niedrigerer Ordnung und die Verletzung von Leib und Leben als Rechtsgut höherer Ordnung nicht ausschließt. In extremen Fällen ist es möglich, den Angreifer zu töten, um ein Eigentumsinteresse zu schützen, sofern die Erforderlichkeit gegeben ist, und nur das Verbot des Rechtsmissbrauchs muss hier berücksichtigt werden.[66] Diese Ansicht ist eindeutig von der deutschen Lehre beein-

---

[65] *Chen*, AT, S. 252.

[66] *Lin*, AT, S. 253.

flusst, die den Notwehrexzess als Mangel an Erforderlichkeit oder Gebotenheit[67] versteht.

6. Volksrepublik China (1949 bis in die Gegenwart)

Nach der Gründung der Volksrepublik China wurde eine Reihe von Nebenstrafgesetzen erlassen, aber die Ausarbeitung des Strafgesetzbuches wurde aus vielen politischen Gründen hinausgezögert, und erst 1979 wurde das Strafgesetzbuch der Volksrepublik China verabschiedet und in Kraft gesetzt. Die Notwehr ist in § 17 geregelt.

Die h.M. ist, dass Abs. 2 ausdrücklich eine Einschränkung der Notwehr vorsieht, die an den Grundsatz der Verhältnismäßigkeit anknüpft.[68] Die Entstehung dieser Vorschrift ist von komplexen und widersprüchlichen Intentionen geprägt, insbesondere der Bestätigung des Rechts und andererseits der Angst vor möglichem Missbrauch. Gao Mingxuan wies darauf hin, dass das Notwehrrecht ein berechtigtes Recht der Bürger sei, und wenn die Bürger dieses Recht richtig ausüben, sei dies für die Gesellschaft von Vorteil. Daher sieht das Gesetz vor, dass Handlungen der Notwehr nicht strafbar sind. Das Gesetz verbietet jedoch den Missbrauch dieses Rechts etwa in dem Sinne, dass der Verteidiger unnötige Rache an dem Täter übt.[69] Das Strafgesetz von 1979 bestimmt die Grenze zwischen einer ordnungsgemäßen Nutzung und einem Missbrauch des Rechts auf Notwehr mittels der Formulierungen „die notwendig gebotenen Grenzen überschreiten" und „unangemessenen Schaden verursachen". Da die Folgen der durch die Notwehr verursachten Verletzung als gesetzliches Merkmal für die Feststellung fungieren, ob es sich um Notwehr gehandelt hat, kann es besonders problematisch sein, wenn der Verteidiger den Tod des Angreifers verursacht. Vor allem gilt dies im Kontext der Zeit des Strafgesetzbuchs von 1979, einer Periode, in der das Problem durch gesellschaftliche Gegebenheiten erheblich vergrößert wurde.

Die Kampagne „Hart zuschlagen" begann 1983, kurz nach Inkrafttreten des Strafgesetzbuches von 1979, und stieß im Rahmen der gerichtlichen Anwendung der Institution der Notwehr auf starken Widerstand. Obwohl die Gesetzgebung zur Notwehr sehr klar war, neigte die Rechtsprechung dazu, Notwehr häufig als Überschreitung und Notwehrüberschreitung als gewöhnliches Verbrechen zu bewerten.[70]

Damals, mit dem Ende der Kulturrevolution und dem Beginn der Reformen und der Öffnung, befand sich die chinesische Gesellschaft in einem tiefgreifenden

---

[67] Es gibt sowohl bejahende (siehe *Chang*, AT, S. 135) als auch verneinende Ansichten (siehe *Lin*, AT, S. 259) darüber, ob bei dem krassen Missverhältnis Notwehrexzess begründen kann. Dieser Streit in der Lehre zeigt auch, dass nicht ohne Weiteres gesagt werden kann, die Vorschrift habe die Abwägung der Rechtsgüter bei der Notwehr endgültig aufgegeben.

[68] *Jiang*, in: Notwehr in Deutschland und China, S. 226.

[69] *Gao*, Entstehung und Entwicklung, S. 43.

[70] *Chen*, Criminal Law Review 2006 (2), 462.

Strukturwandel, der zu einem starken Anstieg der Kriminalitätsrate führte. Als Reaktion darauf begann der Staat eine groß angelegte Kampagne zur Verbrechensbekämpfung. Das harte Durchgreifen hatte unter den damaligen historischen Bedingungen ein gewisses Maß an Vernunft und Notwendigkeit und erzielte auch bestimmte Erfolge bei der Verbesserung der sozialen Ordnung.

Es kann jedoch nicht geleugnet werden, dass diese Kampagne in einigen Fällen die Grenzen des Gesetzes überschritt. Ein typisches Problem war, dass die Justiz schwere Strafen für geringfügige Vergehen verhängte, da sie befürchtete, beschuldigt zu werden, „nicht hart genug durchzugreifen". Dies führte oft dazu, dass in formellen Verfahren Entscheidungen getroffen wurden, die zum Nachteil des Angeklagten ausfielen. Unter diesen Umständen kam es zu deutlichen Abweichungen bei der Bestimmung der Notwehr.[71]

Angesichts der problematischen Situation, in der sich die Notwehr als Rechtsinstitution damals befand, war der Gesetzgeber der Auffassung, dass das Notwehrrecht angemessen erweitert werden sollte.[72] Nachdem die Meinungen verschiedener Parteien angehört worden waren, nahm der Gesetzgeber eine relativ weitreichende Änderung des Systems der Notwehr vor. Insbesondere stärkt die Änderung des Abs. 2 offensichtlich die Beschränkung der Notwehrüberschreitung, bewirkt also eine Ausweitung des Notwehrrechts. Erstens wurde im Wortlaut die Notwehr, die „die notwendig gebotenen Grenzen überschreitet", zur Notwehr, die „offenkundig die notwendig gebotenen Grenzen überschreitet" verändert, es wurde also das Wort „offenkundig" hinzugefügt. Zweitens wurde die Formulierung „unangemessener Schaden" in „gravierender Schaden" geändert. Obwohl es eine gewisse Kontroverse darüber gibt, wie die Bedingungen für die Begründung der Notwehrüberschreitung zu interpretieren sind, ist es klar, dass der Gesetzgeber hier die Absicht hatte, den Anwendungsbereich der Notwehrüberschreitung im Vergleich zum Strafgesetz von 1979 einzuschränken. Noch deutlicher wird diese Absicht in Absatz 3, der für bestimmte Straftaten gilt, nämlich Körperverletzung, Mord, Raub, Vergewaltigung, Entführung und andere Gewaltverbrechen, die eine ernsthafte Bedrohung für die Sicherheit der Person darstellen. Wenn der Verteidiger eine Verteidigungshandlung gegen den Täter einer solchen Straftat vornimmt, macht er sich generell nicht wegen Notwehrüberschreitung strafbar.

IV. Der Einfluss der historischen Entwicklung der Notwehr auf ihre modernen Merkmale

Die historische Entwicklung der Notwehr spiegelt den Übergang des Rechts von der privaten Rache zur staatlichen Justiz, vom Recht auf Selbstjustiz zum Recht auf Schutz wider, wobei durchgehend eine schrittweise Etablierung und Stärkung der

---

[71] *Chen*, Criminal Law Review 2006 (2), 462 ff.

[72] *Gao*, Überarbeitung und Anwendung, S. 105.

individuellen Rechte zu beobachten ist. Sie verkörpert einen bedeutenden Wandel in der Jurisprudenz von „Vergeltung“ zu „Rechtsschutz“. Diese historische Entwicklung bildet die theoretische und praktische Grundlage für die Schärfe des modernen Notwehrrechts. Vor dem Hintergrund der historischen Entwicklung lassen sich drei Stränge als Meilensteine in der kontinuierlichen Entwicklung des Notwehrrechts identifizieren.

Erstens: Von einzelnen Ausnahmen zu allgemeinen Regeln. Vor der Staatsbildung war die private Rache die Hauptmethode zur Lösung von Konflikten. Mit der Zentralisierung der Staatsmacht wurde die private Rache jedoch allmählich durch staatliche Bestrafung ersetzt. Das staatliche Gewaltmonopol bedeutet, dass private Gewalt verboten ist.[73] Durch die Bildung einer politischen Organisation, die als Staat bezeichnet wird, schaffen die Menschen eine friedliche Ordnung und garantieren Freiheit und Sicherheit. Dieser Ersetzungsprozess fand jedoch nicht über Nacht statt. Die Notwehr in den frühen Gesetzen spiegelte eher ein Überbleibsel des Systems der privaten Rache wider, und die Szenarien, in denen sie angewendet werden konnte, waren sehr spezifisch. Mit zunehmender Macht des Staates wurde die private Rache jedoch vollständig verboten und durch die universelle Rechtsnorm der Notwehr ersetzt, die vom Staat zum Schutz seiner Bürger erlassen wurde.

Zweitens: Von der Kontrolle der Ordnung zur Erweckung der individuellen Freiheit. In der historischen Entwicklung des Notwehrrechts spiegelten die frühen Gesetze die Priorität der Aufrechterhaltung der Ordnung wider, indem sie tendenziell eine Ausweichpflicht oder andere Formen der Einschränkung des Notwehrrechts auferlegten. In frühen Gesellschaften wurde die Aufrechterhaltung der allgemeinen sozialen Stabilität durch Konfliktkontrolle betont. So verlangten beispielsweise das römische Zwölftafelgesetz, dass der Verteidiger bei einem Angriff auf einen Dieb am Tag um Hilfe rufen musste, was die Einschränkung des Notwehrrechts durch die öffentliche Ordnung widerspiegelte. Verteidiger hatten verschiedene Vorabverpflichtungen, und die Nichterfüllung dieser Verpflichtungen wurde als Verstoß gegen die soziale Ordnung und das staatliche Gewaltmonopol bestraft. Mit der zunehmenden Betonung der individuellen Freiheit in der modernen Gesellschaft wurde das Notwehrrecht jedoch allmählich aus dem Rahmen des „Vorrangs der Ordnung“ befreit, d. h. die Legitimität des Schutzes der individuellen Freiheit wurde als solche begründet, ohne dass es dazu notwendig wäre, sich auf eine übergeordnete Erzählung zu beziehen. Die zentrale Manifestation dieses Wandels ist in der Sphäre der Notwehr die Etablierung des Grundsatzes „Das Recht braucht dem Unrecht nicht zu weichen“; der Verteidiger muss sich also grundsätzlich nicht zurückziehen, er kann vielmehr das Notwehrrecht direkt ausüben.

Drittens: Von strengen Beschränkungen zum umfassenden Rechtsschutz. In den Anfangszeiten waren die rechtlich notwehrfähigen Rechtsgüter begrenzt und an verschiedene Bedingungen wie Zeit und Ort geknüpft, so dass der Umfang des

[73] Vgl. *Klingbeil*, Not- und Selbsthilferechte, S. 10.

gesetzlich verankerten Notwehrrechts äußerst gering war. Mit der Entwicklung des Konzepts der Rechtsstaatlichkeit wurde das Notwehrrecht jedoch allmählich von formalen Bedingungen befreit und bezog sich zunehmend auf die substanzielle Bedrohung durch eine Rechtsverletzung. Der Umfang des modernen Notwehrrechts wurde schrittweise erweitert, um Eigentum und andere legitime Rechte und Interessen einzubeziehen, und gewährt den Bürgern weitreichende Rechte, insbesondere bei verschiedenen Gewaltverbrechen, die die persönliche Sicherheit ernsthaft gefährden (wie Mord und Raub).[74] In diesen Fällen begründen die Handlungen des Verteidigers, selbst wenn sie zum Tod des Angreifers führen, keine Strafbarkeit. Dies markiert die endgültige Etablierung der Schärfe des modernen Notwehrrechts.

Zusammenfassend lassen sich aus der Notwehr-Institution drei wichtige Merkmale des modernen Notwehrrechts ableiten, nämlich Unabhängigkeit (von der öffentlichen Gewalt), Unnachgiebigkeit und hohe Intensität. Diese drei Merkmale verkörpern zugleich den modernen Kerngehalt des Notwehrrechts, nämlich seine „Schärfe", die es von den vormodernen Notwehrkonzeptionen deutlich unterscheidet. Sie grenzen die moderne Notwehr von ihren vorneuzeitlichen Prototypen ab, in denen Vergeltung oder soziale Kontrolle noch bestimmend waren.

Auch wenn in der wissenschaftlichen Diskussion über die eingeschränkte Anwendung des Notwehrrechts in China Uneinigkeit besteht und im Vergleich zum deutschen Recht tatsächlich Zweifel an seiner Schärfe geäußert werden, steht dies nicht im Widerspruch dazu, es im Rahmen dieser Arbeit der Kategorie eines modernen, scharfen Notwehrrechts zuzuordnen. Diese Einordnung beruht nicht nur auf einem bloßen zeitlichen oder empirischen Vergleich der tatsächlichen Wirksamkeit, sondern auch verweist auf ein normatives Ideal, das die normative Entwicklung des Notwehrrechts zum Ausdruck bringt.

B. Die Merkmale der Schärfe im Notwehrrecht

Das Notwehrrecht wird oft als ein Recht der „Schärfe" angesehen, was auf die folgenden Merkmale zurückzuführen ist:

(1) Grundsätzlich besteht keine Pflicht, staatliche Hilfe in Anspruch zu nehmen. Bei fehlendem staatlichem Schutz können Einzelpersonen ihr Notwehrrecht direkt ausüben, ohne zuvor staatliche Behörden um Hilfe zu ersuchen. Kurz gesagt, das Notwehrrecht ist vom Gewaltmonopol des Staates ausgenommen.

(2) Keine Ausweich- oder Duldungspflicht. Im Fall eines gegenwärtigen rechtswidrigen Angriffs ist der Verteidiger im Gegensatz zum Notstand nicht verpflichtet,[75] alle verfügbare Hilfe zu suchen, um die Gefahr abzuwenden, son-

[74] *Perron/Eisele*, Schönke/Schröder/StGB, § 32 Rn. 4 ff.; *Montenbruck*, Thesen zum Notwehrrecht, S. 12 ff.

[75] *Perron*, Schönke/Schröder/StGB, § 34 Rn. 20.

dern kann direkt zurückschlagen. Ausgehend von der Maxime, dass „das Recht dem Unrecht nicht weichen muss", sind die Angegriffenen in der Regel noch seltener als in früheren Phasen der Rechtsgeschichte verpflichtet, eine Beeinträchtigung ihrer eigenen Rechtsgüter hinzunehmen.

(3) Eine große Bandbreite an Intensität. Der Gesetzgeber gestattet dem Inhaber des Notwehrrechts, einen größeren Schaden zu verursachen, als das von ihm geschützte Rechtsgut durch den Angriff erleiden könnte, und sogar den rechtswidrigen Angreifer zu töten.

Würden diese Eigenschaften des Notwehrrechts ausnahmslos gelten, könnte man sich damit begnügen, seine Schärfe lediglich positiv zu untersuchen, aber das ist nicht der Fall. Tatsächlich können diese Merkmale unter bestimmten Umständen abgeschwächt werden. So gibt es beispielsweise Hindernisse, die dem Verteidiger das volle Notwehrrecht gegenüber einem schuldlosen Angreifer oder in einer „grob unverhältnismäßigen" Situation verwehren. Daher ist es notwendig, die Grundlage der scharfen Notwehr anhand der äußeren formalen Merkmale der Schärfe zu diskutieren, um die Gründe für ihre Abschwächung und Abstumpfung in bestimmten Fällen genauer zu verstehen.

I. Unabhängigkeit und Subsidiarität des Notwehrrechts gegenüber staatlicher Hilfe

Wenn die Notwehr in einem allgemeinen Sinne mit einer Pflicht zur Herbeiholung staatlicher Hilfe verbunden wäre, so würde dies bedeuten, dass das staatliche Gewaltmonopol ausnahmsweise in den Bereich des Notwehrrechts eingreifen, dass das Gewaltmonopol des Staates ausnahmsweise über die im Notwehrrecht festgeschriebene Anforderung der Erforderlichkeit hinausgehen würde. In diesem Fall würde die Herbeiholung staatlicher Hilfe zur ungeschriebenen Voraussetzung der Ausübung des Notwehrrechts oder staatliche Hilfe würde unter allen Umständen als das einzig zulässige Verteidigungsmittel angesehen. M.a.W.: Selbst wenn es ein Mittel gibt, das milder ist als die Inanspruchnahme staatlicher Hilfe, darf der Verteidiger dieses Mittel nicht einsetzen, um sich direkt zu wehren, sondern muss die Hilfe des Staates in Anspruch nehmen. „Wenn jene obrigkeitliche, Hülfe eine parate ist, wenn sie dem Angegriffenen sofort zur Verfügung steht, ohne daß er Opfer an der Wahrnehmung seiner Schutzberechtigten Interessen zu bringen genötigt ist, kann die ausschließliche Inanspruchnahme jenes Mittels von dem Angegriffenen gefordert werden."[76] Diese Ansicht räumt der staatlichen Hilfe in bestimmten Situationen eine gewisse Priorität ein, was bedeutet, dass die private Notwehr im Verhältnis zum staatlichen Schutz eine allgemeine Subsidiarität aufweist. Allerdings bleibt die h.M. dabei, dass diese Subsidiarität weiterhin im Rahmen der Er-

[76] RGSt 32, 392.

forderlichkeit des Notwehrrechts diskutiert wird.[77] Daher kann vom Verteidiger in Abwesenheit staatlicher Behörden nicht verlangt werden, dass er zunächst offizielle Hilfe in Anspruch nimmt.[78] Im Gegensatz dazu besteht im Bereich des Notstandsrechts kein berechtigtes Bedürfnis, aktiv auf die Notsituation zu reagieren, wenn die betroffene Person die Gefahr durch die Inanspruchnahme staatlicher Hilfe abwenden kann, ohne in die Rechtsgüter anderer einzugreifen.[79]

Der Ausschluss eines absoluten Vorrangs staatlicher Gewalt in der Notwehrlage unterstreicht somit die Schärfe des Notwehrrechts, weshalb es notwendig ist, eine entsprechende theoretische Grundlage dafür zu finden. Grundsätzlich sind die Gewährleistung der öffentlichen Sicherheit und Ordnung, der Schutz individueller und kollektiver Rechtsgüter und die Aufrechterhaltung der Rechtsordnung die grundlegenden Aufgaben des modernen Staates. Bei einem Verstoß gegen das Gesetz ist der Staat verpflichtet, die schädlichen Folgen durch Gefahrenabwehr zu verhindern.[80] Im Allgemeinen hat der Staat das Gewaltmonopol. Nur die vom Staat durch die Polizei und andere staatliche Behörden im Einklang mit der verfassungsmäßigen Ordnung ausgeübte Gewalt ist legitim – mit Ausnahme der Notwehr, die von Privatpersonen angewendet wird.

Wenn der Verteidiger keine staatliche Hilfe in Anspruch nehmen kann, besteht kein Zweifel an seinem Notwehrrecht. Umgekehrt besteht kein Notwehrrecht, wenn der rechtswidrige Angriff damit endet, dass der Angreifer durch staatliche Gewalt vollständig überwältigt wird.[81] Es gibt jedoch mehrere Situationen, in denen das Notwehrrecht und das staatliche Gewaltmonopol miteinander konkurrieren können. Ob das Notwehrrecht in diesen Fällen durch staatliche Hilfe ausgeschlossen ist, ist die Frage der sogenannten „Subsidiarität (gegenüber staatlicher Hilfe) der Notwehr".

Im Allgemeinen stehen drei Situationen im Mittelpunkt der Diskussion über die Subsidiarität der Notwehr: (1) Die Polizei ist präsent, während der rechtswidrige Angriff stattfindet; (2) die Polizei ist nicht präsent, während der rechtswidrige Angriff stattfindet, aber das Opfer kann „ohne Schwierigkeiten" die Polizei rufen; (3) das Opfer sieht im Voraus, dass ein rechtswidriger Angriff bevorsteht, und hat die Möglichkeit, die Polizei zu rufen, tut dies aber nicht. In solchen Fällen hängt der Erhalt des Notwehrrechts des Verteidigers davon ab, ob er verpflichtet ist, der staatlichen Hilfe den Vorrang einzuräumen.

---

77 *Haas*, Notwehr, S. 291; *Herzog*, NK/StGB, § 32 Rn. 71; *Jakobs*, AT, § 12 Rn. 45; *Suppert*, Studien zur Notwehr, S. 283 f.

78 *Warda*, Jura 1990, 350.

79 *Erb*, MK/StGB, § 34 Rn. 94.

80 Vgl. *Möstl*, Staatliche Garantie, S. 147 ff.

81 *Lesch*, Notwehrrecht, S. 61.

1. Streit um die Subsidiarität der Notwehr

Die Frage, ob die Möglichkeit staatlicher Hilfe Vorrang vor dem Notwehrrecht des Bürgers hat, ist in der Literatur umstritten, mit sowohl bejahenden als auch verneinenden Stimmen.

a) Ansichten der Bejahung der Subsidiarität des Notwehrrechts

aa) Verallgemeinerung des Vorrangs staatlicher Hilfe bei der Selbsthilfe

Nach § 229 dBGB ist Selbsthilfe nur gerechtfertigt, wenn staatliche Hilfe nicht rechtzeitig verfügbar ist. Einige Ansichten versuchen, diese Regel über den Vorrang staatlicher Hilfe zu verallgemeinern und auf die Rechtsfertigungsgründe für Notwehr auszudehnen.[82] Wenn Selbsthilfe als allgemeine Klausel und Notwehr als ihre besondere Klausel betrachtet wird, schließt die Möglichkeit staatlicher Hilfe das Notwehrrecht aus.

Die Ansicht, dass § 229 dBGB als allgemeines Gesetz von § 32 dStGB anzusehen ist, ist jedoch problematisch, da die Voraussetzungen für ihre Anwendung tatsächlich nicht dieselben sind. Der Normzweck der Selbsthilfe ist nämlich auf die Sicherung der Durchsetzung zivilrechtlicher Ansprüche beschränkt und der Gläubiger stellt die Durchsetzung des Anspruchs durch die Selbsthilfe sicher. Die Notwehr umfasst jedoch den Widerstand gegen unmittelbare Eingriffe und Handlungen, die absolute Rechte verletzen, wie z. B. das Recht auf Leben und das Recht auf Gesundheit.[83]

bb) Staatliche Hilfe zum Ausschluss der Gegenwärtigkeit des Angriffs

Eine Ansicht besagt, dass die Subsidiarität des Notwehrrechts der zeitlichen Bedingung der Notwehr untergeordnet sei, d. h. die Anwesenheit der Polizei habe Auswirkungen auf die Gegenwärtigkeit des rechtswidrigen Angriffs. M. a. W.: Wenn der Staat schnell für Schutz sorgen könne, bestehe eine gegenwärtige Gefahr nicht.[84]

Es wird jedoch allgemein angenommen, dass die Gegenwärtigkeit der Notwehrlage bedeutet: Ein Angriff ist gegenwärtig, wenn er unmittelbar bevorsteht, gerade stattfindet oder noch fortdauert.[85] Aus realistischer Perspektive betrachtet beendet die bloße Möglichkeit staatlicher Hilfe einen Angriff jedoch nicht zwangsläufig, weshalb diese Ansicht den empirischen Tatsachen widerspricht. Insbesondere wenn die Polizei nicht anwesend ist, hat die staatliche Hilfe noch

[82] *Krölls*, NVwZ 1999, 234; *Kunz*, ZStW 95 (1983), 976.

[83] Vgl. *Pelz*, NStZ 1995, 306.

[84] *Hälschner*, AT, S. 261; *Berner*, Notwehrtheorie, S. 560.

[85] *Rengier*, AT, § 18 Rn. 19.

keine wirkliche Gelegenheit, dem rechtswidrigen Angriff entgegenzutreten. Daher kann in dieser Konstellation nicht davon ausgegangen werden, dass es keinen gegenwärtigen rechtswidrigen Angriff gibt.

b) Ansichten der Verneinung der Subsidiarität des Notwehrrechts

aa) Unbegründete Bestrafung

Eine Ansicht vertritt, dass die Bejahung der Subsidiarität der Notwehr zu unbegründeten Strafen führen würde, da das Verhalten eines Bürgers, der sich gegen einen Angriff wehrt, allein aufgrund des variablen Faktors der Anwesenheit der Polizei strafrechtlich geahndet werden könnte. Dadurch würde die Grundlage der Strafbarkeit nicht mehr auf dem Schutz von Rechtsgütern beruhen, sondern auf der Verletzung staatlicher Zuständigkeiten und Befugnisse.[86]

Dieser Einwand bleibt oberflächlich und geht nicht auf die grundlegenden Aspekte ein, da die Diskussion über die Subsidiarität der Notwehr die Frage betrifft, ob die Möglichkeit staatlicher Hilfe eine negative Voraussetzung für das Notwehrrecht darstellt. Dies beeinflusst, ob die Notwehr als Rechtfertigungsgrund zur Anwendung kommen kann. Wenn die Subsidiarität der Notwehr nachgewiesen wird, sind tatbestandsmäßige Handlungen, die keinen Rechtfertigungsgrund aufweisen, selbstverständlich strafbar.

bb) Unterscheidung zwischen Polizeibefugnissen und Notwehrrecht

Eine andere Ansicht argumentiert, dass das Notwehrrecht ein privates Recht ist, während das Polizeirecht zur öffentlichen Gewalt gehört. Zwischen beiden besteht eine Abgrenzung der Anwendungsbereiche, so dass Letzteres keinen Einfluss auf Ersteres haben kann.[87]

Das Notwehrrecht ist jedoch nicht völlig unabhängig von der öffentlichen Gewalt des Staates. Im Gegenteil, es ist eng mit dem Umfang der staatlichen Zwangsbefugnisse verbunden, da es eine Ausnahme vom staatlichen Gewaltmonopol darstellt. Eine der Grundlagen der Notwehr ist das Versäumnis des Staates, angemessen zu schützen, und daher erkennt die Rechtsordnung an, dass Privatpersonen sich durch Ausübung des Notwehrrechts gegen Gefahren verteidigen können, wodurch der verfassungsrechtlich verankerte Schutz der Grundrechte verwirklicht wird. Daher ist die öffentliche Gewalt nicht grundsätzlich von der Bestimmung des Notwehrrechts ausgeschlossen.[88]

---

[86] *Pelz*, NStZ 1995, 306.

[87] Vgl. *Erb*, in: FS-Nehm, S. 183.

[88] Vgl. *Kneihs*, Privater Befehl, S. 377; *Merten*, Rechtsstaat und Gewaltmonopol, S. 57.

Zusammenfassend lässt sich sagen, dass die oben genannten Argumente, die entweder für oder gegen die Subsidiarität der Notwehr sprechen, nicht den Kern der Problematik treffen. Im Wesentlichen muss die Diskussion auf das Prinzip des staatlichen Gewaltmonopols zurückgeführt werden, um die Beziehung zwischen dem Notwehrrecht und der staatlichen Gewalt auszuloten und schließlich zu klären, ob staatliche Hilfe einen Vorrang haben sollte.

2. Prinzip des staatlichen Gewaltmonopols

Max Weber hat dargelegt, dass der moderne Staat eine Gemeinschaft mit einem Monopol auf legitime physische Gewalt sei.[89] Im Prinzip haben der Staat und seine Organe ein Monopol auf die Anwendung rechtmäßiger physischer Gewalt, und daher ist die Anwendung von Gewalt durch Privatpersonen im Prinzip nicht erlaubt.[90] Obwohl die Herausbildung des Staates als Organisationsform der menschlichen Gesellschaft mit einer gewissen Bemühung um die Etablierung eines Gewaltmonopols einhergegangen sein muss, sollte die theoretische Fundierung des Gewaltmonopols in der Vertragstheorie eigentlich systematisch begründet werden. So erklärt Dietlein die Grundlage des Gewaltmonopols des Staates mit der Theorie des Gesellschaftsvertrags von Hobbes. Nach seiner Interpretation steht die Sicherheit im Mittelpunkt von dessen Staatsphilosophie. Um den Naturzustand des Krieges aller gegen alle zu überwinden, müsse die Menschheit die Waffen niederlegen und einen Leviathan-Staat errichten, d.h. einen Staat, der mächtiger sei als alle anderen Gewalten, der durch die Übermacht seiner eigenen Macht und durch die daraus resultierende Furcht jede private Gewalt unterdrücke und so eine einvernehmliche Regelung herbeiführe. So werde das Recht zur Gewalt in den Händen des absoluten Staates monopolisiert. Das Bürgertum beende den Bürgerkrieg: Gewaltverzicht und Unterwerfung schüfen Bürger im Sinne von Staatsbürgern.[91] Da Sicherheit ein menschliches Grundbedürfnis ist, tauschen die Menschen, um sie zu erlangen, den Schutz des Staates gegen ihren eigenen Selbstschutz ein, indem sie auf private Rechtsmittel verzichten, und zwar sowohl durch die Loyalitätspflicht des Bürgers gegenüber dem Staat als auch durch die Schutzpflicht des Staates gegenüber dem Bürger. Der bürgerliche Gehorsam gegenüber dem Staat hat es den Menschen ermöglicht, der endlosen Kette von Racheakten zu entkommen und im Gegenzug ein größeres Maß an Frieden und Sicherheit zu erlangen.

Weder im deutschen Grundgesetz noch in der aktuellen chinesischen Verfassung steht ausdrücklich, dass der Staat den Bürgern die Anwendung privater Gewalt zur Lösung von Konflikten verbietet. Aus der Sicht der historischen Praxis impliziert das Überhandnehmen privater Gewalt oft gleichzeitig das Versagen des Staatsapparats, so dass aus dieser Perspektive die Wirksamkeit der staatlich geführten

[89] *Weber*, Politik als Beruf, S. 166.

[90] *Isensee*, in: FS- Sendler, S. 47.

[91] *Dietlein*, Schutzpflichten, S. 21.

Rechtsordnung tatsächlich auf dem Verbot privater Gewalt beruht. Isensee argumentiert, dass das deutsche Grundgesetz den Bürgern zwar nicht ausdrücklich verbiete, private Gewalt zur Lösung von Konflikten einzusetzen. Es mache jedoch die Konzentration der Macht im Staat und seinen Organen zu einer selbstverständlichen allgemeinen Grundlage der Verfassung. Dies sei nicht so sehr der Inhalt des Grundgesetzes, sondern seine Voraussetzung.[92] Dies wird durch den generellen Schrankenvorbehalt des Art. 2 Abs. 1 dGG unterstrichen: „Jeder hat das Recht auf die freie Entfaltung seiner Persönlichkeit, soweit er nicht die Rechte anderer verletzt und nicht gegen die verfassungsmäßige Ordnung oder das Sittengesetz verstößt.“ Dies ermöglicht es dem Gesetz, die Grenzen festzulegen, innerhalb derer die Bürger ihre Rechte ausüben können, ohne die Rechte anderer zu verletzen, falls es zu einem Konflikt zwischen ihnen kommt. Würde sich der Einzelne hingegen das Recht anmaßen, die Grenzen seiner eigenen Freiheitsrechte gegebenenfalls sogar unter Einsatz von Gewalt selbst zu bestimmen, könnte eine rechtsstaatliche und allgemeingültige Gewährung von Freiheitsrechten nicht garantiert werden.[93]

Art. 2 dGG beschreibt jedoch nur einen Soll-Zustand, und im Falle eines Rechtskonflikts zwischen Bürgern ist die öffentliche Gewalt verpflichtet, ergänzend Schutz zu gewähren. Isensee ist der Ansicht, dass das Widerstandsrecht nach Art. 20 Abs. 4 dGG dazu verwendet werden könne, in umgekehrter Richtung zu argumentieren, dass der Staat die Befugnis habe, Gewalt auszuüben.[94] Um den Staat und die Verfassung zu schützen, erlaubt das Grundgesetz den Bürgern auch, als letztes Mittel Gewalt anzuwenden, wenn „keine andere Hilfe zur Verfügung steht“. Dieses Recht ist ein Ausnahmerecht und kann nur als ultima ratio in Betracht gezogen werden, wenn alle Rechtsmittel, die das Rechtssystem vorsieht, keine wirksame Abhilfe schaffen.[95] Daraus lässt sich natürlich ableiten, dass nur der Staat das Recht hat, Gewalt auszuüben, wenn die verfassungsmäßige Regierung des Staates ordnungsgemäß funktioniert.[96]

Konkret muss das Gewaltmonopol des Staates immer noch durch Beamte umgesetzt werden, deswegen überträgt der Funktionsvorbehalt des Art. 33 Abs. 4 dGG den „Angehörigen des öffentlichen Dienstes“ in der Regel die „Ausübung hoheitsrechtlicher Befugnisse“. Die Beziehung zwischen diesem Verfassungsgrundsatz und dem Gewaltmonopol des Staates liegt darin, dass einerseits die hoheitlichen Handlungen die Sphäre der unmittelbaren Anwendung von Befehl und Zwang des Staates umfassen, die in Ermangelung von Handlungsbefugnissen, die durch gesetzliche Regelungen an Privatpersonen übertragen wurden, nur vom Staat durch seine Organe ausgeübt werden können; und andererseits wird der wesentliche Gesichtspunkt der Fähigkeit der Amtsträger, „hoheitliche Gewalt auszuüben“, auch

[92] *Isensee*, in: FS- Sendler, S. 46.

[93] *Sengbuch*, Subsidiarität, S. 109.

[94] *Isensee*, in: FS- Sendler, S. 52.

[95] BVerfGE 123, 333.

[96] *Schneider*, Widerstand, S. 21 f.; *Scholz*, NJW 1983, 707 f.

durch das Gewaltmonopol bestimmt, da der moderne Staat ein Monopol auf die Anwendung von Gewalt hat.[97] Dies erschwert es privaten Kräften, der Organisation des Staates durch Gewaltanwendung entgegenzuwirken und somit die Gesellschaft zu organisieren und (rechtswidrige) öffentliche Dienstleistungen außerhalb des verfassungsrechtlich zulässigen Rahmens zu erbringen.

3. Notwehrrecht als Ausnahme vom Gewaltmonopol

Das Gewaltmonopol des Staates ist indessen kein vollständiges Monopol im wörtlichen Sinne, denn es gibt immer einige Ausnahmen von diesem Monopol. Dazu gehört das Recht, Gewalt anzuwenden, um sich gegen einen gegenwärtigen rechtswidrigen Angriff zu verteidigen (Notwehr, Nothilfe nach § 32 dStGB), das Recht, sich vor anderen Gefahren zu schützen (Notstand nach § 34 dStGB), und das Recht jeden Bürgers, den Straftäter an Ort und Stelle festzunehmen und die dazu notwendige Gewalt anzuwenden (Jedermann-Festnahmerecht nach § 127 Abs. 1 dStPO). Ausgehend von der Existenz der seitens der Rechtsordnung anerkannten Ausnahmen argumentiert Gusy, das staatliche Gewaltmonopol sei nicht in dem Sinne zu verstehen, dass „der Staat im Gemeinwesen allein und exklusiv berechtigt wäre, Gewalt auszuüben". Vielmehr will er das Gewaltmonopol dahingehend verstanden wissen, dass allein der Staat berechtigt und in der Lage sei, über die (Un-) Rechtmäßigkeit von Gewalt zu entscheiden, den Umfang legitimer Gewalt zu bestimmen und illegitime Gewaltausübung mit eigenen notfalls zwangsbewehrten Mitteln zu verhindern.[98]

a) Ausschluss der Anwendung des staatlichen Gewaltmonopols auf die Notwehrlage

Die radikalste Auffassung, vertreten durch Schmidhäuser, besagt, dass das staatliche Gewaltmonopol ausschließlich für die nachträgliche strafrechtliche Verfolgung gelte, also für die Bestrafung bereits vollendeter rechtswidriger Handlungen. Demgegenüber diene die Notwehr der Abwehr eines gegenwärtigen rechtswidrigen Angriffs und stelle daher eine ursprüngliche Jedermannsbefugnis dar.[99] Folglich finde das staatliche Gewaltmonopol in diesem Kontext keine Anwendung.

Diese Auffassung ist jedoch auf Widerspruch gestoßen. Kritiker argumentieren, dass die Aufgaben des Staates nicht nur in der nachträglichen Bestrafung von Straftaten bestehen, sondern ebenso die Prävention und Abwehr rechtswidriger Handlungen umfassen. Daher könne das staatliche Gewaltmonopol nicht auf die strafrechtliche Verfolgung beschränkt sein, sondern gelte ebenso für die Gefahren-

---

[97] *Bracher*, Gefahrenabwehr, S. 81 f.

[98] *Gusy*, DÖV 1996, 576.

[99] *Schmidhäuser*, GA 1991, 122.

abwehr.[100] Das zeige sich beispielsweise im Polizei- und Ordnungsrecht.[101] Darüber hinaus ist es entscheidend, dass dem Verteidiger in einer Notwehrlage kein uneingeschränktes Recht auf Rache eingeräumt wird, sondern er weiterhin den Voraussetzungen der Erforderlichkeit und anderer Beschränkungen unterliegt. Überschreitet die Verteidigung diese Grenzen, bleibt sie potenziell von der Sanktionsgewalt des staatlichen Gewaltmonopols erfasst.

b) Notwehrrecht als Auftrag des Staates

Die Frage nach dem Ursprung des Notwehrrechts als nennenswerte Ausnahme vom staatlichen Gewaltmonopol ist in juristischen Kreisen seit langem umstritten. Einige Wissenschaftler vertreten die Auffassung, dass das Notwehrrecht aus der staatlichen Ermächtigung abgeleitet wird, d. h. dass der Staat den Bürgern diese Befugnis ausnahmsweise unter besonderen Umständen gewährt, um den Schutzzweck der Rechtsordnung zu erreichen. Diese Ansicht kann als „Ermächtigungstheorie“ bezeichnet werden.

Bitzilekis argumentiert, dass das Notwehrrecht aus einer staatlichen Ermächtigung hervorgehe, da die Aufrechterhaltung der Rechtsordnung die zentrale Aufgabe des Staates sei. Dies umfasse den Schutz der Rechtsgüter, der staatlichen Interessen und der staatlichen Rechte. Das Notwehrrecht werde als eine Erweiterung dieser staatlichen Aufgabe betrachtet. Nach dieser Ansicht reicht es nicht aus, rechtswidrige Handlungen lediglich nachträglich zu bestrafen. Der Staat müsse bereits bei unmittelbarer Gefährdung von Rechtsgütern Maßnahmen ergreifen. Daher sei das Notwehrrecht als ein Teil der staatlichen Gewalt zu interpretieren. Bitzilekis schreibt: „In einem Rechtsstaat mit staatlichem Gewaltmonopol ist die staatliche Macht zweifellos die einzige anerkannte Instanz zur Bekämpfung von Unrecht und übernimmt die Sicherung des inneren Friedens der Staats- und Gesellschaftsordnung.“ Um zeitliche Schutzlücken zu schließen, werde das Notwehrrecht bei drohenden rechtswidrigen Angriffen ausnahmsweise an Privatpersonen übertragen.[102] Allerdings erklärt diese Theorie weder, warum diese „besondere Schutzbedürftigkeit“ die Ausnahme vom Gewaltmonopol rechtfertigt, noch legt sie dar, unter welchen Umständen und auf welche Weise das Notwehrrecht vom Staat an Privatpersonen übertragen wird.

Yamanaka Kazutoshi betont, dass es für die Aufrechterhaltung der Rechtsordnung notwendig sei, rechtswidrige Angriffe so weit wie möglich zu verhindern. Allerdings seien staatliche Organe bei drohenden rechtswidrigen Angriffen häufig aufgrund zeitlicher oder ressourcenbedingter Einschränkungen nicht in der Lage, Rechtsgüter und die Rechtsordnung wirksam zu schützen. In solchen Fällen sei es

[100] *Kroß*, Notwehr, S. 35.

[101] *Gusy/Eichenhofer*, PolizeiR, Rn. 79.

[102] Vgl. *Bitzilekis*, Einschränkung, S. 76.

sinnvoller, das Notwehrrecht ausnahmsweise an Privatpersonen zu übertragen, um Schutzlücken zu schließen und die Rechtsordnung effizienter zu wahren.[103]

Eine weitere Interpretation, die die Ermächtigungstheorie unterstützt, betrachtet das Notwehrrecht als ein dem öffentlichen Recht ähnliches System der „Beleihung". Aus dieser Perspektive sei die Notwehr eine ergänzende Aufgabe, die der Staat seinen Bürgern übertrage, um Schutzlücken in besonderen Situationen zu schließen. Diese Übertragung kläre nicht nur, ob Verteidigungshandlungen erlaubt seien, sondern lege auch die grundlegenden Prinzipien fest, wie sie durchzuführen seien.[104] Diese Sichtweise betont außerdem, dass der Staat durch eine solche temporäre Ermächtigung nicht nur die Kontinuität der Rechtsordnung aufrechterhalte, sondern auch sicherstelle, dass Bürger in dringenden Bedrohungssituationen auf legale Weise ihre eigenen und fremde Rechtsgüter schützen können.

Die obige Ansicht, die von der Notwendigkeit staatlicher Funktionen und der Rationalität der Ermächtigung ausgeht, versucht, das Notwehrrecht als ausnahmsweise Übertragung des staatlichen Gewaltmonopols zu definieren. Diese Theorie wirft jedoch auf logischer und praktischer Ebene noch viele Probleme auf, die einer weiteren Diskussion bedürfen.

Erstens lässt sich, wenn das Notwehrrecht als die vom Staat an Privatpersonen delegierte Zwangsbefugnis verstanden wird, nicht erklären, warum die delegierten Bürger nicht den gleichen Beschränkungen unterliegen wie staatliche Behörden.[105] Hoheitliche Handlungen des Staates müssen dem öffentlich-rechtlichen Grundsatz der Verhältnismäßigkeit entsprechen, aber die vorherrschende Meinung ist, dass das Notwehrrecht dieser Einschränkung nicht unterliegt. So sei dies insbesondere der Fall beim polizeilichen Schusswaffeneinsatz, zum Beispiel stellen §§ 67, 68 PolG BW strenge Voraussetzungen für den Einsatz von Schusswaffen durch die Polizei auf, aber diese Bedingungen gelten nicht für die Notwehr nach § 32 dStGB.

Als Reaktion auf diese Kritik wurde vorgetragen, dass der Staat über überwältigende Ressourcen verfüge und dass die private Verteidigung daher nicht dem gleichen Verhältnismäßigkeitsgrundsatz unterliegen solle wie die staatliche Gewalt.[106] Der Durchschnittsbürger trage in der Regel keine Waffe bei sich und verfüge nicht über die gleiche professionelle Ausbildung in Treffsicherheit wie ein Polizeibeamter, so dass private Gewalt bei einer körperlichen Auseinandersetzung gegenüber staatlicher Gewalt im Nachteil sei. Wenn das Notwehrrecht den gleichen strengen Beschränkungen unterläge wie die staatliche Gewalt, könnten die Normziele der Notwehr nicht wirksam erreicht werden.[107] Diese Ansicht ist jedoch immer noch unzureichend, da sie nur erklären kann, warum die Beschränkungen der Ge-

---

[103] *Yamamoto*, Notwehr, S. 176.

[104] *Kiefer*, LKRZ 2009, 441; BVerwG 3 C 35.09.

[105] *Kroß*, Notwehr, S. 37; *Sengbusch*, Subsidiarität, S. 120 ff.; *Buri*, GerS 30 (1878), 463.

[106] *Klinkhardt*, VerwaltungsArchiv 55 (1964), 343 f.

[107] *Seelmann*, ZStW 89 (1977), 55.

walt zwischen Staat und Privatpersonen asymmetrisch sind; sie kann aber nicht direkt beweisen, dass das Notwehrrecht aus der staatlichen Ermächtigung abzuleiten ist. Tatsächlich kann der Unterschied zwischen Staat und Privatpersonen nur die Ungleichheit der Beschränkungen erklären und bietet keine ausreichende Grundlage für die Ermächtigungstheorie.

Zweitens betrachtet die Ermächtigungstheorie den Beliehenen gemäß dem Staatshaftungsrecht als staatlichen Funktionsträger, wobei die Verantwortung für Pflichtverletzungen dem Staat und nicht der Person selbst zugeschrieben wird. Im Falle einer Überschreitung des erforderlichen Maßes der Verteidigung müsste der Verteidiger jedoch weiterhin die straf- und zivilrechtliche Haftung persönlich tragen, während der Staat hierfür nicht einstehen würde.[108] Diese Diskrepanz in der Verantwortungszuweisung untergräbt die Überzeugungskraft der Beleihungstheorie zusätzlich.

Drittens müsste, wenn das Notwehrrecht tatsächlich auf einer staatlichen Ermächtigung beruhen würde, der Ermächtigende (der Staat) auch in der Lage sein, dieses Recht zu widerrufen. In einem modernen Rechtsstaat ist es jedoch unvorstellbar, das Notwehrrecht abzuschaffen. Das Notwehrrecht ist nicht nur ein wesentlicher Bestandteil des Rechtssystems, sondern auch eine grundlegende Voraussetzung für das Funktionieren der Gesellschaft. Eine Gesellschaft ohne Notwehrrecht würde Schwierigkeiten haben, grundlegende Ordnung und Gerechtigkeit aufrechtzuerhalten. Würde man die Ermächtigungstheorie konsequent weiterdenken, könnte man sich etwa eine hochentwickelte Zukunftsgesellschaft vorstellen, in der die öffentliche Gewalt in jeder Situation schnell eingreifen und Schutz bieten kann. Würde dies bedeuten, dass das Notwehrrecht abgeschafft werden könnte? Diese Frage muss verneint werden. Das Notwehrrecht ist eng mit unveräußerlichen natürlichen Rechten wie dem Recht auf Leben und körperliche Unversehrtheit verbunden. Wenn diese Rechte nicht abgeschafft werden können, gilt dies gleichermaßen für das Notwehrrecht als Instrument des Selbstschutzes. Daher ist die Ermächtigungstheorie nicht in der Lage, die grundlegenden Eigenschaften des Notwehrrechts schlüssig zu erklären.

c) *Notwehrrecht als inhärentes Recht von Privatpersonen*

Aus den obigen Ausführungen wird deutlich, dass die Auffassung, dass sich das Notwehrrecht aus einem Auftrag der Staatsgewalt ergebe, mit einer Reihe von Schwierigkeiten verbunden ist. Wenn aber das Notwehrrecht keine vom Staat gewährte Zwangsbefugnis ist, wie lässt sich dann erklären, warum die Institution der Notwehr eine Ausnahme vom Gewaltmonopol des Staates darstellt? Ein weiteres schlagkräftiges Argument ist, dass das Notwehrrecht ein inhärentes privates Recht

---

[108] *Maurer/Waldhoff*, Allgemeines Verwaltungsrecht, § 26 Rn. 13 f.

des Einzelnen ist und dass, sobald dieses Recht anerkannt wird, das staatliche Gewaltmonopol zurücktreten muss.[109]

Ein Vertreter der Ansicht, dass das Notwehrrecht den einzelnen Personen innewohnt, ist Pawlik, der argumentiert, dass das Notwehrrecht seine Rechtfertigung aus der Idee der Respektierungspflicht ableitet. Dies muss weiter auf ein Verständnis der Aufgabe des Rechts und der Figuren der Zuständigkeitsbegründung zurückgeführt werden.

Seiner Ansicht nach besteht die Hauptaufgabe des Rechts und insbesondere des Strafrechts darin, die Bürger in die Lage zu versetzen, ihr Leben nach ihren eigenen Vorstellungen zu gestalten.[110] Die Rechtsordnung sollte Bedingungen schaffen, unter denen jeder Bürger glauben kann, dass die Unverletzlichkeit seiner Rechtssphäre von anderen respektiert wird. Denn die Bürger können nicht erwarten, frei zu leben, wenn sie nicht daran glauben, dass die Unverletzlichkeit ihrer Rechtssphäre von anderen respektiert wird,[111] wenn sie also jederzeit mit einer Verletzung ihrer Rechtssphäre rechnen müssen. Jede Person muss die Unverletzlichkeit der Rechtssphäre der anderen respektieren. Die Fürsorgepflicht umfasst nicht nur das Eingriffsverbot, dem zufolge ein jeder „die Rechtssphäre des anderen nicht verletzen darf", sondern auch Neutralisierungsgebote, die in der eigenen Rechtssphäre entstehenden Gefahren zu beseitigen,[112] da niemand außer dem Subjekt dieser Rechtssphäre die in seiner Rechtssphäre entstehenden Gefahren beseitigen kann, ohne in seine Freiheit einzugreifen.[113]

Nach dieser Auffassung basiert das Notwehrrecht auf dem Rechtsverhältnis zwischen Angreifer und Angegriffenem und zielt darauf ab, die rechtliche Stellung des Angegriffenen als Rechtsperson zu wahren oder wiederherzustellen. In diesem Sinne kann das Notwehrrecht als ein inhärentes Recht der Privatperson und nicht als ein vom Staat gewährtes Recht verstanden werden.

Diese Auffassung, die das Notwehrrecht als rein persönliches Recht ansieht, lässt sich auch mit dem Verständnis des staatlichen Gewaltmonopols von Gusy vereinbaren, das darin besteht, dass der Staat nicht jede private Gewalt verbietet, sondern nur legitime sowie illegitime Gewalt unterscheidet und dass eine ungerechtfertigte Verletzung der Sphäre der Rechtspersönlichkeit einer anderen Person illegitim ist, während die Ausübung der Notwehr nach der obigen Auffassung eine Wiederherstellung der Sphäre der Rechtsfreiheit und daher eine legitime, der Privatperson inhärente Gewalt darstellt. Die Ausübung der Notwehr stellt nach obiger Auffassung die Sphäre der rechtlichen Freiheit in ihrem ursprünglichen Zustand wieder her

[109] Vgl. *Bernsmann*, ZStW 104 (1992), 309; *Kurakēs*, Notwehr, S. 33 Fn. 64; *Perron*, Rechtfertigung und Entschuldigung, S. 87.

[110] *Pawlik*, Unrecht, S. 147.

[111] *Pawlik*, Unrecht, S. 174 f.

[112] *Pawlik*, Unrecht, S. 180 f.

[113] Vgl. *Jakobs*, Zurechnung, S. 20.

und ist daher eine legitime, der Privatperson innewohnende Gewalt, die vom Strafrecht lediglich anerkannt wird. Die Frage, die einer weiteren Klärung bedarf, ist jedoch das Verhältnis zwischen dem Notwehrrecht, das im Strafrecht als rechtmäßige Gewalt vorgesehen ist, und anderer rechtmäßiger Gewalt des Staates.

Da das Notwehrrecht ein inhärentes Recht des Bürgers und kein Auftrag des Staates ist, ist der Verteidiger außerdem kein Hilfspolizist des Staates,[114] sondern ein Träger der Bürgerrechte. Im Falle der Nothilfe leitet sich das dem Verteidiger zustehende Nothilferecht also von dem Angegriffenen ab, und dieses Recht hängt somit vom (wirklichen oder mutmaßlichen) Willen des Opfers des Angriffs ab.[115] Im Falle eines ausdrücklichen Verzichts der Angegriffenen ist die Nothilfe nicht mehr zulässig; die Angegriffene hat auch das Recht zu bestimmen, wie und durch wen sie sich verteidigen will.[116]

d) Notwehrrecht als aus verfassungsrechtlichen Grundrechten abgeleitetes Recht

Obwohl die inhärente Rechtsnatur des Notwehrrechts bejaht werden kann, reicht dies allein nicht aus, um zu erklären, warum das Notwehrrecht dem als verfassungsrechtliches Prinzip geltenden staatlichen Gewaltmonopol entgegentreten kann. Daher ist es für eine umfassende Klärung des Verhältnisses zwischen Notwehrrecht und staatlichem Gewaltmonopol erforderlich, auch den verfassungsrechtlichen Status des Notwehrrechts selbst zu bestimmen.

Nach Hobbes kann der Staat seinen Bürgern nur aus dem Grund und in dem Maße Verpflichtungen auferlegen, wie sie von den gegenüber dem Staat eingegangenen Verpflichtungen profitieren,[117] d.h. nur denjenigen Personen, die durch die Autorität des Staates geschützt werden, kann der Staat Verpflichtungen auferlegen. Dies gilt eindeutig für die Verpflichtung der Bürger, sich dem Gewaltmonopol des Staates zu unterwerfen, da die Bürger dadurch von dem staatlichen Schutz vor Lynchjustiz und anderer privater Gewalt profitieren können. Vor allem wenn es einen Streit zwischen Bürgern gibt, muss die Justiz, um ungerechtfertigte Lynchmorde oder Repressalien zu vermeiden, den Streit in einem gerichtlichen Verfahren klären. Die entsprechenden Entscheidungen der Justiz müssen von allen Bürgern befolgt werden, um den Schutz der Gerechtigkeit sicherzustellen. Meinungsverschiedenheiten über das Gesetz können zu Konfliktsituationen führen, die den Einsatz von Gewalt beinhalten können. In einer solchen Situation legt daher das Gesetz fest, was jeder als ihm zugehörig anerkennen sollte, und verteilt es unter

[114] *Rienen*, Einschränkungen, S. 71; *Herzog*, NK/StGB, § 32 Rn. 25; *Roxin/Greco*, AT I, § 15 Rn. 1.

[115] *Perron/Lenckner*, Schönke/Schröder/StGB, § 32 Rn. 25 f.

[116] *Maurach/Zipf*, AT, § 26 I Rn. 4; *Sternberg-Lieben*, Detlev/Sternberg-Lieben, JuS 1999, 446.

[117] *Hobbes*, Leviathan, S. 116.

Rückgriff auf eine externe Gewalt, die nicht die eigene der Bürger ist.[118] Die Schutzpflichten des Staates legen durch das Wirken gewaltbefugter Organe, die Gesetze erlassen und in der Lage sind, sie durchzusetzen, in allgemein verbindlicher Weise das Verhältnis zwischen den Rechten und Pflichten jeder Person fest und vermeiden so Konfliktsituationen zwischen Personen. Das ist Ausdruck der Schutzpflichten des Staates, und dementsprechend ist das Recht auf ein faires Verfahren als ein Grundrecht anzusehen. Die Bürger sollten daher diese rechtsschützenden Verfahren respektieren, weil sie von jenem Zustand des Rechtsfriedens profitieren, den die Verfahren herbeiführen. Umgekehrt werden handlungsweisen von Bürgern, die das ordnungsgemäße Funktionieren dieser rechtsschützenden Verfahren durch private Gewalt stören, als Missachtung des Grundprinzips der friedlichen Koexistenz und des wechselseitigen Respekts zwischen den Bürgern angesehen.

Wenn die Justiz- oder Verwaltungsbehörden die Quelle des rechtswidrigen Eingriffs vollständig unter Kontrolle gebracht haben oder wenn der rechtswidrige Eingriff beendet ist, kann der Bürger aufgrund der Verpflichtung, die staatlichen Verfahren zum Schutz der Rechte zu respektieren, keine privaten Rechtsbehelfe mehr einlegen, sondern nur noch auf dem ordnungsgemäßen Weg der Rechtsordnung versuchen, Abhilfe zu schaffen. Wenn also der rechtswidrige Eingriff nicht „gegenwärtig" ist, kommt das in der Notwehrlage geltende Notwehrrecht nicht mehr in Betracht.

Umgekehrt kann der Staat in einer Notlage, in der er aus praktischen Gründen nicht in der Lage ist, diese Verfahren zum Schutz der Grundrechte zu erfüllen und daher auch nicht für die Wahrung der Rechte des Einzelnen sorgen kann, dem Bürger nicht die Erfüllung dieser Verpflichtung zur Achtung des staatlichen Gewaltmonopols auferlegen. Daher muss der Staat in solchen Fällen die Ausübung des Notwehrrechts gegenüber seinen Bürgern zulassen.[119] Da an diesem Punkt die Grundlage für die Verpflichtung des Bürgers, sich dem Gewaltmonopol des Staates zu unterwerfen, vorübergehend wegfällt, steht die Selbsthilfe des Bürgers an diesem Punkt nicht im Widerspruch zum Gewaltmonopol des Staates. Wenn also die Grundlage der Gehorsamspflicht wiederhergestellt ist, d. h. wenn die Verfahren zum Schutz der Rechte des Staates ihre eigentliche Rolle spielen können, dann sollte das Notwehrrecht in den Hintergrund gedrängt werden.[120]

Durch diese Analyse der Beziehung zwischen dem staatlichen Gewaltmonopol und dem Notwehrrecht kann festgestellt werden, dass das Notwehrrecht aus den verfassungsrechtlichen Grundrechten abgeleitet werden kann. Denn die Schutzpflicht des Staates besteht jederzeit; selbst in einer Notlage bleibt der Staat verpflichtet, die Grundrechte der Bürger zu schützen. Wenn der Staat jedoch in solchen

---

[118] Vgl. *Kant*, Die Metaphysik der Sitten, S. 430.

[119] *Isensee*, in: FS-Sendler, S. 52.

[120] Vgl. *Lesch*, Notwehrrecht S. 61; *ders.*, in: FS-Dahs, S. 111.

Situationen faktisch nicht in der Lage ist, seine Schutzpflicht zu erfüllen, darf er nicht allein zur Wahrung der absoluten Exklusivität seines Gewaltmonopols die Bürger zwingen, die Beeinträchtigung ihrer Grundrechte hinzunehmen.[121] Daher muss es den Bürgern gestattet sein, in Fällen, in denen der Staat keinen Schutz bieten kann, ihre Grundrechte durch private Gewalt zu verteidigen.

Daraus folgt, dass das Notwehrrecht nicht auf einer staatlichen Ermächtigung beruht, sondern sich unmittelbar aus den Grundrechten ableitet und zu den vom Staat garantierten Bürgerrechten gehört. Die moderne Rechtswissenschaft betrachtet die Verfassung (Grundgesetz) selbst als eine Art Ersatz für das Naturrecht.[122] Daher ist es nicht erforderlich, die Legitimität des Notwehrrechts durch das Naturrecht zu begründen, sondern sie kann direkt aus den verfassungsrechtlichen Grundrechten hergeleitet werden.

4. Die Herbeiholung staatlicher Hilfe

Auf der Grundlage der obigen Argumentation wird in dieser Arbeit vertreten, dass das Notwehrrecht ein ursprüngliches Recht ist und nicht erst durch eine staatliche Ermächtigung entsteht. Daher hat staatliche Hilfe keinen absoluten Vorrang gegenüber der privaten Notwehr. Die Inanspruchnahme staatlicher Hilfe steht daher auf einer Stufe mit den verschiedenen privaten Notwehrmitteln und beide sind Arten der Verteidigungshandlung. Sie müssen daher im Rahmen der Erforderlichkeit der Verteidigungshandlung geprüft werden: Nur wenn das Eingreifen der Polizei ebenso wirksam wie die Notwehr ist und dabei eine mildere Maßnahme darstellt, sollte der polizeilichen Gefahrenabwehr der Vorrang eingeräumt werden.[123] Auf der Grundlage dieses Ansatzes wird die konkrete Anwendung der Subsidiarität des Notwehrrechts in den drei oben beschriebenen Situationen untersucht.

a) Vorstufe zur Notwehrlage und Abwehrprovokation

In der Vorstufe der Notwehrlage, d. h. wenn kein gegenwärtiger rechtswidriger Angriff vorliegt, aber die Gefahr eines rechtswidrigen Angriffs besteht, ist der Verteidiger nicht verpflichtet, staatliche Hilfe in Anspruch zu nehmen. Wenn der Verteidiger die Polizeibehörde nicht informiert, wird sein Notwehrrecht dadurch nicht eingeschränkt oder gar ausgeschlossen.

Erstens soll das Prinzip des staatlichen Gewaltmonopols den sozialen Frieden fördern und die Anwendung privater Gewalt einschränken, nicht aber die Bürger dazu verpflichten, staatliche Behörden über einen möglichen rechtswidrigen Angriff zu informieren. Vielmehr ist der Staat selbst verpflichtet, die Initiative zu

---

[121] *Schulte*, Gefahrenabwehr, DVBl. 1995, 132.

[122] *Kunz/Mona*, Rechtsphilosophie, Rechtstheorie, Rechtssoziologie, S. 139.

[123] Vgl. *Seebode*, in: FS-Krause, S. 385; *Erb*, in: FS-Nehm, S. 181.

ergreifen, um rechtzeitig Schutz zu bieten und Gefahren zu beseitigen, noch bevor eine konkrete Gefahr entsteht.[124]

Zweitens kann die sogenannte Abwehrprovokation ebenfalls nicht als Grundlage für eine Einschränkung des Notwehrrechts herangezogen werden. Unter Abwehrprovokation versteht man eine Situation, in der eine Person angesichts eines zu erwartenden rechtswidrigen Angriffs absichtlich ihre Verteidigungsmaßnahmen verstärkt oder den Einsatz milderer Mittel verzögert, um gefährlichere Verteidigungsmittel als erforderlich bereitzustellen. Zwar könnte das rechtzeitige Einschalten staatlicher Behörden tatsächlich dazu beitragen, einen späteren Konflikt zu vermeiden, und könnte somit als milderes Mittel betrachtet werden. Allerdings ist die Notwehrlage in solchen Fällen nicht auf ein vorwerfbares Verhalten des Verteidigers zurückzuführen.[125] Das bloße Unterlassen, die Polizei zu benachrichtigen, kann daher nicht als Ursache für die Entstehung des rechtswidrigen Angriffs angesehen werden, weil die Nichtanzeige eines fremden Angriffs an sich nicht rechtswidrig ist. Das Tragen legaler Waffen verstößt an sich nicht gegen das Prinzip des staatlichen Gewaltmonopols; selbst wenn illegale Waffen getragen werden, liegt die Strafbarkeit lediglich im Besitz des Werkzeugs, und dieser Besitz beeinflusst nicht die vollständige Zurechenbarkeit des Angriffs zu jenem Angreifer, der die Notwehrlage verursacht. Daher sollten hinsichtlich der Vorbereitung von Werkzeugen als Vorstufe zur Notwehrlage keine weiteren Einschränkungen über die Erforderlichkeit der Verteidigungshandlung hinaus bestehen.

b) Abwesenheit der Polizei in der Notwehrlage

Wenn ein rechtswidriger Angriff stattfindet und die Polizei nicht anwesend ist, sollte der Verteidiger sofort das Recht haben, sich gegen den rechtswidrigen Angriff zu verteidigen. Aus dem Prinzip des staatlichen Gewaltmonopols kann auch nicht geschlossen werden, dass das Notwehrrecht in einer solchen Notwehrlage subsidiär sein sollte. Einerseits verpflichtet das Prinzip des staatlichen Gewaltmonopols die Bürger, wie oben erwähnt, nicht dazu, bei einem rechtswidrigen Angriff aktiv staatliche Hilfe in Anspruch zu nehmen. Das Notwehrrecht als ursprüngliches Recht des Einzelnen ist im Verhältnis zu den vom Staat bereitgestellten Schutzmechanismen ein gleichwertiges und unabhängiges Rechtsmittel. Zudem kommt es in der Regel zu einer zeitlichen Verzögerung, selbst wenn die Polizei nach einem Anruf schnell vor Ort ist und die rechtswidrige Verletzung wirksam unterbinden kann. In vielen Fällen kann diese zeitliche Verzögerung das Risiko, dass die rechtswidrige Verletzung erfolgreich ist, erheblich erhöhen und das Opfer dazu zwingen, zusätzliche Gefahren auf sich zu nehmen. Wenn eine rechtswidrige Verletzung andauert

---

[124] Vgl. *Sengbusch*, Subsidiarität, S. 288.

[125] *Wessels/Beulke/Satzger*, AT, § 10 Rn. 537.

und die Polizei nicht rechtzeitig eingreifen kann, sollte daher das Notwehrrecht des Bürgers uneingeschränkt bestätigt werden.[126]

Darüber hinaus lässt sich der Wegfall der Verpflichtung zur Inanspruchnahme nicht präsenter Unterstützungsmöglichkeiten auch aus der Unnachgiebigkeit des Notwehrrechts ableiten. Wenn der Angegriffene zunächst externe Hilfe herbeirufen müsste, so dass der Angreifer in der Zwischenzeit die Oberhand gewinnen würde, kann von ihm nicht verlangt werden, auf externe Unterstützung zu setzen. Eine solche (auch nur vorübergehende) Duldungspflicht gegenüber dem Unrecht wäre mit den grundlegenden Prinzipien der Notwehr unvereinbar – insbesondere dann, wenn der Verteidiger während dieser Zeit bereits der Gefahr eines Rechtsgutsverlustes ausgesetzt ist.[127] Dem Angegriffenen muss in einer akuten Notwehrlage das Recht zugestanden werden, sofort gegen den Angriff vorzugehen, anstatt ihn zu zwingen, sich für die Flucht zu entscheiden. Folglich gilt der Ausschluss einer Verpflichtung zur vorrangigen Inanspruchnahme fremder Unterstützung nicht nur in Bezug auf staatliche Hilfe, sondern ebenso für private Unterstützung.[128]

c) Anwesenheit der Polizei in der Notwehrlage

Wenn ein rechtswidriger Angriff stattfindet und die Polizei anwesend ist, sollte nach den Ausführungen in dieser Arbeit die Verteidigung durch die Polizei als ein mögliches Verteidigungsmittel angesehen werden. Wenn das Eingreifen der Polizei und die private Notwehr gleichermaßen wirksam sind, muss das relativ mildere Mittel gewählt werden, um die Erforderlichkeit der Notwehr zu erfüllen. Sind beide Verteidigungsmittel gleich gefährlich, kann der Verteidiger nach Belieben eines von beiden wählen. Eine Verletzung des Prinzips des staatlichen Gewaltmonopols liegt darin nicht, weil die Polizei in diesem Fall nur anwesend ist und die Abwehr des rechtswidrigen Angriffs noch nicht vollständig übernommen hat. Daher sind das staatliche Hilfsrecht und das Notwehrrecht des Einzelnen in dieser Konstellation gleichrangig.

Der Grund dafür ist, dass das Notwehrrecht, solange eine Notwehrlage besteht, innerhalb dieses zeitlichen und räumlichen Rahmens seine Grundlage als von einem Grundrecht abgeleitetes Recht behält. In diesem Fall kann dieses Recht nicht aufgrund der möglichen Hilfe der Polizei aufgehoben werden; vielmehr sollte das Verhalten, die Polizei zu rufen, als ein formales Mittel des Rechts betrachtet werden, das als Bewertungsmaßstab für die Erforderlichkeit der Gegenwehr dient.

Anders verhält es sich jedoch, wenn die staatliche Hilfe in Anwesenheit die Abwehr des Angriffs übernommen hat und den optimalen Schutz der Angegriffenen

---

[126] *Xu*, Journal of Soochow University (Law Edition) 2024 (1), 94.

[127] BGH 5. 10. 1965 – 1 StR 325/65.

[128] *Erb*, MK/StGB, § 32 Rn. 141.

gewährleistet.[129] Obwohl die Notwehrlage nicht als beendet angesehen werden kann, kann die Angegriffene keine Notwehr mehr ausüben, da das Prinzip des staatlichen Gewaltmonopols in Kraft tritt, wenn der Staatsbedienstete die Abwehr des rechtswidrigen Angriffs übernimmt und die Voraussetzungen für das Notwehrrecht somit nicht mehr gegeben sind. Die begrenzte Gleichstellung von staatlicher Hilfe und privater Notwehr ist auf Situationen beschränkt, in denen staatliche Hilfe nur eine Möglichkeit darstellt und noch nicht eingetreten ist, während in diesem Fall staatliche Hilfe bereits Realität ist.

5. Zwischenfazit und Anschlussfragen

Das Notwehrrecht ist die typischste Ausnahme vom Gewaltmonopol des Staates, aber diese Ausnahme beruht nicht auf einer Übertragung oder einer Ermächtigung durch den Staat, sondern auf der Tatsache, dass das Notwehrrecht ein inhärentes Recht der Privatperson und ein aus den verfassungsrechtlichen Grundrechten abgeleitetes Recht ist. Im Allgemeinen verfügt der Staat über das Gewaltmonopol, und die Bürger sind verpflichtet, sich an die ordnungsgemäßen Verfahren des staatlichen Rechts zu halten. Im Ausnahmezustand ist der Staat nicht in der Lage, seiner Verpflichtung zum Schutz der Grundrechte der Bürger nachzukommen. In dieser Zeit können die Bürger vorübergehend von der Verpflichtung entbunden werden, das staatliche Gewaltmonopol zu befolgen, und können ihr inhärentes Notwehrrecht ausüben. Bürger sind nicht verpflichtet, rechtswidrige Angriffe dem Staat zu melden, und staatliche Hilfe hat in der Regel keinen absoluten Vorrang vor dem privaten Notwehrrecht. Vielmehr sollte die staatliche Hilfe unter dem Gesichtspunkt der Erforderlichkeit der Verteidigungshandlung geprüft werden. Die Subsidiarität des Notwehrrechts ist nur dann zu bejahen, wenn die staatliche Hilfe tatsächlich die Abwehr des Angriffs übernommen hat, woraufhin sich der Angegriffene nicht mehr auf Notwehr berufen kann. Zusammenfassend vertritt diese Arbeit die Auffassung, dass das Notwehrrecht im Verhältnis zur staatlichen Hilfe unabhängig ist. Die Subsidiarität des Notwehrrechts bedeutet lediglich, dass das Notwehrrecht nicht ausgeübt werden darf, wenn die staatliche Hilfe den rechtswidrigen Angriff bereits unter Kontrolle gebracht hat.

Die Beziehung zwischen der Unabhängigkeit und der Subsidiarität des Notwehrrechts spiegelt eindrucksvoll seine besondere Stellung im System des staatlichen Gewaltmonopols wider. Das Prinzip des staatlichen Gewaltmonopols legt fest, wie das Recht zur Ausübung von legitimer Gewalt zwischen Staat und Individuen verteilt wird. Allerdings ist das Prinzip des staatlichen Gewaltmonopols lediglich eine oberflächliche Darstellung dieser Verteilung von Rechten. Um die äußeren Grenzen des Notwehrrechts zwischen individuellen Rechten und staatlicher Macht weiter zu erforschen, muss man zu den grundlegenden Gedanken des Notwehr-

---

[129] *Sengbusch*, Subsidiarität, S. 312 f.

rechts zurückkehren, um darin die tiefergehende Grundlage dieser Verteilung zu finden.

II. Unnachgiebigkeit des Notwehrrechts

Wenn der Angegriffene mit einem rechtswidrigen Angriff konfrontiert wird, stehen ihm neben der Abwehr zwei weitere Handlungsmöglichkeiten zur Verfügung, nämlich Ausweichen und Dulden. Keine dieser Handlungsoptionen entspricht jedoch der Formel „Das Recht braucht dem Unrecht nicht zu weichen", denn sowohl Ausweichen als auch Dulden sind eine explizite Kapitulation vor dem Unrecht.[130] Obwohl beides seiner Natur nach ein Rückzug des Rechts vor dem Unrecht ist, gibt es dennoch einige Unterschiede: Einerseits kann das Ausweichen eine vernünftige Handlung sein, um das Rechtsgut zu retten und letztlich seinen Schutz zu erreichen.[131] Außerdem ist die Duldung eines rechtswidrigen Angriffs ein deutlich stärkeres Nachgeben als das Ausweichen, und wenn der Angegriffene zu einer Duldungspflicht gezwungen wird, entspricht dies tatsächlich in gewissem Maße einer Verweigerung des Schutzes seiner Rechtsgüter; andererseits kann es sein, dass die Ausweichmöglichkeit in einem bestimmten Fall überhaupt nicht besteht; das Dulden des Angriffs ist dann immer eine mögliche Option.

In Deutschland wird in der h. M. weitgehend anerkannt, dass die Schärfe des Notwehrrechts eine allgemeine Pflicht zum Ausweichen oder Dulden ausschließt. Anders ausgedrückt: Wenn rechtmäßige Rechtsgüter durch eine rechtswidrige und gegenwärtige Gefahr bedroht werden, darf der Angegriffene in der Regel unmittelbar angemessene und erforderliche Abwehrmaßnahmen ergreifen, um sich zu schützen. Grundsätzlich ist der Verteidiger nicht verpflichtet, anderen Handlungspflichten nachzukommen, wie etwa einem Ausweichen oder der Duldung des Angriffs vor bzw. anstelle der Ergreifung von Abwehrmaßnahmen.[132]

Jedoch ist diese Interpretation der Unnachgiebigkeit des Notwehrrechts nicht universell anerkannt. Nach der traditionellen Haltung des englisch-amerikanischen Common Law kann Tötung in Notwehr nur dann entschuldigt werden, wenn der Verteidiger vor der Anwendung von Verteidigungsmaßnahmen alle Möglichkeiten des Rückzugs ausgeschöpft hat. Nur wenn es „keinen Rückzugsweg" mehr gibt, darf der Verteidiger (auch mit eventuell tödlicher Wirkung) zurückschlagen – dies ist die sogenannte „Duty to retreat".[133] In den USA wurde die frühe, weit verbreitete Auffassung, dass ein Verteidiger eine Ausweichpflicht hat, bereits im Jahr 1876 durch den Fall Erwin v. State aufgehoben. Das Gericht in Ohio verneinte in diesem Urteil die Ausweichpflicht und leitete damit den Trend des sogenannten „stand-

---

[130] *Hinz*, JR 1993, 356.

[131] *Rienen*, Einschränkungen, S. 69.

[132] *Perron/Eisele*, Schönke/Schröder/StGB, § 32 Rn. 40.

[133] *Kaplan/Weisberg/Binder*, Criminal Law, S. 515.

your-ground law“ ein.[134] Derzeit herrscht in den Vereinigten Staaten keine einheitliche Haltung gegenüber dem „stand-your-ground law“. Obwohl die Mehrheit der Gerichtsbarkeiten dieses Gesetz unterstützt, sind kritische Stimmen keineswegs selten. Dies zeigt, dass die „Unnachgiebigkeit“ des Notwehrrechts keineswegs selbstverständlich ist. In der chinesischen Rechtspraxis wird in einigen Fällen das Vorliegen einer Notwehr verneint, wenn der Verteidiger seiner Ausweichpflicht nicht nachgekommen ist, was gewisse Ähnlichkeiten zur traditionellen Haltung des Common Law aufweist.[135] Dieses Phänomen hat in der Rechtswissenschaft eine intensivere Auseinandersetzung mit der Theorie der „Unnachgiebigkeit“ bei Notwehr ausgelöst.

Selbst in Deutschland, dessen Rechtssystem die Unnachgiebigkeit des Notwehrrechts entschieden betont, ist die Ablehnung einer Rückzugspflicht weder in der Theorie noch in der Praxis uneingeschränkt gültig; Lehre[136] und Rechtsprechung[137] akzeptieren, dass es Umstände gibt, unter denen einer Person, die in Notwehr handelt, eine Ausweich- sowie Duldungspflicht auferlegt wird. Daher ist es notwendig, die Grundlage der Unnachgiebigkeit des Notwehrrechts zu überprüfen, um die möglichen Anwendungsbereiche einer Rückzugspflicht zu klären.

1. Diskussion über die Unnachgiebigkeit des Notwehrrechts

Im Gegensatz zu Deutschlands nahezu unumstrittener Anerkennung der Unnachgiebigkeit des Notwehrrechts gibt es in den USA unter Gesetzgebern und Richtern keine einheitliche Haltung zu den sogenannten „stand-your-ground laws“. Die Befürworter dieser Gesetze führen dabei folgende Argumente an:

Erstens: Die „stand-your-ground laws“ gewährten Verteidigern ein uneingeschränktes Recht auf Selbstverteidigung, was potenziellen Straftätern das erhöhte Risiko einer strafbaren Handlung verdeutliche und sie abschrecken solle. Diese rechtliche Ausrichtung könne vor der Begehung von Straftaten eine präventive Wirkung entfalten und indirekt die Kriminalitätsrate senken.

Zweitens: Von Verteidigern zu verlangen, in Situationen rechtswidriger Angriffe zuerst den Rückzug in Erwägung zu ziehen, wird als indirekter Vorteil für den Angreifer angesehen. Dies könne gesetzestreue Bürger einem größeren Risiko aussetzen, insbesondere in kritischen Situationen. Die Unnachgiebigkeit des Notwehrrechts spiegele den Vorrang des Schutzes gesetzestreuer Bürger wider.

Drittens: Moderne psychologische Erkenntnisse zeigten, dass Menschen in lebensbedrohlichen Situationen meist instinktiv reagierten und ein „ruhiges Nach-

[134] Erwin v State, 29 Ohio St, 186 (1876).

[135] Strafkammer 1 und 2 des Obersten Volksgerichts, Referenz 46, S. 35 f.

[136] *Perron/Eisele*, Schönke/Schröder/StGB, § 32 Rn. 55–57; *Bertel*, ZStW 84 (1972), 6; *Berz*, JuS 1984, 343; *Erb*, MK/StGB, § 32 Rn. 227.

[137] HRR 40 Nr. 1143; BGH MDR/D 54, 335.

denken" in solchen Momenten nahezu unmöglich sei. Die „stand-your-ground laws" erkennten diese instinktive Reaktion an und böten eine rechtliche Unterstützung, die der Realität menschlichen Verhaltens entspreche.[138]

Viertens: Von vielen Menschen könne das Zurückweichen angesichts eines Angriffs als Zeichen von Schwäche angesehen werden. In bestimmten kulturellen Kontexten könne eine solche Forderung die Ehre der Betroffenen ernsthaft beeinträchtigen. Insbesondere im Süden der USA, wo die Betonung von „männlicher Tapferkeit" kulturell verankert sei, fänden die „stand-your-ground laws" größere Akzeptanz.[139]

Trotz der Vielzahl der Befürworter der „stand-your-ground laws" und der scheinbar plausiblen Argumente, die sie vorbringen, kritisieren Gegner diese Gesetzgebung als problematisch und warnen, dass sie möglicherweise kontraproduktiv sein könnte. Die Hauptgründe gegen die „stand-your-ground laws" sind die folgenden:

Erstens weisen Kritiker darauf hin, dass die Annahme, „stand-your-ground laws" könnten Verbrechen verhindern, zu idealistisch sei. Zudem wird infrage gestellt, ob diese Gesetze tatsächlich einen signifikanten gesellschaftlichen Nutzen haben.

Zweitens entgegnen Kritiker auf die Ansicht, dass die Rückzugspflicht den Angreifer begünstige, mit dem Argument, dass solche Gesetze die Vorstellung eines „Wilder-Westen"-Stils der privaten Strafverfolgung förderten, was eine Abkehr von den Grundwerten einer zivilisierten Gesellschaft darstelle.[140]

Drittens argumentieren Kritiker, dass das Wesen des Gesetzes darin bestehe, rationales Verhalten in der Gesellschaft zu regulieren, anstatt menschliche Instinktreaktionen zu begünstigen. Wenn das Gesetz übermäßig auf instinktive Reaktionen fokussiert sei und die Bedeutung rationaler Zurückhaltung vernachlässige, könne dies dazu führen, dass Verteidiger tödliche Gewalt ungezügelt einsetzten, was zu mehr unnötigen Opfern führen würde.[141]

Viertens kritisieren Gegner, dass es eine gefährliche Logik sei, tödliche Gewalt aus Gründen der „Ehre" zu legitimieren. Wahre „Ehre" solle sich in rationaler Zurückhaltung und Respekt vor dem Leben zeigen, nicht in der Entziehung des Lebens anderer, um persönliche Empfindungen zu wahren.[142]

Insgesamt konzentrieren sich die Diskussionen über die „stand-your-ground laws" in den USA, sowohl seitens der Befürworter als auch seitens der Gegner, hauptsächlich auf deren gesellschaftliche Auswirkungen. Beide Seiten legen ihren Fokus auf die Betrachtung des gesamtgesellschaftlichen Nutzens – eine Betrach-

[138] *Simons*, New Criminal Law Review 11 (2008), 78.

[139] *Brown*, No duty to retreat, S. 173.

[140] *Beale*, Harvard Law Review 16 (1902–1903), 581.

[141] *Ward*, American Journal of Criminal Law 42 (2015), 126.

[142] *Beale*, Harvard Law Review 16 (1902–1903), 581.

tungsweise, die deutlich utilitaristisch geprägt ist. Argumentationen, die auf abstrakten Konzepten wie „natürlichen Rechten“ beruhen, sind hingegen eher selten. Daher stützt sich die Debatte oft auf die Analyse empirischer Daten. Selbst wenn allerdings einzelne Argumente durch Daten gestützt werden, konnten bisher keine absolut überzeugenden Beweise vorgelegt werden, da die „stand-your-ground laws“ erst seit relativ kurzer Zeit bestehen, die Daten uneinheitlich sind und die sozialen sowie kulturellen Hintergründe der Bundesstaaten stark variieren.

2. Rechtsgrundlage der Unnachgiebigkeit des Notwehrrechts

Verglichen mit dem Fokus des Common Law auf den Utilitarismus legt die Strafrechtswissenschaft in Deutschland und China mehr Wert auf abstrakte rechtsphilosophische Argumentationen, um die Unnachgiebigkeit des Notwehrrechts zu begründen.

Die erste Begründung für die Unnachgiebigkeit des Notwehrrechts basiert auf der Theorie des natürlichen Rechts. Diese betrachtet die persönliche Autonomie als ein absolut unantastbares Gut und definiert Notwehr als ein Naturrecht, das dem Verteidiger zustehe, wenn seine Autonomie bedroht wird. Dieses Recht sei als solches unnachgiebig, und die Entscheidung, ob die Option der Verteidigung tatsächlich ergriffen werde, solle allein beim Angegriffenen liegen. Daher solle das Gesetz keine Pflicht zum Ausweichen auferlegen, da dies das Naturrecht des Verteidigers einschränken würde.[143] Wie Locke schrieb, führt ein Angreifer, der versucht, die Freiheit eines anderen zu nehmen, einen „Kriegszustand“ gegen den Verteidiger herbei, weshalb „es rechtmäßig ist, einen Dieb zu töten“.[144]

Diese Ansicht könnte jedoch zu einer übermäßigen Ausweitung des Notwehrrechts führen, da sie nicht erklären kann, warum die Entscheidung über das „Ob“ der Verteidigung zwar dem Verteidiger überlassen sein soll, nicht jedoch die Entscheidung über das „Wie“ der Verteidigung. Dies erschwert es, unter der Prämisse der alleinigen Betonung der „persönlichen Autonomie“ zu rechtfertigen, dass das Notwehrrecht durch Bedingungen wie die Erforderlichkeit eingeschränkt werden muss. Außerdem würde eine bloße Fokussierung auf das natürliche Selbstschutzrecht des Angegriffenen bedeuten, dass jede Handlung, die zur Erhaltung der eigenen Rechte dient, als rechtmäßig angesehen werden könnte, auch wenn sie sich nicht gegen den Angreifer richtet.[145]

Eine andere Ansicht führt die Unnachgiebigkeit des Notwehrrechts auf Berners Aussage „Das Recht muss dem Unrecht nicht weichen“ zurück. Berner betont, dass die Unnachgiebigkeit des Notwehrrechts nicht davon abhänge, ob eine Gefahr durch Ausweichen vermieden werden könne. Denn sobald eine Ausweichpflicht

---

[143] Vgl. *Krey/Esser*, AT, Rn. 470; *Kühl*, AT, § 7 Rn. 1.

[144] *Locke*, Two Treatises of Government, S. 113.

[145] BGH 55, 197; *Perron/Eisele*, Schönke/Schröder/StGB, § 32 Rn. 31.

anerkannt werde, bedeute das im Falle eines Angriffs auf das Eigentum den Verzicht auf das Notwehrrecht, während ein Ausweichen im Falle eines Angriffs auf die körperliche Unversehrtheit die Ehre verletzen könne.[146]

Diese Ansicht ist jedoch in der modernen Gesellschaft möglicherweise nicht mehr anwendbar. Mit dem Wandel der gesellschaftlichen Werte wird das Ausweichen bei rechtswidrigen Angriffen heutzutage meist als eine rationale Form des Selbstschutzes angesehen und nicht als Verlust der Ehre. Die moderne Gesellschaft legt mehr Wert auf die Bedeutung von Leben und Sicherheit und fördert die Suche nach Gerechtigkeit und Schutz durch staatliche Institutionen, anstatt auf private Selbsthilfe zur Verteidigung der „Ehre“ zu setzen. Nach den Ergebnissen der empirischen Notwehrstudie betrachtet die Öffentlichkeit das Ausweichen oder das Hinzuziehen fremder Hilfe nicht als ein „feiges“ oder die Ehre verletzendes Verhalten.[147]

Heutzutage neigen die meisten Gelehrten und sogar Gerichtsurteile dazu, den Ausdruck „Recht“ in Berners Aussage als die objektive „Rechtsordnung“ zu interpretieren.[148] Dementsprechend schützt die Notwehr nicht nur Rechtsgüter, indem sie rechtswidrige Angriffe abwehrt, sondern verteidigt darüber hinaus die Unantastbarkeit der staatlichen Rechtsordnung. Sie bewirkt nicht nur die Rettung konkreter Rechtsgüter wie Leben oder Eigentum, sondern sichert auch die Integrität der Rechtsordnung, während ein Ausweichen die andauernde Infragestellung der Rechtsordnung nicht beseitigen kann.[149]

Jedoch gibt es ein Missverständnis in der Interpretation von Berners Rechtsmaxime. Seine ursprüngliche Absicht lag darin, die Absolutheit individueller Rechte zu betonen, nicht aber den Schutz der allgemeinen Rechtsordnung. Er vertrat die Ansicht, dass jedes individuelle Recht in der Lage sei, sich unmittelbar gegen jegliches Unrecht zur Wehr zu setzen, und dass im Falle eines Angriffs kein Ausweichen erforderlich sei, da die Stellung des individuellen Rechts an sich ausreichend sei, um solchen Angriffen standzuhalten.[150] Nach seiner Auffassung liegt das Wesen der Notwehr darin, dass konkrete individuelle Rechte durch die Abwehr von Angriffen ihren eigenen Schutz gewährleisten, und nicht darin, die abstrakte Gesamtheit der Rechtsordnung zu verteidigen.[151] Darüber hinaus sind das Prinzip der Rechtsbewährung und die philosophische Grundlage der natürlichen Rechte nicht miteinander vereinbar. Wenn man den Nutzen der Rechtsbewährung als Grundlage für die Unnachgiebigkeit betrachtet, bleibt dieser Ansatz letztlich institutionellem Utilitarismus verhaftet. Dies macht den Nutzen der Rechtsbewährung zu einem

[146] Vgl. *Berner*, ArchCrim NF 1848, 554.

[147] *Kilian*, Notwehrstudie, S. 76 f.

[148] Vgl. *Haas*, Notwehr und Nothilfe, S. 144 f.; *Koriath*, in: FS-Müller-Dietz, S. 363 ff.; RGSt 21, 170; RGSt 55, 85.

[149] *Kasiske*, Jura 2004, 835.

[150] *Berner*, Lehrbuch des Deutschen Strafrechts, S. 107; *ders.*, Nothwehrtheorie, S. 554.

[151] *Pawlik*, ZStW 114 (2002), 292 f.

Faktor utilitaristischer Überlegungen, was grundlegend mit dem auf „individuellem Recht“ basierenden Notwehrkonzept unvereinbar ist.

Wie auch immer: Um die Unnachgiebigkeit des Notwehrrechts umfassend in einer auf Freiheit und Autonomie basierenden, rechtsethischen Weise zu begründen und über eine rein utilitaristische Interessenabwägung hinauszugehen, ist es notwendig, zu den grundlegenden Gedanken der Notwehr zurückzukehren. Im nächsten Kapitel wird dies ausführlicher erörtert.

3. Rückzugspflicht als Ausnahme von der Unnachgiebigkeit

a) Kategorisierung von Pflichten

Wenn man über das Notwehrrecht hinausblickt und das gesamte System der Notrechte betrachtet, lässt sich sagen: Das Notwehrrecht stellt eine Ausnahme dar, weil es keine allgemeine Rückzugspflicht vorsieht. Nach § 34 dStGB gilt das Ausweichen stets als das mildeste Mittel. Deshalb besteht für den Notstandstäter grundsätzlich eine Pflicht, einer Gefahr auszuweichen, wenn möglich.[152] Auch § 228 dBGB verlangt vom zivilrechtlichen Notstandstäter, vorhandene Fluchtmöglichkeiten zu nutzen und somit auszuweichen.[153] Die Begründung für diese Rückzugspflicht ist in beiden Fällen ähnlich: Die Pflicht zum Ausweichen dient dem Normzweck und ist zugleich das mildeste Mittel. Einerseits können durch das Vermeiden von Konfrontationen die Rechtsgüter beider Seiten geschont und die Interessen besser gewahrt werden. Andererseits wird aus Sicht der negativen Freiheit[154] auch der Zwang auf andere minimiert, wenn eine Handlung unterlassen wird.

Dennoch ist die im Vergleich zu anderen Notrechten einzigartige Schärfe des Notwehrrechts nicht in allen Fällen ein unumstößliches Axiom. Mit anderen Worten: In bestimmten Situationen negiert das Strafrecht das Abwehrrecht des Angegriffenen nicht vollständig, sondern schränkt lediglich dessen Ausübung ein. Der Angegriffene wird dazu verpflichtet, Ausweichen als vorrangige Option zu wählen, und darf nur dann zum Gegenangriff übergehen, wenn keine sichere Möglichkeit zum Ausweichen besteht. Dies wird in dieser Arbeit als „Ausweichpflicht“ bezeichnet.[155] Zum Beispiel wird in der h. M. vertreten, dass der Verteidiger bei Angriffen durch schuldlos handelnde Personen eine Ausweichpflicht hat.[156]

Es ist zu beachten, dass die Voraussetzung dafür, dass der Angegriffene im Sinne eines eingeschränkten Notwehrrechts einer Ausweichpflicht unterliegt, zunächst die ist, dass er sich weiterhin in einer Notwehrlage befindet. Dies unterscheidet sich von

---

[152] *Perron*, Schönke/Schröder/StGB, § 34 Rn. 20.

[153] *Grothe*, MK/BGB, § 228 Rn. 9.

[154] *Berlin*, Freiheit, 197 ff.

[155] *Perron/Eisele*, Schönke/Schröder/StGB, § 32 Rn. 47, 52; *Jescheck/Weigend*, AT, § 32 III 3a.

[156] BGH 14.2.1952 – 5 StR 1/52, BGHSt 3, 217; *Roxin/Greco*, AT I, § 15 Rn. 62.

der zuvor erörterten Subsidiaritätsfrage des Notwehrrechts. Denn sobald der Staat die Kontrolle über den rechtswidrigen Angriff übernommen hat, erlischt die Notwehrlage. Handelt der Angegriffene in diesem Moment nicht durch Ausweichen, sondern durch einen direkten Gegenangriff, kann keine Notwehr geltend gemacht werden, da ihm die faktische Grundlage für das Bestehen des Notwehrrechts fehlt. In Situationen, in denen die Subsidiarität des Notwehrrechts greift, besteht für den Angegriffenen ebenfalls eine „Pflicht zur Vermeidung einer Beeinträchtigung", doch unterscheidet sich diese Pflicht grundlegend von der oben genannten „Ausweichpflicht". Verstößt der Angegriffene gegen die „Ausweichpflicht" und greift direkt an, könnte dies dennoch als Notwehrexzess gewertet werden.[157] Verstößt er hingegen gegen die „Pflicht zur Vermeidung einer Beeinträchtigung", kann dies nicht als Notwehrexzess gewertet werden.[158] Daher kann angenommen werden, dass die Existenz der „Pflicht zur Vermeidung einer Beeinträchtigung" voraussetzt, dass die betroffene Person von Anfang an kein Notwehrrecht besitzt. Daher stellt diese Pflicht im Rahmen der Subsidiarität des Notwehrrechts keine Ausnahme von der Unnachgiebigkeit dar.

Die zuvor erwähnte Pflicht zum Ausweichen hat jedenfalls stets eine faktische Voraussetzung, nämlich die objektive Möglichkeit des Ausweichens. Ist ein Ausweichen jedoch nicht möglich, verliert diese Pflicht aufgrund der Unmöglichkeit ihrer Erfüllung ihren Sinn. In diesem Fall gibt es zwei mögliche Ansätze: Erstens, die Gegenwehr wird zugelassen, wodurch die Einschränkung des Notwehrrechts teilweise oder vollständig aufgehoben wird; zweitens, die Pflicht zum Ausweichen wird in eine Pflicht zur Duldung umgewandelt, die den Angegriffenen dazu verpflichtet, den rechtswidrigen Angriff zu erdulden, ohne zurückzuschlagen. Die Verpflichtung des Angegriffenen zur Duldung kommt tatsächlich einer Entziehung des Notwehrrechts sehr nahe. Der einzige mögliche Unterschied besteht darin, dass eine solche Pflicht das Potenzial für eine Wiederherstellung des Notwehrrechts bewahrt, was sie zu einer bloßen Einschränkung des Notwehrrechts macht. Diese Situation wird in dieser Arbeit als „Duldungspflicht" bezeichnet. Sollte die betroffene Person jedoch endgültig ihr Notwehrrecht verlieren, unterscheidet sich diese Pflicht im Wesentlichen nicht mehr von der „Pflicht zur Vermeidung einer Beeinträchtigung", sondern stellt lediglich eine unterschiedliche Beschreibung derselben Pflicht in unterschiedlichen Kontexten dar. Zudem wird allgemein angenommen, dass die Duldungspflicht nur bei leichten Rechtsgutsverletzungen besteht.[159] Verliert die betroffene Person jedoch ihr Notwehrrecht, etwa durch eine Absichtsprovokation, geht die h.M. davon aus, dass diese Pflicht nicht auf leichte Rechtsgutsverletzungen beschränkt ist.[160] Zum Beispiel ist der Verteidiger bei einem unab-

---

[157] *Erb*, MK/StGB, § 33 Rn. 12.

[158] *Jiang*, Chinese Journal of Law 2024 (6), 165.

[159] *Roxin/Greco*, AT I, § 15 Rn. 2, 56.

[160] *Roxin*, ZStW 75 (1963), 558 ff.; *ders.*, ZStW 93 (1981), 85 ff.

sichtlich verschuldeten Angriff verpflichtet, geringfügige Verletzungen zu dulden.[161]

Zusammenfassend lässt sich sagen, dass die oben genannten Verpflichtungen, obwohl sie in ihrer äußeren Erscheinung sehr ähnlich sind und vom Betroffenen verlangen, nicht sofort zurückzuschlagen, sich in ihren Anwendungsvoraussetzungen und Wirkungen grundlegend unterscheiden. Die „Pflicht zur Vermeidung einer Beeinträchtigung“ setzt voraus, dass der Handelnde kein Notwehrrecht besitzt, und beeinträchtigt daher nicht die Unnachgiebigkeit des Notwehrrechts. Nur die „Ausweichpflicht“ und die „Duldungspflicht“ bilden Ausnahmen von der Unnachgiebigkeit des Notwehrrechts.

b) Grundlage der Ausweich- und Duldungspflicht

Zusammenfassend lässt sich sagen, dass die Ausweich- und Duldungspflicht als Ausnahme von der Unnachgiebigkeit des Notwehrrechts in verschiedenen Situationen universell auftreten kann; die daraus hervorgehenden Einschränkungen des Notwehrrechts werden als sogenannte sozialethische Einschränkungen bezeichnet.[162] Daher bemüht sich die Theorie, eine gemeinsame Grundlage für diese Einschränkungen zu entwickeln.

aa) Zumutbarkeitstheorie

Der Gesichtspunkt der „Zumutbarkeit“ stammt aus der normativen Schuldtheorie. Nach der durch Frank begründeten[163] normativen Schuldtheorie sollte das Schuldprinzip nicht mehr in den Streit zwischen Indeterminismus und Determinismus verwickelt sein. Stattdessen handelt es sich um die Prüfung, ob unter dem strafrechtlich normativen Standpunkt der Täter schuldig sein kann oder nicht. In diesem Rahmen ist das sogenannte Andershandelnkönnen ein Teil des Inhalts der Schuld, die dem Täter gemäß der Schuldtheorie vorgeworfen wird, also die Tatsache, dass er sich rechtswidrig verhalten hat, obwohl er sich hätte rechtmäßig verhalten können.[164] Wenn dieser Standpunkt von der negativen Seite her dargelegt wird, könnte freilich die folgende Schlussfolgerung gezogen werden: Kann vom Täter nicht erwartet werden, sich rechtstreu zu verhalten, ist diesem Täter der Mangel des Andershandelnkönnens nicht vorwerfbar. Nach der normativen Schuldtheorie ist die Rechtsordnung nicht in der Lage, in Konstellationen der Unzumutbarkeit die Rechtmäßigkeit des Verhaltens vom Täter einzufordern.

---

[161] *Perron/Eisele*, Schönke/Schröder/StGB, § 32 Rn. 60.

[162] *Erb*, MK/StGB, § 32 Rn. 201.

[163] *Frank*, Schuldbegriffs, S. 3 ff.

[164] Vgl. BGHSt 2, 200.

Aber nach der von Henkel vertretenen Ansicht versucht der Begriff „Unzumutbarkeit", der im Bereich der Schuld wirksam ist, auch im Bereich des Unrechts Bedeutung zu erlangen. Demnach werde das Notwehrrecht versagt, wenn dem Angegriffenen ein Ausweichen zumutbar sei.[165] Dadurch stellten die Anhänger des Unzumutbarkeitsprinzips eine Hypothese auf, die die „Einschränkung des Notwehrrechts" und die „rechtliche Zumutbarkeit der Nicht-Abwehr" gleichsetze. Dieser Standpunkt hat große Bedeutung in der Lehre[166] und der Rechtsprechung[167] gewonnen, und zwar insbesondere dafür, eine intrinsische materielle Begründung des Kriteriums der Gebotenheit im Notwehrrecht anzubieten.

Aber die Lehre der „Zumutbarkeit" hat viele Zweifel aufgeworfen. Erstens ist der Maßstab der Zumutbarkeit völlig unkonturiert und undefiniert; er bietet nicht einmal ein normatives, konkretes Programm der Überprüfung; die Regel der Zumutbarkeit beantwortet nicht die Frage, unter welchen Umständen man erwarten sollte, dass der Täter ausweichen muss, und unter welchen Umständen man nicht erwarten kann, dass der Täter etwas anderes tut als sich zu wehren.[168] Zweitens mangelt es dem Konzept der Zumutbarkeit an hinreichender Begründung, wenn es als allgemeine Grundlage für eine Ausweichpflicht herangezogen wird. Denn die Feststellung der Zumutbarkeit kann bestenfalls die Frage beantworten, unter welchen Umständen eine Ausweichverpflichtung als angemessen erscheint – nicht jedoch, ob aus der bloßen faktischen Möglichkeit des Ausweichens normativ eine Pflicht hierzu abgeleitet werden kann.

bb) Rechtsmissbrauchstheorie

Als allgemeiner Rechtsgedanke wird die Rechtsmissbrauchstheorie zuerst im Bereich des Zivilrechts artikuliert. Der Anknüpfungspunkt liegt im Wesentlichen in § 242 dBGB und steht in enger Beziehung zu dem Grundsatz „Treu und Glauben" des bürgerlichen Rechts, der nach dem Wortsinn zum einen auf den Vertrauensschutz und zum anderen auf die „billige" Rücksichtnahme auf schutzwürdige Interessen anderer verweist.[169] Das bedeutet besonders auch, dass nach dem Gesetz eine der beteiligten Parteien nicht oder nicht hinreichend geschützt wird.[170] Der Grundsatz zeigt ein übergesetzliches ethisches Prinzip auf, das alle Mitglieder in einem Rechtsverhältnis in gleichem Maße schützt und wechselseitiges Vertrauen ermöglicht. Hierdurch soll eine mögliche, gesetzlich implizierte Ungerechtigkeit vermieden werden. Daher kann die Theorie des Rechtsmissbrauchs herangezogen

---

[165] *Henkel*, in: FS-Mezger, S. 273 ff.

[166] *Himmelreich*, GA 1966, 132; *Noll*, ZStW 77 (1965), 17 f.

[167] RGSt 66, 244; BGH GA 1965, 147. Dem Angegriffenen sei es „nach dem Umstand nicht zumutbar", sich dem Angriff zu entziehen.

[168] Vgl. *Fechner*, Grenzen, S. 182; *Fuchs*, Notwehr, S. 146; *Kioupis*, Notwehr, S. 74.

[169] *Schubert*, MK/BGB, § 242 Rn. 10.

[170] Vgl. *Knopp*, Soergel/Siebert/BGB, § 242 Rn. 1.

werden, denn ein Überschreiten der Rechtsausübung wird nach dem Prinzip von Treu und Glauben entweder verboten oder zumindest eingeschränkt, um die Interessen der anderen Partei des Rechtsverhältnisses zu wahren.

Eine Ansicht vertritt, dass die Theorie des Rechtsmissbrauchs als ein allgemeiner rechtlicher Gedanke auch im Bereich der Notwehr im Strafrecht anwendbar ist. Diese Ansicht argumentiert, dass in bestimmten Situationen eine Verteidigung als Missbrauch des Notwehrrechts angesehen werden kann, wenn der Handelnde durch Ausweichen einen direkten Konflikt hätte vermeiden können, aber dennoch Verteidigungshandlungen vornimmt.[171]

Diese Ansicht ist jedoch mit mehreren Problemen behaftet. Im Zivilrecht erfordert das Konzept des Rechtsmissbrauchs, dass die Ausübung eines Rechts ausschließlich und vollständig darauf abzielt, Schaden zu verursachen, um als Rechtsmissbrauch anerkannt zu werden.[172] Im Bereich der Notwehr ist diese Anforderung jedoch problematisch. Würde im Strafrecht dieselbe strenge Zweckvoraussetzung gelten, wären Fälle von Rechtsmissbrauch nahezu ausgeschlossen. Selbst ein Provokateur, der vorsätzlich eine rechtswidrige Handlung provoziert, ist bei der Ausübung von Verteidigungshandlungen stets von einem Willen begleitet, seine eigenen Interessen zu wahren.

Darüber hinaus besagt eine andere kritische Sichtweise, dass der Begriff „Missbrauch" im Kontext des Notwehrrechts eigentlich verwirrend ist. Denn wenn sich der Angegriffene in einer Notwehrlage befindet, kann sein Notwehrrecht entweder bejaht oder verneint werden. Zu behaupten, dass sein Notwehrrecht missbraucht werden könnte, wäre jedoch logisch inkohärent.[173] Ein Recht ist deshalb ein Recht, weil dessen Inhalte rechtmäßig verwirklicht werden können. Wenn ein „Recht" entweder ungenutzt bleiben oder als rechtswidriger Missbrauch angesehen werden müsste, wäre es absurd, es weiterhin als „Recht" zu bezeichnen.[174] In einem solchen Fall gäbe es kein Recht, sondern nur die Abwesenheit eines Rechts, das missbraucht werden könnte. Diese Kritik scheint jedoch, aus der Perspektive dieser Arbeit, die Rückzugspflicht als Ausnahme von der Unnachgiebigkeit mit der „Pflicht zur Vermeidung einer Beeinträchtigung" als eine bloße Nebenfolge des Nichtbestehens des Notwehrrechts zu verwechseln. Die Voraussetzung für die Übernahme einer Ausweich- und Duldungspflicht durch den Verteidiger ist, dass er weiterhin über ein Notwehrrecht verfügt und nach Erfüllung der entsprechenden Pflichten die Möglichkeit hat, dieses in vollem Umfang wiederzuerlangen. Daher bleibt das Konzept des „Missbrauchs eines Rechts" anwendbar, wenn der Verteidiger zwar ein Notwehrrecht besitzt, jedoch die erlaubten Grenzen überschreitet.

---

[171] Vgl. BGHSt 24, 359; NJW 1962, 309.

[172] Vgl. OLG Brandenburg, NZG 2002, 873; *Wagner*, Erman/BGB, § 226 Rn. 5; *Krause*, in: FS-Bruns, S. 79.

[173] Vgl. *Bertel*, ZStW 84, 3 f.; *Hassemer*, in: FS-Bockelmann, S. 242.

[174] Vgl. *Renzikowski*, Notstand und Notwehr, S. 305.

Wenn der Verteidiger jedoch gar kein Notwehrrecht hat, verliert die Theorie des „Rechtsmissbrauchs" ihre Gültigkeit.

Insofern ist das Konzept des Rechtsmissbrauchs im Wesentlichen ein deskriptiver Rahmen, dessen Bedeutung aus den konkreten gesetzlichen Regelungen abgeleitet werden muss und der keine eigenständige Erklärungskraft besitzt.[175] Es kann daher nicht eindeutig bestimmen, unter welchen Umständen und aus welchen Gründen das Notwehrrecht in Einzelfällen eingeschränkt wird, sondern beschreibt lediglich das Phänomen, dass der Verteidiger gegen bestimmte Einschränkungen verstößt. Aus diesem Grund eignet sich die bloße Theorie des Rechtsmissbrauchs kaum als Grundlage für die Begründung etwaiger Ausnahmen von der Unnachgiebigkeit.

4. Zwischenfazit und Anschlussfrage

Die Unnachgiebigkeit des Notwehrrechts ist kein unumstößliches Axiom. Im Common Law werden die „Stand-your-ground laws" immer wieder kontrovers diskutiert, wobei beide Seiten die Debatte aus einer utilitaristischen Perspektive führen. In Deutschland und China hingegen wird die Maxime „Das Recht muss dem Unrecht nicht weichen" in der Theorie weitgehend akzeptiert, und das Notwehrrecht wird unter normalen Umständen als unnachgiebig anerkannt. Allerdings gibt es auch Ausnahmen von der Unnachgiebigkeit. In bestimmten Situationen kann der Verteidiger zwar ein Notwehrrecht haben, muss jedoch bestimmte Rückzugspflichten übernehmen. Diese Rückzugspflicht kann je nach Fall konkretisiert werden als Ausweichpflicht oder Duldungspflicht. Die Rückzugspflicht setzt das Bestehen eines Notwehrrechts voraus, während die „Pflicht zur Vermeidung einer Beeinträchtigung" gerade deshalb entsteht, weil Notwehr nicht anwendbar ist.

Unabhängig davon, ob die Unnachgiebigkeit des Notwehrrechts positiv begründet oder eine einheitliche theoretische Grundlage für die Rückzugspflicht als Ausnahme geschaffen werden soll, erweisen sich externe Begründungsansätze als nicht ausreichend überzeugend. Daher ist der Grundgedanke der Notwehr ein unvermeidbarer Diskussionsgegenstand, wenn es darum geht, die allgemeine Unnachgiebigkeit und deren Ausnahmen theoretisch zu fundieren. In dem nächsten Kapitel wird darauf ausführlich eingegangen.

III. Hohe Intensität des Notwehrrechts

Im System der Notrechte ist das auffälligste Merkmal der Notwehr die Intensität der Verteidigungsbefugnis. Grundsätzlich ist es zulässig, dass der durch eine Verteidigungshandlung verursachte Schaden den durch den rechtswidrigen Angriff

[175] Vgl. *Lenckner*, GA 1968, 5; *Roxin*, ZStW 75, 583 ff.

drohenden Schaden übersteigt, so dass auch das höherwertige Rechtsgut des Angreifers beeinträchtigt werden kann, wenn eine weniger intensive Verteidigung nicht ausreicht.[176] Selbst wenn sie zum Tod des rechtswidrig handelnden Angreifers führt, ist die Verteidigungshandlung gerechtfertigt und nicht strafbar, solange die Verteidigung als Notwehr anerkannt werden kann. In Deutschland hat der BGH in seiner Rechtsprechung sogar festgestellt, dass für eine Güterabwägung im Rahmen des Notwehrrechts grundsätzlich kein Raum sei.[177] Der Notwehrtäter dürfe Angriffe auf seine Rechtsgüter auch mit unverhältnismäßigen Mitteln abwehren, soweit die Inanspruchnahme des Notwehrrechts sich nicht als Rechtsmissbrauch darstelle.[178]

Spiegelbildlich dazu sieht § 33 dStGB die Überschreitung der Grenzen der Notwehr von der anderen Seite her vor. Der unstreitige Anwendungsbereich von § 33 dStGB betrifft den intensiven Notwehrexzess, also den Fall, dass der Täter in einer Notwehrlage über das Maß der zulässigen Verteidigung hinausgeht.[179] Dieser Exzess kann erstens in einer Überschreitung der allgemeinen Erforderlichkeitsmaßstäbe des § 32 dStGB bestehen, indem der Täter zu einem Verteidigungsmittel greift, das nach Lage der Dinge nicht das mildeste ist, oder indem er von dem an sich erforderlichen Verteidigungsmittel in unnötig massiver Form Gebrauch macht.[180] Die sogenannten Grenzen der Notwehr beziehen sich hier also in erster Linie auf die Erforderlichkeitsgrenze und nicht auf die Ergebnisgrenze: durch den Einsatz eines für den Angreifer zu gefährlichen Mittels oder durch den zu intensiven Einsatz des an sich erforderlichen Mittels.[181] Eine solche Überschreitung kann auch bei einer Überschreitung der Gebotenheit im Sinne von § 32 Abs. 1 dStGB in Betracht kommen.[182]

Zusammenfassend lässt sich sagen, dass das Notwehrrecht zweifellos das intensivste Recht innerhalb der Notrechte darstellt. Seine „hohe Intensität" zeigt sich vor allem in zwei Aspekten: der Intensität der Verteidigungsmittel und der Intensität der verursachten Folgen. Die besondere „Schärfe" der Notwehr tritt hierbei besonders deutlich in der Ergebnisintensität zutage, die es dem Verteidiger erlaubt, einen größeren Schaden zu verursachen, als dem geschützten Rechtsgut droht, und zwar bis hin zum Tod des Angreifers. Diese hohe Intensität des Rechts ist jedoch nicht grenzenlos, wobei die äußeren Grenzen durch § 33 dStGB definiert werden. Einerseits wird die Intensität der Verteidigungsmittel durch die Voraussetzung der Erforderlichkeit eingeschränkt, was bedeutet, dass der Verteidiger das relativ mildeste und geeignete Mittel zur Abwehr des Angriffs wählen muss. Andererseits

---

[176] Vgl. RG 69, 310; 72, 58; BGH GA 68, 183; 69, 24; VRS 30, 281; StV 82, 219.

[177] Vgl. BGHSt 42, 97; 48, 20; BGH NJW 1980, 2263; NStZ 1991, 32 f.; 1994, 581; NStZ-RR 1999, 40; GA 1965, 147.

[178] Vgl. *Lenckner*, GA 1968, 5; ferner *Bernsmann*, ZStW 104 (1992), 290 ff.

[179] *Erb*, MK/StGB, § 33 Rn. 9.

[180] *Erb*, MK/StGB, § 33 Rn. 10.

[181] *Kühl*, AT, § 12 Rn. 135. Vgl. *Spendel*, LK/StGB, § 33 Rn. 2.

[182] *Fischer*, StGB, § 33 Rn. 2; *Kühl*, Lackner/*Kühl*/StGB, § 33 Rn. 2.

bleibt die Frage der Ergebnisintensität umstritten: Zwar lehnt das deutsche Strafrecht eine Güterabwägung im Rahmen der Notwehr grundsätzlich ab, doch die Diskussion darüber ist nie vollständig verstummt. Die Güterabwägung spielt weiterhin eine bedeutende Rolle bei der Bestimmung der Grenzen des Notwehrrechts.

1. Streitfrage über die Güterabwägung

In Deutschland vertritt die h.M., dass eine Güterabwägung bei der Notwehr grundsätzlich keine Rolle spielt.[183] Jedoch gibt es unterschiedliche Ansätze zur Begründung des Ausschlusses der Güterabwägung.

Eine Ansicht begründet die hohe Intensität des Notwehrrechts in einem Umkehrschluss aus der gesetzlichen Regelung zum Notstand. Am Beispiel des deutschen Strafrechts zeige sich, dass § 34 dStGB eine Rechtfertigung der Notstandshandlung nur dann erlaube, wenn das geschützte Rechtsgut das beeinträchtigte wesentlich überwiege. § 32 dStGB enthalte hingegen keine solche Vorgabe. Daraus lasse sich e contrario ableiten, dass eine Güterabwägung für die Notwehr nicht erforderlich sei.[184] Diese Ansicht neigt dazu, die Güterabwägung in unzulässig enger Weise zu interpretieren. Sie zeigt lediglich auf, dass § 32 dStGB den Weg einer bloßen direkten Gegenüberstellung der Rechtsgüter beider Seiten ausschließt; damit sind jedoch nicht alle Formen der Güterabwägung ausgeschlossen.

Auf Grundlage eines weiter gefassten Verständnisses der Güterabwägung führt eine andere Ansicht das Notwehrrecht auf das Prinzip des überwiegenden Interesses zurück.[185] Im Rahmen der Notwehrlage erfordere die Lösung von Interessenkonflikten nicht nur die Berücksichtigung der einander gegenüberstehenden Rechtsgüter, sondern auch des Rechtsbewährungsprinzips. Dieses Prinzip werde so verstanden, dass die Interessen des Verteidigers regelmäßig Vorrang genössen, da der Verteidiger durch seine Abwehrhandlung zugleich die Rechtsordnung vor rechtswidrigen Angriffen schütze und aufrechterhalte.[186]

Diese Ansicht weist jedoch Probleme auf. Einerseits: Wenn man davon ausgeht, dass die beiden Interessen nicht homogen sind, können sie nicht quantifiziert und summiert bzw. gegeneinander aufgerechnet werden; es wird also ein Kategorienfehler begangen. Andererseits: Falls man das Interesse an der Rechtsordnung auf individuelle Interessen zurückführt und somit für quantifizierbar hält, führt die Annahme, dass das Interesse an der Aufrechterhaltung der gesamten Rechtsordnung absoluten Vorrang vor jedem individuellen Interesse hat, zu einem problematischen Ergebnis: Selbst geringfügige Verstöße gegen die Rechtsordnung könnten eine hochintensive Notwehr rechtfertigen, was in vielen Fällen unangemessen wäre.

---

183 *Perron/Eisele*, Schönke/Schröder/StGB, § 32 Rn. 1a.

184 *Kühl*, Jura 1990, 248.

185 *Lenckner*, Der rechtfertigende Notstand, S. 133 ff.; *ders.*, GA 1968, 2.

186 *Otto*, in: FS-Würtenberger, S. 138 f.

Ein alternativer Ansatz zum Prinzip des überwiegenden Interesses stützt dessen Vorrang nicht auf das Rechtsbewährungsprinzip, sondern auf die allgemeine Handlungsfreiheit des Bürgers.[187] Die Kombination dieser beiden Aspekte führe dazu, dass die Interessenlage des Verteidigers über der des Angreifers stehe. Da die Interessenüberlegenheit des Verteidigers bereits feststehe, werde eine Interessenabwägung bei der Bestimmung der Verteidigungsgrenzen überflüssig.[188] Allerdings kann dieser auf dem Prinzip des überwiegenden Interesses basierende Ansatz, ähnlich wie das zuvor erwähnte Rechtsbewährungsprinzip, nicht hinreichend erklären, warum die Kombination beider Interessen in jeder konkreten Situation zwangsläufig die Interessenverluste des Angreifers überwiegen soll.

Daraus wird deutlich, dass die Kritik an der Ablehnung der Güterabwägung im Notwehrrecht vor allem die Unangemessenheit dieser Position in besonderen konkreten Situationen betont. Der vollständige Ausschluss der Güterabwägung führt dazu, dass extreme Fälle, in denen ein erhebliches Missverhältnis zwischen Verteidigungsmitteln und der angegriffenen Rechtsgutsverletzung besteht, nicht angemessen begrenzt werden können. Eine solche absolute Position könnte nicht nur zu übermäßigen Abwehrmaßnahmen bei geringfügigen Angriffen führen, sondern auch die materielle Rechtfertigung von schwerwiegenden Eingriffen in hochrangige Rechtsgüter vernachlässigen. Daher zeigt sich, dass die pauschale Ablehnung der Güterabwägung zwar die Stärke des Notwehrrechts unterstreicht, es in der konkreten Anwendung jedoch an der notwendigen Flexibilität und Angemessenheit gegenüber der Vielfalt realer Konfliktlagen mangelt.

Um die Schärfe des Notwehrrechts in seiner hohen Intensität theoretisch konsistent zu begründen, stellt die Überprüfung des Notwehrrechts in Fällen eines krassen Missverhältnisses einen entscheidenden Prüfstein dar. Ein Obstdieb stiehlt beispielweise Früchte von einem Baum, der einem gelähmten Bauern gehört. Fremde Hilfe steht nicht zur Verfügung. Warnrufe und Warnschüsse verhallen ungehört. Das Schießen auf den Dieb ist zum einzigen Mittel geworden, um den Angriff für diese Situation zu stoppen.[189] In einem solchen Fall lässt sich sowohl die tatsächliche Existenz eines rechtswidrigen Angriffs als auch die Erforderlichkeit der Verteidigungshandlung anerkennen. Wenn jedoch eine derartige Diskrepanz zwischen dem geschützten Interesse und dem entzogenen Interesse besteht, ist es offensichtlich unvertretbar, ein solches Ergebnis als gerechtfertigt anzusehen.[190] Solche Ausnahmefälle zwingen dazu, die Legitimität einer vollständigen Verneinung der Güterabwägung im Rahmen des Notwehrrechts kritisch zu hinterfragen.

---

[187] *Neumann*, in: Ultima-ratio-Prinzip, S. 225.

[188] *Wagner*, Notwehrbegründung, S. 31.

[189] *Rengier*, AT, § 18 Rn. 57.

[190] *Erb*, MK/StGB, § 33 Rn. 214.

2. Argumentationen zur Intensität der Verteidigung

Viele Argumentationen stützen sich weiterhin auf externe theoretische Grundlagen, um Ausnahmen von der hohen Intensität des Notwehrrechts in extremen Fällen zu begründen. Im Folgenden wird diese Arbeit die entsprechenden Argumentationsweisen darstellen und kritisch analysieren.

a) Rechtsmissbrauchstheorie

Eine Ansicht stützt sich auf die oben erwähnte Rechtsmissbrauchstheorie, um die Beschränkung der Intensität der Verteidigung zu begründen. Dementsprechend soll eine Notwehrhandlung, welche zu Beeinträchtigungen des Angreifer führe, die in einem „krassen" Missverhältnis zum Abwehrerfolg stünden, rechtsmissbräuchlich sein.[191]

Allerdings eignet sich die Rechtsmissbrauchstheorie kaum als tragfähige Grundlage zur Begrenzung der Intensität des Notwehrrechts. Insbesondere bei einem krassen Missverhältnis sollte eine theoretische Grundlage nicht nur die Beschränkung der Verteidigungsintensität erklären, sondern auch klar beantworten, ob das Notwehrrecht in einem solchen Fall überhaupt besteht und welchen konkreten Anwendungsbereich es hat. Nach der Auffassung dieser Arbeit stellt das Konzept des Rechtsmissbrauchs im Wesentlichen lediglich einen beschreibenden Rahmen dar und bildet kein substanzielles, normatives Kriterium.[192] Anders gesagt: Die Theorie beschreibt lediglich, ob eine Handlung die Grenzen der rechtmäßigen Ausübung eines Rechts überschreitet, ohne jedoch eine grundlegende normative Begründung zu liefern. Wenn man beispielsweise im Fall eines leichten Angriffs davon ausgeht, dass dem Verteidiger nur ein „eingeschränktes Notwehrrecht" zusteht, dann wäre die Überschreitung dieser Grenzen als Rechtsmissbrauch zu bewerten. Folglich bleibt die Anwendung der Rechtsmissbrauchstheorie in solchen Diskussionen oberflächlich und bietet keine eigenständige, systematische Erklärung für die Begrenzung der Intensität des Notwehrrechts.

b) Erforderliche Maßnahme als Urteilsgrundlage

Um die Ambivalenz der Verteidigungsintensität zu erklären, wird die Auffassung vertreten, dass die Begründung für den Ausschluss des krassen Missverhältnisses bei der Notwehr nicht aus der Geringfügigkeit des Angriffs selbst, sondern nur aus der völligen Disproportionalität der zu seiner Abwehr erforderlichen Maßnahmen abgeleitet werden könne.[193] Es kommt also nicht auf die Abwägung zwi-

---

[191] BGH, NStZ 2005, 87; 2003, 427; BGH, NStZ 2005, 87; 2003, 427; *Bockeimann*, in: FS-Dreher, S. 248 f.; *Dilcher*, in: FS-Hübner, S. 443.

[192] Vgl. *Constadinidis*, Actio illicita in causa, S. 108; *Rienen*, Einschränkungen, S. 193.

[193] *Duttge*, HK-GS, § 32 Rn. 28.

schen dem angegriffenen Rechtsgut und dem durch die Abwehr geschädigten Rechtsgut an, sondern auf die Eigenart der Maßnahme selbst.

Wenn extrem unverhältnismäßiges Verhalten als Grenze der Notwehr angesehen werden soll, führt kein Weg an einer konkreten Überprüfung der Verteidigungsergebnisse vorbei. Denn die Feststellung eines extremen Missverhältnisses hängt zwangsläufig von der geringen Wertigkeit des angegriffenen Rechtsguts sowie von der Gefährdung des Lebens des Angreifers durch die Verteidigungsmaßnahmen ab. Ohne die Natur und den Wert der beteiligten Rechtsgüter zu berücksichtigen, ist es nahezu unmöglich, die „völlige Unverhältnismäßigkeit" eines Verteidigungsmittels zutreffend zu bestimmen. Zudem kann die Frage der Unverhältnismäßigkeit in der Notwehr nicht isoliert von den tatsächlichen Folgen der Verteidigungshandlung geprüft werden. Eine abstrakte Betrachtung der Notwendigkeit der Verteidigung ohne Bezug zu den daraus resultierenden Konsequenzen führt ins Leere.

Darüber hinaus ist es unangemessen, den Begriff der Erforderlichkeit an die Stelle eines Vergleichs der Rechtsgüterverletzungen zu setzen. Beispielsweise könnte der Einsatz eines Faustschlags, um zu verhindern, dass ein Dieb eine Geldbörse mit lediglich 20 Euro stiehlt, als erforderliche Verteidigungsmaßnahme angesehen werden. Wenn der Dieb jedoch durch diesen Schlag unglücklich stürzt und unerwartet zu Tode kommt, stellen die Grenzen der Erforderlichkeit und die Grenzen der Verhältnismäßigkeit des Ergebnisses zwei eigenständige Fragen dar. Die erste kann die zweite nicht vollständig abdecken.

c) Opportunitätsprinzip im Strafverfahren

In der Literatur wird vertreten, dass das Opportunitätsprinzip aus der staatlichen Strafverfolgung herangezogen werden sollte. Denn wenn der Staat in bestimmten Fällen auf die Strafverfolgung verzichten könne, solle auch der Einzelne im Rahmen der Notwehr nicht grenzenlos zur Verteidigung berechtigt sein. Wenn das staatliche Interesse an der Strafverfolgung eingeschränkt sei, verdiene der Verteidiger, der übermäßig intensive Verteidigungsmaßnahmen ergreife, keinen weiteren Schutz.[194] Nach dieser Denkweise wird die Grenze für schwerwiegend schädigende Verteidigungsmaßnahmen bei einem Wert von etwa 50 Euro angesetzt.[195]

Jedoch weist diese Übertragung erhebliche Probleme auf. Würde man die „Ermessensentscheidung" des staatlichen Opportunitätsprinzips auf die Notwehr übertragen, so würde dies bedeuten, dass der Verteidigende abwägen müsste, ob er Verteidigungsmaßnahmen ergreift, und dabei eine der Justizbehörde vergleichbare Ermessensprüfung vornehmen müsste. Eine solche Anforderung ist in einer Notwehrlage völlig unrealistisch, da das Handeln des Verteidigenden unmittelbar und spontan erfolgt und nicht das Ergebnis einer nachträglichen rationalen Abwägung

---

[194] *Bockeimann*, in: FS-Honig, S. 30; *Krause*, in: FS-Bruns, S. 87 f.

[195] *Roxin/Greco*, AT I, § 15 Rn. 91.

ist. Das Opportunitätsprinzip ist ein prozedurales Regelungsinstrument, das der nachträglichen strafrechtlichen Behandlung durch den Staat dient. Es eignet sich nicht dazu, das Verteidigungsrecht einer Privatperson gegen einen gegenwärtigen rechtswidrigen Angriff einzuschränken.

Ein noch wichtigerer Punkt liegt in der wesensmäßigen Unterscheidung zwischen Notwehr und Strafe. Das Opportunitätsprinzip bezieht sich auf den staatlichen Verzicht auf die Strafverfolgung und dient primär dazu, die Belastung der Justiz zu verringern.[196] Dies hat jedoch keinerlei Bezug zu der Frage, ob eine Privatperson im Angesicht eines rechtswidrigen Angriffs ihr Notwehrrecht ausüben darf. Nach der Auffassung dieser Arbeit beruht das Notwehrrecht nicht auf einer staatlichen Ermächtigung. Selbst wenn der Staat auf die Strafverfolgung verzichtet, lässt sich daraus nicht unmittelbar ableiten, dass das Notwehrrecht denselben Einschränkungen unterliegt.

d) Verhältnismäßigkeitsgrundsatz als Ausnahme

Zwar ist in Deutschland der Spielraum für die Feststellung einer völlig unverhältnismäßigen Verteidigung tatsächlich sehr eng. Als solche gelten nur Abwehrmittel, die das Leben des Angreifers gefährden und dabei nicht dem Schutz von Leib, Leben oder Freiheit der verteidigenden Person dienen.[197] Um dennoch zu begründen, dass solche Extremfälle vom Notwehrrecht ausgeschlossen werden sollten, greifen einige Auffassungen auf das Verhältnismäßigkeitsprinzip zurück. Teilweise wird dieses sogar als „immanente Schranke" des § 32 dStGB verstanden – also als ein „ungeschriebenes Tatbestandselement".[198] Auch wenn die überwiegende Ansicht die Anwendung des Verhältnismäßigkeitsgrundsatzes auf das Notwehrrecht ablehnt, wird doch anerkannt, dass bei „einfacher" Unverhältnismäßigkeit die Notwehr nicht ausgeschlossen ist, wohl aber bei einer „krassen" Unverhältnismäßigkeit.[199] Mit anderen Worten: Diese Auffassung läuft darauf hinaus, den Verhältnismäßigkeitsgrundsatz zumindest in Extremsituationen als begrenzenden Faktor des Notwehrrechts anzuerkennen.

Die Gegenmeinung lehnt jedoch das Argument ab, dass der Verhältnismäßigkeitsgrundsatz im Rahmen des „krassen" Missverhältnisses angewendet werden kann. Das Hauptproblem liege in der Tatsache, dass die Notwehr eine Beziehung nicht der Unterordnung, sondern der Gleichheit beinhalte. Der Verhältnismäßigkeitsgrundsatz hingegen beruhe auf einer Begrenzung der Macht des Staates, so dass insbesondere der Fall der Notwehr nicht mit dem staatlichen Handeln zur Gefahrenabwehr[200] vergleichbar sei. Der Verteidiger sei keine organisierte Behörde,

[196] *Jakobs*, AT, § 12 Rn. 47, Fn. 101.

[197] *Perron/Eisele*, Schönke/Schröder/StGB, § 32 Rn. 50.

[198] *Dilcher*, in: FS-Hübner, S. 452.

[199] Vgl. *Eser/Burkhardt*, AT, § 10 Rn. 45 ff.

[200] Vgl. *Krause*, in: FS-Bruns, S. 80.

die über massive Zwangsmittel verfüge, und er sei auch nicht darauf trainiert, Gefahren abzuwenden und mit der Verhältnismäßigkeitsprüfung umzugehen.[201] Unter solchen Umständen sei es falsch, den Bürger in dieser Situation in dieselben Fesseln wie die Staatsmacht zu schlagen.[202]

Darüber hinaus hat zumindest der deutsche Gesetzgeber im Hinblick auf das tatsächliche normative System auch bewusst und gewollt die „enge Verhältnismäßigkeit" der Notwehr aufgegeben. Vergleicht man nämlich § 32 mit § 34 dStGB, so fehlt in ersterem der Begriff der „Angemessenheit" auffallend.[203] Zudem führt die alleinige Berufung auf den Verhältnismäßigkeitsgrundsatz im Hinblick auf die Garantie des Art. 103 Abs. 2 dGG keinesfalls zur Herstellung der Strafbarkeit.[204]

Darüber hinaus stellt sich bei der Begrenzung der Intensität des Notwehrrechts stets die Frage, warum der Grundsatz der Verhältnismäßigkeit einerseits grundsätzlich abgelehnt, andererseits jedoch in Extremsituationen wieder herangezogen wird. Diese Inkonsistenz steht immer im Verdacht, die logische Begründungskette zu durchbrechen. Angesichts des praktischen Bedarfs an einer teleologischen Reduktion des Notwehrrechts und der oben genannten Einwände reicht die Erklärungskraft des Verhältnismäßigkeitsprinzips allein nicht aus. Daher ist eine leitende Theorie erforderlich, die eine überzeugende Grundlage für die Beschränkung des Notwehrrechts in Fällen gravierender disproportionaler Verhältnisse bietet.

3. Zwischenfazit und Anschlussfrage

Die hohe Intensität des Notwehrrechts ist das zentrale Merkmal seiner „Schärfe". Um diese Schärfe sicherzustellen, lehnt die herrschende Meinung im deutschen Strafrecht die generelle Anwendung des Verhältnismäßigkeitsprinzips ab und beschränkt das Notwehrrecht nur in Fällen extremer Unverhältnismäßigkeit. Diese Tendenz zeigt letztlich, dass die Strafrechtstheorie im Bereich der Notwehr trotz ihrer Ablehnung utilitaristischer Ansätze bis zu einem gewissen Grad Kompromisse eingehen muss. Die bestehenden externen Begründungsansätze weisen erhebliche Mängel auf, und das Verhältnismäßigkeitsprinzip selbst kann die Grundlage für seine Ausnahmeanwendung nicht überzeugend erklären. Daher bleibt nur der Versuch, auf die Grundlagen der Notwehr selbst zurückzugreifen, um sowohl die hohe Intensität des Notwehrrechts als auch die Einschränkung der Verteidigungsintensität systematisch und konsistent zu begründen.

---

[201] Vgl. *Seelmann*, ZStW 89 (1977), 55 f.; *Stiller*, Grenzen, S. 123 f.

[202] *Rienen*, Einschränkungen, S. 200.

[203] *Rienen*, Einschränkungen, S. 202.

[204] *Stiller*, Grenzen, S. 122; *Wossner*, Notwehr, S. 52.

Zweites Kapitel

Die Grundgedanken des Notwehrrechts

Eine Darstellung der Grundlage der Notwehr ist in der theoretischen Auseinandersetzung mit diesem Rechtsinstitut unverzichtbar. Welche Rolle diese gedankliche Grundlage im Notwehrsystem genau spielt, muss jedoch noch präzisiert werden. Im Allgemeinen lassen sich zwei zentrale Funktionen einer solchen Reflexion ausmachen:

(1) die Legitimation des Notwehrrechts als Ganzes zu begründen, insbesondere die starke Schärfe dieses Rechts positiv zu erklären. Dabei stellt sich vor allem die Frage, wie die Grundlage für diese ausgeprägte Intensität des Notwehrrechts überzeugend dargelegt werden kann;

(2) die Grenzen des Notwehrrechts festzulegen. Anders gesagt: Die Grundgedanken sollten nicht nur die positive Legitimation liefern, sondern auch die Basis für Einschränkungen des Notwehrrechts schaffen.

Die Begründung des Notwehrrechts ist dabei der erste und zentrale Aspekt, da er die Existenz des gesamten Notwehrsystems rechtfertigt. Nur wenn geklärt ist, warum eine Person in bestimmten Situationen das Recht hat, Handlungen vorzunehmen, die die Rechtsgüter anderer beeinträchtigen können, ist die Grundlage für die Ausübung des Notwehrrechts geschaffen. Die Frage, ob die Grundgedanken der Notwehr auch eine Grundlage für deren Einschränkung darstellen sollten, bleibt jedoch umstritten.

Eine Auffassung ist die, dass der Grundgedanke der Notwehr und die Begrenzung der Notwehr zwei verschiedene Ebenen seien. Eine Vergegenwärtigung des Grundgedankens der Notwehr beantworte die qualitative Frage, ob eine Handlung gerechtfertigt ist oder nicht, betreffe aber nur das „Ob“. Die Begrenzung der Notwehr beantworte hingegen die quantitative Frage, wie stark oder umfassend die Verteidigungshandlung sein darf, und beziehe sich insofern auf das „Wie viel“. Beide Aspekte seien voneinander unabhängig. Der Versuch, eine allgemeine Lösung für die Begrenzung der Notwehr ausschließlich aus dem Grundgedanken abzuleiten, sei daher logisch fehlerhaft, da qualitative Standards keine direkten quantitativen Vorgaben machen könnten. Dieser Ansatz berge die Gefahr, die Besonderheiten einzelner Voraussetzungen zu übersehen.[1]

---

[1] *Xu*, Chinese Journal of Law 2019 (3), 152 f.

Obwohl diese logische Differenzierung einen gewissen theoretischen Wert hat, ist die Schlussfolgerung, dass die Begrenzung der Notwehr nicht auf deren Rechtsgrundlage zurückgeführt werden sollte, zu absolut. Tatsächlich ist es nicht nur möglich, sondern auch notwendig, die Begrenzung der Notwehr auf deren Grundgedanken zurückzuführen.

Erstens bestimmt der Grundgedanke der Notwehr ihre Legitimität. Wenn diese Basis nicht berücksichtigt wird und stattdessen nur auf unabhängige Regeln für die Begrenzung zurückgegriffen wird, könnte dies zur Fragmentierung der Standards führen und sogar den ursprünglichen Zweck der Notwehr untergraben. Überschreitet eine Handlung die Grenzen der Notwehr, stellt sie einen Missbrauch des Rechts dar und verliert dadurch ihre Legitimität. Ohne eine klare Legitimitätsgrundlage ist die Bewertung der Grenzen praktisch nicht möglich. Mit anderen Worten: Wenn es um die Begrenzung der Notwehr in Bezug auf „Erforderlichkeit" oder „Angemessenheit" geht, muss auf den Grundgedanken der Notwehr zurückgegriffen werden, um sicherzustellen, dass die Begrenzungsstandards mit der Grundlage der Legitimität übereinstimmen.

Zweitens bietet ein integrativer Ansatz, der die Begrenzung der Notwehr aus ihrer rechtlichen Grundlage ableitet, einen systematischeren theoretischen Rahmen und eine größere Konsistenz in der Praxis. Wird die Begrenzung der Notwehr hingegen unabhängig davon konstruiert, könnte dies zu einer Fragmentierung der Notwehrtheorie und zu praktischen Widersprüchen führen. Da die Anwendung des Notwehrrechts letztlich in der Prüfung konkreter Fälle umgesetzt werden muss, reicht eine bloß abstrakte Feststellung des „Verteidigungsrechts" nicht aus, um praktische Orientierung zu bieten.

Drittens findet die Relevanz des Grundgedankens der Notwehr für die Begrenzung des Notwehrrechts Unterstützung in der empiristischen Ethik von John Dewey. Laut Dewey müssen ethische Urteile auf konkreten Kontexten basieren und die tatsächlichen Auswirkungen von Handlungen auf Individuen und die Gesellschaft umfassend abwägen. Die Lösung von Wertfragen ergebe sich nicht aus unveränderlichen abstrakten Prinzipien, sondern durch ein tiefes Verständnis und eine experimentelle Reflexion spezifischer Kontexte. Dewey lehnt Kants formale Pflichtethik ab und sieht ethische Urteile als einen fortlaufenden Prozess an, der auf die bestehenden Umstände reagiere und sich in der Praxis anpasse.[2]

Daher sollte die Bestimmung der Grenzen der Notwehr nicht als eigenständiges Thema betrachtet werden, das von dem Grundgedanken der Notwehr getrennt ist, sondern als Fortsetzung und Konkretisierung des Grundgedankens. Die prinzipielle qualitative Beurteilung (wie die Rechtfertigung des Notwehrrechts) und die kontextbezogene quantitative Beurteilung (wie die Festlegung der Grenzen der Notwehr) existieren nicht voneinander isoliert, sondern bilden eine organische Einheit. Die Festlegung der Grenzen der Notwehr stützt sich nicht nur auf die prinzipielle

---

[2] *Dewey*, The Later Works of John Dewey, Vol. 12, S. 72.

Grundlage der Rechtfertigung des Notwehrrechts, sondern wird auch in konkreten Situationen umgesetzt und angewendet. Wie Deweys empirische Ethik betont, sind Werturteile nicht einfach eine Frage der persönlichen Wahl, sondern stehen in engem Zusammenhang mit der sozialen Realität, der historischen Tradition und den spezifischen Umständen. In diesem Sinne beraubt die Trennung des Urteils über die Notwehr von dem Grundgedanken der Notwehr diesen tatsächlich seiner Leitfunktion, wodurch der theoretische Rahmen in der Praxis zu einem leeren Symbol wird und seine Gültigkeit und seinen praktischen Wert in Einzelfällen verliert. Daher muss die Suche nach der grundlegenden rechtlichen Begründung für die Grenze der Schärfe des Notwehrrechts vom Grundgedanken der Notwehr ausgehen und zu ihm zurückführen.

A. Überindividualistischer Ansatz

Die von Berner in seinem Aufsatz von 1848 formulierte These „Das Recht braucht dem Unrecht nicht zu weichen"[3] wird traditionell als Ausdruck der überindividualistischen Grundlage des Bewährungsprinzips verstanden.[4] Der Begriff „Recht" im zitierten Satz wird gewöhnlich als „objektive Rechtsordnung" interpretiert. Daher wurde diese Aussage so verstanden, dass sie das Bewährungsprinzip als Verteidigung der Rechtsordnung darstellt.

Die überindividualistische Grundlage bietet eine überzeugende Erklärung dafür, warum in Konfliktsituationen die Bewährung der Rechtsordnung stets höher bewertet wird als die Rechtsgüter des Angreifers. Nach dieser Auffassung überlagert der Grundsatz der Selbstbehauptung der Rechtsordnung die individuelle Selbstschutzfunktion der Notwehr vollständig: Die Hauptfunktion von § 32 dStGB besteht darin, den Täter daran zu hindern, die Rechtsordnung zu untergraben. Somit ist das Verteidigungsobjekt der Notwehr primär die Rechtsordnung selbst.[5]

Obwohl der rein überindividualistische Ansatz der Notwehr heute nur noch vereinzelt vertreten wird,[6] ist diese Denkweise nicht vollständig verschwunden. Im Folgenden werden verschiedene Auffassungen zur Bedeutung jener Rechtsordnung vorgestellt, die im überindividualistischen Ansatz durch den Begriff „Rechtsordnung" als Verteidigungsobjekt verkörpert wird.

---

[3] *Berner*, Notwehrtheorie, S. 557, 562, 578.

[4] *Krause*, in: FS-Bruns, S. 74 f.

[5] *Erb*, MK/StGB, § 32 Rn. 13; *Schmidhäuser*, GA 1991, 112 ff.

[6] *Bitzilekis*, Einschränkung, S. 51 ff.; *Haas*, Notwehr, S. 161 f.; *Schmidhäuser*, in: FS-Honig, 185 ff.

I. Empirische Geltung der Rechtsordnung

Erstens gibt es Ansichten, die den Begriff der Rechtssicherheit in einem empirischen Sinne zur Verteidigung der Rechtsordnung verwenden. Nach Schmidhäuser soll die Rechtsordnung eine Weltanschauung sein, die von Individuen geistig geteilt werde und zur Grundordnung des Lebens einer sozialen Gruppe gehöre. Sie sei nicht etwas, das allein vom Staat als Grundlage für das Verhalten seiner Organe vorgegeben werde.[7] Anders ausgedrückt stütze sich die Rechtsordnung nicht auf normative, sondern auf empirische Gültigkeit.[8]

In dieser Sichtweise verteidige die Notwehr nicht die Rechtsgüter des Angegriffenen als Schutzobjekt, sondern den empirischen Konsens, auf dem die Rechtsordnung beruhe, und sichere damit ihr eigenes Überleben. Die Berechtigung der Notwehr in diesem Konzept basiere darauf, dass die Rechtsordnung in ihrer empirischen Geltung als „höchstes Gut" in der Gesellschaft angesehen werde. Dies bedeute, dass jeder das Recht habe, die Rechtsordnung gegen offensichtliche Angriffe auf ihre Geltung zu verteidigen und den Angreifer daran zu hindern, den Angriff fortzusetzen. Auf diese Weise werde die Schärfe der Notwehr anerkannt.[9]

Schmidhäusers Ansicht könnte zwar eine bessere Grundlage für die Rechtfertigung der Nothilfe bieten, da der Verteidiger als Mitglied einer Gemeinschaft im Dienst einer gemeinsamen empirischen Rechtsordnung handelt. Allerdings steht diese Auffassung im klaren Widerspruch zum Wortlaut von § 32 Abs. 2 dStGB. Dort ist der Angriff, der die Notwehrlage begründet, kein Angriff auf die Rechtsordnung als abstrakte Kategorie, sondern ein Angriff auf „sich oder einen anderen".[10] Mit anderen Worten: Schmidhausers Ansicht würde die Möglichkeit der Notwehr auch im Hinblick auf staatliche oder öffentliche Rechtsgüter anerkennen. Diese Interpretation wird jedoch von der deutschen h.M. nicht geteilt.[11]

II. Normatives Verständnis der Rechtsordnung

Im Gegensatz dazu versteht eine andere Ansicht die Rechtsordnung in einem normativen Sinne. Nach dieser Auffassung sei der Schutz der einzelnen Rechtsgüter untrennbar mit der Rechtsordnung verbunden und bilde einen integralen Bestandteil ihres Schutzes.[12] In diesem Verständnis beziehe sich die Rechtsordnung auf die Gesamtheit der Rechtsnormen, wobei das Schutzobjekt der Selbstverteidigung die Rechtsnorm selbst sei.

---

[7] Vgl. *Schmidhäuser*, in: FS-Honig, S. 185 ff.

[8] Vgl. *Schmidhäuser*, in: FS-Honig, S. 194.

[9] Vgl. *Schmidhäuser*, in: FS-Honig, S. 194.

[10] *Engländer*, Nothilfe, S. 19; *Kroß*, Notwehr, S. 31; *Roxin*, ZStW 83, 75.

[11] *Roxin/Greco*, AT I, § 15 Rn. 1.

[12] *Bitzilekis*, Einschränkung, S. 60.

Ebenso wie die empirische Konzeption der Rechtsordnung versucht auch diese normative Sichtweise, die Rechtfertigung der Nothilfe zu erklären und die Verteidigung sozialer und staatlicher Rechtsgüter zu legitimieren. Das Problem dabei liegt jedoch in der Vermengung von Rechtsordnung und Individualschutz. Wird die Rechtsordnung als Gesamtheit der Rechtsnormen betrachtet, so kann sie nicht unabhängig von den Individualinteressen als eigenständiges Schutzobjekt bestehen. In diesem Fall führt die Addition von Individual- und Rechtsbewährungsinteressen letztlich zu einer Doppelzählung.[13] Ein weiteres Problem besteht darin, dass die Norm der Notwehr selbst zweifellos Teil der Rechtsordnung ist. Dadurch könnte das Argument für den Rechtsbewährungsgrundsatz in einer Endlosschleife der Selbstreferenz gefangen bleiben.[14]

Beim Grundsatz der Rechtsbewährung ist nicht nur die Definition der Rechtsordnung umstritten, sondern auch die Frage, wie diese Bewährung sich realisieren kann. Eine Auffassung vertritt, dass die Bewährung der Rechtsordnung darin bestehe, dass der Verteidiger durch seine Notwehrhandlung die Aufgabe der Rechtsdurchsetzung im Namen der staatlichen Rechtsinstitutionen erfülle.[15]

Diese Auffassung geht eindeutig von der Idee aus, das Notwehrrecht als einen Auftrag des Staates zu betrachten, was die Ausnahme vom staatlichen Gewaltmonopol erklärt. Dadurch gerät jedoch das Verhältnis zwischen Notwehrrecht und Bestrafungsmacht in eine Zwickmühle. Einerseits müsste, wenn das Notwehrrecht als Erbteil der Bestrafungsmacht verstanden wird, seine Ausübung auf den verfahrensrechtlichen Rahmen der staatlichen Bestrafung beschränkt sein. In diesem Fall müsste der Staat die Konsequenzen einer Überschreitung dieser Befugnisse tragen, was offensichtlich nicht zutrifft.[16] Andererseits kann die Ausübung des Notwehrrechts weder die Bestrafungsmacht des Staates aufheben noch deren Anwendung ausschließen. Ein rechtswidriger Angreifer bleibt den staatlichen Strafen unterworfen, auch wenn der Verteidiger eine Notwehrhandlung begangen hat. Würde man das Notwehrrecht als bloße Ableitung der Bestrafungsmacht betrachten, würde dies dem Verbot der Mehrfachbestrafung widersprechen. Die Idee einer stellvertretenden Bestrafungsmacht mag zwar dazu beitragen, die Quelle der Rechtfertigung des Notwehrrechts zu erklären, führt jedoch zu weiteren Dilemmata und damit zu widersprüchlichen Schlussfolgerungen.

III. Die monistisch-überindividualistische Notwehrkonzeption

Die monistische Notwehrkonzeption ist kein Modell, das die Prinzipien des Individualismus oder des Überindividualismus vollständig ausschließt oder verneint,

[13] *Zhang*, Global Law Review 2018 (2), 72.

[14] Vgl. *Fechner*, Notwehr, S. 162; *Kioupis*, Notwehr, S. 35.

[15] *Koch*, ZStW 104 (1992), 791.

[16] Vgl. *Lesch*, Notwehrrecht, S. 31.

sondern es besagt nur, dass das eine dominant ist und das andere vollständig einschließt oder dominiert. Und der Vertreter der monistisch-überindividualistischen Notwehrkonzeption ist Schmidhäuser.

Es ist wichtig festzuhalten, dass Schmidhäuser die Rolle des persönlichen Interesses nicht völlig leugnet. Die Notwendigkeit, das Interesse an der Rechtsbewährung bei der Notwehr zu berücksichtigen, dem in seiner Konzeption ein sehr hoher Stellenwert zukommt, führt lediglich dazu, dass das Interesse der Verteidigungsseite als höherwertig angesehen wird als das des Angreifers. Mit anderen Worten: Die Schärfe der Notwehr ergebe sich aus der Überlegenheit des Interesses an der Rechtsbewährung gegenüber dem des Angreifers.[17]

Nach dieser Auffassung wird die individuelle Selbstschutzfunktion der Notwehr durch den Grundsatz der Rechtsbewährung völlig in den Schatten gestellt. Denn seiner Ansicht nach ist es unerheblich, ob die Rechtsgüter des Angegriffenen geschützt würden oder nicht. Entscheidend sei, dass die Interessen der Rechtsbewährung über denen des Angreifers stünden. Reichten diese Interessen der Bewährung aus, so sei die Notwehr legitimiert. Daher sei der persönliche Schutz von Rechtsgütern lediglich ein Reflex des Notwehrrechts, das ganz auf die Interessen der Gesellschaft zugeschnitten sei.[18]

Wenn das rein überindividualistische Konzept der Notwehr auf den Begriff der „Bewährung der Rechtsordnung" verweist, d.h. auf das positive Interesse der Allgemeinheit an der Abwehr rechtswidriger Angriffe, liefert es keine überzeugende Begründung für das Notwehrrecht.

Das Konzept des reinen Überindividualismus steht im Widerspruch zum Prinzip der Notwehr als inhärentem Recht der Privatperson.[19] Nur die Verbindung einer solchen Konzeption mit der Staatsgewalt ist möglich, denn die Bewahrung der Wirksamkeit von Rechtsnormen und die Prävention von Straftaten sind an sich Aufgaben des Staates, und nur staatliche Behörden, die über ein Gewaltmonopol verfügen, sind wirklich in der Lage, diese Ziele wirksam zu erreichen. Würde man die Rechtsbewährung als vorrangiges Ziel der Notwehr bestimmen, würde das dazu führen, dass die Verteidiger als Hilfspolizisten auftreten, die im Dienst des Staates handeln.[20] Die eigentliche Staatsmacht hält sich jedoch bei ihrer strafrechtlichen Aufgabe, die Rechtsordnung zu bewahren und Straftaten zu bekämpfen, an den Grundsatz der Verhältnismäßigkeit und der Verfahrensgerechtigkeit,[21] während es für die Verteidiger offensichtlich keine solche Anforderung gibt.

Darüber hinaus kann der Schaden, den die Staatsgewalt anrichten darf, nur in gesetzlichen Strafen und anderen gesetzlichen Rechtsfolgen bestehen. Wenn der

[17] Vgl. *Schmidhäuser*, in: FS-Honig, S. 193.

[18] *Erb*, MK/StGB, § 32 Rn. 13.

[19] Vgl. *Pawlik*, Unrecht, S. 147.

[20] Vgl. *Roxin*, ZStW 93, 76.

[21] *Erb*, MK/StGB, § 32 Rn. 16.

Verteidiger den Tod des Angreifers verursacht hat, könnte sein Handeln nicht gerechtfertigt werden, solange der rechtswidrige Angriff selbst nicht gerichtlich mit dem Tod bestraft wird. Darüber hinaus erlaubt die Notwehr auch die Beeinträchtigung der körperlichen Rechte des Angreifers,[22] aber das bedeutet nicht, dass die Körperstrafe wiederhergestellt wird.

Eine Denkweise, die die Interessen der Rechtsbewährung über den Individualschutz stellt, kann ebenfalls katastrophale Folgen haben. Wenn die Geltung der Rechtsordnung Vorrang vor den individuellen Rechten hat, dann führt dies zu der Schlussfolgerung, dass der Einzelne die Pflicht hat, die Verletzung der Rechtsordnung zu verhindern, wodurch die Notwehr das Attribut einer Pflicht erhält.[23] Dies wäre unvereinbar mit der normativen Tatsache, dass die Notwehr ein beliebig ausübbares Recht ist. Außerdem wäre dies ein Verstoß gegen das individuelle Schuldprinzip, da der Angegriffene, wenn er sich nicht verteidigt, durch das staatliche Recht wegen der Verletzung der Pflicht zur Wahrung der Rechtsordnung sanktioniert werden könnte; von einem Dritten würde verlangt, dass er ohne Rücksicht auf seine eigenen Interessen die Pflicht zur Nothilfe erfüllt, was eine unzulässige Ausweitung des Solidaritätsprinzips wäre. Die Auferlegung einer verpflichtenden Notwehr stellt zweifellos einen großen Eingriff in die Handlungsfreiheit des Einzelnen dar und ist in der Realität nicht praktikabel.

In der Tat ist das primäre Interesse der Rechtsordnung immer das Interesse ihrer Mitglieder, und gerade der Schutz der individuellen Rechte steht im Vordergrund bei der Ausübung der Rechtsordnung.[24] Die Bewährung der Rechtsordnung kann also nur als eine Möglichkeit für das reflexive Individuum verstanden werden, seine legitimen Interessen oder die seiner Mitmenschen zu schützen.[25] Die Bewährung der Rechtsordnung kann nur durch die Vermittlung des Schutzes konkreter Rechte ersichtlich werden.[26] Das monistisch-überindividualistische Notwehrkonzept entsubjektiviert den Angegriffenen vollständig und reduziert ihn bzw. seine Selbstverteidigung auf eine Gelegenheit der objektiven Rechtsordnung, ihre Macht auszuüben; daher liegt es dem tatsächlichen Notwehrrecht völlig fern und ist nicht geeignet, das Wesen des Notwehrrechts zu erklären.

B. Individualistischer Ansatz

Die allgemeine Auffassung des individualistischen Ansatzes besagt, dass der Verteidiger im Falle der Notwehr in erster Linie darauf bedacht sei, seine persön-

---

22 *Schmidhäuser*, in: FS-Honig, S. 193.

23 Vgl. *Köstlin*, Revision, S. 726.

24 *Erb*, MK/StGB, § 32 Rn. 15.

25 *Erb*, MK/StGB, § 32 Rn. 17; *Rönnau/Hohn*, LK/StGB, § 32 Rn. 66.

26 *Jescheck/Weigend*, AT, S. 337.

lichen Rechtsgüter vor rechtswidrigen Angriffen zu schützen.[27] Diese Sichtweise erscheint auf den ersten Blick intuitiv nachvollziehbar, wirft jedoch die Frage auf, ob sie ausreicht, das Notwehrrecht umfassend zu erklären, da sie mit mehreren Kritikpunkten konfrontiert ist.[28] Im Folgenden werden zwei zentrale Denkrichtungen innerhalb des individualistischen Ansatzes dargestellt. Die eine interpretiert die Notwehr aus der Perspektive des Angegriffenen, die andere analysiert die Situation des Angreifers. Beide Ansätze versuchen, die Rechtfertigung der Notwehr aus unterschiedlichen Blickwinkeln zu beleuchten.

I. Erklärungsmodelle auf der Seite der Angegriffenen

Die erste Denkrichtung argumentiert für die Legitimität sowie die Merkmale der Notwehr aus der Perspektive des Angegriffenen. Dieser befindet sich in einer Situation, in der seine Rechtsgüter bedroht sind, so dass die Legitimität der Notwehr aus dieser besonderen faktischen Lage, in der er sich befindet, abgeleitet werden kann. Darüber hinaus lässt sich die Legitimität der Notwehr auch aus der Perspektive der normativen Rechte hinsichtlich der angegriffenen Rechtsgüter begründen.

1. Das Argument der psychischen Situation

a) Selbsterhaltungstrieb

Ein von Engisch vorgetragenes Argument besagt, dass die Grundlage für die Rechtfertigung der Notwehr in dem Selbsterhaltungstrieb liege.[29] In der Notsituation handele der Mensch instinktiv zum eigenen Schutz, ein Verhalten, das von der Rechtsordnung anerkannt werde und aus dem sich das Notwehrrecht ableite.

Nach dieser Auffassung kann die Notwehr keine Interessenabwägung erfordern,[30] da der Angegriffene in der Notsituation vollständig vom Selbsterhaltungstrieb geleitet werde und daher nicht in der Lage sei, die Abwägung zwischen seinen eigenen Rechtsgütern und denen des Angreifers zu berücksichtigen.

Bei dieser Auffassung, die die Rechtfertigung der normativen Institution der Notwehr auf den biologischen Selbsterhaltungstrieb der Angegriffenen stützt, stellt sich unweigerlich die Frage, wie sich aus einer biologischen Tatsache ein normatives Recht ableiten lässt.[31] Tatsächlich werden viele biologisch-instinktive menschliche Verhaltensweisen, wie etwa das instinktive Streben nach sexueller Befriedi-

---

[27] *Koch*, ZStW 104 (1992), 796; *Wagner*, Notwehrbegründung, S. 29.

[28] *Kioupis*, Notwehr, S. 44.

[29] *Engisch*, Gerechtigkeit, S. 275; *Klose*, ZStW 89 (1977), 86 ff.

[30] Vgl. *Klose*, ZStW 89 (1977), 86.

[31] *Iijima*, Freiheitsgarantien, S. 156.

gung von Vergewaltigern, nicht als Rechte anerkannt, sondern vielmehr strafrechtlich verfolgt.

Der Selbsterhaltungstrieb fehlt zudem im Kontext der Nothilfe, wenn der Verteidiger nicht seine eigenen Rechtsgüter schützt. Es wurde argumentiert, dass sich der Selbsterhaltungstrieb auch auf die Rettung anderer erstrecken könne und diese in Notlagen ebenfalls eine Ausprägung des Selbsterhaltungstriebes sei.[32] Dennoch bleibt unklar, warum die Befugnis zur Nothilfe weiterhin vom Willen der Angegriffenen abhängig sein sollte.

Schließlich macht die Auffassung der Selbsterhaltung auch die Notwehr vom Notstand ununterscheidbar.[33] Denn beide dienen dem Schutz der eigenen Interessen in einer Notsituation. An dieser Stelle ist es schwierig zu erklären, warum der Selbsterhaltungstrieb, aus dem sich die Schärfe des Notwehrrechts ableitet, im Falle des Notstands nicht zum Tragen kommt.

b) Bedrängnissituation und Ungeübtheit

In ähnlicher Weise versucht Wagner, das Notwehrrecht mit einer rein individualistischen Notwehrkonzeption zu begründen, die jedes überindividualistische Element ablehnt, und begründet die Schärfe des Notwehrrechts mit der typischen Bedrängnissituation des Angegriffenen und seiner Ungeübtheit, sich gegen Angriffe zu verteidigen.[34] Kratzsch hat auch versucht, zwischen verschiedenen Graden der Bedrängnis zu unterscheiden, um verschiedene Grade von Eingriffsbefugnissen in Notwehr und Notstand zu rechtfertigen. Nach Kratzsch ist die Notwehr durch eine extreme Bedrängnis aufgrund der Schärfe der Konfliktsituation gekennzeichnet. Der Angegriffene müsse in Fällen der Notwehr sofort handeln. Es sei ihm nicht möglich, seine Interessen zusätzlich abzuwägen. Wenn also eine solche Interessenabwägung gefordert wäre, käme sie einer Selbstaufopferung des Betroffenen gleich.[35]

Diese Ansicht wurde vor allem deshalb kritisiert, weil es immer noch schwierig ist, zwischen Notwehr und Notstand zu unterscheiden.[36] Im Rahmen des Notstandes ist der Handelnde sowohl mit Bedrängnis als auch mit Ungeübtheit konfrontiert, aber die Interessenabwägung und die Ausweichpflicht verschwinden an diesem Punkt nicht. Wagner verteidigte seine Ansicht mit dem Argument, dass die Notsituation eine gemeinsame Voraussetzung sowohl für die Notwehr als auch für den Notstand sei, dass aber der Notstand einen Eingriff in ansonsten unbeteiligte

---

[32] *Saito*, Notwehrrechts, S. 58 f.

[33] Vgl. *Engländer*, Nothilfe, S. 44. Sogar Engisch selbst gibt das zu. *Engisch*, Gerechtigkeit, S. 275.

[34] *Wagner*, Notwehrbegründung, S. 32.

[35] *Kratzsch*, StV 1987, 228.

[36] *Engländer*, Nothilfe, S. 45 f.; *Kroß*, Notwehr, S. 52; *Seeberg*, Aufgedrängte, S. 56 ff.

rechtmäßige Rechtsgüter vorsehe, während der Güterkonflikt bei der Notwehr auf einem rechtswidrigen Angriff beruhe. Daher habe der Angreifer in Notwehr eine größere Duldungspflicht.[37] Diese Verteidigung ist jedoch nicht einleuchtend, da sie immer noch nicht erklärt, warum die Notwehr, anders als der Notstand, die Interessenabwägung außer Acht lassen und die Ausweichpflicht aufheben kann. Zudem hat dieses Argument keinen Bezug zur Bedrängnissituation und zur Ungeübtheit.[38]

Wenn man diese Sichtweise weiter extrapoliert, kommt man außerdem zu dem Schluss, dass im Falle der Notwehr auch in die Rechtsgüter Dritter gerechtfertigt eingegriffen werden kann, da sich der Verteidiger in einer äußersten Bedrängnissituation befindet und es für ihn daher keinen Unterschied macht, ob sich sein Handeln gegen den Angreifer selbst oder gegen einen unbeteiligten Dritten richtet.[39] Aber diese Schlussfolgerung ist zweifelsohne absurd.

Als Antwort auf die Rechtfertigung der Nothilfe argumentiert Wagner, dass der Nothelfer sich in aller Regel nicht in einer dem Angegriffenen vergleichbaren psychischen Bedrängnissituation befinde.[40] Seiner Ansicht nach ist der Gegenstand der Notwehr das individuelle Interesse, und die Nothilfe als Hilfe bei der Abwehr eines rechtswidrigen Individualangriffs könne dabei gleichermaßen gerechtfertigt sein. Aber diese umständliche Art, die Situation zu beschreiben, umgeht die Tatsache, dass sich der Nothelfer eigentlich nicht in der gleichen Lage befindet wie der Angegriffene.[41] Im Wortlaut des Gesetzes sollten Selbstverteidigung und Nothilfe jedoch im Prinzip dieselbe Kompetenz haben, so dass bei der Begründung ihrer Legitimität die beiden nicht grob und künstlich gleichgesetzt werden sollten, sondern die Gemeinsamkeiten aktiv gesucht werden sollten.

2. Das Argument des Naturrechts

Insbesondere versucht Erb, das Notwehrrecht als ein natürliches Recht zu definieren, das jedem Menschen innewohnt.[42] Er argumentiert, dass das Notwehrrecht im Konflikt zwischen Recht und Unrecht, der durch einen rechtswidrigen Angriff entstehe, den Naturzustand wiederherstelle. Daher erforderten normative Befehle zur Selbstverteidigung keine zusätzliche Legitimität.[43]

Diese Argumentation setzt jedoch voraus, dass Normen auf einer objektivistischen Rationalität basieren. Das bedeutet, dass der rechtlich-ethische Kognitivismus die Möglichkeit einer moralischen Erkenntnis bejaht – nämlich die Fähigkeit,

---

[37] *Wagner*, Notwehrbegründung, S. 33 f.

[38] *Engländer*, Nothilfe, S. 46.

[39] *Kroß*, Notwehr, S. 51; *Renzikowski*, Notwehr, S. 121.

[40] *Wagner*, Notwehrbegründung, S. 34; ebenso *Kargl*, ZStW 110 (1998), 44.

[41] *Hold-Ferneck*, Rechtswidrigkeit, S. 158 f.

[42] *Erb*, MK/StGB, § 32 Rn. 2, 12.

[43] *Erb*, Jura 2005, 27.

objektiv festzustellen, welche Handlungen geboten oder verboten sind und welche Normen gültig oder ungültig sind.[44]

Engländer kritisierte diese Annahme, indem er das Naturrechtsargument als moralischen Realismus oder moralischen Platonismus einordnet und beide Ansätze als problematisch ansieht. Der moralische Realismus gehe davon aus, dass objektive Werte als integraler Bestandteil der natürlichen Welt existierten.[45] Doch solche Werteigenschaften seien die einzigen natürlichen Entitäten, die weder durch Naturgesetze geregelt noch mit anderen Objekten oder Ereignissen in der Welt kausal verknüpft seien. Der Platonismus versuche, dieses Problem zu umgehen, indem er eine separate normative Welt postuliere.[46] Allerdings bleibe unklar, wie diese normative Welt mit der natürlichen Welt in Beziehung stehe.[47]

Auch aus erkenntnistheoretischer Perspektive werde eingewandt, die Beobachtung der Welt sei deshalb möglich, weil deren Objekte und Prozesse eine kausale Wirkung auf die menschlichen Sinne ausübten.Werte und Normen, die angeblich objektiv existierten, verfügten hingegen über keine solche Wirkung, da sie keine physikalischen Eigenschaften aufwiesen, welche Sinnesreize auslösen könnten. Sie seien vielmehr nur im Rahmen interpretativer Zuschreibungen zugänglich.[48]

Letztlich führe dies zu einer Rückkehr zur Erkenntnis a priori, also einer rein rationalen Erkenntnis, die durch Erfahrung weder bestätigt noch widerlegt werden könne. Das Ergebnis sei die Berufung auf eine mysteriöse kognitive Fähigkeit, die sich jedoch nicht vernünftig nachweisen lasse. Auch das apriorische Modell der Gerechtigkeit halte der kognitiven Theorie nicht stand.[49]

Das Naturrecht allein kann nicht ohne einen erklärenden Prozess die Schärfe des Notwehrrechts begründen. Daher ist eine weiterführende Diskussion erforderlich, die auf einer angemessenen rechtssystematischen Interpretation basiert. Die Auslegung des Notwehrrechts muss auf einer systematischen Analyse basieren, die mehr umfasst als die bloße Berufung auf abstrakte naturrechtliche Prinzipien.

3. Das Argument des Selbsterhaltungsinteresses

Das Argument der Selbsterhaltung basiert auf dem Selbsterhaltungsinteresse eines Individuums, das zur Verteidigung des Rechtsguts des Angegriffenen führen soll. Diese Sichtweise setzt voraus, dass dem faktischen Interesse an der Selbsterhaltung auch normative Bedeutung beigemessen werde. Diese Idee gehe auf Hobbes' Ansicht zurück, dass die Selbsterhaltung das oberste Ziel eines jeden

[44] *Engländer*, ARSP 2004, 88 ff.

[45] *Kutschera*, Ethik, S. 219 ff.

[46] *Hartmann*, Ethik, S. 148 ff.

[47] *Engländer*, Nothilfe, S. 140.

[48] Vgl. *Devitt*, Realism, S. 13 ff.

[49] *Engländer*, Nothilfe, S. 43.

Menschen sei. Daher habe jeder Mensch im Naturzustand das natürliche Recht, alle verfügbaren Mittel zur Selbstverteidigung zu nutzen.[50]

Nach Hobbes geben die Menschen ihre Freiheit zur Selbstverteidigung nicht vollständig auf, selbst wenn sie einen Gesellschaftsvertrag abschließen, der ursprünglich zum Zweck der Selbsterhaltung geschlossen worden sei. Da der Staat die Menschen nicht vollständig vor Angriffen schützen könne, behielten sie das Notwehrrecht für den Fall, dass sie nicht rechtzeitig Schutz vom Staat erhielten.[51] Diese Ansicht wird auch als Rechtfertigung für die Legitimität von Nothilfe angesehen, da sie anerkennt, dass diese dem Schutz der Rechtsgüter der Angegriffenen förderlich sei.[52]

Diese Ansicht kann jedoch kritisiert werden, da nicht erklärt wird, warum der Angegriffene nicht verpflichtet ist, der Verletzung auszuweichen und bei den Behörden um Hilfe zu ersuchen.[53] Zum Schutz der Rechtsgüter wäre ein Ausweichen oft wirksamer als eine Verteidigung, die stets mit Risiken verbunden ist.[54]

Diese Sichtweise könnte ferner insoweit kritisiert werden, als sie nicht erklärt, warum bei der Selbstverteidigung eine Güterabwägung nicht grundsätzlich erforderlich ist. M. a. W., sie geht nicht darauf ein, warum es in bestimmten Fällen zulässig ist, dass ein Verteidiger höher gewichtete Rechtsgüter des Angreifers (z. B. das Leben) verletzt, um seine eigenen Interessen der Selbsterhaltung zu schützen.[55]

Schließlich liefert auch dieses Argument keine klare Grundlage für die Bedingungen, unter denen Notwehr gerechtfertigt ist. Einerseits hindert das Interesse an der Selbsterhaltung den Verteidiger nicht daran, in das Rechtsgut eines Dritten einzugreifen, wenn dies seinem eigenen Schutz dient, was jedoch offensichtlich gegen das Kriterium der Geeignetheit im Rahmen des Notwehrrechts verstößt. Andererseits lässt das Interesse an der Selbsterhaltung keine klare Unterscheidung zwischen Notwehr und Notstand zu, da der Täter im letzteren Fall ebenfalls mit der Unmöglichkeit konfrontiert sein könnte, rechtzeitig Schutz vom Staat zu erhalten.

4. Das Argument der Handlungsfreiheit

Wagner argumentiert, dass das allgemeine Recht auf Handlungsfreiheit, also das Grundrecht auf die freie Entfaltung der Persönlichkeit gemäß Art. 2 Abs. 1 dGG, neben dem konkret angegriffenen individuellen Rechtsgut immer auch als mitverteidigt gelte.[56] Nach dieser Auffassung umfasst die Verteidigung sowohl das tat-

---

[50] *Hobbes*, Leviathan, Kap. 14 Abs. 4.

[51] Vgl. *Hobbes*, Leviathan, Kap. 14 Abs. 8.

[52] *Scherenberg*, Einschränkungen, S. 39 f.

[53] *Kühl*, JuS 1993, 181; *Pawlik*, ZStW 114 (2002), 262 f.

[54] *Pawlik*, ZStW 114 (2002), 262.

[55] *Scherenberg*, Einschränkungen, S. 44.

[56] *Wagner*, Notwehrbegründung, S. 31.

sächlich angegriffene Rechtsgut als auch das zusätzliche Recht auf Handlungsfreiheit. Daher müsse die Verpflichtung zur Interessenabwägung zugunsten des Angegriffenen aufgehoben werden.[57]

Diese Ansicht besagt auch, dass das Fehlen einer Ausweichpflicht darauf zurückzuführen sei, dass es unmöglich sei, die allgemeine Handlungsfreiheit wiederzuerlangen, indem man vor dem Angreifer fliehe. Im Gegenteil: Wenn der Verteidiger fliehe, gebe er dem Zwang des Angreifers nach, wodurch seine Handlungsfreiheit bereits verletzt werde.[58]

Der Kritikpunkt an dieser Auffassung ist, dass der Unterschied zwischen Notwehr und Notstand nicht einfach zu erklären ist, da auch im Notstand die Handlungsfreiheit des Täters eingeschränkt ist, er jedoch nicht dieselben Rechte wie in der Notwehrsituation genießt.[59]

Die Begründung der Vorrangstellung des Angegriffenen aufgrund der allgemeinen Handlungsfreiheit ist ebenfalls problematisch. Erstens ist fraglich, warum der Angegriffene vorrangig geschützt werden sollte, obwohl die allgemeine Handlungsfreiheit des Angreifers durch die Verteidigungshandlung ebenfalls eingeschränkt wird, also letztlich die Freiheit beider Parteien betroffen ist.[60] Zweitens stellt sich die grundlegende Frage, ob die Handlungsfreiheit, auch wenn sie als bedeutendes Rechtsgut gilt, im Fall einer Beeinträchtigung des Lebensrechts des Angreifers tatsächlich als vorrangig betrachtet werden kann.[61]

Kroß hat versucht, diese Idee in Anlehnung an Wagner zu entwickeln. In der deutschen Rechtsordnung wird die freie Entfaltung der Persönlichkeit durch zwei sich gegenseitig ergänzende Rechtspositionen gewährleistet, nämlich den Schutz der allgemeinen Handlungsfreiheit und des allgemeinen Persönlichkeitsrechts.[62] Kroß argumentiert, dass die Durchführung eines rechtswidrigen Angriffs nicht in den Anwendungsbereich der Persönlichkeitsrechte des Angreifers falle, wodurch er dem Einwand ausweicht, dass auch das Persönlichkeitsrecht des Angreifers zu wahren sei.[63] Gleichzeitig behauptet er, dass der hohe verfassungsrechtliche Stellenwert des Persönlichkeitsrechts in Verbindung mit dem Recht des Angegriffenen im Vorrang der Interessen des Verteidigers gegenüber dem Leben des Angreifers resultiere.[64] Das Problem besteht jedoch darin, dass bei der Begründung dieser Ungleichheit immer noch ein Argument fehlt, warum das allgemeine Persönlich-

[57] *Wagner*, Notwehrbegründung, S. 32.

[58] *Wagner*, Notwehrbegründung, S. 32.

[59] Vgl. *Kroß*, Notwehr, S. 56.

[60] Vgl. *Kroß*, Notwehr, S. 56.

[61] Vgl. *Engländer*, Nothilfe, S. 49.

[62] *Kroß*, Notwehr, S. 57 ff.

[63] *Kroß*, Notwehr, S. 59.

[64] *Kroß*, Notwehr, S. 62.

keitsrecht dem verletzten Rechtsgut hinzugefügt werden kann und warum die Addition beider das Vorrangrecht des Lebensrechts des Angreifers infrage stellt.[65]

5. Das Rechteargument

Nach der von Engländer vertretenen Auffassung ist die Notwehr auf der Grundlage der Rechte des Angegriffenen zu betrachten. Engländer versucht, dies mit der Kombination von subjektiven Rechten und Zwangsgewalt zu erklären. Die Funktion der subjektiven Rechte bestehe darin, sicherzustellen, dass der Rechtsinhaber bestimmte Güter wie Leben, Körper oder Bewegungsfreiheit vor der Verletzung durch andere schützen kann.[66] Sie gewährten dem Rechtsinhaber auch einen persönlichen Anspruch gegenüber dem Rechtsobjekt. Subjektive Rechte seien also mit Zwangsbefugnissen verbunden, die es dem Rechtsinhaber ermöglichten, seine Rechtsgüter zulasten der Freiheit des Verletzers vor einer drohenden Gefahr zu schützen. Daraus ergebe sich das Notwehrrecht.[67] Im Allgemeinen gelte, dass, wenn eine Person ihre eigene Freiheit auf eine Weise ausübe, die die Freiheit eines anderen beeinträchtige, diese Handlung rechtswidrig sei. Da der Zwang, der gegen diese Person ausgeübt werde, die Behinderung des Unrechts beseitige, sei er gemäß dem Prinzip der doppelten Verneinung gerechtfertigt. Die Legitimität des Zwangs zum Schutz der rechtlichen Freiheit lasse sich aus dem Zusammenhang zwischen Rechten und Zwangsbefugnis ableiten.[68]

Dieses Rechteargument könne auch eine Grundlage für die Schärfe des Notwehrrechts bieten: Würde die mit den subjektiven Rechten verbundene Zwangsbefugnis durch das Erfordernis einer Güterabwägung begrenzt, sei der angegriffene Rechteinhaber in einer schlechteren Lage, als wenn es kein solches System gegenseitiger Rechte und Pflichten gebe. Denn er müsste möglicherweise, ohne sich gegen den Angriff verteidigen zu können, den Schaden hinnehmen, der durch die Verletzung seiner Rechte durch den Angreifer verursacht worden sei.[69] Der Zweck der subjektiven Rechte würde in diesem Fall verfehlt, da es keinen Grund gebe, warum eine Person, die vernünftigerweise ihr eigenes Interesse verteidigt, eine solche Pflicht akzeptieren solle.[70]

Ebenso rechtfertige das Rechteargument das Fehlen einer Ausweichpflicht, da Ausweichen nicht als Verteidigung angesehen werde. Zwar vermeidet es eine Schädigung des Eigentums der angegriffenen Person, verhindere jedoch nicht den

---

[65] Vgl. *Engländer*, Nothilfe, S. 49; *Rienen*, Einschränkungen, S. 85 f.

[66] Vgl. *Engländer*, Nothilfe, S. 71 f.; *Engländer*, Matt/Renzikowski/StGB, 2013, § 32 Rn. 4.

[67] *Engländer*, Matt/Renzikowski/StGB, § 32 Rn. 4.

[68] Vgl. *Kindhäuser*, in: FS-Frisch, S. 501.

[69] *Engländer*, Matt/Renzikowski/StGB, § 32 Rn. 4.

[70] *Engländer*, Matt/Renzikowski/StGB, § 32 Rn. 4.

Angriff.[71] Ausweichen stellt daher keine Ausübung eines Rechts dar, sondern einen Verzicht darauf.

Die Legitimität von Nothilfe lässt sich ebenfalls durch das Rechteargument erklären. Wenn das Notwehrrecht auf der Schutzfunktion eines subjektiven Rechts basiere, sei der Rechtsinhaber berechtigt, dieses Recht auszuüben. Der Verteidiger könne immer darauf hoffen, dass andere ihn unterstützen, um seine eigenen Kräfte und Fähigkeiten zu verstärken.[72] Es liege daher im Interesse des Inhabers des Notwehrrechts, dieses Recht an eine andere Person zu übertragen, so dass diese Person das gleiche Maß an Zwang ausüben könne. Sowohl die Selbstverteidigung als auch die Nothilfe seien somit durch die Schutzfunktion des subjektiven Rechts gerechtfertigt.[73]

Engländers Sichtweise umgeht die Interessenabwägung und betont stattdessen die Schärfe des Notwehrrechts, indem sie subjektive Rechte und Zwangsbefugnisse im Rahmen von wechselseitigen Rechten und Pflichten mit dem Zweck der Wahrung der Persönlichkeitsfreiheit kombiniere.

Eine abweichende Ansicht stellt dies jedoch infrage. Sie argumentiert, dass eine völlig gegenteilige Schlussfolgerung durch Annahmen erreicht werden könne, die sich von denen Engländers unterscheiden. Wenn man davon ausgehe, dass jeder das stärkste Interesse daran habe, sein Leben zu schützen, dann werden sowohl der Verteidiger als auch der Angreifer in einer Notsituation überlegen, wie ihr Leben besser geschützt werden könne. Vor diesem Hintergrund sei es wünschenswert, eine Rechtsgüterabwägung vorzunehmen, die es dem Verteidiger oder Angreifer ermögliche, sein Leben besser zu schützen, anstatt den Angreifer zu töten, um das Eigentum zu schützen.[74] Dieser Gedankengang beruft sich auf den Schleier des Nichtwissens, der besagt, dass eine vernünftige Person, die nicht wisse, ob sie Angreifer oder Verteidiger sei, eine Interessenabwägung wählen solle. Dabei würde ein denkbares Recht zur Tötung des Angreifers im Zuge des Schutzes des Eigentumsinteresses verneint bzw. eingeschränkt, um die Überlebenswahrscheinlichkeit zu maximieren. Diese Kritik greift jedoch nicht den Kern des Rechtearguments an. Der Grund, warum bei der Notwehr das Verhältnis zwischen den betroffenen Rechtsgütern nicht berücksichtigt werden muss, liegt darin, dass der Angreifer die Grenzen seiner Rechte überschreitet. Unabhängig davon, ob die Verletzung geringfügig oder schwerwiegend ist, hat sie für das formale Konzept der Rechte dieselbe Bedeutung. An diesem Punkt ist es nicht zulässig, den Grad der Bedeutung der jeweiligen Rechte beider Parteien überhaupt zu bewerten;[75] die Kritik am Rechteargument beruht jedoch immer auf dem angenommenen Vorrang des Lebensrechts.

---

[71] *Engländer*, Matt/Renzikowski/StGB, § 32 Rn. 22.

[72] Vgl, *Nozick*, Anarchy, S. 26 ff.

[73] *Engländer*, Nothilfe, S. 90.

[74] *Yamamoto*, Notwehr, S. 60.

[75] *Zhao*, Peking University Law Journal 2018 (6), 1628.

II. Erklärungsmodelle auf der Seite der Angreifer

Die zweite Denkrichtung verteidigt die Legitimität und Merkmale der Notwehr, indem sie die Perspektive des Angreifers betrachtet. Der Grundgedanke ist, dass seine Rechte durch seinen rechtswidrigen Angriff eine Einschränkung erfahren müssen, wobei das Notwehrrecht sowohl die Rechtfertigung als auch den Umfang dieser Einschränkungen darlegt.

1. Das Argument der Vermeidbarkeit

Die Charakterisierung des Notwehrrechts aus der Sicht des Angreifers kann durch die Berücksichtigung der Vermeidbarkeit des Angriffs dargelegt werden. Frister vertritt die Auffassung, dass der Angreifer verpflichtet sei, den Angriff zu beenden. Er könne die Bedrohung seiner eigenen Rechtsgüter vermeiden, indem er den Angriff vor der Verteidigungshandlung abbreche.[76] Daher sei der Verteidiger dem Angreifer gegenüber nicht haftbar für die Bedrohung des Rechtsguts des Angreifers durch die Verteidigungshandlung. Der Angegriffene könne nicht verpflichtet werden, die Last eines Anspruchs auf ein gesamtschuldnerisches Opfer zu tragen.[77]

Diese Einsicht kann in der Tat die Unterscheidung zwischen Notwehr und Notstand begründen, da bei bei Letzterem für das Notstandsopfer keine solche Vermeidbarkeit besteht und der Notstandstäter daher gezwungen ist, sich mit dem Notstandsopfer zu solidarisieren, und somit den Beschränkungen der Verhältnismäßigkeit unterliegt. Unter dem Gesichtspunkt der Selbstverantwortung ist in der Notwehrsituation das Ergebnis der Beeinträchtigung der Rechtsgüter des Angreifers also auf seine eigenen Handlungen zurückzuführen und fällt somit unter die Selbstverantwortung, was für die Schärfe der Notwehr spricht.

Das Problem bei dieser Sichtweise ist jedoch, warum die faktische Vermeidbarkeit der Handlung des Angreifers den Angegriffenen von dem Erfordernis der Verhältnismäßigkeit entbindet. Zur Veranschaulichung führt Engländer einen Fall an: T verliert seine Geldbörse und O weiß, wo sie ist, weigert sich aber, es T zu sagen. Schließlich bricht T O den kleinen Finger, um ihn dazu zu bringen, ihm zu sagen, wo sie ist.[78] In diesem Fall kann O sein Sicherheitsinteresse und das Interesse von T an der Wiedererlangung seines Eigentums befriedigen, indem er freiwillig den Ort seiner Geldbörse preisgibt. Zweifellos besteht in diesem Fall eine Vermeidungsmöglichkeit für O, aber der Punkt ist, dass diese Vermeidungsmöglichkeit nicht zur Aufhebung der Interessenabwägung führt, weil der Verlust der Geldbörse nicht von O verursacht wurde. Sein Verhalten kann nur unter Berücksichtigung von § 34 dStGB gerechtfertigt werden, der jedoch die Aufhebung der Interessenabwä-

[76] *Frister*, GA 1988, 301 f.

[77] *Frister*, GA 1988, 302 f.

[78] *Engländer*, Nothilfe, S. 56.

gung aufgrund des spezifischen Verhaltens des Opfers nicht anerkennt, und in diesem Fall ist die Rechtfertigung von T ausgeschlossen, weil seine Interessen nicht wesentlich das beeinträchtigte Interesse von O überwiegen.[79] Letztlich reicht die faktische Möglichkeit, einen für den Angreifer bestehenden Interessenkonflikt zu vermeiden, nicht zur Rechtfertigung des grundsätzlichen Vorrangs der Interessen des Verteidigers gegenüber denen des Angreifers aus.[80]

2. Das Argument der Rechtsgüterabwägung

Hirano Ryuichi argumentiert zunächst, dass Notwehr im Sinne des fehlenden Rechtsguts des Angreifers verstanden werden solle. Er ist der Auffassung, dass die Entziehung des Rechtsguts des Täters im erforderlichen Umfang notwendig sei, um ein verletztes legitimes Rechtsgut zu wahren. Weder Verhältnismäßigkeit noch Subsidiarität seien bei der Notwehr erforderlich, da es dem Angreifer an einem Rechtsgut fehle.[81]

Das Problem bei dieser Sichtweise ist jedoch, dass sie den Wesensgehalt der Verneinung des Rechtsguts nicht erklärt. Denn die Verneinung des Rechtsguts des Angreifers ist nur eine Folge der Rechtfertigung der Verteidigungshandlung und erklärt an sich nicht, warum die Verteidigungshandlung gerechtfertigt sein kann.[82] Das Argument, dass das Fehlen eines Rechtsguts die Legitimität der Notwehr beweist, ist also oberflächlich.

Eine andere Denkweise ist, dass das Rechtsgut des Angreifers aufgrund der Rechtswidrigkeit seines Verhaltens in der Bewertung zu reduzieren sei, so dass sich das Rechtsgut des Angreifers in einer relativ überlegenen Position befinde. Da das Rechtsgut des Angreifers geringer bewertet werde, bestehe im Prinzip keine Notwendigkeit, eine Verhältnismäßigkeit zu berücksichtigen, es sei denn, es bestehe ein krasses Missverhältnis.[83]

Die Sichtweise der Reduzierung des Rechtsguts steht vor dem gleichen Dilemma wie die oben beschriebene Sichtweise des Fehlens des Rechtsguts, d.h., sie berücksichtigt nicht die wesentlichen Ursachen der Reduzierung des Rechtsguts und verwechselt die Folgen der Rechtfertigung der Verteidigung mit den Ursachen der Rechtfertigung. Außerdem verwischt dieser Rechtsgütervergleich die Grenze zwischen Notwehr und Notstand, der sein Legitimationskonstrukt ebenfalls aus einem übergeordneten Interesse ableitet. Das führt dazu, dass die Notwehr wie eine besondere Form des Notstands behandelt wird. In dieser Sichtweise verliert die Notwehr ihre Schärfe. Denn es lässt sich dann nur schwer erklären, warum jemand im

[79] *Engländer*, Nothilfe, S. 56.

[80] *Engländer*, Nothilfe, S. 57.

[81] *Hirano*, AT II, S. 228.

[82] *Naito*, AT II, S. 329.

[83] *Chen Xuan*, Chinese Journal of Law 2015 (4), 121 f.

Notstand eine Pflicht zum Ausweichen hat, während einen Verteidiger bei der Notwehr keine solche Pflicht treffen soll.[84] Da das Rechtsinteresse des Angreifers nur reduziert, aber nicht vollständig verneint wird, sollte stattdessen eine allgemeine Ausweichpflicht verlangt werden, um das Rechtsgut des Angreifers zu schützen. Aber diese Schlussfolgerung ist offensichtlich inakzeptabel.

3. Das Argument der Selbstgefährdung

Das Notwehrrecht ergibt sich aus der Tatsache, dass der Angreifer den rechtswidrigen Angriff veranlasst, der die Interessen beider Parteien in Konflikt bringt und damit auch zu einer Gefährdung seiner eigenen Rechtsgüter führt. Eine Ansicht versucht daher, die Notwehr im Sinne einer Selbstgefährdung des Angreifers zu erklären.[85] In diesem Zusammenhang wird auf bekannte Formulierung von Merkel verwiesen, wonach die Notwehr als eine mittelbare Täterschaft verstanden werden könne, bei der das Schadensresultat dem Angreifer selbst zugerechnet werde, als ob er sich bei normativer Betrachtung selbst töte.[86] Nach dieser Auffassung falle der vom Verteidiger verursachte Schaden in den Verantwortungsbereich des Angreifers, sodass der Grundsatz der Verhältnismäßigkeit keine Bedeutung mehr habe, weil es sich im Wesentlichen um eine Form der Selbstbestimmung des Angreifers handle.

Bei näherer Betrachtung der Theorie der mittelbaren Täterschaft habe jedoch der Autor, der das sogenannte Selbstgefährdungsargument anführe, selbst auf erhebliche Probleme dieser Sichtweise hingewiesen. Aus seiner Analyse ergebe sich, dass die Notwehrdogmatik nicht im Sinne einer mittelbaren Täterschaft verstanden werden könne. Der Angreifer, als vermeintlicher Hintermann, habe keine Herrschaft über die Verursachung der Tatbestandsverwirklichung in dem Maße, wie sie ihm zuzurechnen wäre. Die Verteidigungshandlung sei es vielmehr, die das Tatbestandsmerkmal unmittelbar erfülle, und an dieser Stelle sei das deliktische Minus auf der Ebene der Rechtswidrigkeit zu berücksichtigen. Nach der h. M. setze mittelbare Täterschaft voraus, dass der Hintermann das gesamte Geschehen beherrsche,[87] also dem Vordermann überlegen sei, während ein bloßer Motivirrtum hierfür nicht ausreiche.[88] Bei der gewöhnlichen Notwehr fehle dem Angreifer jedoch eine solche Tatherrschaft; die Verteidigungshandlung werde vielmehr vom Verteidiger selbständig beherrscht, sodass der Verteidiger nicht zum bloßen Werkzeug werde und das Schadensresultat dem Angreifer nicht nach der Theorie der mittelbaren Täterschaft zugerechnet werden könne.

---

[84] *Yamamoto*, Notwehr, S. 34.

[85] *Chen*, Notwehr, S. 22.

[86] *Merkel*, JZ 2007, 377.

[87] *Kühl*, AT, § 20 Rn. 59.

[88] Vgl. *Jescheck/Weigend*, AT, S. 667 f.; *Schünemann*, NK/StGB, § 25 Rn. 75.

Diese Lesart verkennt jedoch den eigentlichen Sinn der betreffenden Aussage. Die Formulierung, der Angreifer bringe sich „normativ betrachtet selbst um", zielt nicht auf eine dogmatische Konstruktion der mittelbaren Täterschaft, sondern auf die verantwortungstheoretische Selbstzurechnung der Verteidigungsfolgen. Nach Merkel folgt aus der Respektierungspflicht jedes Rechtssubjekts, den anderen „sein zu lassen, wie er ist".[89] Die Folgen der erforderlichen Verteidigung sind ihm daher normativ selbst zuzuschreiben, als habe er sie selbst herbeigeführt.[90] In diesem Sinne bedeutet die genannte Formulierung keine Täterschaftszurechnung über den Verteidiger, sondern die Selbstverantwortung des Angreifers für die Blockade seines eigenen Unrechts.

4. Das Sanktionsargument

Hoyer wollte das Notwehrrecht in Form von Sanktionen legitimieren. So sei die Notwehr des Verteidigers eine zusätzliche Sanktion gegen den Täter, ähnlich der strafrechtlichen Sanktion, die von den Strafverfolgungsorganen veranlasst werde.[91] Er lehnt die traditionelle normative Auffassung ab, wonach das Rechtssystem einerseits Verhaltensnormen enthalte, die ein bestimmtes Verhalten einschränkten, und andererseits Sanktionsnormen, die bei Nichteinhaltung Sanktionen begründen. Vielmehr argumentiert er für die bloße Existenz von Sanktionsnormen. Eine Norm sei also lediglich eine Aussage, die eine Handlung und eine Sanktion miteinander verbinde.[92] Seine Ansicht gibt das Paradigma der deontischen Logik (Gebote, Verbote und Erlaubnis) auf und sieht stattdessen die Sanktionen als Preisgestaltung für sozial unerwünschtes Verhalten.[93] Es seien also nicht nur nachträgliche Strafen, sondern auch Notwehr und Nothilfe, die Angriffe verhindern könnten, indem sie ein absehbares Übel schüfen.

Das Sanktionsargument verdeutlicht schließlich auch die Einschränkungen des Notwehrrechts: Die Sanktion könne als Gegenleistung für einen Angriff ausreichen, um potenzielle Angreifer davon abzuhalten, in Anbetracht des Übels einen Angriff auszuführen. Daraus folge, dass die Intensität des Übels nie das Maß des gesellschaftlichen Präventionsinteresses übersteigen dürfe.[94]

Diese Sichtweise legt das gesamte Normenwerk grundsätzlich rationalistisch aus, d.h. sie interpretiert Rechtszwang wie Notwehr und Strafen als Preis für Unrecht. Diese Normentheorie ist jedoch nicht überzeugend. Laut dieser Auffassung

---

[89] Vgl. *Pawlik*, Unrecht, S. 238.

[90] *Merkel*, JZ 2007, 377 f.

[91] *Hoyer*, Strafrechtsdogmatik, S. 209.

[92] *Hoyer*, Strafrechtsdogmatik, S. 42 f.

[93] *Hoyer*, Strafrechtsdogmatik, S. 267.

[94] *Hoyer*, Strafrechtsdogmatik, S. 213.

sind Normsätze keine Sollenssätze, sondern Aussagesätze.[95] Ein Problem mit dieser Behauptung ist jedoch, dass eine Handlung, die mit einer Strafe bedroht ist, keine tatsächliche Sanktion nach sich zieht. Hoyer versucht, dieses theoretische Dilemma zu umgehen, indem er zwischen Wirksamkeit und Gültigkeit unterscheide. Das bedeute, wenn ein Normbruch keine bestimmte Sanktion nach sich ziehe, sei er nicht rechtlich ungültig, obwohl er als unwirksam angesehen werden würde.[96] Diese Verteidigung wird jedoch als schwach angesehen, da das Konzept der Gültigkeit ohne ein ihm zugrunde liegendes Konzept des Sollens nicht existieren könnte. Wenn das De-jure-Urteil wegfällt, gibt es nur noch die Möglichkeit, dass die Handlung de facto mit der Norm übereinstimmt oder nicht, ihr aber nicht „entspricht".[97] Der Begriff der Gültigkeit verliert seine praktische Bedeutung, wenn Normsätze nur als Aussagesätze betrachtet werden.

Darüber hinaus basiert diese Normtheorie vollständig auf der philosophischen Annahme eines rationalen Menschen, also der Vorstellung, dass alle Menschen durch rational abgewogene Motive zur Einhaltung von Verhaltensnormen motiviert werden. Dabei bleibt jedoch unberücksichtigt, dass die tatsächliche Wahrscheinlichkeit der Sanktionierung faktisch nicht bei hundert Prozent liegt und Normverletzungen unter Umständen folgenlos bleiben können.

Im Hinblick auf die Notwehrtheorie ist Hoyers Ansicht ebenfalls nicht stichhaltig. Wenn man die Notwehr als Sanktion behandelt, steht man vor dem Problem der Strafzumessung, die einerseits das Verhältnis zwischen der Schädigung als Sanktion und dem Schutz der Rechtsgüter in der Notwehr nicht erklärt,[98] und andererseits vor dem Problem, warum die Strafe der Notwehr höher sein kann als die staatliche Strafe und nicht dem Strafverfahren unterworfen ist.[99] Außerdem führt dies zu einem Spannungsverhältnis zwischen Notwehr und staatlicher Bestrafung, da der Staat nicht auf seine Macht verzichtet, einen Angreifer für einen rechtswidrigen Angriff zu bestrafen, selbst wenn der Angreifer durch die Notwehr geschädigt wurde, was zu einem Konflikt mit dem Grundsatz des Verbots der Doppelbestrafung führt. Daher ist diese Auffassung zum einen mit der allgemeinen Rechtsordnung unvereinbar und zum anderen keine überzeugende Begründung für die Legitimität der Notwehr.

5. Das Pflichtargument

Das Pflichtargument lautet, dass die Grundlage der Notwehr darin bestehe, dass der Angreifer einen Zustand der Kollision von Rechtsgütern ausgelöst hat und dass

[95] *Hoyer*, Strafrechtsdogmatik, S. 48.

[96] *Hoyer*, Strafrechtsdogmatik, S. 58.

[97] Vgl. *Engländer*, Nothilfe, S. 64.

[98] *Neumann*, GA 1999, 477.

[99] *Engländer*, Nothilfe, S. 66 f.

er daher die erforderliche Begrenzung der Belastung zu seiner Entlastung tragen muss. Hruschka argumentiert, dass entweder der Verpflichtete dem Berechtigten die Regelbefolgung im Verhältnis der Subordination schulde, oder er sie ihm im Verhältnis der Koordination schulde. Subordination liege vor, wenn die Berechtigte von der Verpflichteten einseitig die Einhaltung des entsprechenden Regelwerks verlange; Koordinierung liege vor, wenn beide Parteien von der jeweils anderen die Einhaltung desselben Regelwerks verlangten.[100] In Notwehr verletze der Angreifer eine Pflicht in einem Koordinationsverhältnis, was zu einem Bruch des Koordinationsverhältnisses führe. Für den Angreifer bedeute dies, dass der Angegriffene nicht mehr in der Lage sei, die Erfüllung der Pflichten gegenüber sich selbst zu fordern.[101] Infolgedessen unterliege der Angegriffene auch nicht den auf Gegenseitigkeit beruhenden Pflichten zur Normbefolgung zum Zeitpunkt der Unterbrechung des Koordinationsverhältnisses, was der Angreifer bis zur Wiederherstellung des Koordinationsverhältnisses dulden müsse.

Daher unterliege die Notwehr nicht dem Grundsatz der Verhältnismäßigkeit und es bestehe grundsätzlich keine Ausweichpflicht, da dies die Angegriffene dem Angreifer unterordnen würde.[102] M. a. W., die Schärfe des Notwehrrechts werde durch die Pflichtwidrigkeit des Angreifers verdeutlicht.

Die Kritik am Pflichtargument besteht darin, dass es ihm an Erklärungskraft für die Nothilfe mangelt, weil das Koordinationsverhältnis zwischen dem Nothelfer und dem Angreifer nicht unterbrochen ist und der Nothelfer daher im Unterschied zum Angegriffenen nicht berechtigt ist, die Einhaltung der Pflicht zur Normbefolgung zu beenden.[103] Hruschka argumentiert, dass der Nothelfer sich auf die Rechte der Angegriffenen berufen könne.[104] Dies liegt jedoch außerhalb der Pflichten des von ihm selbst geschaffenen Koordinationsverhältnisses, denn das Koordinationsverhältnis zwischen dem Nothelfer und dem Angreifer und die damit verbundenen Pflichten sind nicht verschwunden. Daraus wird auch deutlich, dass die Legitimität des Notwehrrechts allein unter dem Gesichtspunkt der Pflicht immer noch unzureichend ist und dass es jedenfalls notwendig ist, das Argument aus der Perspektive des Rechts des Angegriffenen zu konstruieren, um das Notwehrrecht vollständig zu klären.

III. Die monistisch-individualistische Notwehrkonzeption

Das überindividualistische Notwehrkonzept, dessen zentrales Element die Rechtsbewährung darstellt, erweist sich nicht als tragendes Prinzip der Notwehr.

---

[100] *Hruschka*, in: FS-Dreher, S. 199.

[101] *Hruschka*, in: FS-Dreher, S. 200.

[102] *Renzikowski*, Notstand und Notwehr, S. 299.

[103] *Engländer*, Nothilfe, S. 61.

[104] *Hruschka*, in: FS-Dreher, S. 207.

Demgegenüber erscheint ein individualistischer Interpretationsansatz, der den persönlichen Schutz ins Zentrum stellt, als wesentlich überzeugender.

Die Rechte des Einzelnen stehen also bei der Notwehr im Vordergrund, wobei die Rechtsbewährung nur ein zusätzlicher Effekt ist[105] und die Verteidigungshandlung die Verneinung des rechtswidrigen Angriffs und der Schutz der Interessen des Einzelnen ist. Der Staat muss dieses Bedürfnis respektieren, denn die Zwangslage, in der sich die Person befindet, ist unrechtmäßig und der Staat kann den Angreifer nicht vor den notwendigen Gegenmaßnahmen schützen, ohne sich dem Vorwurf auszusetzen, aktiv zu dem fraglichen Unrecht beizutragen.[106] Es gibt jedoch einige Abweichungen in der Argumentationsweise der verschiedenen Ansichten bezüglich der grundlegenden Funktionen des Grundprinzips der Notwehr, die im Folgenden beschrieben werden.

1. Vertragstheorie von Hoyer

Hoyer erläutert die Notwehrbeziehung als einen Vertrag; dieser sei nicht auf eine Zweipersonenbeziehung zwischen Angreifer und Angegriffenem beschränkt, sondern beziehe die Rechtsordnung ein und organisiere insoweit eine dreigliedrige vertragliche Beziehung.[107] Erstens argumentiert er, dass es einen doppelten Vertrag zwischen der Rechtsordnung und allen Bürgern gebe, wobei die Rechtsordnung die Bürger verpflichte, auf rechtswidrige Angriffe zu verzichten, während die Rechtsordnung im Gegenzug verpflichtet sei, Schutz vor rechtswidrigem Verhalten zu gewähren.[108] Wenn jeder Bürger als möglicher Täter verpflichtet sei, rechtswidriges Verhalten zu vermeiden, dann müsse die Rechtsordnung im Gegenzug dafür sorgen, dass der Träger des Rechtsgutes Vertrauen in den Bestand seines Rechtsgutes habe, d.h. dass der Täter gehalten sei, den rechtswidrigen Angriff zu vermeiden, um die Sicherung des Bestandsinteresses zu gewährleisten. Gleichzeitig habe die Rechtsordnung die Pflicht, die Bürger als mutmaßliche Opfer durch den Erlass von Ge- und Verboten davon zu überzeugen, dass alle, die in der Lage seien, Unrecht zu begreifen, sich bemühen, ihr Verhalten den Normen anzupassen, d.h. der von der Rechtsordnung gewährte Schutz vor rechtswidrigen Angriffen sei eine Garantie für das Vertrauensinteresse der Rechtsgüterträger.[109]

Begehe der Angreifer schuldhaft einen rechtswidrigen Angriff, so führe dies einerseits dazu, dass die Rechtsordnung den Angegriffenen nicht vor dem rechtswidrigen Angriff und der damit verbundenen Verletzung der Vertrauensinteressen des Verteidigers schützen könne; andererseits habe der Angreifer schuldhaft die

[105] Vgl. *Roxin*, ZStW 93, 76; *Kühl*, JuS 1993, 180.

[106] *Erb*, MK/StGB, § 32 Rn. 18.

[107] *Hoyer*, JuS 1988, 92.

[108] *Hoyer*, JuS 1988, 92.

[109] *Hoyer*, JuS 1988, 94.

Pflicht zum Verzicht auf die rechtswidrige Handlung verletzt, so dass auch das Interesse am Bestand der Rechtsordnung auf seiner Seite verloren gehe.[110] In diesem Fall sei der Verteidiger also vom Vertrag befreit und müsse sich bei der Wahl seiner Verteidigungsmittel nicht an die Verhältnismäßigkeitsbeschränkung halten,[111] und die Zulassung der Verteidigung verstoße nicht gegen den Vertrag zwischen der Rechtsordnung und dem Angreifer, der in erster Linie gegen die Pflichten des synallagmatischen Vertrags verstoßen habe.

Hoyer verbindet sowohl den Angreifer als auch den Angegriffenen mit der Rechtsordnung in Form eines Vertrags. In seinem Vertragsmodell hat die Rechtsordnung selbst keine eigenständige Bedeutung, sondern besteht lediglich abstrakt als Träger eines Bestands- und eines Vertrauensinteresses. Beide Interessen seien letztlich dem Schutz individueller Rechte untergeordnet und nicht der Aufrechterhaltung der Rechtsordnung als solcher verpflichtet. Daher gilt Hoyers Ansatz als Modell einer rein individualistischen Notwehrkonzeption.[112]

Üblicherweise hielten sich die Bürger an einen Vertrag mit der Rechtsordnung, indem sie sich im Gegenzug für den Schutz durch die Rechtsordnung zum Verzicht auf einen rechtswidrigen Angriff verpflichten. Verstoße ein Angreifer gegen diese Verpflichtung, führe dies zu einem Bruch der Rechtsordnung und der wechselseitigen Verpflichtungen von Angreifer und Angegriffenem und rechtfertige letztlich die Notwehr des Angegriffenen, die nicht der Verhältnismäßigkeitsprüfung unterliege.

Nach dieser Auffassung kann eine Verteidigungshandlung gegen einen Schuldunfähigen nicht als Notwehr gerechtfertigt werden, da der Angreifer trotz der Bedrohung rechtlich geschützter Interessen des Angegriffenen nicht schuldhaft den Vertrag mit der Rechtsordnung verletzt hat.[113]

Diese triadische Vertragskonstruktion lässt jedoch die Möglichkeit der Existenz eines Nothelfers außer Acht. Da die Rechtsordnung ihre vertraglichen Verpflichtungen gegenüber dem Dritten erfüllt, wird dieser nicht von der Verpflichtung entbunden, keinen Angriff durchzuführen, was dazu führt, dass die Rechtfertigung der Nothilfe ihre Grundlage im Vertragsmodell verliert.[114] Und darüber hinaus haben kritische Stimmen eingewendet, dass sich Hoyers Theorie nicht mit anderen zentralen Merkmalen der Notwehrschärfe auseinandersetzt, etwa mit der Subsidiarität staatlicher Hilfe, dem Fehlen einer Rückzugspflicht oder der Beschränkung der Notwehr auf Individualrechtsgüter.[115]

---

[110] *Hoyer*, JuS 1988, 95.

[111] *Hoyer*, JuS 1988, 95.

[112] *Erb*, MK/StGB, § 32 Fn. 61.

[113] *Hoyer*, JuS 1988, 95.

[114] *Hoyer* billigt die Nothilfe, bietet aber keine weiteren Argumente. *Hoyer*, JuS 1988, 92.

[115] *Rienen*, Einschränkungen, S. 44.

2. Intersubjektivitätstheorie von Kargl

Kargl stütze sich auf das von Habermas entwickelte prozedurale Rechtsparadigma, das aus der Theorie der kommunikativen Vernunft hervorgegangen sei. Er versuche, das menschliche Selbst im Sinne der „Intersubjektivität" zu erklären, indem er die Identitätsbildung und Selbstverwirklichung des Individuums als auf gegenseitiger Anerkennung und Akzeptanz beruhend begreife.[116] Auch die individuellen Rechtsgüter seien nach ihm aus einem Verhältnis intersubjektiver Anerkennung zu konstruieren. Eine Verletzung dieser auf Anerkennung gegründeten Rechtsgüter, etwa durch einen rechtswidrigen Angriff, stelle daher eine Form der Missachtung dar, welche das positive Selbstverständnis des Verteidigers erschüttern könne. Die Notwehr erscheine in diesem Verständnis als Reaktion auf eine solche Missachtung.

Ferner nehme Kargl an, dass der in einem Angriff liegende Akt der Missachtung beim Verteidiger notwendig ein Moment der moralischen Empörung auslöse. Diese Empörung könne jedoch nur dann rechtlich anerkannt werden, wenn das betroffene Interesse durch eine von allen Normadressaten geteilte Rechtsnorm geschützt sei.[117] Auf diese Weise werde zugleich die Schärfe des Notwehrrechts begrenzt, da die rechtliche Anerkennung der Empörung von der intersubjektiv vermittelten Geltung der Norm abhänge.

Die Intersubjektivitätstheorie vermag lediglich zu erklären, dass der durch eine Missachtung ausgelöste „Moment der moralischen Empörung" bestimmte normative Reaktionen nach sich zieht. Sie bietet jedoch selbst keinen inhaltlichen Maßstab dafür, wann und unter welchen Bedingungen die Normadressaten die Schärfe der Notwehr als gerechtfertigt anerkennen. Die Grenzen dieser Anerkennung bleiben somit innerhalb des prozeduralen Rechtsparadigmas unbestimmt. Dieses Paradigma kann die Verfahren der normativen Verständigung beschreiben, aber nicht darüber entscheiden, welche konkreten materiellen Kriterien die Legitimität der Verteidigungshandlung bestimmen sollen. Daher bedarf es einer ergänzenden inhaltlichen Fundierung, welche den prozeduralen Rahmen um substanzielle normative Maßstäbe erweitert.

3. Depersonalisierungstheorie von Jakobs

Laut Jakobs liegt die Notwehr in der Selbst-Depersonalisierung des Angreifers begründet.[118] Nach seinem Verständnis sei die Personalität der Träger von Rechten und umgekehrt auch von Pflichten. Diese Pflichten beruhten auf der Personalität der anderen, die notwendigerweise Träger der Pflichten sei. Das bedeute, dass meine Rechte anderen die Verpflichtung auferlegten, meine Rechte nicht zu verletzen, und

---

[116] *Kargl*, ZStW 110, 58 f.

[117] *Kargl*, ZStW 110, 62.

[118] Vgl. *Jakobs*, Rechtszwang, S. 16.

dass umgekehrt die Rechte anderer mir die Verpflichtung auferlegten, die Rechte anderer nicht zu verletzen.

Während bei der Notwehr ursprünglich der Angreifer und der Angegriffene eine persönliche Verpflichtung hätten, die Rechte anderer nicht zu verletzen, sei es der Angreifer, der diese Verpflichtung verletzt, indem er die Rechte des Angegriffenen verletzt. Wer durch ein zu verantwortendes Verhalten die Notwendigkeit eines Rechtszwangs gegen sich selbst heraufbeschwört, habe durch dieses personal inkorrekte Verhalten die Phase seiner Depersonalisierung eingeleitet.[119]

Kombiniere man also die Konzeption der Notrechte von Jakobs, nach der alle Notstandsrechte dazu da seien, die Lastenverteilung in sozialen Konflikten zu regeln, so müsse der rechtswidrige Angreifer im Rahmen der Notwehr die Lasten des § 32 dStGB tragen.[120] Die Grundlage für diese Lastenverteilung sei die Depersonalisierung, aus der sich auch der Rechtszwang gegen den Angreifer ableite. Der Angreifer bringe sich durch seinen eigenen rechtswidrigen Angriff („inkorrektes Verhalten") selbst in eine Lage, in der er nicht mehr imstande sei, von anderen Respekt für die eigene Personalität zu verlangen.

Doch selbst wenn der Angreifer im Rahmen der Verteidigung seine Selbst-Depersonalisierung als Folge des eigenen rechtswidrigen Angriffs einleite, bedeutet dies nach Ansicht von Jakobs nicht, dass die Personalität in der Verteidigung keine Rolle spielt. Denn der Angreifer bleibe trotz allem eine eigenständige Person, und selbst wenn er im Zuge des Angriffs keine Personalität zeige, könne er diese später wiedererlangen und dürfe nicht als „wertlose Masse" betrachtet werden. Notwehr könne daher nur innerhalb der Grenzen der Erforderlichkeit ausgeübt werden.[121]

Jakobs sieht die Notwehr als Urbild allen Rechtszwangs, bei dem der rechtswidrig Angegriffene den Angreifer zwingt, den Angriff zu beenden.[122] Diese Sichtweise stelle die Personalität als Träger von Rechten und Pflichten in den Mittelpunkt. Die Verletzung der Pflicht des Angreifers, andere nicht zu verletzen, führe zu seiner Selbst-Depersonalisierung, so dass man davon sprechen könne, dass die Legitimation der Notwehr, als Ausdruck von Rechtszwang, auf der Pflichtwidrigkeit basiere, die ihrerseits auf dem individuellen Rechtsschutz beruhe. Seiner Ansicht nach kann die Notwehr nicht auf einen schuldunfähigen Angreifer angewandt werden, da die Abwehr als rechtlich erlaubte Abwehr im Einklang mit dem „an sich seiende(n) Wille(n)" (sic!) des Angreifers geschehe.[123]

Allerdings leidet auch diese Sichtweise an einer Reihe von argumentativen Unzulänglichkeiten. Im Falle der Nothilfe zum Beispiel hat diese Sichtweise noch nicht klar erklärt, warum die Selbst-Depersonalisierung zur Legitimität der von

---

[119] *Jakobs*, Rechtszwang, S. 16.

[120] *Jakobs*, AT, § 12 Rn. 16.

[121] *Jakobs*, Rechtszwang, S. 15.

[122] *Jakobs*, Rechtszwang, S. 8, 15.

[123] *Jakobs*, Rechtszwang, S. 16; *ders.*, AT, § 12 Rn. 17.

einer dritten Person durchgeführten Verteidigung führen kann. Natürlich kann der Grund darin liegen, dass diese Selbst-Depersonalisierung nicht relativ ist, sich also nicht nur auf die Beziehung zwischen Angreifer und Angegriffenem bezieht, und daher kann auch argumentiert werden, dass der Nothelfer auf dieser Grundlage Rechtszwang ausübt. Der Kern der Grundlage des Rechts auf Notwehr kann sich also nicht nur auf die Personalität des Angreifers konzentrieren, sondern muss auch die Ausübung von Rechtszwang durch den Angegriffenen oder den Nothelfer einbeziehen. Darüber hinaus sind andere Merkmale der Schärfe der Notwehr, nämlich der Grundsatz des Fehlens der Ausweichpflicht und der Subsidiarität, die zweifellos das Argument des Rechtszwangs erfordern, im Rahmen dieser Sichtweise nicht entwickelt worden.

4. Respektierungstheorie von Pawlik

Nach Pawlik verteidigt der Angegriffene nicht einen Güterbestand gegen eine diese drohende Schmälerung, sondern schützt seinen Rechtsraum gegen Missachtung.[124] Er stützt seine Ansicht auf das interpersonale Rechtsverhältnis[125] und argumentiert, dass die Grundlage für die Legitimation der Notwehr in der Verpflichtung liege, die Person des anderen zu respektieren.[126]

Er betrachtet es als die Hauptaufgabe des Rechts, insbesondere des Strafrechts, die Bürger in die Lage zu versetzen, ihr Leben nach eigener Einsicht zu führen. Dazu müssten sie sich zuvörderst darauf verlassen können, dass die Integrität ihrer Rechtssphäre von anderen Personen respektiert wird.[127]

Diese Integrität der Rechtssphäre lasse sich auf zwei Weisen diskutieren: Einerseits sei die Respektierungserwartung im Eingriffsverbot verankert, weil die Organisationsfreiheit an sich entwertet werde, wenn sie nicht durch ein allgemeines Eingriffsverbot für Dritte gewährleistet sei.[128] Das allgemeine Eingriffsverbot stelle eine immanente Einschränkung dar, die die Organisationsfreiheit schützen solle, nämlich als Verpflichtung, „in die Sphäre der Andern nicht verletzend einzugreifen“.[129]

Andererseits sei das Neutralisierungsgebot nicht weniger wichtig als das Verbot der aktiven Schädigung.[130] Und wenn jemand für den Schaden, den er einem anderen bereits zugefügt hat, zuständig sei, müsse er auch die notwendigen Rettungsmaßnahmen ergreifen. Die daraus resultierende Neutralisierungspflicht bleibe

---

[124] *Pawlik*, ZStW 114, 265.

[125] *Pawlik*, ZStW 114, 272.

[126] *Pawlik*, Unrecht, S. 237 ff.

[127] *Pawlik*, Unrecht, S. 174.

[128] *Pawlik*, Unrecht, S. 180.

[129] *Merkel*, Abhandlungen, S. 89.

[130] *Pawlik*, Unrecht, S. 181.

so lange in Kraft, wie es dem Täter noch möglich sei, den Verlauf des von ihm verursachten Schadens zu unterbrechen.[131] Wenn also im Rahmen der Notwehr der Angreifer, der in die Sphäre eines anderen eindringt und eine Gefahr schafft, seiner Neutralitätspflicht nicht nachkomme, dürfe die gefährdete Person selbst die erforderlichen Verteidigungsmaßnahmen ergreifen.

In diesem Fall wandle sich die Neutralisierungspflicht des Angreifers zu einer Duldungspflicht.[132] Das bedeute, die Neutralisierungshandlung, die vom Angreifer hätte vorgenommen werden müssen, stattdessen vom Angegriffenen vorgenommen werde, und der Angreifer sei dann als Träger der ursprünglichen Neutralisierungspflicht verpflichtet, die Folgen der Neutralisierungshandlung zu dulden, als hätte er die Handlung selbst veranlasst oder verursacht.[133]

Auf der Grundlage der obigen Auffassung ist die Handlung rechtswidrig, wenn eine Person in Ausübung ihrer eigenen Freiheit die Freiheit eines anderen behindert, während die Zwangsausübung seitens dieser anderen Person eine Behinderung der Behinderung der Freiheit darstellt, die nach dem Grundsatz der doppelten Negation gerechtfertigt ist. Mit den Worten Kants: „Eine jede Handlung ist recht, die oder nach deren Maxime die Freiheit der Willkür eines jeden mit jedermanns Freiheit nach einem allgemeinen Gesetz zusammen bestehen kann."[134] Umgekehrt sei nach den allgemeinen Gesetzen die Ausübung der eigenen Freiheit unrecht, wenn dadurch die Freiheit anderer behindert werde.[135] „Folglich: wenn ein gewisser Gebrauch der Freiheit selbst ein Hindernis der Freiheit nach allgemeinen Gesetzen (d.i. unrecht) ist, so ist der Zwang, der diesem entgegengesetzt wird, als Verhinderung eines Hindernisses der Freiheit mit der Freiheit nach allgemeinen Gesetzen zusammen stimmend, d.i. recht: mithin ist mit dem Rechte zugleich eine Befugnis, den, der ihm Abbruch tut, zu zwingen, nach dem Satze des Widerspruchs verknüpft."[136] Durch diese Negation der Negation ist die Notwehr logisch gerechtfertigt und der Angegriffene erlangt seine Rechtsposition durch Zwang gegen den Angreifer zurück.[137] Auf diese Weise wird auch die Legitimität des Notwehrrechts selbst begründet.

Pawlik verbindet subjektive Rechte und Zwangsbefugnisse und liefert damit eine theoretische Grundlage für die Schärfe des Notwehrrechts. Bei der Notwehr gehe es nicht primär um den dem Angegriffenen drohenden Verlust von Rechtsgütern, sondern um die der Person des Angreifers zurechenbare Störung des Rechtsver-

---

[131] *Pawlik*, Unrecht, S. 185.

[132] *Pawlik*, Unrecht, S. 237.

[133] *Merkel*, JZ 2007, 377; *Jakobs*, Rechtszwang, S. 16 Fn. 26.

[134] *Kant*, Rechtslehre, S. 230.

[135] *Kant*, Rechtslehre, S. 230 f.

[136] *Kant*, Rechtslehre, S. 231.

[137] *Pawlik*, Unrecht, S. 239.

hältnisses zwischen ihm und dem Angegriffenen.[138] Die Tatsache, dass der Angreifer rechtswidrig in die Sphäre des Angegriffenen eingreife, stelle eine Gegenüberstellung von Recht und Unrecht in der Notwehr dar, ohne dass ein Urteil über den Schweregrad gefällt werde, und daher müsse das Notwehrrecht das Verhältnis zwischen den betroffenen Rechtsgütern im Prinzip nicht berücksichtigen.

Wird vom Angegriffenen zusätzlich verlangt, einem rechtswidrigen Angriff auszuweichen oder ihn zu dulden, so bedeutet dies implizit, dass die Rechtswidrigkeit des Angriffs nicht verneint werden kann. Aus diesem Grund lehnt das Notwehrrecht grundsätzlich eine Pflicht zum Ausweichen oder Dulden ab.

Der Gedanke der Respektierung spielt jedoch keine große Rolle bei der Argumentation für die Einschränkungen der Notwehr. Dies räumt auch Pawlik ein, der meint, Mäßigung dürfe die Rechtsgemeinschaft von dem Verteidiger deshalb zunächst in jenen Fällen verlangen, in denen das Verhalten des Angreifers sich nicht (oder nur in erheblich abgeschwächter Form) als Missachtung seiner Mitwirkungspflicht gegenüber der Rechtsgemeinschaft darstelle.[139] An diesem Punkt sei die Notwehr nicht mehr ein Zweiparteienverhältnis der Missachtung der Person des Angegriffenen durch den Angreifer, sondern Pawlik führt die Kategorie einer Rechtsgemeinschaft ein, die über beide hinausgeht. Die Begründung liege darin, dass die bloße Wahrung und Respektierung nicht ausreichten, um die Verwirklichung der personalen Freiheit zu gewährleisten, sondern erweitert und verbessert werden müsse.[140] Die Bürger sollten, um ihre Freiheiten zu verwirklichen, verpflichtet sein, die oben genannten Einrichtungen aufrechtzuerhalten. Als Manifestation dieser Verpflichtung werde die aus dem Gedanken der gegenseitigen Respektierung abgeleitete Zuständigkeitsverteilung in einigen Fällen durch die Schuld eines Bürgers gegenüber einem anderen als Repräsentant der Allgemeinheit ersetzt.[141] In den Fällen, in denen das Notwehrrecht eingeschränkt sei, werde die Verpflichtung zum Schutz und zur Fürsorge für die Bürger, die ursprünglich der Rechtsgemeinschaft zugekommen sei, auf den Angegriffenen übertragen, der als Mitglied der Rechtsgemeinschaft eine inhärente Verpflichtung zur Aufrechterhaltung des Funktionierens der Rechtsgemeinschaft habe.

Zusammenfassend lässt sich sagen, dass der Gedanke der Respektierung subjektiver Rechte, ausgehend von der Grundkonzeption der Notwehr, das Problem der Legitimität des Notwehrrechts zu lösen vermag. Nach dem Argument der interpersonalen Legitimation verteidigt der Angegriffene seinen Rechtsraum gegen Missachtung. Sowohl der Angreifer als auch der Angegriffene stehen unter der Herrschaft des allgemeinen Rechtsgesetzes, weshalb die Verteidigung des eigenen Rechtsraums zugleich als Verteidigung der Autorität des Rechtsgesetzes verstanden

---

[138] *Pawlik*, ZStW 114, 271.

[139] *Pawlik*, Unrecht, S. 245.

[140] *Pawlik*, Unrecht, S. 187.

[141] *Pawlik*, Unrecht, S. 245.

werden muss. Die beiden Beteiligten sind daher nicht unabhängig voneinander zu betrachten.

In diesem Zusammenhang betont Pawlik den monistischen Charakter der Notwehrbegründung. Die Einschränkungen des Notwehrrechts müssen jedoch durch die Art und Weise erklärt werden, in der die Rechtsgemeinschaft ihren Mitgliedern die Pflicht zur Wahrung der Freiheit auferlegt. Es erscheint daher sinnvoll, das positive Argument für die Schärfe des Notwehrrechts vom negativen Argument für die Begründung seiner Einschränkungen begrifflich zu trennen. Das Verhältnis beider Argumentationsebenen bedarf allerdings weiterer theoretischer Klärung.

C. Die dualistische Notwehrkonzeption

Das dualistische Konzept der Selbstverteidigung versucht, Selbstschutz und Rechtsbewährung miteinander zu verbinden, um das Notwehrrecht sowohl in individualistischer als auch in überindividualistischer Hinsicht zu rechtfertigen. Diese Auffassung ist in der deutschen Literatur[142] und Rechtsprechung[143] vorherrschend.

Denn die ideale Vorstellung von den Grundlagen der Notwehr muss in der Lage sein, nicht nur die Legitimität des Notwehrrechts im Hinblick auf seine Schärfe und seine Unterscheidung von anderen Notrechten zu erklären, sondern auch die Grundlage für die sozialethischen Beschränkungen des Notwehrrechts.[144] Die dualistische Position setzt voraus, dass die Versuche einer einheitlichen Auslegung aus einer monistischen Perspektive zugunsten von Versuchen aufgegeben wurden, einzelne Elemente aus den beiden gegensätzlichen Ansichten zu extrahieren und miteinander zu kombinieren.[145] Dieser Ansatz, die geforderten Elemente in einem einzigen, dualistischen System zusammenzuführen, ist zwar sicherlich flexibler, steht aber vor dem Problem, wie die Beziehung zwischen den beiden hinter den Elementen stehenden Rationes so zu verorten ist, dass das gesamte System des Notwehrrechts widerspruchsfrei erklärt werden kann.

Nach dem dualistischen Argumentationsweg liegt Notwehr vor, wenn sowohl der Selbstschutzgrundsatz als auch der Rechtsbewährungsgrundsatz zur Anwendung kommen. Es muss jedoch klargestellt werden, wie die logische Beziehung zwischen diesen beiden Grundsätzen beschaffen sein soll: ob Notwehr vorliegt, wenn sowohl der Selbstschutzgrundsatz als auch der Rechtsbewährungsgrundsatz gilt, oder ob Notwehr vorliegt, wenn entweder der Selbstschutzgrundsatz oder der

---

[142] *Perron*, Rechtfertigung und Entschuldigung, S. 87 ff.; *Fischer*, StGB, § 32 Rn. 2; *Amelung*, GA 1982, 392.

[143] BGHSt 48, 212; 24, 359; BGH, NStZ 2003, 427.

[144] *Kühl*, AT, § 7 II Rn. 6. Vgl. *ders.*, JuS 1993, 180; *Perron*, Rechtfertigung und Entschuldigung, S. 88.

[145] Vgl. *Heller*, Nothilfe, S. 189.

Rechtsbewährungsgrundsatz gilt. Ohne Klarheit ist es unmöglich, die spezifischen Folgen in verschiedenen Situationen zu erklären.

I. Der Inhalt des Kombinationsansatzes

Trotz der unterschiedlichen Akzentuierungen innerhalb des Kombinationsansatzes lässt sich ein gemeinsamer Grundgedanke feststellen: Der Angegriffene verteidigt in der Notwehr nicht nur seine individuellen Rechtsgüter, sondern zugleich die Rechtsordnung selbst.[146] Die konkrete Ausgestaltung der dualistischen Notwehrkonzeption besteht darin, einzelne Elemente aus den ursprünglich gegensätzlichen monistischen Ansätzen herauszugreifen und miteinander zu verbinden. Diese Vorgehensweise ist möglich, weil der dualistische Ansatz sich nicht auf eines der beiden Prinzipien festlegt, sondern auf deren gegenseitige Wechselwirkung abstellt.[147]

1. Harmonisierende Ansicht von Jescheck

Nach Jescheck lasse sich die Befugnis zur Notwehr auf zwei unterschiedliche, aber komplementäre Weisen begründen: Zum einen individualrechtlich als das jedem Menschen von Natur aus zustehende Recht der Selbstbehauptung gegenüber einem rechtswidrigen Angriff (naturalis ratio permittit se defendere), zum anderen sozialrechtlich als Verteidigung der Rechtsordnung gegen das Unrecht, wenn obrigkeitliche Hilfe nicht rechtzeitig zur Verfügung stehe (deficiente magistratu populus est magistratus).[148] Diese beiden Gedanken seien im Naturrecht des 18. Jahrhunderts zu einem einheitlichen Konzept verschmolzen, das auch dem heutigen § 32 dStGB zugrunde liege.

Die geltende Ausgestaltung der Notwehr beruhe daher sowohl auf dem Selbstschutzprinzip als auch auf dem Rechtsbewährungsprinzip. Jescheck betonte, dass im modernen Strafrecht, entsprechend seiner liberalen Tradition, die individualrechtliche Betrachtungsweise überwiege: Notwehr diene allein dem Schutz individueller Rechtsgüter und nicht unmittelbar dem Schutz der öffentlichen Ordnung oder der Rechtsordnung selbst.[149] Das Allgemeininteresse an der Wahrung der Rechtsordnung trete lediglich durch das Medium des Individualrechtsschutzes in Erscheinung. Damit werde vermieden, dass das Notwehrrecht als Instrument staatlicher Gewalt oder moralischer Ordnung verstanden werde.

---

[146] *Lenckner*, GA 1961, 309; *Fischer*, § 32 Rn. 2.

[147] *Rienen*, Einschränkungen, S. 62.

[148] *Jescheck/Weigend*, AT, S. 336.

[149] *Jescheck/Weigend*, AT, S. 338.

Gleichzeitig erkenne diese Ansicht an, dass die Notwehr sozialethischen Schranken unterliege. Das Erfordernis der „Gebotenheit“ sei aus dem früheren Recht übernommen worden, um eine dogmatische Anknüpfung für solche sozialethisch begründeten Einschränkungen zu schaffen, etwa in Fällen krassen Missverhältnisses oder bei engen persönlichen Beziehungen.[150]

Insgesamt verstehe diese Ansicht die Notwehr als harmonische Einheit von individueller Freiheit und sozialer Friedensordnung: Sie gründe auf dem Recht des Einzelnen, seine Rechtsgüter zu verteidigen, und zugleich auf der Idee, dass jede rechtmäßige Selbstverteidigung auch die Geltung der Rechtsordnung bestätige, ohne jedoch die individuelle Autonomie zu überlagern.

Diese Auffassung versteht beide Prinzipien, nämlich den Selbstschutz und die Rechtsbewährung, als auf derselben Ebene harmonisch miteinander wirkende Elemente einer Rechtsordnung. Problematisch bleibt jedoch, dass diese beiden Prinzipien in der konkreten Anwendung miteinander in Konflikt geraten können. Gerade in solchen Spannungsfällen zeigt sich, dass die Frage nach dem genauen Verhältnis beider Prinzipien nicht abschließend geklärt ist und einer weiteren dogmatischen Präzisierung bedarf.

2. Ganzheitliche Ansicht von Lenckner

Ein weiterer bedeutender Vertreter der dualistischen Notwehrkonzeption ist Lenckner, dessen Ansatz sich in zwei Punkten von anderen Ausprägungen unterscheidet.

Erstens ließe sich nach Lenckner das Rechtsbewährungsprinzip im Sinne der „Behauptung des Rechts im Ganzen“ verstehen.[151] Der rechtswidrige Angriff sei nicht bloß als Verletzung einzelner Rechtsnormen, sondern als Infragestellung der gesamten Rechtsordnung zu begreifen. Die Abwehrhandlung des Verteidigers bedeute demgegenüber eine „Behauptung“ des Rechts, also die aktive Aufrechterhaltung seines Geltungsanspruchs gegenüber dem Unrecht. Im Unterschied zur „Bewährung“ des Rechts, die den Charakter einer passiven Bewährung im Sinne des Bestehens einer Prüfung trage, betone „Behauptung“ das aktive, kämpferische Moment der Verteidigung: das Sich-Behaupten des Rechts gegen seine Negation. In diesem Sinne komme der Notwehrhandlung eine ontologische Funktion zu, da sie der Sicherung des Rechts diene und dessen Existenz bestätige. Damit erscheine die Notwehr nicht als bloße private Schutzhandlung, sondern als Ausdruck eines überindividuellen Kampfes zwischen Recht und Unrecht.

Zweitens versuche Lenckner, die Schärfe des Notwehrrechts durch das Prinzip des überlegenen Interesses zu rechtfertigen. Da dem Verteidiger neben dem Schutz des bedrohten Individualrechtsguts auch das Interesse an der Sicherung der

---

[150] *Jescheck/Weigend*, AT, S. 337 f.

[151] *Lenckner*, GA 1968, 3.

Rechtsordnung zugutekomme, gelte sein Interesse grundsätzlich als dem des Angreifers überlegen. Daraus ergebe sich, dass weder eine Rückzugspflicht bestehe noch ein strenges Gebot der Güterabwägung Anwendung finde.[152]

Diese Arbeit ist der Auffassung, dass Lenckners dualistische Konzeption der Notwehr in ihrem Aufbau ein deutliches Schwergewicht auf das Rechtsordnungsprinzip legt. Diese konsequente Orientierung an der Idee der Selbstbehauptung des Rechts wirft jedoch die Frage auf, wie das Ganze der Rechtsordnung und der Teil des individuellen Rechtsschutzes miteinander in ein kohärentes Verhältnis gesetzt werden können. Die Beschaffenheit dieses Verhältnisses bestimmt, ob und inwieweit eine Verrechnung zwischen beiden überhaupt möglich ist. Zugleich stellt sich das Problem, wie der fundamentale Begriff des individuellen Interesses gewahrt werden kann, ohne im Konzept einer als „ganzheitliches System“ verstandenen Rechtsordnung aufzugehen.

3. Funktionale Ansicht von Roxin

Roxin zeichne sich innerhalb der dualistischen Notwehrlehren dadurch aus, dass er den funktionalen Präventionsgedanken mit den Grundgedanken der Notwehr in einzigartiger Weise zu verbinden suche.

Einerseits zähle er eine spezialpräventive Wirkung zu den wesentlichen Merkmalen des Individualschutzprinzips, indem die Notwehr den Angegriffenen nicht nur vor dem konkreten Angriff bewahre, sondern zugleich künftige Rechtsverletzungen verhindere.[153]

Andererseits betone er, dass jede rechtmäßige Verteidigungshandlung nicht nur den Schutz individueller Rechtsgüter gewährleiste, sondern zugleich auf gesellschaftlicher Ebene die Geltungskraft und Abschreckungswirkung der Rechtsordnung festige. Wenn der Einzelne von seinem Notwehrrecht Gebrauch mache, bewähre sich das Recht im Handeln selbst. Es manifestiere sich also als funktionierende Ordnung, die Unrecht nicht sanktionslos hinnimmt. Damit verleihe Roxin dem Gedanken der Rechtsbewährung eine funktionale Deutung: An die Stelle einer metaphysischen Selbstbestätigung des Rechts trete eine soziale Stabilisierung des Rechtsgefüges. Die Notwehrhandlung gewinne dadurch eine generalpräventive Bedeutung, indem sie jedem potenziellen Angreifer verdeutliche, dass ein Angriff auf das Recht nicht ohne Folgen bleibt und die Rechtsordnung über eigene Verteidigungsmechanismen verfügt.[154]

Diese funktionale Ansicht ließe sich sowohl im Sinne einer negativen als auch einer positiven Generalprävention verstehen. In negativer Hinsicht diene die Notwehr der Abschreckung potenzieller Angreifer, indem sie verdeutliche, dass jeder

---

[152] *Lenckner*, GA 1968, 3.

[153] *Roxin*, ZStW 93, 73 f.

[154] *Roxin/Greco*, AT I, § 15 Rn. 2 ff.

rechtswidrige Angriff mit einer unmittelbaren Verteidigungsreaktion zu rechnen habe. In positiver Hinsicht könne sie als Ausdruck einer Stärkung der allgemeinen Rechtstreue verstanden werden, da die entschlossene Abwehr rechtswidriger Angriffe das Vertrauen der Bürger in die Wirksamkeit und Durchsetzungsfähigkeit der Rechtsordnung festige.[155]

Die präventive Funktion dieses Ansatzes wurde in mehrfacher Hinsicht infrage gestellt. Insbesondere wirft die Spezialprävention einige Probleme auf: Obwohl der Angreifer sowohl durch den Gegenangriff des Verteidigers als auch durch das weitaus stärkere staatliche Gewaltmonopol bedroht ist, schreckt ihn dies nicht davon ab, unrechtmäßige Angriffe zu begehen. Dies stellt die abschreckende Wirkung rein defensiven Verhaltens auf zukünftige Angriffe infrage.[156] Die Kritik an der Generalprävention erfolgt vor allem aus sachlicher und psychologischer Sicht. Die Wirksamkeit der negativen Generalprävention wird in Zweifel gezogen, da die Angegriffenen oft unvorbereitet sind und nicht zwangsläufig in Selbstverteidigung handeln.[157] Ebenso bleibt die Wirkung im Hinblick auf positive generalpräventive Effekte schwer messbar.[158]

Zudem stellt die empirische Forschung auch die Wirksamkeit der Präventionstheorie infrage. Die „Widerstandstheorie" in der Kriminologie hat gezeigt, dass Strafen neben ihrer positiven Abschreckungswirkung auch gar keine Wirkung haben oder sogar negative Widerstandseffekte hervorrufen können, die die feindselige Haltung der Straftäter verstärken und sie zu weiteren Straftaten anstiften.[159] Ebenso führt eine Notwehrhandlung im Falle eines rechtswidrigen Angriffs nicht zwangsläufig zu einer Abschreckung, sondern kann den Angreifer eher erzürnen, was seine Angriffe verschärfen und das Risiko für das Opfer erhöhen kann.

Zusammenfassend lässt sich sagen, dass das empirische Argument für die präventive Funktion der Selbstverteidigung Schwächen aufweist. Es scheint daher sinnvoller, die präventive Funktion auf einer normativen Ebene zu betrachten. Doch auch diese Sichtweise ist nicht ohne Probleme. Eine der zentralen Aufgaben der Rechtfertigung der Notwehr besteht darin, ihre Befugnis zu begründen. Die präventive Sichtweise geht davon aus, dass der Schaden, den der Angreifer erleidet, größer ist als die Gefahr, die er verursacht, oder der Nutzen, den er verfolgt. Dadurch kann Notwehr sowohl abschreckend wirken als auch das Vertrauen in das Recht stärken. Diese Wirkung ist jedoch eine Folge der Verteidigungshandlung. Die präventive Funktion wird somit gleichzeitig als Grundlage und als Wirkung der

---

[155] *Haas*, Notwehr, S. 354.

[156] Vgl. *Engländer*, Nothilfe, S. 15 f.

[157] *Renzikowski*, Notwehr, S. 90. Dagegen: *Rienen*, Einschränkungen, S. 118 f.

[158] *Lesch*, in: FS-Dahs, S. 87. In Deutschland zum Beispiel haben empirische Studien gezeigt, dass die Bürger die strafrechtliche Notwehrkompetenz nicht wirklich kennen, was durch die Tatsache, dass die Bestimmungen zur Notwehr keine große generalpräventive Wirkung haben, faktisch unterstützt wird. *Kilian*, in: FS-Schreiber, S. 3 ff.

[159] *Sherman*, Journal of Research in Crime and Delinquency 30 (1993), 445 ff.

Notwehr betrachtet, was zu einem logischen Zirkelschluss führt.[160] Selbst wenn die präventive Wirkung auf normativer Ebene anerkannt wird, bleibt sie auf logischer Ebene eine abgeleitete Wirkung, die auf der Schärfe des Notwehrrechts beruht. Sie kann daher nicht unmittelbar als Fundament für diese Schärfe dienen.

II. Das interne Verhältnis der beiden Grundsätze

1. Konjunktion

Die Beziehung zwischen dem Selbstschutzgrundsatz und dem Rechtsbewährungsgrundsatz im Dualismus kann als eine Beziehung der Konjunktion verstanden werden. Das heißt, dass Notwehr gegeben sein kann, wenn beide Prinzipien bejaht werden. Umgekehrt ist die Notwehr nicht gegeben, wenn einer der beiden Grundsätze nicht erfüllt ist. Eine Folge dieser Auffassung ist, dass Notwehr zugunsten von Rechtsgütern der Gesellschaft und des Staates nicht zulässig ist, wenn nicht gleichzeitig Rechtsgüter des Einzelnen verletzt werden. Der Grund dafür ist, dass der Selbstschutzgrundsatz in solchen Fällen nicht anwendbar ist.[161]

In Bezug auf die formale Logik ist jedoch diese Auffassung von Notwehr im Dualismus enger gefasst als die Notwehr im Rahmen eines der beiden reinen Prinzipien. Dies führt dazu, dass, wenn der reine Monismus eine bestimmte Befugnis des Notwehrrechts nicht erklären kann, der Dualismus unter dem Verhältnis der Konjunktion ebenso ungeeignet zur Problemlösung ist. Insbesondere ergibt sich eine Reihe von Problemen, wenn das Prinzip des Selbstschutzes im Sinne der Selbsterhaltung verstanden wird. Erstens kann man im Falle der Nothilfe nicht davon ausgehen, dass die Nothelfer auf der Grundlage von Selbstschutzinstinkten reagieren, da sie sich nicht selbst in einer Notsituation befinden. M.a.W.: Das Selbstschutzprinzip in diesem Sinne funktioniert im Fall der Nothilfe nicht, und daher kann keine Notwehr festgestellt werden, was eindeutig problematisch ist.

Zweitens stellt sich die Frage, ob das Selbsterhaltungsinteresse überhaupt besteht, wenn eine Ausweichmöglichkeit oder die Möglichkeit zur Einschaltung staatlicher Stellen gegeben ist, sofern man davon ausgeht, dass das Selbstschutzprinzip auf die Realisierung des Selbsterhaltungsinteresses abzielt. Wenn man der Meinung ist, dass der Selbstschutzgrundsatz dem Verteidiger eine Ausweichpflicht und eine Pflicht zur Anrufung staatlicher Hilfe auferlegt, dann muss der konjunktive Dualismus dies übernehmen und eine Verteidigung unter Verletzung dieser Pflichten stellt keine Notwehr dar.[162]

Schließlich kann selbst dann, wenn das Prinzip der Selbstbehauptung theoretisch geeignet ist, die genannten Schwächen zu überwinden, das Prinzip der Rechtsbe-

[160] *Zhao*, Peking University Law Journal 2018 (6), 1624.

[161] *Jescheck/Weigend*, AT, S. 336.

[162] Vgl. *Bitzilekis*, Einschränkung, S. 46.

währung keine eigenständige Wirkung entfalten. Es wiederholt lediglich denselben Grundgedanken aus einer anderen Perspektive. Eine solche Auffassung kann dann nicht als „dualistische Theorie" bezeichnet werden.

2. Disjunktion

Eine Möglichkeit, die oben genannten Probleme zu vermeiden, besteht darin, die Beziehung zwischen dem Selbstschutzprinzip und dem Rechtsbewährungsprinzip als eine Wahlmöglichkeit zu verstehen. Laut Herzog werde das Notwehrrecht anerkannt, wenn entweder beide Interessen betroffen seien oder zumindest eines der Notwehrgüter erheblich betroffen sei.[163]

Solange also ein individuelles Rechtsgut oder ein Rechtsordnungsinteresse gewahrt wird, kann nach diesem Verständnis Notwehr gerechtfertigt werden, und daher ist die Rechtfertigung der Nothilfe nicht schwer, denn sie hat zumindest die Funktion, die Rechtsordnung zu verteidigen.[164] In der Tat nehmen einige der Argumente für den Dualismus die disjunktive Normalform an. Zum Beispiel argumentiert diese Auffassung für das grundsätzliche Fehlen der Ausweichpflicht und den Verzicht auf die Güterproportionalität in der Notwehr,[165] indem sie besagt, dass nach dem Grundsatz des reinen Individualschutzes die Berechtigung des Notwehrrechts entfalle, wenn das angegriffene Rechtsgut auch durch Ausweichen vor dem Angriff geschützt werden könne oder wenn das Rechtsgut im Vergleich zu den Folgen der Notwehrhandlung für den Angreifer unbedeutend und weniger schutzwürdig erscheine.[166] In den oben genannten Fällen existiert jedoch keine Ausweichpflicht und keine Verhältnismäßigkeitsanforderung im Notwehrrecht, da, selbst wenn der individuelle Rechtsschutz nicht zur Anwendung kommt, die Bewährung der Rechtsordnung weiterhin eine Rolle spielt. Bei dieser Denkweise handelt es sich eindeutig um eine disjunktive Methode, bei der Notwehr begründet werden kann, solange die Verteidigung mit einem der beiden zugrunde liegenden Prinzipien übereinstimmt.

Diese Ansicht wurde mit der Begründung kritisiert, dass die Notwehr, solange der Bewährungsgrundsatz bejaht wird, zur Verteidigung rein staatlicher und sozialer Rechtsgüter in Betracht kommen könnte, was sich nicht von dem reinen überindividualistischen Ansatz unterscheidet. Dieses Ergebnis steht jedoch eindeutig im Widerspruch zum Wortlaut von § 32 dStGB. Es würde implizieren, dass Notwehr und Nothilfe nicht nur zugunsten von Individualgütern erlaubt sein sollen, sondern auch den Schutz von Kollektivgütern einschließen sollten.[167]

---

[163] *Herzog*, NK/StGB, § 32 Rn. 100.

[164] *Herzog*, NK/StGB, § 32 Rn. 100.

[165] *Erb*, MK/StGB, § 32 Rn. 12.

[166] *Roxin*, ZStW 93, 71; *Kühl*, AT, § 7 Rn. 12.

[167] *Engländer*, Nothilfe, S. 30.

3. Kumulation

a) Ansicht von Schmidhäuser

Im Gegensatz zum Paradigma der formalen Logik vertritt Schmidhäuser die Ansicht, dass die Interessen der angreifenden und der verteidigenden Seite verglichen werden sollten. Und die Legitimität der Notwehr liege darin, dass, wenn die Rechtsgüter der Verteidigungsseite mit den Interessen der Rechtsbewährung gekoppelt seien, sie gegenüber dem Angreifer in einer überlegenen Position sein könnten.[168]

Diese Auffassung beruht auf der Annahme, dass der strafrechtliche Rechtfertigungsgrund der Notwehr das Kollidieren von gegensätzlichen Interessen regele.[169] Ursprünglich habe der Vergleich der Rechtsgüter des Angreifers und des Angegriffenen in einem Konflikt keine Grundlage für die Schärfe der Notwehr geliefert. Daher müsse das Interesse der Rechtsbewährung berücksichtigt werden, also die Gültigkeit der Rechtsordnung als Ganzes, dass nämlich die Gebote und Verbote des Gesetzes auch gegenüber denjenigen Bestand hätten, die sich offen gegen sie auflehnten. Aus der Sicht der Rechtsordnung sei diese Gültigkeit in diesem Fall in der Lage, sogar die Güter zu relativieren, die ansonsten in der Rechtsordnung an erster Stelle stünden. Auf der Grundlage dieser Argumente kommt er zu dem Schluss, dass die Selbstverteidigung Rechtsgüter des Angreifers verletzen dürfe, die höherwertig seien als die des Verteidigers.[170] Der Kern dieser Argumentation besteht darin, dass die Interessen beider Seiten des Interessenkonflikts gegeneinander abgewogen werden. Da der rechtswidrige Angriff des Angreifers eine offensichtliche Rebellion gegen die Rechtsordnung darstelle, könne der Verteidiger, der dagegen ankämpfe, im Sinne einer „Negation der Negation" als Bewahrer der Rechtsordnung angesehen werden[171] und somit das Interesse der Rechtsbewährung auf der Seite des Verteidigers hinzugefügt werden. Nach dieser Ansicht sind die Grundsätze des Selbstschutzes und der Rechtsbewährung also kumulativ, und Notwehr könne festgestellt werden, wenn die Interessen des Selbstschutzes und der Rechtsbewährung in der Summe die Rechtsgüter des Angreifers übersteigen.

---

[168] Vgl. *Schmidhäuser*, in: FS-Honig, S. 193. Es ist wichtig festzuhalten, dass *Schmidhäuser* selbst eigentlich für eine rein überindividualistische Konzeption der Notwehr eintrat. Denn in seiner Konzeption wird das persönliche Interesse durch die Rechtsbewährung völlig überlagert. Vgl. *Schmidhäuser* GA 1991, 112 ff. Aber seine Methode, die Interessen der Rechtsbewährung und die Interessen des Einzelnen zu kumulieren, wurde von den Anhängern des dualistischen Ansatzes übernommen und ist so zu einem Argument für den Kombinationsansatz geworden. Vgl. *Kühl*, AT, § 7 Rn. 13.

[169] Vgl. *Lenckner*, GA 1985, 298 ff.

[170] Vgl. *Schmidhäuser*, in: FS-Honig, S. 193.

[171] Vgl. *Schmidhäuser*, in: FS-Honig, S. 194.

Diese Ansicht wurde zuerst wegen Kategorienfehlern[172] kritisiert, zum Beispiel von Renzikowski, der argumentierte, dass die Bewährung der Rechtsordnung in einer höheren Ordnung stehe als die durch die Rechtsordnung geschützten Interessen. Elemente dieser beiden Ebenen sollten nicht theoretisch miteinander verrechnet werden.[173] Dies lässt sich anhand des Beispiels von Ryle veranschaulichen: Angenommen, jemand berichtet, er habe ein neues Paar Handschuhe gekauft, und erhält darauf die Antwort: „Ich sehe, du trägst einen linken und einen rechten Handschuh, aber wo ist das Paar, von dem du sprichst?“ Der Fragende begeht den Fehler, den Ausdruck „ein Paar Handschuhe“ derselben Kategorie wie „rechter Handschuh“ und „linker Handschuh“ zuzuordnen.

Die Rechtsbewährung entspricht dem „Paar Handschuhe“ im Beispiel, während das Rechtsgut des Angegriffenen und das des Angreifers mit dem „linken“ bzw. „rechten Handschuh“ verglichen werden können. Die Gegenüberstellung von „ein Paar Handschuhe“ mit „linkem“ und „rechtem Handschuh“ ist zwar grammatisch korrekt, aber sie führt zu einem semantischen oder ontologischen Fehlschluss, wenn sie für Addition, Subtraktion oder die Beurteilung von Ungleichheit verwendet wird.

Und selbst wenn man solche Vergleiche für möglich hielte, ist das Gewicht des Interesses an Rechtsbewährung als Element der Messung schwer fassbar. Insbesondere wenn die Verteidigungshandlung den Tod des Angreifers zur Folge hat, stellt sich die Frage, welches Rechtsgut des Angegriffenen zum Interesse des Angreifers hinzugerechnet werden muss, um ein Überwiegen gegenüber dem Interesse am Leben zu erreichen, und wie das Urteil zustande kommt, dass das Interesse der einen Partei das Interesse der anderen Partei überwiegt. Es gibt keinen klaren Maßstab für die Bewertung.[174]

b) Ansicht von Rienen

In der anderen Richtung vertritt Rienen die Auffassung, dass die Beziehung zwischen den beiden Prinzipien quantitativ verstanden werden sollte. Seiner Ansicht nach ist das Verhältnis zwischen Individualschutzprinzip und Rechtsbewährungsprinzip im Sinne eines Wechselspiels zwischen beiden zu verstehen, d.h. als ein dynamisches Prinzip der Notwehrratio.[175]

Wenn der „Wert“ der Notwehr auf 100 festgesetzt werde (d.h. die Handlungen des Verteidigers sind in Notwehr gerechtfertigt, wenn der Wert 100 beträgt), dann müsse dieser Wert das Ergebnis der Addition der Werte des Individualschutzprinzips und des Rechtsbewährungsprinzips sein, z.B. 40 (Individualschutz) + 60

---

[172] *Ryle*, Der Begriff des Geistes, S. 14 ff.

[173] Vgl. *Renzikowski*, in: FS-Hruschka, S. 662.

[174] Vgl. *Yamaguchi*, AT, S. 50 f.

[175] *Rienen*, Einschränkungen, S. 140.

(Rechtsbewährung) = 100. Es spiele jedoch keine Rolle, wie der Wert von 100 bestimmt werde (ob 20 + 80, 37 + 63 oder 1 + 99). Solange der endgültige Wert 100 betrage, sei eine genauere Definition des Verhältnisses zwischen dem Schutz des Einzelnen und der Verteidigung der Rechte nicht erforderlich. Allerdings könne keines der beiden Prinzipien für sich allein einen Wert von 100 erreichen, denn das würde eine monistische Interpretation der Notwehr bedeuten, die nach seiner Ansicht abgelehnt werden muss. Konkret bedeute dies, dass der Verteidiger sich nicht mehr auf Notwehr berufen könne, wenn einer der beiden Grundsätze ausfalle, wie etwa in den Fällen des (erkennbar) untauglichen Versuchs, der Begehung abstrakter Gefährdungsdelikte oder von Angriffen auf Rechtsgüter der Allgemeinheit, da in diesen Fällen am Ende der Gleichung kein Wert von 100 mehr stehe.[176]

Aber auch diese Sichtweise kann sich dem Vorwurf des Kategorienfehlers nicht gänzlich entziehen. Die Interessen des individuellen Schutzes und die Interessen der Rechtsbewährung sind, wie erwähnt, nicht auf der Ebene der Zustimmung angesiedelt, und es ist ein semantischer Trugschluss, sie zu addieren.

Selbst wenn die beiden Interessen laut van Rienen kumulativ sind, muss der Wert des Interesses an der Bewährung erhöht werden, wenn das Interesse am Selbstschutz sinkt (z.B. wenn eine Ausweichmöglichkeit des Angegriffenen besteht), damit der Gesamtwert bei 100 bleibt. Es bleibt jedoch unklar, wie der Wert der Rechtsbewährung berechnet wird und auf welcher Grundlage der Wert der Rechtsbewährung als erhöht angesehen wird. Denn das Interesse an Rechtsbewährung ist die Verneinung eines rechtswidrigen Angriffs; wenn das Interesse an der Rechtsbewährung als proportional zum Grad des Unrechts des rechtswidrigen Angriffs betrachtet wird, werden das Interesse an der Rechtsbewährung und das Rechtsgut des Einzelnen doppelt gezählt und verlieren ihren unabhängigen Status.

III. Stellungnahme zum Kombinationsansatz

Nachdem die Frage erörtert wurde, wie genau die Grundsätze des Selbstschutzes und der Rechtsbewährung im vereinheitlichenden Rahmen des dualistischen Notwehrkonzepts zu positionieren sind, zeigen sich Schwächen, die sowohl bei den konjunktiven, disjunktiven als auch bei den kumulativen Modellen offensichtlich sind. Jede dieser Kombinationen ist mehr oder weniger problematisch, wenn man sie im Hinblick auf die zuvor beschriebenen drei funktionalen Anforderungen an eine Grundlegung der Notwehr untersucht. Die Notwehr muss ein bestimmtes Kriterium in Bezug auf diese beiden unterschiedlichen Dimensionen erfüllen, um eine gewisse Legitimität zu erlangen. Das heißt, das dualistische Denken erfordert, dass die Kombination der beiden Prinzipien sowohl die Grundlage der Legitimität der Notwehr als auch ihre Unterscheidung von anderen Notrechten und die Grenzen der

[176] *Rienen*, Einschränkungen, S. 140.

Notwehr erklären kann.[177] Doch bei näherer Betrachtung dieses Gedankengangs ergeben sich die folgenden Zweifel.

Werden das Interesse an Rechtsbewährung und das Interesse an individuellem Schutz auf dieselbe logische Ebene gezogen, so ist zu bedenken, dass der normative Ausdruck des Letzteren die Norm ist, die das Rechtsgut des Einzelnen schützt, während der normative Ausdruck des Ersteren die Norm der Notwehr selbst ist, und beide sind Teil der Rechtsordnung. Dies führt zu dem Zirkelschluss, dass bei der Argumentation, warum Notwehr rechtmäßig ist, die These aufgestellt wird, dass sie rechtmäßig ist, weil sie die Rechtsordnung bewährt; und bei der weiteren Frage, warum Notwehr die Rechtsordnung bewährt, lautet die Begründung, dass sie Teil der Rechtsordnung ist. Und dieser Satz selbst impliziert bereits das Argument, dass die Notwehr rechtmäßig ist, was noch bewiesen werden muss. Bei einem Zirkelschluss wird die These in einem Argument durch Schlussfolgerung aus den Prämissen abgeleitet, und die Gültigkeit des Arguments ist ebenso fraglich wie die Gültigkeit der These. Die Legitimität der Notwehr ist selbst eine Schlussfolgerung, zu der man nach der Beurteilung aller Grundvoraussetzungen gelangt, und eine solche Schlussfolgerung kann nicht direkt als Argument für die Grundvoraussetzungen verwendet werden, denn sonst ist sie eine These, die sich indirekt selbst stützt.[178] Und dass die Notwehr Teil der allgemeinen Rechtsordnung ist, ist zweifellos eine normative Tatsache, die bereits die Aussage impliziert, dass die Notwehr legitim ist. Die Legitimität der Notwehr mit der Rechtsordnung zu begründen, ist daher ein selbstreferenzielles Argument.[179]

Wenn man darüber hinaus argumentiert, dass die bewährte Rechtsordnung selbst die Ordnung ist, die die Rechtsgüter des Einzelnen vor Verletzungen schützt, dann sind die beiden nicht unabhängig voneinander, sondern stehen in enger Beziehung zueinander und befinden sich nicht auf derselben logischen Ebene. Wenn man für die Kombination der beiden argumentiert, handelt es sich in Wirklichkeit um eine Doppelzählung desselben Materials.[180]

Aufgrund dieses logischen Dilemmas muss man im Interesse der Glaubwürdigkeit des dualistischen Konzepts zunächst behaupten, dass die Interessen der Rechtsordnung völlig unabhängig von individuellen Rechtsgütern existieren. Dies führt jedoch zu der Konsequenz, dass man, wenn man eine Rechtsordnung konstruieren will, die nichts mit den individuellen Interessen, sondern nur mit sich selbst zu tun hat, diese in einer übersäkularen Konzeption suchen muss. Und das könnte entweder den Anschein erwecken, gegen den Grundsatz der Trennung von Staat und religiösen Institutionen zu verstoßen, oder zu einer absolutistischen Staatskonzeption führen. Im ersten Fall verlässt sich der Staat auf die Religion, um

---

[177] *Kasiske*, Jura 2004, 835; *Kühl*, AT, § 7 Rn. 6; *Wössner*, Notwehr, S. 58.

[178] Vgl. *Walton*, Informal Fallacies, S. 9 f.

[179] Vgl. *Seelmann*, ZStW 89 (1977), 45.

[180] *Zhang*, Global Law Review 2018 (2), 72.

transzendente Ziele zu setzen, während im zweiten Fall der Staat selbst die höchste Bedeutung hat.[181] Dies steht jedoch im Widerspruch zum Ziel des modernen Rechtsstaates, in dem die Rechtsordnung kein Selbstzweck sein kann, sondern nur ein Mittel zur Erfüllung der Interessen der Gesellschaftsmitglieder. Andernfalls besteht die Gefahr, dass die Rechte des Einzelnen mutwillig aufs Spiel gesetzt werden.

Der Grundsatz der Rechtsbewährung steht in der Tat nicht auf der gleichen Stufe wie der Grundsatz des persönlichen Schutzes in der Begründung der Notwehr, denn die Auswirkungen der Rechtsbewährung werden unbedingt durch das Interesse des persönlichen Schutzes hervorgerufen.[182] Beide sprechen lediglich über dieselbe Sache auf unterschiedlichen logischen Ebenen, was dazu führt, dass eine der beiden Säulen des Dualismus sozusagen durch die andere entleert wird. Zusammenfassend lässt sich sagen, dass der Dualismus, der den Individualismus und den Überindividualismus kombiniert, nicht alle Aufgaben bei der Konstruktion des Notwehrkonzeptes gemeinsam erfüllen kann.

D. Eigene Ansicht – Unterscheidung zwischen dem Begründungs- und Einschränkungsgrundsatz des Notwehrrechts

Ungeachtet der theoretischen Meinungsverschiedenheiten über den Grundgedanken der Notwehr ist die prägende und erklärende Funktion des Grundgedankens in Bezug auf das Notwehrrecht im Strafrecht unbestreitbar. Auf der Grundlage dieser Funktion, das Wesen der Notwehr zu offenbaren, muss ein rationaler Notwehrbegriff seine eigenständige Legitimation in zwei Dimensionen erlangen: Zum einen soll er eine begründete Entscheidung zwischen verschiedenen möglichen Auslegungen der einzelnen Merkmale der Notwehr (z.B. der Rechtswidrigkeit des Angriffs) treffen. Dahinter steht im Kern die Legitimität der Schärfe der Notwehr, denn die Schärfe ist kein illusorisches Hirngespinst, sondern ein Kernmerkmal, das auf der Ebene der strafrechtlichen Normen aus der Institution der Notwehr heraus umgesetzt werden sollte. Die normativen Tatbestandsmerkmale der Notwehr und die theoretische Begründung der Schärfe sind zwei Seiten der gleichen Medaille. Zum anderen sollte der Grundgedanke in der Lage sein, eine legitimierende Grundlage für die sogenannte „sozialethische" Einschränkung der Notwehr zu liefern.[183] Dieser Punkt wird in der Diskussion um die Grundgedanken oft übersehen, aber er sollte ebenso wichtig genommen werden, um zugleich die Grenzen des Notwehrrechts begründen zu können. Diese Grenzen sollten nicht so gezogen

---

[181] Vgl. *Hegel*, Philosophie des Rechts, § 258.

[182] *Erb*, MK/StGB, § 32 Rn. 17.

[183] *Kühl*, AT, § 7 Rn. 6.

werden, dass das Notwehrrecht vollständig zu einer starren Institution gezähmt wird, sondern vielmehr eine ontologische Legitimation für die teleologische Reduktion der Notwehr bieten. Die zu beantwortende Frage ist, wie diese beiden Aufgaben unter demselben System widerspruchsfrei formuliert werden können.

Die obige Diskussion hat gezeigt, dass sowohl das Rechtsbewährungsprinzip als auch das dualistische Notwehrkonzept nicht in der Lage sind, die Schärfe des Notwehrrechts zu begründen, und dass die Grenzen des Notwehrrechts in diesem Rahmen jeweils nicht ausreichend berücksichtigt werden. Das liegt daran, dass die genannten Positionen es versäumen, diejenigen Attribute des Notwehrrechts, die sich aus der Subjektivität der Rechte ergeben, zu beachten. Die Notwehr ist weder ein Auftrag des Souveräns noch eine Pflicht zur Wahrung der Rechtsordnung, sondern ein Recht der Bürger im modernen Staat, aus dem sowohl eine Legitimation als auch eine Begrenzung abgeleitet werden sollte.

I. Das monistisch-zweiseitige Notwehrkonzept

Zusammenfassend lässt sich feststellen, dass der Kern des Notwehrkonzepts in einem modernen Rechtsstaat nur an die Attribute des individuellen Rechts anknüpfen kann. Auf dieser Grundlage ist die Notwehr sowohl in ihrer Schärfe legitimiert als auch begrenzt. Die Wirkung der Rechtsbewährung hat keine vom Schutz der Rechte unabhängige Bedeutung, und die präventive Wirkung der Notwehr ist eine Nebenwirkung der Notwehr und nicht ihr Wesenskern. Die Tatsache, dass das Verteidigungsobjekt der Notwehr Rechte sind und dass die Notwehr daher durch die Negation der Negation den Wesenscharakter eines Rechts erlangt, wird die gemeinsame Grundlage der Notwehr in beiden Richtungen sein. Auf dieser Grundlage wird in dieser Arbeit argumentiert, dass das Notwehrkonzept ausgehend vom Autonomieprinzip und vom Solidaritätsprinzip konstruiert werden sollte. Ersteres bildet die Grundlage für die Rechtfertigung und die Legitimität der Schärfe des Notwehrrechts, begründet von daher die Auslegung der Tatbestandsmerkmale und ermöglicht zugleich die Unterscheidung von anderen Notrechten; Letzteres zieht eine Grenze der Anwendung des Notwehrrechts und gewährleistet den Schutz vor der Gefahr seines Missbrauchs.

Die Prinzipien der Autonomie und der Solidarität werden als die beiden Säulen des Systems der Notrechte angesehen.[184] Aus der Perspektive des Notrechtssystems sind alle Arten von Notrechten das Ergebnis der Verschmelzung der Prinzipien der Autonomie und der Solidarität. Die Art und Weise, wie die beiden miteinander in Einklang gebracht werden, lässt sich kurz zusammenfassen: Niemand darf fremde Autonomiebereiche in Anspruch nehmen, es sei denn, es kann eine Solidaritätspflicht zur Duldung begründet werden. Alle müssen die Kosten der verantwortlich

---

[184] *Frister*, GA 1988, 295; *Pawlik*, GA 2003, 14; *Wilenmann*, Freiheitsdistribution und Verantwortungsbegriff, S. 141.

verursachten Störungen in fremden Autonomiebereichen selbst tragen, es sei denn, es kann eine Solidaritätspflicht zur Unterlassung der Verteidigung begründet werden.[185] Als Prinzipien, die auf alle Arten von Notrechten anwendbar sind, fehlt ihnen jedoch die Fähigkeit, die Notwehr von anderen Notrechten abzugrenzen, was eine der Hauptaufgabe einer gedanklichen Grundlegung der Notwehr ist. Insbesondere gilt dies für das Autonomieprinzip, das die Befugnis der Notrechte zwar positiv begründet, aber einer zusätzlichen Klärung bedarf, um zur Darstellung der Schärfe des Notwehrrechts zu gelangen. Ebenso nimmt die Solidaritätspflicht im Notwehrrecht und in den anderen Notrechten, die der aggressive Notstand repräsentiert, eine andere Gestalt an. Es bedarf also einer weiteren Sublimierung des Rechtsbegriffs im Sinne der individuellen Freiheit, um das Wesen des Notwehrrechts zu enthüllen.

II. Autonomieprinzip als Grundstein der Legitimität

Autonomie ist gleichbedeutend mit Selbstbestimmung, d.h. der Selbstgesetzgebung der Person. Im Kant'schen Sinne bedeutet dies, dass der Mensch nicht zum Objekt anderer werden darf. Er ist derjenige, der Zwecke setzt und Zweck an sich ist, niemals Zweck für etwas oder jemanden.[186] Das Autonomieprinzip setzt voraus, dass jedes Individuum seine eigene Wertordnung bestimmen kann, was eine auf subjektiven Kriterien basierende Prüfung der Vernünftigkeit erforderlich macht. Die Subjektzentrierung ist ein wesentliches Merkmal der Autonomie; bei der Autonomie geht es gerade um die „Selbstbestimmung" des Einzelnen. Das Antonym der Autonomie ist die Heteronomie, und daher kann die Frage der Autonomie nicht mit objektiven Standards der Vernunft verknüpft werden, ohne in die Fesseln der Werteordnung anderer Menschen zu geraten, d.h. in die Heteronomie.[187]

Die Autonomie als zentraler Eckpfeiler der liberalen Rechtsordnung hat zwei Dimensionen, nämlich Freiheit und Verantwortung. Ersteres ist die Grunddimension der Autonomie, wonach sich niemand einseitig einer Herrschaft unterwerfen darf, die gegen seine eigenen Ideale und Lebensvorstellungen verstößt,[188] sondern seine eigenen Ziele setzen und sein Leben so gestalten soll, wie es ihm beliebt. Die Verantwortung hingegen ist die abgeleitete Dimension; sie bedeutet, dass die Bürger für ihre eigenen Entscheidungen und Handlungen im Falle eines Konflikts zwischen ihnen zur Verantwortung gezogen werden.[189] Im Zusammenhang mit der Notwehr müssen beide Dimensionen weiter ausgearbeitet werden, um positiv die

---

[185] *Wilenmann*, Freiheitsdistribution und Verantwortungsbegriff, S. 33.

[186] *Kant*, Kritik der praktischen Vernunft, S. 263.

[187] *Tenthoff*, Tötung auf Verlangen, S. 19.

[188] Vgl. *Schroeder-Kurth*, Menschenwürde, S. 85.

[189] Vgl. *Renzikowski*, Notstand und Notwehr, S. 179.

Schärfe und negativ die Unterscheidung von anderen Notrechten darlegen zu können.

1. Verteilung der Rechte nach dem Autonomieprinzip

Nur durch die Bildung einer Gesellschaft kann das Konzept der Freiheit eine wirkliche Bedeutung erlangen. Nur durch die gegenseitige Respektierung und Anerkennung des Individuums kann letztlich die Integrität der Person gewährleistet werden. Um der intersubjektiven Integrität willen muss die Rechtsordnung die Verteilung der Rechte unter ihren Mitgliedern festlegen.[190]

Autonomie ist nicht nur ein Ideal, sondern in einem Rechtsstaat sollte der Staat sie in ein subjektives Recht umwandeln, denn die Garantie dieser Ideale ist die Grundlage der Staatslegitimation.[191] In diesem Sinne ist Art. 2 Abs. 1 dGG als konkreter Ausgangspunkt für die Autonomie in Form der freien Entfaltung der Persönlichkeit in der deutschen Rechtsordnung formuliert worden.[192] So garantiert das Grundgesetz das Recht des Einzelnen auf Selbstbestimmung, das in der Verhaltensfreiheit zum Ausdruck kommt.[193] Dies ist auch in Art. 33 Abs. 3 chVG verankert.[194] Dieses subjektive Recht wird also nicht vom Staat verliehen, sondern existiert bereits vor dem Staat, der nur dazu verpflichtet ist, dieses Selbstbestimmungsrecht zu schützen und zu wahren.[195]

Da die Rechtsordnung ihre Mitglieder als selbstbestimmende Persönlichkeiten anerkennt und den Schutz dieser Autonomie als eine Verpflichtung ansieht, die die Legitimität des Staates begründet, muss diese Wirksamkeit in der Praxis ausgeübt werden. Eine der Hauptquellen für die Bedrohung der Selbstbestimmung der Bürger ist die Missachtung ihrer Persönlichkeit durch andere, d.h. sind Eingriffe in den Rechtsraum durch andere.

In diesem Zusammenhang lässt sich das Notwehrrecht als Ausdruck des Autonomieprinzips verstehen, das nicht nur ein Ideal moralischer Selbstbestimmung verkörpert, sondern in einem Rechtsstaat als subjektives Recht konkretisiert wird. Während utilitaristische Rechtfertigungen auf instrumenteller Vernunft und somit auf Heteronomie beruhen, gründet das deontologische Verständnis von Autonomie auf transzendentaler Vernunft. Die Maxime der Notwehr – „Das Recht braucht dem Unrecht nicht zu weichen“ – ist im Sinne des kategorischen Imperativs als Formel des allgemeinen Gesetzes („Handle nur nach derjenigen Maxime, durch die du

---

[190] *Chen*, Notrechte, S. 14.

[191] *Geddert-Steinacher*, Menschenwürde, S. 45.

[192] *Klein*, NJW 1989, 1636.

[193] BVerwGE 27, 305.

[194] Art. 33 Abs. 3 chVerf besagt: Der Staat respektiert und garantiert die Menschenrechte.

[195] *Tenthoff*, Tötung auf Verlangen, S. 23.

zugleich wollen kannst, dass sie ein allgemeines Gesetz werde")[196] verallgemeinerbar und daher rechtsphilosophisch geboten. Ihre Befolgung stellt einen Akt autonomer Selbstgesetzgebung dar, durch den der Einzelne seine Würde und rechtliche Stellung behauptet. Notwehr ist somit keine bloße Ausnahme vom Gewaltverbot, sondern Ausdruck von Autonomie und integraler Bestandteil einer freiheitlichen Rechtsordnung.

Die theoretische Fundierung des Notwehrrechts auf das Autonomieprinzip lässt sich auch in seiner Funktion als Modell der Rechtsraumverteilung nachvollziehen. Da alle Bürger gleichermaßen über einen unantastbaren Rechtsraum verfügen und dieser (ideale) Zustand durch das allgemeine Gesetz der Rechte „recht" ist, ist der Eingriff in diesen Rechtsraum „unrecht", auch wenn er eine Ausübung der eigenen Freiheit ist, und zwar deshalb unrecht, weil er auch die Freiheit anderer verletzt.[197] Die Notwehr als Verhinderung des Unrechts erlangt ihre formale logische Rechtfertigung durch den Satz vom Widerspruch. Der Zwang als Hindernis für das Hindernis der Freiheit wird also durch das Gesetz der doppelten Negation gerechtfertigt. Auch durch den Satz vom Widerspruch können das Recht und die Zwangsbefugnis miteinander verbunden werden und die Legitimität des Zwangs zur Wahrung des Rechts kann daraus abgeleitet werden.[198]

So erhält die Notwehr in einer freien Rechtsordnung, die auf dem Autonomieprinzip beruht, eine allgemeine Legitimität, d.h. das Notwehrrecht besteht, um das Individualrecht auf Freiraum zu wahren, und erlangt durch Richtungskonsistenz die gleiche Legitimität wie das Individualrecht. Weil sich die Legitimität der Notwehr aus der Missachtung der Persönlichkeit eines anderen durch den Angreifer ergibt, die sich in Form des Eingriffs in den Rechtsraum äußert, ist erstens die Bedeutung dieselbe, sobald der Angreifer die Grenzen seiner eigenen Rechte überschritten hat, und daher sollte das Notwehrrecht nicht Gegenstand eines Rechtsgutvergleichs sein. Weil es bei der Notwehr darum geht, die verfassungsmäßig verankerte Autonomie vor der Verletzung durch andere zu schützen, ist zweitens die Ausweichpflicht oder Duldungspflicht auf dieser Ebene nicht zulässig, da sie dem Wesen des Autonomieprinzips widerspricht; und drittens besagt die Definition des Autonomieprinzips, dass ein individuelles Recht nicht vom Staat verliehen wird. Es handelt sich um einen idealen Zustand, der vor dem Staat existiert. Daher ist das Notwehrrecht, das sich aus dem Recht auf Verteidigung autonomer Entscheidungen ableitet, ebenfalls ein inhärentes Recht und kein Auftrag des Staates; mithin gibt es keine Grundlage für die Subsidiarität der Notwehr gegenüber dem Staat.

---

[196] *Kant*, Kritik der praktischen Vernunft, S. 140.

[197] Vgl. *Kant*, Rechtslehre, S. 230 f.

[198] *Kindhäuser*, in: FS-Frisch, S. 501.

2. Zuschreibung der Verantwortung nach dem Autonomieprinzip

Die Freiheitsausrichtung des Autonomieprinzips konzentriert sich auf den Angegriffenen als Rechtssubjekt, aber auch für den anderen Protagonisten in der Beziehung der Notwehr, den Angreifer, ist sein Rechtsraum von der Verantwortungsausrichtung des Autonomieprinzips betroffen.

Da die Bürger innerhalb einer Gesellschaft leben, lassen sich Konflikte zwischen ihren Rechtsgütern nicht vermeiden. In solchen Fällen stellt sich die Frage, wer die Verantwortung für den entstandenen Konflikt trägt. Wer die Vorteile garantierter Freiheiten genießt, muss auch bereit sein, die damit verbundenen Risiken zu tragen – also die Gefährdung seiner eigenen Interessen in Kauf zu nehmen.[199] Dabei ist jedoch zu beachten, dass eine einseitige Verlagerung solcher Risiken auf die Interessen anderer dem verantwortungsbezogenen Autonomieprinzip widerspricht. Denn dadurch wird zwar die Integrität der eigenen Freiheitssphäre geschützt, jedoch auf Kosten der Schädigung fremden Eigentums. Dies steht nicht im Einklang mit dem Gleichheitsgebot innerhalb der Freiheitssphäre aller.[200]

Die konkrete Bedeutung von Verantwortung liegt in der Frage, wer die Kosten für die Beseitigung des Risikos zu tragen hat; dies wird als Zurechnung bezeichnet. Der allgemeine Grundsatz der Zurechnung besagt, dass jede Person ihre eigene Sphäre so organisieren sollte, dass Risiken nicht in den Rechtsraum anderer exportiert werden; wenn ein Risiko exportiert wird, werden die Kosten für die Beseitigung des Risikos von der Person getragen, die für das Risiko zuständig ist.[201] Da jeder Mensch in seiner eigenen Sphäre ein freier Nutznießer ist, muss er die Folgen tragen, die anderen in seiner Sphäre entstehen. Daher werden die konkreten Inhalte der Verantwortung in Ex-ante-Risikomanagement und Ex-post-Risikobeseitigung unterteilt. Ersteres unterteilt sich wiederum in zwei Formen, nämlich den Verzicht auf die Eingriffe in die Rechtssphäre anderer durch eigene positive Handlungen und die Organisation der eigenen Rechtssphäre ohne Risikoexport an Dritte.[202] Die Risikobeseitigung unterteilt sich ebenfalls in zwei Formen, nämlich erstens die Verpflichtung des Verursachers, positive Maßnahmen zur Beseitigung des Risikos zu ergreifen: Die Pflichtwidrigkeit von Ingerenz im Falle von Strafbarkeit der Unterlassung ist eine Anwendung dieses Gedankens.[203] Die zweite Form ist die Verpflichtung des Verursachers, die Beseitigung des von anderen begangenen Risikos passiv zu dulden.[204] Ein Beispiel dafür ist der Angreifer in Notwehr.

Ein Angreifer, der es versäumt, selbst positive Maßnahmen zur Risikobeseitigung zu ergreifen, muss eine Duldungspflicht tragen, wenn andere rechtmäßig

---

[199] *Renzikowski*, Notstand und Notwehr, S. 179.

[200] *Neubecker*, Zwang, S. 130; *Kratzsch*, Verhaltenssteuerung, S. 356.

[201] *Jakobs*, AT, § 12 Rn. 49.

[202] *Renzikowski*, Notstand und Notwehr, S. 180.

[203] *Bosch*, Schönke/Schröder/StGB, § 13 Rn. 35.

[204] *Renzikowski*, Notstand und Notwehr, S. 180.

Maßnahmen zur Risikobeseitigung ergreifen. Nach der allgemeinen Theorie der Verantwortungsausrichtung des Autonomieprinzips ist die Hinnahme des Schadens nicht zulässig, so dass der Angreifer alle Kosten für die Risikobeseitigung im erforderlichen Umfang allein tragen muss, was der Grund für die Ablehnung des engen Güterabwägungsprinzips im Rahmen der Notwehr ist.[205]

Eine gegenteilige Ansicht ist jedoch, dass die Kosten der Freiheit in vollem Umfang getragen würden, wenn der Täter der entsprechenden strafrechtlichen Sanktion für das Risiko unterworfen werde, und nicht in Form von „rechtzeitiger Beseitigung des geschaffenen Risikos“ und „Duldung des Verhaltens der anderen bei der Beseitigung des Risikos“ getragen werden müssten.[206] Nach dieser Auffassung sollten sich die Modalitäten der Verantwortlichkeit nach dem Autonomieprinzip auf strafrechtliche Sanktionen beschränken. Zur Veranschaulichung dieses Gedankens wird ein Fall herangezogen, in dem eine Verteidigung misslang: Ein Täter raubte das Eigentum eines Opfers und rannte zu einem in der Nähe geparkten Auto. Das Opfer hob einen Stein vom Straßenrand auf und warf ihn auf den flüchtenden Täter, wodurch dieser schwer verletzt wurde. Die Mittäter, die sich in der Nähe aufhielten, griffen ein, zogen den Täter in ein Fahrzeug und flohen gemeinsam, so dass das Opfer sein Eigentum letztlich nicht zurückerhielt.

In diesem Fall habe der Täter erhebliche Verletzungen als Folge der Verteidigungshandlung erlitten. Ausgehend vom verantwortungsbezogenen Verständnis der Notwehr müsse man argumentieren, dass der Täter zwar einen hohen Preis für die Risikobeseitigung gezahlt habe, jedoch für sein eigenes Verhalten teilweise selbst verantwortlich sei. Daraus lasse sich eine Strafmilderung ableiten. Diese Konsequenz stehe allerdings weder mit der gängigen Lehre noch mit der strafrechtlichen Praxis im Einklang. Daher könne die Duldung einer Notwehrhandlung nicht als bloße Kostenfolge individueller Verantwortlichkeit verstanden werden.[207]

Aber dieser Einwand ist nicht überzeugend. Denn die Notwehr ist weder Teil der strafrechtlichen Sanktion noch ist sie ihr Ersatz; die beiden gehören nicht zu derselben Klasse. Die Rechtfertigung der Notwehr beruht auf der Ausübung des Rechts des Angegriffenen, das dem Angreifer aufgrund der Zwangsbefugnis, die mit der Rechtsnatur der Notwehr verbunden ist, eine Duldungspflicht auferlegt. Das Prinzip der Verantwortlichkeit führt also nicht zu einer Verbindung zwischen Notwehr und Strafe im Sinne einer „Bezahlung der Kosten“, denn beide sind nicht miteinander verbunden. Der Schaden, der dem Angreifer durch die Verteidigungshandlung entstanden ist, kann daher keine Strafminderung begründen.

Das Notwehrrecht als Reaktion auf rechtswidriges Verhalten hat das primäre Ziel, den Eingriff zu beseitigen und den Rechtsraum wiederherzustellen, nicht je-

---

[205] *Chen*, Peking University Law Journal 2021 (1), 8.

[206] *Chou*, National Taiwan University Law Journal 201403, 253; *Xu*, Contemporary Law Review 2022 (6), 96.

[207] *Xu*, Contemporary Law Review 2022 (6), 96.

doch, den Angreifer durch Vergeltung oder übermäßige Maßnahmen zu bestrafen oder präventive Zwecke zu erfüllen.[208] Daher dürfen Verteidigungshandlungen ausschließlich darauf abzielen, den Angriff zu beenden, und dürfen den Angreifer nicht über die Erforderlichkeit hinaus schädigen. Die Legitimität des Notwehrrechts beruht auf der Reaktion auf das „Unrecht" und nicht auf der beliebigen Durchführung von Maßnahmen, die über die Abwehr des Angriffs hinausgehen. Jede über die Erforderlichkeit hinausgehende Handlung steht im Widerspruch zum Zweck der Notwehr und kann daher nicht gerechtfertigt werden. Daher wird die Erforderlichkeit der Verteidigungsmittel durch den Begründungsgrundsatz des Notwehrrechts bestimmt, der die äußeren Grenzen des Notwehrrechts festlegt.

Ebenso gründet das Erfordernis der Gegenwärtigkeit der Notwehr in ihrem Zweck: Wenn ein rechtswidriger Angriff noch nicht begonnen hat, besteht kein Bedarf, eine Beeinträchtigung zu beseitigen; und wenn der Angriff bereits beendet ist, auch wenn die nachträglichen Auswirkungen des Eingriffs fortbestehen, darf der Angegriffene aufgrund des staatlichen Gewaltmonopols das Notwehrrecht nicht nutzen, um die Beeinträchtigung zu beseitigen. Daher stellen die Erfordernisse der Erforderlichkeit und Gegenwärtigkeit im Rahmen der Notwehr keine Einschränkungen ihrer Schärfe dar, sondern ergeben sich als unverzichtbare Anforderungen aus der Gestaltung dieses Rechts.

Die Verantwortungsausrichtung des Autonomieprinzips erlegt dem Angreifer nicht nur eine Duldungspflicht gegenüber dem Angegriffenen auf, sondern ist auch im Verhältnis zwischen dem Angegriffenen und der Rechtsordnung verankert, d. h. der Rechtsschutz des Angreifers wird für die Dauer der Ausübung des Notwehrrechts entzogen. Dieser Entzug sollte sich jedoch auf den Umfang der Zurechenbarkeit beschränken, was zu einer weiteren Funktion der Verantwortung führt, nämlich der Bewertung der Schutzwürdigkeit einer Person in einem Interessenkonflikt.[209] Um das Risiko zu beseitigen, muss jemand den Preis für die Risikobeseitigung zahlen, entweder eine der Konfliktparteien oder außerdem ein Dritter. Der Autonomiegrundsatz gibt dabei die Regel für die Verteilung der Verantwortung vor. Demnach soll sie von der Partei übernommen werden, der das Risiko zurechenbar ist. Nach dem Verantwortungsprinzip kann eine Person nur für die Folgen einer Handlung strafrechtlich verantwortlich gemacht werden, die sie als rechtstreuer Bürger hätte vermeiden können und sollen.

Die strafrechtliche Verantwortung wird also in einem doppelten Sinne begrenzt: zum einen durch das Erfordernis der objektiven Zurechnung der Folgen, die darauf abzielt, irrelevante Kausalverläufe aus der Sphäre der Verantwortung auszuschließen; zum anderen durch die Begrenzung der individuellen Fähigkeit, die man als subjektive Zurechnung bezeichnet. Nach Kindhäuser kann die individuelle Fähig-

---

[208] *Engländer*, Nothilfe, S. 15 f. Nach Ansicht dieser Arbeit ist die präventive Wirkung der Notwehr, selbst wenn sie objektiv vorhanden ist, eine Nebenwirkung des Notwehrrechts und keine Rechtfertigungsgrundlage an sich.

[209] *Chen*, Notrechte, S. 18.

keit in Handlungsfähigkeit und Motivationsfähigkeit unterteilt werden. Ersteres bedeute, dass der Täter physisch und intellektuell in der Lage ist, einen bestimmten Zweck zu erreichen; Letzteres bedeute, dass der Täter in der Lage ist, sich auf der Grundlage einer Präferenzentscheidung zwischen mehreren möglichen Handlungen zu entscheiden. Ersteres falle beim Deliktsaufbau in den Bereich der Erörterung des personalen Unrechts bei der Tatbestandsverwirklichung, während Letzteres unter dem Titel der Schuld geprüft werde.[210] Wenn der Angreifer nicht schuldfähig ist oder die Notlage weder vorsätzlich noch fahrlässig herbeigeführt hat, können ihm demnach nicht die vollen Kosten für die Gefahrenbeseitigung nach dem Verantwortlichkeitsprinzip zugewiesen werden.

Nach Auffassung dieser Arbeit setzt Notwehr zunächst voraus, dass der Krisenfall des Rechtsgutes des Angegriffenen dem Angreifer objektiv zurechenbar ist, d.h. dass die Gefahrenquelle, die zu einer Schädigung des Angegriffenen führt, ihren Ursprung im Rechtsraum des Angreifers hat. Da die Rechtsordnung vom Angreifer erwartet, dass er dafür sorgt, dass der Rechtsraum keine Gefahr für die Sicherheit anderer darstellt, trifft den Inhaber der Gefahrenquelle bei Enttäuschung dieser Erwartung eine Beseitigungspflicht und eine Duldungspflicht für das Risiko. Die objektive Zurechnung allein kann jedoch nicht den vollen Umfang des Notwehrrechts umreißen, und auch die subjektive Zurechnung schränkt den Umfang der Haftung ein. Die Begründung der Zuschreibung nach dem Autonomieprinzip ist problematisch, wenn der Angreifer mangels rationaler Person keine Missachtung der Person des Angegriffenen an den Tag legt und die Voraussetzungen für die Aktivierung des Notwehrrechts nicht erfüllt sind. Mit anderen Worten: Wenn der Friedensbruch nicht auf einer freien und verantwortungsvollen Entscheidung beruht, das Recht zu verletzen, tritt die Schärfe der Notwehr unter normalen Umständen in den Hintergrund.[211]

3. Verfassungsrechtliche Argumente für das Autonomieprinzip

Die Verantwortungsausrichtung des Autonomieprinzips wird ebenfalls durch verfassungsrechtliche Bestätigungen gestützt. Das Autonomieprinzip hat allgemein anerkannten Verfassungsrang. Seine verfassungsrechtliche Anknüpfung findet sich in Art. 1 Abs. 1 dGG (Garantie der Menschenwürde) oder auch in Art. 20 Abs. 3 dGG (Rechtsstaatsprinzip).[212]

Das Bundesverfassungsgericht deutet das Autonomieprinzip als Ausdruck der „Eigenverantwortlichkeit des Menschen".[213] Denn der Schutz der Menschenwürde in Art. 1 Abs. 1 dGG beruht auf der Vorstellung vom Menschen als einem geistig-

[210] *Kindhäuser*, in: FS-Hruschka, S. 527 ff.

[211] *Erb*, MK/StGB, § 32 Rn. 209; *Pawlik*, Unrecht, S. 245 f.

[212] BVerfGE 91, 27; BVerfGE 20, 331; BVerfG NJW 2009, 1062 f.; *Walter*, LK/StGB, Vorbem. § 13 Rn. 159.

[213] BVerfGE 133, 197.

sittlichen Wesen, das auf freie Selbstbestimmung und Selbstentfaltung abzielt.[214] Andererseits setzt das Autonomieprinzip die menschliche Selbstverantwortung voraus, d.h. die Autonomie des Menschen, sein eigenes Verhalten zu bestimmen und aufgrund seiner Willensfreiheit zwischen Rechtmäßigkeit und Unrechtmäßigkeit zu wählen. Folglich ist die strafrechtliche Bestrafung oder sozialethische Verurteilung nur im Rahmen der Selbstverantwortung und Selbstbestimmung des Einzelnen gerecht, und eine Bestrafung oder Verurteilung über dieses Maß hinaus ist mit der Garantie der Menschenwürde unvereinbar. Bestrafung und Verurteilung jenseits des Autonomieprinzips bedeuten in der Tat, den anderen als Mittel für andere Zwecke zu behandeln, was einen klaren Verstoß gegen die allgemeine „Objektformel“ darstellt, der zufolge der Mensch nicht zum bloßen Objekt der Staatsgewalt herabgewürdigt werden dürfe.[215]

Eine weitere argumentative Möglichkeit, das Autonomieprinzip in den Verfassungsrang zu erheben, ergibt sich aus dem Rechtsstaatsprinzip. Der Begriff der Rechtsstaatlichkeit umfasst nicht nur die Rechtssicherheit, sondern auch die materielle Gerechtigkeit,[216] die ein sachgerechtes Verhältnis zwischen Tatbestand und Rechtsfolgen erfordert.[217] Die strafrechtliche oder strafrechtsähnliche Ahndung einer Tat ohne Schuld des Täters ist demnach mit der Rechtsstaatlichkeit i.S.d. Übermaßverbots unvereinbar. Das bedeutet, dass die Strafe schuldangemessen sein muss, d.h. sie muss in einem angemessenen Verhältnis zur „persönlichen Schuld, zum Unrechtsgehalt und zur Gefährlichkeit der Tat“ stehen.[218]

Natürlich werden alle oben genannten verfassungsrechtlichen Argumente für das Autonomieprinzip in Bezug auf strafrechtliche oder ähnliche Sanktionen vorgebracht, aber insoweit nach den Grundlagen des Notwehrrechts die Notwehrhandlung schon prinzipiell nicht den Charakter einer Strafe hat, stellt sich die Frage, ob diese Argumente noch gelten. In dieser Arbeit wird vertreten, dass die Gültigkeit der Verantwortungsorientierung im Hinblick auf verfassungsrechtliche Argumente im Notwehrrecht nach wie vor besteht. Erstens sind die Grundrechte in der privatrechtlichen Sphäre nicht völlig unwirksam; ihre mittelbare Drittwirkung zwischen Privaten ist allgemein anerkannt.[219] Das bedeutet, dass die Grundrechte über die Gesetzgebung und die Justiz Auswirkungen auf die privatrechtlichen Beziehungen haben, auch wenn Privatpersonen nicht unmittelbar durch sie gebunden sind. Daher muss das Notwehrrecht bei seiner legislativen und gerichtlichen Anwendung den Wert der Menschenwürde als grundlegendstes Grundrecht widerspiegeln.

---

214 BVerfGE 133, 197.

215 BVerfGE 30, 25.

216 BVerfGE 7, 92; 7, 196.

217 BVerfGE 20, 331.

218 BGHSt 50, 49.

219 BVerfGE 128, 248; BVerfG, NJW 2018, 1668.

Die Grundrechte sind nicht nur das Recht des Bürgers, sich gegen den Staat zu verteidigen, sondern stellen auch eine objektive Werteordnung dar.[220] In dieser Hierarchie ist die Bedeutung der Menschenwürde selbstverständlich, und die Verletzung der Würde anderer verstößt gegen die Grundentscheidungen der Verfassung. Daher ist das Autonomieprinzip („Verantwortungsorientierung") als Grundlage der Schärfe der Notwehr einerseits mit der Menschenwürde als Grundrecht vereinbar. Einerseits stellt der rechtswidrige Angriff als Verletzung des Rechtsraums und als Missachtung der Persönlichkeit an sich eine Missachtung der Menschenwürde des Angegriffenen dar. Es widerspricht der verfassungsmäßigen Werteordnung, sich gegenüber einem solchen Angriff gleichgültig zu verhalten. Daher müssen Gesetzgebung und Rechtsprechung eine Notwehrklausel vorsehen, um diese „Negation" zu negieren. Andererseits setzt dies auch eine innere Grenze für die Schärfe der Notwehr. Wenn die Ausübung der Notwehr die durch die Grundrechte geforderte Verantwortungsgrenze überschreitet, wird ihre Schärfe abgeschwächt.

Dies steht auch im Einklang mit der verfassungsrechtlichen Schutzpflicht, wonach der Staat die Pflicht hat, die Verwirklichung der Grundrechte zu „schützen und zu fördern".[221] Dieses Erfordernis muss daher auch für private Rechtsbeziehungen gelten. Die Schutzpflicht verlangt von den Trägern der Staatsgewalt, die praktische Wirksamkeit der Grundrechte in privatrechtlichen Beziehungen zu gewährleisten. So ist die Begründung der Notwehr als Rechtsinstitut gegen rechtswidrige Angriffe auf die Würde des Einzelnen zugleich eine Bewährung der verfassungsrechtlichen Schutzpflicht, während andererseits „Verteidigungshandlungen" nicht mehr gerechtfertigt sind, wenn sie die Schwelle der Menschenwürde des Angegriffenen überschreiten.

Die aus der Schutzpflicht des Staates abgeleitete Drittwirkung lässt sich erfolgreich auf die Beschränkungen der Ausübung von Notwehrrecht zwischen Privatpersonen in der Notsituation übertragen: Sowohl der Gesetzgeber als auch die Justiz müssen bei der Festlegung, Anwendung und Auslegung der Notwehrrechtsnormen die von ihnen übernommene Schutzpflicht gegenüber den Grundrechten der Betroffenen im Auge behalten. Es besteht also die Möglichkeit einer verfassungsrechtlichen Überprüfung, ob die Existenz der Norm und die Anwendung des Gesetzes die Grundrechte des Betroffenen ausreichend berücksichtigen.[222] In diesem Zusammenhang ist das Übermaßverbot im Sinne des Rechtsstaatsprinzips zu berücksichtigen. Da das Notwehrrecht an sich einen Eingriff in die Grundrechte anderer darstellt, bedarf dieser Eingriff einer Rechtfertigung. Die Verantwortungsorientierung des Autonomieprinzips ist eine weitere Form einer solchen Rechtfertigung, d. h. zweckmäßige, geeignete und erforderliche (und in einigen Fällen auch angemessene) Verteidigungshandlungen können gerechtfertigt werden, wenn sie

[220] BVerfGE 6, 40.

[221] BVerfGE 39, 42.

[222] Vgl. *Epping*, Grundrecht, S. 184.

die Prüfung anhand des Rechtsstaatsprinzips bestehen. Das bedeutet, dass das Rechtsstaatsprinzip die Rechtfertigung des Verteidigungsrechts als Eingriff in die Grundrechte anderer billigen, d. h. die Schärfe der Notwehr bewahren kann, sofern die Verteidigungshandlung den Kriterien des Rahmens des Rechtsstaatsprinzips entspricht, was immer im Lichte der Verantwortungsorientierung des Autonomieprinzips geprüft wird.

Vor diesem verfassungsrechtlichen Hintergrund ist das Notwehrrecht nicht lediglich als einfachgesetzliche Rechtsfigur, sondern als ein aus den Grundrechten abgeleitetes subjektives Abwehrrecht zu verstehen. Es schützt zentrale Rechtspositionen wie Leben, körperliche Unversehrtheit und Freiheit, die ihrerseits unter dem Schutz der Menschenwürde und der objektiven Werteordnung des Grundgesetzes stehen. Die staatliche Schutzpflicht für diese Rechtsgüter begründet zugleich das Recht des Einzelnen, sich bei einem rechtswidrigen Angriff aktiv zur Wehr zu setzen, insbesondere dann, wenn ein Eingreifen staatlicher Stellen nicht rechtzeitig erfolgen kann. Insofern bildet das Notwehrrecht eine grundrechtsakzessorische Verteidigungsbefugnis, die sowohl Ausdruck der individuellen Autonomie ist als auch der Aufrechterhaltung der verfassungsmäßigen Rechtsordnung dient.

4. Opfermitverantwortung nach dem Autonomieprinzip

Das oben Gesagte beschreibt die äußere Struktur des Notwehrrechts anhand der Idee der Verantwortungsverteilung, aber die Idee der Verantwortungsverteilung führt nicht nur zu einer qualitativen Veränderung des Notwehrrechts, sondern auch zu seiner quantitativen Ausprägung. Typisches Beispiel ist die selbstverschuldete Gefahr.[223] Dies liegt daran, dass der Angegriffene auch eine gewisse Verantwortung für die Ursache der Situation eines Interessenkonflikts trägt; auch wenn die letztendliche Verantwortung immer noch dem Angreifer zugeschrieben wird, muss der Angegriffene einen Teil der Kosten für die Risikobeseitigung tragen.

Dieser Gedanke lässt sich anhand des zivilrechtlichen Begriffs des Mitverschuldens veranschaulichen. Wenn der Geschädigte seinen eigenen Schaden durch sein eigenes schuldhaftes Verhalten verursacht hat, muss der Geschädigte die Verantwortung für ihn tragen.[224] Auf der Rechtsfolgenseite ist der Schaden nach dem Maß der jeweiligen Verantwortlichkeit zwischen Schädiger und Geschädigtem zu verteilen.[225] Das zivilrechtliche Mitverschulden beruht ebenfalls auf dem Verantwortlichkeitsprinzip[226] und kann daher mit dem Autonomieprinzip der Notwehr

---

[223] Rechtswidrig provozierte Angriffe sind ein Beispiel dafür, vgl. *Retzko*, Angriffsverursachung, S. 7 ff.

[224] *Oetker*, MK/BGB, § 254 Rn. 1.

[225] *Looschelders*, Schuldrecht AT, § 50 Rn. 25.

[226] Vgl. *Schiemann*, Staudinger/BGB, § 254 Rn. 4; *Larenz*, Schuldrecht AT, § 31 Ia. Dagegen: BGHZ 34, 363; 76, 217; *Brox/Walker*, Schuldrecht AT, § 31 Rn. 36. Die gegenteilige Ansicht ist, dass das Mitverschulden eine spezifische Ausprägung der Leistung nach Treu und

verknüpft werden, um die Haftung des Angreifers zu mindern. Allerdings besteht bei der Notwehr die Folge der Haftung des Geschädigten (des Angegriffenen) nicht mehr in einer Verringerung der Schadenersatzleistung, sondern in einer Einschränkung des Notwehrrechts durch die Solidaritätspflicht.

Diese Opfermitverantwortung kann ihre Wurzeln in der Viktimodogmatik finden, wo eine einseitige Betrachtung des Verhaltens des Täters durch eine stärkere Konzentration auf das Opferverhalten kompensiert wird.[227] Diese viktimologisch-teleologische Theorie findet ihre dogmatische Grundlage im Subsidiaritätsgrundsatz[228] und im Ultima-ratio-Charakter des Strafrechts.[229] In Anbetracht der strafrechtlichen Schutzwürdigkeit und Schutzbedürftigkeit des Opfers ist es nicht erforderlich, dass das Strafrecht das Opfer schützt, wenn von dem Opfer erwartet werden kann und es die Möglichkeit hat, sich selbst angemessen vor der Verletzung seiner Rechtsgüter zu schützen,[230] d. h. es gibt eine Art teleologische Reduktion der Strafbarkeit. Im Gegensatz zu den traditionellen objektiven Zurechnungstheorien, die nur starre Nullsummen-Urteile (ja oder nein) fällen, kann auf der Grundlage der Viktimodogmatik ein flexibleres Modell von Zuschreibung erreicht werden.[231]

Gestützt auf die Viktimodogmatik wird eine weitere Verfeinerung der Verantwortungszuschreibung innerhalb der Sphäre der Notwehr möglich. Da es in der Natur dieser Theorie liegt, aus der Verantwortung des Opfers (des Angegriffenen) den Preis zu begründen, den das Opfer selbst aus seiner Verantwortung im Falle einer Minderung der Schutzwürdigkeit und Schutzbedürftigkeit zu zahlen hat, wird sich die Anwendung dieser Theorie als eine Einschränkung des Notwehrrechts im Rahmen der Notwehr darstellen. Das aus dem Autonomieprinzip abgeleitete Verantwortungsprinzip prägt also nicht nur die Grenzen zwischen dem Notwehrrecht und anderen Notrechten, sondern gibt auch eine zu verfolgende Denkrichtung für die inneren Grenzen des Notwehrrechts vor, die weiter unten erörtert wird.

5. Das Dilemma des Autonomieprinzips in der Notwehr aufgrund des Rechtsarguments

Das Notwehrrecht, das auf dem Autonomieprinzip basiert, ist durch die Gegenüberstellung von Recht und Unrecht geprägt. Dabei wird das Recht des Angegriffenen verletzt, indem der Angreifer in dessen Rechtsraum eingreift und dessen

---

Glauben ist. Dies ist jedoch nicht überzeugend, vor allem weil es nicht auf die spezifische Konnotation der Zurechnung hinweist, d. h. dass der Schädiger fälschlicherweise für den gesamten Schaden haftbar gemacht wird, nur dass er nicht den gesamten Anspruch geltend machen kann. *Oetker*, MK/BGB, § 254 Rn. 4.

[227] Vgl. *Schünemann*, ZStW 90 (1978), 32; *ders.*, Unternehmenskriminalität, S. 197 ff.

[228] *Amelung*, GA 1977, 6, 8; *ders.*, NJW 1975, 624 f.

[229] *Schünemann*, in: FS-Faller, S. 357.

[230] *Amelung*, GA 1984, 582; *Schünemann*, ZStW 90 (1978), 32.

[231] *Schünemann*, GA 1999, 219 ff.

Persönlichkeit missachtet. Ein rein auf dem Autonomieprinzip beruhendes Verteidigungsrecht würde jedoch zu einem übermäßig scharfen und gefährlichen Recht führen, da es die Bedeutung der Interessen beider Konfliktparteien nicht berücksichtigt. Diese Sichtweise stärkt das Autonomierecht und lehnt jegliche Intervention von Staat und Gesellschaft ab. Nur in einer rein intersubjektiven Auseinandersetzung zwischen Recht und Unrecht könnten das Recht auf Gefahrenbeseitigung und die Duldungspflicht unendlich sein.

Das Problem liegt jedoch darin, dass die Freiheit nicht allein durch die wechselseitige Respektierung des Rechtsraums erreicht werden kann. Es sind auch überpersonale, infrastrukturelle Rahmenbedingungen erforderlich. Diese verlangen von den Zuständigen, die Integrität eines bestimmten Rechtsbestandes nicht nur zu wahren, sondern auch zu erweitern und zu verbessern.[232] Eine solche erweiterte Freiheit kann nur in Gesellschaften verwirklicht werden, die auf die Verwirklichung der Freiheit ausgerichtet sind. Um diese Gesellschaft zu gewährleisten, müssen die Bürger als Mitglieder bestimmte Pflichten übernehmen. Daraus ergibt sich die Solidaritätspflicht, die das Autonomieprinzip ergänzt. Wird jedoch nur die formale Gleichheit berücksichtigt und das Bedürfnis nach Solidarität ignoriert, kann dies zu einer Unterdrückung der Schwachen durch die Starken führen. Daher muss das Autonomieprinzip in der praktischen Anwendung eingeschränkt und korrigiert werden.

III. Solidaritätsprinzip als Unterdrückung der Schärfe

Das Notwehrrecht basiert im Kern auf dem Autonomieprinzip und weist eine äußerst hohe Intensität auf. Das Autonomieprinzip selbst ist abgesehen von den äußeren Begrenzungen, die sich aus der Verantwortungszuweisung ergeben, weitgehend frei von zusätzlichen Einschränkungen, was eine Form der negativen Freiheit, also des Nicht-Eingriffs widerspiegelt.

Jedoch betrifft das Notwehrrecht als bedeutendes Rechtsinstitut nicht nur die individuelle Freiheit, sondern hat auch tiefgreifende Auswirkungen auf andere Mitglieder der Gesellschaft sowie die gesellschaftliche Ordnung insgesamt und berührt somit die positive Freiheit. Daher ist es notwendig, das Notwehrrecht durch die Einführung des Solidaritätsprinzips zu ergänzen, um ein Gleichgewicht zwischen individueller Autonomie und gesellschaftlicher Harmonie zu schaffen.

1. Philosophische Grundlagen des Solidaritätsprinzips

Die philosophische Begründung des Solidaritätsprinzips beeinflusst maßgeblich dessen rechtliche Auslegung. Unterschiedliche Vorstellungen von Solidarität führen

[232] *Pawlik*, Unrecht, S. 187 f.

zu unterschiedlichen Maßstäben, wie stark das Notwehrrecht im Namen zwischenmenschlicher Rücksichtnahme eingeschränkt werden darf. Im Folgenden werden drei grundlegende Solidaritätstheorien vorgestellt, die jeweils unterschiedliche Wege zur Begründung solcher Einschränkungen aufzeigen.

a) Kontraktualistischer Ansatz

Die Theorie der kontraktualistischen Solidarität basiert auf der Logik des Eigeninteresses und des gegenseitigen Nutzens und argumentiert, dass die Legitimität der Solidaritätspflichten auf individueller Rationalität und Selbstschutz beruhen sollte. Der zentrale Punkt der kontraktualistischen Modelle lautet: Die Legitimität staatlicher Institutionen ergibt sich daraus, dass sie im Eigeninteresse jedes Individuums liegen. Daher hat jede Person rationale Gründe, diese Institutionen zu unterstützen.[233]

In diesem Kontext wurde insbesondere die Theorie von Rawls im Bereich der Rechtswissenschaft umfassend diskutiert. Sie versucht zu zeigen, dass Solidaritätspflichten das Ergebnis des Einverständnisses gleicher, rationaler, eigeninteressierter Personen zu ihrem eigenen Wohl seien, d. h. dass rationale, eigeninteressierte Teilnehmer in einem Ursprungszustand hinter dem „Schleier des Nichtwissens" das Solidaritätsprinzip als gültiges Rechtsprinzip wählen würden und dass das Solidaritätsprinzip daher ein verallgemeinerbares Gerechtigkeitsprinzip sei.[234]

Nach Rawls' Theorie bzw. dem zugehörigen Gedankenexperiment entscheiden die Teilnehmer der Gesellschaft bei der Wahl von Gerechtigkeitsprinzipien hinter einem „Schleier des Nichtwissens" und haben somit keine Kenntnis über ihre geistigen, physischen und sozialen Eigenschaften wie Hautfarbe, Ethnie, Geschlecht, Religionszugehörigkeit, Stellung innerhalb der Gesellschaft bzw. sozialer Status.[235] In diesem „Urzustand" seien alle Menschen völlig gleich und hätten deswegen keine aufeinander oder gegeneinander gerichteten Interessen. Da sie nicht wüssten, welche Prinzipien für sie besonders günstig seien, könnten sie nicht mit Gewalt oder Zwang die für sie günstigen Prinzipien durchsetzen. Unter diesen Voraussetzungen würden sie ihre Entscheidungen über die Grundsätze der Gerechtigkeit nicht verfälschen, sondern sich für einen gerechten Gesellschaftsvertrag entscheiden.[236]

Coninx verwendet das Denken von Rawls, um die Solidaritätspflicht zu rechtfertigen. Wenn sich die Teilnehmer hinter dem „Schleier des Nichtwissens" befänden und darüber nachdächten, ob Solidarität als Gerechtigkeitsprinzip gelten solle, wüssten sie weder, ob sie im Ernstfall Helfende oder Bedürftige seien, noch

---

[233] *Hirsch/Schorscher*, in: Solidarität im Strafrecht, S. 80.

[234] *Engländer*, GA 2007, 247.

[235] *Rawls*, A Theory of Justice, S. 118.

[236] *Rawls*, A Theory of Justice, S. 97.

kennten sie die Wahrscheinlichkeit, mit der sie eine dieser Rollen einnehmen würden. In einer solchen Situation völliger Ungewissheit gingen die Beteiligten nicht davon aus, sich in einer vorteilhaften Position zu befinden, sondern priorisierten die Möglichkeit, selbst bedürftig zu sein; sie würden sich daher einvernehmlich für ein Prinzip entscheiden, das die Hilfe für Bedürftige zur Grundlage von Gerechtigkeit erkläre.[237]

In jedem Fall hat Rawls' Theorie erhebliche Kritik auf sich gezogen, sowohl in der politischen Philosophie als auch in Bezug auf seine Darstellung der Solidaritätspflichten im Bereich des Strafrechts. Eine Ansicht argumentiert, dass Rawls' Theorie des „Schleiers des Nichtwissens" auf einer stark idealisierten Annahme beruhe, nämlich dass Menschen in der Lage seien, ihre soziale Stellung und persönlichen Interessen vollständig auszublenden. In der Realität werden individuelle Entscheidungen jedoch maßgeblich von persönlichen Hintergründen, sozialem Status und Eigeninteressen beeinflusst.[238] Diese Kritik überträgt sich auch auf das Rechtsgebiet: So wird geltend gemacht, dass die Theorie des „Schleiers des Nichtwissens" im positiven Recht nicht anwendbar sei. Erstens erfordere dessen Erlass und Verabschiedung keine einstimmige Zustimmung aller Gesellschaftsmitglieder, sondern lediglich eine Mehrheitsmeinung. Zweitens richtet sich das positive Recht nicht an abstrakte rationale Wesen, die keinerlei Kenntnis über ihr Geschlecht, ihre Vorlieben oder Interessen haben, sondern an Menschen, die in einer konkreten, heterogenen Gesellschaft leben. Darüber hinaus sind auch die Gesetzgeber keine abstrakten rationalen Wesen, die frei von Wissen über ihr eigenes Geschlecht, ihre Vorzüge oder Präferenzen sind, sondern reale Individuen, die in einer bestimmten sozialen Realität verankert sind.[239]

Zusammenfassend bleibt die kontraktualistische Argumentation nach Rawls in der Begründung der Legitimität positivrechtlicher Pflichten noch unklar. Daher ist es notwendig, nach anderen theoretischen Grundlagen zur Begründung der Solidaritätspflicht zu suchen.

b) Kommunitaristischer Ansatz

Eine alternative Möglichkeit, die Solidaritätspflicht zu begründen, bietet die Perspektive des Kommunitarismus. Im Gegensatz zum Kontraktualismus, der das individuelle Eigeninteresse in den Mittelpunkt stellt, lehnt der Kommunitarismus den Individualismus ab und betont die Bedeutung der Gemeinschaft. Nach dieser Sichtweise sollte Solidarität nicht aus reinem Eigennutz entstehen, sondern aus einem tieferen Verständnis gemeinschaftlicher Werte. Menschen helfen einander nicht, weil sie später selbst Hilfe erwarten, sondern weil sie Mitglieder einer Gemeinschaft sind, die auf gegenseitiger Verantwortung beruht.

---

[237] *Coninx*, in: Solidarität im Strafrecht, S. 197.

[238] *Sen*, The Idea of Justice, S. 128.

[239] *Xu*, Contemporary Law Review 2022 (6), 100.

Allerdings weist das kommunitaristische Solidaritätskonzept einige problematische Aspekte auf. Erstens ist der Begriff der Gemeinschaft selbst unscharf. Der zentrale Begriff des Kommunitarismus, die „Gemeinschaft", entbehrt einer klaren Definition, und verschiedene Strömungen des Kommunitarismus unterscheiden sich erheblich in ihrer Interpretation. Diese konzeptionelle Unbestimmtheit birgt sogar die Gefahr, dass sich der Kommunitarismus in eine Form des autoritären oder gar totalitären Denkens entwickelt. Dadurch wird es schwierig, aus kommunitaristischen Prinzipien eine präzise und rechtssichere Grundlage für die Gesetzgebung abzuleiten.[240]

Zweitens richtet sich im Kommunitarismus die Solidaritätspflicht auf die Verantwortung gegenüber der Gemeinschaft selbst und nicht unmittelbar auf die Verantwortung gegenüber dem Opfer. Diese Logik verlagert den Fokus von der individuellen Rechtsgüterwahrung hin zum Kollektivismus, was potenziell zu einer Vernachlässigung individueller Rechte führen kann.

Betrachtet man den Kommunitarismus aus der Perspektive des Strafrechts, so steht er drittens im Widerspruch zum grundlegenden strafrechtlichen Verantwortungsprinzip, das stets auf persönliche Vorwerfbarkeit abzielt.[241] Innerhalb des strafrechtlichen Rahmens muss jede Person für ihr eigenes Handeln einstehen, statt auf eine kollektive Verantwortung zu bauen. Die kommunitaristische Interpretation der Solidaritätspflicht als kollektive Verantwortung birgt die Gefahr einer übermäßigen Einschränkung individueller Rechte und widerspricht dem strafrechtlichen Grundsatz der persönlichen Verantwortlichkeit.

Zusammenfassend lässt sich sagen, dass der Kommunitarismus zwar eine mögliche theoretische Grundlage für das Solidaritätsprinzip bietet, jedoch erhebliche Schwächen aufweist. Insbesondere vernachlässigt er den Schutz individueller Rechte und kann daher keine überzeugende Legitimation für die Verbindlichkeit einer Solidaritätspflicht liefern.

c) Altruistischer Ansatz

Eine dritte Theorie der Solidarität betont die Verpflichtung zur Hilfeleistung gegenüber anderen, wobei der Fokus nicht auf Gegenseitigkeit oder dem Nutzen der Gemeinschaft liegt, sondern auf den Bedürfnissen und Interessen der betroffenen Personen selbst. Nagel argumentiert, Altruismus sei ein Grund dafür, dass die Interessen einer Person das Verhalten einer anderen Person unmittelbar beeinflussen könnten, ohne dass dies auf einer Erwartung eigener Vorteile beruhe, sondern allein auf den Bedürfnissen der anderen Person. Er vertritt die Auffassung, dass die „objektive Perspektive" verlange, sich selbst als „ein Mitglied unter vielen" zu betrachten und die Interessen anderer gleichwertig zu berücksichtigen. Die Vernunft

---

[240] Vgl. *Hirsch/Ashworth*, Proportionate Sentencing, S. 105 f.

[241] *Rengier*, AT, § 24 Rn. 1.

erfordere, dass die Menschen die Interessen anderer als ebenso wichtig wie die eigenen anerkennten. Daher sei altruistisches Handeln keine wählbare moralische Präferenz, sondern eine unvermeidliche Anforderung der rationalen Konsistenz. Diese Position verleihe der altruistischen Pflicht normative Kraft und mache sie zu einer moralischen Verantwortung, die von rational handelnden Individuen nicht abgelehnt werden könne. So habe man beispielsweise dann eine Pflicht zur Hilfeleistung, wenn eine andere Person sich in Lebensgefahr befinde und man ihr helfen könne.[242]

Im Strafrecht findet der Altruismus eine typische Anwendung in § 323c dStGB. Nach Nagels Konzept des Altruismus geht die strafrechtliche Zurechnung für unterlassene Hilfeleistung daraus hervor, dass die Gleichgültigkeit gegenüber dem Leben anderer selbst eine zurechenbare Rechtsgutsverletzung darstellt. Das Unrecht der unterlassenen Hilfeleistung besteht nicht nur in der bloßen Verletzung einer gesetzlichen Vorschrift, sondern vielmehr in der Missachtung der Würde und der Grundrechte des Opfers. Daher ist die Ignoranz gegenüber dem Leid anderer als zurechenbares Unrecht anzusehen, das strafrechtlich sanktioniert werden sollte.[243]

Ein mögliches Problem der altruistischen Solidarität besteht darin, dass sie auf der Missachtung individueller moralischer Pflichten beruht und die Gefahr birgt, rechtliche Zwangspflichten mit moralischen Pflichten zu verwechseln. Daher versucht die altruistische Solidarität, eine klare Grenze zwischen rechtlichen und moralischen Pflichten zu ziehen.

Zunächst sollte der Geltungsbereich der Solidarität als Voraussetzung der rechtlichen Pflicht begrenzt werden. In Notsituationen können nur wesentliche Interessen wie das Lebensrecht und das Recht auf körperliche Unversehrtheit, die als Grundrechte gelten, Gegenstand der Solidaritätspflicht sein. Zudem sollte die Anwendung der Solidaritätspflicht ausgeschlossen werden, wenn die Notsituation durch die vollständige und nicht unerhebliche Verantwortung des Opfers verursacht wurde.[244] Denn ein vom Betroffenen planmäßig und freiverantwortlich herbeigeführter Zustand kann nicht mehr als Unglück angesehen werden, sondern fällt in den Bereich seiner eigenverantwortlichen Entscheidung.[245] Umgekehrt besteht weiterhin Raum für das Bestehen einer Geltung der Solidaritätspflicht, wenn dem Betroffenen nur eine geringe Verantwortung für die entstandene Situation zukommt, er jedoch einem erheblichen Schadensrisiko ausgesetzt ist. Denn in einem solchen Fall überschreitet das erhebliche Risiko seinen angemessenen Verantwortlichkeitsbereich.

Zweitens muss altruistische Hilfe erforderlich sein. Der altruistische Ansatz darf nicht übermäßig ausgeweitet werden, so dass die Solidaritätspflicht unangemessen

---

[242] *Nagel*, The Possibility of Altruism, Princeton NJ 1970, 80 ff.

[243] *Hirsch/Schorscher*, in: Solidarität im Strafrecht, S. 87.

[244] *Hecker*, Schönke/Schröder/StGB, § 323c Rn. 8.

[245] *Rengier*, BT II, § 8 Rn. 18.

in den Freiheitsbereich des Einzelnen eingreift: Einerseits muss die Hilfeleistung in der Lage sein, den gerade eintretenden Schaden oder die Gefahr wirksam zu verhindern oder zu mindern; andererseits muss diese Hilfeleistung in der spezifischen tatsächlichen Situation möglich sein. Wenn der Schaden bereits nicht mehr vermieden oder gestoppt werden kann, besteht keine „erforderliche" Hilfeleistungspflicht mehr.[246] Im Einzelfall gilt, dass mit zunehmendem Gewicht der Solidaritätspflicht auch strengere Maßstäbe an die Erforderlichkeitsprüfung angelegt werden, so dass eine erfüllte Solidaritätspflicht erst dann angenommen werden kann, wenn der Helfende ein entsprechend höheres Maß an Hilfe oder Schonung geleistet hat.

Drittens muss altruistische Hilfe zumutbar sein. Das Recht darf niemanden zwingen, seine grundlegenden eigenen Interessen zu opfern. Denn wenn die Solidaritätspflicht auf der Anerkennung des Wertes und der Interessen anderer beruht, dann müssen ebenso der Wert und die grundlegenden Interessen des Helfenden respektiert werden. Darüber hinaus muss die rechtliche Legitimation der altruistischen Solidarität auf der Achtung der individuellen Freiheit und Selbstbestimmung des Helfenden beruhen. Das Recht muss einen Ausgleich zwischen der Gewährleistung öffentlicher Sicherheit und dem Schutz von Leben einerseits und den grundlegenden Interessen so um wie der Lebensgestaltung des Helfenden andererseits schaffen. Daher sollte das Recht trotz der Betonung der Hilfspflicht gegenüber anderen sicherstellen, dass der Helfende nicht gezwungen wird, seine eigene Selbstbestimmung und Entscheidungsfreiheit vollständig aufzugeben. Übermäßig weitreichende Verpflichtungen sind daher auszuschließen.[247] Daher ist bei der Bestimmung der Grenzen altruistischer Hilfe auch die Zumutbarkeit der Pflichterfüllung zu berücksichtigen. Die Reichweite der Solidaritätspflicht ist nicht unbegrenzt, sondern durch die reale Leistungsfähigkeit, die Gefahrenbelastung sowie die sozialrollenbezogenen Erwartungen des Pflichtigen begrenzt. In diesem Zusammenhang kann zudem das Verantwortungsprinzip eine umgekehrte Wirkung entfalten: Trägt der Solidaritätspflichtige eine Mitverantwortung für die eingetretene Situation, so erhöht sich die ihm zumutbare Pflichtenschwelle im Vergleich zu Fällen, in denen ihn keinerlei Verantwortung trifft.

Um den altruistischen Solidaritätsbegriff aus der Pflichtenethik klar von jenem der Tugendethik abzugrenzen, muss schließlich selbst dann, wenn Solidaritätspflichten Teil staatlicher Rechtspflichten werden, eine Bewertung moralischer Motive ausgeschlossen bleiben. Die altruistische Solidarität betont die direkte Anerkennung und Schutzpflicht gegenüber den grundlegenden Rechten anderer, verlangt jedoch keine Motivkontrolle. Daher sind bei ihrer rechtlichen Umsetzung die objektiven Voraussetzungen der Pflichterfüllung zu berücksichtigen, nicht jedoch eine bedingungslose Orientierung an der Tugend.

---

[246] *Freund*, MK/StGB, § 323c Rn. 74.

[247] *Hirsch/Schorscher*, in: Solidarität im Strafrecht, S. 88.

Zusammenfassend vertritt diese Arbeit die Auffassung, dass das Solidaritätsprinzip nicht auf vertraglicher Gegenseitigkeit oder gemeinschaftlichem Nutzen beruht, sondern auf einem altruistischen Ansatz, der das Wohl der Subjekte in ihrem intersubjektiven Zusammenhang verwirklicht.

2. Solidaritätspflicht als positive Pflicht

Die aus dem Solidaritätsprinzip abgeleitete Solidaritätspflicht unterscheidet sich grundlegend von der negativen Pflicht, „keinen Schaden anzurichten", die nicht darauf abzielt, Schaden von anderen abzuwenden oder den von einem selbst verursachten Schaden wiedergutzumachen, sondern eine positive Pflicht ist, eine gemeinsame Welt mit anderen aufzubauen. Diese Pflicht hat eine lange Geschichte des Denkens, die bis zu Ciceros Abhandlung „De officiis" zurückreicht, in der er argumentiert: „Aber da wir, wie von Platon vortrefflich geschrieben worden ist, nicht nur für uns geboren sind, sondern einen Teil unserer Existenz das Vaterland beansprucht, einen anderen die Freunde und, wie die stoische Lehre sagt, alle Erzeugnisse der Erde zum Nutzen der Menschen hervorgebracht werden, die Menschen aber um der Menschen willen gezeugt sind, damit sie sich selbst untereinander nützen können, müssen wir in diesem Punkt der Natur als Führerin folgen, den gemeinsamen Nutzen in den Mittelpunkt stellen und durch gegenseitige Leistungen, durch Geben und Nehmen, ferner durch Fachkenntnisse, Hilfeleistung und materielle Mittel das Band der Zusammengehörigkeit der Menschen untereinander knüpfen."[248] Darüber hinaus zählt er mehrere Kategorien positiver Pflichten auf, darunter das Vaterland und die Eltern, die Kinder, die ganze Hausgemeinschaft und die in gutem Einvernehmen mit uns lebenden Verwandten. Cicero spricht nicht von einer passiven Pflicht, „anderen keinen Schaden zuzufügen", sondern von einer aktiven Pflicht, anderen zu helfen, sie zu schützen und ihre Situation sogar zu verbessern.

Pufendorf unterscheidet klar zwischen positiven und negativen Pflichten. Er argumentiert, dass es nicht ausreiche, anderen nicht zu schaden oder sie nicht zu missachten, sondern dass die Menschen auch Dinge geben oder zumindest teilen müssten, um gegenseitiges Wohlwollen hervorzurufen.[249] Diese positive Pflicht, Menschen zusammenzuhalten, geht eindeutig über den Rahmen der traditionellen negativen Pflichten hinaus und ist nun eine eigene Art von Pflicht.

Die bisher diskutierten positiven Pflichten sind jedoch abstrakter sozialmoralischer Natur und es ist zweifelhaft, ob sie in gleicher Weise in rechtliche Pflichten umgewandelt werden können wie negative Pflichten. Zunächst einmal sollte man sich darüber im Klaren sein, dass die Festlegung eines Solidaritätsgebots für die Menschen als rechtliche Pflicht mehr Einschränkungen der individuellen Freiheiten mit sich bringt. Es ist ein Eingriff in die negativen Freiheiten, eine bloße Auferle-

[248] *Cicero*, De officiis, Buch 1/22.

[249] *Pufendorf*, On the Duty of Man and Citizen, S. 64.

gung von Pflichten für die Bürger und eine Forderung, ihre Rechte für andere teilweise aufzugeben.[250]

Aber selbst in einer freiheitlichen Gesellschaft muss das Gesetz, um das Funktionieren des Staates und des Sozialsystems zu gewährleisten, von bestimmten Institutionen begleitet werden, die ohne die ihnen zugrunde liegenden positiven Pflichten nicht funktionieren können. Man kann argumentieren, dass der Bürger, solange er sich in der Gesellschaft befindet, zumindest eine Mindestpflicht zur Solidarität mit dieser Gemeinschaft hat. Auf jeden Fall kann im Rahmen des Staates und der Gesellschaft nicht auf das Konzept der positiven Pflichten selbst verzichtet werden, auch wenn es die Freiheit des Einzelnen weiter einschränkt.[251]

Es ist unbestreitbar, dass positive Pflichten (Hilfsgebote) und negative Pflichten (Schadensverbote) unabhängig vom sozialen System des Staates unverzichtbar sind, aber es besteht häufig ein innerer Antagonismus zwischen den beiden. In modernen Gesellschaften haben negative Pflichten rechtstheoretisch und motivational eindeutig Vorrang, während positive Pflichten aufgrund ihrer Art, in die Rechte des Einzelnen einzugreifen, stärkerer Rechtfertigungsargumente bedürfen.

Doch selbst wenn man versucht, die positiven Pflichten technisch zu regeln und die Voraussetzungen für ihre Anwendung zu klären, sind die positiven Pflichten selbst nicht frei von der Frage der „Trennung von Moral und Recht“, und es wurde argumentiert, dass das Gesetz nur die negativen Pflichten anerkennt, während die positiven Pflichten zur Moral gehören.[252] Aber in jedem Fall gibt es keine unüberbrückbare Kluft zwischen Moral und Recht; sie schließen sich nicht gegenseitig aus, und es ist durchaus möglich, dass eine unmoralische Handlung in den Rang einer Rechtswidrigkeit erhoben wird. Außerdem variiert der Grad der Umwandlung zwischen den beiden Bereichen im Laufe der Zeit und von Region zu Region erheblich. Aber in jedem Fall ist es zumindest in der Gemeinschaft der modernen Gesellschaften unmöglich, positive Pflichten als rechtliche Pflichten außer Acht zu lassen, zumindest insofern, als die Familie und der Staat als die grundlegenden Institutionen für das Funktionieren des gesellschaftlichen Lebens noch nicht aufgelöst sind und daher ein gewisses Maß an positiven Pflichten seitens ihrer Mitglieder erfordern, um sie aufrechtzuerhalten.

Jakobs konstruiert die normative Doktrin über einen epistemologischen statt über einen ontologischen Ansatz. Er argumentiert, dass das Überleben der Gemeinschaft von einem Rahmen von Verbindungen abhänge, die unabhängig von der Willkür des Einzelnen hergestellt würden, nämlich Normen.[253] Auf dieser Grundlage sei die Zurechnung im Strafrecht nichts Naturwüchsiges, vielmehr eine Weltdeutung. Die Bestimmung des Subjekts der Straftat im Strafrecht sei die Bestim-

---

[250] *Seelmann*, Rechtseinheit, S. 295 ff.

[251] Vgl. *Jakobs*, AT, § 29 Rn. 57 ff.

[252] *Seelmann*, JuS 1995, 281.

[253] Vgl. *Jakobs*, Norm, S. 50 ff.

mung der Person, die für das Tatgeschehen zuständig sei, und die Art und Weise dieser Bestimmung werde in zwei verschiedene Erscheinungsformen der Zurechnung unterteilt, nämlich in Delikte kraft Organisationszuständigkeit und Delikte kraft institutioneller Zuständigkeit, die die Verletzung positiver bzw. negativer Pflichten darstellten.[254] Im Rahmen dieser Dichotomie entsteht zugunsten der Solidaritätspflicht durch die institutionelle Zuständigkeit ein starkes Argument im normativen Sinne. Solange also Menschen in aus Menschen bestehenden Gesellschaften leben, kann die Solidaritätspflicht selbst, die mit der institutionellen Zuständigkeit verbunden ist, nicht vollständig beseitigt werden. Auch wenn sie gegenüber der negativen Pflicht des Schädigungsverbots in einer nachgeordneten Position ist, unterscheidet sich ihre Unverzichtbarkeit nicht wesentlich von derjenigen der Organisationszuständigkeit.

Jakobs' Ansatz tendiert zum Kommunitarismus, indem er bei der Begründung der Solidaritätspflicht die Gemeinschaft als das eigentliche Opfer betrachtet. Wie bereits dargelegt, weist dieses Paradigma jedoch erhebliche Probleme auf. Stattdessen sollte die Solidaritätspflicht auf der Grundlage des Altruismus neu konzipiert werden.

Diese Arbeit vertritt die Auffassung, dass bereits die Errichtung einer Institution das Prinzip der Fürsorge für deren Begünstigte impliziert. Ein Verstoß gegen dieses Prinzip stellt daher in sich ein zurechenbares Unrecht dar. Das Opfer ist demnach nicht die Gemeinschaft als Ganzes, sondern die unmittelbar betroffene Person selbst. Auch wenn diese Verpflichtung nur innerhalb der Gemeinschaft gilt, bedeutet dies nicht, dass die Gemeinschaft selbst die Position des Opfers einnimmt.

In diesem Kontext geht das Verständnis von „Verletzung" über die Beeinträchtigung negativer Freiheit hinaus und umfasst auch die Beeinträchtigung positiver Freiheit. Wenn der Handelnde dem Opfer gegenüber einer institutionell begründeten positiven Pflicht trägt, erwächst daraus eine rechtliche Verpflichtung, das Opfer zu unterstützen oder aus einem gefährdenden Prozess zu retten, auch wenn die Entstehung dieses Prozesses dem Verpflichteten nach den Zurechnungsregeln negativer Pflichten nicht zugerechnet werden kann.

Insbesondere im Bereich der „Mindestsolidarität" geht es um grundlegende Prinzipien wie den Schutz von Leben und Gesundheit aller Menschen. Das bewusste Ignorieren dieser elementaren Interessen kann bereits eine rechtswidrige Handlung darstellen, sofern die Voraussetzungen der Erforderlichkeit und Zumutbarkeit im Rahmen der Geltungslage der Solidarität verletzt werden. Dann sollte das Strafrecht eine entsprechende Regelung treffen, um diesen Verstoß zu sanktionieren.

[254] *Jakobs*, AT, § 1 Rn. 7.

3. Einklang des Solidaritätsprinzips mit dem Rechtsargument

Das Solidaritätsprinzip ist im positiven Recht verankert, wie es in Art. 20 Abs. 1 dGG normiert ist: „Die Bundesrepublik Deutschland ist ein demokratischer und sozialer Bundesstaat." Diese Formulierung bildet die Grundlage für das verfassungsrechtlich verankerte Sozialstaatsprinzip. Ziel dieses Prinzips ist es, die tatsächlichen Voraussetzungen für die Wahrnehmung von Freiheit durch alle Bürger zu schaffen und zu fördern. Es geht somit über die bloße Gewährleistung formaler Freiheitsrechte hinaus und zielt auf die Realisierung substanzieller, sozial gesicherter Freiheitschancen ab.[255] Auch in der chinesischen Verfassung findet sich ein vergleichbarer Gedanke. Nach Art. 1 Abs. 2 chVG ist das sozialistische System das grundlegende System des Staates. Die normative Verankerung des Sozialismusprinzips bedeutet, dass die chinesische Rechtsordnung nicht nur den Schutz individueller Freiheitsrechte gewährleisten soll, sondern zugleich die institutionelle Unterstützung der Bürger sowie die staatliche Fürsorgepflicht gegenüber sozial Schwächeren betonen muss.[256]

Auf der Verfassungsebene erhält also das Solidaritätsprinzip einen Anknüpfungspunkt, aber an dieser Stelle richtet sich das Sozialstaatsprinzip als „Staatsziel" in erster Linie an den Gesetzgeber, dessen Aufgabe es ist, den Schutz der Schwachen im Rahmen der gesetzlichen Sozialversicherung, der Besteuerung, des Arbeitsrechts usw. zu gewährleisten.[257] Bleibt die Frage zu beantworten, wie ein solches verfassungsrechtliches Prinzip von einer allgemeinen Leistungspflicht des Staates in eine konkrete Bürgerpflicht umgewandelt werden kann. Nach der allgemeinen Theorie des Grundgesetzes sieht das Sozialprinzip keine unmittelbaren Leistungsansprüche des Bürgers gegen den Staat vor, und der Bürger kann nur einen Anspruch auf Gewährung eines gesetzlichen Anspruchs verlangen.[258] Dies liegt an der hohen Unbestimmtheit des Sozialstaatsprinzips und der möglichen Verletzung der bürgerlichen Freiheiten, die ihm innewohnt; daher muss eine entsprechende Solidaritätspflicht auf besondere Fälle mit einer Rechtsquelle beschränkt werden und entfaltet keine unmittelbare allgemeine Wirkung im Rahmen der Drittwirkung von Grundrechten.

Um die vollständige Freiheit zu erreichen, reicht die gegenseitige Respektierung der Rechtssubjekte nicht aus. Um die materielle Freiheit über die formale Freiheit hinaus zu verwirklichen, müssen in der Gemeinschaft der Bürger eine Reihe von konstruktiven Mechanismen geschaffen werden. Um die Bedingungen für die Verwirklichung der materiellen Freiheit zu erhalten, müssen die Bürger den entsprechenden Preis zahlen. Im normalen Funktionieren der Rechtsordnung ist der Preis, den die Bürger für die Verwirklichung der sozialen Solidarität zu zahlen

[255] *Jarass*, Jarass/Pieroth/GG, Art. 20 Rn. 159.

[256] Vgl. *Zhang*, Social Sciences in China 2012 (9), 110.

[257] *Degenhart*, Staatsorganisationsrecht, § 6 Rn. 601.

[258] *Degenhart*, Staatsorganisationsrecht, § 6 Rn. 602.

haben, in erster Linie die Steuer, und die Bürger wenden sich in der Regel nicht direkt an bestimmte andere Personen in Not, sondern eher indirekt durch die Vermittlung des Staates, indem sie Steuern zahlen, um das Funktionieren des Staates zu unterstützen, damit das soziale Wohlergehen gewährleistet wird. Allerdings hat der Gesetzgeber auch hier Ausnahmen vorgesehen. Das deutsche Strafrecht sieht den Notstand (§ 34 dStGB, § 21chStGB) und die Unterlassene Hilfeleistung (§ 323c dStGB) vor. Das bedeutet, dass es in Zeiten einer plötzlichen Krise für steuerfinanzierte öffentliche Organisationen oft schwierig ist, rechtzeitig zu Hilfe zu kommen, aber das Recht des gefährdeten Bürgers, Hilfe zu erhalten, verschwindet dadurch nicht. Der Staat kann ihm daher ausnahmsweise erlauben, direkt von einem Dritten Hilfe zu erhalten, um zu vermeiden, dass ein erhebliches rechtliches Interesse, etwa an seinem Überleben, gefährdet wird.[259] Da der Dritte jedoch seine Solidaritätspflicht bereits durch die Besteuerung erfüllt hat, ist seine Hilfe für den gefährdeten Bürger zu diesem Zeitpunkt eine zusätzliche Zahlung. Daher kann diese zusätzliche Solidaritätspflicht nur in begrenzten Institutionen zur Geltung kommen.

Bisher beschränkte sich die Erörterung der helfenden Solidaritätspflicht überwiegend auf Notlagen, in denen eine hilfsbedürftige Person konkret vorhanden ist. Doch selbst außerhalb solcher Lagen kennt das Recht die partizipative Solidaritätspflicht, die nicht auf die unmittelbare Hilfeleistung gegenüber bestimmten Individuen, sondern auf die dauerhafte Aufrechterhaltung der Funktionsfähigkeit der gesellschaftlichen Ordnung gerichtet ist. Hierzu zählt etwa die Verpflichtung, als Wahlhelfer tätig zu werden (§ 9 dBWahlG) oder das Amt des Schöffen (§ 31 dGVG, auch in China § 2 chVSchöG) auszuüben. Solche Pflichten stellen keine unmittelbare Hilfeleistung gegenüber konkret gefährdeten Personen dar, sondern dienen der Aufrechterhaltung staatlicher Funktionen durch die Gewährleistung einer verpflichtenden Bürgerbeteiligung und damit mittelbar auch dem Schutz der Rechte und Interessen aller Bürger. Die rechtliche Legitimation dieser Pflichten ergibt sich aus dem staatsbürgerlichen Solidaritätsprinzip, wie es in einem demokratischen Rechtsstaat angelegt ist. Dabei ist zu beachten, dass auch diese Formen der Solidarität nicht unbegrenzt verpflichtend sind, sondern grundsätzlich im Rahmen der Zumutbarkeit begrenzt werden, etwa durch Ausnahmeregelungen bei gesundheitlichen, familiären oder beruflichen Gründen (§ 9 dBWO, § 35 dGVG).

Darüber hinaus lässt sich die Solidaritätspflicht nach dem Kreis der verpflichteten Personen in verschiedene Formen unterteilen:

Erstens besteht eine minimale Solidaritätspflicht, die als grundlegende Pflicht aller Bürger verstanden werden kann, etwa in Gestalt der Duldungspflicht (§ 34 dStGB) oder der Hilfeleistungspflicht (§ 323c dStGB). Diese Form der Solidarität zeichnet sich durch ihren weiten persönlichen Anwendungsbereich aus, weshalb ihre Anwendung stets zurückhaltend und maßvoll erfolgen muss.

---

[259] Vgl. *Haas*, Kausalität, S. 260 ff.

Zweitens gibt es die institutionelle Solidaritätspflicht, die an eine bestimmte soziale Rolle oder Stellung anknüpft, etwa bei Amtsträgern oder Angehörigen bestimmter Berufsgruppen. In diesen Fällen handelt es sich um institutionell begründete Zuständigkeiten, deren Umfang und Inhalt sich nach den jeweiligen gesellschaftlichen Strukturen richten.

Entscheidend ist dabei die Bestimmung der Pflichtquelle. Erst wenn das Solidaritätsprinzip als normative Grundlage anerkannt ist, erscheinen positive Leistungen, aktive Mitwirkung oder bloße Unterlassungen lediglich als unterschiedliche Erscheinungsformen der Erfüllung derselben Pflicht.

Zusammenfassend lässt sich sagen: Um eine materielle, d.h. nicht bloß formelle Freiheit zu erzielen, müssen die Mitglieder der Gesellschaft direkte oder indirekte Solidaritätspflichten übernehmen. Zwar lehnt die verfassungsrechtliche Dogmatik eine unmittelbare Drittwirkung des Sozialstaatsprinzips im Verhältnis zwischen Privaten ab, jedoch impliziert dieses Prinzip zumindest auf der Ebene der verfassungsmäßigen Werteordnung den Solidaritätsgedanken als grundlegende Gerechtigkeitsanforderung und bildet damit eine normative Grundlage für die Institutionalisierung solidarischer Pflichten. Die im Bereich der Notrechte diskutierte Solidaritätspflicht stellt dabei eine Form der helfenden, also minimalen Solidaritätspflicht dar, und es ist zu untersuchen, ob eine solche Pflicht auch im Rahmen der Notwehr Anwendung finden kann.

4. Solidaritätsprinzip im Notwehrrecht

a) Ablehnung der Solidaritätspflicht im Notwehrrecht?

Es besteht kein Zweifel daran, dass das Notwehrrecht eine größere Kompetenz (die sogenannte „Schärfe“) besitzt als der rechtfertigende Notstand. Um die rechtliche Grundlage dieses Phänomens zu erklären, wird vertreten, dass das Notwehrrecht ausschließlich auf dem Autonomieprinzip beruhe, während das Solidaritätsprinzip keine Anwendung finde:

Frister weist darauf hin, dass der Solidaritätsgrundsatz im Falle der Notwehr nicht zur Anwendung komme und dass der Autonomiegrundsatz dabei keinen Einschränkungen unterliege. Der Grund hierfür sei, dass der Angreifer bis zur Durchführung der Verteidigungshandlung durch den Verteidiger das unrechtmäßige Eindringen entweder „unterbrechen oder aufgeben“ könne, um den daraus entstehenden Schaden zu vermeiden. Da der Angreifer durch eigene Handlungen die Gefahr beseitigen könne, bestehe keine Notwendigkeit der Hilfe durch andere, so dass der Solidaritätsgrundsatz nicht gelte.[260] Jakobs ist auch der Ansicht, dass das

[260] Vgl. *Frister*, GA 1988, 303.

Solidaritätsprinzip nur auf aggressiven Notstand anwendbar sei. Daher stehe das Notwehrrecht in keinem Zusammenhang mit dem Solidaritätsprinzip.[261]

Nach dieser Auffassung liegt der Grund dafür, dass das Solidaritätsprinzip im Notwehrrecht keine Anwendung findet, darin, dass der Angreifer den rechtswidrigen Angriff hätte vermeiden können. Die Vermeidbarkeit der Gefahr beeinflusst jedoch lediglich die Verteilung der Pflicht zur Gefahrenbeseitigung und negiert nicht die objektive Existenz der Gefahr. Daher ist es nicht hinreichend überzeugend, die Solidaritätspflicht allein aufgrund der Vermeidbarkeit der Gefahr vollständig auszuschließen.

Es ist problematisch, die Möglichkeit der Anwendung des Solidaritätsprinzips im Notwehrrecht strikt abzulehnen. In besonderen Notwehrsituationen kann die Verantwortung des Angreifers gemindert sein, ohne dass die Zurechenbarkeit vollständig entfällt. Dies ist der Fall, wenn das Opfer den Angreifer provoziert oder der Angreifer sich in einem Zustand verminderter Schuldfähigkeit befindet. Auch wenn dem Angreifer weiterhin Zurechenbarkeit zukommt, wäre es ungerecht, wenn die Folgen für ihn denen einer Person entsprechen, deren Verantwortung nicht gemindert ist. In solchen Fällen kann die Einführung der Solidaritätspflicht einen Ausgleich für die geminderte Verantwortung schaffen und zu einer gerechten Lösung führen.

Zudem könnte das Festhalten am reinen Autonomieprinzip im Rahmen der Notwehr teilweise darauf zurückzuführen sein, dass eine Güterabwägung innerhalb der Notwehr abgelehnt wird. Nach dem Autonomieprinzip steht es dem Rechtssubjekt einerseits frei, über alle Güter innerhalb des Rechtsbereichs zu verfügen, andererseits muss das Rechtssubjekt sicherstellen, dass keine Risiken aus dem Rechtsbereich exportiert werden. Wenn ein Risiko aus dem Bereich der Rechte exportiert wird, muss das Subjekt für dieses Risiko haften. Das heißt, das Risiko und seine Auswirkungen auf andere müssen beseitigt werden, unabhängig davon, wie hoch die Kosten für das Rechtssubjekt sind, selbst wenn die Kosten viel höher sind als der Schaden, den das Risiko für andere verursacht.[262] Dennoch kann die Ablehnung der Güterabwägung nicht mit dem Ausschluss des Solidaritätsprinzips gleichgesetzt werden. Nach der Verfassungsordnung behält ein rechtswidriger Angreifer seine Grundrechte und seine Menschenwürde ist nicht vollständig aufgehoben. In einer Notwehrlage ist das Lebensrecht des Angreifers sowohl faktisch als auch rechtlich gefährdet. Dennoch darf seine potenzielle Schutzbedürftigkeit nicht vollständig außer Acht gelassen werden. Die Rechtsordnung erkennt an, dass der rechtliche Verlust des Lebensschutzes des Angreifers nur auf der Grundlage einer eindeutig gerechtfertigten Notwehr erfolgen darf. Solange eine solche Rechtfertigung noch nicht zweifelsfrei festgestellt ist, bleibt der Angreifer Träger grundrechtlichen Schutzes. In dieser Phase kann das Solidaritätsprinzip dazu beitragen,

---

[261] *Jakobs*, System, S. 46 f.

[262] Vgl. *Frister*, GA 1988, 291.

den sofortigen Zugriff auf das Notwehrrecht zurückzuhalten oder zumindest dessen Anwendung normativ zu begrenzen.

b) Erscheinungsformen des Solidaritätsprinzips im Notwehrrecht

Wie bereits dargelegt, muss der Grundgedanke der Notwehr nicht nur die Rechtfertigung ihrer Schärfe stützen, sondern auch Orientierung für ihre innere Begrenzung bieten. Hierbei stellt das Solidaritätsprinzip eine sinnvolle theoretische Grundlage dar, die eine normative Berücksichtigung positiver Freiheit ermöglicht und damit die Schärfe der Notwehr begrenzt. Das klassische Notwehrkonzept, das sich auf die Verteilung negativer Pflichten konzentriert, wird durch die Einbeziehung positiver Pflichten erweitert. Dadurch wird die strenge Alles-oder-nichts-Logik des traditionellen Verantwortungsprinzips überwunden. Gleichzeitig wird eine kohärente Erklärung der Einschränkung der Schärfe ermöglicht, die praktischen Anforderungen gerecht wird. Aus diesem Grund sollte das Solidaritätsprinzip auch als wesentlicher Bestandteil des Notwehrgedankens anerkannt werden.

Das Solidaritätsprinzip manifestiert sich im Kontext des Notwehrrechts zuerst als Begrenzung seiner Merkmale der Schärfe. Dies geschieht vor allem durch die Wiedereinführung der Ausweichpflicht sowie durch die Einschränkung der Intensität der Verteidigungshandlungen. Die vom BGH entwickelte Drei-Stufen-Theorie im Bereich der Notwehrprovokation, die eine Abfolge von Ausweichen – Schutzwehr – Trutzwehr vorsieht,[263] stellt in diesem Zusammenhang eine konkrete Ausformung der Solidaritätspflichten im Notwehrrecht dar. Anders ausgedrückt bedeutet dies, dass dem Berechtigten eines eingeschränkten Notwehrrechts zunächst die Erfüllung seiner Ausweichpflicht sowie der vorrangige Einsatz von Schutzwehr abverlangt wird.

Nach der in dieser Arbeit vertretenen Auffassung äußert sich die Solidaritätspflicht im Rahmen eines eingeschränkten Notwehrrechts vor allem in zwei Formen: der Ausweichpflicht und der Begrenzung der Verteidigungsintensität. Einerseits ist der Angegriffene verpflichtet auszuweichen, wenn er den Angriff durch nicht-konfrontative Mittel vermeiden kann. Andererseits hat der Angegriffene, wenn objektiv keine Möglichkeit zur Flucht besteht oder das Ausweichen selbst mit einem gewissen Risiko verbunden ist, die Pflicht, zunächst mildere, wenn auch möglicherweise weniger sichere Verteidigungsmittel einzusetzen, um den Angreifer zu schonen.[264] Dabei trifft den Angegriffenen eine gewisse Duldungspflicht zur Hinnahme dieses Risikos. Kommt er dieser Solidaritätspflicht nicht nach, so gilt sein Verhalten als Verstoß gegen die „Gebotenheit“ der Notwehr und kann folglich nicht mehr als gerechtfertigte Verteidigung anerkannt werden. Zudem spiegelt die Begrenzung der Verteidigungsintensität den Grad der Erforderlichkeit der altruistischen Solidaritätspflicht wider. Je stärker das Notwehrrecht eingeschränkt wird,

---

[263] BGH NStZ 2001, 143.

[264] *Kühl*, AT, § 7 Rn. 196.

desto höher ist das Erforderlichkeitskriterium altruistischer Solidarität, und umso strenger fällt auch die Beurteilung der Zulässigkeit der Verteidigungsintensität aus.

Gleichwohl bleibt das eingeschränkte Notwehrrecht ein Teil des Notwehrrechts, auch wenn seine Anwendbarkeit sich stark an die Voraussetzungen des defensiven Notstands annähert. Der entscheidende Unterschied zwischen beiden liegt darin, dass das Notwehrrecht nach Erfüllung der Solidaritätspflichten wieder zu einem uneingeschränkten Notwehrrecht erstarken kann,[265] während der defensive Notstand von Anfang an keine Transformation in eine Notwehr erlaubt.

c) Entstehungsgründe von Solidaritätspflichten im Notwehrrecht

Im Notwehrrecht haben sowohl das Autonomieprinzip als auch das Solidaritätsprinzip einen grundlegenden Stellenwert. Unter normalen Umständen dominiert jedoch das Autonomieprinzip deutlich, da dem rechtswidrigen Angreifer eine volle Zurechenbarkeit zukommt, während das Solidaritätsprinzip in den Hintergrund tritt. Dieses dominante Verhältnis kann jedoch in zwei Situationen ins Wanken geraten: entweder wenn das Autonomieprinzip in seiner Geltung abgeschwächt wird oder wenn das Solidaritätsprinzip unter besonderen Umständen an Gewicht gewinnt.

Der abstrakte Solidaritätsgrundsatz muss in konkrete Solidaritätspflichten umgesetzt werden, um in praktischen Fällen wirksam zu sein. Durch die Begründung des Solidaritätsprinzips als Grundlage für die Einschränkung der Schärfe des Notwehrrechts sowie die Diskussion über konkrete Solidaritätspflichten können auch die im ersten Kapitel offen gebliebenen Fragen geklärt werden.

aa) Subsidiarität des Notwehrrechts als Solidaritätspflicht

Aus der altruistischen Perspektive der Solidaritätspflicht lässt sich das Subsidiaritätsprinzip der Notwehr weiter erklären und untermauern. Die Solidaritätspflicht ist ihrem Wesen nach einer aktiven altruistischen Verantwortung, die vom Individuum verlangt, innerhalb der sozialen Gemeinschaft eine gewisse Duldungs- und Mitwirkungspflicht zu übernehmen, insbesondere in Situationen, in denen die Rechte anderer oder die öffentliche Ordnung vorrangig geschützt werden müssen.[266]

Gestützt auf das Vertrauen in die staatliche Gewalt haben Bürger die Pflicht, auf die Ausübung eigener Verteidigungsmaßnahmen zu verzichten, wenn die staatlichen Organe die Kontrolle über den rechtswidrigen Angriff bereits erlangt haben. Dies stellt nicht nur einen unterstützenden Beitrag zur Aufrechterhaltung des staatlichen Hilfssystems dar, sondern auch eine altruistische Pflicht gegenüber dem Angreifer. Denn staatliche Vertreter sind in der Regel professionell ausgebildet und unterliegen verfahrensrechtlichen Einschränkungen, so dass sie in der Lage sind,

---

[265] BGH NJW 01, 1076.

[266] Vgl. *Frister*, GA 1988, 301 f.

den rechtswidrigen Angriff unter Verursachung eines minimalen Schadens für den Angreifer effektiv zu beenden. In diesem Fall steht dem Angegriffenen kein Notwehrrecht zu; erst wenn die staatliche Hilfe die Kontrolle über den rechtswidrigen Angriff verliert, kann der Angegriffene ein neues Notwehrrecht erlangen.

bb) Einschränkung durch Solidaritätspflicht in der Reduzierung der Verantwortungszuschreibung

Im Rahmen der Notwehr kann der Grund für die Entstehung der Solidaritätspflicht darin liegen, dass die Verantwortung des rechtswidrigen Angreifers, nicht mehr vollständig ist. Wenn der Angreifer für seine rechtswidrige Handlung vollumfänglich verantwortlich ist, trägt er die gesamten Folgen seiner Handlung, und das Notwehrrecht behält seine volle Schärfe, so dass der Verteidiger keine Solidaritätspflicht trägt. Kann der Angreifer jedoch nicht vollständig für das Risiko verantwortlich gemacht werden, etwa weil ihm die ausreichende Kontrolle über seinen eigenen Rechtsbereich fehlt oder der Angegriffene eine Mitverantwortung für die Entstehung des Risikos trägt, ist es offensichtlich unvernünftig, alle Folgen allein dem Angreifer zuzuschreiben. In solchen Fällen ist der Angegriffene verpflichtet, eine gewisse Solidaritätspflicht zu übernehmen.[267]

Daher sollte die Solidaritätspflicht in erster Linie als Ausweichpflicht in Erscheinung treten, wonach der Angegriffene bei bestehender Ausweichmöglichkeit dem Ausweichen Vorrang vor der Konfrontation geben sollte. Die Übernahme einer Ausweichpflicht durch den Verteidiger negiert dessen Notwehrrecht nicht, sondern stellt eine Erfüllung seiner sozialen Verpflichtung dar, um eine Gerechtigkeit zu erreichen. Diese Pflicht wirkt einerseits als Mittel zur Anpassung, indem die Schärfe des Notwehrrechts begrenzt und an das Maß der Verantwortung des Angreifers angepasst wird. Andererseits schützt sie auch die Interessen des Angreifers, indem ihm die Möglichkeit gegeben wird, ohne weiteren Schaden in die Rechtsordnung zurückzukehren.

Die Ausweichpflicht setzt stets voraus, dass objektiv eine Ausweichmöglichkeit besteht. Fehlt jedoch eine solche Option, sollte die Reduzierung der Verteidigungsintensität die Art und Weise sein, wie der Verteidiger seine Solidaritätspflichten erfüllt. Aus Rücksicht auf die Interessen des Angreifers sollte der eingeschränkte Verteidiger mildere Verteidigungsmittel bevorzugen, wie etwa Schutzwehr, selbst wenn diese möglicherweise nicht ausreichend wirksam sind oder eine gewisse Gefährdung der eigenen Güter mit sich bringen. M. a. W., im Falle einer eingeschränkten Verteidigungsbefugnis sollte der Verteidiger, selbst wenn eine Verteidigungsmaßnahme ursprünglich den Erforderlichkeitskriterien entspricht, zunächst auf eine mildere, wenn auch möglicherweise nicht ausreichend wirksame Verteidigungsmaßnahme zurückgreifen. Und der eingeschränkte Verteidiger un-

[267] *Koch*, ZStW 104 (1992), 785 ff.

terliegt einer Duldungspflicht hinsichtlich des mit einem milderen Verteidigungsmittel verbundenen potenziellen Risikos.

cc) Einschränkung durch Solidaritätspflicht bei gravierenden persönlichen Interessen

Die Wahrung gravierender persönlicher Interessen, einschließlich des Lebens und der körperlichen Integrität, ist eine unverzichtbare Grundlage für die freie Entfaltung des Einzelnen. Insbesondere der Verlust des Lebensguts führt dazu, dass „die Grundlage für das Bestehen anderer Interessen vollständig und irreversibel zerstört wird".[268] Daher sind Bürger bei der Gestaltung ihres Handelns verpflichtet, die gravierenden persönlichen Interessen anderer zu wahren, was eine Erforderlichkeit der Solidaritätspflicht begründet.

Nach dem Verständnis der altruistischen Solidarität beruht die Verpflichtung zur Solidarität nicht auf gegenseitigem Nutzen oder dem Interesse der Gemeinschaft, sondern vielmehr auf den Interessen des Opfers selbst. Daher liegt die Zurechnungsgrundlage der Solidaritätspflicht in der Gleichgültigkeit gegenüber dem Opfer, was grundsätzlich auch in Notlagen gelten sollte.

Jedoch besteht eine Voraussetzung für die Solidarität im Altruismus: Wenn der Angreifer vollständig und nicht unerheblich für die Entstehung der Notwehrlage verantwortlich ist, entfällt die Solidaritätspflicht, da die Notsituation in diesem Fall nicht über den freien Willen des Angreifers hinausgeht. Darüber hinaus würde die Forderung, dass das Opfer die Solidaritätspflicht erfüllt, seine eigenen grundlegenden Interessen nicht in gleicher Weise berücksichtigen und letztlich das Zumutbarkeitsprinzip verletzen, indem es sein Selbstbestimmungsrecht über das eigene Leben gefährden würde. Dies würde mit der Grundlage der altruistischen Pflichtethik kollidieren, da diese nicht nur die Interessen des anderen schützt, sondern auch die Selbstbestimmung des Einzelnen anerkennt.

Es ist zu beachten, dass diese Solidaritätspflicht nicht auf andere Rechtsgüter ausgeweitet werden kann, da Rechtsgüter wie Eigentum nicht die gleiche Bedeutung wie gravierende persönliche Rechtsgüter aufweisen bzw. ihr Verlust nicht in gleicher Weise irreversibel ist. Daher ist eine Notwehrhandlung, die einen Schaden von 10.000 Euro verursacht, um einen Gegenstand im Wert von 10 Euro zu schützen, nicht eingeschränkt.

Da das Notwehrrecht eine hohe Intensität besitzt, kann es erhebliche und irreversible Schäden für den rechtswidrigen Angreifer verursachen. In Fällen, in denen der rechtswidrige Angriff keine gravierenden persönlichen Interessen betrifft, können die Beschränkungen des Notwehrrechts nicht nur in einer Ausweichpflicht oder einer Reduzierung der Intensität der Verteidigung bestehen, sondern auch in einer Duldungspflicht. Dies bedeutet, dass der in seinem Notwehrrecht einge-

[268] *Zhao*, Chinese Journal of Law 2023 (2), 107.

schränkte Verteidiger verpflichtet ist, geringfügige Angriffe zu tolerieren, um den rechtswidrigen Angreifer bis zu einem gewissen Grad zu schützen und ihm eine Chance zur Rückkehr in die Rechtsordnung zu geben. Wenn der durch den Angriff verursachte Schaden jedoch das geringfügige Maß überschreitet, selbst wenn er nicht die Schwelle der gravierenden persönlichen Interessen erreicht, kann dem Angegriffenen die Übernahme einer Duldungspflicht nicht mehr vernünftigerweise zugemutet werden. In diesem Fall würde die Auferlegung einer Duldungspflicht die Selbstbestimmung und Entscheidungsfreiheit des Angegriffenen übermäßig einschränken und zugleich die altruistische Grundlage der Solidaritätspflicht untergraben, wodurch diese letztlich zu einer unfairen Ausbeutung verkommen würde.

Es gibt Gegenstimmen, die argumentieren, dass die Solidaritätspflicht nicht willkürlich geschaffen werden dürfe, sondern eine klare normative Grundlage benötige. Da die Notwehr jedoch nicht den Anforderungen des § 323c dStGB entspreche, könne das Solidaritätsprinzip nicht herangezogen werden, um Einschränkungen des Notwehrrechts bei „krassem Missverhältnis" zu rechtfertigen.[269] Diese Ansicht greift jedoch zu kurz. Die Grundrechte der Verfassung haben eine objektive Wertordnungsfunktion und entfalten eine sogenannte Drittwirkung auch im Verhältnis zwischen Privaten. Das in der Verfassung garantierte Recht auf Leben und körperliche Unversehrtheit gilt daher nicht nur im Sinne einer negativen Schutzpflicht, die Verletzungen verbietet, sondern auch im Sinne einer positiven Fürsorgepflicht, die auf die aktive Berücksichtigung und den Schutz dieser Rechtsgüter abzielt. Daher ist die Solidaritätspflicht zum Schutz gravierender persönlicher Interessen anderer nicht ohne normative Grundlage. Natürlich kann ein solches verfassungsrechtliches Wertesystem nicht unmittelbar in eine gesetzliche positive Pflicht überführt werden, sondern muss durch spezifische Rechtsquellen in positives Recht transformiert werden. Je nach dem gesetzgeberischen Ermessen der einzelnen Staaten variiert zudem der Umfang der Solidaritätspflicht innerhalb verschiedener Rechtssysteme, so dass eine differenzierte Betrachtung erforderlich ist.

Die Urteile des Bundesverfassungsgerichts in Deutschland haben eine besondere Bindungswirkung und werden daher als Rechtsquelle angesehen. Gemäß § 31 Abs. 1 dBVerfGG sind seine Entscheidungen für die Verfassungsorgane des Bundes und der Länder sowie für alle Gerichte und Verwaltungsbehörden verbindlich.[270] Das Bundesverfassungsgericht hat in seiner Entscheidung zur Unbestimmtheit des Treuebruchtatbestandes klargestellt, dass ein Verstoß gegen das Bestimmtheitsgebot nicht vorliegt, sofern die erforderliche Bestimmtheit durch eine konkretisierende Auslegung der Gerichte erreicht werden kann.[271] Dementsprechend besteht kein Mangel an einer Rechtsquelle, insoweit der BGH durch seine Rechtsprechung konkrete Leitlinien für die Einschränkung des Notwehrrechts ent-

---

[269] *Rienen*, Einschränkungen, S. 208 ff.

[270] *Rüthers/Fischer/Birk*, Rechtstheorie, § 6 Rn. 218.

[271] BVerfG NJW 09, 2370; *Perron/Eisele*, Schönke/Schröder/StGB, § 266 Rn. 1a.

wickelt hat.[272] Somit hat die Solidaritätspflicht in der Notwehr durch die sozialethischen Einschränkungen in der Rechtsprechung des BGH eine normative Grundlage gewonnen.

In China hingegen wird die normative Grundlage der Solidaritätspflicht in erster Linie durch Justizauslegungen geschaffen. Die Einschränkung des Notwehrrechts erfolgt dabei vor allem durch Justizauslegung, nämlich LeitNotw, die eine verbindliche Orientierung für die Rechtsprechung bieten.

dd) Einschränkung durch besondere erhöhte Solidaritätspflicht

Bestimmte soziale Beziehungen, wie z.B. die Ehe und die Eltern-Kind-Beziehung, sind auf eine umfassende Fürsorge ausgerichtet. Diese Beziehungen sind mit mehr Opferpflichten verbunden als die Beziehungen, die zwischen den Mitgliedern der Gesellschaft allgemein bestehen.[273] Diese institutionellen Sonderbeziehungen sind auf „Die Bildung einer gemeinsamen Welt" ausgerichtet.[274] Diese institutionellen Sonderbeziehungen stehen im Dienst des „Aufbaus einer gemeinsamen Welt", d.h. der Verbesserung der Situation der anderen, nicht der Behebung des von ihnen verursachten Schadens, und dienen somit dem Zweck der materiellen Freiheit.

Eine Ansicht vertritt, dass in bestimmten sozialen Beziehungen ein Angriff einer Partei auf die andere zwar gegen die durch diese Institution auferlegte Pflicht verstoße, aber nicht zur vollständigen Aufhebung der Institution führe. Daher bleibe die angegriffene Partei in gewissem Maße weiterhin an die aus dieser Institution abgeleitete Solidaritätspflicht gebunden, die sich konkret in der Rückzugspflicht und der Pflicht zur vorrangigen Nutzung milderer Verteidigungsmittel manifestiere.[275] Jedoch ist die Rechtfertigung bzw. Legitimität dieser Ansicht, obwohl sie einst eine starke Position innehatte, hinsichtlich der Einschränkung des Notwehrrechts in den letzten Jahren zunehmend in Frage gestellt worden. Daher wird dieses Problem in den folgenden Abschnitten näher untersucht.

IV. Die Beziehung zwischen Autonomie- und Solidaritätsprinzip

1. Freiheit als gemeinsame Grundlage beider Prinzipien

Nach der Darlegung des hier vertretenen monistisch-zweiseitigen Notwehrkonzepts auf Grundlage des Autonomie- und Solidaritätsprinzips stellt sich, ähnlich wie

[272] BGH MDR 56, 372; BGH 3, 217; GA 65, 148; BGH NStZ 03, 599.

[273] *Jakobs*, AT, § 12 Rn. 57.

[274] Vgl. *Jakobs*, Beteiligung, S. 296.

[275] *Jescheck/Weigend*, AT, § 32 I 3a; *Bitzilekis*, Einschränkung, S. 120 ff.; *Otto*, in: FS-Würtenberger, S. 148 f.

bei der kritisierten dualistischen Konzeption von Individualschutz und Rechtsbewährung, auch für das Modell die Frage nach dem systematischen Verhältnis beider Prinzipien.

Als gemeinsame Grundlage beider Prinzipien ist die Freiheit anzusehen. Der klassische Freiheitsbegriff lässt sich in der Formel zusammenfassen, dass der Mensch nach seinem eigenen Willen handeln kann. Diese Vorstellung umfasst zwei Dimensionen, nämlich die Freiheit von etwas und die Freiheit zu etwas. Isaiah Berlin hat diese beiden Dimensionen als negative und positive Freiheit bezeichnet.[276]

Die negative Freiheit bedeutet die Abwesenheit äußerer Zwänge und Einmischungen, also den Schutz des Individuums vor staatlicher oder gesellschaftlicher Bevormundung. Sie garantiert dem Einzelnen einen Bereich ungestörter Selbstbestimmung, in dem er seine Handlungen ohne äußeren Druck wählen kann.

Die positive Freiheit hingegen beschreibt die Fähigkeit und Möglichkeit, das eigene Leben vernünftig zu gestalten. Sie setzt nicht nur die bloße Abwesenheit von Zwang voraus, sondern auch die reale Befähigung, die eigenen Lebensziele zu verfolgen und an der gesellschaftlichen Willensbildung teilzunehmen. Damit richtet sich positive Freiheit auf die Entfaltung der Persönlichkeit und auf die Entwicklung der individuellen Lebensgestaltung.

Die negative Freiheit entspricht dem klassischen, liberalen Freiheitsverständnis und steht in enger Beziehung zum formalen Rechtsparadigma des Frühkapitalismus. Die positive Freiheit hingegen stellt eine erweiterte Konzeption dar, die im Kontext des Wohlfahrtsstaates durch das materielle Rechtsparadigma aufgenommen wurde. Trotz der vielfach geäußerten Kritik, wonach das Konzept positiver Freiheit die Gefahr eines autoritären Missbrauchs in sich trage, besitzt sie weiterhin eine starke normative Überzeugungskraft.[277]

Im Bereich der Notwehr verweist diese Zweiheit der Freiheit auf die unterschiedlichen Dimensionen des Notwehrrechts. Auf der Grundlage negativer Freiheit kann der Berechtigte verlangen, dass andere seine rechtliche Sphäre nicht verletzen. Verstößt der Angreifer gegen diese primäre Pflicht der Nichtverletzung, so erwächst ihm eine sekundäre Pflicht, den Angriff zu beenden oder die zur Beseitigung der Rechtsverletzung erforderliche Verteidigungshandlung des anderen zu dulden. Auf der Grundlage positiver Freiheit bleibt dagegen auch der Angreifer als Mitglied der durch wechselseitige Anerkennung konstituierten Gemeinschaft in den Schutzbereich der Rechtsordnung einbezogen. Seine Grundrechte werden weiterhin anerkannt und geschützt. Selbst angesichts der Schärfe des Notwehrrechts bedürfen damit seine elementaren Rechte auf Leben und körperliche Unversehrtheit als grundlegende Voraussetzungen individueller Entfaltung einer minimalen Anerkennung und Rücksichtnahme.

---

[276] *Berlin*, Freiheit, S. 197 ff.

[277] *Gewirth*, Philosophy and Public Affairs 30 (2001), 322.

Diese Entsprechung zwischen negativer und positiver Freiheit einerseits und negativer und positiver Pflicht andererseits beruht auf der Isomorphie von Freiheit und Recht. Diese Korrespondenzstruktur lässt sich auf Kants allgemeinen Grundsatz zurückführen, wonach das Recht die Bedingung der Freiheit jedes Einzelnen nach allgemeinen Gesetzen ist.[278] Dieser Satz bildet den Ausgangspunkt der Idee, dass das Recht die formalisierte Gestalt der Freiheit darstellt. Bei Kant ist die Freiheit der Zweck, das Recht hingegen ihre äußere Form.

Ihering versteht das subjektive Recht als die praktische Erscheinungsform der Freiheit. In seinem Werk Der Kampf ums Recht zeigt er, dass das Recht nicht bloß eine Idee, sondern eine lebendige Kraft ist, die nur durch ihre aktive Behauptung Wirklichkeit gewinnt. Wer sein Recht nicht geltend macht, verzichtet damit zugleich auf seine Freiheit, denn die Geltendmachung des Rechts ist die moralische Selbsterhaltung des freien Willens.[279] Das subjektive Recht erscheint somit als die konkrete Wirklichkeit der Freiheit und als jene rationale Ordnung, in der sich Freiheit im Rahmen des Rechtsstaats realisiert.

In rechtstheoretischer Hinsicht zeigt sich das subjektive Recht als eine notwendigerweise relationale Struktur. Es besteht nicht isoliert, sondern setzt stets eine entsprechende Pflicht auf der Gegenseite voraus. Jedes subjektive Recht impliziert das Bestehen zweier Personen, nämlich des Berechtigten und des Verpflichteten, sowie einer Verhaltensnorm, die das rechtlich geforderte Verhalten bestimmt und klageweise durchsetzbar macht. Damit bildet die Pflicht das Gegenstück zum subjektiven Recht. Der Berechtigte kann vom Verpflichteten ein Verhalten verlangen, das in der Rechtsnorm als Sollensanordnung festgelegt ist.[280]

Daraus ergibt sich die hier vertretene Auffassung, dass die Solidaritätspflicht als eine Form positiver Pflicht notwendig einer positiven Freiheit entsprechen muss. Sie richtet sich nicht unmittelbar auf die Gemeinschaft oder eine abstrakte Rechtsordnung, sondern auf die einzelne Person als Mitglied der Gesellschaft. Die Solidaritätspflicht kann daher nur insoweit gerechtfertigt werden, als sie der Verwirklichung individueller positiver Freiheit dient. Auf diese Weise wird verhindert, dass das Konzept der positiven Freiheit im Namen des Gemeinwesens überdehnt und in sein Gegenteil verkehrt wird.

Zu beachten ist jedoch, dass gegen die angenommene Zuordnung von Freiheit und Pflicht der Einwand erhoben werden könnte, diese Entsprechung sei in der Praxis nicht immer eindeutig. Es gibt Fälle, in denen die Verletzung einer negativen Pflicht zugleich die positive Freiheit eines anderen beeinträchtigt. So etwa, wenn eine Lehrperson einen Schüler körperlich züchtigt: Eine solche Handlung stellt einerseits eine Verletzung der negativen Pflicht dar, die körperliche Unversehrtheit des anderen zu achten, und beeinträchtigt zugleich die Möglichkeit des Schülers,

---

278 *Kant*, Rechtslehre, S. 230 f.

279 *Ihering*, Der Kampf um's Recht, S. 86.

280 *Rüthers/Fischer/Birk*, Rechtstheorie, § 2 Rn. 63.

regelmäßig am Unterricht teilzunehmen und seine persönliche Entwicklung zu entfalten, was einer Einschränkung seiner positiven Freiheit gleichkommt.

Zur Klärung dieses Einwandes ist darauf hinzuweisen, dass die Unterscheidung zwischen negativer und positiver Freiheit den Gehalt des subjektiven Rechts betrifft, während die Unterscheidung zwischen negativer und positiver Pflicht auf unterschiedliche Begründungsgrundlagen dieser Pflichten verweist. Die Entsprechung zwischen beiden Sphären besteht auf der Ebene der normativen Geltungslogik: Positive Freiheit bedarf in ihrer Wirksamkeit einer positiven Pflicht als Stütze. In der Praxis kann es jedoch vorkommen, dass die Verletzung einer positiven Pflicht zugleich mit der Missachtung einer negativen Pflicht einhergeht. Der scheinbare Befund, dass positive Freiheit durch die Verletzung negativer Pflichten beeinträchtigt werde, beschreibt daher nur ein Phänomen auf der Ebene des äußeren Erscheinens. Im Fall der Körperstrafe wird nicht nur die körperliche Unversehrtheit des Schülers verletzt, sondern zugleich die pädagogische Pflicht der Lehrperson missachtet, was insgesamt zur Beeinträchtigung der positiven Freiheit des Schülers führt. Daraus folgt, dass positive Freiheit und positive Pflicht ebenso wie negative Freiheit und negative Pflicht jeweils eigenständige und stabile normative Strukturen bilden. Fälle, in denen die Verletzung negativer Pflichten faktisch auch die positive Freiheit beeinträchtigt, beruhen auf einer doppelten Pflichtverletzung, die in ihrer Struktur einer Idealkonkurrenz vergleichbar ist, ohne die grundsätzliche logische Korrespondenz zwischen den jeweiligen Kategorien in Frage zu stellen.

2. Spannungsverhältnis und Komplementarität zwischen Begründungs- und Einschränkungsgrundsatz

Die Autonomieprinzip als Grundstein der modernen Rechtsordnung zielt darauf ab, den Betroffenen maximale Möglichkeiten zu eröffnen, ihre eigenen Ziele zu erreichen und ihr Leben so zu führen, wie sie es wollen.[281] Da dieser Grundsatz so grundlegend und wichtig für das Rechtssystem ist, kann er kaum infrage gestellt werden. Das Solidaritätsprinzip hingegen ist mehr oder weniger kollektivistisch, und die Frage, wie man beides miteinander in Einklang bringen kann, ist ebenso aktuell.

Zunächst einmal ist das Autonomieprinzip im System der Notwehr dominant. Es bildet die Begründungsgrundlage für das Notwehrrecht und dieses bezieht seine Schärfe aus entsprechenden rechtlichen Argumenten. Ebenso leiten sich die Grenzen zwischen dem Notwehrrecht und anderen Notrechten aus dem Verantwortungsprinzip ab, das seinerseits aus dem Autonomieprinzip abgeleitet wird. Man kann argumentieren, dass das Autonomieprinzip den grundlegenden Unterschied zwischen dem modernen System der Notwehr und dem vormodernen System des Selbstjustiz- und Racherechts ausmacht. Viele der vormodernen Prototypen der

[281] *Ashworth*, Solidarität, S. 118.

Notwehr waren lediglich Ausnahmen vom staatlichen Gewaltmonopol, die es Untertanen in bestimmten Ausnahmefällen erlaubten, Vergeltung zu üben oder stellvertretend zu bestrafen, wenn konkrete Angriffe auf ihre körperliche Unversehrtheit oder ihr Eigentum erfolgten. Das Notwehrrecht war somit nur in eng begrenzten Situationen als delegierte Gewaltanwendung zulässig. Demgegenüber beruht das moderne Notwehrrecht auf dem Schutz der Grundrechte und ist Ausdruck individueller Freiheit gegenüber rechtswidrigen Eingriffen. Aus diesem Grund findet es grundsätzlich auf alle Verletzungen des persönlichen Rechtsraums Anwendung.

Das Solidaritätsprinzip hingegen ist zwar unverzichtbar, aber im normativen Sinne rezessiv, und da die Grundlage der Notwehr in dem völligen Unrecht des Angreifers liegt, tritt das Solidaritätsprinzip in der überwiegenden Zahl der Fälle nicht in Erscheinung. Da die implizite Zurückdrängung des Solidaritätsprinzips auf der vollständigen Zurechenbarkeit des Angriffs zum Angreifer beruht, tritt das Solidaritätsprinzip in bestimmten Situationen deutlicher hervor, wenn diese Zurechenbarkeit nicht mehr vollständig gegeben ist.[282]

Zweitens sollte auch der individualistische Unterton des Solidaritätsprinzips hervorgehoben werden. In dieser Arbeit wird behauptet, dass Solidarität nur dann wirklich den Interessen des Einzelnen dienen kann und nicht ausgehöhlt wird, wenn das Subjekt der Solidarität seine eigene Subjektivität bewahrt. Diese Subjektivität bedeutet aus der Perspektive der altruistischen Solidarität, dass die individuelle Selbstbestimmung eine prägende und zugleich begrenzende Rolle für das Solidaritätsprinzip im Sinne der Pflichtethik spielt. Denn einerseits verleiht die Selbstbestimmung dem Individuum die legitime Stellung, Träger solidarischer Pflichten zu sein. Andererseits darf Solidarität nicht auf Kosten der individuellen Selbstbestimmung durchgesetzt werden, da sie sonst ihre ethische Grundlage verliert. Daraus ergibt sich, dass das Autonomieprinzip und das Solidaritätsprinzip keine völlig getrennten, isolierten Prinzipien sind, sondern vielmehr beide auf der Grundlage der Selbstbestimmung als Dimensionen von Freiheit entwickelt werden.

Schließlich wird das Solidaritätsprinzip auch in umgekehrter Richtung durch das Autonomieprinzip eingeschränkt. Solange sich der Angreifer in einer zurechenbaren Position in Bezug auf die Notwehrlage befindet, was durch den Verantwortungsgrundsatz im Rahmen des Autonomieprinzips bestätigt wird, sollte das Notwehrrecht selbst nicht außer Kraft gesetzt werden. Die vom Autonomieprinzip aufgestellte Grundformel „Recht gegen Unrecht" bliebe bestehen, mit dem Unterschied, dass das Merkmal der Schärfe eingeschränkt würde.[283] Folglich können zur Erfüllung der Solidaritätspflicht bestimmte Ausprägungen der Schärfe beseitigt werden: Dem Verteidiger können Ausweichpflicht, Duldungspflicht und Einschränkung der Verteidigungsintensität auferlegt werden.

[282] Vgl. *Jakobs*, Rechtfertigung und Entschuldigung, S. 152.

[283] Vgl. *Engländer*, Matt/Renzikowski/StGB, § 32 Rn. 51.

V. Zwischenfazit

Der Grundsatz der Rechtsbewährung in der dualistischen Konzeption der Notwehr hat weder einen eigenständigen Wert für die Legitimität der Notwehr, noch kann er logisch mit dem Prinzip des individuellen Schutzes in Einklang gebracht werden. Es ist angebracht, zu den „rechtlichen“ Attributen des Notwehrrechts zurückzukehren und die Grundlage der Notwehr durch ein individualistisches Rechtsargument zu erklären.

Das Grundargument für die Notwehr wurde in zwei Aspekte unterteilt: zum einen die Argumentation für den dem Notwehrrecht inhärenten Grundgedanken, aus dem sich dessen Schärfe ableiten lässt, zum anderen die Argumentation für die sozialen Grenzen des Notwehrrechts. Diese beiden Begründungsaufgaben werden jeweils durch das Autonomieprinzip und das Solidaritätsprinzip übernommen. Beide Prinzipien leiten sich jedoch aus dem Individualprinzip ab, denn ein eigenständiger, übersäkularer Zweck außerhalb der Rechte des Einzelnen ist unvereinbar mit der Idee eines modernen Rechtsstaats.

Das Autonomieprinzip gliedert sich in zwei Richtungen, nämlich die Freiheitsrichtung, die den legitimen Zweck des Notwehrrechts artikuliert, und die Verantwortungsrichtung (gleichbedeutend mit dem Verantwortungsprinzip), die die Grundlage für die Schärfe des Notwehrrechts und zugleich den Anknüpfungspunkt für die Möglichkeit der Einschränkung des Notwehrrechts liefert. Der Angreifer beeinträchtigt den Rechtsraum anderer und trägt daher die Kosten für die Beseitigung dieser Gefährdung, und zwar in Form einer Verpflichtung zur Gefahrenbeseitigung durch seine eigenen Handlungen und einer Duldungspflicht, wenn der Verteidiger die Handlung zur Gefahrenbeseitigung vornimmt. Aufgrund der Zuständigkeit des Angreifers für die ausschließliche Organisation der Gefahrenquelle ist die Haftung des Angreifers an diesem Punkt unbegrenzt, so dass der Verhältnismäßigkeitsgrundsatz bei der Gefahrenbeseitigung keine allgemeine Anwendung finden kann. Denn sobald der Angreifer seinen eigenen Organisationsraum überschritten hat, kommt es für den formalen Begriff des Rechts nicht mehr darauf an, wie wenig oder wie viel Schaden er den Rechtsgütern anderer Menschen zufügt, da es nur eine Konfrontation zwischen Recht und Unrecht gibt. Darüber hinaus ist das Verteidigungsobjekt der Notwehr das Recht des Einzelnen, daher erhält die Notwehr selbst durch den Satz vom Widerspruch die Eigenschaften eines Rechts, und der Verzicht auf das Recht ist nicht der Inhalt der Ausübung des Rechts; ein solches Recht darf nicht durch die Staatsgewalt entzogen bzw. angeeignet werden, daher gibt es keine allgemeine Ausweich- sowie Duldungspflicht oder die Pflicht zur Herbeiholung staatlicher Hilfe im Notwehrrecht.

Das Solidaritätsprinzip basiert auf dem altruistischen Prinzip und bedeutet, dass Gleichgültigkeit gegenüber den gravierenden persönlichen Interessen anderer, insbesondere ihrem Leben, in der Geltungslage der Solidarität unter den Voraussetzungen von Erforderlichkeit und Zumutbarkeit strafrechtlich relevant sein kann. Innerhalb des Rahmens der Notwehr befindet sich die Solidaritätspflicht jedoch in der Regel im „Ruhezustand“, da die volle Verantwortung für den rechtswidrigen Angriff dem Angreifer zugerechnet wird. Eine Verpflichtung des Angegriffenen zur Solidarität würde in diesem Fall einen Verstoß gegen die Anerkennung seines grundlegenden Interesses und gegen den Schutz seiner Selbstbestimmung darstellen. Allerdings kann die Solidaritätspflicht in bestimmten interpersonalen Konstellationen hervortreten, insbesondere dann, wenn durch besondere Umstände das Verantwortlichkeitsprinzip abgeschwächt oder das Solidaritätsprinzip gestärkt wird, was letztlich zu einer Einschränkung des Notwehrrechts führen kann.

Drittes Kapitel

Einschränkung des Notwehrrechts in der deutschen Rechtsordnung

A. Verfassungsrechtliche Grundlage für Einschränkungen des Notwehrrechts

Die Notwehr erfordert eine Legitimation durch eine einheitliche Rechtsordnung, die ihre Quelle in der Verfassung hat. Wenn man also für die Schärfe des Notwehrrechts und seine Grenzen argumentiert, muss man auch die Übereinstimmung mit der Verfassung herstellen. Dazu gehört in erster Linie die Notwendigkeit, das Verhältnis zwischen dem Notwehrrecht und den Grundrechten zu berücksichtigen, insbesondere die Tatsache, dass das Notwehrrecht tatsächlich mit einem Grundrechtskonflikt zwischen dem Angreifer und dem Angegriffenen konfrontiert ist. In den nächsten beiden Untersuchungsschritte ist daher zu klären, ob die Schärfe der Notwehr und ihre Grenzen innerhalb der deutschen Rechtsordnung sachlich gerechtfertigt werden können und wie ein rationaler Rahmen für ihre Systematisierung formuliert werden kann:

(1) Warum erlaubt die Notwehr den Entzug des Schutzes der Grundrechte, allen voran des Rechts auf Leben?

(2) Wie können die Grundrechte Einschränkungen des Notwehrrechts begründen?

Da die Notwehr immer das Problem des Konflikts zwischen Rechtsgut und Wertung lösen muss, kann die Verfassung, die gleichberechtigte und pluralistische Interessen vertritt, im Vergleich zu Moral, Sozialethik usw. immer normativ überzeugendere Argumente liefern.[1]

I. Verfassungsrechtliche Schutzpflicht zum Notwehrrecht

Nach Art. 1, Abs. 3 dGG binden die Grundrechte die gesetzgebende, vollziehende und rechtsprechende Gewalt als unmittelbar geltendes Recht. Der Einzelne hingegen ist, anders als die staatlichen Behörden, nicht unmittelbar an die Grundrechte gebunden.[2] Ausgehend von der objektiv-rechtlichen Funktion der Grund-

---

[1] *Huster*, Neutralität, S. 633 ff.

[2] Vgl. BVerfGE 148, 267.

rechte sollte jedoch auch die Auslegung und Anwendung des Rechts auf die Verletzung von Grundrechten durch Privatpersonen diese objektive Wertordnung vermitteln, und somit sollte die Justiz den Geist der Grundrechte der Verfassung durch Auslegung einbeziehen.[3] Dies ist die mittelbare Drittwirkung der Grundrechte.[4] Obwohl das Strafrecht nicht zum Privatrecht gehört, muss die Drittwirkung der Grundrechte auch bei der Lösung der Frage der Beeinträchtigung der Rechtsgüter des Angreifers berücksichtigt werden, um die Rechtsgüter des Angegriffenen im Rahmen der Notwehr zu schützen; denn es besteht eine Rechtskollision, die es bei der Formulierung bzw. rechtssystematischen Konstruktion des Notwehrrechts aufzulösen gilt.

Die Grundrechte der Angegriffenen werden durch die verfassungsrechtliche Ordnung garantiert, während rechtswidrige Angriffe von anderen Personen als Verneinung der Grundrechte ihrerseits der Verneinung der verfassungsrechtlichen Ordnung unterliegen; hier wird also die Funktion der Verfassung relevant, vor Gefahren zu schützen. Dies spiegelt sich auf der Ebene des Strafrechts in Form von strafrechtlichen Folgen wie Strafen wider, ebenso aber auch in der Rechtfertigung der Notwehr. Grundrechte stehen im Rahmen des von der Verfassung geschaffenen objektiven Wertesystems, mit dem der Staat seiner Schutzpflicht nachkommen muss. Der Zweck dieser Schutzpflicht besteht insbesondere darin, dass der Gesetzgeber erklären muss, dass Eingriffe in das Leben oder die körperliche Unversehrtheit einer anderen Person grundsätzlich rechtswidrig sind, weil sie von der Verfassung nicht erlaubt sind. Das Strafrechtssystem ist also so strukturiert, dass es Angriffe auf Rechtsgüter der Bürger in erster Linie strafrechtlich verneint und präventiv verhindert und so die Schutzpflicht auf der Ebene des staatlichen Gewaltmonopols erfüllt. Die von der verfassungsrechtlichen Ordnung geforderte Schutzpflicht entfällt jedoch nicht in einer Notsituation, in der das staatliche Gewaltmonopol keine wesentliche Rolle spielen kann. Insbesondere wird das Schutzbedürfnis in einer Notsituation angesichts eines rechtswidrigen Angriffs eher noch verstärkt, wenn Verteidigungsmaßnahmen in der Lage sind, tatsächlich erheblichen Beeinträchtigungen vorzubeugen. Die Garantie des Notwehrrechts gegen rechtswidrige Angreifer ist daher eine Folge dieser Schutzpflicht. Sie hat ein legitimes Ziel, die Mittel sind dazu geeignet und sie ist strafrechtlich und verfassungsrechtlich erforderlich, während die Angemessenheit in einem späteren Abschnitt weiter erörtert wird.

Die Verpflichtung des Staates, die Grundrechte des Menschen zu schützen, gilt grundsätzlich für alle Menschen. Etwas komplizierter wird die Situation im Falle eines Angreifers in Notwehr, der durch seinen eigenen rechtswidrigen Angriff einen zu seinen Gunsten bestehenden Schutzanspruch verlieren kann. Und es gibt mehrere

---

[3] Vgl. *Pieroth/Schlink/Kingreen/Poscher*, Grundrechte, Rn. 94.

[4] BVerfG, 18.07.2015 – 1 BvQ 25/15; *Pieroth/Schlink/Kingreen/Poscher*, Grundrechte, Rn. 196.

Möglichkeiten, die Unanwendbarkeit der Schutzpflicht in diesem Fall zu begründen.

Im Allgemeinen gilt die auf den Grundrechten basierende Schutzpflicht nur für Dritte und nicht für selbst zugefügte Verletzungen. So wird die Schutzpflicht des Staates im Falle eines rein selbstverschuldeten Schadens, über den das Opfer die Verfügungsbefugnis hat, nicht unmittelbar aktiviert, um einen solchen selbstverschuldeten Schaden zu verhindern.[5] Dies gilt jedoch nicht für den Angreifer in einer Notwehrsituation, der zwar den rechtswidrigen Angriff und den Ausnahmezustand ausgelöst hat, aber eine mögliche weitere gefährliche Entwicklung der Situation nicht selbst in die Hand nimmt, d. h. der rechtswidrige Angriff wird nicht nach der Regel der Selbstschädigung behandelt.[6] Daher kann nicht willkürlich geschlossen werden, dass der Staat nicht verpflichtet sei, einen Angreifer in einer Notwehrlage zu schützen.

Da der Angreifer in Notwehr weiterhin der verfassungsrechtlichen Schutzpflicht in einem allgemeinen Sinne unterliegt und nicht vollständig aus der verfassungsrechtlichen Rechtsordnung verbannt ist, ist es notwendig, für einzelne Grundrechte zu erörtern, welche konkreten Grundrechte dem Schutzentzug unterliegen.

Als erstes Grundrecht kommt die allgemeine Handlungsfreiheit in Betracht; so erkennt Art. 2 Abs. 1 dGG die Einschränkung des Schutzbereichs der Grundrechte von rechtswidrig handelnden Personen als Ausgleich für die zu weit gefasste Definition der „allgemeinen Handlungsfreiheit“ an.[7] Da die allgemeine Handlungsfreiheit der Schranke unterliegt, dass sie die Rechte anderer nicht verletzen darf, und da die rechtswidrige Verletzung durch den Angreifer notwendigerweise mit den Grundrechten anderer kollidiert, kann sich der Angreifer nicht auf den Schutz von Art. 2 Abs. 1 dGG berufen, um geltend zu machen, dass in sein Verhalten nicht eingegriffen werden darf.

Obwohl die Notwehr nicht ausdrücklich festlegt, welche Grundrechte des Angreifers eingeschränkt werden können, wird sich die Diskussion in der Regel auf das Lebensrecht des Angreifers konzentrieren. In das Lebensrecht des Angreifers, das auf dem Schutzbereich des Art. 2 Abs. 2 S. 1 dGG beruht, kann auf der Grundlage der Rechtfertigung des Art. 2 Abs. 2 S. 3 dGG eingegriffen werden. Das Notwehrrecht nach § 32 dStGB fällt genau unter den Gesetzesvorbehalt nach Art. 2 Abs. 2 S. 3 dGG. Eine typische Ausprägung des Notwehrrechts ist die Einschränkung des Rechts des Angreifers auf Leben und körperliche Unversehrtheit. Der Staat wäre nicht in der Lage, seine Schutzpflicht gegenüber der Angegriffenen zu erfüllen, wenn er seiner Schutzpflicht gegenüber der Angreifenden dadurch nachkäme, dass er der Angegriffenen oder der Nothelferin das Recht einräumte, die Angreifende zu töten oder zu verletzen. Da die Schutzpflicht sowohl für die angreifende als auch für

---

[5] *Hermes*, Grundrecht, S. 228 f.; *Isensee*, Das Grundrecht auf Sicherheit, S. 48 f.

[6] *Lührmann*, Tötungsrecht, S. 71.

[7] *Hermes*, Grundrecht, S. 248.

die verteidigende Partei gilt, entsteht ein Schutzpflichtkonflikt.[8] Da ein solcher Konflikt unweigerlich zulasten der Rechte einer der Parteien gehen würde, stellt sich die Frage nach der Art und Weise, wie der Konflikt gelöst werden soll.

Im Allgemeinen schützt das Strafrecht – als eine Form der Darstellung der Schutzpflicht des Staates im Medium der objektiven Rechtsordnung – das Leben, indem es die Schutzpflicht in eine Bestrafungspflicht umwandelt. Die Bedrohung durch die Strafe wird so zu einem Mittel, die Schutzpflicht zu erfüllen, und sie ist das strengste Mittel und sollte mit größter Sorgfalt eingesetzt werden. Das Wesen des Notwehrrechts besteht darin, dass es die Bestrafungspflicht umgeht und die Verteidigung als Erfüllung der Schutzpflicht anerkennt. Die Einordnung der Notwehr als Rechtfertigungsgrund im Strafrecht ermöglicht es, einen Eingriff in das Lebensrecht unter bestimmten Bedingungen als rechtlich zulässig anzusehen.

Nach h.M. müssen Konflikte zwischen der Schutzpflicht für das Leben und anderen Schutzpflichten nach dem Grundsatz der „praktischen Konkordanz" gelöst werden.[9] Dies beinhaltet eine verhältnismäßige Abwägung der widerstreitenden Interessen, so dass jedem Rechtsgut die größtmögliche Wirkung zukommen wird.[10] Die praktische Grundlage für ein solches Koordinierungskonzept ist wiederum eine pluralistische Gesellschaft als Faktum.[11] Ihre Mitglieder unterscheiden sich in zentralen Fragen wie Religion, Weltanschauung, Lebensorientierung und Lebensstil, während jeder Einzelne das Recht wahrnimmt, sein gesamtes Verhalten auf seine Überzeugungen zu gründen und entsprechend zu handeln. Die Auferlegung eines strikt erschöpfenden Wertesystems für alle Bürger durch eine Rechtsordnung wäre unmöglich und würde kein ausreichendes Rechtsvertrauen schaffen. Es wäre vernünftiger, wenn alle Werte so weit wie möglich auf koordinierte Weise gewahrt würden, d.h. ohne die Notwendigkeit, bestimmte Rechte zugunsten sogenannter „niedrigerer Rechte" vollständig aufzugeben.

Im Falle kollidierender Schutzpflichten muss also ein Prüfungsmechanismus eingeführt werden, um die Beeinträchtigung des Schutzinteresses verfassungsrechtlich zu rechtfertigen. An dieser Stelle kann zunächst der Grundsatz der Verhältnismäßigkeit im öffentlichen Recht erörtert werden, da die Rechtfertigung der Notwehr auf verfassungsrechtlicher Ebene die Nichtdurchsetzung der Schutzpflicht gegenüber dem Angreifer aus Art. 2 Abs. 2 Satz 1 dGG impliziert und die Rechtfertigung dieses Eingriffs nach den allgemeinen Grundsätzen der Verfassung anhand der Kriterien der Geeignetheit, Erforderlichkeit und Angemessenheit zur Erreichung des Ziels erfolgen muss.[12] In diesem Punkt unterscheidet sich die Dritt-

---

[8] *Hermes*, Grundrecht, S. 247.

[9] *Lagodny*, Grundrechte, S. 265 f.; *Hermes*, Grundrecht, S. 24 ff.; BVerfG Urteil vom 25.02.1975 in BVerfGE 39, 47.

[10] *Lührmann*, Tötungsrecht, S. 73.

[11] *Rawls*, Liberalismus, S. 293, 298; siehe auch *Huster*, Neutralität, S. 5.

[12] *Suhr*, JZ 1980, 169; *Pieroth/Schlink/Kingreen/Poscher*, Grundrechte, § 6 Rn. 289.

wirkung der Grundrechte, da sie indirekt ist, nicht wesentlich von derjenigen, die bei rein staatlichen Eingriffen eintritt.

Es stellt sich die Frage, warum der Grundsatz der Verhältnismäßigkeit bei der Notwehr, der in der Strafrechtslehre abgelehnt wurde, stattdessen auf verfassungsrechtlicher Ebene wieder in Betracht gezogen werden muss. Es sollte klar sein, dass die konkrete Bedeutung der angeblichen Ablehnung des Grundsatzes der Verhältnismäßigkeit durch die Notwehr darin besteht, dass der Gesetzgeber in der Notwehrklausel nur den Zweck, die Geeignetheit und die Erforderlichkeit vorgesehen hat und keine Angemessenheitsprüfung vorgesehen hat.[13] Der Kern der Notwehrklausel ist nicht ein Konflikt mit den Rechten des Einzelnen, sondern ein rechtswidriger Angriff. Nach dem Wortlaut der Klausel kann der Verteidiger, solange ein solcher Angriff andauert, alle „erforderlichen" Maßnahmen, nicht nur „angemessene" Maßnahmen, ergreifen, um sich gegen den Angriff zu verteidigen.[14] Daher kann man argumentieren, dass das Notwehrrecht auf strafrechtlicher Ebene nur die Prüfung der Angemessenheit der Proportionalität zwischen den geschützten und den verletzten Rechtsgütern suspendiert.

Da sich das Notwehrrecht unter den Prämissen dieser Arbeit nicht aus einer Aufteilung des Gewaltmonopols des Staates ergibt, sondern aus der Anerkennung eines aus den Grundrechten abgeleiteten Rechts durch den Staat, können auf der verfassungsrechtlichen Ebene der Angemessenheitskontrolle schließlich die Maßstäbe des öffentlichen Rechts nicht unmittelbar angewendet werden, sondern nur nach den besonderen Regeln der Notwehr. Folglich kann auch im Rahmen einer Rechtfertigungsprüfung von Schranken der Grundrechte die Regel der Notwehr als Vorgängervorschrift nicht übergangen werden. Die Prüfung der Angemessenheit im Rahmen des Konflikts zwischen den Grundrechten des Angegriffenen und denen des Angreifers kann also nach den Regeln des Strafrechts ausgesetzt werden.

Anders ist die Lage jedoch zu beurteilen, wenn § 32 dStGB als einfacher Gesetzesvorbehalt im Sinne des Art. 2 Abs. 2 Satz 1 dGG verstanden wird.[15] In diesem Fall unterliegt die Norm einer Verhältnismäßigkeitsprüfung im Rahmen der grundrechtlichen Schutzpflichtenkollision, wobei z.B. das Notwehrrecht des Verteidigers dem Lebensrecht des Angreifers gegenüberzustellen ist. Auch wenn das Notwehrrecht traditionell keiner Angemessenheitsprüfung unterliegt, darf dieser Prüfungsschritt nicht übersprungen werden, sobald § 32 dStGB als grundrechtsbeschränkende Norm diskutiert wird. Dadurch ergibt sich zumindest eine verfassungsrechtlich fundierte Möglichkeit, die Schärfe der Notwehr unter bestimmten Voraussetzungen einzuschränken.

Die Grundrechte des Angegriffenen, die durch das in § 32 dStGB garantierte Notwehrrecht repräsentiert werden, sind jedoch sehr umfangreich. Da der rechts-

---

[13] Vgl. *Erb*, MK/StGB, § 32 Rn. 139 ff.

[14] *Rienen*, Einschränkungen, S. 201.

[15] *Jarass*, Jarass/Pieroth/GG, Art. 2 Rn. 113.

widrige Angriff in Notwehr nach dem Wortlaut nicht auf ein bestimmtes Rechtsgut beschränkt ist, kann das Notwehrrecht im Einzelfall unterschiedliche Grundrechte betreffen. Mit anderen Worten: Wenn bei der Anwendung von § 32 dStGB der Vorwurf der Verfassungswidrigkeit vermieden werden soll, muss diese Anwendung der verfassungskonformen Auslegung entsprechen, um Rechtssicherheit zu gewährleisten. Die verfassungsrechtliche Verhältnismäßigkeit des Notwehrrechts erfordert daher noch folgende Beurteilung:

(1) Das Ziel ist es, die legitimen Interessen der Angegriffenen zu gewährleisten. Bei den vom Notwehrrecht verteidigten Interessen muss es sich also um Rechte handeln, die aus den vom Grundgesetz anerkannten Grundrechten wie der allgemeinen Handlungsfreiheit, dem Recht auf Leben, dem Recht auf Eigentum usw. abgeleitet werden können. Als Produkt der Negation der Negation der individuellen Rechte muss das Notwehrrecht notwendigerweise dem Schutz individueller Rechte als Zweck dienen und sich unmittelbar aus dem Schutzgehalt der Grundrechte ableiten lassen.

(2) Die h.M. geht implizit davon aus, dass die Erforderlichkeit auch das Merkmal der Geeignetheit umfasst.[16] Geeignetheit bedeutet, dass die Maßnahme grundsätzlich in der Lage ist, den Angriff vollständig zu beenden oder zumindest Hindernisse für den Angriff zu errichten.[17] Die Zerstörung von fremdem Gut, das in keinem Zusammenhang mit dem Angriff steht, ist daher nicht als Notwehr gerechtfertigt.[18]

(3) Nach § 32 Abs. 2 dStGB ist die Verteidigung gegen einen gegenwärtigen rechtswidrigen Angriff nur in Fällen der Erforderlichkeit zulässig, entsprechend sollte das relativ mildeste der möglichen Verteidigungsmittel gewählt werden.[19] Natürlich wäre der Standard der Erforderlichkeit nur unter der Prämisse problematisch, dass die Möglichkeit eines alternativen Verhaltens besteht. Besteht nur eine einzige geeignete Abwehrmöglichkeit, so ist diese immer auch erforderlich.[20]

(4) Nach dem Gebot der verfassungsrechtlichen Überprüfung muss ein angemessenes Verhältnis zwischen dem Nachteil, der dem Angreifer als Grundrechtsträger entsteht, und dem Vorteil des Notwehrrechtsträgers hergestellt werden. Dabei handelt es sich jedoch nicht um eine bloße Güterabwägung. Vielmehr ist der Anwendungsbereich des Notwehrrechts unter Berücksichtigung der gesamten Verfassungsordnung sowie der zugrunde liegenden rechtstheoretischen Prinzipien des Notwehrrechts zu bestimmen.

---

[16] *Erb*, MK/StGB, § 32 Rn. 150.

[17] *Warda*, Jura 1990, 346 f.

[18] BGH NStZ 83, 500; *Joecks*, in: FS-Grünwald, S. 265.

[19] BGHSt 3, 217; *Kindhäuser/Zimmermann*, AT, § 16 Rn. 29.

[20] *Perron/Eisele*, Schönke/Schröder/StGB, § 32 Rn. 36.

Daraus ergibt sich, dass die Kriterien der Zielsetzung, Geeignetheit und Erforderlichkeit auch im strafrechtlichen Rahmen der Notwehrvoraussetzungen zu prüfen sind. Die Frage der Angemessenheit hingegen betrifft die verfassungsrechtliche Bewertung der durch das Notwehrrecht bedingten Aufhebung staatlicher Schutzpflichten und ist daher im Lichte der verfassungsmäßigen Ordnung gesondert zu erörtern. Zur Beurteilung der Angemessenheit steht mit dem Notwehrrecht ein Instrument zur Verfügung, das aufgrund seiner weiten Reichweite eine Vielzahl von Grundrechten des Angreifers tangieren kann. Typische Beispiele sind: Allgemeine Handlungsfreiheit (Art. 2 Abs. 1 dGG); Leben/Körperliche Unversehrtheit (Art. 2 Abs. 2 S. 1 dGG); Eigentum und Erbrecht (Art. 14 dGG); Freiheit der Person (Art. 2 Abs. 2 dGG) usw.

Nach der Rechtfertigungsgrundlage der Notwehr ist die Verteidigung die Beseitigung eines Eingriffs in den Rechtsraum des Angegriffenen.[21] Sobald der Angreifer seinen eigenen Rechtsraum überschritten hat, ist es für den formalen Begriff der Rechte unerheblich, ob er die Rechtsgüter anderer geringfügig oder erheblich beeinträchtigt hat. Da das Notwehrrecht eine formale rechtliche Anerkennung des Rechts des Bürgers ist, seinen Rechtsraum zu verteidigen, sollte das Strafrecht die prinzipielle Überschreitung der Angemessenheit durch Selbstverteidigung anerkennen. Dies kann jedoch im Rahmen der verfassungsrechtlichen Kontrolle problematisch sein, da das Recht auf Leben/körperliche Unversehrtheit als sehr nahe an der Menschenwürde angesehen wird[22] und die Pflicht zu deren Schutz als uneingeschränkt gilt.[23] Folglich ist eine weitere Prüfung der Angemessenheit der Verfassungsmäßigkeit auch nur dann notwendig, wenn das Notwehrrecht in Konflikt mit dem Recht auf Leben bzw. körperliche Unversehrtheit des Angreifers geraten würde.

Daher kann argumentiert werden, dass in den Fällen, in denen das Notwehrrecht nicht das Recht auf Leben und körperliche Unversehrtheit des Angreifers betrifft, die Beurteilung der Angemessenheit im Rahmen der verfassungsrechtlichen Prüfung direkt übersprungen werden kann, da andere Grundrechte keinen so hohen verfassungsrechtlichen Stellenwert haben; die strafrechtlichen Regeln können in diesen Fällen direkt angewendet werden, d.h. der Grundsatz der Verhältnismäßigkeit im engeren Sinne darf nicht angewendet werden. Wenn beispielsweise ein Angreifer einen Schlagstock bei einem Angriff einsetzt, bedeutet die Handlung des Verteidigers, den Schlagstock zu zerstören, lediglich eine Einschränkung der Eigentumsrechte des Angreifers, so dass die Angemessenheitsprüfung nicht anwendbar ist und das Notwehrrecht auch dann nicht eingeschränkt wird, wenn der Wert des Objekts, das der Verteidiger schützt, viel geringer ist als der Wert des Schlagstocks.[24]

---

[21] *Pawlik*, ZStW 114 (2002), 271 f.

[22] Vgl. BVerfG Urteil vom 25.02.1975 in BVerfGE 39, 42.

[23] *Epping*, Grundrechte, Rn. 618.

[24] *Günther*, SK/StGB, § 32 Rn. 45; *Erb*, MK/StGB, § 32 Rn. 89.

Die Angemessenheitsprüfung wird relevant, wenn das Notwehrrecht in das Recht auf Leben und körperliche Unversehrtheit des Angreifers eingreift. Diese Rechtsgüter werden im verfassungsrechtlichen Kontext als besonders schützenswert betrachtet, da sie in engem Zusammenhang mit der Menschenwürde stehen. Dennoch ist zu berücksichtigen, dass private Verteidigungshandlungen grundsätzlich weniger strengen Maßstäben unterliegen als hoheitliche Eingriffe.[25] Wenn die verteidigten Rechtsgüter ebenfalls mit dem Recht auf Leben und körperliche Unversehrtheit verbunden sind, dann sollte es keine weiteren Einschränkungen außer der Erforderlichkeit geben, denn es gibt dann keinen qualitativen Unterschied zwischen den Rechtsgütern der beiden Seiten; daher wird die Subjektqualität des Angreifers nicht erschüttert und er wird nicht zum reinen Objekt staatlichen Handelns reduziert.[26]

Zweifellos beeinträchtigt die aus dem Autonomieprinzip abgeleitete Duldungspflicht des Angreifers dessen körperliche und seelische Integrität. Doch diese Beeinträchtigung lässt sich im Rahmen der verfassungsrechtlichen Rechtfertigungsprüfung als zulässige Grundrechtsschranke legitimieren. Dies steht auch nicht im Widerspruch zu Art. 102 dGG, da das Grundgesetz die Todesstrafe als staatliche Strafe abschafft und sich die Schranken-Schranke des Gesetzesvorbehalts aus Art. 2 Abs. 2 Satz 3 dGG ergibt.[27] Das Notwehrrecht ist keine Strafe, die den Bürgern auferlegt wird, und unterliegt daher nicht den Beschränkungen des Art. 102 dGG, der die öffentliche Gewalt des Staates begrenzt.

Im Gegensatz dazu sollte die Verhältnismäßigkeit eine wichtige Rolle bei der Verteidigung von Sachwerten spielen, da Leben und Eigentum nicht auf derselben Stufe stehen und es verfassungsrechtlich bedenklich ist,[28] die Schutzpflicht für das Leben aufzugeben, um bloßes Eigentum zu schützen.[29] Obwohl das Autonomieprinzip der Notwehr dem rechtswidrigen Angreifer eine Ausschlusspflicht zugunsten des Verteidigers auferlegt, folgt daraus nicht, dass die verfassungsmäßige Ordnung vollständig von der Verpflichtung entbunden wäre, das Recht auf Leben sowie die Menschenwürde des Angreifers zu schützen. Insbesondere fehlt es an einer hinreichenden verfassungsrechtlichen Rechtfertigung dafür, den Schutz des Lebens allein zur Verteidigung von Eigentum aufzugeben. Das Notwehrrecht sollte daher in solchen Fällen verfassungsrechtlich begrenzt werden.

---

[25] Vgl. *Kioupis*, Notwehr, S. 75.

[26] BVerfGE 96, 399; 115, 152.

[27] *Kersten*, Dürig/Herzog/Scholz/GG, Art. 102 Rn. 26.

[28] *Lührmann*, Tötungsrecht, S. 75.

[29] Nach der deutschen Verfassungsrechtsordnung ist das Recht auf Eigentum im Falle eines Konflikts mit dem Recht auf Leben benachteiligt: Das Bundesverfassungsgericht hat in seinem zweiten Urteil zum Schwangerschaftsabbruch eine allgemeine Dringlichkeitsindikation nur dann als gerechtfertigt anerkannt, wenn die Geburt des Kindes die Frau so schwer belasten würde, dass sie einem Hinweis auf eine medizinische und embryonale Pathologie gleichkäme. Daher können rein wirtschaftliche Überlegungen nicht zur Rechtmäßigkeit einer Abtreibung führen. Vgl. BVerfG Urteil vom 28.05.1993 in JZ (Sonderheft) D III, 22 ff.

Darüber hinaus muss sich die Angemessenheitsprüfung im Rahmen des verfassungsrechtlichen Verhältnismäßigkeitsprinzips auch in den konkreten Umständen der Notwehrlage widerspiegeln. Dies gilt insbesondere dann, wenn das Verantwortungsprinzip nur eingeschränkt zur Geltung kommt oder wenn das Solidaritätsprinzip in besonderer Weise hervortritt. In solchen Konstellationen entfaltet auch die grundlegende Dogmatik des Notwehrrechts eine interne begrenzende Wirkung auf die Angemessenheitsprüfung.

II. Einschränkungen und Art. 103 Abs. 2 dGG

Wie bereits erwähnt, kann das Notwehrrecht in viele Grundrechte des Angreifers eingreifen, allen voran in das Recht auf Leben. Das Problem ist jedoch, dass § 32 dStGB, der die Grundlage für das Notwehrrecht bildet, keinen ausdrücklichen Vorbehalt vorsieht. In Anbetracht der Einfachheit des Wortlauts von § 32 dStGB und der erheblichen Rechtsfolgen, die sich aus der möglichen Aufhebung der Schutzpflicht für das Lebensrecht ergeben, stellt sich die Frage, ob Art. 103 Abs. 2 dGG auf die Notwehrvorschrift anwendbar ist, die im Lichte des verfassungsrechtlichen Bestimmtheitsgebots, insbesondere in Fällen einer Einschränkung des Notwehrrechts, geprüft werden muss.

Eine erste Auffassung im Sinne der Verneinung der Anwendungsmöglichkeit geht dahin, dass der Nulla-poena-Grundsatz aus Art. 103 Abs. 2 dGG im allgemeinen Teil des Strafgesetzbuchs überhaupt nicht gelte.[30] Dies liege daran, dass der Gesetzgeber des Allgemeinen Teils es bewusst vermieden habe, den größten Teil des Inhalts zu präzisieren, um die Klärung der relevanten Fragen der Rechtsprechung und der Literatur zu überlassen. Müsste auch der allgemeine Teil der Bestimmtheit genügen, würde ein großer Teil des bestehenden Strafrechts Zweifeln an seiner Verfassungswidrigkeit unterliegen.[31]

Es gibt ferner Argumente für die Unanwendbarkeit im Hinblick auf die Rechtfertigungsgründe. Denn Rechtfertigungsgründe seien eigentlich keine Angelegenheit des Strafrechts, sondern hätten ihren Ursprung in verschiedenen Sphären der Rechtsordnung und spielten im Strafrecht nur aufgrund der Einheit der Rechtsordnung eine Rolle. Zivilrechtliche und öffentlich-rechtliche Bestimmungen unterlägen jedoch nicht den strengen Anforderungen des Art. 103 Abs. 2 dGG.[32] Außerdem seien die Rechtfertigungsgründe nur Prinzipien für den Umgang mit Interessenkonflikten und keine Typisierung von Tatbestandsmerkmalen;[33] sie eigneten sich daher nicht für eine Bindung an den Bestimmtheitsgrundsatz.

---

[30] RGSt 56, 168; *Hardwig*, ZStW 78 (1966), 8 f.

[31] Vgl. *Rudolphi*, SK/StGB, § 1 Rn. 24.

[32] *Roxin*, ZStW 93, 79 f.; *Amelung*, JZ 1982, 617.

[33] *Roxin*, ZStW 93, 79 f.

Auf der anderen Seite herrscht die Auffassung vor, dass Art. 103 Abs. 2 dGG auch für die allgemeine Theorie und insbesondere für die Rechtsfertigungsgründe gelte.[34] Der Hauptgrund dafür sei, dass die Rechtfertigung kollektiv die Strafbarkeit bestimme. So führe umgekehrt die Einschränkung der Rechtfertigungsgründe zur strafrechtlichen Bestrafung eines ansonsten gerechtfertigten Täters. Damit werde der Umfang der strafrechtlichen Verantwortung zum Nachteil des Täters ausgeweitet und unterscheide sich im Ergebnis nicht von einer entsprechenden Auslegung auf der Ebene der Tatbestände.[35]

Es sollte bedacht werden, dass der Zweck von Art. 103 Abs. 2 dGG darin besteht, Rechtssicherheit gegen eine unangemessene Ausweitung der strafrechtlichen Verantwortlichkeit des Täters herzustellen.[36] Eine restriktive Auslegung des Rechtfertigungsgrundes würde nämlich zu einer Ausweitung der Strafbarkeit für die betreffende Straftat führen. Diese einschränkende Wirkung des Nullum-crimen-Satzes darf in der Sphäre der Rechtfertigungs- und Entschuldigungsgründe nicht übersehen werden; bei Nichtanwendung der Garantie des Art. 103 Abs. 2 dGG bestünde in der Tat die Möglichkeit eines Missbrauchs der Auslegung.[37]

Ein Blick auf den ursprünglichen Wortlaut des Strafgesetzbuchs zeigt jedoch, dass § 32 dStGB keine Einschränkung des Notwehrrechts über das Kriterium der Erforderlichkeit hinaus erwähnt. Die Strafrechtstheorie hat versucht, die Einschränkung der Notwehr mit dem Begriff der „Gebotenheit" zu formulieren.[38] Es stellt sich zunächst die Frage, ob der Begriff der Gebotenheit ausreicht, um den Anforderungen des Art. 103 Abs. 2 dGG zu genügen und damit den gesetzlichen Anknüpfungspunkt für die Einschränkung des Notwehrrechts zu liefern. Während die h.M. davon ausgeht, dass die Formulierung „Gebotenheit der Notwehr" in § 32 Abs. 1 bereits eine ausreichende Rechtsgrundlage für die Einschränkung des Notwehrrechts biete,[39] gibt es gegenteilige Auffassungen, die besagen, dass es keinen wesentlichen Unterschied zwischen der „Gebotenheit" in § 32 Abs. 1 dStGB und der „Erforderlichkeit" in § 32 Abs. 2 dStGB gebe, weil der Begriff „geboten" semantisch keine Pflicht, sondern nur ein Recht auf eine Notwehrhandlung begründen solle, was darauf hinweist, dass etwas getan werden muss, um ein bestimmtes Ziel zu erreichen – nämlich den Erfolg der Notwehr.[40]

Diese Suche nach der semantischen Bedeutung des Begriffs „Gebotenheit" ist jedoch möglicherweise nicht von praktischer Bedeutung, denn ein wichtigerer Punkt ist die Frage, wie eine funktionale verfassungsrechtliche Grundlage für die

---

[34] *Erb*, ZStW 108 (1996), 276 ff.; *Frister*, GA 1988, 315; *Eser*, Schönke/Schröder/StGB, § 1 Rn. 14a; BGHSt 39, 27; BGHSt 39, 27.

[35] *Schmitz*, MK/StGB, § 1 Rn. 13; *Hassemer/Kargl*, NK/StGB, § 1 Rn. 72.

[36] Vgl. BGHSt 42, 161.

[37] *Erb*, ZStW 108 (1996), 285.

[38] *Kühl*, AT, § 7 Rn. 162.

[39] *Kühl*, AT, § 7 Rn. 162 ff.; *Roxin/Greco*, AT I, § 15 Rn. 55 ff.

[40] *Erb*, MK/StGB, § 32 Rn. 205; *Schmidhäuser*, in: FS-Honig, S. 198 f.

Einschränkung des Notwehrrechts geschaffen werden kann. Unter dem Gesichtspunkt der historischen Auslegung hat der Gesetzgeber, obwohl es nicht in § 37 E 62 aufgenommen worden war, weil man es für überflüssig hielt, das Merkmal der Gebotenheit in § 32 Abs. 1 dStGB wieder eingeführt, was in der Hoffnung geschah, es offen zu halten.[41] Folglich ist die erforderliche Verteidigungshandlung gemäß Abs. 2 nicht notwendigerweise eine Handlung, die „durch Notwehr geboten" im Sinne von Abs. 1 ist.[42] Es geht also nicht darum, die Bedeutung der „Gebotenheit" an sich zu erforschen, sondern die zusätzlichen Kriterien zu untersuchen und zu ermitteln, die eine Einschränkung des Notwehrrechts vorsehen, während das Konzept der Gebotenheit bestenfalls die Möglichkeit zum Ausdruck bringt, dass es Situationen geben kann, in denen die Notwehr zusätzlichen Einschränkungen unterworfen sein kann.[43]

Es besteht natürlich ein gewisser Widerspruch zwischen dieser Offenheit des Gesetzestextes und der Rechtssicherheit. So besteht nach Rudolphi die verfassungsrechtliche Anforderung an den Gesetzgeber aus Art. 103 Abs. 2 dGG darin, die Rechtssicherheit des Bürgers auf der Grundlage des Gesetzes so weit wie möglich zu gewährleisten, und wenn es keine „absolute Rechtssicherheit" gibt, dann muss zumindest eine „relative Rechtssicherheit" gewährleistet sein.[44] Nach einigen Auffassungen ist es in der gegenwärtigen deutschen Rechtsordnung zweifelhaft, ob es dem Gesetzgeber gelungen sei, in § 32 dStGB zumindest „relative Rechtssicherheit" im Hinblick auf die sozialethische Einschränkung der Notwehr herzustellen.[45]

Doch diese Besorgnis übersieht die tatsächliche Rechtsquelle und die leitende Funktion des Richterrechts. Auch wenn die h. M. davon ausgeht, dass das Richterrecht gemäß der Gewaltenteilungslehre keine formelle Rechtsquelle darstellt,[46] wird seine faktische gesetzgeberische Wirkung, insbesondere die der Bundesgerichte, oft unterschätzt. Die Gegenmeinung vertritt hingegen, dass höchstrichterliche Grundsatzentscheidungen Rechtsnormen schaffen könnten, sei es durch die erstmalige Klärung einer offenen Rechtsfrage oder die Neujustierung bestehender Regelungen. Eine einzelne Entscheidung kann somit bereits als normative Grundlage dienen.[47] Daher haben höchstrichterliche Grundsatzentscheidungen als Teil des Richterrechts zumindest den Status einer indirekten Rechtsquelle.[48]

---

[41] BT-Drucks. V/4095, S. 14.

[42] BGH 42 102; *Rengier*, AT, § 18 Rn. 54.

[43] *Perron/Eisele*, Schönke/Schröder/StGB, § 32 Rn. 44.

[44] *Rudolphi*, SK/StGB, § 1 Rn. 13.

[45] *Scherenberg*, Einschränkungen, S. 70; *Engels*, GA 1982, 119 ff.; *Erb*, ZStW 108 (1996), 294 ff.; *Rienen*, Einschränkungen, S. 177.

[46] *Larenz*, Methodenlehre, S. 429 ff.

[47] *Rüthers/Fischer/Birk*, Rechtstheorie, § 6 Rn. 239.

[48] *Rüthers/Fischer/Birk*, Rechtstheorie, § 6 Rn. 243.

Das BVerfG hat in seiner Entscheidung zur Untreue klargestellt, dass unbestimmte Generalklauseln im Strafrecht nicht verfassungswidrig sind, sofern sie durch die Rechtsprechung hinreichend konkretisiert werden. Konkret bedeutet dies, dass Gerichte durch die Bildung und Fortentwicklung gefestigter Fallgruppen eine präzisierende Funktion übernehmen und dadurch die erforderliche Bestimmtheit einer Norm herstellen können.[49] Das BVerfG hat damit anerkannt, dass das Richterrecht im Strafrecht eine wesentliche Rolle spielt, indem es bestehende Unklarheiten beseitigt und offene Tatbestandsmerkmale durch Rechtsprechung ausfüllt.

Zusammenfassend gilt im Bereich der Einschränkung des Notwehrrechts im deutschen Strafrecht, dass eine Verfassungswidrigkeit nicht anzunehmen ist, sofern höchstrichterliche Grundsatzentscheidungen eine hinreichende Konkretisierung dieser Frage vorgenommen haben. Zwar könnte die durch gerichtliche Auslegung erreichte notwendige Bestimmtheit einer strengeren verfassungsrechtlichen Kontrolle unterliegen,[50] dennoch kommt den Entscheidungen des BGH zur Einschränkung des Notwehrrechts die Qualität einer Rechtsquelle sowie rechtliche Bindungswirkung zu.

III. Strafverfassungsrechtliche Überlegungen zu den Einschränkungen des Notwehrrechts

Der Versuch, die „wahre Bedeutung" der „Gebotenheit" von einem semantischen Standpunkt aus zu finden, ist vergeblich, was aber nicht bedeutet, dass die Kontrolle der Grenzen des Notwehrrechts ihre Grundlage verloren hat, d. h. solange Art. 103 Abs. 2 dGG für § 32 dStGB verbindlich ist, gilt das Bestimmtheitsgebot für sie. „Geboten" ist das Partizip Perfekt von „gebieten", abgeleitet von dem Hauptwort „Gebot", und ist der konträre Gegenbegriff von „Verbot".[51] Der Ausdruck impliziert in einer ethischen und moralischen Bedeutung, dass es eine höhere Gesetzesordnung gibt, die dem Verteidiger einen Befehl auferlegt. Das Problem ist, dass, wenn Ethik und Moral als Quelle der Gebotenheit betrachtet werden, immer die Frage der Unbestimmtheit bleibt.

Eine Möglichkeit, einen höheren Grad an Konformität mit dem Prinzip der Rechtsstaatlichkeit herzustellen, wäre, den Begriff der Gebotenheit selbst auf die Verfassungskonformität zu beziehen. Denn die Verfassung legt die Gebotenheit des gesamten Rechtssystems fest. Eine verfassungswidrige Handlung kann nicht im wörtlichen Sinne des Wortes „geboten" sein.[52] Das Bestimmtheitsgebot des § 32 dStGB kann also durch eine verfassungskonforme Auslegung erfüllt werden. Hier

---

[49] BVerfG, NJW 09, 2370; *Perron/Eisele*, Schönke/Schröder/StGB, § 266 Rn. 1a.

[50] BVerfGE 126, 199 ff.

[51] *Lührmann*, Tötungsrecht, S. 84.

[52] *Lührmann*, Tötungsrecht, S. 84.

stellt sich die Frage, nach welchen materiellen Grundsätzen die Grenzen der Notwehr zu bestimmen sind.

Art. 1 und Art. 20 dGG enthalten grundlegende verfassungsrechtliche Entscheidungen zugunsten der Freiheit und der materiellen Rechtsstaatlichkeit, und der Rechtsstaat verfolgt ein sehr materielles Anliegen, die bürgerlichen Freiheiten durch formale Garantien und Zusicherungen zu etablieren und zu erhalten.[53] Die materielle Rechtsstaatlichkeit muss über die Grundrechte der Verfassung und ihre unmittelbare Verbindlichkeit nach Art. 1 Abs. 3 dGG hergestellt werden.[54] Der Autonomiegrundsatz, der die Grundlage für die Begründung der Notwehr bildet, verkörpert auch den Schutz der Grundrechte, d. h. die Befugnisse der Bürger, ihre Grundrechte in Notsituationen eigenständig zu schützen. Der Staat wiederum kommt seiner Schutzpflicht für die Grundrechte nach, indem er diese Befugnis anerkennt.

Wenn die Notwehr, die im Wesentlichen die Grundrechte der Bürger berührt, als strafrechtliche Norm eingeführt wird, ist sie zwar selbst kein staatliches Handeln, wohl aber Ausdruck staatlichen Handelns im Modus ihrer gesetzgeberischen und judikativen Anerkennung als rechtmäßiges Verhalten. Denn obwohl es sich bei der Notwehr um ein privates Recht handelt, das von Privatpersonen ausgeübt wird, stellt sich die Frage des Ausgleichs zwischen kollidierenden Grundrechtspositionen spätestens dann, wenn die staatliche Rechtsordnung ihre Legitimität anerkennt und die Rechtmäßigkeit der Grundrechtseingriffe durch gesetzliche Regelung gewährleistet.

Der Rechtsstaat soll als liberaler Staat so wenig wie möglich in die individuelle Freiheit eingreifen, während er zugleich als Sozialstaat die Voraussetzungen für die tatsächliche Freiheit aller schaffen und sichern muss. Daher sollte das Sozialstaatsprinzip nach Art. 20 Abs. 1 dGG eine materielle Grundlage für die Einschränkung des Notwehrrechts bieten. Aus der Garantie der Menschenwürde in Verbindung mit den sozialstaatlichen Prinzipien ergibt sich das Grundrecht auf ein menschenwürdiges Existenzminimum und das Staatsziel sozialer Gerechtigkeit.[55]

Selbst wenn man davon ausgeht, dass der Anwendung des Grundsatzes des Übermaßverbots im Bereich der Notwehr Hindernisse entgegenstehen, kann das Verbot eines groben Missverhältnisses im Rahmen des Notwehrrechts über das Solidaritätsprinzip dennoch Auswirkungen auf das Urteil haben. Der Kontrast im verfassungsrechtlichen Gewicht zwischen dem Rechtsstaatsprinzip und dem Sozialstaatsprinzip kann den Grad der Strenge des Notwehrrechts erheblich beeinflussen.[56] Man kann argumentieren, dass die deutsche Verfassungsordnung einerseits die Menschenwürde als unantastbares Grundrecht garantiert, das unter keinen

---

[53] *Degenhart*, Staatsorganisationsrecht, Rn. 138.

[54] *Kloepfer*, Verfassungsrecht I, § 10 Rn. 25, 41 f.

[55] *Degenhart*, Staatsorganisationsrecht, Rn. 599 f.

[56] *Hesse*, Verfassungsrecht, Rn. 215.

Umständen eingeschränkt werden darf. Andererseits ergibt sich aus dem Umstand, dass der Sozialstaat als Staatsziel im Grundgesetz verankert ist, ein verfassungsrechtliches Gebot, das Notwehrrecht dort angemessen zu begrenzen, wo es das Lebensrecht des Angreifers berührt. Dieses Lebensrecht bildet die unverzichtbare Grundlage sowohl der Menschenwürde als auch der sozialen Sicherheit und darf nicht irreparabel verletzt werden, was im Rahmen der verfassungsrechtlichen Verhältnismäßigkeitsprüfung zu berücksichtigen ist.

B. Einschränkungen des Notwehrrechts durch EMRK

Neben dem Grundgesetz stellt auch die Europäische Menschenrechtskonvention (EMRK) eine relevante Rechtsquelle dar, die das Notwehrrecht in Deutschland beeinflussen kann. Umstritten ist jedoch, ob und in welchem Umfang das innerstaatliche Notwehrrecht den aus der EMRK abzuleitenden Beschränkungen unterliegt.

I. Ablehnung der Anwendbarkeit von Art. 2 EMRK auf das deutsche Notwehrrecht

1. Auslegung der „Verteidigung eines Menschen"

Es besteht kein Zweifel an der Rechtswirkung der EMRK in Deutschland als europäischem Recht.[57] Die Frage ist, ob Art. 2 EMRK die Anwendung der Notwehr im deutschen Strafrecht im Zusammenhang mit vorsätzlicher Tötung zum Eigentumsschutz begrenzt. Zunächst kann sich eine Einschränkung aus Art. 2 Abs. 2 a EMRK ergeben, der vorsieht, dass die Tötung einer Person nicht als Verletzung des Lebensrechts angesehen wird, wenn sie durch eine Gewaltanwendung verursacht wird, die unbedingt erforderlich ist, um jemanden gegen rechtswidrige Gewalt zu verteidigen. Nach einer beachtlichen Auffassung läuft dies auf ein Verbot der Tötung aus Notwehr bei Angriffen auf Eigentum hinaus.[58] Denn die Verteidigung eines Menschen gegen rechtswidrige Gewalt beziehe sich auf die Verteidigung des Lebens, der Gesundheit und allenfalls der Freiheit, während die bloße Verteidigung des Eigentums ausgeschlossen sei.[59]

Diese Ansicht stellt jedoch eine Minderheitsmeinung dar. Die h.M. lehnt die Anwendbarkeit von Art. 2 EMRK auf das Notwehrrecht ab und versucht, eine andere Lösung zu finden. Einige vertreten die Auffassung, dass die Verteidigung von

---

[57] *Kühl*, ZStW 100 (1988), 408 ff.

[58] *Frister*, GA 1985, 553; *Lührmann*, Tötungsrecht, S. 270 ff.; *Marxen*, Grenzen, S. 61 f.; *Frowein/Peukert*, EMRK, Art. 2 Rn. 11.

[59] Köln OLGSt § 32 1; *Echterhölter*, JZ 56, 143.

Sachwerten auch als „Verteidigung eines Menschen gegenüber rechtswidriger Gewaltanwendung“ im Sinne der Art. 2 EMRK verstanden werden solle. Zur Begründung wird auf einen vermeintlich inhärenten Widerspruch innerhalb des Art. 2 EMRK verwiesen: So sei nach Art. 2 Abs. 2 b EMRK die Tötung zur Durchsetzung der Festnahme eines Diebes erlaubt, während nach Art. 2 Abs. 2 a EMRK die Tötung zur bloßen Verhinderung des Diebstahls unzulässig sei. Dieser Widerspruch lasse sich nach dieser Auffassung nur durch eine erweiternde Auslegung des Art. 2 Abs. 2 a EMRK auflösen, welche dessen Anwendungsbereich auf den Schutz von Eigentum ausdehne.[60]

Allerdings weist diese Argumentation Schwächen auf. Einerseits könnte die Beschreibung des Diebstahls mit anschließender Flucht unter Mitnahme der gestohlenen Gegenstände als „Gewaltanwendung gegen einen Menschen“ eine Überzeichnung des Wortlauts von Art. 2 Abs. 2 a EMRK darstellen.[61] Andererseits könnte dieser angebliche inhärente Widerspruch lediglich hypothetisch sein, da die EMRK nur eine prinzipielle Bestimmung über die Beschränkungen des Lebensrechts ist und die Schranken der Schranken eines so wichtigen Grundrechts wie des Lebensrechts bei der Umsetzung in das innerstaatliche Recht in der Regel vielfältig sind. Aufgrund der Einschränkungen des Verhältnismäßigkeitsprinzips ist es schwierig, die Zulassung von Tötungen bei der öffentlichen oder privaten Festnahme eines einfachen Diebes zu rechtfertigen.[62]

2. Keine Einschränkung des privaten Notwehrrechts

Ein weiteres starkes Argument der h. M. gegen die Bindungswirkung der EMRK ist, dass sie keine Bindungskraft für das private Selbstverteidigungsrecht habe.[63] Diese Ansicht argumentiert, dass sich die EMRK nicht mit den Rechtsbeziehungen zwischen den Bürgern befasse, sondern nur zwischen dem Staat und den Bürgern – und dass ihr Zweck ausschließlich darin bestehe, den Staat daran zu hindern, ungebührlich in die Rechtssphäre des Einzelnen einzugreifen. Der Wortlaut („jemanden rechtmäßig festzunehmen“; „einen Aufruhr oder Aufstand rechtmäßig niederzuschlagen“) und die Gesetzgebungsgeschichte stützten diese Auslegung.[64]

Jedoch hat der EGMR wiederholt betont, dass Art. 2 EMRK als eine der grundlegendsten und nicht abdingbaren Bestimmungen der Konvention im Sinne eines wirksamen Lebensschutzes ausgelegt werden müsse und dass er den Staaten neben dem Verbot ungerechtfertigter Tötungen eine positive Verpflichtung aufer-

---

[60] *Herzog*, NK/StGB, § 32 Rn. 97.

[61] *Scherenberg*, Einschränkungen, S. 100 ff.

[62] *Glaser*, KK/StPO, § 127 Rn. 19; BGH NStZ-RR 2007, 303.

[63] *Kühl*, AT, § 7 Rn. 118; *Fischer*, StGB, § 32 Rn. 40; *Jescheck/Weigend*, AT, S. 349 f.

[64] *Rönnau/Hohn*, LK/StGB, § 32 Rn. 237.

lege, ihr gesamtes Rechtssystem auf den Lebensschutz auszurichten.[65] Die Einschränkungen durch die EMRK wirken über Art. 2 Abs. 2 dGG auf das deutsche Notwehrrecht ein, weil die strafrechtliche Rechtfertigung der Notwehr den Angreifer faktisch von der Pflicht zum Lebensschutz entbinden würde, eine erhebliche Rechtsfolge, die sich der verfassungsrechtlichen Kontrolle durch das Grundgesetz nicht entziehen kann.[66] Das Notwehrrecht ist also kein absolutes Privatrecht, denn es erfordert zwangsläufig die Mitwirkung des Staates als Schützer des verfassungsmäßigen Lebensrechts. Auch strafrechtliche Vorschriften, die das Notwehrrecht vorsehen, unterliegen grundsätzlich der deutschen verfassungsrechtlichen Überprüfung.

3. Einschränkung des Notwehrrechts nur bei „absichtlicher" Tötung

Darüber hinaus stützen sich die Kritiker eines weitreichenden Einflusses der EMRK auf das Notwehrrecht auf eine restriktive Auslegung von Art. 2 EMRK, um dessen Anwendung in Notwehrkonstellationen zu begrenzen. Art. 2 Abs. 1 EMRK sei auf „absichtliche Tötung" beschränkt,[67] was als Ausschluss von Tötungen mit Eventualvorsatz aus dem Anwendungsbereich des Art. 2 EMRK zu betrachten sei.[68] In diesem Fall sei eine Tötung mit bedingtem Vorsatz zur Verteidigung des Eigentums vom Anwendungsbereich der Einschränkung des Art. 2 EMRK ausgenommen und könne gerechtfertigt sein, während in der Praxis eine Tötung mit direktem Vorsatz oder sogar mit Absicht selbst nicht erforderlich sei, um einen Angriff auf das Eigentum zu abzuwenden.[69]

Eine solche Auslegung kann jedoch zu einem inneren Widerspruch im System von Art. 2 EMRK führen, denn da eine Tötung zum Zwecke der Festnahme nur mit Eventualvorsatz möglich ist, wäre Art. 2 Abs. 2 insgesamt ungültig, wenn die Bestimmung von vornherein auf Tötungen mit explizitem oder wissentlichem Vorsatz beschränkt würde.[70]

Der EGMR respektiert in seiner Rechtsprechung in der Regel die nationalen Definitionen der „Absicht", insbesondere im Kontext vorsätzlicher Tötungsdelikte, und legt auf der Ebene der EMRK keinen einheitlichen Maßstab fest. In der Rechtssache Bortnik gegen Ukraine übernahm der EGMR die Definition von „intention" aus dem anglo-amerikanischen Rechtskreis, wonach eine Tötungsabsicht auch dann angenommen werden kann, wenn sich die Absicht des Täters lediglich auf die Verursachung einer Körperverletzung beschränkt, selbst wenn er nicht di-

---

[65] Vgl. EGMR 24.9.08 Z. 103 ff.; EGMR, 29.9.08 Z. 128 ff.

[66] *Perron/Eisele*, Schönke/Schröder/StGB, § 32 Rn. 62.

[67] Dies wird im international verbindlichen englischen bzw. französischen Text mit „intentionally" oder „intentionnellement" übersetzt.

[68] *Wessels/Beulke/Satzger*, AT, Rn. 529.

[69] *Lange*, JZ 1976, 548; *Roxin*, ZStW 93, 99 f.

[70] *Rönnau/Hohn*, LK/StGB, § 32 Rn. 236; *Erb*, MK/StGB, § 32 Rn. 21.

rekt den Tod des Opfers beabsichtigt.[71] In einem solchen Fall kann eine Tat als „absichtliche Tötung“ eingestuft werden, selbst wenn im Sinne des deutschen Rechts kein bedingter Tötungsvorsatz gegeben ist. Dieses Urteil verdeutlicht, dass nationale Gerichte selbst dann von einer absichtlichen Tötung ausgehen können, wenn der Täter behauptet, er habe lediglich eine Körperverletzung beabsichtigt. Entscheidend ist, dass objektive Beweise zeigen, dass sich der Täter des Todesrisikos bewusst war und dennoch eine gefährliche Handlung vorgenommen hat. Damit erkennt der EGMR an, dass ein „bewusst vorhergesehenes und in Kauf genommenes Todesrisiko“ als Tötungsabsicht im Sinne des Art. 2 EMRK gewertet werden kann. Daraus folgt, dass der Versuch, die Verneinung der Einschränkung des Notwehrrechts durch die Auslegung des Art. 2 EMRK zu begründen, nicht überzeugend ist.[72]

II. Befürwortung der Anwendbarkeit von Art. 2 EMRK auf das deutsche Notwehrrecht

Im Gegensatz zur h.M., die eine Anwendung der EMRK im Bereich der Beziehungen zwischen Privatpersonen ablehnt, gibt es eine Ansicht, die der EMRK eine Drittwirkung zuschreibe. Diese Auffassung geht davon aus, dass die EMRK ähnlich wie die verfassungsmäßigen Grundrechte eine „objektive Wertordnung“ verkörpere und dadurch mittelbar auch auf private Rechtsverhältnisse Einfluss nehmen könne.[73]

Kritiker dieser Auffassung argumentieren, dass der Staat nicht verpflichtet sei, sein gesamtes Rechtssystem an die Bestimmungen der EMRK anzupassen. Vielmehr könne die indirekte Drittwirkung der EMRK den Staat lediglich dazu verpflichten, den grundlegenden Kerngehalt der jeweiligen Garantien durch geeignete Maßnahmen im Verhältnis zwischen Privaten zur Geltung zu bringen. Unter besonderer Bezugnahme auf Art. 2 EMRK, der das allgemeine Lebensrecht schütze, bestehe der Kernbereich, in dem der Staat verpflichtet sei, dieses Recht vor Dritten zu schützen, lediglich darin, dass die Behörden den Einzelnen vor Übergriffen durch Dritte schützen müssten. Dies sei bei Personen, die sich in Notwehr befänden, grundlegend anders, da das Risiko, Opfer einer Notwehrmaßnahme zu werden, wie jedes andere Risiko der Selbstschädigung leicht vermieden werden könne, indem man auf einen eigenen rechtswidrigen Angriff verzichte.[74]

Dieses Urteil über die Kernbereiche der sogenannten Art. 2 EMRK erscheint jedoch zu willkürlich. Der Wert des Rechts auf Leben sollte nicht durch die Ver-

---

[71] Bortnik v. Ukraine, 27 January 2011, ECtHR, no. 39582/04.

[72] *Ambos*, Internationales Strafrecht, § 10 Rn. 113; *Perron/Eisele*, Schönke/Schröder/StGB, § 32 Rn. 62.

[73] *Frister*, GA 1985, 553.

[74] *Erb*, MK/StGB, § 32 Rn. 24.

meidbarkeit eines Risikos gemindert werden. Selbst wenn das betreffende Risiko durch das Verhalten der betroffenen Person selbst verursacht wurde, entbindet dies den Staat nicht von seiner Schutzpflicht gegenüber diesem Leben. Schließlich beruht die Theorie des Eigenverantwortlichkeitsprinzips darauf, dass jeder nur für sein eigenes Verhalten verantwortlich ist.[75] Ein rechtswidriger Angreifer, der Opfer einer Notwehrhandlung wird, kann jedoch nicht einfach mit einer Person gleichgesetzt werden, die durch eigenes Verhalten in eine riskante Situation geraten ist. Ersteres Risiko wurde durch den Verteidiger verursacht, während letzteres aus dem Verhalten der betroffenen Person selbst resultiert. Daher bleibt die Frage, ob der Staat eine Schutzpflicht für sein Leben hat, weiterhin klärungsbedürftig.

Ein weiteres Argument gegen die Drittwirkung ist, dass der Eigentumsschutz im Prinzip auch ein legitimes Interesse sei, das nicht weniger wichtig sei als das Interesse an einer rechtmäßigen Festnahme und der Verhinderung der Flucht einer ordnungsgemäß festgehaltenen Person, das in Art. 2 Abs. 2 b EMRK ausdrücklich anerkannt werde. In beiden Fällen könne es zu Missbräuchen kommen, d.h. zum Schutz geringwertiger Vermögenswerte oder zu Tötungen zum Zweck der Festnahme unbedeutender Personen. Es gebe keinen Grund zu der Annahme, dass Letzteres zulässiger ist als Ersteres.[76]

Dieses Argument überzeugt ebenfalls nicht. Es beruht auf der unausgesprochenen Prämisse, dass das Eigentumsinteresse dem Interesse an einer rechtmäßigen Festnahme sowie der Verhinderung der Flucht eines Gefangenen gleichzustellen sei. Wenn es also zulässig ist, zu töten, um eine rechtmäßige Festnahme durchzuführen und einen Verhafteten am Entkommen zu hindern, sollte es auch zulässig sein, zu töten, um das Eigentum zu schützen. Das stellt eine typische Analogie dar, die sich nicht direkt aus Art. 2 EMRK ableiten lässt. Darüber hinaus ist diese Annahme problematisch, weil eine Person, die sich einer Festnahme widersetzt, regelmäßig sowohl das Leben als auch die körperliche Unversehrtheit anderer gefährden kann. In solchen Fällen kann eine tödliche Gewaltanwendung nach Maßgabe der Verhältnismäßigkeit gerechtfertigt sein. Der bloße Schutz von Eigentum hingegen ist in der Regel nicht mit einer derartigen Gefährdung der körperlichen Integrität verbunden.

Die Ablehnung der Drittwirkung von Art. 2 EMRK durch deutsche Strafrechtswissenschaftler beruht im Wesentlichen auf der Annahme, dass die EMRK lediglich ein einfaches Bundesgesetz darstelle. Allerdings hat das BVerfG in seiner neueren Rechtsprechung klargestellt, dass die EMRK zugleich eine völkerrechtliche Norm mit übergeordneter Stellung ist.[77] Bei der Auslegung des deutschen Grundgesetzes ist gemäß Art. 25 dGG, dem „Grundsatz des Vorrangs des Völkerrechts", die EMRK daher zwingend zu berücksichtigen. Dies bedeutet, dass die Bestimmungen

---

[75] Vgl. *Lenckner*, in: FS-Engisch, S. 506 f.; *Otto*, AT, § 6 Rn. 49; *Schumann*, Handlungsunrecht, S. 19 ff.; *Walther*, Eigenverantwortlichkeit, S. 78 ff.

[76] *Erb*, MK/StGB, § 32 Rn. 24.

[77] BVerfGE 111, 307; BVerfGE 111, 307; BVerfGE 128, 326.

der EMRK nicht durch einfaches Gesetz, etwa durch das dStGB, verdrängt werden können. Daher ist das Notwehrrecht im deutschen Strafrecht, als ein aus verfassungsrechtlichen Grundrechten abgeleitetes Recht, im Sinne der „völkerrechtsfreundlichen Auslegung“ zu interpretieren und möglichst in Einklang mit der EMRK zu bringen.

Zusammenfassend ist festzustellen, dass die Drittwirkung von Art. 2 EMRK anzuerkennen ist und die Vorschrift des privaten Notwehrrechts aufgrund einer objektiven Wertordnungswirkung tatsächlich einzuschränken ist. Da der reine Schutz von Eigentumsinteressen die Einschränkung des Lebensrechts eines Bürgers nicht rechtfertigt, macht es das Strafrecht unmöglich, eine Verteidigung, die das Lebensrecht des Angreifers verletzt, durch den reinen Schutz des Eigentums zu rechtfertigen, so dass die Verpflichtung des Staates, das Leben des Angreifers zu schützen, an diesem Punkt nicht entfällt.

Tatsächlich wurde in Deutschland der Standard des Verteidigungsverhaltens gemäß Art. 2 Abs. 2 a EMRK in Bezug auf die Verteidigung von Eigentum seitens der Rechtsprechung stets respektiert. In der Praxis sind deutsche Gerichte heute im Allgemeinen nicht bereit, den Einsatz von Schusswaffen zur Verteidigung von Eigentum zu rechtfertigen,[78] wenn nicht auch Leib, Leben oder Freiheit der angegriffenen Person gefährdet sind,[79] selbst wenn das zu verteidigende Eigentum nicht unbedeutend ist. Es ist daher zumindest möglich, eine Einschränkung der Notwehr zu erreichen, indem § 32 dStGB in einer Weise ausgelegt wird, die mit dem von der EMRK formulierten Grundsatz des Lebensschutzes vereinbar ist.

C. Einzelne Fallgruppen der Einschränkung des Notwehrrechts

Die Schärfe der Notwehr ergibt sich nach den Thesen der vorliegenden Arbeit aus der Zweifachwirkung der Prinzipien der Autonomie und der Solidarität. Daher sollte es auch möglich sein, in diesen beiden Prinzipien eine dogmatische Grundlage zu finden, wenn man sich mit dem Gebot der Einschränkung des Notwehrrechts im deutschen Grundgesetz wie auch im europäischen Recht auseinandersetzt. Hier geht es um die auslegende Suche nach der Möglichkeit, dass die Notwehr unter bestimmten Umständen zusätzlichen Beschränkungen unterworfen werden kann, wie sie in dem Begriff der „Gebotenheit“ in § 32 Abs. 1 dStGB zum Ausdruck kommen. Und diese Auslegung muss nicht nur mit den rechtsphilosophischen Grundlagen der Notwehr selbst vereinbar sein, sondern auch einer Überprüfung im Lichte des übergeordneten Rechts standhalten. Im Folgenden geht es um eine fall-

---

[78] *Perron*, Rechtfertigung und Entschuldigung III, S. 1021 f.

[79] *Nusser*, Notwehr, S. 133.

weise Erörterung im Rahmen der deutschen Rechtsordnung nach Maßgabe der systematischen Grundlage der Beschränkungen des Notwehrrechts.

I. Einschränkungen aufgrund der Solidaritätspflicht zur Berücksichtigung gravierender persönlicher Interessen (krasses Missverhältnis)

Die Zulässigkeit der Notwehr ist eingeschränkt, selbst wenn sie das einzige und erforderliche Mittel ist, wenn die Art und das Ausmaß des durch den Angriff angedrohten Nachteils in einem groben Missverhältnis zu der Bedrohung oder Gefahr steht, die die Verteidigung für den Angreifer darstellt.[80] Eine Sondergruppe von Fällen wird manchmal unter dem Begriff „Unfugabwehr" anerkannt. Diese Unterscheidung scheint jedoch nicht immer angemessen zu sein, da sich die beiden Fälle „krasses Missverhältnis" und „Bagatellangriff" häufig überschneiden und mit fast identischen Argumenten anerkannt werden, d. h. auf der Grundlage der Überlegung, dass dem Angreifer ein gewisses Maß an Entgegenkommen zugestanden werden muss, wenn der Angriff im Vergleich zu den möglichen Folgen seiner Verteidigung völlig unbedeutend zu sein scheint.[81]

Nach der in dieser Arbeit vertretenen Auffassung ergibt sich die Einschränkung des Notwehrrechts in diesem Fall aus der Solidaritätspflicht der Bürger zur Berücksichtigung der gravierenden persönlichen Interessen anderer. Das Gewicht dieser Solidaritätspflicht liegt darin, dass sie Rechtsgüter betrifft, die die Grundlage für alle anderen Freiheiten bilden und deren Schädigung irreversibel ist. Im gesellschaftlichen Verkehr tragen Menschen eine Solidaritätspflicht im Sinne der Pflichtethik, gravierende persönliche Interessen anderer nicht zu ignorieren, selbst wenn die Gefahr nicht aus ihrem eigenen Verantwortungsbereich stammt.

Allerdings besteht für die Solidaritätspflicht ein situativer Anwendungsvorbehalt: Wenn der Hilfsbedürftige seine Lage vollständig und nicht unerheblich zu verantworten hat, greift das Solidaritätsprinzip nicht mehr. Anderes gilt jedoch, wenn die Verantwortlichkeit des Hilfsbedürftigen nicht schwerwiegend ist, dann überschreitet die durch das scharfe Notwehrrecht erzeugte Lebensgefahr gegenüber dem Angreifer denjenigen Verantwortungsbereich, der ihm aufgrund seiner freien Entscheidung in angemessener Weise zugemutet werden kann. In einem solchen Fall besteht weiterhin Raum für die Anwendung des Solidaritätsprinzips. Je nach den Umständen kann die spezifische einschränkende Wirkung des Solidaritätsprinzips auf das Notwehrrecht variieren, wie weiter unten noch näher erläutert wird.

---

[80] *Perron/Eisele*, Schönke/Schröder/StGB, § 32 Rn. 50.

[81] *Scherenberg*, Einschränkungen, S. 86.

1. Unfugabwehr und Abwehr gegen unerheblichen Angriff

In der deutschen Rechtsprechung und Literatur werden als sogenannte „Unfugsangriffe“ äußerst geringfügige Angriffe mit nur minimaler Auswirkung auf die Rechtsgüter des Verteidigers verstanden. Eine einheitliche Definition des Begriffs „Unfug“ existiert nicht; stattdessen wird dieser häufig lediglich induktiv durch beispielhafte Fälle erläutert.[82] Es ist jedoch darauf hinzuweisen, dass der Umstand, dass ein Angriff nur im Grenzbereich des sozial Adäquaten liegt und lediglich eine geringfügige Beeinträchtigung verursacht, nicht bedeutet, dass es sich um keinen Angriff im Sinne von § 32 Abs. 2 dStGB handelt. Wird jedoch das Vorliegen eines Angriffs verneint, entfällt auch die Notwehrlage und damit das Notwehrrecht selbst. Dementsprechend ist eine Handlung, die die Schwelle der sozial üblichen Belästigung nicht überschreitet,[83] kein „Angriff“ im Sinne von § 32 dStGB und eine eventuell vorgenommene Verteidigungshandlung kann daher auch nicht durch Notwehr gerechtfertigt werden. Umgekehrt liegt ebenfalls kein „Unfug“ im Sinne dieser Kategorie vor, wenn bereits ein schwerwiegender und strafrechtlich relevanter Angriff gegeben ist. Die Schwelle für Unfug ist also ein Angriff, der die Grenzen der sozial üblichen Belästigung überschreitet, aber keine schwere Straftat darstellt.

Obwohl eine Definition von Unfugsangriffen theoretisch möglich ist, bleibt es schwierig, sie in der Praxis zu erkennen, und die deutsche Strafrechtslehre verfolgt einen eher pragmatischen Ansatz, der durch die Rechtsprechung illustriert wird. Es handelt sich z. B. um zudringliches Anfassen,[84] Körperberührungen beim Drängeln in Menschenschlangen,[85] Anleuchten mit einer Taschenlampe,[86] Anrauchen mit Zigarettenqualm.[87] Dabei handelt es sich um praktisch unmessbare Schäden am Rechtsgut, und es ist oft nicht klar, ob ein „Angriff“ im Sinne von § 32 Abs. 2 dStGB überhaupt zu bejahen ist.[88]

Eine Meinung ist, dass das Notwehrrecht gegen Unfugsangriffe vollständig ausgeschlossen werden sollte.[89] Diese Sichtweise verneint bereits das Vorliegen der Voraussetzungen eines Angriffs im Sinne des § 32 dStGB und schließt damit das Notwehrrecht von vornherein aus. Oetker argumentiert, dass für die Notwehr eine

---

[82] *Wagner*, Notwehrbegründung, S. 59.

[83] *Erb*, MK/StGB, § 32 Rn. 190.

[84] *Roxin/Greco*, AT I, § 15 Rn. 85.

[85] *Jahn*, JuS 2014, 177.

[86] *Perron/Eisele*, Schönke/Schröder/StGB, § 32 Rn. 50; anders, *Jescheck/Weigend*, S. 34.

[87] AG Erfurt NStZ 2014, 160.

[88] *Kühl*, AT, § 7 Rn. 189; *Roxin*, ZStW 93, 95 Fn. 64.

[89] *Arzt*, in: FS-Schaffstein, S. 82; *Kindhäuser*, NK/StGB, § 32 Rn. 110; *Bockelmann/Volk*, AT, S. 93.

„qualifizierte Not" erforderlich sei. Für bloße Unannehmlichkeit oder Ungehörigkeit gebe es jedoch keine „qualifizierte Not".[90]

Dies ist jedoch eindeutig mit der Gesetzgebung unvereinbar, da § 32 dStGB nicht zwischen „qualifizierter Not" und „unqualifizierter Not" unterscheidet, sondern ausnahmslos die Verteidigung gegen jeden rechtswidrigen Angriff erlaubt. Es ist auch unangemessen, den Bürgern pauschal das Notwehrrecht gegen geringfügige Belästigungen zu verweigern, da selbst geringfügige Belästigungen deutliche Auswirkungen auf die Rechtsordnung und die Rechte der einzelnen Bürger haben können, vor allem wenn mehrere geringfügige Belästigungen kumuliert werden. Ein einzelner Angriff hat vielleicht keine weitreichenden Folgen, aber wiederholte Angriffe können für das Opfer eine größere physische und psychische Belastung darstellen. An dieser Stelle wäre es unangebracht, dem Opfer nur zu erlauben, sich dann zu wehren, wenn es bereits mehrmals belästigt wurde, anstatt beim ersten Mal. Denn zum einen kommt dies einer stillschweigenden Duldung der ersten Belästigungen gleich, und zum anderen können anhaltende Belästigungen immer schwerwiegendere Folgen haben und das Opfer einer zunehmend gefährlichen Situation aussetzen.[91]

Arzt hingegen argumentiert, dass Angriffe von geringer Intensität keine Notsituation des Rechtsguts begründeten, die den Vorrang des staatlichen Gewaltmonopols außer Kraft setzen könnte. Daher müsse das Opfer eines „rechtswidrigen Angriffs" die Möglichkeiten des Zivilprozesses (einstweilige Verfügung oder Unterlassungsklage) ausschöpfen und/oder aufgrund der geringen Intensität des Angriffs die Polizei um Hilfe bitten.[92]

Dem ist jedoch entgegenzuhalten, dass das Opfer eines rechtswidrigen Angriffs grundsätzlich die Möglichkeit hat, die Staatsgewalt als Rechtsmittel in Anspruch zu nehmen, sofern es dies wünscht. Allerdings genießen staatliche Rechtsmittel nicht automatisch Vorrang gegenüber der privaten Notwehr, sofern Letztere zulässig ist. Dies liegt daran, dass das Einschalten staatlicher Hilfe in der Regel mit einem gewissen zeitlichen Aufwand verbunden ist und der staatliche Beistand unter solchen Umständen häufig weniger effektiv wirkt als eine unmittelbare Selbstverteidigung.

Zudem erscheint das Argument, staatliche Hilfe müsse stets vorgehen, auch aus praktischer Sicht problematisch: Wird dem Opfer das Notwehrrecht von vornherein versagt, bleibt ihm keine andere Wahl, als staatliche Hilfe in Anspruch zu nehmen. Dieses erzwungene Ausweichen auf den Staat kann jedoch nicht als legitime Begründung dafür dienen, das Notwehrrecht gegenüber sogenannten Unfugsangriffen grundsätzlich auszuschließen, weil staatliche Hilfe in der Regel mit prozeduralen

[90] *Oetker*, in: FG-Frank, S. 361.

[91] *Scherenberg*, Einschränkungen, S. 91.

[92] *Arzt*, in: FS-Schaffstein, S. 82.

Verzögerungen verbunden ist und das Opfer durch eine Notwehrhandlung oft eine wesentlich wirksamere Verteidigung erreichen kann.

Die andere, weiter verbreitete Ansicht ist, dass der Verteidiger bei einem Unfugsangriff ein eingeschränktes Notwehrrecht hat. Bei diesem begrenzten Notwehrrecht müsse die Unterscheidung zwischen zulässiger Notwehr und unzulässiger übermäßiger Verteidigung diskutiert werden. Es sei zu beachten, dass die Grenzen dieser Verteidigung nicht mit der Erforderlichkeit der Verteidigung identisch seien. Da „Unfugsangriffe“ im Allgemeinen von geringer Intensität seien, solle der Verteidiger in der Regel in der Lage sein, ihnen ohne den Einsatz von Waffen oder anderen extremen Gewaltmitteln im erforderlichen Umfang wirksam zu begegnen. Wenn dies jedoch nicht der Fall sei, d.h. wenn das einzige wirksame (und erforderliche) Mittel dem Angreifer schweren Schaden zufügen würde, dann habe die Verteidigung gegen einen „Unfugsangriff“ kein rechtlich schützenswertes Interesse mehr. An diesem Punkt sei der Schaden, den der Angreifer erleiden könne, das entscheidende Kriterium, an dem das eingeschränkte Notwehrrecht zu beurteilen sei.[93]

Eine pragmatischere Sichtweise ist, dass der Verteidiger die Grenzen des körperlichen Schadens nicht überschreiten darf.[94] Die bloße körperliche Verteidigung bleibt so lange zulässig, bis die Intensität der Verteidigung den Punkt erreicht, an dem sie zu einer körperlichen Verletzung des Angreifers führt. Wenn die Gewichtigkeit des körperlichen Rechtsguts den Interessenkonflikt völlig unausgewogen macht, ist die Verteidigung somit nicht mehr zu rechtfertigen. Der zentrale Punkt ist, dass die Intensität des Verteidigungsmittels ausreichend mild sein muss, also unter normalen Umständen keine Körperverletzungen verursachen darf. Auch wenn ein objektiv nicht auf eine Körperverletzung ausgerichtetes, mildes Verteidigungsmittel zufällig zu einer körperlichen Beeinträchtigung des Angreifers führt, darf dieser Umstand nicht zur Versagung der Notwehr führen.

Die Anerkennung dieser Behandlung hat jedoch zur Folge, dass die Diskussion über die Einschränkung des Notwehrrechts aufgrund des krassen Missverhältnisses zwischen geringen Angriffen und durch die Verteidigung gefährdeten körperlichen Rechtsgütern praktisch bestehen bleibt. Es ist daher problematisch, die Beschränkungen des Notwehrrechts bei Unfugsangriffen als eigene Kategorie zu behandeln, da solche Beschränkungen nicht aus der Geringfügigkeit des Angriffs selbst, sondern nur aus der völligen Unverhältnismäßigkeit der zu seiner Abwehr gebotenen Maßnahmen abgeleitet werden können.[95] Der Grund dafür ist, dass es sehr schwierig ist, zwischen „geringfügigem Angriff“ und „sozial üblicher Belästigung, die kein Angriff ist“, zu unterscheiden. Selbst wenn der Angriff des Angreifers von sehr geringer Intensität ist, handelt es sich dennoch um ein Eindringen in den

---

[93] *Spendel*, LK/StGB, § 32 Rn. 313 ff.

[94] *Perron/Eisele*, Schönke/Schröder/StGB, § 32 Rn. 49.

[95] *Erb*, MK/StGB, § 32 Rn. 215.

Rechtsraum einer anderen Person, und wenn man allen geringfügigen Handlungen der Belästigung das Element des „Angriffs“ entzieht, ist das Opfer diesen Handlungen schutzlos ausgeliefert. Der Täter, der das belästigende Verhalten an den Tag legt, erhält faktisch einen Freibrief für Bagatellbelästigungen und zwingt das Opfer, diese zu dulden, was dem Rechtsschutzprinzip zuwiderläuft.[96] Solange dem Angreifer keine schwere körperliche Verletzung droht, wenn er sich verteidigt, gibt es keine Rechtfertigung dafür, eine andere Person zu zwingen, „geringfügige Verletzungen“ zu ertragen, anstatt sich zu verteidigen.[97]

Je nach Art des Unfugsangriffs kann in der Regel vernünftigerweise eine Abwehrmaßnahme gewählt werden, die keine Körperverletzung verursacht, um die Beeinträchtigung zu beseitigen. Daher könnte eine Körperverletzung als nicht erforderlich angesehen werden. Es kann auch argumentiert werden, dass der „Unfugsangreifer“, obwohl er rechtlich vollständig für seine rechtswidrige Angriffshandlung verantwortlich ist, aus der Perspektive des Solidaritätsprinzips keine Gefahr für die gravierenden persönlichen Interessen des Angegriffenen darstellt. Hingegen könnte ein scharfer, uneingeschränkter Anspruch auf Notwehr zu erheblichen Schäden an den persönlichen Interessen des Angreifers führen. Daher ist es zumutbar, dass das Notwehrrecht des Verteidigers durch die Solidaritätspflicht eingeschränkt wird, so dass er keine Maßnahmen ergreifen darf, die das Leben oder die körperliche Unversehrtheit des Angreifers gefährden. Stattdessen sollte er erforderliche, mildere Abwehrmaßnahmen ergreifen.

2. Krasses Missverhältnis bei Konflikten zwischen Rechtsgütern

Das Notwehrrecht wird eingeschränkt, wenn ein grobes Missverhältnis zwischen der Art und dem Umfang des durch den Angriff angedrohten Schadens und dem mit der Verteidigung verbundenen Schaden für den Angreifer besteht.[98] Das heißt: Wenn (aber auch nur dann, wenn) das Verhältnis zwischen Mittel und Zweck ein extremes Niveau erreicht, sollte das Solidaritätsprinzip zum Tragen kommen, und in diesen Fällen muss das Notwehrrecht eingeschränkt werden.

Um diese Situation weiter zu erörtern, muss das Verhältnis zwischen zwei Variablen berücksichtigt werden, nämlich dem durch die Verteidigung geschützten Interesse und dem durch die Verteidigung verursachten Schaden, der zu ersterem in einem groben Missverhältnis steht. Es geht mithin darum, unter welchen Umständen ein „krasses Missverhältnis“ als Grund zur Einschränkung des Notwehrrechts herangezogen werden kann. Im Folgenden wird diese Fragestellung weiter gegliedert.

---

[96] *Scherenberg*, Einschränkungen, S. 87.

[97] *Erb*, MK/StGB, § 32 Rn. 215.

[98] *Perron/Eisele*, Schönke/Schröder/StGB, § 32 Rn. 49.

a) Angriffe auf Sachgüter

Zunächst argumentiert diese Arbeit im Anschluss an die vorherige Analyse des Art. 2 EMRK, dass dieser eine Drittwirkung im Verhältnis zwischen Privatpersonen hat. Daher hat seine Wirkung in Fällen der Notwehr, die zum Tod führen, Vorrang vor § 32 dStGB. Auch wenn die Bundesrepublik Deutschland den Wortlaut des geltenden innerstaatlichen Rechts noch nicht an den Inhalt der Konvention angepasst hat, kann die vorsätzliche Tötung des Angreifers zur Verteidigung der Rechtsgüter des Eigentums auf der Grundlage der unmittelbaren Geltung der Konvention und ihres Geltungsvorrangs nicht zugelassen werden.

Einige Rechtsprechungen befürworten diese Ansicht eindeutig; Beispiele hierfür sind der Einsatz einer tödlich wirkenden elektrischen Anlage zum Schutz eines Pfirsichbaums,[99] ein tödlicher Schuss auf einen flüchtenden Dieb, der eine Sirupflasche im Wert von 0,10 DM entwendet hatte,[100] und die Verteidigung eines Pfandrechts an einem Huhn durch Axthiebe auf den Kopf des Angreifers.[101]

Diese Arbeit vertritt die Auffassung, dass die Solidaritätspflicht im Rahmen der Notwehr aus einem altruistischen Verständnis hervorgeht. Da das Lebensrecht die Grundlage aller anderen Rechte bildet und von irreversibler Natur ist, verpflichtet das Solidaritätsprinzip den Verteidiger in besonderer Weise zum Schutz des Lebens, selbst gegenüber einem rechtswidrigen Angreifer. Greift dieser lediglich Vermögensrechte an, ohne gravierende persönliche Rechtsgüter zu beeinträchtigen, darf der Verteidiger das Lebensrecht des Angreifers aus pflichtethischen Gründen nicht verletzen.

Darüber hinaus kann neben der Notwehr gegen das Leben auch die Notwehr gegen körperliche Unversehrtheit in der Sphäre der Notwehr eingeschränkt werden. Die Grundlage dafür findet sich im deutschen Grundgesetz. Art. 2 Abs. 2 S. 1 dGG besagt, dass das Recht auf Leben und körperliche Unversehrtheit eines jeden Bürgers durch das Gesetz geschützt werden muss, und schafft somit eine Schutzpflicht sowohl für den Angreifer als auch für den Angegriffenen, was wiederum zu einem Konflikt der Schutzpflichten führt. Es kann nicht davon ausgegangen werden, dass der Angreifer durch die freiwillige Durchführung des Angriffs vollständig auf den staatlichen Schutz verzichtet hat, da dies keine echte „Selbstgefährdung“ darstellt. Denn die Verteidigungshandlung wird tatsächlich vom Verteidiger kontrolliert und nicht vom Angreifer. Daher führt die vom Angreifer verursachte Notwehrlage nicht automatisch zur Aufhebung der staatlichen Schutzpflicht.[102]

Die Frage ist, inwieweit man sich gegen einen Angriff auf das Eigentum durch eine Körperverletzung verteidigen kann. Es sollte festgehalten werden, dass ein

---

[99] Braunschweig MDR 47, 205.

[100] Stuttgart DRZ 49, 42.

[101] Bay NJW 54, 1377.

[102] *Bernsmann*, ZStW 104 (1992), 309.

Angriff auf unerhebliche Sachwerte nicht zur Verteidigung durch Körperverletzungen berechtigen kann. Es ist zu bedenken, dass Angriffe auf geringwertige Sachen keine Körperverletzung zur Folge haben können, was sich aus den oben beschriebenen Grundsätzen für den Umgang mit Unfugsangriffen ableitet. Selbst wenn der Diebstahl oder die Sachbeschädigung von geringem Wert eine Straftat darstellen, sind die Schäden am Vermögen des Opfers des Angriffs unerheblich, und die Zufügung einer Körperverletzung ist weiterhin unzulässig, da sie in einem groben Missverhältnis zueinanderstehen.[103] Unter Bezugnahme auf das Urteil des BGH zum Festnahmerecht ist die Anwendung von Gewalt,[104] wie z. B. gewaltsames Festhalten, Zupacken und Fixierung am Boden, zur Wiedererlangung von Eigentum weiterhin gerechtfertigt. Wenn der Verteidiger den flüchtenden Dieb mit einer Schusswaffe erschießt, den Dieb mit anderen gefährlichen Mitteln verletzt oder den Dieb durch Schläge oder Fußtritte zwingt, die geringwertige Sache zurückzugeben, überschreitet er die zulässigen Grenzen der Notwehr.

Wenn der durch den rechtswidrigen Angriff verursachte Sachschaden jedoch nicht unerheblich ist, sollte der Verteidiger im Einklang mit Art. 2 EMRK Notwehr ausüben dürfen. Die dabei angenommenen Wertgrenzen würden zugleich die Grenzen des Anwendungsbereichs des Notwehrrechts darstellen. Einige Auffassungen möchten die Einschränkungen des Notwehrrechts unter diesen Umständen durch den Verweis auf das Opportunitätsprinzip in der staatlichen Strafverfolgung abgrenzen, wie z. B. § 248a dStGB (Antragsdelikt bei Diebstahl und Unterschlagung geringwertiger Sachen), § 153 Abs. 1 (Absehen von der Verfolgung bei Geringfügigkeit), 376, 383 Abs. 2 StPO (Privatklagedelikte).[105] Insbesondere solle die Grenze der „schweren Schädigung" bei 50 € i. S. d. § 153 dStPO liegen.[106]

Es trifft jedoch zu, dass Notwehrmaßnahmen keine Strafen sind und daher die Anwendung von Strafverfahrensnormen zur Begrenzung der Notwehr nicht selbstverständlich ist; die Tatsache, dass der Staat auf die Einführung von Sanktionen (für Verfahrenslasten usw.) verzichtet, bedeutet auch nicht, dass der einzelne Bürger das Notwehrrecht verliert.[107] Umgekehrt sollte ein Angriff, sobald er die Grenzen der Geringfügigkeit überschreitet, von der gesamten Rechtsordnung ernst genommen werden. An diesem Punkt hört das Opportunitätsprinzip im Strafverfahren auf zu gelten und sollte das Notwehrrecht ebenfalls beanspruchbar sein.

Außerdem wird die Geringwertigkeit nicht zwangsläufig durch den objektiven Marktwert oder Verkehrswert bestimmt, sondern sollte auch subjektive Maßstäbe angemessen berücksichtigen. Wenn das angegriffene Eigentum für das Opfer einen erheblichen subjektiven Wert besitzt, sollte die Annahme der Geringfügigkeit aus-

---

[103] *Scherenberg*, Einschränkungen, S. 124.

[104] BGHSt 45, 378.

[105] *Bockelmann*, in: FS-Honig, 30; *Roxin*, ZStW 93, 95.

[106] *Roxin/Greco*, AT I, § 15 Rn. 91; *Weßlau/Deiters*, SK/StPO, § 153 Rn. 37.

[107] *Rönnau/Hohn*, LK/StGB, § 32 Rn. 232.

geschlossen werden, so dass die Anwendung von Verteidigungsmitteln mit potenzieller Körperverletzungswirkung zulässig bleibt.

Nach Ansicht dieser Arbeit sollte zwischen irreversiblen schweren Verletzungen und reversiblen leichten Körperverletzungen unterschieden werden. Erstere fallen unter die Berücksichtigung gravierender persönlicher Interessen, während letztere dies nicht tun. In Fällen, die erstere betreffen, führt der Schutz der erheblichen körperlichen Rechtsgüter des Angreifers unabhängig vom Wert des betroffenen Eigentums zu einer Einschränkung des Notwehrrechts aufgrund eines „krassen Missverhältnisses". Der Verteidiger ist in solchen Fällen verpflichtet, die gravierenden persönlichen Interessen des Angreifers zu berücksichtigen. Hingegen bleibt das Notwehrrecht in Fällen, in denen die Verteidigungshandlung nur leichte Körperverletzungen bewirkt hat, uneingeschränkt, da die Solidaritätspflichten in solchen Situationen nicht mehr in Betracht kommen. Der Schwerpunkt der Einschränkung des Notwehrrechts liegt daher nicht auf dem Wert des betroffenen Eigentums, sondern auf der Frage, ob gravierende persönliche Interessen des Angreifers verletzt wurden.

Gehört der Interessenkonflikt bei der Notwehr zu den Sachgüterkollisionen, d. h. die Notwehrhandlung richtet sich nur gegen das Eigentum des Angreifers, auch wenn das bedrohte Eigentum des Angreifers einen viel höheren Wert hat als das des Verteidigers, darf das Notwehrrecht nicht eingeschränkt werden. Denn in solchen Fällen stehen sich lediglich Eigentumsinteressen gegenüber, zwischen denen kein wesentlicher Wertunterschied besteht. Zudem sind keine irreversiblen und schwerwiegenden persönlichen Rechtsgüter betroffen. Aus diesem Grund besteht auch keine Pflicht zur Hilfeleistung im Sinne des Solidaritätsprinzips, so dass die Schärfe des Notwehrrechts in solchen Konstellationen gewahrt bleibt.[108] Solange das Verhalten des Angreifers tatsächlich ein rechtswidriger Angriff nach § 32 dStGB ist, besteht zwischen den kollidierenden Sachgütern kein so krasses Missverhältnis, dass der Solidaritätsgrundsatz in diesem Fall zum Tragen käme, und aufgrund der Gleichheit der Personalitäten von Angreifer und Angegriffenem muss der Angreifer die Duldungspflicht der Notwehr in Bezug auf seine Sachgüter tragen.

b) Abwehr bei Ehrenangriff

Eine weitere Situation, die besonderer Erörterung bedarf, ist die Verteidigung gegen Angriffe auf die Ehre. Zunächst einmal muss die Ehrennotwehr-Diskussion unter der Prämisse stehen, dass es eine Notwehrlage gibt, und wenn Beleidigungen mittels beleidigender Sprache im Wesentlichen enden, wenn sie geäußert werden, ist natürlich kein Raum für die Notwehr. Notwehr gibt es nur, wenn der Angreifer einen nicht enden wollenden Strom von Beleidigungen ausstößt[109] oder wenn aus

[108] *Scherenberg*, Einschränkungen, S. 127.

[109] *Spendel*, LK/StGB, § 32 Rn. 122.

dem Verhalten des Angreifers mit an Sicherheit grenzender Wahrscheinlichkeit auf weitere Beleidigungen geschlossen werden kann.[110]

Eine noch wichtigere Voraussetzung für die Ehrennotwehr ist die Erforderlichkeit der Verteidigung, denn es gibt mehrere Handlungsmöglichkeiten, um die Beleidigung zu stoppen: Der Angegriffene kann sich mit Gewalt gegen die Beleidigung wehren, sie mit eigenen Worten kontern oder den Angreifer einfach ignorieren. Der Verteidiger muss abwägen, welches letztlich das mildeste unter den zur Verfügung stehenden Mitteln ist, um weitere Beleidigungen durch den Angreifer zu unterbinden. Nach der Rechtsprechung kann die Notwehr gegen Ehrverletzungen nur in Ausnahmefällen als erforderliche Verteidigung angesehen werden; ihre Rechtmäßigkeit muss mit besonderer Sorgfalt und anhand strenger Kriterien beurteilt werden. Ehrverletzungen müssen daher zunächst verbal abgewehrt werden.[111] Körperliche Angriffe sind nur zulässig, wenn der Angreifer sich durch verbale Abwehr nicht beeindrucken lässt.[112]

Auch bei den sozialethischen Einschränkungen der Verteidigung der Ehre sollten strenge Kriterien der Begrenzung gelten, denn nicht jede Beleidigung und Herabsetzung betrifft die Menschenwürde als Grundrecht. Nur wenn das Ehrenrecht einer Person grundsätzlich und in grob verachtender Weise verweigert wurde, kann man sich auf den Schutz von Art. 1 Abs. 1 dGG berufen.[113]

Die Auffassung dieser Arbeit ist, dass bei rein ehrverletzenden Angriffen, die nicht die Menschenwürde als grundlegendes Recht betreffen, die Erforderlichkeit des Verteidigungsmittels einer strengen Prüfung unterzogen werden muss und darüber hinaus das Notwehrrecht begrenzt werden sollte. Der Grund hierfür liegt darin, dass reine Ehrrechtsgüter keine fundamentale Stellung einnehmen und wiederherstellbar sind. Zunächst muss die Verteidigungshandlung erforderlich sein, wobei der Einsatz von Gewalt gegen geringfügige Beleidigungen kaum als erforderlich angesehen werden kann. Erst wenn der ehrverletzende Angriff ein Niveau erreicht, das die im Grundgesetz verankerte Menschenwürde verletzt,[114] kann die Erforderlichkeit einer gewaltsamen Verteidigung in Betracht gezogen werden.

---

[110] *Mitsch*, JuS 1992, 291.

[111] BGHSt 3, 218; BayObLG JR 1992, 163.

[112] *Mitsch*, JuS 1992, 292; *Spendel*, LK/StGB, § 32 Rn. 243.

[113] *Epping*, Grundrechte, Rn. 248; BVerwGE 93, 56.

[114] Vgl. BVerwGE 93, 56 ff.: Ein Leutnant ergriff einen Gefreiten, der während einer Übung als „Saboteur" behandelt worden war, fesselte ihn, bedrohte ihn wiederholt verbal mit dem Tod und demütigte ihn vor anderen Soldaten durch Beschimpfungen und sexuelle Anspielungen. Das Bundesverwaltungsgericht sah darin eine bewusste Verdinglichung des Opfers und eine Demonstration eigener Überlegenheit und Autonomie zulasten der Autonomie des Opfers und damit einen klaren Verstoß gegen den Grundsatz der Unantastbarkeit der Menschenwürde. BVerwGE 93, 108 ff.: Der Befehl an Soldaten, Regenwürmer zuzubereiten und zu essen, stellt eine Verletzung der Menschenwürde dar. Diese Fälle zeigen, dass bloße verbale Beleidigungen in der Praxis kaum Verstöße gegen die Menschenwürde darstellen, jedoch oft von der Androhung körperlicher Gewalt begleitet werden.

Doch selbst in solchen Fällen gilt: Wenn dieser Angriff keine gravierenden persönlichen Interessen betrifft, muss das Notwehrrecht ebenfalls eingeschränkt werden.

c) Abwehr bei gewalttätiger Bedrohung der Person

Aus Gründen der Wichtigkeit der körperlichen Rechtsgüter und ihrer hohen Relevanz für die Menschenwürde ist es in der Regel unzumutbar, einen Angegriffenen zu zwingen, gravierende körperliche Verletzungen oder sogar Tötung zu erdulden. In diesem Fall wird auch die entsprechende Solidaritätspflicht des Angegriffenen aufgehoben. Daher sollte die Ausübung des Notwehrrechts nicht eingeschränkt werden, solange der Angreifer die Körper- und Lebensinteressen einer anderen Person durch Gewalt in Form eines rechtswidrigen Angriffs bedroht.[115]

Obwohl oben ausgeführt wurde, dass leichte Verletzungen nicht zu den gravierenden persönlichen Interessenn zählen, besteht in der Realität oft die Möglichkeit, dass Gewalt eskaliert. Selbst wenn der Angreifer zunächst nur eine leichte Verletzung verursachen könnte, lässt sich die Möglichkeit schwerwiegenderer Verletzungen nicht ausschließen. Daher sollte jede Form von Gewalt gegen den Körper grundsätzlich die Nichteinschränkung des Notwehrrechts rechtfertigen.

Das Notwehrrecht kann auch dann nicht eingeschränkt werden, wenn der rechtswidrige Angriff notwendigerweise oder zufällig mit einer Körperverletzung verbunden ist, wie z. B. bei Raub, der zwangsläufig mit der Möglichkeit von Gewaltandrohungen einhergeht und einen schwerwiegenden Bruch des Rechtsfriedens darstellt, der weit über die Eigentumsschäden hinausgeht; infolgedessen sind die erforderlichen Maßnahmen der Notwehr immer zulässig. Auch wenn z. B. das Eindringen in eine Wohnung nicht zwangsläufig mit der Möglichkeit einer Gewaltandrohung einhergeht, vor allem wenn sich niemand sonst in der Wohnung befindet, besteht die Möglichkeit einer solchen Gewaltandrohung, wenn das Opfer in der Wohnung anwesend ist. Außerdem kann in diesen Fällen der rechtswidrige Angriff als Ganzes nicht weiter abgegrenzt werden, so dass die Tatsache, dass der Angreifer gewalttätige Mittel eingesetzt hat, eine Einschränkung des Notwehrrechts ausschließt, selbst wenn das geraubte Eigentum unerheblich ist.

Die Eigenart des rechtswidrigen Angriffs ist also danach zu beurteilen, ob der Angriff in erster Linie auf das körperliche Rechtsgut als Hauptzweck des Angriffs abzielt oder ob es sich lediglich um eine zufällige und begleitende Schädigung handelt. Solange jedoch Gewalt gegen die körperliche Unversehrtheit des Angegriffenen angedroht wurde, kann es in einem solchen Fall keine Einschränkung der erforderlichen Notwehrhandlung geben, und damit wird die Schärfe des Notwehrrechts deutlich, selbst wenn die Verteidigungsmittel den Tod des Angreifers zur Folge haben können.

---

[115] *Erb*, MK/StGB, § 32 Rn. 216.

3. Anwendbarkeit der Verhältnismäßigkeit?

In der Gruppe der Fälle, die mit der Diskussion über die Einschränkung des Notwehrrechts aufgrund krassen Missverhältnisses der Verteidigungsmittel zusammenhängen, ist die Möglichkeit der Anwendung des Grundsatzes der Verhältnismäßigkeit immer eine unausweichliche Frage.

Obwohl die h. M. im Strafrecht immer wieder betont hat, dass der Grundsatz der Verhältnismäßigkeit aus dem öffentlichen Recht grundsätzlich nicht auf das Notwehrrecht als Privatrecht angewendet werden sollte,[116] wurde dieses Beharren immer wieder mit dem Fall der krassen Missverhältnisse als „Ausnahme vom Regelfall" konfrontiert. Obwohl der Gesetzgeber in der Formulierung und Systematik von § 32 dStGB offenbar bewusst auf die Möglichkeit verzichtet hat, den Grundsatz der Verhältnismäßigkeit in engem Sinne auf das Notwehrrecht anzuwenden, um den Angegriffenen nicht übermäßig zu belasten,[117] muss betont werden, dass das Strafgesetzbuch als untergeordnetes Gesetz der verfassungsrechtlichen Kontrolle unterliegt. Da der rechtswidrige Angreifer auch in der von ihm herbeigeführten Notwehrsituation nicht vom Grundrecht des Persönlichen Schutzbereichs ausgeschlossen ist und die Bestimmungen des § 32 dStGB in der Praxis einen Eingriff in die Grundrechte des rechtswidrigen Angreifers bewirken, ist eine verfassungsrechtliche Überprüfung gerechtfertigt und notwendig. Und zumindest bei dieser verfassungsrechtlichen Überprüfung, insbesondere bei der Rechtfertigung von Eingriffen (sog. Schranken-Schranken), gibt es kein Hindernis für die Anwendung des Verhältnismäßigkeitsgrundsatzes.

In der h. M. werden Güterabwägung und Verhältnismäßigkeit oft als Synonyme betrachtet und im Bereich der Notwehr insgesamt abgelehnt.[118] Eine solche Auffassung könnte jedoch auf einer unangemessenen Vermengung beider Konzepte beruhen. Vielmehr sollte die Güterabwägung als eine Methode zur Lösung von Interessenkonflikten verstanden werden, die sich primär auf die Bewertung und Abwägung zweier oder mehrerer widerstreitender Interessen konzentriert. In der Rechtsanwendung hilft die Interessenabwägung dabei, zu bestimmen, welches Recht oder Interesse vorrangig geschützt werden sollte, wenn ein Konflikt zwischen verschiedenen Rechtsgütern besteht. Ein typisches Beispiel für eine solche Prüfung ist der rechtfertigende Notstand,[119] dessen Zweck es ist, die Legitimität der Priorisierung kollidierender Interessen zu klären. Unter dieser Betrachtungsweise sollte in der Tat die Güterabwägung aus dem Notwehrrecht ausgeschlossen werden, da ihre

---

[116] BGH NStZ 2005, 87; NJW 2003, 1957; OLG Karlsruhe, NJW 1986, 1360; *Fischer*, StGB, § 32 Rn. 31; *Jakobs*, AT, § 12 Rn. 30; *Krey*, JZ 1979, 710; *Kühl*, AT, § 7 Rn. 3; *Kunz*, ZStW 95 (1983), 973.

[117] *Wössner*, Notwehr, S. 52.

[118] *Rienen*, Einschränkungen, S. 198.

[119] *Rengier*, AT, § 19 Rn. 27.

Legitimation nicht auf der Abwägung widerstreitender Güter in Konfliktsituationen beruht, sondern auf dem Schutz der Grundrechte durch private Verteidigungsmittel.

In der hier vertretenen Auffassung geht der Verhältnismäßigkeitsgrundsatz über den Bereich der Güterabwägung hinaus. Er beschränkt sich nicht auf die Abwägung einzelner Güter wie Leben, körperliche Unversehrtheit oder Eigentum, sondern bezieht sich vielmehr auf die umfassende Bewertung der Gesamtgerechtigkeit einer Handlung. Im Bereich der Notwehr umfasst diese ganzheitliche Betrachtung die Notwendigkeit, dass das Notwehrrecht als einfachgesetzliche Regelung mit der verfassungsmäßigen Wertordnung in Einklang stehen muss. Ebenso spielen das Autonomieprinzip und das Solidaritätsprinzip eine zentrale Rolle, indem sie sowohl gemeinsam wirken als auch in einem Spannungsverhältnis zueinander stehen, was sich wiederum auf die Begründung und die Begrenzung des Notwehrrechts auswirkt. In diesem umfassenden Sinne ist es daher kaum möglich, eine Prüfung der Verhältnismäßigkeit im Rahmen des Notwehrrechts grundsätzlich abzulehnen. Dabei stehen die Güter im Rahmen der Verhältnismäßigkeit nicht im Mittelpunkt, sondern dienen lediglich als Material zur Beurteilung der Erforderlichkeit und Angemessenheit einer Handlung.

Daher vertritt diese Arbeit die Auffassung, dass die Solidaritätspflicht nicht greift, wenn der rechtswidrige Angriff gravierende persönliche Interessen betrifft, also eine Gefahr für die Grundrechte nach Art. 2 Abs. 2 Satz 1 dGG (Recht auf Leben und körperliche Unversehrtheit) darstellt. In diesem Fall würde einerseits die vollständige und nicht unerhebliche Verantwortung des Angreifers die Grundlage für die Anwendung der Solidaritätspflicht ausschließen. Andererseits würde die Forderung an den Angegriffenen, die Solidaritätspflicht zu erfüllen, die Zumutbarkeit als Voraussetzung der Solidaritätspflicht verletzen.

Wenn der rechtswidrige Angriff hingegen keine gravierenden persönlichen Interessen betrifft, etwa im Falle eines Angriffs auf das Eigentum (Art. 14 dGG), tritt die Solidaritätspflicht zum Schutz gravierender persönlicher Interessen in den Vordergrund. Der Verteidiger darf in diesem Fall sein Eigentum nicht durch die Verletzung des Lebensrechts des Angreifers schützen, da dies gegen die Solidaritätspflicht verstoßen würde. Dieses Ergebnis lässt sich sowohl durch eine Prüfung des Verhältnismäßigkeitsprinzips nach der Verfassung als auch durch die wertorientierten Leitprinzipien des Art. 2 EMRK begründen.

4. Solidaritätsprinzip als Grundlage der Duldungspflicht

Im Zusammenhang mit der Anwendung des Solidaritätsprinzips in Fällen eines krassen Missverhältnisses stellt sich ein mögliches Problem. Der altruistische Gedanke der Solidarität kann zunächst nur begründen, dass man den Hilfsbedürftigen nicht im Stich lassen soll, er vermag jedoch nicht unmittelbar zu erklären, warum man auch einen verantwortlichen Angreifer, selbst wenn dessen Angriff nur geringfügig ist, ertragen muss. Diese Frage bedarf einer näheren Begründung.

Nach der hier vertretenen Auffassung beruht die Duldungspflicht im Fall eines krassen Missverhältnisses auf dem formallogischen Satz des ausgeschlossenen Dritten. Ein in einer Notwehrlage befindlicher Angegriffener hat grundsätzlich drei Handlungsoptionen: Ausweichen, Gegenwehr oder Dulden. Ist ein Ausweichen objektiv unmöglich, so entfällt diese Option bereits als tatsächliche Möglichkeit. Führt eine notwendige Gegenwehr zu einem Verstoß gegen den Grundsatz der Verhältnismäßigkeit und gegen den Solidaritätsgedanken, so ist auch diese Handlung normativ ausgeschlossen. Nach dem Satz vom ausgeschlossenen Dritten verbleibt damit nur die Pflicht zur Duldung. Dieses Ergebnis lässt sich zugleich durch den von Fuller formulierten Grundsatz bestätigen, dass das Recht nichts Unmögliches fordern darf.[120]

Nach der formalen Begründung ist sodann die materielle Grundlage der Pflicht zu betrachten. Der Ursprung der Solidaritätspflicht liegt im Gedanken der positiven Freiheit. Daher ist die konkrete Erscheinungsform der Pflichterfüllung zweitrangig: Sie kann in aktiver Hilfeleistung oder in passivem Dulden bestehen. Entscheidend ist allein, dass hierdurch die positive Freiheit des Rechtsinhabers verwirklicht wird. In diesem Sinne kann die aus dem Solidaritätsprinzip hervorgehende Hilfspflicht in eine Duldungspflicht übergehen.

5. Zwischenergebnis

Die Strafrechtstheorien betonen immer wieder, dass es bei der Notwehr keine Güterabwägung gibt. Gleichzeitig wird sie jedoch ausgeschlossen, wenn ein krasses Missverhältnis besteht, was die tatsächliche Haltung von Lehre und Rechtsprechung widerspiegelt.[121] Um diesen Widerspruch zu überwinden, ist der pragmatischste Ansatz eine verfassungskonforme Auslegung des § 32 dStGB. Dabei muss das Verhältnismäßigkeitsprinzip neu interpretiert werden, indem es über eine bloße Rangfolge kollidierender Interessen hinausgeht und umfassend durchdacht wird.

Diese Auslegungsmethode der Einschränkung des Notwehrrechts basiert theoretisch auf der Begrenzung des Autonomieprinzips durch das Solidaritätsprinzip. Mit anderen Worten: Wenn das durch den rechtswidrigen Angriff verletzte Rechtsgut nicht unerheblich ist, entfällt aufgrund der mangelnden Zumutbarkeit die altruistische Solidaritätspflicht des Verteidigers. Wenn jedoch das verletzte Rechtsgut des rechtswidrigen Angriffs nur von geringem Gewicht ist und die Verteidigungshandlung die Menschenwürde (Art. 1 Abs. 1 dGG) sowie die damit eng verbundenen Grundrechte auf Leben und körperliche Unversehrtheit (Art. 2 Abs. 2 S. 1 dGG) gefährdet, dann gilt Folgendes: Einerseits bildet das verfassungsrechtliche Angemessenheitserfordernis bei Grundrechtseingriffen die Grundlage für das Entstehen einer Solidaritätspflicht; andererseits führt die Geringfügigkeit des

[120] Vgl. *Fuller*, The Morality of Law, S. 70 f.

[121] *Schmidhäuser*, in: FS-Honig, S. 188.

rechtswidrigen Angriffs dazu, dass die Zurückhaltung aus Solidarität zumutbar wird.

In diesem verfassungskonformen Rahmen kann ein Verstoß gegen den Verhältnismäßigkeitsgrundsatz nicht angenommen werden, wenn die im Rahmen der Verhältnismäßigkeitsprüfung gegenüberstehenden Rechtsgüter derselben Grundrechtskategorie angehören. Beispielsweise kann im Bereich des Eigentumsrechts nicht argumentiert werden, dass die Verteidigung einer geringwertigen Sache, die dem Angreifer erheblichen wirtschaftlichen Schaden zufügt, unverhältnismäßig sei. Wenn hingegen die Rechtsgüter unterschiedlichen Grundrechtskategorien zuzuordnen sind, muss im Rahmen des Verhältnismäßigkeitsgrundsatzes das Angemessenheitskriterium berücksichtigt werden.

Die Unfugabwehr unterliegt strengsten Beschränkungen, da die Ausübung eines uneingeschränkten scharfen Notwehrrechts gegenüber einem nur geringfügigen Angriff den Angreifer über den angemessenen Verantwortlichkeitsbereich hinaus belasten würde.

Das Eigentumsrecht als Grundrecht ist völlig heterogen mit dem Lebensrecht und in der Wertordnung nicht mit dem Lebensrecht als höchstem Verfassungswert vergleichbar. Zusammen mit der Auswirkung von Art. 2 EMRK auf die deutsche Rechtsordnung ist zu bedenken, dass als rein eigentumsbezogene Abwehrmaßnahme die Tötung des Angreifers nicht zulässig ist, da dies zumutbare Solidaritätspflichten verletzt.

Bei Angriffen auf die Ehre sollte der Verteidiger nur dann Gewalt anwenden dürfen, wenn sie die Menschenwürde berühren. Ein Verstoß gegen die Solidaritätspflicht zur Berücksichtigung gravierender persönlicher Interessen kann mit anderen Straftaten einhergehen, beispielsweise bei einem Raub, der häufig mit der Möglichkeit von Gewalt verbunden ist. In solchen Fällen ist das Notwehrrecht nicht eingeschränkt. Die Bedeutung des geschützten Rechtsguts sollte ex ante beurteilt werden, da jede Körperverletzung das Potenzial hat, sich zu einer schwerwiegenden Verletzung zu entwickeln.

II. Einschränkungen aufgrund von durch Mitverantwortung reduzierter objektiver Verantwortungszuschreibung (Provokation des Angriffs)

Nach h. M.[122] ist das Notwehrrecht des Angegriffenen auch im Falle eines vom Angreifer durch Provokation hervorgerufenen Angriffs eingeschränkt, was als Einschränkung des Notwehrrechts durch die Notwehrprovokation bezeichnet wird. Diese Situation geht über das in § 32 dStGB beschriebene Verhaltensmodell von

[122] *Perron/Eisele*, Schönke/Schröder/StGB, § 32 Rn. 54.

rechtswidrigem Angriff und gerechtfertigter Notwehr hinaus und erweitert den Horizont bzw. den Gegenstandsbereich einer ganzheitlichen Prüfung um die Ursache des rechtswidrigen Angriffs. Unter Bezugnahme auf die Formel „Das Recht braucht dem Unrecht nicht zu weichen“ steht der Angegriffene, wenn ihm der rechtswidrige Angriff in gewissem Maße zurechenbar ist, bei der Betrachtung des gesamten Geschehens nicht mehr uneingeschränkt auf der Seite des Rechts.[123] Es lässt sich argumentieren, dass der Verteidiger im Falle einer Provokation durch Notwehr für den Konflikt mitverantwortlich ist und dass diese Mitverantwortung zu einer Schwächung der Legitimität seiner Verteidigung führt,[124] was wiederum spezifische Einschränkungen des Notwehrrechts zur Folge hat.

1. Darstellung der dogmatischen Begründungen

a) Verneinung des subjektiven Rechtfertigungselements

Ein Standpunkt besagt, dass eine Person, die eine Notwehrlage absichtlich herbeiführe und ihre rechtswidrige Handlung als Notwehr tarnen möchte, um die Rechtsgüter anderer zu verletzen, keinen Verteidigungswillen besitzt und daher keine Notwehr geltend machen könne.[125]

Dieser Grund ist lediglich auf Fälle mit einer Provokationsabsicht anwendbar, da in solchen Situationen davon ausgegangen wird, dass die Absicht des Provokateurs letztlich auf die Schädigung abzielt. Selbst in solchen Fällen bleibt jedoch die Ansicht fraglich, dass die Verneinung des Verteidigungswillens automatisch zur Ablehnung der Notwehr führt. Eine maßgebliche Gegenposition vertritt, dass der Wille, den Angriff abzuwehren, nicht zwangsläufig das einzige Motiv für die Verteidigungshandlung sein muss.[126] Selbst wenn der Provokateur während der Provokation und Verteidigungshandlung eine Schädigungsabsicht hegt und diese als Hauptmotiv betrachtet, schließt dies nicht aus, dass er gleichzeitig einen Verteidigungswillen besitzt. Zudem hat sich bei der Diskussion um den Verteidigungswillen zunehmend das Erfordernis der Erkenntnis des Notwehrtatbestands anstelle eines absichtlichen Motivs durchgesetzt. Nach h. M. reicht es aus, dass der Handelnde die Notwehrlage erkannt hat, um den Verteidigungswillen zu bejahen.[127] Daher kann das subjektive Rechtfertigungselement nicht verneint werden, wenn der Verteidiger die rechtswidrige Verletzung durch den Angreifer erkennt, selbst wenn er diese vorhergesehen hat und hofft, dass sie sich weiterentwickelt.

---

[123] *Erb*, MK/StGB, § 32 Rn. 224.

[124] *Grünewald*, ZStW 122 (2010), 85; *Pawlik*, Unrecht, S. 243.

[125] NJW 83, 2267.

[126] *Bertel*, ZStW 84 (1972), 3.

[127] BGH NStZ 2016, 333.

b) Einwilligung und Selbstverantwortung des Provokateurs

Es gibt auch die Auffassung, dass die Strafbarkeit der provozierten Notwehr auf der Einwilligung des Provokateurs beruht. Nach dieser Ansicht sei die Verletzung der Rechtsgüter des Provokateurs durch den provozierten Angriff Teil des Plans des Provokateurs, der somit in die Beeinträchtigung seiner eigenen Rechtsgüter eingewilligt habe. Daraus folge, dass die Gegenwehr des Provokateurs keine Notwehr darstelle.[128]Allerdings führt die Annahme, dass die Einwilligung des Provokateurs den Angriff des Provozierten rechtfertigen könnte, zu dem Ergebnis, dass der Angriff des Provozierten nicht mehr strafbar wäre. Diese Schlussfolgerung ist aber schwerlich akzeptabel.

Selbst im Bereich der Selbstverantwortung des Opfers bleibt das Problem bestehen. Roxin vertritt die Ansicht, dass der Provokateur durch sein rechtswidriges Verhalten bewusst eine Gefahr geschaffen habe und daher keinen Schutz verdiene.[129]

Doch traditionell wird das Prinzip der Selbstgefährdung als Grund für den Ausschluss der Ergebniszurechnung betrachtet, was bedeutet, dass derjenige, der das Risiko bewusst geschaffen hat, die ausschließliche Kontrolle über die Folgen dieses Risikos besitzt. Dies führt zu einem ähnlichen Problem wie bei der Theorie der Einwilligung des Provokateurs: Es würde den Angriff des Provozierten rechtfertigen.

Der zentrale Punkt ist, dass im Modell der tätergesteuerten Zurechnung nur dann das Ergebnis der Gefahr in den Verantwortungsbereich des Opfers fällt, wenn das Risiko tatsächlich unter der Kontrolle und Herrschaft des Opfers steht. Im typischen Fall einer provozierten Notwehr liegt die Initiative zur Durchführung des rechtswidrigen Angriffs jedoch weiterhin in den Händen des Provozierten. Er hat die Freiheit, selbst zu entscheiden, ob er den Angriff startet oder davon absieht. Daher kann kaum angenommen werden, dass der Provokateur eine Kontrolle erlangt, die diejenige des Angreifers übersteigt.

c) Actio illicita in causa

Die actio illicita in causa ist eines der drei Rechtsinstitute, die den Bestrafungsschwerpunkt auf ein die Strafbarkeit begründendes ursächliches Vorverhalten legen. Die anderen beiden sind die actio libera in causa in der Schuldebene und die omissio libera in causa im Unterlassungstatbestand. Ähnlich wie bei den anderen zwei Rechtsfiguren löst die Lehre der a. i. i. c. das Problem, ob eine Abwehrhandlung trotz der Rechtfertigung durch Notwehr noch bestraft werden kann, wenn die Notwehrlage vom Täter absichtlich oder anderweitig schuldhaft herbeigeführt worden ist. Nach der a. i. i. c. kann somit die Verteidigung durch § 32 dStGB ge-

---

[128] *Maurach/Zipf*, AT I, S. 368.

[129] *Roxin/Greco*, AT I, § 15 Rn. 65.

rechtfertigt werden, jedoch ist der Anknüpfungspunkt der Strafbarkeit die schuldhafte Herbeiführung der Notwehrlage, die für die spätere Tatbestandsverwirklichung kausal wird. Dabei könnte dem Täter wegen seiner Provokation die Rechtswidrigkeit zugerechnet werden.[130]

Der Ausdruck der a. i. i. c. wurde zuerst von Kohlrausch verwendet.[131] Demnach soll Notwehr unzulässig sein, wenn jemand einen Angriff eines anderen absichtlich provoziere, um ihn unter dem Deckmantel der Verteidigung zu verletzen. Es bestehe eine Ähnlichkeit zur a. l. i. c., da die Verteidigungshandlung des Täters zwar formal als durch Notwehr gerechtfertigt erscheine, sie jedoch in ihrer Ursache (in causa) als rechtswidrig angesehen werden müsse. Aufgrund dieser Affinität werde die a. i. i. c. im älteren Schrifttum auch als „quasi-a. l. i. c." bezeichnet.[132] Eine Analogie zur Anwendung der a. l. i. c. werde in diesem Zusammenhang diskutiert. In Anlehnung an die a. l. i. c. solle auch der Provokateur gezielt eine Notwehrlage herbeiführen. Er wolle die Notwehr als Rechtfertigungsgrund instrumentalisieren, indem er den anderen durch eine bewusste Provokation zu einem Angriff verleite, um ihn anschließend unter dem Deckmantel der Notwehr verletzen zu können, solange die Verteidigung formal als erforderlich erscheine.

Um die Strafbarkeit durch a. i. i. c. zu begründen, verwendet Baier den Begriff des Gesamtvorgangs,[133] der mit den Reizungen beginne und sich bis zum Erfolg der Verteidigungshandlung fortsetze. Die strafrechtliche Bewertung müsse im ersten Teilakt ansetzen. Daher lasse die Strafbarkeit der provozierten Notwehr sich nicht von der Verteidigungshandlung, sondern vom vorangegangenen Tun bestimmen. Der Grund liege darin, dass der Gesamtvorgang des Angriffs durch das auslösende Verhalten des Angegriffenen beginne und sich über die dadurch herbeigeführte Notwehrlage des Angegriffenen bis zur Tatbestandsverwirkung fortsetze. Die Strafbarkeit des Täters sei anhand der Bewertung des Gesamtvorgangs zu beurteilen: ob alle Voraussetzungen des vorsätzlichen oder fahrlässigen Totschlags erfüllt sind und Vorsatz oder Fahrlässigkeit als subjektive Elemente im Zeitpunkt der Provokation vorliegen und sich auf den Erfolg der Abwehr beziehen.

Sogar in einem der BGH-Urteile wurde die Position der Einwilligung bei fahrlässiger Notwehrprovokation im Wesentlichen übernommen.[134] Während der BGH einerseits betonte, dass „der BGH eine Haftung nach der actio illicita in causa nicht anerkannt hat", bejahte er paradoxerweise ein Urteil wegen Totschlags, indem er feststellte: „Wer durch ein rechtswidriges Vorverhalten die Gefahr einer tödlichen Auseinandersetzung mit tödlichem Ausgang herbeigeführt hat, kann auch dann wegen fahrlässiger Tötung bestraft werden, wenn er den zum Tode führenden

---

[130] Vgl. *Lenckner*, GA 1961, 303 ff.; *Schröder*, JR 1962, 187 f.; *Bertel*, ZStW 84 (1972), 14 ff.

[131] *Kohlrausch*, Strafgesetzbuch, § 53 Nr. 5, § 113 Nr. 5, Vorbem. § 47 2b.

[132] Vgl. *Goldschmidt*, Notstand, S. 52.

[133] Vgl. *Baier*, Notwehrlage, S. 25.

[134] BGH NJW 2001, 1075 f.

Schuss in Notwehr abgibt." Damit stellte der BGH fest, dass Notwehr vorlag, bestrafte den Verteidiger aber dennoch für die rechtswidrige Vorhandlung, die zu dem Angriff führte.

In Anlehnung an die a.l.i.c. wird auch versucht, die a.i.i.c. durch das Modell der mittelbaren Täterschaft zu beweisen:[135] Der Provokateur hat sich selbst als ein rechtmäßiges Werkzeug benutzt, das unmittelbar den Tatbestand verwirklicht, um eine Straftat zu begehen. Und deswegen wird der Provokateur als Hintermann der mittelbaren Täterschaft bestraft. Allerdings ist eine direkte Anwendung des § 25 Abs. 1 Alt. 2 unmöglich, denn im normativen Sinne muss die Tat durch einen anderen begangen werden. Trotzdem ist es nicht sinnlos, den Charakter der mittelbaren Täterschaft als ein Legitimationsmodell für beide Theorien, a.l.i.c. und a.i.i.c., in denen das Werkzeug zur Begehung nicht ein anderer, sondern der Täter selbst ist, zu untersuchen. Es handelt sich um Fälle, in denen der Provokateur absichtlich eine Notlage ausgelöst hat, indem er einen Fremdangriff provoziert. Auf diese Weise gerät der Provokateur in eine Notlage, in der er sich selbst als rechtmäßiges Werkzeug benutzt, um eine durch das Rechtsinstitut der Notwehr gerechtfertigte Verletzung vorzunehmen. Beide, der Hintermann und der Vordermann, sind eigentlich dieselbe Person, also der Provokateur. Damit kommt nur die Absichtsprovokation in Betracht, weil die bewusste Benutzung des Werkzeugs des mittelbaren Täters unentbehrlich ist, deshalb muss der Vorsatz sich auf die Beherrschung des Vordermanns erstrecken.[136] Entsprechend der Notwehrprovokation muss der Täter hoffen, sich als rechtmäßiges Werkzeug zu benutzen, um anderen Schaden zuzufügen. Nur die Absichtsprovokation ist geeignet, diese Voraussetzung zu erfüllen. Eine fährlässige a.i.i.c. ist in Anlehnung an die mittelbare Täterschaft nicht begründungsfähig.

Nach der Theorie der mittelbaren Täterschaft hat der Provokateur sich selbst als rechtmäßiges Werkzeug genutzt. Dies entspricht der grundlegenden Annahme der a.i.i.c., nämlich der Bejahung eines Ausschlusses der Rechtswidrigkeit der Verteidigung. Ein deliktisches Minus auf der Ebene der Rechtswidrigkeit ist zu akzeptieren,[137] während eine Tatherrschaft durch Strafbarkeitsmangel beim Werkzeug liegen könnte. Und der Provokateur wird als Hintermann wegen seiner Tatherrschaft bestraft.

Allerdings ist die Begründung anhand des Rechtsgedankens der mittelbaren Täterschaft nicht frei von Zweifeln. Wenn der Provokateur das Vorverhalten als die Ursache der später begangenen Verletzungshandlung setzt, könnte dieses provozierende Vorverhalten als Versuch dieser Verletzung gewertet werden. Dies führt zu einer Konstellation, in der das Notwehrrecht dem Provozierten zugesprochen wird, weil die Provokation als ein gegenwärtiger Angriff verurteilt wird und der

[135] *Baumann*, AT, S. 304; *Heimberger*, Strafrecht, S. 43.

[136] *Rengier*, AT, § 43 Rn. 4.

[137] *Rengier*, AT, § 43 Rn. 23 f.

Provozierte in der Notwehrlage ist.[138] Somit könnte der Angriff des Provozierten selbst durch Notwehr gerechtfertigt werden, gegen den eine weitere Abwehr aus Sicht der Rechtsordnung nicht erlaubt ist. Dies würde den Begriff der Notwehrprovokation selbst demontieren und alle darüber angestellten Erörterungen gegenstandslos machen.

Wenn die Übertragung der mittelbaren Täterschaft auf die Begründung der a.i.i.c. diskutiert wird, ist die Tatherrschaft eine unentbehrliche Voraussetzung. Es ist zu beachten, dass diese Steuerung während des gesamten Tatgeschehens fortgesetzt werden muss. Das heißt, als ein Bestandteil der Notwehrprovokation muss der Angriff des Provozierten ebenfalls unter der Tatherrschaft des Hintermanns stehen.[139] Allerdings wird der Provozierte nicht unbedingt vom Hintermann manipuliert. Es ist durchaus möglich, dass er aus eigenem freiem Willen angegriffen hat. Die schlichte Hoffnung, einen tatbestandlichen Erfolg auszulösen, reicht für die Tatherrschaft über das Gesamtgeschehen nicht aus.[140]

Außer der Absichtsprovokation sind auch noch anderweitig verschuldete Notwehrprovokationen zu betrachten, nämlich die Strafbarkeit der vorsätzlichen oder fahrlässigen Notwehrprovokation durch die a.i.i.c. Die Lehre erkennt die vorsätzlich und fahrlässig verschuldete Herbeiführung der Notwehrlage an, was zur Einschränkung des Notwehrrechts des Provokateurs führt. Auch wenn Kohlrausch die a.i.i.c. als Begründungsfigur nur auf die Absichtsprovokation anwendet,[141] halten mehrere Autoren heute eine Begründung sowohl der Vorsatzprovokation als auch der Fahrlässigkeitsprovokation durch die a.i.i.c. für annehmbar.[142] Denn nach der a.i.i.c. werde ein tatbestandsmäßiger Erfolg, wie z.B. der Tod oder die Körperverletzung des Angreifers, dogmatisch mit dem Vorverhalten des Provokateurs verknüpft. Wenn die rechtliche Bewertung auf das Vorverhalten bezogen werden solle, müsse die subjektive Zuschreibung der Notwehrprovokation ebenfalls vom Vorverhalten abhängen. Habe der Provokateur in diesem Augenblick eine Auslösung des Fremdgriffs vorausgesehen oder hätte er sie voraussehen können, so könne ihm der Erfolg zugerechnet werden.[143] Abhängig davon, ob seitens des Provokateurs bei der Ausnutzung der herbeigeführten Notwehrlage Vorsatz oder Fahrlässigkeit vorliege, sei er wegen eines Vorsatzdelikts oder wegen eines Fahrlässigkeitsdelikts zu bestrafen. Beispielsweise könnte A den B objektiv provoziert haben, aber A hatte tatsächlich keinen Vorsatz, einen Angriff zu provozieren. Wenn B zu diesem Zeitpunkt A angegriffen habe, habe A Selbstverteidigung ausgeübt. Konsequenz sei die Strafbarkeit wegen fahrlässiger Tötung oder körperlicher Verlet-

---

[138] *Roxin*, ZStW 75, 547.

[139] Vgl. *Bitzilekis*, Einschränkung, S. 163.

[140] *Roxin*, ZStW 75, 551.

[141] *Kohlrausch*, Strafgesetzbuch, § 53 Nr. 5, § 113 Nr. 5, Vorbem. § 47 2b.

[142] *Perron/Eisele*, Schönke/Schröder/StGB, § 32 Rn. 61; *Constadinidis*, Actio Illicita In Causa, S. 29 f.; *Lenckner*, GA 1961, 302.

[143] *Constadinidis*, Actio Illicita In Causa, S. 30.

zung. Daher lässt sich a. i. i. c. nicht vollständig über die Figur des mittelbaren Täters erklären, da mittelbare Täterschaft nicht fahrlässig verwirklicht werden kann.

Darüber hinaus gibt es mehrere starke kritische Argumente für die Begründung einer strafrechtlichen Strafbarkeit auf der Grundlage von a. i. i. c. Das erste Argument ist, dass die a. i. i.c die Typisierung des Tatbestands untergräbt. Das Problem besteht darin, wie eine Provokation, die häufig in Form einer Beleidigung erfolgt, als Körperverletzungs- oder Tötungsdelikt strafrechtlich erfasst werden kann. Die a. i. i. c. knüpft an die Provokationshandlung mit dem Erfolg der Verteidigung an, wodurch eine vollständige Straftat aufgebaut wird. In der Regel vermag das in Frage stehende Vorverhalten den objektiven Tatbestand eines Körperverletzungs- oder Tötungsdelikts nicht zu erfüllen, auch wenn der Provokateur dadurch eine Ursache für die spätere Tatbestandsverwirklichung gesetzt hat.[144] Die eigentliche Verletzungshandlung liegt in der Verteidigung, während die Provokation lediglich als ein Verhalten angesehen werden kann, das die Gelegenheit zur Ausführung der Verletzung schafft.[145]

Bitzliekis weist darauf hin, dass nicht alle Verhaltensweisen bei den Erfolgsdelikten umgesetzt werden könnten. Somit muss die spezifische Gefahr von einer letzten Tätigkeit unmittelbar geschaffen werden.[146] Demnach reicht die Provokationshandlung als tatbestandsmäßige Handlung nicht aus, weil sie trotz der Auslösung der Notwehrlage keine bestimmte Gefahr der Körperverletzung oder Tötung unmittelbar verursacht hat. Wenn dieses Vorverhalten gewaltsam als tatbestandsmäßiges Verhalten interpretiert wird, kann man vermuten, dass es gegen Art. 103 Abs. 2 dGG und das Verbot der Analogie verstoßen könnte. Zudem macht dies die Grundlage der a. i. i. c., nämlich die Bestrafung aufgrund des provokativen Vorverhaltens, fraglich; wenn das Vorverhalten nicht als Täterverhalten des Tatbestands von Körperverletzungs- oder Tötungsdelikten gelten kann, dann ist eine Vorverlegung der Strafbarkeit generell nicht mehr möglich.

Die kritische Ansicht verneint die Möglichkeit, dass ein die bloße Ursache setzendes Vorverhalten die fehlende Rechtswidrigkeit der späteren Handlung ersetzen kann.[147] Demnach sei die Anlehnung an die a. l. i. c. abzulehnen, weil eine Vorverlegung der Wertung nur in dem täterbezogenen Verbrechenselement (nämlich der Schuld) möglich sei. Der Mangel der Schuld könne durch das Schuldmoment und den Vorsatz und die Fahrlässigkeit ersetzt werden, aber eine solche Ersetzung im Unrechtsbereich sei nicht möglich. Das Tatunrecht sei von einer bestimmten und konkreten Handlung abhängig und daher sei es nicht möglich, diese in den Kausalitätsketten beliebig zu verschieben oder aufzuschieben. Das Unrecht der Tathandlung müsse mit einem bestimmten Anhaltspunkt im geltenden Rechtssystem ver-

---

[144] Vgl. *Bitzilekis*, Einschränkung, S. 155.

[145] *Kindhäuser/Zimmermann*, AT, § 16 Fn. 101.

[146] *Bitzilekis*, Einschränkung, S. 155, Fn. 64.

[147] *Bitzilekis*, Einschränkung, S. 155.

bunden sein. Eine unmittelbare Folge der Aufhebung der Typisierung des Tatbestands durch die a. i. i. c. ist jedenfalls, dass sie die Strafbarkeit der Notwehrprovokation zu weit ausdehnt, was dazu führt, dass, solange der Täter ein gewisses Maß an Provokation begeht, seine Notwehrhandlung letztlich zu seiner formellen Strafbarkeit führt, was das Notwehrrecht nicht mehr einschränkt, sondern es vollständig negiert.

Die zweite bemerkenswerte Kritik betrifft die Frage, wie ein Verhalten im Rahmen einer Notwehrprovokation einerseits als rechtmäßig gelten kann, weil es durch Notwehr gerechtfertigt ist, andererseits aber gemäß der a. i. i. c. gleichzeitig als rechtswidrig eingestuft wird und zu einer Bestrafung führt. Darin liegt ein Widerspruch in der rechtlichen Bewertung, da das Verhalten scheinbar zugleich mit zwei entgegengesetzten Eigenschaften belegt wird.[148]

Nach der a. i. i. c. sollte die Verteidigungshandlung immerhin gerechtfertigt sein, wenn sie eine Reihe von Voraussetzungen erfüllt, aber letztendlich wird der Täter gleichwohl wegen seiner Tat bestraft. Folglich wäre es nur eine scheinhafte Bewertung, dass die Verteidigung noch nach dem Notwehrrecht zugebilligt werden könnte.[149] Daher ist die Lehre der a. i. i. c. entweder widersprüchlich, weil ihr Inhalt (Zubilligung der Rechtfertigung der Abwehr) mit ihrem Ausschluss unvereinbar ist, oder die Anerkennung des Notwehrrechts ist nur ein oberflächliches Zwischenergebnis, das später bestätigt oder revidiert werden könnte. Wenn aber die Verteidigungshandlung als Notwehr gerechtfertigt ist, sollte der von ihr produzierte tatbestandsmäßige Erfolg es auch sein.[150]

Der dritte Nachteil der a. i. i. c. liegt im Problem der objektiven Zurechnung. Nach einer allgemeinen Theorie wird die objektive Zurechnung abgelehnt, wenn der Entschluss des provozierten Angreifers im Rechtssinne frei ist.[151] Die eigenverantwortliche Handlung des Provozierten unterbricht den Zurechnungszusammenhang zwischen Provokation und tatbestandsmäßigem Erfolg, und entsprechend wird die Begründung der Bestrafung durch die a. i. i. c. bei der Notwehrprovokation gegenstandslos gemacht.

Nach dem Gesichtspunkt der objektiven Zurechnung wird die Verantwortung des Täters abgegrenzt, wenn sich das Opfer freiwillig selbst schädigt oder gefährdet.[152] Wenn jemand die Möglichkeit der Verletzung seines eigenen Rechtsguts erkannt und trotz des Vorliegens der Selbstgefährdung noch freiverantwortlich gehandelt hat, dann wird der Zurechnungszusammenhang zwischen der Handlung des Erstverursachers und dem Enderfolg unterbrochen.[153] Dies gilt auch, wenn der

[148] *Kühl*, AT, § 7 Rn. 243.

[149] *Roxin/Greco*, AT I, § 15 Rn. 68.

[150] *Hwang*, Provokation, S. 48.

[151] *Kühl*, AT, § 7 Rn. 243; *Satzger*, Jura 2006, 520; *Mitsch*, GA 1986, 543.

[152] *Roxin/Greco*, AT I, § 15 Rn. 107.

[153] Vgl. *Rönnau*, Jus 2019, 119.

Provozierte bei der Notwehrprovokation selbstverantwortlich den Provokateur angreift und sich damit in eine gefährliche Situation bringt, in der der Provokateur sich verteidigen muss und der Provozierte dadurch wirklich verletzt werden könnte. Der Provozierte handelt völlig freiwillig, weil er selbst entscheiden kann, ob er der Provokation des Provokateurs folgt und einen Angriff startet. In der Perspektive des Provozierten sollte er voraussehen, dass dieser Angriff für ihn auch eine Gefährdung mit sich bringen könnte, weil nach dem Grundsatz der Eigenverantwortlichkeit jeder nur für sein eigenes Verhalten verantwortlich ist. Daher unterbricht ein freiverantwortlicher Angreifer die Erfolgszuschreibung auf die Provokationshandlung, wodurch die a. i. i. c. ihren Anwendungsbereich verliert.

Auch durch den Nachweis, dass der Provokateur keine Tatherrschaft besitzt, lässt sich die Lehre der a. i. i. c. ablehnen.[154] Der Täter hat die Auslösung des Angriffs gar nicht in der Hand, wenn der Angreifer aufgrund einer freien Entscheidung handelt. Ob der Provokateur seine spätere Abwehrhandlung als Werkzeug zur Tatbestandsverwirklichung manipuliert hat, ist zweifelhaft. Vielmehr hat nicht der Provokateur, sondern der Angreifer die Tatherrschaft, wenn er freiwillig den Provokateur angegriffen hat. Der Provokateur besitzt keine Tatherrschaft, weil er nur nach der Reaktion des Provozierten handeln kann. Daher kann er nicht garantieren, dass der Provozierte bestimmt oder wahrscheinlich gemäß seinem Tatplan angreift.[155] Der Provokateur kann das nur wünschen, aber er hat die Tat nicht in der Hand, wenn der Angreifer nach dem Verantwortungsprinzip für seine Handlung voll eigenverantwortlich ist.

Nach der Erörterung der Nachteile der a. i. i. c. fragt man sich, ob diese Theorie ganz abgelehnt werden sollte. Der Eingriff zwischen der Provokationshandlung und der Verteidigungshandlung greift in das autonome Verhalten des Angreifers ein, was bedeutet, dass eine objektive Zuordnung zwischen der Provokationshandlung und dem Taterfolg nicht mehr möglich ist, was zu einer Auflösung der Grundannahmen der a. i. i. c. führt. Wenn man die Theorie der a. i. i. c. jedoch von der anderen Seite her betrachtet und überarbeitet, kann die a. i. i. c. in besonderen Fällen dennoch überleben, d. h. die Anwendung der a. i. i. c. sollte nur möglich sein, wenn der Provokateur den Angriff einer unfreiwillig handelnden Person verursacht hat.

Erstens wird die Unfreiheit des Provozierten bejaht, wenn er durch die Provokation einem unvermeidbaren Tatbestandsirrtum sowie Erlaubnistatbestandsirrtum ausgesetzt ist: beispielweise wenn der Provokateur den Provozierten täuscht, indem er ihn unvermeidbar irrtümlich denken lässt, dass sein Verhalten kein Angriff auf Menschen sei. Damit irrt sich der Provozierte über das Vorliegen des rechtswidrigen Angriffs, ohne dass dieser Irrtum auf Fahrlässigkeit beruhte. Wegen der Maßgeblichkeit der Abgrenzung der Opferperspektive sollte die freiverantwortliche

---

[154] *Roxin*, ZStW 75, 551; *Bockelmann*, in: FS-Honig, S. 27; *Bitzilekis*, Einschränkung, S. 163.

[155] *Mitsch*, Provokation, S. 120.

Selbstgefährdung des Opfers verneint werden, und infolgedessen könnte eine Zuschreibung der a. i. i. c. gleichzeitig bejaht werden.

Zweitens führt auch das Vorliegen eines unvermeidbaren Verbotsirrtums zu einem unfreien Handeln. Ein Beispiel hierfür ist der Fall, dass der Provokateur beim Provozierten eine irrige, aber unvermeidbare Vorstellung hervorruft, dass ihm auch nach Beendigung der Provokation noch ein Notwehrrecht zustehe. In einer solchen Konstellation ist davon auszugehen, dass dem Provozierten die freie Willensbildung genommen wurde.

Drittens werden Schuldunfähige ebenfalls als unfrei Handelnde angesehen. Nach dem Verantwortungsprinzip ist die Zurechnung zum Provozierten nicht möglich, denn der Provokateur besitzt zweifellos die Tatherrschaft. Dies hängt jedoch mit dem thematischen Bereich einer anderen sozialethischen Einschränkung des Notwehrrechts zusammen, nämlich dem Angriff erkennbar schuldlos Handelnder.

In den oben genannten Fällen hat der Provokateur faktisch die Tatherrschaft erlangt, so dass die durch die Gegenwehr verursachten Folgen seiner provozierenden Handlung zugerechnet werden können. In solchen Fällen liegt kein Widerspruch in der Rechtswidrigkeit vor, da die Gegenwehr des Provokateurs selbst als Verletzungshandlung zu qualifizieren ist, wenn der Provokateur die Tatherrschaft innehatte.[156]

Zusammenfassend kann man festhalten, dass die a. i. i. c. nicht ganz verneint werden sollte. Sie könnte noch im Bereich der unfrei Handelnden angewendet werden. Wenn es ein Notwehrrecht gibt und der Provokateur es ausgeübt hat, wird beurteilt, ob dies die zusätzliche Prämisse der a. i. i. c. erfüllt. Wenn eine objektive und subjektive Zurechnung durchgeführt werden kann, dann ist die Bestrafung aufgrund der a. i. i. c. begründet. Zu den Umständen, unter denen eine objektive Zurechnung zu bejahen ist, gehören eigentlich nur sehr seltene Fälle, nämlich solche, in denen der Angreifer aufgrund eines erheblichen Erkenntnismangels keine Handlungsfreiheit hat und der Provokateur tatsächlich das gesamte Geschehen beherrscht. An diesem Punkt ist der Angreifer nicht mehr in der Lage, den Angriff selbstständig zu stoppen und sich zu schützen. In allen anderen Fällen hat der Angreifer völlige Handlungsfreiheit, so dass die Möglichkeit der Anwendung der a. i. i. c. abzulehnen ist.

d) Grundgedanken des Notwehrrechts

Im Fall der Notwehrprovokation ist die Frage, ob das Notwehrrecht des Provokateurs aus sozialethischen Gründen eingeschränkt werden sollte, letztlich nur ra-

---

[156] Wie im Folgenden noch ausgeführt wird, steht dem Angegriffenen in den genannten Konstellationen tatsächlich kein Notwehrrecht zu. Streng genommen entsprechen diese Fälle daher nicht vollständig dem theoretischen Aufbau der a. i. i. c., sondern lediglich ihrem Ergebnis.

tional zu beantworten, indem man zum Grundgedanken des Notwehrrechts zurückkehrt. Nur durch eine Analyse der dogmatischen Grundlagen seiner Schärfe lässt sich im Umkehrschluss nachvollziehen, unter welchen Voraussetzungen diese Schärfe reduziert werden kann.

Zunächst muss man noch einmal auf die Grundlage des Notwehrrechts des Angegriffenen zurückkommen, der auch der Provokateur ist, dessen Recht selbst nicht verneint wird und gegenüber dem der rechtswidrige Angriff des Angreifers eine Verletzung seines Rechtsraums darstellt. Solange der Angreifer selbst die Handlungsfreiheit hat, den rechtswidrigen Angriff freiwillig auszuführen oder zu beenden, wird das Unrecht der Verletzung der Rechte des Angegriffenen durch den Angreifer weiterhin durch das Autonomieprinzip begründet. Selbst wenn eine Provokation vorliegt, ändert die Rechtsordnung nichts an der rechtlichen Bewertung des rechtswidrigen Angriffs selbst, der von dem Provozierten ausgegangen ist.[157]

Es war und ist jedoch unangemessen, dem Provokateur ein uneingeschränktes Notwehrrecht einzuräumen, obwohl der Angreifer aufgrund der Provokation ganz auf der Seite des Unrechts stand; der Provokateur kann nun nicht ignorieren, dass der entscheidende Beitrag des Provokateurs zur Eskalation der Situation durch sein Verhalten auch dazu führte, dass er nicht ganz auf der Seite des Rechts stand. Im Falle einer Notwehrprovokation haben sowohl der Angreifer als auch der Verteidiger rechtswidrige Handlungen begangen. Daher sollte der Umfang des Notwehrrechts nicht so beurteilt werden, dass der Provokateur das gleiche Notwehrrecht hat wie ein Verteidiger, der selbst gar keine Verantwortung trägt. Bei einer umfassenden Erörterung der Notwehrprovokation kann daher weder die Ausübung des Notwehrrechts völlig ausgeschlossen noch seine bedingungslose Anwendung angenommen werden, und daher ist die angemessenste Art der Beschreibung nach wie vor das Vorliegen von Einschränkungen des Notwehrrechts.

Der Grund für die Einschränkung des Notwehrrechts aufgrund einer Notwehrprovokation ist insbesondere die teilweise Reduzierung der Schärfe des Notwehrrechts. Der Autonomiegrundsatz, der der Schärfe des Notwehrrechts zugrunde liegt, hat jedoch nicht nur zu einer qualitativen Veränderung des Notwehrrechts geführt, sondern auch zu seiner quantitativen Entwicklung. Denn auch wenn die endgültige Verantwortung beim Angreifer verbleibt, trägt der Angegriffene eine gewisse Mitverantwortung für die Ursache der Interessenkonfliktsituation und muss einen Teil der Kosten für die Beseitigung der Gefahr tragen.

Dies lässt sich anhand des Konzepts des Mitverschuldens im Zivilrecht verdeutlichen. Bei der Anwendung des Zivilrechts ist es häufig der Fall, dass der Geschädigte zum Entstehen des Schadens beigetragen hat. Es stellt sich dann die Frage, unter welchen Umständen eine solche Mitverursachung relevant ist und welche Rechtsfolgen sich daraus ergeben. Bei der Ausgestaltung von § 254 dBGB, der auf dem gleichen Gedanken beruht wie die Haftung des Schädigers, nämlich

---

[157] Vgl. *Mitsch*, Rechtfertigung, S. 405 ff.

dem Verantwortlichkeitsprinzip des Einzelnen für die Folgen seines eigenen Verhaltens,[158] wurden in dieser Hinsicht zwei grundlegende Entscheidungen getroffen: Zum einen hat der Gesetzgeber entschieden, den Schädiger und den Geschädigten gleich zu behandeln, d. h. den Geschädigten muss ein Verschulden treffen, und eine Mitverursachung allein reicht nicht aus.[159] Zum anderen sollte der Schadenersatz zwischen den Parteien im Verhältnis zum Grad der Verantwortung aufgeteilt werden. Das Grundprinzip des „Alles oder Nichts", d. h. ein ungeteiltes Verschulden des Geschädigten, das zu einem vollständigen Haftungsausschluss führt, wurde im deutschen Bürgerlichen Gesetzbuch nach dessen Inkrafttreten ausdrücklich verworfen.[160]

Zu beantworten ist die Frage, inwieweit die Beteiligung des Geschädigten an einer deliktischen Handlung, bei der es zwangsläufig zu einer Interaktion zwischen Schädiger und Geschädigtem kommt, ein Mitverschulden darstellt. In der Literatur wird teilweise argumentiert, dass ein Mitverschulden des Geschädigten auch mit rechtswidrigem Verhalten in Verbindung gebracht werden sollte.[161] Dies führt jedoch zu dem Paradoxon, dass der Geschädigte selbst den Schaden trägt, obwohl Selbstverletzungen im Allgemeinen nicht verboten sind.[162] Im Gegensatz dazu definiert die h. M. Mitverschulden als eine Verletzung der Obliegenheit gegen sich selbst, d. h. eine Unterlassung derjenigen Vorkehrungen, die ein „ordentlicher und verständiger Mensch zur Vermeidung eigenen Schadens anzuwenden pflegt".[163] Ein Mitverschulden wird jedoch nur dann in Betracht gezogen, wenn die Abwendung des Schadens im Verantwortungsbereich des Geschädigten liegt. M. a. W.: Das Mitverschulden des Geschädigten wird nur dann berücksichtigt, wenn der Geschädigte rechtlich gehalten ist, die Gefahr zu vermeiden.[164] So wird in dem Schema für die Prüfung der Mitverschuldenshaftung in § 254 dBGB neben der Mitverursachung eines eigenen Schadens und dem Verschulden verlangt, dass der Geschädigte durch sein Verhalten eine bestimmte Obliegenheit verletzt haben muss.[165]

---

[158] Vgl. *Schiemann*, Staudinger/BGB, § 254 Rn. 4; *Looschelders*, Mitverantwortlichkeit, S. 116 ff.

[159] *Brox/Walker*, Schuldrecht AT, § 31 Rn. 37 ff.

[160] *Looschelders*, Mitverantwortlichkeit, S. 20 ff. Es gibt jedoch eine Reihe von Ausnahmen, vgl. *Oetker*, MK/BGB, § 254 Rn. 18.

[161] *Schwab/Löhnig*, Zivilrecht, Rn. 186; *Greger*, NJW 1985, 1133; *Schünemann*, VersR 1978, 116 ff.

[162] Vgl. *Oetker*, MK/BGB, § 254 Rn. 29.

[163] Vgl. BGHZ 9, 318; BGH NJW 2014, 2494; *Lange/Schiemann*, Schadensersatz, § 10 IX 1 a; *Grüneberg*, Palandt/BGB, § 254 Rn. 1.

[164] Vgl. *Looschelders*, Schuldrecht AT, § 50 Rn. 6. Ein Beispiel dafür ist, dass G nachts in einem abgelegenen Park spazieren ging, von dem bekannt ist, dass dort eine Reihe von Raubüberfällen stattgefunden haben. In der Tat wurde G von S ausgeraubt. S kann G aus diesem Grund kein Mitverschulden vorwerfen. Das liegt daran, dass G rechtlich gesehen nicht verpflichtet war, die Gefahr zu vermeiden.

[165] *Looschelders*, Schuldrecht AT, § 50 Rn. 13.

Unter Bezugnahme auf die Theorie der Obliegenheitsverletzung bei Mitverschulden im Zivilrecht kann argumentiert werden, dass die Notwehrprovokation die gleiche Struktur hat:

(1) Das Prinzip „Alles oder Nichts" wird nicht grundsätzlich angewendet. Bei der Notwehrprovokation gibt es neben dem Extremfall, in dem die Provokation unmittelbar zur vollständigen Verneinung oder Bejahung des Notwehrrechts führt, auch einen Zwischenzustand der Einschränkung des Notwehrrechts, in dem der Verteidiger die Notwehrhandlung zwar ausüben kann, die Schärfe des Notwehrrechts aber unvollständig ist.

(2) Ein rechtswidriger Angriff wird sowohl von dem Angreifer als auch von dem Angegriffenen mitverursacht. Für den Angegriffenen, der die Provokation veranlasst hat, reicht es nicht aus, dass eine solche Notlage nur einen bedingten Zusammenhang (sog. Conditio-sine-qua-non-Formel) aufweist, sondern es muss sich um eine Verletzung einer rechtlichen Obliegenheit handeln.[166] Bei der Notwehrprovokation hingegen muss die Provokation eine Handlung sein, die gegen eine rechtliche Verpflichtung verstößt.

(3) Im Hinblick auf die Rechtsfolgen ist der Schaden nach dem Grad der Verantwortung zwischen dem Schädiger und dem Geschädigten aufzuteilen. Im Falle der Notwehrprovokation ist die aus der Mitverschuldung resultierende Rechtsfolge eine Minderung des Notwehrrechts. Und in einigen besonderen Fällen kann die Verantwortung einer Partei auch so groß sein, dass der Beitrag der anderen Partei völlig in den Hintergrund tritt. Wenn beispielsweise einerseits der Provokateur die Erkenntnismängel des Provozierten ausnutzt, um dessen gesamtes Verhalten vollständig zu beherrschen, so dass der Provozierte keine tatsächliche Handlungsfreiheit hat, kann die a. i. i. c.-Theorie geltend gemacht werden, so dass der Provokateur letztlich strafbar ist, ohne dass die Bestimmungen der Notwehr zur Anwendung kommen; wenn andererseits der Provokateur fahrlässig eine geringfügige Provokation auslöst, der Provozierte aber einen rechtswidrigen Angriff auf ihn ausübt, der das Lebensrecht bedroht, sollte von der Schärfe des Verteidigungsrechts des Provokateurs nicht abgewichen werden, wenn es keine Ausweichmöglichkeit gegeben hat.

Damit sind Beschränkungen gerechtfertigt, wenn der Provokateur eine „Mitzuständigkeit" für den Angriff trägt.[167] In einer solchen Konstellation hat der Provokateur die Auslösung des rechtswidrigen Angriffs mitverursacht. Die Grundlage für die Schärfe des Notwehrrechts liegt nach dieser Arbeit im aus dem Autonomieprinzip abgeleiteten Verantwortungsprinzip. Es erscheint daher folgerichtig, dass ein Mitverschulden, das ebenfalls auf dem Verantwortungsprinzip beruht, zu einer Verringerung der Schärfe führt. Da das Vorliegen eines Mitverschuldens bereits das

---

[166] *Hruschka*, Strafrecht, S. 282 ff.

[167] *Jakobs*, AT, § 12 Rn. 54.

subjektive Recht einschränkt, wird das Notwehrrecht als „Negation der Negation“ dieses Rechts folglich ebenfalls begrenzt.

Nach der hier vertretenen Auffassung bedarf die Anwendbarkeit des Autonomie- und des Solidaritätsprinzips in einer Notsituation stets einer eigenständigen Prüfung. In einer solchen Lage kann der Angreifer mit einer scharfen Gegenwehr rechnen, sodass ein Geltungsbereich der Solidaritätspflicht besteht. Wird das Autonomieprinzip als Grundlage des Notwehrrechts geschwächt, tritt das Solidaritätsprinzip in den Vordergrund. Dies lässt sich auch über die Zumutbarkeit altruistischer Solidarität begründen: Trägt der Verteidiger als Solidaritätspflichtiger eine Mitverantwortung für die Gefahrensituation, so ist die Zumutbarkeit der Pflichterfüllung geringer zu bewerten als in Fällen ohne eine solche Mitverantwortung, weshalb eher von einer bestehenden Solidaritätspflicht auszugehen ist.

Solidaritätspflicht äußert sich in einer Aufhebung der äußeren Erscheinungsform der Schärfe der Notwehr: Der Angegriffene ist nun verpflichtet, nach Möglichkeit auszuweichen oder mildere, aber unsichere Verteidigungsmittel in Betracht zu ziehen.[168] Obwohl zu diesem Zeitpunkt der rechtswidrige Angriff unrecht bleibt, muss der Angegriffene den Nachteil der Einschränkung des Notwehrrechts hinnehmen, d. h. er muss eine Solidaritätspflicht übernehmen, die durch die Ausweichpflicht und die Begrenzung der Intensität der Verteidigung konkretisiert wird.

2. Provokation des Angriffs

Bei der Notwehrprovokation wird die ursprüngliche zweistufige Struktur von Angriff und Verteidigung zu einer dreistufigen Struktur von Provokation, Angriff und Verteidigung, so dass die Situation komplizierter zu werden scheint; aber es muss klar sein, dass die Grundlage für die Einschränkung des Notwehrrechts bei der Notwehrprovokation die Provokationshandlung ist, und daher muss als Erstes die Frage geklärt werden, welche Eigenschaften das Vorverhalten des Angegriffenen haben muss, damit das Gesamtgeschehen als Notwehrprovokation angesehen werden kann und somit die Rechtsfolge der Verteidigungshandlung beeinflusst.

a) Keine Notwehr gegen Notwehr

Erstens umfasst die Notwehrprovokation keine Situationen, in denen die Provokation selbst ein gegenwärtiger und rechtswidriger Angriff ist und die Reaktion des Provozierten eine erforderliche und gebotene Verteidigung darstellt.[169] In diesem Fall handelt es sich bei dem „Angriff“ des Provozierten bereits um eine rechtmäßige Notwehr, und daher fehlt dem Provokateur zwangsläufig der Tatbestand der Notlage, nämlich des „gegenwärtigen rechtswidrigen Angriffs“. Ange-

---

[168] RG 71, 133 ff.; *Jakobs*, AT, § 12 Rn. 53.

[169] Vgl. BGH NStZ 03, 599.

sichts eines rechtmäßigen Angriffs hat der Provokateur das Notwehrrecht verloren; damit entfällt auch die Diskussionsgrundlage und die Bedeutung der Frage, ob die Notwehrprovokation gültig ist oder nicht.

Dies muss insbesondere im Zusammenhang mit der Unfugabwehr geprüft werden, da die Provokation gleichzeitig die Merkmale eines Unfugangriffs aufweisen kann. Wenn der Provozierte eine Verteidigungshandlung vornimmt, die geboten ist und den Provokateur nicht körperlich verletzt, dann handelt es sich um eine rechtmäßige Verteidigung, und der Provokateur hat kein Notwehrrecht. Wenn die Gegenangriffe des Provozierten die Grenzen des Verteidigungsrechts überschreiten, dann wird sein Verhalten zu einem rechtswidrigen Angriff, und erst dann stellt sich die Frage der Notwehrprovokation.

b) Rechtsnatur der Provokation

Hier ist es fragwürdig, welche objektive Qualität ein Provokationsvorverhalten aufweisen muss, damit das Notwehrrecht eingeschränkt werden kann. Nach dem Maßstab der Rechtsordnung und den sozialen Normen könnte eine Provokation selbst strafbar, rechtswidrig (aber nicht strafbar), sozialwidrig und rechtlich geboten oder sozialethisch tadelfrei sein. Die h. M. ist sich darüber einig, dass ein rechtlich gebotenes Verhalten nicht die Einschränkung des Notwehrrechts auslösen kann: Ein sozialethisch nicht zu missbilligendes Vorverhalten des Angegriffenen kann auch nicht zu einer Einschränkung seiner Notwehrbefugnisse führen.[170] Obwohl der Provokateur den Angriff zurechenbar ausgelöst hat, kann das Notwehrrecht nicht eingeschränkt werden, wenn dieses Vorverhalten gerechtfertigt ist. Die Ausübung des Rechts ist kein Verhalten im Sinne der verschuldenden Provokation.

Damit stellt sich die Frage, ob das Notwehrrecht des Verteidigers eingeschränkt werden sollte, wenn er sichtlich sein rechtlich gebotenes Verhalten ausnutzt, um andere zu verletzen. Es sollte berücksichtigt werden, dass eine Handlung, die weder rechtswidrig ist noch gegen die Sozialethik verstößt, keine Provokation im Sinne einer Notwehrprovokation sein kann, auch wenn sie kausal den späteren Angriff provoziert. Zutreffend ist, dass die objektive Rechtsordnung beachtet werden sollte. Eine Ausübung des subjektiven Rechts kann kein Erfolgsunrecht bewirken und ist neutral, unabhängig davon, ob ein solches Verhalten mit einem bösen Zweck einhergeht oder nicht. Dies ist ganz anders als ein Rechtsmissbrauch. Während eine rechtsmissbräuchliche Handlung auf den Bedingungen aufbaut, die der Täter selbst geschaffen hat, ist eine rechtlich gebotene Handlung jedenfalls keine Provokation i. S. d. Notwehrprovokation, weil er die Notlage nicht manipuliert hat. Es wäre sehr merkwürdig, wenn die Ausübung des Rechts des Betroffenen den Angriff provoziert und er dann nur ausweichen oder dies dulden könnte. Dies würde die Freiheit der individuellen Rechtsausübung in unangemessener Weise einschränken und letztlich rechtswidrige Angriffe begünstigen.

---

[170] *Roxin/Greco*, AT I, § 15 Rn. 72; BGHSt 27, 336.

Außerdem kann eine provozierende Handlung nach ihrer Form vor allem als eine Beleidigung angesehen werden, die durch §§ 185 ff. dStGB abgedeckt sein könnte. Eine Herabwürdigung gegenüber anderen kann leicht Angriffe anderer auslösen. Allerdings könnte es sein, dass die provozierende Handlung selbst nicht mehr „gegenwärtig" ist, wenn die Beleidigung schon beendet ist und nicht fortdauert. Nach h. M. wird die Ehre von den §§ 185 ff. dStGB als Rechtsgut geschützt.[171] Auch wenn die Verletzung der persönlichen Ehre durch die Tathandlung verursacht wird, ist diese Tathandlung mit der Kundgabe selbst schon beendet und nicht mehr gegenwärtig, solange der Provokateur nicht die Beleidigung fortführt. Einige alte Rechtsprechungen behaupteten, dass die Provokation als noch gegenwärtig angesehen werden solle, um den Provokateur zu bestrafen.[172] Allerdings bleibt es problematisch, dass der Angriff des Provozierten dadurch gerechtfertigt wird. Dieser Denkweg ist nicht nur dogmatisch wegen der Beendigung der Äußerungshandlung zweifelhaft, sondern auch kriminalpolitisch nicht empfehlenswert, weil sie zu einer Eskalation der Gewalt ermuntert.

In bestimmten Situationen ist es möglich, dass nicht nur eine mündliche Beleidigung oder Provokation, sondern eine körperliche Handlung mit verletzender Auswirkung ebenfalls eine Herbeiführung einer Notwehrlage i. S. d. Notwehrprovokation sein könnte. Das Notwehrrecht des Täters, der eine körperverletzende Provokation ausübt, ist wegen der Notwehrprovokation eingeschränkt, wenn seine Handlung den Angriff der Kontrahenten ausgelöst hat.

Außerdem ist es ungeklärt, ob die verschuldende Provokation rechtswidrig sein muss oder ob Sozialwidrigkeit genügt. In den meisten Fällen sind die Provokationen rechtswidrig. Dies ist beispielsweise bei Beleidigungen, Sachbeschädigungen oder Körperverletzungen der Fall. Die Anerkennung der Einschränkung der rechtswidrigen Provokation ist konsentiert.[173] Streitig ist dagegen, wie sich ein nicht rechtswidriges, aber sozialwidriges Vorverhalten auf das Notwehrrecht auswirkt. Es gibt auch Belästigungen, Anspielungen, Taktlosigkeiten, Hänseleien usw.,[174] die nicht von einer Erlaubnisnorm gedeckt sind, aber auch nicht rechtlich verboten sind. Ein bedeutendes Beispiel soll durch den „Zugabteilfall" eingeführt werden. Der BGH hielt wiederholtes Öffnen des Zugfensters im kalten Wind für sozialwidrig, und nach seiner Auffassung wird die Notwehrbefugnis dadurch eingeschränkt.[175]

Eine Ansicht billigt die Beschränkung des Notwehrrechts bei sozialwidriger Provokation.[176] Nach der Rechtsprechung des BGH erfahre das Notwehrrecht unter anderem dann eine Einschränkung, wenn der Verteidiger gegenüber dem Angreifer

---

[171] BGH 1, 289; *Eisele/Schittenhelm*, Schönke/Schröder/StGB, Vorbem. § 185 Rn. 1.

[172] Vgl. RGSt 21, 168; RGSt 29, 248.

[173] *Perron/Eisele*, Schönke/Schröder/StGB, § 32 Rn. 59.

[174] *Roxin/Greco*, AT I, § 15 Rn. 72.

[175] BGHSt. 42, 97 ff.

[176] BGHSt. 42, 97; *Wessels/Beulke/Satzger*, AT, § 8 Rn. 348; *Stratenwerth/Kuhlen*, AT, § 9 Rn. 85.

ein pflichtwidriges Vorverhalten an den Tag gelegt habe, das bei vernünftiger Würdigung aller Umstände des Einzelfalls den folgenden Angriff als eine adäquate und voraussehbare Folge der Pflichtverletzung des Angegriffenen erscheinen lasse.[177] Diese Ansicht betont das Bestehen des Provokationseffekts, weil die Natur des provokativen Verhaltens oft in realen Fällen nicht durch das Verhalten selbst gegeben sei, sondern es provokative Wirkungen hervorrufe. Wenn man sich nur auf das tatsächliche Ergebnis der Provokation konzentriere, sei es unerheblich, ob die Provokationshandlung rechtswidrig sein müsse. Gemäß dieser Meinung kommt es darauf an, ob zwischen dem provozierenden Vorverhalten und dem folgenden Angriff ein bestimmter zeitlicher und räumlicher Zusammenhang besteht.

Problematisch bleibt noch, warum ein rechtmäßiges, aber nur moralisch fehlerhaftes Verhalten zur Einschränkung des Notwehrrechts und sogar der Rechtsbewährung führen kann. Im Zugabteilfall ist es fraglich, ob das Verhalten des Öffnens des Fensters als sozialadäquat angesehen werden sollte. Allerdings wird diese Ansicht von Kühl als „Analogie“ kritisiert.[178] Nach der Beurteilung des BGH stellt das mehrfache Öffnen des Fensters eine Missachtung dar, die in ihrem Gewicht einer schweren Beleidigung gleichkomme.[179] Allerdings ist es zweifelhaft, ob ein Öffnen des Fensters einer Beleidigung gleichkommen kann. Logischerweise gibt es nur ein Ergebnis: Die Handlung hat entweder das Unrecht der Beleidigung erreicht oder nicht erreicht. Werden alle Provokationen, die einen Angriff verursachen können, zwingend als rechtswidrig interpretiert, besteht die Tendenz, die Strafbarkeit auszuweiten. Hat das Vorverhalten lediglich nicht das Ausmaß des Unrechts erreicht, stellt sich die Frage, warum dieses Verhalten die Notwehrbefugnis einschränken könnte. Ein nur sozialwidriges Verhalten des Angegriffenen wird rechtlich nicht als Verletzung der Freiheit anderer angesehen. Normativ ist es widersprüchlich, warum eine Handlung, die die Freiheit anderer nicht beeinträchtigt, zu der Folge einer Einschränkung der eigenen Rechte führt.[180]

Tatsächlich hat die Ansicht, dass die Sozialwidrigkeit zur Einschränkung des Notwehrrechts führen könnte, den Begriff der „Sozialwidrigkeit“ entkernt. Diese Ansicht kümmert sich nicht wirklich um die Standards der Sozialethik, sondern konzentriert sich auf die Kausalität der Provokationsergebnisse. Ob das Verhalten gegen die Verbotsnorm verstößt, ist daher nicht das Kriterium für die Unterscheidung zur Einschränkung der Notwehrbefugnis. Unter der Prämisse des Ausschlusses des rechtlich gebotenen Verhaltens können daher alle andere Handlung „sozialwidrig“ sein, solange sie Angriffe anderer kausal auslösen.

Eine andere Ansicht geht dahin, dass rechtmäßiges Vorverhalten nie zu einer Einschränkung des Notwehrrechts führt. Denn dann bestehe eine Gefahr, dass alles

---

[177] BGH HRRS 18 Nr. 919 Rn. 11.

[178] *Kühl*, in: FS-Bemmann, S. 193, 199.

[179] BGHSt. 42, 101.

[180] Vgl. *Grünewald*, ZStW 122 (2010), 81.

menschliche Verhalten als hinreichende Provokation angesehen werden könne, weil der Begriff „Sozialwidrigkeit“ zu unbestimmt sei. Um Rechtssicherheit zu erlangen, sei die schlichte sozialwidrige Provokation als Grund der Notwehreinschränkung abzulehnen.[181] Wenn ein sozialethisch verwerfliches Vorverhalten zu einer Einschränkung des Rechts auf Selbstverteidigung führen und die Strafbarkeit begründen könnte, dann ist eine strikte Erfüllung des Bestimmtheitsgebots unentbehrlich, weil die Begrenzung zwischen sozialer Adäquanz und Missbilligen für die Strafbarkeit entscheidend ist. Aufgrund des Fehlens eines klaren Standards ist es jedoch schwierig, diese Theorie in die Praxis umzusetzen. Die Ansicht, dass man keinen erfassbaren Wertmaßstab herausfinden könne, übersieht auch die Tatsache, dass der sozialethische Werthorizont der modernen Gesellschaft pluralistisch strukturiert ist. Die Annahme, dass man eine einzige Antwort finden könne, um die Sozialwidrigkeit zu beurteilen, basiert auf einem einheitlichen Wertesystem. Im konkreten Kontext des Geschehens ist es daher schwierig, die Entscheidungen mit ableitbaren Kriterien zu beherrschen.

Auch wenn die Ansicht, dass ein Vorverhalten, das „nach den Umständen sozialethisch zu beanstanden“ ist, zur Notwehreinschränkung führen könne, vielen Entscheidungen zugrunde liegt,[182] ist sie gleichwohl abzulehnen. Im Bereich des Privatrechts ist alles erlaubt, was nicht verboten ist. Daher ist es tatsächlich schwierig, zwischen schlicht rechtmäßigem, aber sozialwidrigem Verhalten und rechtlich gebotenem Verhalten zu unterscheiden. Wenn das Kriterium für die Definition von provokativem Verhalten lautet, ob es gegen die Sozialethik verstößt, erscheint dieses Kriterium aufgrund seiner Unbestimmtheit tatsächlich vollständig entleert. Alle menschlichen Handlungen könnten einen fremden Angriff hervorrufen; deswegen erfordert die Ausübung des uneingeschränkten Notwehrrechts die Voraussetzung, dass der Angegriffene keine Mitverantwortung für den Angriff gegen sich selbst hat. Daher reicht es nicht aus, dass der Angegriffene lediglich kausal zur Entstehung der Notwehrlage beigetragen hat, um eine Einschränkung des Notwehrrechts zu begründen. Vielmehr ist eine Zurechnung der Mitverantwortung nur möglich, wenn dies in Form eines Verstoßes gegen eine Rechtspflicht (oder eine Obliegenheit) geschieht.[183] Denn zumindest eine Pflichtwidrigkeit ist erforderlich, um die Verantwortlichkeit des Provokateurs für die Beeinträchtigung seiner Rechte zu begründen. Andernfalls sollte eine nicht pflichtwidrige Handlung, selbst wenn sie kausal für einen rechtswidrigen Angriff ist, keinen Einfluss auf das Verantwortungsprinzip haben.

Deswegen sollte Rechtswidrigkeit statt Sozialwidrigkeit eine objektive Voraussetzung für provokatives Verhalten sein, weil dieser Standard nicht nur vernünftiger, sondern auch kontrollierbarer ist. Der Provokateur müsste den Frieden der Rechtsordnung brechen; erst dadurch wird die Einschränkung seines Rechts der

---

[181] *Rengier*, AT, § 18 Rn. 78; *Erb*, MK/StGB, § 32 Rn. 234.

[182] BGHSt 42, 97.

[183] BGH NJW 2014, 2494; NJW 2021, 3656.

Verteidigung gerechtfertigt, weil er zunächst schuldhaft die Ruhe dieser Ordnung durchbricht und die Streitigkeiten verursacht. Schlichte Sozialwidrigkeit kann eine solche Brechung nicht erreichen, weshalb eine Einschränkung wegen sozialwidriger Provokation nicht überzeugt. In einer pluralistischen Gesellschaft lässt sich eine Einigkeit der sozialethischen Kriterien kaum behaupten. Daher ist es rechtssoziologisch annehmbar, die Funktion des positiven Rechts in der Gesellschaft als die „Richtlinie auf Zeit“ anzuerkennen.[184]

c) Qualifikation der Provokation

Nach der Bejahung der Anforderung der Rechtswidrigkeit der Provokationshandlung ist weiterhin fraglich, ob alle rechtswidrigen Handlungen qualifiziert sind, i. S. d. Notwehrprovokation einen Fremdangriff auszulösen.

aa) Richtung der Provokation

Zunächst stellt sich die Frage, ob sich die Provokationshandlung zwingend gegen eine konkret bestimmte Person richten muss; so etwa in dem Fall, in dem der Täter weiß, dass eine andere Bande einen Angriff gegen ihn plant. Es ist fraglich, ob bereits die bloße Mitgliedschaft in der verfeindeten Organisation ausreicht, um eine Provokation anzunehmen. Nach der Auffassung von Jäger ist dies zu bejahen. Die Mitgliedschaft könne als hinreichender Anknüpfungspunkt für die Zurechnung eines provokativen Verhaltens angesehen werden, selbst wenn kein konkreter Handlungsakt gegenüber dem späteren Angreifer vorliege. Maßgeblich sei, dass ein rechtswidriger Zustand, wie beispielsweise die fortbestehende Zugehörigkeit zu einer kriminellen Gruppierung, als andauernde Provokation gewertet werden könne. Aus diesem Grund spiele es keine Rolle, ob der Täter unmittelbar an einer vorangegangenen tatsächlichen Provokation beteiligt gewesen sei. Ein rechtswidriger Status genüge, um die für eine Einschränkung des Notwehrrechts erforderliche Provokation anzunehmen.[185]

Allerdings steht diese Meinung im Widerspruch zu den Zurechnungsregeln, weil die schlichte Mitgliedschaft eine Mitverantwortung bei der Provokation nicht hinreichend begründen kann. Nur durch die eigene Handlung (Tun oder Unterlassen) oder den Tatbeitrag (Anstiftung oder Hilfeleistung) kann das Provokationsverhalten begründet werden, und es erfüllt die Voraussetzungen der Notwehrrechtseinschränkung bei der Notwehrprovokation nicht, wenn der Angegriffene nur einer Vereinigung angehört.[186]

---

[184] Vgl. *Loos*, in: FS-Deutsch, S. 237.

[185] *Jäger*, JA 2012, 230.

[186] Vgl. *Engländer*, in: FS-Wolter, S. 325.

Es wird zutreffend argumentiert, dass die Provokation in einer konkreten persönlichen Herausforderung bestehen muss.[187] Damit kann eine allgemeine rechtswidrige Handlung ohne spezifisches Zielobjekt nicht i. S. d. Notwehrprovokation anerkannt werden, sondern muss sich auf eine bestimmte Person (den Provozierten) beziehen.

Demnach sollten die Konstellationen ausgeschlossen werden, in denen sich das Verhalten des Täters trotz seiner Rechtswidrigkeit nicht unmittelbar auf den Angreifer richtet. Dieses Verhalten kann nicht direkt als emotionale Provokation für andere angesehen werden, obwohl der Angreifer ihn tatsächlich aus gerechter Empörung angreifen könnte. Der Grund der Verneinung der Notwehrrechtseinschränkung liegt auch darin, dass ein rechtswidriger Lebenswandel oder persönlicher Zustand nicht auf eine bestimmte Person als Opfer abzielt. Wenn davon ausgegangen würde, dass diese Art von nicht auf ein bestimmtes Objekt gerichtetem rechtswidrigem Verhalten ausreichte, um als Provokation angesehen zu werden, bestünde für den Täter die Gefahr, dass er jederzeit angegriffen wird, sich jedoch aufgrund des eingeschränkten Notwehrrechts nicht verteidigen kann. Somit ist nach dieser Auffassung eine Provokation qualifiziert, wenn sie sich mindestens auf ein potentielles bestimmtes Objekt richtet und seine Reaktion auslöst.

bb) Mitzurechnung der Provokation

Ein Angriff ist in der Regel eine autonome Handlung, für die der Angreifer verantwortlich ist. Die Notwehrprovokation beschränkt jedoch das Notwehrrecht auf der Grundlage, dass die Provokation den rechtswidrigen Angriff mitverursacht hat. Daher ist es diskussionswürdig, wie der Angriff mit der früheren Provokation in Verbindung gebracht werden kann.

Das Modell der Notwehrprovokation erfordert einen Zusammenhang zwischen provozierendem Vorverhalten und späterem rechtswidrigem Angriff. Um diesen Zusammenhang zu konstruieren, muss die auslösende Kausalität gegeben sein. Das Kriterium zur Beurteilung, ob ein Verhalten als Provokation gilt, wird maßgeblich durch die Möglichkeit bestimmt, dass es Angriffe von anderen auslöst. Es ist daher nachvollziehbar, dass, wenn der Angreifer trotz der Provokation ruhig bleibt oder der Affekt bereits abgeklungen ist, der Provokationszusammenhang fehlt, da der Angriff nicht aus der Provokation resultiert, sondern vielmehr aus anderen Motiven.[188]

Eine andere Frage ist, ob die Überreaktion des Provozierten ausgeschlossen werden sollte. Wenn das Verhältnis zwischen Provokation und Angriff äußerst unausgewogen ist, kann ein solcher Angriff dann immer noch als „durch Provokation mitverursacht" angesehen werden? Beispielsweise übt der Provokateur nur eine

---

[187] *Erb*, MK/StGB, § 32 Rn. 237.

[188] *Engländer*, in: FS-Wolter, S. 327.

leichte Provokation, jedoch antwortet der Provozierte mit einem unerwarteten tödlichen Angriff. Denn selbst nach allgemeiner Lebenserfahrung reicht unter Umständen bereits eine äußerst geringe Provokation durch den anderen als Mordmotiv aus.

Eine Entscheidung des BGH verlangt deswegen als zusätzliches Erfordernis, dass der rechtswidrige Angriff im Einzelfall als eine adäquate und voraussehbare Folge der Pflichtverletzung des Angegriffenen erscheinen solle.[189] Es kann davon ausgegangen werden, dass die Rechtsprechung der Ansicht ist, dass zusätzlich zur Übereinstimmung mit der Äquivalenztheorie eine Adäquanz und eine Voraussehbarkeit zwischen Vorverhalten und rechtswidrigem Angriff bestehen muss. Ähnlich verhält es sich mit der Meinung, der Angriff müsse in einem angemessenen Verhältnis zum Gewicht des ihn auslösenden rechtswidrigen Verhaltens stehen:[190] Der Angriff soll nach seiner Art und Weise eine adäquate Folge des Vorverhaltens sein.[191]

Das Erfordernis der Verhältnismäßigkeit oder Adäquanz erklärt tatsächlich eine gleiche Anforderung, d.h. der im Verhältnis zur Provokation unangemessene, nämlich zu schwerwiegende Angriff sollte vom Umfang der Notwehrprovokation ausgeschlossen werden. Dies wird im Zuge einer objektiv vernünftigen Würdigung beurteilt, indem eine Post-Event-Analyse verwendet wird, um das Verhältnis zwischen Provokation und Angriff festzustellen. Auch wenn die Provokation tatsächlich den zum rechtswidrigen Fremdangriff führenden Tatentschluss des Provozierten auslöst, reicht dies noch nicht, weil der Angriff das durch die Provokation festgelegte Verhältnis nicht überschreiten sollte.

Allerdings beruht der rechtswidrige Angriff in der Regel auf dem freien Willen des Provozierten; die Kausalität zwischen Provokation und Angriff ist daher nicht physischer, sondern psychischer Natur. Selbst ein unverhältnismäßiger Angriff kann auf die Persönlichkeit des Angreifers oder auf besondere Umstände der konkreten Situation zurückzuführen sein. Aus diesem Grund plädiert Bitzilekis für ein Kriterium der objektiven Sorgfaltswidrigkeit.[192] Maßgeblich für den Provokationszusammenhang ist demnach die objektive Voraussehbarkeit: Ein schwerwiegender, aber noch voraussehbarer Angriff bleibt im Rahmen der Adäquanz, während völlig unvorhersehbare, gravierende Angriffe von der Mitzurechnung ausgeschlossen werden.

Es wird auch vertreten, dass der Täter sein Notwehrrecht im Wesentlichen verliere, wenn er den Angriff vermeiden oder den Konflikt auf andere Weise ohne größeres Risiko entschärfen könne, unabhängig davon, ob er den Angriff tatsächlich

---

[189] BGHSt, 27, 336 ff.

[190] *Lenckner*, JZ 1973, 255.

[191] Vgl. *Lenckner*, GA 1961, 311; *Engländer*, in: FS-Wolter, S. 326. Dagegen vertritt Himmelreich die Ansicht, dass die bloße Kausalität ausreicht, *Himmelreich*, GA 1966, 134.

[192] *Bitzilekis*, Einschränkung, S. 148.

voraussehe oder voraussehen könne. Das bedeute, dass selbst bei fehlender objektiver Vorhersehbarkeit des rechtswidrigen Angriffs das Notwehrrecht des Provokateurs eingeschränkt werde.[193]

Aber diese Ansicht ist unangemessen, denn der Angriff, der objektiv nicht vorhersehbar war, liegt bereits außerhalb des Verantwortungsbereichs des Provokateurs und sollte nicht auf das vorherige provokative Verhalten zugerechnet werden.[194] Was objektiv nicht vorhersehbar ist, sollte in der vollen Verantwortung des Angreifers liegen und kann daher das Notwehrrecht nicht einschränken. Es kann durchaus vorkommen, dass der Angreifer in der Regel eine äußerst schüchterne Person ist, die jedoch eine Provokation nicht erträgt und deshalb einen Angriff startet. In einem solchen Fall darf die objektive Vorhersehbarkeit nicht ohne Weiteres verneint werden, da menschliche Entscheidungsprozesse psychologisch äußerst komplex sind. Vielmehr ist eine Gesamtbetrachtung erforderlich, bei der sowohl der Grad der Provokation als auch die Intensität des Angriffs zu berücksichtigen sind. Zum Schutz der individuellen Rechte sollte das Fehlen objektiver Vorhersehbarkeit nur dann angenommen werden, wenn die Provokation äußerst geringfügig war und der Angriff zugleich Rechtsgüter wie Leben oder körperliche Unversehrtheit bedroht.

Alles in allem besteht der Zweck der Erörterung des Zusammenhangs darin, eine grob inadäquate Überaktion des Angreifers von der Notwehrprovokation auszuschließen. Zwischen der Provokation und dem Angriff sollte eine Adäquanz und eine objektive Voraussehbarkeit bestehen. Wenn die Reaktion des Angreifers die Schwere der Provokation deutlich übersteigt, tritt die Verantwortlichkeit des Angreifers vollständig an die Stelle derjenigen des Provokateurs (dies entspricht dem Gegenteil der in dieser Arbeit dargelegten a. i. i. c.-Situation). In einem solchen Fall scheidet eine Mitverantwortung des Provokateurs faktisch aus, so dass das Solidaritätsprinzip an diesem Punkt nicht wiederbelebt werden muss und somit keine Einschränkungen des Notwehrrechts des Provokateurs entstehen können.

Eine andere Auffassung fordert neben der Adäquanz noch einen engen zeitlichen Zusammenhang.[195] Der Angriff müsse als Reaktion erscheinen, die aus Sicht eines unbeteiligten Dritten nachvollziehbar auf die Provokation erfolge. Daher wird vertreten, dass eine Notwehrprovokation entfalle, wenn zwischen der Provokation und dem Angriff ein gewisser zeitlicher Abstand liege.[196] Erfolge der Angriff erst Wochen oder sogar Monate nach dem provozierenden Verhalten, gelte der Provokationszusammenhang als deutlich abgeschwächt, so dass dem Angreifer in diesem Fall die überwiegende Verantwortung zugeschrieben werden müsse.

---

[193] Vgl. BGH 24, 356; *Lenckner*, JZ 73, 253.

[194] *Rengier*, AT, § 13 Rn. 62 ff.

[195] Vgl. BGH NStZ 98, 508.

[196] Vgl. BGH NStZ 2001, 83; NstZ-RR 2011, 75.

Voigt und Hoffmann-Holland vertreten jedoch gegenteilig die Möglichkeit einer Dauerprovokation, so dass eine Notwehrprovokation trotz des Verstreichens eines langen Zeitraums noch denkbar sei.[197] In Anlehnung an die Rechtsfigur der Dauergefahr bestehe in solche Fällen eine andauernde Provokationslage, in denen der Erfolg der Provokation (Angriff) jederzeit eintreten könne, auch wenn auf diesen Angriff noch einige Zeit zu warten sei.

Allerdings bedeutet Provokation, den mentalen Zustand des Provozierten zu beeinflussen. Durch die Auslösung einer Gefühlsregung wie Zorn oder Scham des Provozierten wird der Provokationszusammenhang aufgebaut. Aber wenn dazwischen eine gewisse Zeit liegt, sollte die Rechtsordnung zu diesem Zeitpunkt der Ansicht sein, dass sich der Provozierte beruhigen könne. Nach einer gewissen Zeit sollte berücksichtigt werden, dass der Angreifer seine Emotionen grundsätzlich kontrollieren kann, daher könne der Provokateur schwerlich für den Angriff mitverantwortlich sein.[198] Anders als die Dauergefahr, in der der Täter einem objektiv existierenden Kausalzusammenhang ausgesetzt ist, erfordert der Provokationszusammenhang grundsätzlich eine geistige auslösende Bedingung. Da der Angreifer noch die Autonomie behält, setzt dies voraus, dass das provokative Vorverhalten einen ausreichend starken motivierenden Einfluss auf sein Handeln hat.

Die räumliche Zäsur in der Notwehrprovokation ist ebenfalls zu betrachten. Trotz eines Ortwechsels könnte ein Provokationszusammenhang von der Rechtsprechung anerkannt werden.[199] Entscheidend ist, ob das provozierende Verhalten weiterhin eine Zurechnungsgrundlage für eine Mitverantwortung an dem Angriff einer anderen Person bildet. Wenn angesichts der Veränderung der zeitlich-räumlichen Bedingungen objektiv festgestellt wird, dass der Provozierte seine Emotionen im Zaum halten sollte, wird der Provokationszusammenhang nicht mehr bejaht. Anders liegt der Fall aber, wenn das provozierende Verhalten trotz des Zeitablaufs und eines Ortswechsels weiterhin aktiv fortgesetzt wird. In diesem Fall handelt es sich nicht lediglich um eine fortdauernde Wirkung der Provokation, sondern um die Fortsetzung des provozierenden Verhaltens selbst.

3. Verurteilung der Mitverantwortung

Aus der vorstehenden Erörterung ergibt sich, dass die Einschränkung des Notwehrrechts im Falle der Notwehrprovokation auf einer Mitverantwortung des Provokateurs im Sinne der Verantwortungslehre beruht. Deshalb ist die Zuweisung der Verantwortung im Einzelfall differenziert zu prüfen, insbesondere wenn beide Parteien zur Entstehung der Notwehrlage beigetragen haben. Grundsätzlich ist das Notwehrrecht bei vorsätzlicher Provokation, die gezielt auf die Herbeiführung einer

---

[197] Vgl. *Voigt/Hoffmann-Holland*, NStZ 2012, 364 f.

[198] Vgl. *Engländer*, in: FS-Wolter, S. 327 f.

[199] BGHSt 26, 143.

Notwehrlage zur Schädigung des Angreifers abzielt, stärker einzuschränken als bei bloß fahrlässigem Verhalten. Zudem ist das Maß der verbleibenden Verteidigungsbefugnis danach zu bestimmen, ob der Provokateur einem lediglich geringfügigen oder einem lebensbedrohlichen Angriff ausgesetzt ist.

a) Nach der subjektiven Tatseite

aa) Vorsätzliche Notwehrprovokation

Eine vorsätzliche Provokation liegt vor, wenn der Provokateur klar voraussieht, dass die Provokation zu einem Angriff führen wird, und dies auch so gewollt ist oder der Provokateur es geschehen lässt.

Am meisten Aufmerksamkeit hat dabei die Absichtsprovokation erhalten. In der Rechtsprechung[200] und in der Literatur[201] wird überwiegend die Auffassung vertreten, dass das Notwehrrecht des absichtlichen Provokateurs vollständig ausgeschlossen werden sollte. Auch wenn die Begründungen, wie zuvor dargelegt, vielfältig sind, liegt ihnen im Kern die Absicht zugrunde, Strafbarkeitslücken durch die subjektiv Unrechtsabsicht des Provokateurs zu schließen.

Allerdings ist dieses Ergebnis problematisch. Wenn die rechtswidrige Notwehrlage sowohl auf die Provokation des Provokateurs als auch auf die Mitverantwortlichkeit des Angreifers zurückzuführen ist, führt die vollständige Aberkennung des Notwehrrechts des Provokateurs allein wegen seiner „bösen" subjektiven Absicht und die vollständige Zuweisung der Verantwortlichkeit an ihn dazu, dass die Grundlage der Strafbarkeit ausschließlich auf subjektiven Faktoren beruht. Dies fällt bereits in den Bereich eines Gesinnungsstrafrechts.[202]

Wenn man zum Grundgedanken des Notwehrrechts zurückkehrt, wird deutlich, dass selbst eine noch so schwerwiegende subjektive Unrechtshaltung des Provokateurs nichts an der autonomen Entscheidung des Angreifers für seine rechtswidrige Handlung ändert. Selbst wenn die Provokation ausschließlich darauf abzielt, dem Angreifer zu schaden, bleibt zu betonen, dass der Provozierte in vollem Besitz seiner Handlungsfreiheit selbst darüber entscheidet, ob er den Angriff beginnt, fortführt oder unterlässt.[203] Es kann also argumentiert werden, dass der Angreifer und nicht der Provokateur die Herrschaft über die Notwehrlage behält, in der der rechtswidrige Angriff ausgeführt wird. An diesem Punkt reicht die bloße Absicht der Verletzung seitens des Provokateurs nicht aus, um die Verantwortung des Angreifers vollständig auszuschließen.

---

[200] BGH MDR 1954, 335; BGH NJW 1962, 309; BGH NJW 1983, 2267.

[201] *Neumann*, Zurechnung, S. 178; *Rengier*, AT, § 18 Rn. 86 ff.; *Bitzilekis*, Einschränkung, S. 175; *Wessels/Beulke/Satzger*, AT, Rn. 347.

[202] Vgl. *Grünewald*, ZStW 122 (2010), 82.

[203] *Erb*, MK/StGB, § 32 Rn. 227.

Daher wurde zutreffend darauf hingewiesen, dass das Notwehrrecht auch einer Person zugestanden werden muss, die einen Angriff absichtlich provoziert.[204] So ist kein wesentlicher Unterschied zwischen einer absichtlichen Provokation und einer direkten vorsätzlichen Provokation zu erkennen, da es keinen wesentlichen Unterschied im Grad der Manipulation und der Beherrschung der Provokation durch den Provokateur selbst gibt, unabhängig davon, ob der Provokateur die Notwehrlage herbeizuführen beabsichtigt oder sie zum unvermeidlichen Ergebnis seines Tatplans macht. Ein geeigneterer Ansatz zur Begrenzung des Notwehrrechts wäre vielmehr, dessen Schärfe einzuschränken, so dass der Provokateur in dem Maße eine Ausweichpflicht übernehmen muss, wie eine Möglichkeit zum Ausweichen besteht.[205]

Auch wenn dem Provokateur keinerlei Möglichkeit zum Ausweichen verbleibt oder ein solches nur unter Inkaufnahme gewisser Risiken möglich ist, darf ihm das volle Notwehrrecht noch nicht uneingeschränkt zuerkannt werden. Vielmehr ergibt sich für ihn eine Duldungspflicht, die ihn dazu verpflichtet, ein gewisses Maß an Gefahr zu akzeptieren und seine Verteidigung in ihrer Intensität zu beschränken. Zwar ist der Angegriffene normalerweise nicht verpflichtet, auf eine effektive Verteidigung zu verzichten und stattdessen die Gefährdung eigener Rechtsgüter hinzunehmen, nur um den Angreifer zu schonen.[206] Doch im Rahmen eines eingeschränkten Notwehrrechts muss der Provokateur vorrangig auf mildere, wenn auch potenziell unsicherere Verteidigungsmittel zurückgreifen und das damit verbundene Schadensrisiko in Kauf nehmen. Die unmittelbare Vornahme einer Verteidigungshandlung, die das Leben oder die körperliche Unversehrtheit des Angreifers schwerwiegend gefährdet, überschreitet die Grenzen des eingeschränkten Notwehrrechts. Erst wenn alle genannten Pflichten erfüllt sind, kann eine Rückkehr zum vollen Notwehrrecht in Betracht gezogen werden.

Eine weitere Diskussionsfrage ist, ob der Provokateur den rechtswidrigen Angriff nicht gewollt hat, sondern nur zugelassen hat, dass sein Verhalten einen Angriff provozieren könnte. In diesem Fall scheint sich der Grad des Unrechts der Provokation zu verringern, da der Provokateur keinen direkten Willen und kein Wissen einsetzt, um den Vorfall in Gewalt eskalieren zu lassen. Nichtsdestotrotz ist sein Verhalten nach der bestehenden Theorie des Strafrechts immer noch als vorsätzlich anzusehen. In diesem Zusammenhang ist es vernünftig, den gleichen Standard auf alle Fälle von Vorsatz anzuwenden. Diese Lösung ist nicht nur dogmatisch vernünftig, sondern auch der Prozessökonomie dienlich. Da die absichtliche und direkt vorsätzliche Notwehrprovokation äußerst schwer zu beweisen ist, kann die Klarstellung, dass die bedingt vorsätzliche Notwehrprovokation ebenso relevant ist, eine unnötige Verschwendung von Prozessressourcen vermeiden.[207]

---

[204] *Scherenberg*, Einschränkungen, S. 211 f.

[205] *Jakobs*, AT, § 12 Rn. 54.

[206] *Perron/Eisele*, Schönke/Schröder/StGB, § 32 Rn. 36c; BGH 25, 229.

[207] *Scherenberg*, Einschränkungen, S. 214.

bb) Fahrlässige Notwehrprovokation

Nach der heute h. M. wäre das Notwehrrecht auch bei Angriffen eingeschränkt, die zwar nicht vorsätzlich, aber fahrlässig provoziert werden.[208] Die Frage ist, wie sich die Aufteilung des Mitverschuldens der Provokateure in den Rechtsfolgen widerspiegeln soll.

Obwohl viele Ansichten abweichende Einschränkungen des Rechts auf Notwehr bei fahrlässiger Provokation befürworten, unterscheidet sich die Behandlung nicht wesentlich von der bei vorsätzlicher Provokation. So wendet der BGH die gleiche „Drei-Stufen-Theorie" auf alle Formen der vorsätzlichen und fahrlässigen Notwehrprovokation an,[209] außer bei Absichtsprovokation. Aber dieses Behandlungsmodell lässt die unterschiedliche Auswirkung von Vorsatz und Fahrlässigkeit auf die Aufteilung des Mitverschuldens völlig außer Betracht.

Nach einer Auffassung soll der Unterschied zwischen fahrlässiger und vorsätzlicher Provokation dadurch erfasst werden, dass der fahrlässige Provokateur nicht verpflichtet sei, einem Angriff auszuweichen, wenn er dies ohne Risiko tun könne. Der Grund dafür sei, dass im Falle einer fahrlässigen Provokation in Notwehr die Haftung des Angreifers viel größer sei als die des Provokateurs, da der Angreifer durch den Angriff vorsätzlich eine Eskalation der Gewalt provoziert habe, zu der der Provokateur nur durch seine Leichtfertigkeit oder Unbedachtheit kausal beitrage. Somit bleibe als einziges einschränkendes Kriterium für die fahrlässige Notwehrprovokation nur der Grundsatz der Überlegenheit der Schutzwehr gegenüber der Trutzwehr.[210]

Diese Sichtweise lässt jedoch außer Acht, dass die Aufhebung der Ausweichpflicht eines der zentralen Merkmale der Schärfe des Notwehrrechts ist und eine Manifestation der Unterdrückung des Solidaritätsprinzips durch das Autonomieprinzip darstellt. Selbst im Falle einer fahrlässigen Provokation kann, solange der Provokateur eine Rechtspflicht erheblich verletzt hat, auch wenn er nicht vorausgesehen hat, dass der Angreifer in diesem Moment angreifen würde, seine Mitverantwortung für den Angriff nicht geleugnet werden, so dass sich die Verantwortung des Provokateurs richtigerweise in der Anwendung der Ausweichpflicht niederschlägt. Zudem kann in Fällen, in denen der Provokateur grob fahrlässig die Notwehrlage herbeiführt, nicht ohne Weiteres angenommen werden, dass seine Mitverantwortung so weit gemindert ist, dass seine Ausweichpflicht vollständig entfällt.

Ein vernünftigerer Ansatz wäre, dass der fahrlässige Provokateur weiterhin der Ausweichpflicht unterliegt und nur dann die Möglichkeit hat, vom Notwehrrecht

---

[208] Vgl. RG 71, 134; BGH MDR/D 58, 12; *Perron/Eisele*, Schönke/Schröder/StGB, § 32 Rn. 58; *Loos*, in: FS-Deutsch, S. 240 ff.; *Rönnau/Hohn*, LK/StGB, § 32 Rn. 254.

[209] BGHSt 24, 356.

[210] *Scherenberg*, Einschränkungen, S. 215.

Gebrauch zu machen, wenn er nicht ausweichen kann oder wenn eine erhebliche Gefahr für Leib oder Leben durch das Ausweichmittel besteht.[211]

Der Unterschied in der Einschränkung sollte sich noch in der Einschränkung der Verteidigungsmittel widerspiegeln, wobei sich die Einschränkung der vorsätzlichen Notwehrprovokation im Vorrang der Schutzwehr oder der Verhinderung eines Angriffs dadurch ausdrückt, dass nur der Einsatz von weniger sicheren, aber auch weniger gefährlichen Mitteln erlaubt ist.[212] Wenn der Provokateur den rechtswidrigen Angriff jedoch nur fahrlässig provoziert hat, sollte der Grad der Verantwortung nicht über den des Provozierten selbst hinausgehen, der den rechtswidrigen Angriff vorsätzlich herbeigeführt hat, während die Verantwortung der fahrlässigen Provokation bereits in der Wiedererweckung der Ausweichpflicht verankert ist.

Zusammenfassend ist festzuhalten, dass der subjektive Schweregrad der Provokation die Einschränkung des Notwehrrechts beeinflussen sollte. Je höher die Zurechenbarkeit des Provokateurs ist, desto strenger sind seine Ausweichpflicht und die vorrangige Pflicht zur Schutzwehr. Umgekehrt kann bei einer Notwehrlage, die nur durch leichte Fahrlässigkeit verursacht wurde, großzügiger beurteilt werden, ob die entsprechende Solidaritätspflicht bereits erfüllt wurde. Der zentrale Maßstab ist, welches Maß an Gefahr der Provokateur hinnehmen muss, um den Angreifer zu schonen. Dies wird im Folgenden weiter erläutert.

b) Nach dem Verhältnis von Provokation und Angriff

Neben dem subjektiven Element aufseiten des Provokateurs ist für die Aufteilung des Mitverschuldens an der Notwehrprovokation auch die Proportionalität zwischen der Provokationshandlung und dem rechtswidrigen Angriff entscheidend. Die beiden extremsten Fälle, die a. i. i. c. und die grob inadäquate Überreaktion des Angreifers, wurden in dieser Arbeit separat behandelt. Im erstgenannten Fall nutzt der Provokateur die Handlungsdefizite des Angreifers aus, um das gesamte Tatgeschehen praktisch vollständig zu beherrschen, so dass der Angreifer bei seinem rechtswidrigen Angriff nicht frei handeln kann und die Verantwortung des Provokateurs gegenüber der des Angreifers überwiegt; dies führt dazu, dass der Provokateur in Bezug auf seine provokative Handlung und den von ihm durch die „Abwehr" verursachten Erfolg verantwortlich gemacht wird. Im letzteren Fall der grob inadäquaten Überreaktion geht der Angriff des Angreifers weit über den Rahmen der Adäquanz und einer objektiven Voraussehbarkeit des Provokationserfolgs hinaus. Im Gegensatz zum obigen Beispiel schließt eine objektiv unvorhersehbare Überreaktion des Angreifers eine objektive Zurechenbarkeit aus, so dass das Notwehrrecht des Provokateurs keinen Einschränkungen aufgrund seiner Provokation mehr unterliegt.

---

[211] BGH 24, 356; *Lenckner*, JZ 73, 253; *Roxin*, NJW 1972, 1821; *Schröder*, JuS 1973, 160; *Kindhäuser*, NK/StGB, § 32 Rn. 129; *Perron/Eisele*, Schönke/Schröder/StGB, § 32 Rn. 60.

[212] Vgl. BGH 39, 379.

Jenseits dieser beiden Extremfälle gibt es natürlich eine breite Palette von Zwischenformen des Verhältnisses zwischen Provokation und Angriff, bei denen der Provokateur und der Angreifer jeweils ein gewisses Maß an Mitverschulden tragen, aber nicht so viel, dass das Notwehrrecht gänzlich abgeschafft oder umgekehrt seine Beschränkungen aufgehoben würden. Der grundlegende Ansatz an dieser Stelle ist, dass das Notwehrrecht weiterhin besteht, seine Ausübung jedoch bestimmten Einschränkungen unterliegt. Was weiter zu diskutieren ist, ist die Aufteilung der Verantwortung und damit der Grad der Einschränkung je nach dem Verhältnis von Provokation und Angriff.

Konkret lässt sich zwar die vom BGH entwickelte „Drei-Stufen-Theorie" weitgehend auf den Bereich der Notwehrprovokation übertragen. Zudem beeinflusst die Verantwortungsverteilung zwischen Angreifer und Provokateur das Maß der jeweiligen Pflichten in den einzelnen Stufen. Dennoch bedarf es einer weitergehenden Klärung.[213]

Die Einschränkung des Notwehrrechts dürfte sich vor allem in der Wiedererweckung der Ausweichpflicht niederschlagen. In den Fällen, in denen die Notwehrprovokation zu einer Einschränkung des Notwehrrechts führt, kann der Provokateur keine Verteidigungshandlung begehen, wenn er sie ohne größeres Risiko vermeiden oder den Angriff durch einen Nicht-Gegenangriff, z. B. durch klärendes Gespräch, entschärfen kann.[214] Wenn ein Ausweichen nur zu einem geringfügigen Schaden führen würde, muss der Provokateur dies dulden und sich trotzdem ausweichend verhalten.[215] Wenn der Angriff selbst sehr geringfügig ist, besteht für den Provokateur auch eine Duldungspflicht, da die Schärfe des Notwehrrechts entfällt.

Wenn eine Ausweichmöglichkeit nicht besteht oder wenn das Ausweichen für den Provokateur unzumutbar ist, bleibt das Notwehrrecht bestehen, aber der Grad der Einschränkung des Notwehrrechts sollte dann in Abhängigkeit von der Verteilung des Mitverschuldens zwischen dem Provokateur und dem Angreifer weiter bestimmt werden. Grundsätzlich gilt: Je schwerer die Provokation, desto stärker die Einschränkung des Notwehrrechts;[216] je höher das Unrecht des Angriffs, desto geringer die Einschränkungen des Notwehrrechts.[217]

Nach der Drei-Stufen-Theorie bleibt die Trennung der Verteidigungsformen in defensive Schutzwehr und offensive Trutzwehr bestehen. Eine Schutzwehr richtet sich auf das Parieren eines Schlages, um die Bedrohung des Angriffs zu entfernen, eine Trutzwehr hingegen besteht in einem auf den Angreifer selbst gerichteten Gegenangriff. Hier wird die Selbstverteidigung erreicht, indem der Angreifer angegriffen wird, um seine Angriffsfähigkeit zu deaktivieren. Wenn die Einschrän-

---

[213] BGHSt 24, 356; BGH NStZ 2019, 263; *Rengier*, AT, § 18 Rn. 80.

[214] Vgl. BGH 39, 377.

[215] BGH NStZ 14, 452.

[216] BGH 39, 379.

[217] BGH 42, 101; *Kühl*, StV 97, 298.

kung des Notwehrrechts des Verteidigers noch nicht vollständig aufgehoben ist, muss er die Solidaritätspflicht einer begrenzten Verteidigungsintensität übernehmen, also die Pflicht, vorrangig Schutzwehr einzusetzen. Erst nachdem der Verteidiger sowohl die Ausweichpflicht als auch die Pflicht zur vorrangigen Schutzwehr erfüllt hat und weiterhin eine schwerwiegende Gefahr für bedeutende Rechtsgüter durch den rechtswidrigen Angriff besteht, kann das uneingeschränkte Notwehrrecht wiederhergestellt werden, was den Einsatz von Trutzwehr erlaubt.[218]

Zwar lässt sich festhalten: Je höher der Grad der Einschränkung des Notwehrrechts ist, desto höher ist die Vorrangstellung der Schutzwehr; der Angegriffene muss dann den Angriff mit weniger sicheren, aber auch weniger gefährlichen Mitteln abwehren.[219] In diesem Fall wird das Verwendungsrecht für die Trutzwehr erst gewährt, wenn alle Möglichkeiten der Schutzwehr ausgeschöpft sind.[220] Da die Grenze zwischen defensiver Schutzwehr und aktiver Trutzwehr fließend ist, sollte ihre ontologische Unterscheidung nicht überbetont werden.[221] Vielmehr ist entscheidend, in welchem Umfang der Provokateur aufgrund seines Mitverschuldens eine Gefahr hinnehmen muss. Trägt der Provokateur eine geringfügige Mitverantwortung, so sind die Anforderungen an die Hinnahme von Gefahren niedriger, wodurch die Erfüllung seiner Solidaritätspflichten großzügiger bewertet werden kann. Je schwerer jedoch seine Mitverantwortung wiegt, desto strenger wird die Einhaltung dieser Pflicht überprüft.

Im Unterschied zu anderen Fällen des eingeschränkten Notwehrrechts trägt der Angegriffene im Fall der Notwehrprovokation eine Mitverantwortung für die Entstehung der Notwehrlage. In den sonstigen Konstellationen fehlt dem Angegriffenen eine solche Verantwortung, so dass allein auf Grundlage des Solidaritätsprinzips keine weitreichenden Duldungspflichten begründet werden können. Bei einer Notwehrprovokation hingegen rechtfertigt die erhöhte Mitverantwortung des Provokateurs für die Notwehrlage eine entsprechend gesteigerte Pflicht zur Hinnahme von Gefahren. Wenn die Mitverantwortung des Provokateurs jedoch besonders schwer wiegt, insbesondere im Fall einer vorsätzlichen und schwerwiegenden Provokation, kann es erforderlich sein, dass der Provokateur selbst in einer lebensgefährlichen Situation zunächst zu milderen Verteidigungsmitteln greift und eine entsprechende Duldungspflicht für das daraus resultierende Risiko trägt, anstatt sofort zu tödlichen Gegenmaßnahmen zu greifen.[222]

---

[218] *Kühl*, AT, § 7 Rn. 79; *Jescheck/Weigend*, AT, S. 343; *Kindhäuser*, NK/StGB, § 32 Rn. 79.

[219] BGH NStZ 14, 452.

[220] BGH NJW 01, 1076; BGH 26, 256.

[221] *Rönnau/Hohn*, LK/StGB, § 32 Rn. 158.

[222] BGH NStZ 2001,143; BGH NStZ 2019, 263.

4. Anwendungsbereiche in Sonderkonstellationen

a) Die provozierte Nothilfe

Das obige Modell der Notwehrprovokation hat nur zwei Parteien, nämlich den Provokateur (= Verteidiger) und den Provozierten (= Angreifer). Aber es kann sich auch ein Dritter an der Notwehrprovokation beteiligen und zur Verteidigung beitragen. Daraus ergibt sich das Sonderproblem, ob das Notwehrrecht, wenn ein Dritter die Abwehrhandlung gegen den Angriff, der nicht auf ihn selbst gerichtet ist, ausführt oder sich daran beteiligt, in dieser Konstellation beschränkt werden sollte.[223]

aa) Der Provokateur als Nothelfer für einen Dritten

Einer der Sonderfälle ist: Der Provokateur P provoziert den Angreifer A zu einem rechtswidrigen Angriff auf den Dritten D, und dann wehrt P den Angriff für D ab und verursacht den tödlichen Erfolg mit direktem Einsatz lebensgefährlicher Verteidigungsmittel trotz der Ausweichmöglichkeit des D. In dieser Konstellation ist der Provokateur gleichzeitig auch ein Nothelfer.

Bei dieser provozierten Nothilfe sind verschiedene Varianten zu unterscheiden: Wenn P und D mittäterschaftlich den Angriff zusammen auslösen, dann wird das Notwehrrecht in normaler Weise eingeschränkt. Hinsichtlich der objektiven Tatseite haben P und D durch ihre Rollenzuweisungen gemeinschaftlich eine Notwehrprovokation begangen, wobei P die Rolle des Provokateurs sowie Verteidigers, D hingegen die des Angegriffenen spielt. Sie führen eine Notwehrlage zusammen als jeweils unverzichtbare Mitakteure herbei, und hinsichtlich der subjektiven Tatseite wird ein gemeinsamer Tatentschluss von beiden, P und D, gesetzt.[224] Deswegen kann nicht nur für P, sondern auch D das Notwehrrecht eingeschränkt werden.

Ist D dagegen nicht an der Provokation beteiligt, kann D nach der h.M. sein eigenes volles Notwehrrecht behalten. Demnach sei die Nothilfe durch den Provokateur ebenfalls zulässig, weil das Rechtsbewährungsinteresse nicht verneint werden könne.[225] Wenn diese Abwehr für den Angegriffenen gerechtfertigt werden könne, dann müsse nicht nur die Beihilfe, sondern auch die eigene Leistung der Abwehrhandlung als rechtmäßig bewertet werden. Das liege daran, dass sich der Nothelfer auf das Notwehrrecht des Angegriffenen selbst beruft; der Nothelfer handele dann in einem Konflikt zwischen Recht und Unrecht nicht für sich selbst, sondern für andere.[226]

---

[223] Vgl. *Perron/Eisele*, Schönke/Schröder/StGB, § 32 Rn. 61a; *Bitzilekis*, Einschränkung, S. 190.

[224] *Bitzilekis*, Einschränkung, S. 194.

[225] *Perron/Eisele*, Schönke/Schröder/StGB, § 32 Rn. 61; *Kasiske*, Jura 2004, 838; *Mitsch*, GA 1986, 538 ff.

[226] Vgl. *Erb*, MK/StGB, § 32 Rn. 182.

Allerdings wird eine Gegenauffassung vertreten, dass beide, die Notwehr des Angegriffenen und die Nothilfe des Provokateurs, anfänglich eingeschränkt werden müssten. Nach Kuhlen solle die Vorwerfbarkeit im bestimmten Grad vermindert werden, weil der Angriff von einer Provokation ausgelöst werde. Dazu könne man sich die Regel des § 213 dStGB (Minder schwerer Fall des Totschlags) und die Verteidigung gegen schuldlos Handelnde zum Beispiel nehmen. Daher sei es zumutbar, das Notwehrrecht angesichts eines solchen Angriffs einzuschränken.[227]

Jedoch ist dieses Argument leider nicht überzeugend. Der Angreifer behält noch seine Freiwilligkeit, einen rechtswidrigen Angriff zu starten. Obwohl eine Verantwortungsminderung des Angreifers wegen der Provokation anerkannt werden könnte,[228] kann die Einschränkung des Notwehrrechts damit noch nicht ausreichend begründet werden, weil der Angreifer unter normalen Umständen immer noch genug Kontrollvermögen über sein eigenes Verhalten hat, was in den Fällen der Schuldunfähigkeit ganz anders ist. Damit ist die bloße Tatsache, dass der Angriff provoziert wurde, als Rechtfertigung für die Einschränkung des Notwehrrechts des an der Provokation unbeteiligten Angegriffenen nicht überzeugend. Der Rechtfertigung der Gegenwehr solcher ahnungsloser Angegriffener sollte uneingeschränkt zugestimmt werden. Die Grundlage für das Notwehrrecht des Nothelfers ist das Notwehrrecht des Angegriffenen, nicht das des Nothelfers selbst, so dass P sich auf das volle Notwehrrecht von D berufen kann.

Wenn P bei der Gesamtstraftat absolut überlegen ist und die vollständige Tatherrschaft erlangt, kann ausnahmsweise die Doktrin der mittelbaren Täterschaft (a. i. i. c.) angewendet werden, um P für die gesamte Straftat verantwortlich zu machen.[229] In diesem Fall gibt es kein Paradoxon der Rechtswidrigkeit, da P tatsächlich den gesamten Verlauf der Straftat beherrscht. Die wesentliche Quelle des rechtswidrigen Angriffs ist P selbst. Der Angriff von P auf A fällt von Anfang an nicht unter den Bereich „um einen rechtswidrigen Angriff abzuwenden", sondern P selbst schafft einen rechtswidrigen Angriff.

bb) Ein Dritter als Nothelfer für den Provokateur

Ein anderer Sonderfall ist: Der Provokateur P provoziert den Angreifer A zu einem rechtswidrigen Angriff auf sich selbst, und dann führt ein Dritter D den Angriff für P zur Verteidigung aus und verursacht den tödlichen Erfolg mit direktem Einsatz der lebensgefährlichen Verteidigungsmittel trotz der Ausweichmöglichkeit des P. In dieser Konstellation sollte der Nothelfer nicht am Provokationsvorgang teilnehmen, sonst muss seine Nothilfe nach den Teilnahmeregeln infolge von Notwehrprovokation unmittelbar eingeschränkt werden.

---

[227] *Kuhlen*, GA 2008, 294.

[228] *Eser/Sternberg-Lieben*, Schönke/Schröder/StGB, § 213 Rn. 1.

[229] Vgl. *Herzberg*, Mittelbare Täterschaft, S. 76.

Das Notwehrrecht des Provokateurs ist zweifellos eingeschränkt, und eine direkte tödliche Abwehr trotz Ausweichmöglichkeit wird bei ihm als rechtswidrig angesehen. Aber fraglich bleibt noch, ob diese Rechtswidrigkeit sowie die Einschränkung des Notwehrrechts auch für die Nothilfe gelten sollte. Nach einer Ansicht handelt es sich bei der Nothilfe um die stellvertretende Ausübung des Rechts des Angegriffenen; solange das Notwehrrecht des Rechtsträgers eingeschränkt sei, dürfe der Nothelfer deswegen dessen Notwehrbefugnis nicht überschreiten.[230] Infolgedessen solle die Einschränkung des Notwehrrechts des Angegriffenen auch auf den Nothelfer übertragen werden. Bei dem ahnungslosen Nothelfer handelt es sich dann nur um Erlaubnistatumstandsirrtum, weil die Einschränkung des Notwehrrechts auch für die Nothilfe gilt.

Allerdings lehnt eine Gegenansicht die Übertragung der Einschränkung ab. Demnach komme die Provokateureigenschaft einem besonderen persönlichen Merkmal gleich. Gemäß § 28 Abs. 2 dStGB gelte dieses Merkmal für einen keine Provokation ausübenden Dritten nicht.[231] Aufgrund der Notwehrprovokation könne die Abwehr des Provokateurs nicht gerechtfertigt werden, und die Notwehrhilfe sei dann als Teilnahme an einer rechtswidrigen Handlung anzusehen. Allerdings seien die Regeln der Notwehrprovokation auf den Nothelfer nicht anwendbar, weil bei ihm das besondere persönliche Merkmal „Provokateur" fehlt.

Diese Annahme ist jedoch nicht überzeugend. Selbst wenn die Provokateureigenschaft als ein persönliches Merkmal angesehen werden könnte, wäre sie kein Merkmal, das i. S. d. § 28 Abs. 2 dStGB die Strafe verschärfen, mildern oder ausschließen würde, sondern eines, das die Strafbarkeit i. S. d. § 28 Abs. 1 dStGB begründen würde. Das Vorliegen der Notwehrprovokation schließt die Anwendung der Notwehr als Rechtfertigungsgrund unter bestimmten Umständen aus, und daraus geht logisch die Bestrafungsbegründung hervor. Deswegen kann die Strafe des Teilnehmers der Abwehr nur nach § 49 Abs. 1 dStGB gemildert werden, aber die Rechtswidrigkeit bleibt bestehen.

Ein Mittelweg unterscheidet zwei Situationen: Leiste der Nothelfer dem Angegriffenen nur Hilfe als Beihilfe zur Abwehrhandlung, so gelten die allgemeinen Teilnahmeregeln. Diese Nothilfe werde wegen der Beteiligung an einer rechtswidrigen Haupttat ebenfalls als rechtswidrig angesehen. Handele der Nothelfer unabhängig vom Provokateur zur Abwehr des Angriffs, sei diese Nothilfe als seine eigene Abwehrhandlung zu betrachten und könne gerechtfertigt werden. Diese Ansicht versucht, in der Begründung an den gesetzlichen Wortlaut anzuknüpfen. Nach § 32 dStGB erlaube die Rechtsordnung die Notwehr, um einen gegenwärtigen rechtswidrigen Angriff von einem anderen abzuwenden. Daher stelle die Anerken-

[230] *Engländer*, Nothilfe, S. 326; *Kuhlen*, GA 2008, 291.

[231] *Kasiske*, Jura 2004, 838.

nung der Nothilfe einen selbständigen Rechtfertigungsgrund dar, der von der Verteidigung des Angegriffenen unabhängig sei.[232]

Allerdings ist diese Auffassung nicht frei von Einwänden. Die Ergebnisse erscheinen inkonsistent: Leistet der Nothelfer nur unterstützend Hilfe, gilt sein Verhalten als rechtswidrig; greift er hingegen eigenständig ein, ist sein Handeln gerechtfertigt. Dies führt zu einem Wertungswiderspruch, da eine strafbare Teilnahme an einer Abwehrhandlung nach § 27 dStGB angenommen wird, während dieselbe Handlung in täterschaftlicher Form gerechtfertigt sein soll. Wenn das Notwehrrecht des Angegriffenen bereits fehlerhaft ist, sollte dieser Mangel konsequenterweise auch auf die Nothilfe übertragen werden.[233] Daher ist es vorzugswürdig, die Einschränkung des Nothilferechts ebenfalls zu bejahen. Die Möglichkeit einer Straflosigkeit bleibt allerdings bestehen, wenn der Helfer weder von der Provokation Kenntnis hat noch diese voraussehen konnte (Erlaubnistatbestandsirrtum) oder die Grenzen der Einschränkung unvermeidbar verkennt (Verbotsirrtum).

b) Die Provokation der Provokation

Im realen Fall können auch beide Parteien gegenseitige Provokationen ausgeübt haben, die schließlich zu einer Eskalation des Unrechts führen. Es handelt sich um einen besonderen Problembereich unter dem Titel „die Provokation der Provokation“. Hiermit wird ein Zweitprovokateur zuerst von einem Erstprovokateur provoziert, und dann provoziert der Zweitprovokateur zurück, weshalb es zu einem Angriff des Erstprovokateurs auf den Zweitprovokateur kommt. Fraglich ist, ob das Notwehrrecht des Zweitprovokateurs in dieser Situation wegen der Notwehrprovokation eingeschränkt ist.

Nach einer vorherrschenden Ansicht darf der provozierte Verteidiger sein volles Notwehrrecht behalten, wenn seine Provokation eine adäquate Antwort auf die frühere Provokation ist;[234] sei sie dagegen nicht adäquat, dann müsse das Notwehrrecht des Verteidigers nach den Regeln der Notwehrprovokation eingeschränkt werden.[235] Der Grund liege darin, dass der spätere Angreifer als Erster den Boden des Rechts verlassen habe.[236] Demnach sei eine adäquate Provokation des späteren Verteidigers eine angemessene Reaktion auf die erste Provokation, und bei der Interessenerwägung könne das Recht des Verteidigers wieder beachtet werden, weil der Angreifer zuerst durch seine Provokation die Rechtsordnung gebrochen habe. Außerdem starte der Erstprovokateur zuerst einen Eingriff, der zu einer deutlichen Eskalation des Unrechts führe und die Grenzen der Provokation überschreite.

---

[232] *Bitzilekis*, Einschränkung, S. 193.

[233] *Erb*, MK/StGB, § 32 Rn. 181.

[234] *Perron/Eisele*, Schönke/Schröder/StGB, § 32 Rn. 59.

[235] *Kargl*, Strafrecht, S. 62; *Rudolphi*, AT-Fälle, Fall 2, S. 17 f.

[236] *Roxin*, ZStW 1981, 91.

Mitsch bezweifle die Schutzwürdigkeit eines provozierten Provokateurs. Nach seiner Auffassung überzeugt die Annahme nicht, dass dem Provokateur das Notwehrrecht uneingeschränkt zustehen solle, wenn seine Provokation lediglich eine Reaktion auf eine frühere Provokation des Angreifers darstelle. Eine solche Sichtweise führe zu der Vorstellung einer wechselseitigen Provokationskette, die eine potenziell unendliche Rückverfolgung vorherigen Verhaltens erforderlich mache und somit keine tragfähige Grundlage für die Beurteilung von Notwehrrechten biete.[237]

Jedoch ist diese Kritik angesichts der oben eingeführten Aussetzung des zeitlichen Provokationszusammenhangs nicht mehr einleuchtend. Bei der Provokationskette muss ein enger zeitlicher Zusammenhang zwischen den verschiedenen Provokationen gegeben sein, und eine zu lange Zurückverfolgung muss daher ausgeschlossen werden. Es ist erwähnenswert, dass die Grenze zwischen Provokation und Angriff nicht absolut ist. Eine Beleidigung könnte eine Provokation sein, aber wenn der Gegner vor Beendigung der Beleidigung reagieren würde, wäre diese Beleidigung auch ein Angriff i. S. d. § 32 dStGB.

Die Frage nach der Bestimmung der Beschränkung des Notwehrrechts im Falle einer „Provokation der Provokation“ muss auf die Grundlage der Verteilung der Verantwortung durch Mitverschulden zurückgeführt werden. Die Hauptpunkte dieser Notwehrprovokationskette für die Verteilung der Verantwortung sind: Erstens sollte diejenige Person eine größere Verantwortung tragen, die als erste eine rechtswidrige Provokationshandlung begeht, da ihr Verhalten als erstes von der Rechtsordnung abweicht. Zweitens müssen die Provokationen einander zurechenbar sein. Nach der Meinung in dieser Arbeit hängt diese Feststellung nicht nur von der relationalen Angemessenheit der Intensität der Provokationen ab, sondern auch von ihrem zeitlichen und räumlichen Kontext. Provokationen, die zu lange zurückliegen, können nicht als Grundlage für die Verteilung der Verantwortung herangezogen werden. Drittens sollte derjenigen Provokation, die in einer Kette von Provokationen zu einer erheblichen Eskalation des Konflikts führt, mehr Verantwortung zugewiesen werden. Zusammenfassend ist bei einer wechselseitigen Notwehrprovokation zwischen Verteidiger und Angreifer vor dem rechtswidrigen Angriff eine umfassende Beurteilung anhand dieser drei Aspekte erforderlich, um festzustellen, ob das Notwehrrecht des Verteidigers eingeschränkt ist.

c) Der Irrtum über die provozierte Notwehrlage

Der Irrtum über die provozierte Notwehrlage lässt sich in zwei Konstellationen unterscheiden. Eine wird von Kühl erwähnt: Der Verteidiger denkt fälschlicherweise, dass es einen von seinem Vorverhalten ausgelösten Angriff gibt, aber tatsächlich liegt ein gegenwärtiger rechtswidriger Angriff i. S. d. § 32 dStGB nicht vor. Dabei muss sich der Täter an die Einschränkung der Notwehrprovokation halten,

---

[237] *Mitsch*, Provokation, S. 114 f.

wenn er aufgrund eines Erlaubnistatumstandsirrtums die Vorsatzschuld ausschließen will.[238] Der Grund liegt darin, dass ein Erlaubnistatumstandsirrtum nur anerkannt werden kann, wenn die Tat auf der Basis des hypothetischen Sachverhalts gerechtfertigt ist.[239] Gemäß diesem Maßstab muss der Täter so handeln, als ob sein Notwehrrecht wegen der Notwehrprovokation eingeschränkt wäre. Wenn er aber direkt Trutzwehr trotz des Vorliegens einer Ausweichmöglichkeit ausübt, wird er wie bei einem Vorsatzdelikt bestraft.

Anders ist die Situation, in der es zwar die Bedrohung des gegenwärtigen rechtswidrigen Angriffs gibt, aber der Verteidiger sich darüber geirrt hat, ob eine Provokation begangen wurde oder nicht, bzw. sich überhaupt über den Zusammenhang zwischen seiner Vorhandlung und dem Angriff irrt. Objektiv kommt eine Notwehrlage und das uneingeschränkte Notwehrrecht des Täters in Betracht, aber er glaubt fälschlicherweise, sein Notwehrrecht wäre eingeschränkt, und verstößt bewusst gegen diese Einschränkung.

In diesem Fall verwechselt der Verteidiger die Notwehrlage nicht, sondern nur die tatsächliche Prämisse, dass sein Notwehrrecht eingeschränkt sei. Daher kann nicht davon ausgegangen werden, dass dem Verteidiger ein subjektives Rechtfertigungselement fehlt, da er nicht die Tatsache missverstanden hat, dass ein gegenwärtiger rechtswidriger Angriff stattfand. Folglich sollte die Straflosigkeit des Verteidigers in dieser Situation bestätigt werden. Das Gleiche gilt, wenn der Verteidiger irrtümlich glaubt, dass seine vorherige Handlung eine Provokation im Rahmen einer Notwehrprovokation gewesen ist, obwohl dies in Wirklichkeit nicht der Fall ist. In diesem Fall hat sich der Täter nur in der rechtlichen Bewertung seines eigenen Verhaltens geirrt und kann dennoch durch die Anwendung der Regel des umgekehrten Verbotsirrtums (Wahndelikt) gerechtfertigt werden.[240]

5. Zwischenergebnis

Bei der Erörterung der Fallgruppe „Notwehrprovokation" ist es notwendig, auf den Grundgedanken der Notwehr zurückzukommen und die theoretischen Grundlagen des Notwehrrechts zu analysieren, um die Umstände abzuleiten, unter denen seine Schärfe abgeschwächt werden sollte.

Zunächst einmal sollte, selbst wenn der Provokateur auch der Angegriffene ist, sein Notwehrrecht nicht völlig verneint werden. Denn der Angriff des Angreifers greift immer noch in die Sphäre der Rechte des Provozierten ein, und der Angreifer hat die Wahlfreiheit, den Angriff auszuführen oder zu beenden. Im Regelfall führt der Angreifer die Notwehrlage mit voller Autonomie herbei, so dass seine Verantwortung trotz der Provokationshandlung nicht vollständig ausgeschlossen wird.

---

[238] Vgl. *Kühl*, AT, § 7 Rn. 264.

[239] Vgl. *Rengier*, AT, § 30 Rn. 6.

[240] *Reniger*, AT, § 35 Rn. 15.

Allerdings sollte dem Provokateur kein bedingungsloses Notwehrrecht zugestanden werden, da er in gewisser Weise nicht ganz auf der Seite des Rechts steht. Die Handlungen des Provokateurs haben zur Eskalation der Notsituation beigetragen, und daher sollte sein Notwehrrecht angemessen eingeschränkt werden. Sowohl der Provokateur als auch der Verteidiger haben rechtswidrig gehandelt, daher sollte das Notwehrrecht des Provokateurs nicht mit dem desjenigen Verteidigers gleichgesetzt werden, der keinerlei Verantwortung trägt.

Das Mitverschulden des Provokateurs an dem Angriff ist eine angemessene Grundlage für die Einschränkung seines Notwehrrechts. Das Notwehrrecht beruht auf dem aus dem Autonomieprinzip abgeleiteten Verantwortungsprinzip. Das Vorliegen eines Mitverschuldens mindert die Schärfe des Notwehrrechts, weil durch die Schwächung des Autonomieprinzips das Solidaritätsprinzip als Grundlage für die Beschränkung bedeutsam wird. Diese Einschränkung spiegelt sich darin wider, dass der Provokateur das Notwehrrecht so ausüben muss, dass ein Konflikt so weit wie möglich vermieden wird, und dass er die Proportionalität der Notwehrhandlung zu dem zu schützenden Interesse berücksichtigen muss. Der Provokateur muss die Einschränkung des Notwehrrechts akzeptieren und entsprechende Pflichten übernehmen, etwa die Pflicht zum Ausweichen sowie die Duldung der mit einem milderen, aber weniger sicheren Verteidigungsmittel verbundenen Gefahr.

Das Ausmaß der Einschränkung des Notwehrrechts durch die Notwehrprovokation muss durch den Grad des Mitverschuldens bestimmt werden, und einer der extremsten Fälle ist die a. i. i. c., bei der der Provokateur die Verantwortung allein trägt. Die Anwendung der a. i. i. c. ist umstritten. Ein zentraler Kritikpunkt ist die objektive Zurechnung:[241] Wenn der Angreifer mit freiem Willen handelt, ist der Zurechnungszusammenhang zwischen der Provokation und dem Erfolg unterbrochen. Dies wirft die Frage auf, ob die Tatherrschaft in den Händen des Provokateurs liegt. Die Theorie kann jedoch in besonderen Fällen angewandt werden, z. B. wenn der Provozierte nicht frei handeln kann, etwa wenn die provozierte Person aufgrund eines schweren kognitiven Mangels keine Handlungsfreiheit hat und der Provokateur die gesamte Situation vollständig beherrscht. In allen anderen Fällen sollte die Anwendung von a. i. i. c. abgelehnt werden.

Das andere Extrem dieser Betrachtung besteht darin, die Verantwortung vollständig dem Angreifer zuzuweisen. Eine solche Konstellation würde jedoch nicht unter die Notwehrprovokation fallen, da bestimmte Voraussetzungen erfüllt sein müssen: Die Provokation muss zumindest rechtswidrig sein oder gegen eine rechtliche Pflicht verstoßen; ein bloßer Verstoß gegen ethische Normen genügt nicht. Zudem muss es sich um eine konkrete Handlung handeln, die sich auf eine bestimmte Person bezieht. Zwischen Provokation und Angriff müssen Adäquanz und objektive Vorhersehbarkeit bestehen, und es muss ein enger zeitlicher Zusammenhang gegeben sein.

---

[241] *Hwang*, Provokation, S. 48.

Die Zuweisung von Mitverschulden kann weiter untergliedert werden, indem einerseits zwischen vorsätzlicher Notwehrprovokation und fahrlässiger Notwehrprovokation anhand subjektiver Merkmale seitens des Provokateurs unterschieden wird; andererseits ist auch das Verhältnis zwischen der Provokationshandlung und dem Angriff zu berücksichtigen. Je größer die Verantwortung für die Provokationshandlung ist, desto strenger fällt die Einschränkung des Notwehrrechts aus.

III. Einschränkungen aufgrund fehlender subjektiver Verantwortungszuschreibung (Angriffe schuldlos Handelnder)

In der Literatur besteht nahezu Einigkeit darüber, dass das Notwehrrecht in den Fällen eingeschränkt werden muss, in denen der Angreifer schuldunfähig ist.[242] Umstritten ist jedoch, ob die Abwehr eines schuldunfähigen Angriffs unter das Notwehrrecht oder vielmehr unter den rechtfertigenden Notstand fällt. In diesem Zusammenhang stellt sich auch die Frage, wann beim Angreifer ein strafrechtlicher Defekt vorliegt, der dazu führt, dass das Notwehrrecht des Verteidigers eingeschränkt oder sogar ausgeschlossen ist. Dies betrifft insbesondere Fälle verminderter Schuldfähigkeit, strafrechtlicher Unmündigkeit, fahrlässiger Begehung oder das Vorliegen von Entschuldigungsgründen. Diese Konstellationen bedürfen jeweils einer eigenständigen und differenzierten rechtlichen Bewertung.

1. Darstellung der dogmatischen Begründungen

a) Bejahung des Notwehrrechts bei unschuldhaftem Angreifer

aa) Einschränkung des Notwehrrechts

Nach der h.M. kann diese Sonderbehandlung für unschuldige Angreifer nicht dadurch erreicht werden, dass die Notwehrlage negiert wird.[243] Diese Ansicht verneint, dass ein rechtswidriger Angriff nur dann vorliege, wenn der Angreifer schuldig sei, und ist der Ansicht, dass das Notwehrrecht nur durch eine „Sozialethik" eingeschränkt werden könne. Die Begründung dieser Auffassung stützt sich darauf, dass das Notwehrrecht nur voraussetze, dass der Angriff rechtswidrig sei, nicht aber, dass der Angreifer schuldhaft gehandelt habe.[244] Daher könne das Not-

---

[242] Siehe RGSt 72, 58; BGHSt 3, 217; 5, 245; BayObLG NStZ-RR 1999, 9; *Herzog*, NK/StGB, § 32 Rn. 102 ff.; *Günter*, SK/StGB, § 32 Rn. 52; *Kioupis*, Notwehr, S. 77; *Bitzilekis*, Einschränkung, S. 116 ff.; *Bertel*, ZStW 84 (1972), 11, Fn. 41; *Hirsch*, in: FS-Dreher, S. 217.

[243] *Roxin*, ZStW 1981, 68, 82 ff.; *Hirsch*, in: FS-Dreher, S. 218 ff.; *Erb*, ZStW 1996, 269.

[244] RG 27, 44, BGH 3, 217, BSG NJW 99, 2302, München NJW 66, 1165; *Rönnau/Hohn*, LK/StGB, § 32 Rn. 242; *Erb*, MK/StGB, § 32 Rn. 61.

wehrrecht nicht schon deshalb verweigert werden, weil der Angreifer nicht schuldfähig sei.

Die Rechtfertigung für die Einschränkung des Notwehrrechts liegt in diesem Zusammenhang in erster Linie in dem erheblich verringerten Interesse an der Rechtsbewährung.[245] Roxin beruft sich auf die präventive Funktion der Rechtsbewährung und behauptet, wenn das System der rechtlichen Sanktionen die Notwendigkeit einer generellen Prävention aufgegeben habe, sei es umso unwahrscheinlicher, dass Privatpersonen angesichts eines solchen Angriffs das Recht unkontrolliert verteidigen könnten.[246] Das Interesse des Verteidigers am Selbstschutz bleibe zwar bestehen, aber in Fällen, in denen das Interesse an der Rechtsbewährung deutlich eingeschränkt sei, müsse dieses Interesse mit der Verpflichtung zu einem Mindestmaß an gesellschaftlicher Solidarität kombiniert werden, was bestimmte Einschränkungen des Notwehrrechts erfordere.[247]

Die allgemeine Rechtsfolge dieser Situation sei eine Einschränkung des Notwehrrechts. Die Grundsätze und Grenzen, die das Notwehrrecht einschränkten, seien insbesondere (1) eine Ausweichpflicht; eine aktive Verteidigung sei unzulässig, wenn der Angegriffene dem Angriff ohne nennenswertes Risiko ausweichen könne;[248] (2) der Verhältnismäßigkeitsgrundsatz; wenn der Angriff unvermeidbar sei, sei eine aktive Verteidigung zulässig, aber auch hier müsse der Verhältnismäßigkeitsgrundsatz beachtet werden. M. a. W., die Verteidigungshandlung müsse in einem angemessenen Verhältnis zu der bestehenden Bedrohung stehen.[249]

In dieser Sphäre der Rechtsfolgen wird deutlich, dass sich das eingeschränkte Notwehrrecht zumindest im Umgang mit dem unschuldigen Angreifer in Richtung der Gestaltung des Notstands bewegt. Der praktische Unterschied zwischen den beiden ist gering.

bb) Gründe für Bejahung des Notwehrrechts

Das erste und am häufigsten angeführte Argument ist, dass das Erfordernis der Schuldfähigkeit mit dem Wortlaut des § 32 dStGB nicht vereinbar sei.[250] § 32 Abs. 2 dStGB verlange ausdrücklich die Rechtswidrigkeit des Angriffs, nicht jedoch die Schuldfähigkeit des Angreifers. Die Einbeziehung der Schuld in den Begriff der Rechtswidrigkeit oder des Angriffs erscheine unangemessen, da die §§ 34 und 35 dStGB eine klare Trennung zwischen Rechtswidrigkeit und Schuld voraussetzten. Schuld stelle keine Voraussetzung für die Rechtswidrigkeit dar. Eine

---

[245] *Lenckner*, GA 1968, 3; *Günther*, SK/StGB, § 32 Rn. 119; *Roxin*, ZStW 1981, 81.

[246] *Roxin*, ZStW 1981, 81.

[247] *Scherenberg*, Einschränkungen, S. 134.

[248] *Eisele*, JuS 2017, 81.

[249] *Perron/Eisele*, Schönke/Schröder/StGB, § 32 Rn. 52; *Lenckner*, GA 68, 4.

[250] *Bitzilekis*, Einschränkung, S. 111 ff.; *Hirsch*, in: FS-Dreher, S. 216.

gegenteilige Auslegung würde das Notwehrrecht zulasten des Verteidigers einschränken und gegen das verfassungsrechtliche Bestimmtheitsgebot gemäß Art. 103 Abs. 2 dGG verstoßen. Auch unter dem Gesichtspunkt des Schutzes subjektiver Rechte könne ein Schuldloser dieselbe Gefahr für Rechtsgüter darstellen wie ein Schuldfähiger, weshalb das Notwehrrecht grundsätzlich auch in diesen Fällen eingreifen müsse.[251]

Die Stichhaltigkeit dieses Arguments beruht auf der Annahme, dass der Begriff „rechtswidrig" in § 32 Abs. 2 dStGB mit dem allgemeinen Begriff der Rechtswidrigkeit im strafrechtlichen System identisch sei. Es ist jedoch fraglich, ob § 32 Abs. 2 dStGB tatsächlich im Lichte dieses allgemeinen strafrechtlichen Rechtswidrigkeitsbegriffs ausgelegt werden kann. Eine solche Interpretation verkennt nämlich den grundlegenden Unterschied zwischen Strafe und Notwehrrecht. Während Strafen staatliche Reaktionsmittel im öffentlichen Recht darstellen, die der Ahndung und Prävention von Straftaten dienen, handelt es sich beim Notwehrrecht um ein privates Abwehrrecht des Einzelnen zum Schutz subjektiver Rechtsgüter. Es stellt keine Sanktion dar. Die „Rechtswidrigkeit" als Voraussetzung für die Strafbarkeit und die „Rechtswidrigkeit" als Voraussetzung für das Notwehrrecht sind daher nicht gleichzusetzen. Ein Rechtssystem kann je nach funktionalem Zusammenhang unterschiedliche Bedeutungen von „Rechtswidrigkeit" hervorbringen.

Dann stellt sich die weitere Frage, ob die fehlende Schuldfähigkeit des Angreifers ein Hindernis dafür ist, sein Verhalten als rechtswidrig im Sinne von § 32 Abs. 2 dStGB zu behandeln. Engländer argumentiert, eine nicht schuldfähige Person sei nicht Adressat eines subjektiven Rechts.[252] Ihm zufolge seien subjektive Rechte das Ergebnis gegenseitiger, freier Beschränkungen, die die Akteure freiwillig eingehen, um ihre primären Schutzinteressen zu befriedigen. Jede Person verpflichte sich, andere nicht zu verletzen, und erwerbe dadurch das Recht, nicht von anderen verletzt zu werden. Für diese Vereinbarung über gegenseitige Beschränkungen seien drei Voraussetzungen erforderlich: die Interessenbedingung, die Verletzungsmachtbedingung sowie die Vernunftbedingung, das eigene Verhalten rational zu steuern.[253] Personen, denen die Einsichts- und Steuerungsfähigkeit fehle, seien nicht in der Lage, ihre Pflichten zu erfüllen. Daher könnten sie weder als Adressaten subjektiver Rechte gelten noch rechtswidrige Angriffe im Sinne von § 32 Abs. 2 dStGB begehen. Aus dieser Auslegung lasse sich ableiten, dass „rechtswidrig" in § 32 Abs. 2 dStGB nicht im allgemeinen strafrechtlichen Sinne zu verstehen sei, sondern als Zustand der Beeinträchtigung eines subjektiven Rechts zu interpretieren sei. Dieser Zustand umfasse nicht nur einen Eingriff in den Rechtsraum des Rechtsinhabers, sondern setze auch voraus, dass der Verletzende selbst Adressat subjektiver Rechte sei. Da die beiden Begriffe von „rechtswidrig" nicht identisch seien, liege auch keine Verletzung von Art. 103 Abs. 2 dGG vor.

[251] *Köstlin*, Revision, S. 726.

[252] *Engländer*, Nothilfe, S. 256 ff.

[253] *Stemmer*, Handeln, S. 255.

Ein weiterer Kritikpunkt ist, dass die Forderung, § 32 Abs. 2 dStGB um eine Schuld zu ergänzen, mit dem bestehenden System der Rechtfertigungs- und Entschuldigungsgründe unvereinbar sei. Wenn es nicht möglich sei, Notwehr gegen einen Angreifer auszuüben, der sich in unvermeidbarem Verbotsirrtum (§ 17 Satz 1 dStGB) oder in entschuldigendem Notstand (§ 35 Abs. 1 Satz 1 dStGB) befindet, würden diese Entschuldigungsgründe faktisch in Rechtfertigungsgründe umgewandelt, denn ursprünglich sei Notwehr nur gegen rechtfertigbare Handlungen nicht möglich. Das Ergebnis sei, dass Menschen die Gefahr auf unbeteiligte Dritte abwälzen und deren Leben oder Körper opfern könnten, um ihr eigenes Leben oder ihren eigenen Körper (oder Leben oder Körper ihrer Familienmitglieder) zu schützen, während jene Dritten nicht in der Lage seien, das Notwehrrecht auszuüben, um sich gegen eine solche Abwälzung zu wehren.[254]

Allerdings verwechselt diese Ansicht auch die Schuld, die die Grundlage für eine Straftat ist, mit der Verantwortlichkeit, die die Grundlage für das Notwehrrecht ist, und die beiden stehen möglicherweise nicht in völligem Gegensatz zueinander.[255] Tatsächlich kann der Verteidiger nach Ansicht dieser Arbeit immer noch Notwehr gegen einen Angreifer ausüben, der lediglich nach § 35 dStGB entschuldigt ist, wie weiter unten erläutert wird. Der Ausschluss des Notwehrrechts im Fall eines schuldunfähigen Angreifers bedeutet zudem nicht, dass ein schuldloser Angriff einem rechtmäßigen Verhalten gleichgestellt wird. Vielmehr bleibt dem Angegriffenen weiterhin die Möglichkeit, sich auf den defensiven Notstand zu berufen.[256]

Ein weiteres Argument betrifft die praktische Schwierigkeit für den Angegriffenen, in einer realen Konfliktsituation die Schuldfähigkeit des Angreifers zuverlässig zu beurteilen. Würde man vom Angegriffenen verlangen, entsprechende Nachforschungen anzustellen, liefe dies darauf hinaus, die Wirksamkeit der Verteidigung unzumutbar zu beeinträchtigen und damit das Notwehrrecht in seiner Substanz auszuhöhlen.[257]

Allerdings ist zum einen in den meisten Fällen für den Verteidiger erkennbar, ob es sich beim Angreifer etwa um ein Kind oder eine offensichtlich geisteskranke Person handelt. Zum anderen ist der Verteidiger nach dem allgemeinen Notwehrgrundsatz ohnehin verpflichtet, das Vorliegen eines Angriffs eigenverantwortlich zu beurteilen, da nur ein tatsächlich stattfindender Angriff ein Notwehrrecht begründen kann. Selbst wenn die Beurteilung in Einzelfällen kurzfristig erschwert ist, entbindet dies nicht von den rechtlichen Voraussetzungen der Notwehr. Eine Fehleinschätzung kann vielmehr unter Anwendung der Irrtumsregeln berücksichtigt werden. Wenn sich der Verteidiger in einem unvermeidbaren Erlaubnistatbestandsirrtum befindet, ist seine Strafbarkeit ausgeschlossen.

[254] *Hirsch*, in: FS-Dreher, S. 217.

[255] Vgl. *Lesch*, Notwehrrecht, S. 40.

[256] *Renzikowski*, Notwehr, S. 286.

[257] *Hirsch*, in: FS-Dreher, S. 218.

b) Verneinung des Notwehrrechts bei nicht-schuldhaft handelndem Angreifer

Jakobs argumentiert, dass der Angreifer rechtlich für den Konflikt verantwortlich sein müsse, nicht nur für die natürliche Verursachung durch sein Verhalten. Die Notwehr gelte also für Konflikte, die durch Verschulden (vorsätzlich oder fahrlässig) verursacht werde, und nicht für alle durch menschliches Verhalten verursachten Gefahren.

Er führt verschiedene Ebenen der Verantwortung für den Konflikt an: Wenn der Angriff unvermeidbar sei (nicht vorsätzlich oder fahrlässig) und es keinen anderen Grund gebe, der dem organisatorischen Bereich des Angreifers bzw. Verursachers zuzuschreiben sei, sei er rechtlich nicht für die Gefahr verantwortlich, obwohl er nach außen hin die Ursache der Gefahr sei. In diesem Fall müsse ein Rettungseingriff in seine Güter den Regeln des aggressiven Notstands folgen. Liege Vorsatz oder Fahrlässigkeit vor, führe das Organisationsverhalten zu einer Haftung als rechtswidrige Handlung mit hohem Risiko, und der Angreifer sei nicht nur äußerlich die Quelle der Gefahr (und nicht eine fremde Person), sondern auch rechtlich. In diesem Fall handele es sich um einen defensiven Notstand. Das schärfere Notwehrrecht müsse sich also aus der Zuständigkeit des Angreifers ergeben und könne nur angewendet werden, wenn der Angreifer den Konflikt schuldhaft verursacht habe. Und am Ende müsse der Angreifer das Recht verlieren, seine eigenen Interessen über die Mindestsolidarität hinaus durchzusetzen. Indem er die Grundlagen des Notwehrrechts interpretiert und ein hierarchisches System von Notrechten konstruiert, plädiert Jakobs für eine Regel des Notstandes als Reaktion auf einen nicht schuldigen Angreifer.

Was die Unterscheidung zwischen Notstand und Notwehr betrifft, so lässt sich kein wesentlicher Unterschied feststellen, wenn man die Verletzung lediglich unter dem Gesichtspunkt ihrer potentiellen Folgen betrachtet. Ein Hundebiss ist unter diesem Beurteilungsmaßstab (potenziell) nicht weniger „rechtswidrig" als eine durch einen Messerstich verursachte Verletzung. Um dennoch zwischen beiden Konstellationen zu differenzieren, muss die Anwendbarkeit der Notwehr durch die Möglichkeit der bewussten Vermeidung des Verhaltens bestimmt werden.[258] Ein Schuldloser verfügt jedoch nicht über die Motivationsfähigkeit, einen Angriff zu vermeiden, und ist daher ebenso wenig in der Lage, das Notwehrrecht als Folge eines rechtswidrigen Angriffs anzunehmen. Hruschka und Renzikowski plädieren auch dafür, dass das Verhalten eines Angreifers nur dann eine Verletzung der subjektiven Rechte der Angegriffenen darstellt, wenn es dem Angreifer als Verstoß gegen eine Pflicht zugerechnet werden kann. Eine solche Zurechnung setzt voraus, dass der Angreifer seine Pflichtverletzung erkennen konnte oder hätte erkennen müssen und dementsprechend zu handeln imstande war.[259] Solange der Grundge-

---

[258] *Kindhäuser*, NK/StGB, § 32 Rn. 22.

[259] *Hruschka*, Strafrecht, S. 141 f.; *Renzikowski*, Notwehr, S. 279 ff.

danke der Notwehr auf dem Verantwortungsprinzip beruht, kann eine schuldlose Person nicht als tauglicher Angreifer im Sinne der Notwehr gelten.

Rechte und Pflichten bestehen immer im Verhältnis zueinander, und ein Recht hat immer eine ihm entsprechende Pflicht gegenüber anderen. In der Sphäre der Notwehr ist das Notwehrrecht eine Reaktion auf die Verletzung eines subjektiven Rechts, und es ist ein Recht, das nach dem philosophischen Gesetz der „Negation der Negation" entsteht. Es stimmt natürlich mit der entsprechenden Verpflichtung anderer überein, d.h. mit der Verpflichtung des Angreifers, die Verteidigungshandlung zu dulden. Ebenso lautet Hegels Argument für die Verpflichtung des Verbrechers, die Strafe zu dulden: „Die Verletzung, die dem Verbrecher widerfährt, ist nicht nur *an sich* gerecht – als gerecht ist sie zugleich sein *an sich* seiender Wille, ein Dasein seiner Freiheit, *sein* Recht –, sondern sie ist auch ein Recht *an den Verbrecher* selbst, d. i. in seinem *daseienden* Willen, in seiner Handlung *gesetzt*. Denn in seiner als eines *Vernünftigen* Handlung liegt, daß sie etwas Allgemeines, daß durch sie ein Gesetz aufgestellt ist, das er in ihr für sich anerkannt hat, unter welches er also als unter *sein* Recht subsumiert werden darf."[260] Eine vernünftige Person, die eine Straftat begeht, drückt nicht nur eine Negation der Rechtsordnung des Staates aus, sondern gibt auch objektiv ihr Einverständnis mit der Strafe. Daher verhängt der Staat Strafen gegen eine Person, die eine Straftat begeht, gerade weil er die Rationalität dieser Person respektiert. Psychisch kranke Menschen und Kinder werden nicht als rationale Menschen betrachtet. Ihr Verhalten beinhaltet daher objektiv keine Zustimmung zur Strafe und daher ist keine Strafe anwendbar.

Hegels Position bedeutet nicht, dass der Angreifer über einen realen, subjektiven Willen verfügt, der einer Einwilligung im Sinne eines tatbestandsausschließenden Einverständnisses entspricht. Vielmehr ist damit gemeint, dass eine vernünftige Person der gesamten Rechtsordnung objektiv zustimmt – einschließlich der Sanktionierung rechtswidriger Taten durch Strafe. Überträgt man diesen Einwilligungsgedanken auf die Notwehr, so setzt auch die Schärfe des Notwehrrechts eine solche normative Zustimmung des Angreifers voraus. Denn die Verteidigungshandlung und deren Ergebnis stehen nach dem gewöhnlichen Verlauf der Dinge in einem engen Zusammenhang mit der Angriffshandlung. Verantwortlichkeit für den Konflikt kann daher nur einer Person zugeschrieben werden, die über rationale Selbstkontrolle verfügt. Eine schuldunfähige Person kann jedoch weder objektiv eine Einwilligung zur Duldung der Verteidigung abgeben noch die damit verbundene Pflicht übernehmen. Eine Person ohne rationale Selbstkontrolle kann also nicht der Adressat einer normativen Pflicht sein.[261]

---

[260] *Hegel*, Philosophie des Rechts, § 100 (Herv. im Orig.).

[261] *Engländer*, Nothilfe, S. 257.

c) Stellungnahme

Nach der hiesigen Auffassung muss das Erfordernis der Anerkennung der Schuldfähigkeit bei dem Angriff im Zusammenhang mit der Notwehr noch auf den Grundgedanken der Notwehr zurückgehen. Zunächst verlangt das Autonomieprinzip, dass alle Bürger den gleichen Zugang zu einem unverletzlichen Rechtsraum haben, und es versteht sich von selbst, dass auch Schuldlose durchaus die Fähigkeit haben können, in den Rechtsraum anderer einzudringen. Das Problem ist jedoch, dass das Verantwortungsprinzip, das eine Form des Autonomieprinzips ist, verlangt, dass ein Akteur nur dann zur Verantwortung gezogen werden kann, wenn er in der Lage ist, sich selbst vernünftig zu kontrollieren. Und daran mangelt es einem Schuldlosen. Da er weder die Personalität anderer missachtet hat noch in zurechenbarer Weise zur Übernahme von Pflichten fähig ist, erscheint es problematisch, ihn als Adressaten des Notwehrrechts anzusehen.

Das Autonomieprinzip sieht ein System interaktiver, durchsetzbarer Freiheitsgarantien vor, zu dem das Notwehrrecht gehört. Schuldlose haben zwar die Fähigkeit, in den Rechtsraum anderer einzudringen, aber es fehlt ihnen die Fähigkeit zur rationalen Selbstbestimmung und die Fähigkeit, für das Eindringen in den Rechtsraum eines anderen verantwortlich gemacht zu werden, so dass sie nicht Mitglied des Systems der Freiheitsgarantien sein können.[262] Dabei ist mit dem „System der Freiheitsgarantien" keine empirisch erfassbare Gruppe von Personen gemeint, sondern ein normativ konzipiertes Gefüge der Verantwortung und Adressierbarkeit. Schuldunfähige können diese Rollen nicht erfüllen und gelten daher nicht als teilnahmefähige Subjekte dieser Interaktionsordnung. So lässt sich argumentieren, dass die von § 32 dStGB geforderte Rechtswidrigkeit nicht dasselbe ist wie die Rechtswidrigkeit, die eine strafrechtliche Strafbarkeit rechtfertigt, da sie nicht den „Unwert" seines Widerstands gegen die Rechtsordnung zeigen soll, sondern vielmehr die Eigenschaft des Akteurs, die Zuständigkeit zur Verletzung des Rechts als kompetenter Adressat des subjektiven Rechts zu erfüllen. Die entsprechende notwehrrelevante Rechtswidrigkeit kann also als Quasi-Rechtswidrigkeit bezeichnet werden.

Die Schuld, die dem Notwehrrecht zugrunde liegt, unterscheidet sich ebenfalls von der Schuld, die die Möglichkeit einer Bestrafung vorsieht. Die Unanwendbarkeit des Notwehrrechts im Falle der Schuldunfähigkeit des Angreifers beruht auf der Tatsache, dass der Schuldunfähige nicht rational frei entscheiden kann und daher nicht der Adressat sowohl eines subjektiven Rechts als auch einer entsprechenden Pflicht sein kann. Allerdings schließen nicht alle Entschuldigungsgründe eine solche notwehrrelevante Quasi-Rechtswidrigkeit aus. Einige dieser Entschuldigungsgründe betreffen nur die Ebene der Sanktionsnormen, nicht die Ebene der Verhaltensnormen, und schließen daher eine Pflichtverletzung nicht aus.[263] Bei-

---

[262] *Pawlik*, ZStW 114 (2002), 274 ff.

[263] *Engländer*, Nothilfe, S. 260.

spielsweise kann ein Vater, der eine andere Person von einem Rettungsboot wegstößt, um seinen ertrinkenden Sohn zu retten, nach § 35 dStGB strafrechtlich freigesprochen werden, aber er ist zu diesem Zeitpunkt immer noch voll und ganz zu einer rationalen Selbstbestimmung fähig und bleibt somit ein ordentliches Subjekt des Lebensrechts des Opfers sowie des abgeleiteten Notwehrrechts. Daher kann das Notwehrrecht genutzt werden, um seine Handlungen zu verhindern. Daher muss auch hier zwischen der strafrechtlichen Schuld an der strafbaren normativen Verletzung und der Quasi-Schuld als Grundlage der Verantwortung im Notwehrrecht unterschieden werden.[264]

In Ermangelung einer Quasi-Schuld kann das Verantwortungsprinzip nicht funktionieren, so dass das Autonomieprinzip, das die Grundlage für die Ausgestaltung der Schärfe der Notwehr bildet, seinen Halt verliert und dementsprechend das Solidaritätsprinzip wieder zum Tragen kommt. An diesem Punkt sollte der Notstand, der ebenfalls auf dem Solidaritätsprinzip beruht,[265] in den Vordergrund treten. Eine gelegentlich in der frühen Literatur auftretende Ansicht argumentierte, dass der Entzug des Notwehrrechts für den Angegriffenen bei einem nicht schuldhaften Angriff eine Schutzlücke schaffen würde.[266] Diese Ansicht ignoriert jedoch genau die Tatsache, dass der Angegriffene das defensive Notstandsrecht auch dann ausüben kann, wenn er kein Notwehrrecht nach § 32 dStGB hat, und dass ein Verzicht auf die Verteidigung nur dann erforderlich ist, wenn der durch die Verteidigung verursachte Schaden in keinem Verhältnis zu der abgewehrten Gefahr steht.[267] Angesichts der Tatsache, dass auch ein schuldloser Angriff abgewehrt werden darf, das Notwehrrecht in solchen Fällen jedoch eingeschränkt ist, fällt der Unterschied in der praktischen Wirkung zwischen einem defensiven Notstand und einem eingeschränkten Notwehrrecht nur gering ins Gewicht.

Wenn Notwehrrechte anhand der Verantwortung beider Konfliktparteien zugewiesen werden, markieren Notwehr und aggressiver Notstand gegenüber einem unschuldigen Dritten die beiden Enden des Notrechtssystems.[268] Bei der Notwehr trägt der Träger des Notstandsrechts den höchsten Grad an Verantwortung für den Konflikt; beim aggressiven Notstand trägt der Träger des Notstandsrechts den niedrigsten Grad an Verantwortung für den Konflikt. Die beiden Rechtsfiguren der Notwehr und des aggressiven Notstands decken jedoch nicht das gesamte System der Notstandsrechte ab, und die Zone dazwischen umfasst Situationen, in denen es einen nicht-schuldhaften Angriff gibt, und hier ist der defensive Notstand angebracht.

---

[264] *Lesch*, Notwehrrecht, S. 40.

[265] *Kühnbach*, Solidaritätspflichten, 145 ff.; *Renzikowski*, Notstand, S. 196 ff.; *Erb*, MK/StGB, § 34 Rn. 8; *Volkmann*, Solidarität, S. 55 ff.; *Joerden*, in: Solidarität im Strafrecht, S. 49 ff.

[266] *Binding*, Handbuch, S. 739; *Löffler*, ZStW 21 (1901), 539 f.

[267] *Engländer*, Nothilfe, S. 262.

[268] *Pawlik*, GA 2003, 12.

Gemäß dem Standpunkt dieser Arbeit kommt zwar der Handlung des unschuldigen Angreifers keine notwehrrelevante Quasi-Rechtswidrigkeit zu, aber das bedeutet nicht, dass es ein Vakuum von Notrechten gibt. Da die nicht-schuldhafte Handlung noch immer objektiv die Notsituation herbeiführt und die Quelle der Gefahr ist, sollte der Solidaritätsgrundsatz an dieser Stelle noch stärker zum Tragen kommen und dem Angegriffenen das Notstandsrecht zugestehen als dem unschuldigen Dritten, der bei dem aggressiven Notstand gar keine Verantwortung trägt.

2. Angriffe von Schuldunfähigen nach §§ 19, 20 dStGB

Nach § 20 dStGB bedeutet die fehlende Schuldfähigkeit des Täters nicht nur den Wegfall normativer Verantwortlichkeit, sondern auch das Fehlen der Fähigkeit zur Selbststeuerung und zur Zustimmung zur Duldung der Notwehr. Damit ist er weder Adressat subjektiver Rechte noch der daraus resultierenden Pflichten und somit kein legitimes Abwehropfer im Sinne des Notwehrrechts. Im Rahmen des Notstandsrechts kann jedoch weiterhin ein defensiver Notstand angenommen werden, wenn die Gefahr von einem schuldunfähigen Angreifer im Sinne des § 20 dStGB ausgeht.

In diesem Zusammenhang können insbesondere § 228 dBGB und § 34 dStGB relevant sein, die nach h. M. auch eine strafrechtliche Rechtfertigung bieten, wenn der nach § 228 dBGB (oder dem hier nicht diskutierten § 904 dBGB) behandelte Sachverhalt eine strafrechtliche Verantwortlichkeit beinhaltet. Nach dem Grundsatz der Rechtseinheit rechtfertigt die Anwendung dieser zivilrechtlichen Vorschriften auch das entsprechende Verhalten im Strafrecht. Daher geht § 228 dBGB als Spezialvorschrift den allgemeinen Notstandsbestimmungen vor (§ 34 dStGB).[269] Fraglich ist jedoch, ob § 34 dStGB in Fällen, in denen § 228 dBGB nicht unmittelbar anwendbar ist, direkt angewendet werden sollte. Es wird die Ansicht vertreten, dass § 34 dStGB nur für den aggressiven Notstand gelten solle, während andere Formen des defensiven Notstands durch eine analoge Anwendung von § 228 dBGB oder durch die Anerkennung eines übergesetzlichen Rechtfertigungsgrundes ähnlich § 228 dBGB gelöst werden sollten.[270] Dies liege daran, dass bei einem defensiven Notstand ein überwiegendes Interesse wesentlich früher anzunehmen sei und qualitativ und quantitativ weitergehende Beeinträchtigungen zulässig seien als beim aggressiven Notstand;[271] § 34 dStGB allein könne dies nicht widerspiegeln.

Die h. M. geht jedoch davon aus, dass die allgemeinen Notstandsregelungen im Rahmen des defensiven Notstands unmittelbar anwendbar sein sollten, sofern das dem § 34 Satz 1 dStGB zugrunde liegende Prinzip der Interessenabwägung richtig verstanden werde. In solchen Konstellationen werde die Gefahrenquelle als eigen-

---

[269] *Kühl*, Lackner/Kühl/StGB, § 32 Rn. 14; *Günter*, SK/StGB, § 32 Rn. 57.

[270] *Hruschka*, in: FS-Dreher, S. 203 ff.; *Koriath*, JA 1998, 256; *Renzikowski*, Notstand, S. 47 ff.

[271] *Baumann/Weber/Mitsch*, AT, § 15 Rn. 100; *Perron*, Schönke/Schröder/StGB, § 34 Rn. 30.

ständiger Faktor in die Abwägung einbezogen und könne deren Ergebnis maßgeblich beeinflussen.[272] Wenn das richtige Ergebnis der Anwendung des defensiven Notstands durch Auslegung des § 34 dStGB erreicht werden kann, ohne die Grundsätze des Strafrechts zu verletzen, dann fällt eine eigenständige übergesetzliche Rechtfertigungslösung Ockhams Rasiermesser zum Opfer.

Zusammengefasst ist es daher nur natürlich, dass der Angegriffene an dieser Stelle eine Ausweichpflicht hat. Alle Mitglieder der Rechtsgemeinschaft dürfen die notwendige Verletzung von Rechtsgütern anderer nur insoweit zulassen, als dies zum Schutz des bedrohten Rechtsgutes im Rahmen der ihnen gegenüber geschuldeten Mindestsolidarität erforderlich ist, und müssen gleichzeitig diese Verletzung auf ein Minimum beschränken.[273] Wenn die Möglichkeit besteht, die Gefahr zu vermeiden, gebietet das Gebot der Solidaritätspflicht notwendigerweise den Vorrang einer solchen Vermeidungshandlung. Selbstschutzmaßnahmen sind nur dann zulässig, wenn sie nicht sicher vermieden werden können.[274] Die Ausweichpflicht ergibt sich ebenfalls aus der allgemeinen Regel des Notstandes: Das Erfordernis, das sich in der Formulierung „nicht anders abwendbar“ ausdrückt, bedeutet, dass eine Verletzung der berechtigten Interessen einer anderen Person nicht den Rechtfertigungsanforderungen des § 34 dStGB genügt, wenn eine nicht genutzte Vermeidungsmöglichkeit bestand, der Gefahr auf andere Weise zu entgehen.[275]

Nur wenn ein Ausweichen des Angriffs für den Angegriffenen nicht mehr sicher oder machbar ist, kann er Gegenmaßnahmen ergreifen. Das Kriterium der „Quasi-Verteidigung“ stützt sich in erster Linie auf die Defensivnotstandsbefugnisse gemäß §§ 34 dStGB und 228 dBGB, die im Wesentlichen die Einhaltung des Grundsatzes der Verhältnismäßigkeit beinhalten.[276] Insbesondere ist der Angegriffene nicht gezwungen, eine mittelschwere bis schwere Körperverletzung zu ertragen.[277]

Die Frage ist, ob in extremen Fällen das Leben der Angegriffenen durch die Tötung des unschuldigen Angreifers gerettet werden darf. Ein Teil der Lehre vertritt diese Schlussfolgerung.[278] Solange diese „Quasi-Verteidigung“ im Rahmen des Notwehrrechts bleibt, ist diese Feststellung logisch, denn auch wenn sie eingeschränkt wird, bleibt das Notwehrrecht als solches bestehen und seine Schärfe könnte reaktiviert werden, wenn bestimmte Bedingungen erfüllt sind. Aber wenn als gesetzlicher Anknüpfungspunkt der Quasi-Verteidigung der Notstand anstelle der Notwehr angesehen wird, kann die Situation dann immer noch als eine solche

---

[272] *Erb*, MK/StGB, § 34 Rn. 19.

[273] *Erb*, MK/StGB, § 34 Rn. 87.

[274] *Rönnau/Hohn*, LK/StGB, § 32 Rn. 158.

[275] *Zieschang*, LK/StGB, § 34 Rn. 52; *Günter*, SK/StGB, § 34 Rn. 34; *Kühl*, AT, § 8 Rn. 77.

[276] *Freund*, AT, § 3 Rn. 112; *Geilen*, Jura 1981, 371; *Krause*, GA 1979, 332 f.; *Lenckner*, GA 1968, 3 f.

[277] *Erb*, NStZ 2005, 596.

[278] *Maurach/Zipf*, AT, § 26 Rn. 38; *Günter*, SK/StGB, § 32 Rn. 119.

angesehen werden, in der das geschützte Interesse das geschädigte Interesse wesentlich überwiegt?

Das Konzept des gerechtfertigten defensiven Notstands ist an sich nicht auf legalisierte Tötung anwendbar. Da es sich bei dem Angreifer um einen nicht schuldfähigen, zur Selbstbestimmung unfähigen Menschen handelt, läuft dies darauf hinaus, dass der Angegriffene zufällig in einen schädigenden Kausalverlauf verwickelt wird. Unter Anwendung des Solidaritätsprinzips erkennt die Rechtsordnung an, dass er im Rahmen von Mindeststandards der Solidarität das Risiko legitimerweise im Rahmen des Notstandes auf andere übertragen kann, aber dazu gehören keine Maßnahmen, die eine große Gefahr für das Leben des Angreifers darstellen. Der Angreifer, der nicht schuldig ist, ist also nicht verpflichtet, sein Leben zu opfern.[279] Der Verteidiger kann sich daher nicht auf § 34 dStGB berufen, sondern sollte stattdessen § 35 dStGB in Betracht ziehen, um sich zu rechtfertigen.

Unter diesen Umständen ist der Maßstab für die Diskussion über die Stärke der Maßnahme nicht mehr die Schärfe des Notwehrrechts, sondern die Verhältnismäßigkeit, und daher wird die „Quasi-Verteidigung" anhand der Bedingung der Erforderlichkeit im Sinne der Verhältnismäßigkeit geprüft. So ist auch die Pflicht, Hilfe anzufordern (insbesondere bei psychisch Kranken, die den zuständigen Betreuer um Hilfe bitten sollten), lediglich eine Frage der Erforderlichkeit. Ein geschulter Betreuer oder Polizeibeamter ist in der Regel ein milderes Mittel als eine ungeschulte Privatperson.[280] Wenn der Angegriffene selbst den Angriff mit ebenso sanften Mitteln hätte beenden können, dann sollten auch solche Mittel erlaubt sein.

Ebenso sind Kinder unter vierzehn Jahren nach § 19 dStGB nicht schuldfähig. Auch wenn diese Altersgrenze für die Strafmündigkeit eine politische Entscheidung des Gesetzgebers ist und nicht streng durch wissenschaftliche Beweise gestützt wird, kann die Vermutung nicht rückgängig gemacht werden, und was auch immer der tatsächliche Zustand des betreffenden Kindes sein mag, es hat keinen Einfluss auf diese rechtliche Schlussfolgerung.[281] Folglich sollten Angriffe von Kindern genauso behandelt werden wie Angriffe von Schuldlosen gemäß § 20 dStGB.

Die Ablehnung des vollen Notwehrrechts im Falle eines Angriffs seitens eines Kindes hat ebenfalls eine verfassungsrechtliche Grundlage. Art. 6 Abs. 2 dGG legt fest, dass „Pflege und Erziehung der Kinder das natürliche Recht der Eltern und die zuvörderst ihnen obliegende Pflicht" sind und dass die staatliche Gemeinschaft eine Aufsichtspflicht bezüglich der Ausübung dieses Rechts und der Erfüllung dieser Pflicht hat. Der Staat ist daher verpflichtet, die Interessen des Kindes beim Notrecht zu berücksichtigen, um das Kind so weit wie möglich vor Schaden zu bewahren.[282] Daher sollte die Regel des defensiven Notstands angewandt werden, wonach der

[279] *Erb*, MK/StGB, § 34 Rn. 157.

[280] *Felber*, Rechtswidrigkeit, S. 174.

[281] *Jähnke*, LK/StGB, § 19 Rn. 1.

[282] *Robbers*, Mangoldt/Klein/Starck/GG, Art. 6 Rn. 241.

Angegriffene in erster Linie verpflichtet ist, einen Schaden etwa durch Ausweichen zu vermeiden, und erst dann, wenn eine Vermeidung nicht möglich ist, eine Notstandshandlung im Rahmen des Erforderlichen durchführen kann. Auf diese Weise werden einerseits die Interessen des Kindes und des Angegriffenen so weit wie möglich ausgeglichen, und andererseits kann dem Kind durch die „Quasi-Verteidigung“ das Unrecht seines Verhaltens deutlich gemacht werden, was sich positiv auf seine Entwicklung auswirken kann.

Ähnlich stellt sich die Frage nach der Schuldfähigkeit von Jugendlichen. Nach § 3 dJGG gilt ein Jugendlicher als nicht schuldfähig wie ein Kind, wenn er zum Zeitpunkt der Tatbegehung wegen seiner unreifen sittlichen und geistigen Entwicklung nicht in der Lage war, das Unrecht der Tat einzusehen oder aufgrund dieser Einsicht zu handeln. Daher sollte das Notrecht angesichts eines Angriffs durch einen unreifen Jugendlichen grundsätzlich ähnlichen Beschränkungen unterliegen. In der Praxis ist die Beurteilung der Schuldfähigkeit eines Jugendlichen jedoch eine komplexe Aufgabe, bei der eine Vielzahl von Faktoren eine Rolle spielt (z.B. Alter, Bildung, Umstände der Straftat usw.).[283] Da eine solche Beurteilung eine Anforderung an den Richter ist, wäre es unangemessen, dem Angegriffenen, der sich in einer Notsituation befindet, eine entsprechende Verpflichtung aufzuerlegen.

Daher sollte das Notrecht bei Angriffen durch unreife Jugendliche zwar grundsätzlich eingeschränkt werden, in der Praxis sollte diese Einschränkung jedoch sehr streng sein. Nur wenn klar ist, dass das Verhalten des Jugendlichen kindlicher und spielerischer Natur ist,[284] muss der Täter im Rahmen des Notstands und nicht im Rahmen der Notwehr reagieren. Und selbst wenn der Verteidiger tatsächlich einer Fehleinschätzung seiner Verteidigungsbefugnis unterliegt, kann der Verteidiger nach der Irrtumsregel freigesprochen werden, da die körperliche Entwicklung des Jugendlichen dem Erwachsenenalter nahekommt und sein Angriff eine größere Gefahr für den Angegriffenen darstellt, als es beim Angriff eines Kindes der Fall wäre.

Zusammenfassend lässt sich sagen, dass im Falle eines Angriffs durch einen Schuldunfähigen auf der Grundlage von § 34 dStGB die Regeln des defensiven Notstands gelten sollten, wobei der Angegriffene zunächst ausweichen und im Rahmen der Verhältnismäßigkeit das am mildesten wirksame Mittel anwenden sollte, einschließlich der Suche nach Hilfe durch andere. Selbst in extremen Fällen ist es nicht möglich, die Tötung eines schuldunfähigen Angreifers zu rechtfertigen. Stattdessen können nur Rechtfertigungen nach Maßgabe des § 35 dStGB in Betracht gezogen werden.

---

[283] *Eisenberg*, JGG, § 3 Rn. 21 ff.

[284] *Scherenberg*, Einschränkungen, S. 145.

3. Angriffe von vermindert Schuldfähigen nach § 21 dStGB

Auch die Behandlung des Notwehrrechts des Angegriffenen, wenn der Angreifer nicht völlig schuldunfähig ist, sondern nur eine verminderte Schuldfähigkeit nach § 21 dStGB gegeben ist, muss diskutiert werden.

Die Mindermeinung ist, dass das Notwehrrecht in solchen Fällen nicht eingeschränkt werden solle. Trotz des geringeren Grades der Rechtswidrigkeit und Schuld sei es immer noch eine subjektiv schuldhafte und strafbare Untat, und es bestehe keine Notwendigkeit, das Notwehrrecht zu beschränken.[285] Diese Auffassung ist jedoch eindeutig unhaltbar, wenn man die dem Notwehrrecht zugrundeliegenden Gedanken betrachtet. Da das Verantwortungsprinzip, das die Grundlage für die Schärfe der Notwehr bildet, auch entsprechend geschwächt wird, wenn die Schuldfähigkeit vermindert ist, kommt das Solidaritätsprinzip wieder ins Spiel. Die Schuldfähigkeit verschwindet freilich nicht, sondern wird nur abgeschwächt, so dass das Solidaritätsprinzip keine dominierende, sondern nur eine ergänzende Rolle spielt. Das Notwehrrecht besteht also weiterhin, aber nur noch eingeschränkt.

Eine pragmatische Auffassung argumentiert, dass eine Differenzierung der Einschränkung des Notwehrrechts nach dem Maß der Verantwortlichkeit des Angreifers zu rechtlicher Ungewissheit führen würde.[286] Eine solche Sichtweise würde zweifellos zu dem Schluss führen, dass Fälle von verminderter Schuldfähigkeit genauso behandelt werden wie Fälle von Schuldunfähigkeit, um einen praktischen Maßstab für die Einschränkung solcher Fälle zu schaffen.[287]

Doch ebenso wie der Verteidiger seine Wahl der Verteidigungsmaßnahmen auf das erforderliche Maß beschränken muss, ist der Verteidiger auch verpflichtet, den Umfang seines Notwehrrechts zu bestimmen bzw. situativ abzuschätzen. Es stimmt, dass es im Einzelfall schwierig sein kann, innerhalb einer kurzen Zeitspanne ein Urteil zu fällen, aber das bedeutet nicht, dass der Verteidiger von den oben genannten Anforderungen gänzlich ausgenommen ist. Darüber hinaus kommt die Einschränkung des Notwehrrechts bei Personen mit verminderter Schuldfähigkeit, wie weiter unten zu sehen sein wird, dem defensiven Notstand bei schuldunfähigen Personen in der Tat sehr nahe. Handelt es sich bei dem Angreifer um ein Kind oder eine offensichtlich geisteskranke Person, wird der Verteidiger in den meisten Fällen ohne Schwierigkeiten in der Lage sein, den Zustand zu erkennen,[288] und es wird ausreichen, nach dem allgemeinen Standard des Notrechts zu handeln. Wenn der Verteidiger das Vorliegen der Bedingung falsch erkennt und eine erhebliche Abweichung herbeiführt, kann dies durch Anwendung der allgemeinen Irrtumsregel angemessen behandelt werden.

---

[285] *Krause*, in: FS-Bruns, S. 84 ff.; *Rienen*, Einschränkungen, S. 249 f.

[286] *Roxin/Greco*, AT I, § 15 Rn. 64.

[287] *Scherenberg*, Einschränkungen, S. 152.

[288] *Felber*, Rechtswidrigkeit, S. 123.

Daher ist die Auffassung zutreffend, dass die Einschränkung des Notwehrrechts differenziert nach dem Grad der Schuldminderung erfolgen sollte.[289] Im Falle eines Angriffs durch einen vermindert schuldfähigen Angreifer hat der Angegriffene ein eingeschränktes Notwehrrecht, d. h. er muss dem Angriff zunächst ausweichen und kann sich erst dann im Sinne einer Abwehr verhalten, wenn ein schadloses Ausweichen nicht möglich ist. Die zulässige Intensität des Abwehrangriffs sollte im Prinzip umgekehrt proportional zum Grad der verminderten Schuldfähigkeit sein.

Der größte Unterschied zur „Quasi-Verteidigung" gegen einen Schuldlosen dürfte die Zulässigkeit des Todes als Folge der Verteidigungshandlung sein. Denn der Verteidiger übt immer noch das Notwehrrecht gegen eine Person mit verminderter Schuldfähigkeit aus, und das Notwehrrecht kann als ultima ratio unter bestimmten Bedingungen wieder zu seiner vollen Schärfe gebracht werden. Diese Schlussfolgerung steht auch im Einklang mit der Tatsache, dass die Person mit verminderter Schuldfähigkeit noch teilweise zur Selbstbestimmung fähig ist und die Eigenschaft behält, Adressat der subjektiven Rechte zu sein. Natürlich kann der Angegriffene in einer Notsituation den Angreifer möglicherweise nicht erkennen und daher nicht zwischen der Anwendung von § 20 und § 21 dStGB unterscheiden. Es ist zu unterscheiden, ob die Schuldunfähigkeit des Angreifers erkennbar war oder nicht. In einer solchen Situation liegt ein unvermeidbarer Erlaubnistatbestandsirrtum, der die Strafbarkeit entfallen lässt, nur dann vor, wenn es dem Angegriffenen sowohl objektiv als auch subjektiv unmöglich war, die Schuldunfähigkeit des Angreifers zu erkennen.

4. Angreifer mit Schuldausschließungs- und Entschuldigungsgründen

In dieser Arbeit wird bewusst zwischen Schuldausschließungs- und Entschuldigungsgründen unterschieden. Zu den Schuldausschließungsgründen zählen insbesondere die Schuldunfähigkeit und der unvermeidbare Verbotsirrtum, bei denen von vornherein keine Schuld vorliegt, da der Täter normativ nicht anders handeln konnte. Entschuldigungsgründe wie der Notwehrexzess (§ 33 dStGB) oder der entschuldigende Notstand (§ 35 dStGB) betreffen hingegen Konstellationen, in denen dem Täter zwar Schuld zugerechnet wird, der Gesetzgeber jedoch aus bestimmten Gründen von einer Bestrafung absieht. In diesen Fällen geht es nicht allein um den engen Begriff der Schuld, sondern auch um übergreifende strafrechtliche Erwägungen. Am häufigsten wird dies mit dem Ausschluss der Verantwortlichkeit aufgrund fehlender präventiver Bestrafungsnotwendigkeit begründet.

Obwohl es keinen inhaltlichen Unterschied zwischen den beiden Situationen hinsichtlich des Ausschlusses der Strafbarkeit gibt,[290] ist diese Unterscheidung im Zusammenhang mit der Prämisse des Notwehrrechts von Bedeutung, da die mit

---

[289] *Herzog*, NK/StGB, § 32 Rn. 105; *Perron/Lenckner*, Schönke/Schröder/StGB, § 32 Rn. 52; *Erb*, MK/StGB, § 32 Rn. 188.

[290] *Rönnau*, NK/StGB, Vorbem. § 32 Rn. 335.

dem Notwehrrecht verbundene „Quasi-Rechtswidrigkeit“ voraussetzt, dass der Angreifer in der Lage ist, sein eigenes Verhalten zu kontrollieren und ein Gegenmotiv für sein eigenes Handeln zu erzeugen, was in den beiden Fällen unterschiedlich ist.

a) Unvermeidbarer Verbotsirrtum nach § 17 dStGB

Gemäß § 17 dStGB ist der Täter nicht schuld an seiner Tat, wenn er in einen unvermeidbaren Verbotsirrtum verfallen ist. Wie sich das Notwehrrecht des Angegriffenen in einer solchen Situation auswirkt, sollte diskutiert werden.

Nach einer Auffassung ist das Notwehrrecht eingeschränkt, wenn man es mit einem Angreifer zu tun habe, der in einen unvermeidbaren Verbotsirrtum verfalle. Diese Auffassung beruht auf der Annahme, dass die für das Notwehrrecht relevante Rechtswidrigkeit mit der strafrechtlichen Rechtswidrigkeit übereinstimme. Da der Verbotsirrtum die objektive Rechtswidrigkeit des Angriffs unberührt lässt, bleibe die Notwehrlage bestehen. Eine Einschränkung des Notwehrrechts werde jedoch dadurch begründet, dass dem Angreifer die Fähigkeit fehle, sich in freier Verantwortung für rechtmäßiges Verhalten zu entscheiden, weshalb ihm auch keine volle Duldungspflicht zugemutet werden könne.[291]

Aber im Zusammenhang mit der Unterscheidung zwischen der mit Notwehr verbundenen „Quasi-Rechtswidrigkeit“ und der die Strafbarkeit begründenden Rechtswidrigkeit ist es angebracht, weiter zu gehen. Der Angreifer, der sich in einem unvermeidbaren Verbotsirrtum befindet, erkennt die normative Natur seines Handelns als objektive Verletzung des Rechtsraums eines anderen in einem unvermeidbaren Kontext nicht an. Die in § 17 dStGB vorgesehene Situation ist ein Schuldausschließungsgrund, weil der Täter gar nicht anders hätte handeln können. Folglich hat er auch keine Möglichkeit, seine Missachtung der Person eines anderen zum Ausdruck zu bringen, noch kann er ein Motiv schaffen, sich seinem eigenen Verhalten entgegenzustellen. Eine Handlung ist dem Angreifer nur dann als Verstoß gegen die subjektiven Rechte des Angegriffenen vorwerfbar, wenn er hätte erkennen können, welches Verhalten stattdessen von ihm gefordert war.[292] Wenn er es nicht erkennen kann, ist die Notwehr ausgeschlossen, obwohl der Angriff die Freiheit des Angegriffenen verletzt.[293] In diesem Fall wird das Recht auf defensiven Notstand in Anspruch genommen.

Wenn sich der Täter in einem vermeidbaren Verbotsirrtum auf der Grundlage des § 17 Satz 2 dStGB befindet, sollten dieselben Regeln wie bei einem Angreifer mit verminderter Schuldfähigkeit angewendet werden, da der Angreifer noch eine gewisse Handlungsfreiheit hat und daher für die Verletzung subjektiver Rechte

---

[291] *Kratzsch*, Grenzen, S. 92.

[292] *Engländer*, Nothilfe, S. 259.

[293] *Rienen*, Einschränkungen, S. 148.

verantwortlich ist. Der Angegriffene verfügt über ein eingeschränktes Notwehrrecht, das je nach Schwere des Angriffs in unterschiedlichem Maße begrenzt werden kann.

b) Notwehrexzess nach § 33 dStGB und Entschuldigender Notstand nach § 35 dStGB

Nach allgemeiner Auffassung sollte das Verteidigungsrecht auch in Fällen von Notwehrexzess (§ 33 dStGB) oder entschuldigendem Notstand (§ 35 dStGB) eingeschränkt werden, wenn der Verteidiger in der Lage ist, das Vorliegen dieser Situationen aus seiner Laiensicht zu erkennen. Denn bei diesen Entschuldigungsgründen ist der Angreifer nicht hinreichend verantwortlich und eine Einschränkung des Notwehrrechts ist daher sinnvoll.[294]

Hirsch stützt seine Kritik an der Voraussetzung der Schuldfähigkeit des Angreifers im Notwehrrecht auf die im Strafrecht allgemein anerkannte Unterscheidung zwischen Rechtswidrigkeit und Schuld. Er argumentiert, dass der entschuldigende Notstand gemäß § 35 Abs. 1 Satz 1 dStGB faktisch zu einem Rechtfertigungsgrund erhoben würde, wenn Notwehr gegen einen Täter ausgeschlossen wäre, der sich auf diesen Entschuldigungsgrund berufen könne.[295]

Dies bedeutet jedoch nicht, dass die Notwehr nicht gegen den Täter eines Notwehrexzesses oder eines entschuldigenden Notstands ausgeübt werden kann. Wenn es in einer solchen Situation nicht möglich ist, Notwehr gegen einen Angreifer auszuüben, käme es zu einem sehr paradoxen Ergebnis: Da der Täter eines Notwehrexzesses oder eines entschuldigenden Notstands häufig mit dem Vorsatz handelt, den Tod des Angegriffenen herbeizuführen, erscheint es problematisch, in Fällen, in denen keine Notwehr, sondern lediglich ein defensiver Notstand möglich ist, die Herbeiführung des Todes des Angreifers auszuschließen. Dies hätte zur Folge, dass der Angegriffene in der Interessenabwägung in eine völlig benachteiligte Position gerät. Eine solche Konsequenz wirkt äußerst widersprüchlich, da der Angreifer nicht etwa handlungsunfähig ist, sondern lediglich aus kriminalpolitischen Gründen strafrechtlich entschuldigt wird. Es wäre daher unangemessen, dem Angegriffenen sämtliche Nachteile dieser Situation aufzubürden.[296]

Entschuldigungsgründe wie der Notwehrexzess oder der entschuldigende Notstand negieren also nicht die notwehrrelevante Rechtswidrigkeit des Angriffs. Der Angreifer gilt zu diesem Zeitpunkt immer noch als Adressat des subjektiven Rechts und der entsprechenden Verpflichtung. Somit behält der Angegriffene unter diesen Umständen das Notwehrrecht. Es lässt sich jedoch nicht leugnen, dass die Verantwortung des Angreifers in beiden Situationen tatsächlich gemindert ist.

---

[294] *Baumann/Weber/Mitsch*, AT, § 17 Rn. 39; *Kühl*, AT, § 7 Rn. 192.

[295] *Hirsch*, in: FS-Dreher, S. 217.

[296] *Rudolphi*, SK/StGB, Vorbem. § 19 Rn. 5 f.

Die Grundlage der Schuldminderung beim Notwehrexzess setzt sich aus zwei Komponenten zusammen: Die erste ist die Minderung des Unrechts, die im Zusammenhang mit der objektiven Existenz einer Notwehrlage eintritt und die Verantwortung im Sinne einer „Teilrechtfertigung“ bis zu einem gewissen Grad verringert. Die zweite Grundlage für die Verringerung der Schuld ist die Schwierigkeit der normalen Willensbildung aufgrund einer Emotion, die der menschlichen Schwäche zugeschrieben wird und als Zerbrechlichkeit bekannt ist.[297] In diesem Fall führt die Kombination aus der Persönlichkeitsstörung des Angreifers zum Zeitpunkt des Angriffs und den äußeren Umständen zu einer Minderung der Schuld des Angreifers, und zu einer Abschwächung des Verantwortungsprinzips im Sinne des Grundgedankens der Notwehr, und dann löst das Solidaritätsprinzip eine Einschränkung des Notwehrrechts aus.

Der entschuldigende Notstand beruht darauf, dass besonders berücksichtigt wird, dass sich der Täter in einem abnormen Motivationszustand befindet, der die Befolgung des normativen Verhaltens unzumutbar erscheinen lässt.[298] Der Täter erkennt die Situation in der Regel richtig und lässt sich daher von seiner Persönlichkeitsstörung nicht in seiner freien und verantwortungsvollen Entscheidungsfindung beeinträchtigen. Aufgrund äußerer Umstände befindet er sich jedoch in einer Notsituation. Obwohl der Täter nicht etwa aufgrund mangelnden Unrechtsbewusstseins unfähig ist, sein Verhalten zu steuern, verzichtet der Gesetzgeber angesichts seines besonderen psychischen Belastungszustands bewusst darauf, ihn strafrechtlich zur Verantwortung zu ziehen, auch wenn er im Grundsatz und mutmaßlich weiterhin schuldfähig wäre.[299] In solchen Konstellationen erscheint es daher gerechtfertigt, das Notwehrrecht des Angegriffenen aufgrund der verminderten Verantwortlichkeit des Angreifers einzuschränken. Diese Einschränkung sollte sich im Rahmen einer besonderen solidarischen Rücksichtnahme vollziehen, die auf der verfassungsrechtlich begründeten Pflicht zur Schonung beruht.

5. Fahrlässige Angriffe und Zufall ohne Fahrlässigkeit

Nach der traditionellen Auffassung wird bei der Bestimmung des Tatbestandsmerkmals der Rechtswidrigkeit in § 32 Abs. 2 dStGB nur der Erfolgsunwert berücksichtigt. Jeder Angriff, der objektiv gegen das Gesetz verstoße oder damit drohe, sei rechtswidrig.[300] Das bedeute, dass die Verhaltensweise des Angreifers keine Rolle spiele. Notwehr sei auch dann möglich, wenn der Angreifer durch sorgfältiges Verhalten die Rechtsgüter des Angegriffenen verletzt oder bedroht habe.

---

[297] *Erb*, MK/StGB, § 33 Rn. 2.

[298] *Rengier*, AT, § 26 Rn. 1.

[299] *Perron*, Schönke/Schröder/StGB, § 35 Rn. 2.

[300] *Gallas*, ZStW 1955, 39.

Heute herrscht jedoch die Ansicht vor, dass Unrecht nicht nur Erfolgsunwert, sondern auch Handlungsunwert umfasst. Somit setzt die Rechtswidrigkeit eines Angriffs ebenfalls voraus, dass der Handlungsunwert gegeben ist.[301] Dies setzt voraus, dass der Angriff als rechtswidrig angesehen wird, wenn der Angreifer zumindest fahrlässig handelt. Wenn der Täter nicht gegen die Sorgfaltspflicht verstoßen hat, kann die Handlung nicht als rechtswidrig im Sinne der Verbindung zur Notwehr angesehen werden. Diese Auffassung findet sich auch konsequent im Grundgedanken der Notwehr wieder. Wenn der Angreifer der entsprechenden Pflicht nachkommt und nicht fahrlässig handelt, sondern lediglich zufällig in eine Notsituation verwickelt ist, bringt er keine Missachtung seiner subjektiven Rechte zum Ausdruck, sondern ist lediglich ebenso wie der Angegriffene in einen unglücklichen Zufall verwickelt. In diesem Fall hat das Verantwortungsprinzip keine Grundlage, so dass sich der Angegriffene nur auf das vom Solidaritätsprinzip beherrschte aggressive Notstandrecht berufen kann, um zu versuchen, seine Rechtsgüter zu schützen.

Hat der Angreifer dagegen die Notsituation fahrlässig ausgelöst, so ist das Notwehrrecht des Angegriffenen zu bejahen, da die Sorgfaltspflichtverletzung des Angreifers sowie die Vorhersehbarkeit eine Verantwortungsgrundlage für ihn darstellen. Die Verantwortung ist jedoch zweifelsohne geringer als die eines vorsätzlichen Angreifers. Daher wird Auffassung vertreten, dass das Notwehrrecht in Abhängigkeit vom Grad des Verschuldens angemessen beschränkt werden solle.[302]

Es ist jedoch fraglich, ob diese Einschränkung den Verteidiger übermäßig benachteiligt, der in der Regel nicht in der Lage ist, zwischen verschiedenen Graden von Fahrlässigkeit zu unterscheiden, zumal Fahrlässigkeit in indirekten Vorsatz übergehen kann. Es ist unrealistisch, vom Verteidiger zu verlangen, dass er innerhalb der Notsituation genau erkennt, ob der Angreifer fahrlässig oder vorsätzlich handelt. Darüber hinaus kann ein fahrlässiger Angriff auf ein wichtiges Rechtsgut wie das Leben schwerer wiegen als ein vorsätzlicher Angriff auf ein relativ unbedeutendes Rechtsgut, wenn man die gesetzlichen Strafen als Maßstab nimmt.[303]

Darüber hinaus ignoriert diese Ansicht eine wesentliche Tatsache: Unabhängig davon, ob der Angreifer vorsätzlich oder fahrlässig handelt, hat er durch sein Verhalten bereits gegen eine allgemein geltende Sorgfaltspflicht verstoßen und diese Pflicht für sich selbst als nicht bindend angesehen.[304] Aus der Perspektive des Verantwortlichkeitsprinzips ergibt sich daher, dass auch eine fahrlässige Angriffshandlung voll zurechenbar bleibt. Somit kann die bloße Fahrlässigkeit des Angriffs

[301] *Perron/Lenckner*, Schönke/Schröder/StGB, § 32 Rn. 21, 52; *Rönnau/Hohn*, LK/StGB, § 32 Rn. 242; *Günter*, SK/StGB, Rn. 27, 118.

[302] *Scherenberg*, Einschränkungen, S. 152.

[303] Der Straftatbestand der fahrlässigen Tötung wird mit einer Freiheitsstrafe von höchstens fünf Jahren bestraft (§ 222 dStGB), während die Höchststrafe für vorsätzliche Sachbeschädigung nur zwei Jahre beträgt (§ 303 dStGB).

[304] *Haas*, Notwehr, S. 249.

nicht als hinreichender Grund für eine unabhängige Einschränkung des Notwehrrechts dienen, sondern höchstens als ein zu berücksichtigender Faktor im Rahmen der Prüfung der Erforderlichkeit der Verteidigungshandlung.

Eine Ansicht besagt, dass das Notwehrrecht gegenüber einem unbewusst fahrlässigen Angreifer eingeschränkt werden solle. Denn in diesem Fall resultiere der Friedensbruch nicht aus einer freiwilligen Entscheidung, gegen das Gesetz zu handeln, sondern vielmehr aus der Nachlässigkeit des Angreifers, wodurch die Verantwortung erheblich reduziert werde.[305] Es lässt sich sicherlich bestätigen, dass unbewusste Fahrlässigkeit im Vergleich zur vorsätzlichen Tat eine geringere Verantwortung nach sich zieht, aber normativ gibt es zwischen unbewusster Fahrlässigkeit und bewusster Fahrlässigkeit keinen wesentlichen Unterschied. Die Form der unbewussten Fahrlässigkeit reicht aus, um ein eigenständiges und vollständiges Unrecht zu begründen. Daher kann eine bloße unbewusste Fahrlässigkeit nur schwer als eigenständiger Grund für eine Einschränkung des Notwehrrechts gelten.

Außerdem muss auch die konkrete Situation berücksichtigt werden, in der sich der Angreifer in einem Irrtum befindet, insbesondere in Fällen des vorsatzausschließenden Tatbestandsirrtums sowie des Erlaubnistatbestandsirrtums. Es ist anzunehmen, dass der Angreifer, wenn der Irrtum unvermeidbar ist, keine Sorgfaltspflichtverletzung begangen hat und daher gar kein Handlungsunwert sowie keine Verantwortung vorliegt, so dass keine rechtswidrige Angriffshandlung besteht.[306] In diesem Fall steht dem Angegriffenen kein Notwehrrecht zu, sondern er kann lediglich auf Notstand zurückgreifen.

Dementsprechend ist, wenn der Irrtum des Angreifers vermeidbar ist, etwa wenn der Angegriffene den Angreifer durch Aufklärung aus seinem Irrtum befreien könnte, dies in der Regel das mildeste und somit erforderliche Verteidigungsmittel. Wenn der Angreifer trotz der Aufklärung durch den Verteidiger weiterhin angreift oder wenn der Irrtum zwar vermeidbar wäre, aber keine andere Möglichkeit zur Abwehr des Angriffs besteht als die Gegenwehr, so sollte nach der hier vertretenen Auffassung das Notwehrrecht nicht weiter eingeschränkt werden.[307] Eine Ausnahme besteht nur dann, wenn der Irrtum des Angreifers durch den Angegriffenen vorwerfbar herbeigeführt wurde.[308] In einem solchen Fall sind die Regeln der Notwehrprovokation heranzuziehen und kann das Notwehrrecht dadurch eingeschränkt werden.

---

[305] *Sinn*, GA 2003, 101 f.

[306] *Rönnau/Hohn*, LK/StGB, § 32 Rn. 242.

[307] Vgl. *Münzberg*, Verhalten, S. 358 f.

[308] *Perron*, in: Notwehr Deutschland und China, S. 346.

6. Zwischenergebnis

Die Verweigerung des Notwehrrechts für den schuldlosen Angreifer beruht auf der Auffassung, dass ein uneingeschränktes Notwehrrecht voraussetzt, dass der Angreifer normativ für den Konflikt verantwortlich ist. Notwehr gilt daher nur für Konflikte, bei denen ein Schuldvorwurf besteht. Die Schuldlosen sind nicht Adressat eines subjektiven Rechts und daher kann das Notwehrrecht gegen sie nicht ausgeübt werden. Dies beruht auf der Tatsache, dass Rechte und Pflichten immer miteinander verbunden sind und dass Personen ohne rationale Selbststeuerung keine Pflichten übernehmen können.[309]

Die Rechtswidrigkeit, die dem Notwehrrecht zugrunde liegt, unterscheidet sich von der Rechtswidrigkeit, die eine strafrechtliche Strafbarkeit begründet. Erstere setzt die Fähigkeit und die Möglichkeit voraus, Adressat eines subjektiven Rechts zu sein und die entsprechende Verpflichtung zu übernehmen, und kann daher als Quasi-Rechtswidrigkeit bezeichnet werden. Das Handeln schuldunfähiger Personen kann keine Quasi-Rechtswidrigkeit aufweisen und kann daher nicht Gegenstand des Notwehrrechts sein. Schuldunfähige Angreifer sind jedoch immer noch eine Gefahrenquelle und führen daher einen Notstand herbei, bei dem das Solidarprinzip an erster Stelle steht und der Angegriffene sich auf § 34 dSGB berufen kann, um einen defensiven Notstand auszuüben.

Wenn es sich bei dem Angreifer um eine schuldunfähige Person auf der Grundlage von § 20 dStGB handelt, ist der Angegriffene in erster Linie verpflichtet, auszuweichen. Diese Verpflichtung beruht auf dem Solidaritätsprinzip, das verlangt, dass der notwendige Eingriff in die berechtigten Interessen anderer auf ein Minimum beschränkt werden muss. Schutzmaßnahmen sind nur dann gerechtfertigt, wenn die Gefahr nicht vermieden werden kann oder ein Ausweichen nicht zumutbar ist. Der Angegriffene kann die Tötung eines schuldunfähigen Angreifers nicht zur Verteidigung seiner eigenen Rechtsgüter rechtfertigen. In diesem Fall kommt allenfalls der entschuldigende Notstand nach § 35 dStGB in Betracht.

Wenn der Angreifer nach § 21 dStGB als vermindert schuldfähig gilt, wird das Notwehrrecht je nach dem Grad der Verminderung der Schuld des Angreifers schrittweise eingeschränkt. Der Angegriffene muss zunächst dem Angreifer ausweichen. Wenn dies nicht ohne Schaden möglich ist, kann er Maßnahmen zur Verteidigung ergreifen. Im Prinzip sollte die Stärke dieser Verteidigung umgekehrt proportional zum Grad der verminderten Schuldfähigkeit des Angreifers sein. Als Folge der verminderten Schuld behält der Angreifer teilweise die Fähigkeit zur Selbstbestimmung und bleibt Gegenstand subjektiver Rechte. So kann unter bestimmten Bedingungen die volle Schärfe des Notwehrrechts wiederhergestellt werden.

---

[309] *Engländer*, Nothilfe, S. 69 ff.

Es ist zwischen Schuldausschließungsgründen und Entschuldigungsgründen zu unterscheiden. Im Falle von Schuldausschließungsgründen (etwa gemäß § 17 dStGB) bringt der Angreifer weder eine Missachtung der Personalität eines anderen zum Ausdruck noch verfügt er über die Fähigkeit zur autonomen Steuerung seines Verhaltens. Daher kann gegen ihn kein Notwehrrecht begründet werden, und es kommen nur die Regelungen des defensiven Notstands zur Anwendung. Bei Entschuldigungsgründen (nach §§ 33 und 35 dStGB) hingegen bleibt dem Angreifer grundsätzlich die Fähigkeit zur Selbststeuerung erhalten, so dass in diesen Fällen ein eingeschränktes Notwehrrecht weiterhin zur Anwendung kommen kann.

Da die notwehrrelevante Rechtswidrigkeit voraussetzt, dass die Handlung einen Handlungsunwert hat, kann ein zufälliger Angriff ohne Fahrlässigkeit das Notwehrrecht nicht auslösen, sondern nur einen Notstand. Wenn der Angreifer hingegen fahrlässig handelt, ist das Notwehrrecht grundsätzlich uneingeschränkt zu bejahen.

IV. Einschränkungen aufgrund von Solidaritätspflicht kraft enger persönlicher Beziehungen (Angriffe innerhalb sozialer Näheverhältnisse)

Eine Frage von großer gesellschaftspolitischer Relevanz im Bereich der Beschränkung des Notwehrrechts ist, welche Auswirkungen das Notwehrrecht haben sollte, wenn zwischen Angreifer und Verteidiger eine enge persönliche Beziehung besteht. Eine solche Einschränkung, unabhängig von anderen Voraussetzungen für die Begründung der Notwehr, insbesondere der Erforderlichkeit, ist in den Urteilen[310] und in der Literatur[311] eingehend diskutiert worden.

Die deutsche Rechtsprechung zur Notwehr zwischen nahestehenden Personen hat sich wiederholt gewandelt und weist deshalb im Ganzen eine Tendenz zur Inkonsistenz auf. 1957 stellte der BGH erstmals in einem Fall höhere Anforderungen an die Erforderlichkeit der Notwehr für Personen im gleichen Lebenskreis.[312] Im Jahr 1968 erweiterte der BGH dieses Erfordernis, indem er feststellte, dass die Notwehr zwischen Ehegatten strengeren Beschränkungen unterworfen werden sollte, d. h. dass der Einsatz tödlicher Mittel begrenzt werden sollte.[313] Diese Auffassung wurde in den Urteilen von 1974 gelockert, in denen der BGH feststellte, dass der Verteidiger, wenn er von dem Angriff nur leichte Verletzungen erwartet,

[310] BGH 26.2.1969 – 3 StR 322/68, NJW 1969, 802; BGH 25.9.1974 – 3 StR 159/74, NJW 1975, 62.

[311] *Erb*, MK/StGB, § 32 Rn. 219; *Jakobs*, AT, § 12 Rn. 335; *Jescheck/Weigend*, AT, Rn. 346; *Kindhäuser*, NK/StGB, § 32 Rn. 114; *Kühl*, AT, § 7 Rn. 198 ff.

[312] BGH bei Dallinger, MDR 1958, 12 f.

[313] NJW 1969, 802 f.

von der Anwendung tödlicher Gewalt absehen muss.[314] Darüber hinaus begann der BGH in seinem Urteil von 1979, den Begriff der „sozialen Nahbeziehung" strenger auszulegen, indem er feststellte, dass eine bloße Beziehung in der gleichen Schule oder am gleichen Arbeitsplatz nicht ausreicht, um das Notwehrrecht zu beschränken.[315] In der jüngeren Rechtsprechung wurde die Einschränkung des Notwehrrechts aufgrund einer engen persönlichen Beziehung zwischen Angreifer und Verteidiger fast ausschließlich in dem Bereich der engen familiären Beziehungen diskutiert, in der Regel im Zusammenhang mit Streitigkeiten zwischen Ehegatten.[316]

Die ersten engen persönlichen Beziehungen, die identifiziert werden können, sollten also die ehelichen und elterlichen Beziehungen sein, die den Kernbereich der Familie bilden. Enge persönliche Beziehungen, die darüber hinausgehen, werden jedoch nicht völlig aus dieser Betrachtung ausgeschlossen und können einbezogen werden, wenn sie von vergleichbarer Stärke sind. So werden zum Beispiel langfristige nichteheliche Lebensgemeinschaften sowie Lebenspartnerschaften nach dem Lebenspartnerschaftsgesetz als mit der Ehe vergleichbar anerkannt.[317] In der Rechtsprechung wird jedoch die Beziehung zwischen einem Schwiegerelternteil und einem Schwiegerkind, die einer Eltern-Kind-Beziehung nahekommt, nicht als enge persönliche Beziehung angesehen.[318] Andere Beziehungen, wie die zwischen Kollegen, Schulkameraden, Freunden oder Nachbarn, fallen nicht in diesen Bereich.[319]

Aber der Charakter als enge persönliche Beziehungen im formalen Sinne kann unter Umständen widerlegt werden, und die Mehrheitsmeinung ist, dass solche engen Beziehungen nur im Rahmen grundsätzlich gesunder Beziehungen bestehen, während Beziehungen, die im Kontext von Gewalt und Demütigung aufrechterhalten werden, dieses Kriterium nicht erfüllen.[320]

Diese Einschränkung des Notwehrrechts ist jedoch nicht unumstritten, und es gibt nach wie vor Argumente, die eine Notwehrrechtseinschränkung aufgrund enger persönlicher Beziehungen gänzlich ablehnen.[321] Diese Auffassung besagt, dass in einer modernen Gesellschaft, die von Ideen der Freiheit und Gleichheit geprägt sei, niemand grundsätzlich verpflichtet sei, körperliche Misshandlungen hinzunehmen, und dass dies bei Angriffen im häuslichen Bereich besonders wichtig sei. Es sei ein unverständliches Privileg, dass ein solches Zugeständnis die Situation des verletzlichen Opfers des Angriffs verschlimmere. Es wurde sogar argumentiert, dass der-

[314] NJW 1975, 62 f.

[315] NJW 1980, 2263 f.

[316] BGH NJW 1984, 986; BGH NStZ-RR 2002, 204.

[317] *Zieschang*, Jura 2003, 528.

[318] BGH NJW 2001, 3202.

[319] *Geilen*, Jura 1981, 374; *Bitzilekis*, Einschränkung, S. 125.

[320] *Amelung/Boch*, JuS 2000, 265; *Rönnau/Hohn*, LK/StGB, § 32 Rn. 241; *Erb*, MK/StGB, § 32 Rn. 196; *Kühl*, AT, § 7 Rn. 205.

[321] *Herzog*, JZ 1999, 441 f.; *Zieschang*, Jura 2003, 531 f.

jenige, der den Angriff in einer engen persönlichen Beziehung begehe, gleichzeitig die familiären Pflichten verletze; das Unrecht sei daher sogar noch höher. Von dem Angegriffenen könne man nicht erwarten, dass er Rücksicht und Verständnis zeige.[322]

Der BGH hat in einer Entscheidung ebenfalls darauf hingewiesen, dass er eine offene Haltung gegenüber der Frage einnimmt, ob die frühere Rechtsprechung fortgeführt werden sollte.[323] Zwar hatte der Bundesgerichtshof in der Vergangenheit in bestimmten Fällen entschieden, dass Ehegatten nach Möglichkeit auf tödliche, wenn auch wirksame Verteidigungsmittel verzichten sollten, selbst wenn mildere Maßnahmen die Gefahr nicht vollständig beseitigen konnten.[324] Doch die Begründung und Fortführung dieser Einschränkung des Notwehrrechts bedarf einer weiteren kritischen Auseinandersetzung.

1. Darstellung der dogmatischen Begründungen

Um die Berechtigung der Beschränkung des Notwehrrechts in engen persönlichen Beziehungen und die Grenzen seiner Anwendung darzulegen, ist es notwendig, zunächst die dogmatische Begründung dieser Einschränkung zu erläutern.

a) Garantenstellung

Nach einer Auffassung beruht die Einschränkung des Notwehrrechts, die sich aus einer engen persönlichen Beziehung ergebe, auf dem Bestehen einer Garantenstellung zwischen dem Angreifer und dem Verteidiger. Eine solche Garantenstellung stärke das Grundprinzip eines möglichst weitgehenden Schutzes des Angreifers im Rahmen der Notwehr.[325] Diese Ansicht stützt sich auf den in § 13 dStGB verankerten Maßstab der Garantenpflicht bei unechten Unterlassungsdelikten und überträgt ihn auf die Rechtfertigung einer Einschränkung des Notwehrrechts. In engen persönlichen Beziehungen bestehe eine Schutzgarantenpflicht, weshalb der Angegriffene verpflichtet sei, für das Wohl des Angreifers Sorge zu tragen, so dass das Notwehrrecht entsprechend begrenzt werden müsse.[326]

Die kritischsten Stimmen gegen diese Auffassung setzten sich zunächst mit dem funktionalen Unterschied zwischen beiden Konstellationen auseinander. Die Garantenpflicht nach § 13 dStGB beziehe sich primär auf die Pflicht, den Eintritt eines bestimmten Erfolgs abzuwenden, was in der Regel ein aktives Handlungsgebot voraussetze. Demgegenüber stehe im Kontext des Notwehrrechts bei engen per-

---

[322] *Spendel*, JZ 1984, 509.

[323] BGH NStZ-RR 2002, 204.

[324] BGH GA 1969, 117.

[325] *Geilen*, JR 1976, 316.

[326] *Roxin/Greco*, AT I, § 15 Rn. 93.

sönlichen Beziehungen vielmehr das Verbot einer übermäßigen Verteidigungshandlung im Vordergrund.[327]

Eine andere Gegenansicht ist, dass es in ehelichen Beziehungen in der Regel keine allgemeine Garantenpflicht gebe, sondern eine auf die Umstände bezogene Beurteilung erforderlich sei; jedenfalls verlange die Pflicht des Garanten keineswegs eine vollständige Verhinderung der Selbstschädigung des anderen.[328] Während bei der Notwehr der haftbare Angreifer tatsächlich sein abstraktes Einverständnis mit den Folgen der Notwehr zum Ausdruck bringe und er sich selbst schützen könne, indem er den Angriff aufgebe, dürfe vom Verteidiger in ehelichen Beziehungen nicht verlangt werden, dass er sich zum Schutz der anderen Partei opfere.[329]

Die Berufung auf die Garantenstellung als Rechtfertigung für die Einschränkung des Notwehrrechts wirft die Frage nach dem Anwendungsbereich auf. Nach h. M. gilt die Einschränkung des Notwehrrechts nur für Familienmitglieder oder Beziehungen ähnlicher Intensität, aber der auf § 13 dStGB basierende Begriff des Beschützergaranten ist nicht darauf beschränkt. Dies hat dazu geführt, dass die Beschränkung des Notwehrrechts auch für Beschützergaranten in einer Gefahrengemeinschaft (z. B. bei Bergführern)[330] oder freiwillig übernommenen Schutzpflichten (z. B. bei Ärzten)[331] gilt, aber es gibt immer den Zweifel, dass eine solche Ausweitung zu weit geht.[332]

Zusammenfassend lässt sich sagen, dass die direkte Berufung auf die Garantenstellung von § 13 dStGB unangemessen ist und unter einer klaren systemischen Fehlanpassung leidet. Auch wenn beide eine ähnliche theoretische Quelle haben, ist eine direkte Anlehnung an die Gründungsgrundlage der unechten Unterlassung nicht geeignet, die Einschränkung des Notwehrrechts stringent zu begründen.

b) Abschwächung des Rechtsbewährungsinteresses

Ein wichtiger Argumentationsweg besteht darin, die Einschränkungen des Notwehrrechts in engen persönlichen Beziehungen durch den Grundgedanken der Rechtsbewährung zu verdeutlichen, der nach der Mehrheitssicht eine der grundlegenden Säulen der Notwehr darstellt.[333]

Das erste Argument für eine Abschwächung des Rechtsbewährungsinteresses ist, dass aufgrund des privaten Charakters in engen persönlichen Beziehungen ein so-

[327] *Bitzilekis*, Einschränkung, S. 124; *Zieschang*, Jura 2003, 530.

[328] *Mitsch*, Rechtfertigung, S. 389.

[329] *Frister*, GA 1988, 308.

[330] *Fechner*, Notwehr, S. 188.

[331] *Engels*, GA 1982, 113.

[332] *Bitzilekis*, Einschränkung, S. 124 f.

[333] *Schroth*, NJW 1984, 2563; *Herzog*, NK/StGB, § 32 Rn. 111.

ziales und rechtliches Eingreifen in diese Konflikte in der Regel als begrenzt angesehen werde.[334] Familienangelegenheiten seien innerhalb der Familie selbst zu regeln, so dass das Interesse an Rechtsbewährung in diesem Zusammenhang weniger wichtig erscheinen möge.

Aber die Rechtsordnung verzichtet nicht grundsätzlich auf Eingriffe in die familiären Beziehungen, und auch wenn Familienstreitigkeiten aus Gründen der Privatsphäre und anderen Erwägungen nicht öffentlich ausgetragen werden, bedeutet dies nicht, dass der Rechtsschutz ausgeschlossen ist.[335] Unabhängig davon, ob der Angriff an einem öffentlichen Ort oder innerhalb der Familie stattfindet, wird der rechtswidrige Angriff selbst von der Rechtsordnung normativ negiert, und dies unterscheidet sich nicht grundlegend von anderen Notwehrsituationen, in denen die Gültigkeit der Rechtsordnung nicht gemindert oder negiert wird. Enge persönliche Beziehungen sind nicht von der Rechtsordnung ausgenommen. Darüber hinaus wäre es unangebracht zu argumentieren, dass die Verringerung des Interesses an Rechtsbewährung auf den Wunsch der Rechtsordnung zurückzuführen sei, abstrakte Familienbeziehungen zu erhalten, da dies zu einem Vorrang abstrakter ehelicher und familiärer Beziehungen vor konkreten Schutzinteressen des Einzelnen führen würde.[336]

Das zweite Argument liegt in dem Bedürfnis nach Fortbestand des Verhältnisses. Da beide Parteien ein Interesse an der Aufrechterhaltung der Beziehung hätten, könne sich der Angegriffene aus dem Wunsch, die Beziehung zu bewahren, zur Zurückhaltung veranlasst sehen.[337] Die Einschränkung des Notwehrrechts spiegele die Bedeutung des Fortbestands der Beziehung wider, und von dem Angegriffenen könne eine gewisse Zurückhaltung erwartet werden, so dass das Interesse an Rechtsbewährung nicht voll zum Tragen komme.[338]

Zwar ist es unbestreitbar wichtig, die familiären Beziehungen aufrechtzuerhalten, doch sollte eine solche Zurückhaltung auf Gleichberechtigung und Respekt beruhen. Wenn die Zurückhaltung einer Partei auf Angst oder Drohungen beruht, ist dies nicht nur schädlich für die Gesundheit der familiären Beziehung, sondern ermutigt auch das Verhalten des Angreifers. Insbesondere im Falle eines schweren Angriffs, der möglicherweise eine tödliche Abwehr erfordert, erscheint es absurd, von einem Interesse des Angreifers am Fortbestand der Beziehung zu sprechen. Wenn der Verteidiger das Notwehrrecht voll ausschöpft und dem Angreifer schwere Verletzungen zufügt, zeigt dies vielmehr nur das mangelnde Interesse des Verteidigers an der Fortsetzung der Beziehung.[339] In einer engen Beziehung sollte statt-

[334] *Roxin*, ZStW 1963, 581, Fn. 112.

[335] *Bitzilekis*, Einschränkung, S. 122 f.

[336] *Zenz*, in: Sozial, S. 81.

[337] *Erb*, MK/StGB, § 32 Rn. 194; *Herzog*, NK/StGB, § 32 Rn. 111.

[338] *Roxin*, ZStW 1981, 102.

[339] *Rienen*, Einschränkungen, S. 272.

dessen das Interesse an Rechtsbewährung ausreichend gewichtet werden, um sicherzustellen, dass die Rechtsgüter beider Parteien nicht beeinträchtigt werden.

Das letzte Argument deutet auf einen geringeren Bedarf an Generalprävention hin. Es wurde argumentiert, dass eine gesetzliche Garantenpflicht zwischen den Parteien einer engen persönlichen Beziehung das Rechtsbewährungsinteresse mindere.[340] In einem solchen Zusammenhang werde die Garantenpflicht als Ersatz für einen Teil der Funktion des Rechtsbewährungsinteresses betrachtet, was den Bedarf an Generalprävention verringere.

Aber die Garantenpflicht ist keine ausreichende Begründung, um das Rechtsbewährungsinteresse zu mindern. Die Existenz von Garantenpflichten bedeutet nicht, dass Gewalt ignoriert werden kann. Im Gegenteil, das Vorhandensein von Garantiepflichten ist ein Grund mehr für das Gesetz, einzugreifen, um sicherzustellen, dass diese Verpflichtungen erfüllt werden, und um einen Machtmissbrauch einer Partei zum Nachteil einer anderen zu verhindern. Es ist daher schwer zu begründen, dass die Notwendigkeit der Generalprävention verringert sein soll.

Auf jeden Fall lässt sich schwerlich argumentieren, dass das Rechtsbewährungsinteresse im Rahmen enger sozialer Beziehungen gemindert ist. Die Rechtsordnung hat den Schutz der Rechtsgüter der Beteiligten nicht aufgegeben, und es gibt keinen überzeugenden Grund, warum die abstrakte Institution der Familie oder die Erwartung der Kontinuität der Beziehung die Schutzinteressen einzelner Personen außer Kraft setzen sollte, und somit gibt es auch kein Argument für einen geringeren Generalpräventionsbedarf.

c) Einschränkung auf die institutionelle Zuständigkeit

Jakobs vertritt die Auffassung, dass die Grundlage für die Einschränkung des Notwehrrechts bei engen persönlichen Beziehungen die aus der institutionellen Zuständigkeit abgeleitete Pflicht sei.[341] Dies beruht auf einer Schlussfolgerung, die sich aus Jakobs' Zurechnungssystem ableitet. Die Garantieverhältnisse zwischen engen persönlichen Beziehungen leiteten sich nicht aus einer Quelle der Handlungspflicht im Sinne der Unterscheidung zwischen Begehungs- und Unterlassungsdelikt ab,[342] sondern vielmehr aus der zusätzlichen positiven Pflicht, die mit

[340] *Blei*, AT, S. 151; *Fechner*, Notwehr, S. 187.

[341] *Jakobs*, AT, § 13 Rn. 57.

[342] Im Jakobs-System bestehe kein notwendiger Zusammenhang zwischen Unterlassungsdelikten und institutionellen Zuständigkeiten; ein Unterlassungsdelikt könne entweder ein Herrschaftsdelikt oder ein Pflichtdelikt sein, und dasselbe gelte für ein Begehungsdelikt. Der Schlüssel zur Unterscheidung liege darin, ob sie auf der negativen Pflicht, „andere nicht zu schädigen", oder auf der positiven Pflicht, „eine gemeinsame Welt zu gestalten", beruhe. Vgl. *Jakobs*, Zurechnung, S. 32 ff.

der Institution verbunden sei:[343] nämlich der positiven Pflicht, „eine gemeinsame Welt" mit anderen zu gestalten.[344]

Die positive Pflicht des Pflichtdelikts sei in der Tat eine Solidaritätspflicht, und die Institution sei die Grundlage, auf der die Solidarität stärker in Erscheinung trete. Diese Solidarität sei nicht durch willkürliche persönliche Gefühle motiviert, sondern stütze sich auf eine abstrakte, rechtsphilosophische Institution. Alle Verstöße gegen positive Pflichten, die sich auf diese institutionelle Zuständigkeit stützten, seien Pflichtdelikte, unabhängig von ihrer Erscheinungsform, und daher nicht an Begehungsdelikte oder Unterlassungsdelikte gebunden, wie sie für die Eltern-Kind-Beziehungen und die ehelichen Beziehungen in der Familie typisch seien. Pflichtdelikte bei der Verletzung von Solidaritätspflichten bestimmten nicht nur die Täterschaft, sondern auch die strafrechtliche Strafbarkeit.[345]

Gemäß diesem Gedankengang sind positive Pflichten im Strafrecht einerseits solche, die ein strafrechtliches Gebot schaffen, dem zufolge der Pflichtadressat eine bestimmte Konstruktion vollenden muss oder andernfalls ein Pflichtdelikt begeht und mit einer Strafe bedroht wird. Andererseits würde diese positive Solidaritätspflicht auch ermöglichen, dass selbst bei einem rechtswidrigen Angriff innerhalb der bestimmten Beziehung, solange die Pflicht nicht vollständig ausgeschlossen ist, der Verteidiger immer noch die Pflicht hat, den Angreifer zu schützen, und somit ergibt sich eine Einschränkung des Anwendungsbereichs des Notwehrrechts. Um den Verdacht einer verallgemeinernden Moralisierung der Solidaritätspflicht zu vermeiden, darf es sich bei der Bestimmung der Solidaritätspflicht nicht um eine allgemeine, sondern nur um eine klare und konkrete institutionelle Pflicht der Rechtsordnung handeln, nämlich dass typischerweise Ehegatten eine Pflicht zur gegenseitigen Verantwortung und Rücksichtnahme haben (nach § 1353 Abs. 1 Satz 2 dBGB).

Die Solidaritätspflicht in einer engen persönlichen Beziehung ist eine höhere Opferpflicht, als sie zwischen Personen im Allgemeinen besteht,[346] da die Institution der Familie selbst von ihren Mitgliedern besondere Selbstaufopferungen verlangt, um die Pflicht zu erfüllen, eine gemeinsame gesunde und gute Familienbeziehung aufzubauen. Die institutionelle Verpflichtung von Familienmitgliedern, sich gegenseitig zu helfen und Verständnis füreinander aufzubringen, ist eindeutig höher als zwischen Menschen im Allgemeinen. Folglich ist die Verpflichtung zwischen den Parteien einer engen persönlichen Beziehung nicht mehr eine Mindestsolidarität, sondern eine höhere Solidarität.[347] Dies ist auch die Grundlage für die Einschränkung des Notwehrrechts. Im Sinne des Grundgedankens der Notwehr ist

[343] *Jakobs*, AT, § 1 Rn. 7.

[344] *Jakobs*, AT, § 29 Rn. 65.

[345] Vgl. *Sánchez-Vera*, Pflichtdelikt, S. 34.

[346] *Spendel*, JZ 1984, 507 ff.

[347] *Jakobs*, AT, § 13 Rn. 58.

der Angreifer in einer engen persönlichen Beziehung nicht fehlerhaft im Sinne des Verantwortungsprinzips, ist seine Verantwortung also nicht durch subjektive Gegebenheiten gemindert, aber das Solidaritätsprinzip wird einen Teil der Schärfe des Notwehrrechts außer Kraft setzen, weil die enge persönliche Beziehung dem Verteidiger eine höhere Solidaritätspflicht auferlegt.

Nach dieser Auffassung wäre es theoretisch möglich, eine über die Mindestsolidaritätspflicht hinausgehende institutionelle zusätzliche Solidaritätspflicht zu begründen, welche das Autonomieprinzip einschränkt. Infolgedessen könnte das vollständige Notwehrrecht in Fällen enger persönlicher Beziehungen in ein eingeschränktes Notwehrrecht umgewandelt werden.

Es ist jedoch problematisch, aus einer konstruierten institutionellen Solidaritätspflicht deren Eignung als normative Grundlage für die Einschränkung des Notwehrrechts abzuleiten. Denn die Normierung einer Solidaritätspflicht setzt voraus, dass sie durch das Zumutbarkeitsprinzip begrenzt ist. Die Rechtsordnung kann nicht erwarten, dass der zur Solidarität verpflichtete Einzelne ohne Mitverantwortung unter Preisgabe erheblicher persönlicher Interessen Nachsicht gegenüber dem anderen übt. Daher kann die Solidaritätspflicht nicht begründen, warum der Angegriffene in engen persönlichen Beziehungen bei schwerwiegender Bedrohung von Leben oder körperlicher Unversehrtheit eine Einschränkung seines Notwehrrechts hinnehmen müsste.

d) Stellungnahme: Ablehnung der zusätzlichen Solidaritätspflicht kraft enger persönlicher Beziehungen

Es muss zuerst diskutiert werden, ob das Bestehen der familiären Beziehungen in einem formalen Sinne ausreicht, um höhere Solidaritätspflichten festzulegen. Fast die gesamte Literatur ist sich einig, dass dieses Argument für zerbrochene Beziehungen, die durch alltägliche Gewalt zerstört wurden, eindeutig nicht mehr gilt.[348] Nimmt man die ehelichen Beziehungen als Beispiel, so sieht § 1353 Abs. 2 dBGB vor, dass ein Ehegatte nicht verpflichtet ist, einem Verlangen des anderen Ehegatten auf Herstellung der Gemeinschaft nachzukommen, wenn dies einen Missbrauch seiner Rechte darstellt. Wenn die familiären Beziehungen bereits durch alltägliche Gewalt tatsächlich zerstört wurden, ist das Verlangen des Gewalttäters nach Erfüllung der Solidaritätspflicht als Rechtsmissbrauch zu betrachten; der Misshandelte ist nicht verpflichtet, die eheliche Gemeinschaft aufrechtzuerhalten und unterliegt nicht mehr der höheren Solidaritätspflicht, die mit der ehelichen Gemeinschaft verbunden ist.[349] Das Notwehrrecht des Misshandelten kann daher zu diesem Zeitpunkt nicht eingeschränkt werden.

---

[348] *Amelung/Boch*, JuS 2000, 265; *Rönnau/Hohn*, LK/StGB, § 32 Rn. 241; *Erb*, MK/StGB, § 32 Rn. 196; *Kühl*, AT, § 7 Rn. 205.

[349] *Roxin/Greco*, AT I, § 15 Rn. 95.

Zur Diskussion steht auch die Frage, ob Einschränkungen des Notwehrrechts in einer normalen Beziehung allgemein üblich sind, m. a. W., ob das Notwehrrecht des Verteidigers auch dann eingeschränkt ist, wenn der Angreifer schwere, sogar tödliche Gewalt erstmals ausübt. Eine repräsentative Ansicht ist, dass geringere Fehlhandlungen die Solidaritätspflicht zwischen den Parteien nicht beenden sollten, da eine Ehe nicht aufrechterhalten werden könne, wenn die Fehlhandlungen des Partners nicht mit Toleranz behandelt werden.[350] Diese Auffassung geht jedoch nicht weiter auf den Unterschied zwischen einer institutionellen Solidaritätspflicht und der Solidaritätspflicht bei einem Bagatellangriff ein. Falls der Angriff lediglich als Bagatellangriff einzustufen ist, reicht die Mindestsolidaritätspflicht bereits aus, um eine Einschränkung des Notwehrrechts zu begründen, ohne dass es einer institutionellen Solidaritätspflicht bedarf. Wenn hingegen argumentiert wird, dass die institutionelle Solidaritätspflicht zu einer weitergehenden Reduzierung des Notwehrrechts führt, bedarf es einer zusätzlichen Begründung.

Eine Ansicht zieht die Grenze bei Gewalthandlungen und argumentiert, dass die erhöhte Solidaritätspflicht unter diesen Umständen nicht mehr gefordert werden könne, unabhängig davon, ob diese Gewalt zu schweren oder leichten Verletzungen führe. Durch Gewalthandlungen verletze der Angreifer nicht nur den Körper, sondern führe auch zu einer psychologischen Demütigung des Angegriffenen, indem er ihm zu verstehen gebe, dass er unterdrückt werde und nicht mehr zu den Familienmitgliedern gehöre, die gleichberechtigt, mit Würde und Respekt behandelt werden.[351] An diesem Punkt kann der Angegriffene nicht mehr aufgefordert werden, die aus einer engen persönlichen Beziehung entstandene höhere Solidaritätspflicht zu erfüllen, denn eine Person, die die Familienharmonie durch Gewalttaten stört, kann nicht mehr erwarten, dass ihr Partner oder ihre Kinder um der Familienharmonie willen Rücksicht auf sie nehmen. Aus dieser Perspektive unterscheidet sich die Einschränkung des Notwehrrechts in engen persönlichen Beziehungen inhaltlich nicht wesentlich von Fällen eines krassen Missverhältnisses, so dass sie keinen tatsächlichen Ausdruck einer „erhöhten“ Solidaritätspflicht darstellt.

Es ist davon auszugehen, dass in einer Notwehrlage innerhalb enger persönlicher Beziehungen, in der eine Partei einen rechtswidrigen Angriff in vollständig zurechenbarer Weise verübt, die normative Grundlage der institutionellen Solidarität entfällt. Da der Angreifer die volle Verantwortung für die Herbeiführung einer gravierenden Notwehrlage trägt, besteht in einem solchen Fall keine institutionelle Geltungslage der Solidarität mehr. Eine Solidarität, die ausschließlich der Stabilität der Familienordnung dient und dabei erhebliche persönliche Interessen des Angegriffenen opfert, entbehrt jeder Legitimität.

Allein aufgrund enger persönlicher Beziehungen kann dem Angegriffenen keine zusätzliche Duldungspflicht zu den erheblichen Gefahren auferlegt werden, wenn er

[350] *Roxin/Greco*, AT I, § 15 Rn. 99.

[351] *Wohlers*, JZ 1999, 441; *Spendel*, JZ 1984, 509.

keine Verantwortung für die Entstehung der Notwehrlage trägt. Etwas anderes gilt nur dann, wenn Konflikte im alltäglichen familiären Zusammenleben das Maß einer Notwehrprovokation erreichen. Auch in solchen Fällen ist jedoch zu beachten, dass provokatives Verhalten zeitlich hinreichend nah an der Notwehrlage liegen muss. Liegt ein zu großer zeitlicher Abstand vor, kann das Verhalten nicht mehr als zurechenbare Ursache für die Notwehrlage gelten.[352]

Somit besteht für den Angegriffenen keine Verpflichtung mehr, eine substanzielle institutionelle Solidarität aufrechtzuerhalten. In diesem Fall sollte dem Angegriffenen das uneingeschränkte Notwehrrecht unmittelbar zustehen, so dass er nicht mehr an eine „erhöhte" Solidaritätspflicht gebunden ist, sondern sein Handeln lediglich durch die Mindestsolidaritätspflicht begrenzt wird.

2. Besonderheiten bei der Notwehrrechtsausübung

Obwohl in dieser Arbeit die allgemeine Einschränkung des Notwehrrechts in engen persönlichen Beziehungen, insbesondere in Form einer Ausweichpflicht oder einer besonderen Pflicht zur Gefahrenübernahme, abgelehnt wird, kann die Ausübung des Notwehrrechts in solchen Fällen dennoch bestimmte Besonderheiten aufweisen. Daher bedarf es einer weitergehenden Diskussion, um die spezifischen Fragestellungen zu klären und die uneingeschränkte Geltung des Notwehrrechts in diesen Konstellationen weiter zu untermauern.

a) Ankündigungspflicht der Abwehr?

Vereinzelt wird die Ansicht vertreten, dass der Misshandelte den Angreifer warnen solle, bevor er schwer verletzende oder sogar tödliche Mittel zur Verteidigung einsetze.[353] Insbesondere wenn der Misshandelte sich zuvor nicht gegen den Angriff gewehrt habe, bestehe ein „Vertrauenszustand", bei dem der Angreifer Grund zu der Annahme habe, dass es keine unmittelbare und ernsthafte Reaktion geben werde.

Es ist verständlich, dass eine Vorwarnung durch den Angegriffenen dem Angreifer die Möglichkeit geben kann, den rechtswidrigen Angriff zu beenden, aber die Last dieser Verpflichtung sollte nicht dem Angegriffenen auferlegt werden. Denn wenn der Angreifer die Warnung ignoriert und den Angriff fortsetzt, eventuell den Angriff infolge der Warnung sogar eskaliert, wird der Angegriffene durch die Offenlegung des Verteidigungszwecks in eine noch schutzlosere Lage versetzt. Es macht keinen praktischen Sinn, von dem Angegriffenen zu verlangen, dieses zusätzliche Risiko einzugehen.

---

352 BGH NStZ 2001, 83.

353 *Montenbruck*, JR 1985, 116.

Daher sollte das Erfordernis einer solchen Ankündigung verneint werden;[354] es sei denn, sie reicht aus, um das mildeste wirksame Mittel darzustellen, das im Sinne von § 32 dStGB „erforderlich" ist, um die gleichen Chancen für eine erfolgreiche Verteidigung gegen einen Angriff zu bieten.[355] Denn nach der in dieser Arbeit vertretenen Auffassung führen enge persönliche Beziehungen bei schweren, die körperliche Unversehrtheit oder das Leben bedrohenden Angriffen nicht zu zusätzlichen Einschränkungen des Notwehrrechts. Und bei leichten Angriffen ist der Einsatz schwerwiegender Verteidigungsmittel gemäß den Grundsätzen zur „Unfugsabwehr" ohnehin unzulässig. Diese Regelung trägt bereits dem Erfordernis der Rücksichtnahme und Zurückhaltung gegenüber dem Angreifer hinreichend Rechnung, so dass eine darüber hinausgehende Pflicht zur „vorherigen Warnung" aufgrund des Vertrauenszustandes nicht erforderlich ist.

b) Duldungspflicht der leichten Körperverletzungen?

Die h.M. ist, dass der Angegriffene innerhalb enger persönlicher Beziehungen auch eine leichte Körperverletzung in Kauf nehmen müsse.[356]

Die gegenteilige Ansicht ist jedoch, dass das Fehlen spezifischer Kriterien für die Bestimmung, wann eine drohende Körperverletzung als „leicht" gelte, den Angegriffenen unvorhersehbaren Risiken aussetze. Unter diesen Umständen sei die dem Angegriffenen von der Rechtsprechung und Teilen der Literatur auferlegte Duldungspflicht schlichtweg drakonisch und missachte das Recht auf körperliche Unversehrtheit nach Art. 2 Abs. 2 dGG.[357]

Wenn es im familiären Zusammenleben gelegentlich zu emotionalen Ausbrüchen aufgrund alltäglicher Streitigkeiten kommt, beispielsweise wenn eine Person in einem Moment der Erregung kurzzeitig die Kontrolle verliert und dem anderen eine leichte Körperverletzung zufügt, so ist der rechtswidrige Angriff nach der beendeten Körperverletzung bereits abgeschlossen. In einem solchen Fall ist Notwehr offensichtlich ausgeschlossen, da es an einer gegenwärtigen Notwehrlage fehlt.

Anders verhält es sich jedoch, wenn der Angreifer wiederholt zuschlägt. In diesem Fall kann dem Opfer nicht zugemutet werden, zumindest leichte körperliche Angriffe zu dulden. Der Grund hierfür liegt darin, dass wiederholte Angriffe nicht mehr als bloßer „momentaner Kontrollverlust" im Alltag betrachtet werden können, sondern als substanzielle Störung der intimen Beziehung zu werten sind. In einem solchen Fall entfällt die Duldungspflicht.[358]

---

[354] *Loos*, JuS 1985, 863; *Rönnau/Hohn*, LK/StGB, § 32 Rn. 240; *Kindhäuser*, NK/StGB, § 32 Rn. 115.

[355] *Konrad*, Probleme, S. 129.

[356] *Kühl*, AT, § 7 Rn. 204; *Roxin/Greco*, AT I, § 15 Rn. 94 f.; BGHSt 26, 147; BGH GA 1969, 117.

[357] *Rienen*, Einschränkungen, S. 286 ff.; *Geilen*, JR 1976, 318.

[358] *Rienen*, Einschränkungen, S. 287.

Eine Einschränkung des Notwehrrechts kommt lediglich dann in Betracht, wenn der Angriff als Bagatellangriff einzustufen ist. Doch in diesem Fall bedarf es keiner institutionellen Solidaritätspflicht als Begründung für die Einschränkung. Vielmehr reicht bereits die Mindestsolidarität aus, um eine Begrenzung des Notwehrrechts zu erklären.

3. Zwischenergebnis

In der gesellschaftspolitischen Diskussion über das Notwehrrecht stellt sich die Frage, wie enge persönliche Beziehungen zwischen Angreifer und Verteidiger das Notwehrrecht beeinflussen sollten. Enge persönliche Beziehungen, wie eheliche und elterliche, werden als besonders schützenswert anerkannt. Beziehungen außerhalb dieses Rahmens, wie zwischen Kollegen oder Nachbarn, werden hingegen nicht berücksichtigt. Frühere Ansichten gingen davon aus, dass enge persönliche Beziehungen generell eine Einschränkung des Notwehrrechts mit sich bringen.

Jedoch vertritt dieser Beitrag die Auffassung, dass eine Einschränkung des Notwehrrechts in engen persönlichen Beziehungen nicht gerechtfertigt ist. Weder die Garantenstellung noch das Rechtsbewährungsprinzip bieten eine ausreichende Grundlage für eine Beschränkung des Notwehrrechts. Wird die Einschränkung hingegen auf eine institutionelle Solidaritätspflicht gestützt, so verliert diese, sobald der Angegriffene einem vollständig zurechenbaren und nicht unerheblichen rechtswidrigen Angriff ausgesetzt ist, ihre normative Geltungslage der Solidarität innerhalb der Notwehrlage. Zudem ist es nach der rechtlichen Grundlage des Solidaritätsprinzips unzumutbar, von einem nicht verantwortlichen Angegriffenen zu verlangen, erhebliche Gefahren für Leben oder körperliche Unversehrtheit hinzunehmen.

Daher trifft den Verteidiger in engen persönlichen Beziehungen keine Pflicht, den Angreifer vorab zu warnen, es sei denn, eine solche Warnung stellt selbst das erforderliche Verteidigungsmittel dar. Jede Einschränkung des Notwehrrechts darf nicht über die Konstellationen von Bagatellangriffen hinausgehen. Sobald das betroffene Interesse des Angegriffenen ein erhebliches Gewicht erreicht, ist jede zusätzliche Beschränkung seiner Notwehr unzulässig.

D. Zwischenfazit

Das Notwehrrecht in der deutschen Rechtsordnung ist ein komplexes Zusammenspiel von verfassungsrechtlichen Prinzipien und strafrechtlichen Regelungen. Es stellt sicher, dass das Grundrecht auf Selbstverteidigung anerkannt wird, indem es den Angegriffenen ermöglicht, gegen einen rechtswidrigen Angriff vorzugehen. Dies geschieht jedoch nicht ohne Einschränkungen.

Die verfassungsrechtliche Grundlage des Notwehrrechts zeigt sich in der Notwendigkeit, Grundrechte zu wahren und Konflikte zwischen den Rechten des Angegriffenen und des Angreifers angemessen zu lösen. Hierbei spielt die verfassungsrechtliche Schutzpflicht eine zentrale Rolle, da sie den Rahmen für die Auslegung des Notwehrrechts bietet. Der Inhalt des strafrechtlichen Notwehrrechts kann die Überprüfung der Grundrechte der Verfassung nicht außer Kraft setzen, so dass es schwierig erscheint, das Verhältnismäßigkeitsprinzip gänzlich aufzugeben.[359]

Die Europäische Menschenrechtskonvention (EMRK) hat ebenfalls erheblichen Einfluss auf das deutsche Notwehrrecht. Art. 2 EMRK betont den Schutz des Lebensrechts und erlaubt die Anwendung tödlicher Gewalt nur unter strengen Voraussetzungen, die primär den Schutz des Lebens und der körperlichen Unversehrtheit betreffen. Die rechtliche Diskussion zeigt, dass die EMRK den Schutz von Eigentum durch tödliche Gewalt im Vergleich zum Schutz des Lebens stärker einschränkt.

Obwohl die h.M. dazu neigt, die EMRK primär unter dem Aspekt des Verbots staatlicher Eingriffe zu interpretieren, und die entsprechenden Einschränkungen auf private Notwehrrechte nicht direkt anwendbar sind,[360] wirkt dennoch die EMRK indirekt auf die deutsche Rechtsordnung ein. Das Argument, dass die EMRK eine Drittwirkung habe, ist noch überzeugender und stellt sicher, dass der Schutz des Lebens auch im Rahmen der Notwehr die oberste Priorität hat. In der Praxis sind deutsche Gerichte daher zurückhaltend,[361] wenn es um den Einsatz von tödlicher Gewalt zum Schutz von Eigentum geht.

In der deutschen Rechtsordnung lassen sich ausgehend vom Grundgedanken der Notwehr konkrete Einschränkungen des Notwehrrechts nach den Gründen für die Schwächung der Verantwortungsprinzips und den Bedeutungszuwachs des Solidaritätsprinzips in folgende Fallgruppen einteilen:

Die Einschränkung des Notwehrrechts im Falle eines „krassen Missverhältnisses“ basiert auf der Geltungslage der Solidaritätspflicht zur Berücksichtigung gravierender persönlicher Interessen. Wenn der Angegriffene durch das Hinnehmen eines geringfügigen Schadens das bedeutende persönliche Rechtsgut des Angreifers retten kann, kann ihm die altruistische Solidaritätspflicht aus einer pflichtethischen Perspektive auferlegt werden, sofern diese Hilfeleistung als zumutbar gilt. Durch die Zuerkennung dieser Solidaritätspflicht kann das Notwehrrecht in Fällen eines krassen Missverhältnisses einer Prüfung anhand des Verhältnismäßigkeitsprinzips unterzogen werden, so dass die Anforderungen des Grundgesetzes und der EMRK gewahrt bleiben.

---

[359] Vgl. *Lagodny*, Grundrechte, 265 f.

[360] *Bitzilekis*, Einschränkung, S. 133; *Eisele*, JA 2005, 902; *Fischer*, StGB, § 32 Rn. 40.

[361] BGH NJW 2001, 320; BGH NStZ 2001, 530; LG München NJW 1988, 1860.

Die Einschränkung wegen der Notwehrprovokation ist auf die Mitverantwortung des Angegriffenen zurückzuführen. Obwohl das Notwehrrecht des Provokateurs nicht vollständig verweigert werden sollte, ist eine Einschränkung gerechtfertigt, da seine Provokation zur Eskalation beigetragen hat. Das Notwehrrecht des Provokateurs ist daher durch das Ausmaß seines Mitverschuldens begrenzt. Im Extremfall, wenn der Provokateur die gesamte Situation beherrscht und der Angriff die Provokation nicht erheblich übersteigt, kann das Notwehrrecht sogar ganz verneint werden. Die Anwendung von Notwehrrecht sollte in der Fallgruppe der Notwehrprovokation die Ausweichpflicht berücksichtigen und auch den theoretischen Vorrang der milderen, aber unsicheren Verteidigungsmittel sowie der Schutzwehr vor der Trutzwehr beobachten. Der Provokateur muss eine entsprechende Duldungspflicht in Bezug auf die daraus resultierende Gefahr tragen.

Die Einschränkung wegen des Angriffs von schuldlos Handelnden ist auf das Fehlen einer subjektiven Verantwortung des Angreifers zurückzuführen. Die Verweigerung des Notwehrrechts für schuldlose Angreifer basiert auf der Auffassung, dass Notwehr nur gegen selbstbestimmte Menschen, die sich selbst kontrollieren können und über Handlungsfreiheit verfügen, geltend gemacht werden kann. Schuldunfähige Personen können wegen ihrer fehlenden Verantwortung nicht Adressaten des Notwehrrechts sein, sondern nur des defensiven Notstands gemäß § 34 dStGB. Bei vermindert schuldfähigen Angreifern kann das Notwehrrecht je nach Grad der Schuld gemildert werden, wobei zunächst eine Ausweichpflicht besteht. Entschuldigungsgründe erlauben eine eingeschränkte Notwehr, während Schuldausschließungsgründe die Notwehr ausschließen. Zufällige Angriffe begründen ebenfalls keine Notwehr, während fahrlässige Angriffe als dem Angreifer voll zurechenbar betrachtet werden sollten und nicht zur Einschränkung des Notwehrrechts führen dürfen.

Die Einschränkung des Notwehrrechts in engen persönlichen Beziehungen auf Grundlage einer erhöhten Solidaritätspflicht erweist sich als nicht gerechtfertigt. Dass die Notwehrlage dem Angreifer voll zurechenbar ist, führt faktisch zur Auflösung der Geltungslage der institutionellen Solidarität. Aufgrund der Unzumutbarkeit, erhebliche persönliche Interessen zu opfern, darf dem Angegriffenen keine zusätzliche Pflicht zur Zurückhaltung auferlegt werden. Daher bestehen in solchen Fällen keine weitergehenden Einschränkungen des Notwehrrechts über jene allgemeinen Grenzen hinaus, die etwa bei Bagatellangriffen gelten.

Viertes Kapitel

Grenzen des Notwehrrechts in der chinesischen Rechtsordnung

A. Gesetzliche Orientierung der Notwehr im chinesischen Strafrecht

Das aktuelle chinesische Strafgesetzbuch, das seit 1997 in Kraft ist, regelt die Notwehr in § 20 (siehe Anhang). Im Allgemeinen wird der Abs. 1 als die grundlegende Rechtegarantieklausel der Notwehr betrachtet, während der Abs. 2 die Grenzen der Notwehr festlegt.[1] Auf dieser Grundlage sieht Abs. 3 ein „besonderes Notwehrrecht" vor, das eine Einschränkung von Absatz 2 darstellt, d.h. eine Notwehrüberschreitung liegt unter den Umständen von Absatz 3 nicht vor.[2]

Die Grenzen der Notwehr sowie die Strafbarkeit der Notwehrüberschreitung und die entsprechende Strafmilderung sind in Abs. 2 festgelegt, was einen Unterschied zum deutschen strafrechtlichen Notwehrexzess darstellt, da Abs. 2 den Verteidiger nicht grundsätzlich von der Strafbarkeit befreit, sondern lediglich die Strafe mildert oder es ermöglicht, von ihr abzusehen. D.h., im chinesischen Strafrecht ist der Notwehrexzess nicht nur eine Verneinung des Rechtfertigungsgrundes der Notwehr, sondern impliziert auch eine Beschreibung der Strafbarkeit; er ist also nicht wie in Deutschland ein Entschuldigungsgrund. Die Prüfung der Grenzen der Notwehr, insbesondere der Frage der Notwehrüberschreitung, stellt ein zentrales Thema der chinesischen Notwehrdogmatik dar. Zahlreiche wissenschaftliche Diskussionen befassen sich mit der Bewertung des Grenzelements, das die Trennlinie zwischen gerechtfertigter Notwehr und strafbarer Notwehrüberschreitung bildet.

Um die Entwicklung der Grenzen des Notwehrrechts in China und die Probleme bei seiner gerichtlichen Anwendung zu verstehen, ist es notwendig, die Bestimmungen zur Notwehr in § 18 des alten Strafgesetzbuchs von 1979 in Betracht zu ziehen. Im Vergleich zum § 18 chStGB a.F. ist § 20 Abs. 3 chStGB eine Ergänzung, und der aktuelle § 20 Abs. 2 chStGB ändert auch die Tatbestandsbeschreibung der Notwehrüberschreitung von „Überschreitung der notwendig gebotenen Grenzen und Verursachung eines unangemessenen Schadens" in „offenkundige

---

[1] *Gao*, Journal of south China normal University social science edition 2015 (1), 158.

[2] Vgl. *Wang*, Political Science and Law 2003 (3), 50 ff.; *Peng*, Political Science and Law 2016 (9), 3 ff.

Überschreitung der notwendig gebotenen Grenzen und Verursachung eines gravierenden Schadens". Der Zweck der Gesetzesänderungen ist sehr eindeutig. Sie zielen darauf ab, die Festlegung des Standards der Notwehr zu lockern, um die früher weit verbreitete Praxis zu korrigieren, die Grenzen der Notwehr zu streng zu fassen. Sowohl Akademiker als auch Praktiker haben ein klares Verständnis für den Zweck einer solchen Gesetzgebung und zeigen eine unterstützende Haltung.[3]

Doch auch wenn die neueren Bestimmungen zur Notwehr schon lange in Kraft sind, hat sich die Tendenz, die Grenze der Notwehr als Standard zu streng zu fassen, in der Rechtsprechung noch nicht in dem Maße umgekehrt, wie es dem allgemeinen Konsens der akademischen Gemeinschaft entspräche.[4] Wang Gang wies darauf hin, dass die chinesische Gerichtspraxis die Grenzen der Verteidigung schon immer strenger gezogen habe, insbesondere wenn der rechtswidrige Angriff noch nicht den Grad einer ernsthaften Bedrohung der persönlichen Sicherheit des Angreifers erreicht habe. Sobald die Verteidigungshandlung eine schwere Verletzung oder den Tod des rechtswidrigen Angreifers verursacht habe, sei es praktisch unmöglich, sie als Notwehr zu bezeichnen.[5] Zum Beispiel haben Gerichte in den folgenden Fällen entschieden, dass der Verteidiger eine strafbare Notwehrüberschreitung begangen habe:

Beispiel 1: Wang hatte in einem Internetcafé einen Streit mit Han. Daraufhin beschloss er, Han „eine Lektion zu erteilen", und wartete mit vier Freunden vor dem Internetcafé auf ihn. Nachdem Han das Internetcafé verlassen hatte, zog Wang ihn sofort in eine Ecke und verpasste ihm eine Ohrfeige. Han konnte sich losreißen und versuchte zu fliehen, doch Wang und seine Freunde nahmen die Verfolgung auf. Als Han merkte, dass er eingeholt wurde, zog er ein Messer, das er bei sich trug, und stach Wang in den linken Halsbereich. Wang starb noch am Tatort.[6]

Beispiel 2: Die Täter Wang, Lin, Chen, Lu, Jiang und Shi lockten Wang Zhiliang unter dem Vorwand eines Blind Dates in ihr Versteck. Dort umringten sie ihn und zwangen ihn, dem illegalen Schneeballsystem-Programm beizutreten, während sie ihm untersagten, das Versteck zu verlassen. Sie forderten ihn auf, seine Wertsachen und Kommunikationsgeräte abzugeben. Während Wang Zhiliang seine Wertsachen übergab, nutze er die Gelegenheit, ein Klappmesser mit Federmechanismus zu ziehen und schwang es gegen Wang und die anderen, die ihn umringten. Es kam zu einem Kampf zwischen ihm und denjenigen, die versuchten, ihn am Verlassen des Ortes zu hindern, was dazu führte, dass Wang verblutete und starb, während Lu, Chen und Lin schwer verletzt wurden.[7]

---

[3] *Zhao/Xiao*, Law Science 2018 (12), 3 ff.; *Shen/Dai*, China Legal Science 1996 (5), 19 ff.

[4] *Lao*, Peking University Law Journal 2015 (1), 1325.

[5] *Wang*, Peking University Law Journal 2018 (6), 1589.

[6] Strafkammer 1 des Obersten Volksgerichts, Leitende Fälle, S. 332.

[7] Urteil des mittleren Volksgericht Putian, Fujian, (2016) Nr. 260.

Angesichts der übermäßig strengen Auslegung der Grenzen der Notwehr durch die Justiz besteht ein akademisches Bestreben in der chinesischen Theorielandschaft darin, die Grenzen des Notwehrrechts durch Interpretation zu erweitern.[8] Daher ist die Bestimmung der Grenzen des Notwehrrechts im chinesischen Notwehrsystem zu einer zentralen Frage geworden; die Problematik könnte auch als „Einschränkung der Einschränkung des Notwehrrechts" bezeichnet werden.

Darüber hinaus haben die Justizbehörden in Reaktion auf die gesellschaftliche Debatte und akademische Anregungen Maßnahmen ergriffen, um die zuvor zu eng gefassten Kriterien für die Anerkennung der Notwehr zu erweitern. Im Jahr 2020 haben der Oberste Volksgerichtshof (OVG), die Oberste Volksstaatsanwaltschaft (OVS) und das Ministerium für Öffentliche Sicherheit (MÖS) gemeinsam die „Leitlinien zur rechtmäßigen Anwendung des Notwehrsystems" (LeitNotw) erlassen. Diese Justizauslegung griff zahlreiche zuvor in der Wissenschaft diskutierte Argumente zur Erweiterung des Notwehrrechts auf und konkretisierte mehrere spezifische Regeln zu dessen Einschränkungen. Art. 1 LeitNotw hat sogar erstmals in einer Justizauslegung ausdrücklich das Prinzip „Das Recht braucht dem Unrecht nicht zu weichen" als leitende Grundidee des Notwehrrechts festgelegt. Daher ist die Untersuchung der LeitNotw ein wesentlicher Bestandteil dieser Arbeit, da Justizauslegungen in China faktisch die Funktion einer Rechtsquelle innehaben.

B. Notwendige Grenzen der Notwehr

I. Verhältnis zwischen dem Merkmal „offenkundige Überschreitung der notwendig gebotenen Grenzen" und „Verursachung eines gravierenden Schadens"

Die Grenze zwischen Notwehr und strafbarer Notwehrüberschreitung ist in § 20 Abs. 2 chStGB klar definiert, der wie folgt formuliert ist: „offenkundig die notwendig gebotenen Grenzen überschreitet und durch sie gravierenden Schaden verursacht". Der erste Streitpunkt ist das Verhältnis zwischen den beiden Elementen „offenkundige Überschreitung der notwendig gebotenen Grenzen" und „Verursachung eines gravierenden Schadens".

1. Einheitstheorie

Nach der Einheitstheorie verstärken sich die beiden Elemente gegenseitig, und wenn die Verteidigungshandlung zu einem erheblichen Schaden führe, müsse eine eindeutige Überschreitung der Grenzen der Verteidigung vorliegen und andersherum. In einem solchen Fall hätten die Verteidigungshandlung und die Überschrei-

[8] *Chen*, The Jurist 2017 (5), 98.

tung oder Nichtüberschreitung des Ergebnisses der Verteidigung keine unabhängige Bedeutung, d. h., es gebe keine Überschreitung der Handlung ohne Überschreitung des Erfolgs und keine Überschreitung des Erfolgs ohne Überschreitung der Handlung.[9]

Zhang Mingkai plädiert für die Einheitstheorie und argumentiert, dass der Überschreitung des Erfolgs Gewicht verliehen werden solle. Seiner Ansicht nach sei die Formulierung „einen erheblichen Schaden verursachen" lediglich eine Tautologie für das Überschreiten der notwendigen Grenze. Die bloße Grenze der Verteidigungshandlung habe an sich keine eigenständige Bedeutung, und das Vorliegen einer Notwehrüberschreitung könne nur im Lichte der durch die Verteidigungshandlung verursachten Folgen richtig beurteilt werden.[10] Außerdem trennt er die Beurteilung der Offenkundigkeit als unabhängiges Element ab und formuliert unterschiedliche Erfolgsrahmen für die Beurteilung der Grenzen der Verteidigung in Abhängigkeit von den verschiedenen Arten des rechtswidrigen Angriffs.[11] Seiner Ansicht nach hängt die Beurteilung von Überschreitungen bei der Verteidigung davon ab, dass in erster Linie darauf geachtet werde, ob sie einen offenkundigen und erheblichen Schaden verursache oder nicht, während die Überschreitung der Grenzen der Verteidigungshandlung schwächer berücksichtigt werde.

Peng Wenhua schlägt eine alternative Möglichkeit zur Veranschaulichung der Einheitstheorie vor, indem er den „erheblichen Schaden" als Kriterium heranzieht und ihn als den schwerwiegendsten Teil der möglichen Schadensfolgen versteht, die sich aus dem rechtswidrigen Angriff ergeben könnten.[12] Diese Sichtweise ordnet die Grenzen des Erfolgs in einen hierarchischen Rahmen von Rechtsgütern ein und versucht, ein konkretes und operatives objektives Wertesystem für die Beurteilung der Grenzen des Notwehrrechts zu schaffen.

Erstens richtet sich die Hauptkritik an dieser Auffassung darauf, dass sie ausschließlich auf das Ergebnis der Verteidigung abstellt, welches durch einen unmittelbaren Vergleich der erlittenen Schäden von Angreifer und Verteidiger ermittelt wird. Nach dem „Erfolg-Handlung"-Ansatz wird unter Ausklammerung der Fallgruppe des § 20 Abs. 3 chStGB (wenn kein mörderischer bzw. lebensgefährdender körperlicher Angriff, kein Totschlag, kein Raub, keine Vergewaltigung, keine gewaltsame Entführung oder kein sonstiges Gewaltverbrechen gegenwärtig begangen wird) davon ausgegangen, dass das Erfolgsunrecht vorliegt, solange das vom Verteidiger geschädigte Rechtsgut größer ist als das vom Täter angestrebte Rechtsgut.[13] Da beide Einschätzungen zu demselben Ergebnis führen würden, entscheidet man sich in der Praxis aufgrund der Komplexität der Umstände des Falles und des sub-

[9] *Ma*, Kriminaltheorie, S. 745 f.

[10] *Zhang*, Strafrecht I, S. 277.

[11] *Zhang*, Law Science 2019 (1), 5.

[12] *Peng*, Jianghan Forum 2015 (7), 142.

[13] *Lao*, Peking University Law Journal, 2015 (1), 1327.

jektiven Zustands des Täters immer für den einfacheren Ansatz, nämlich von der „Verursachung eines gravierenden Schadens" auf die „offenkundige Überschreitung der notwendigen Grenze" zu schließen.[14] Die ausschließliche Fokussierung auf das Kriterium des erheblichen Schadens unter Vernachlässigung der Prüfung, ob die Grenzen der Verteidigungshandlung überschritten wurden, kann dazu führen, dass die eigenständige Bedeutung des Merkmals der „offenkundigen Überschreitung der notwendigen Grenzen" verloren geht. Dies würde die Anerkennung von Notwehr unangemessen einschränken und dem gesetzgeberischen Ziel zuwiderlaufen.

Zweitens würde diese Ansicht die Verteidigungshandlung fragmentieren. Da der Schwerpunkt auf der Schadensfolge liegt, spaltet die Einheitstheorie die Verteidigungshandlung faktisch in zwei Teile auf: die gerechtfertigte Handlung innerhalb der Grenze und die rechtswidrige Handlung außerhalb der Grenze, aber das entspricht nicht der Wahrheit.[15] Da die gerechtfertigte Handlung innerhalb der Grenze zudem vorsätzlich ist, wird dieser Vorsatz von den Anhängern der Einheitstheorie häufig auch bei der Notwehrüberschreitung außerhalb der Grenze geltend gemacht und der Verteidiger letztlich wegen eines Vorsatzdelikts verurteilt.[16]

Drittens ist es im Falle der Notwehr aufgrund einer ergebnisorientierten Ex-post-Beurteilung, ob sie exzessiv ist oder nicht, schwierig, eine Richtlinie für das Verhalten des Verteidigers in einer plötzlichen Notsituation zu geben, was den Verteidiger in ein Dilemma bringt, d. h. entweder den rechtswidrigen Angriff zu ertragen oder das Risiko einer strafrechtlichen Anklage wegen Notwehrüberschreitung als Folge des Gegenangriffs einzugehen.[17]

2. Trennungstheorie

Im Gegensatz dazu steht die Trennungstheorie, die davon ausgeht, dass die Elemente „offenkundige Überschreitung der notwendig gebotenen Grenzen" und „Verursachung eines gravierenden Schadens", d. h. die Handlungsgrenze und die Folgegrenze, bei der Prüfung getrennt betrachtet werden müssten. Da der ursprüngliche Wortlaut des Gesetzes diese beiden Elemente nebeneinanderstelle, müssten für eine Notwehrüberschreitung sowohl die Handlungsgrenze als auch die Folgengrenze überschritten werden. Die Überschreitung nur einer dieser Bedingungen führe nicht notwendigerweise zu einer Notwehrüberschreitung.[18]

Im Vergleich zur Einheitstheorie entspricht der Auslegungsweg der Trennungstheorie eher dem ursprünglichen Wortlaut des Gesetzes, da das Gesetz eindeutig zwei nebeneinanderliegende Elemente verlangt. Da die Bestimmung der Notwehr-

---

[14] *Jiang*, in: Notwehr in Deutschland und China, S. 231.

[15] *Lao*, Peking University Law Journal, 2015 (1), 1327.

[16] *Chen*, Law Science 2011 (1), 117 ff.

[17] *Lao*, Peking University Law Journal, 2015 (1), 1330.

[18] *Lao*, Political Science and Law 2015 (1), 13 ff.

überschreitung zudem aus der Kombination zweier Bedingungen besteht, kann eine Verteidigungshandlung nur dann als Notwehrüberschreitung angesehen werden, wenn sie sowohl die Grenzen der Verteidigungshandlung als auch die des Erfolgs überschreitet, so dass die Grenzen der Notwehr im Einklang mit dem Zweck der Gesetzgebung und dem Reformbedarf der Gerichtspraxis eine größere Bandbreite umfassen.

Eine Kritik der Trennungstheorie geht dahin, dass die Grenzen der Handlung nur in Bezug auf den Erfolg erkannt werden könnten und es daher keine unabhängige Handlungsgrenze gebe.[19] Dieses Verständnis kann jedoch umgestoßen werden. Eine Verteidigung, die offensichtlich mehr als notwendig ist, kann entweder einen erheblichen Schaden verursachen oder aus zufälligen Gründen keinen Schaden verursachen, und nur Ersteres stellt einen strafbaren Verteidigungsüberschreitung der Verteidigung gemäß § 20 Abs. 2 chStGB dar. Man kann argumentieren, dass die Gefährlichkeit eines Verteidigungsmittels wie etwa der Einsatz einer Schusswaffe bereits in der Handlung selbst liegt und dass kein zwingender Zusammenhang zwischen diesem Mittel und dem tatsächlich eingetretenen erheblichen Schaden bestehen muss. Daraus folgt, dass die Annahme einer eigenständigen Grenze für Verteidigungshandlungen begründet werden kann.

Folgt man dieser Argumentation, so ist es nicht schwer, zu dem Schluss zu kommen, dass eine Handlungsüberschreitung nicht direkt festgestellt werden kann, auch wenn dadurch tatsächlich ein gravierender Schaden entstanden ist. Beispiel: Ein Angreifer greift einen Verteidiger an, nachdem es ihm nicht gelungen ist, Geld von ihm zu erpressen; der Verteidiger wehrt sich mit bloßen Händen und stößt den Angreifer zu Boden, und der Angreifer stirbt an einer primären Hirnstammverletzung, die durch die Landung auf seinem Kiefer während des Sturzes verursacht wurde.[20] Selbst wenn der Tod des Angreifers als ein „gravierender Schaden" anzusehen ist, begründet dies in diesem Fall nicht die Annahme einer Überschreitung der Verteidigungsgrenze. Die Abwehrhandlung des Verteidigers bestand lediglich darin, den Angreifer mit bloßen Händen zu Boden zu stoßen. Es handelte sich dabei um eine unbewaffnete Reaktion auf einen rechtswidrigen Angriff. Solange die Handlung an sich innerhalb der erforderlichen Verteidigung blieb, kann der Eintritt des Todes allein nicht als Anzeichen für eine Überschreitung gewertet werden. Daher war in diesem Fall die Verteidigung gemäß § 20 Abs. 2 chStGB nicht übertrieben.

Die Einführung der LeitNotw hat diese akademische Debatte in gewissem Maße endgültig beendet. Art. 11 LeitNotw präzisiert die Regelung von § 20 Abs. 2 chStGB, indem die Notwehrüberschreitung in zwei separate Voraussetzungen unterteilt wird: „Offenkundige Überschreitung der notwendig gebotenen Grenzen" und „Verursachung des gravierenden Schadens". In den folgenden Art. 12 und 13

---

[19] *Zhang*, Strafrecht I, S. 277.

[20] *Lao*, Peking University Law Journal, 2015 (1), 1340.

LeitNotw werden diese beiden Voraussetzungen weiter konkretisiert. Aufgrund der tatsächlichen Bindungswirkung der Justizauslegung für die Justizbehörden in der Praxis kann davon ausgegangen werden, dass die Bestimmung der Grenzen der Notwehr im chinesischen Strafrecht eine Transformation von einem rein erfolgsorientierten zu einem sowohl handlungs- als auch erfolgsbezogenen Ansatz durchlaufen hat.

II. Lehre von der Notwehrbefugnis

Nachdem nun die Parallelität zwischen der „offenkundigen Überschreitung der notwendig gebotenen Grenzen“ und der „Verursachung des gravierenden Schadens“ geklärt ist, bedarf es einer konkreten Erörterung ihrer Verwendung in der Praxis. Dabei ist es erforderlich, die Grenzkriterien der Notwehr sowohl im Hinblick auf die Grenze der Handlung als auch im Hinblick auf die Grenze des Erfolgs zu behandeln. Der Begriff der „notwendig gebotenen Grenzen“ im Gesetzestext ist nicht identisch mit dem in der strafrechtlichen Lehre verwendeten umfassenderen Begriff der „Grenzen der Notwehr“. Vielmehr stellt er lediglich einen Teilaspekt dieses übergeordneten Konzepts dar.

1. Offenkundige Überschreitung der notwendig gebotenen Grenzen

a) Darstellung der Theorien

Das Verständnis der „notwendig gebotenen Grenzen“ im Wortlaut des § 20 Abs. 2 chStGB ist in der chinesischen Strafrechtslehre von folgenden Hauptauffassungen geprägt:

(1) Die Anpassungslehre besagt, dass die Intensität der Verteidigungshandlung mit dem Angriff vereinbar sein müsse. Sie verlangt jedoch nicht, dass die Wirkungen von Verteidigung und Angriff absolut gleich sein müssen. Wenn die Verteidigungshandlung mit dem Angriff vereinbar sei, könne sie als Notwehr angesehen werden.[21]

(2) Nach der Lehre der Erforderlichkeit soll die Grenze der Notwendigkeit bestimmt werden, indem geprüft werde, ob die Verteidigungshandlung objektiv „erforderlich“ sei, um den Angriff wirksam abzuwehren.[22]

(3) Die Kompromisslehre besagt, dass die Stärke der Notwehr ungefähr der Stärke des Angriffs entsprechen solle. Gleichzeitig dürfe zwischen der Verteidigungshandlung und dem rechtswidrigen Angriff kein unangemessenes Miss-

---

[21] *Gao/Ma*, Strafrecht, S. 226.

[22] *Peng*, Jianghan Forum 2015 (7), 129.

verhältnis in Bezug auf Mittel, Intensität und Folgen bestehen.[23] Wenn der Verteidiger jedoch im Vergleich zum Angreifer schwächer sei, solle der Verteidiger keine übermäßige Zurückhaltung üben müssen.[24] Das durch die Verteidigungshandlung geschützte Rechtsgut müsse gegen die zu erwartenden Folgen, also den durch die Verteidigungshandlung verursachten Schaden abgewogen werden, und der Abstand zwischen dem geschützten Rechtsgut und dem geschädigten Interesse dürfe nicht zu groß sein.[25] Diese Ansicht stimmt im Wesentlichen mit dem Kriterium der grundlegenden Anpassungslehre überein, schwächt aber das Kriterium der Grenzen der Verteidigung, wenn der Verteidiger eindeutig im Nachteil ist, solange die Diskrepanz zwischen den Rechtsgütern nicht zu groß ist.

Die Anpassungslehre schränkt die Verteidigungsmittel ein, insbesondere wenn der Verteidiger eine Messerklinge verwendet und der Angreifer unbewaffnet ist. Dies benachteiligt den Verteidiger in bestimmten Fällen, da der Angreifer den rechtswidrigen Angriff möglicherweise geplant hat und der Verteidiger aus Gründen der Panik, der Angst usw. im Nachteil ist, ganz zu schweigen davon, dass der Angreifer einige Mittäter haben oder dem Verteidiger körperlich überlegen sein kann, und unter diesen Umständen wäre es eine unangemessene Belastung, vom Verteidiger zu verlangen, dass er die dem rechtswidrigen Angriff angepassten Verteidigungsmittel verwendet.

Die Kompromisslehre erkannte offensichtlich die Unzulänglichkeiten der grundlegenden Anpassungslehre und wollte dem schwächeren Verteidiger einige Zugeständnisse machen, während sie ihre Grundprinzipien im Wesentlichen beibehielt. Dies würde jedoch dazu führen, dass der Verteidiger in seinen Verteidigungsmitteln stärker eingeschränkt wird, wenn er stärker ist als der Angreifer. Dies wäre für ihn ungerecht; da er wahrscheinlich nicht in der Lage wäre, den rechtswidrigen Angriff im Voraus zu erkennen, und das Risiko einer solchen Einschränkung nicht auf sein verantwortliches Verhalten zurückzuführen wäre, käme es zu einer ungerechten Risikoübertragung. Darüber hinaus könnte die Abwägung der Rechtsgüter im Rahmen des Kompromissansatzes zu einer Verwechslung zwischen den Merkmalen „notwendig gebotene Grenzen“ und „Grenzen der Notwehr“ führen, wodurch die Überprüfung des eigenständigen Elements der „Verursachung eines gravierenden Schadens“ unwirksam würde.[26]

Im Gegensatz zu den beiden oben genannten Auffassungen, die sich auf die Abwägung widerstreitender Rechtsgüter konzentrieren, ist die Lehre der Erforderlichkeit eher auf Rechte ausgerichtet. Bei einem rechtswidrigen Angriff, vor allem wenn er unvorbereitet ist, muss der Verteidiger, um den rechtswidrigen Angriff zu

[23] *Gao/Ma*, Strafrecht, S. 135.

[24] *Gao*, Fujian Law Review 2012 (3), 44.

[25] *Li*, AT, S. 140.

[26] *Jiang*, in: Notwehr in Deutschland und China, S. 235.

stoppen, oft zu heftigeren Mitteln des Widerstands greifen als der rechtswidrige Angriff. Wenn zu diesem Zeitpunkt aufgrund der „Unvereinbarkeit" der Verteidigungshandlung mit dem rechtswidrigen Angriff festgestellt wird, dass ein „Missverhältnis" vorliegt und es sich somit um eine Notwehrüberschreitung handelt, kommt dies in tatsächlicher Hinsicht einem Entzug des Notwehrechts für den Verteidiger gleich.[27] Liegt der Schwerpunkt jedoch auf der Frage, ob die Verteidigungshandlung erforderlich ist, um die gesetzlichen Rechte der Person zu schützen, dann ist der Einsatz heftigerer Mittel gerechtfertigt, um den rechtswidrigen Angriff zu verhindern.

Solange anerkannt ist, dass das wesentliche Merkmal des Notwehrrechts in der Selbstbehauptung des Rechtsinhabers liegt, erscheint die Anforderung der Erforderlichkeit als konsequente Folge. Denn das Recht muss dem Unrecht nicht weichen. Um die ursprüngliche Funktion des Notwehrrechts zu gewährleisten, ist es notwendig, ihm eine Schärfe zu verleihen. Die erforderliche Verteidigungshandlung sollte dann nach Ex-ante-Kriterien beurteilt werden, und die Grenze der Erforderlichkeit sollte der Schutz der berechtigten Interessen des Einzelnen sein.

Daher erweist sich die Lehre von der Erforderlichkeit als die vernünftigere Lösung: Die Grenzen der Notwehr sind auf solche Mittel zu beschränken, die zur Abwehr des rechtswidrigen Angriffs geeignet und erforderlich sind. Da der Täter selbst der Verursacher des Friedensbruchs ist, kann das Gesetz berechtigterweise von ihm verlangen, dass er in Notwehr die Schadenslast trägt.[28] Erst wenn die eingesetzten Mittel über das zur Abwehr Erforderliche hinausgehen, überschreitet das Verhalten des Verteidigers den rechtlichen Rahmen und kann nicht mehr als Notwehr gerechtfertigt werden.

Erst wenn die begriffliche bzw. dogmatische Bedeutung der Erforderlichkeit feststeht, können die beiden Elemente der Notwehrüberschreitung in § 20 Abs. 2 chStGB klar und vernünftig unterschieden werden. Die Beurteilung, ob der Erfolg übermäßig ist, sollte dem Kriterium „Verursachung eines gravierenden Schadens" überlassen werden, während die von der Lehre der Erforderlichkeit ausgehende Beurteilung auf die Mittel und die Intensität der Verteidigungshandlung beschränkt ist. Dies würde eine kohärente Auslegung der gesetzgeberischen Entwicklung der Notwehr im chinesischen Strafrecht ermöglichen. Die klare Absicht des Gesetzgebers, durch die Änderung des Wortlauts in § 20 chStGB die Voraussetzungen für die Anerkennung der Notwehr zu lockern, käme damit zum Ausdruck. Würde hingegen der frühere restriktive Auslegungsansatz erneut verfolgt, liefe die Gesetzesreform letztlich ins Leere.[29]

[27] *Yin*, Modern Law Science 2018 (1), 181.

[28] *Chen*, Law Review 2009 (1), 102 ff.

[29] *Liang/Liu*, Politics and Law Forum 1998 (1), 25 ff.

b) Überprüfung der „notwendig gebotenen Grenzen"

Der Einfluss der Lehre der Erforderlichkeit im chinesischen Strafrecht hat sukzessive zugenommen, da sie sich gut mit der Theorie individueller Rechte vereinbaren lässt und zugleich in der Lage ist, theoretisch überzeugende Argumente zur Korrektur einer übermäßigen Beschränkung des Notwehrrechts in der Praxis zu liefern. Nach der Argumentation der Befürworter der Lehre der Erforderlichkeit liegt der Fokus bei der Prüfung einer Notwehrüberschreitung nicht auf dem eingetretenen Erfolg, sondern auf der Verteidigungshandlung selbst. Im Rahmen der Trennungstheorie ist es dem Täter zudem nicht möglich, eine strafbare Notwehrüberschreitung zu begehen, sofern die Handlung nicht als übermäßig beurteilt wird, unabhängig davon, wie gravierend der eingetretene Erfolg ist.

Da § 20 Abs. 1 chStGB die Erforderlichkeit der Verteidigungshandlung selbst nicht vorschreibt, kann auch dann, wenn die Verteidigungshandlung selbst nicht erforderlich ist, aber kein gravierender Schaden eintritt, nur eine gerechtfertigte Notwehr festgestellt werden, so dass die Erforderlichkeit der Notwehr im deutschen Strafrecht nicht auf die chinesische Theorie der Erforderlichkeit als Verteidigungsgrenze übertragen werden kann, weil beide nicht dieselbe logische Funktion haben. Erstere ist die Bedingung der Notwehr selbst, d. h. bei Fehlen der Erforderlichkeit kann die Notwehr nicht begründet werden, während nach dem Verständnis der Trennungstheorie die Erforderlichkeit der Verteidigung mit den Ergebnissen der Verteidigung kombiniert werden muss, um die Begründung der Notwehr zu negieren.

Bei der Diskussion über die Erforderlichkeit von Verteidigungshandlungen sind sich chinesische Gelehrte im Allgemeinen einig:

Erstens erkennt die Rechtsordnung immer noch an, dass der rechtswidrige Angreifer ein Mitglied der Gesellschaft ist und dass sein Freiheitsrecht nicht vollständig negiert ist, so dass der Verteidiger nicht vollständig von der Verpflichtung befreit werden kann, das Freiheitsrecht des unrechtmäßigen Täters zu respektieren, dessen Grundrechte im Prinzip immer noch gültig sind. Die Erforderlichkeit verlangt daher, dass der Verteidiger nur solche Verteidigungshandlungen vornehmen kann, die zur Beendigung des rechtswidrigen Angriffs erforderlich sind, und keine willkürlichen Verteidigungshandlungen; m. a. W., der Verteidiger kann nur innerhalb der Grenzen zurückschlagen, die zur Beendigung des rechtswidrigen Angriffs erforderlich sind. Unter dem Gesichtspunkt des Rechtsschutzes muss der Verteidiger nicht das Scheitern der Verteidigung riskieren, indem er ein Verteidigungsmittel wählt, das dem rechtswidrigen Angreifer weniger schadet, aber möglicherweise den rechtswidrigen Angriff nicht wirksam stoppen kann.[30] So kann das Handeln eines Verteidigers unter dem Aspekt der Erforderlichkeit als gerechtfertigt angesehen werden, solange er das relativ mildeste der wirksamen Verteidigungsmittel wählt,

[30] *Wang*, Peking University Law Journal 2018 (6), 1607.

und es kann nicht von ihm verlangt werden, ein riskanteres, aber gemäßigteres Verteidigungsmittel zu wählen.

Zweitens wirkt sich die Intensität des Angriffs des Angreifers auf die Befugnis zur Verteidigungshandlung aus, und diese Intensität umfasst sowohl die Mittel des Angriffs als auch die Anzahl der Angreifer. Wenn die Intensität der Verteidigungshandlung selbst im Wesentlichen gleich oder sogar geringer ist als die des rechtswidrigen Angriffs, wird sie nicht als Überschreitung der notwendigen Grenze angesehen, unabhängig vom Erfolg der Verteidigungshandlung.[31] Zum Beispiel gerieten die Angeklagten A und B in eine Auseinandersetzung, bei der B A zunächst beschimpfte und würgte. Nachdem er sich ausgesprochen hatte, schlug B mit einer Bierflasche auf A ein. A ergriff daraufhin B an der Taille und warf ihn zu Boden. In der Folge starb B an einem hämorrhagischen Schock, da er sich mit einer zerbrochenen Flasche, die er selbst in der Hand hielt, eine Arterie und Vene im linken Bein verletzte.[32] In diesem Fall ging die Verteidigungshandlung von A nicht über die Intensität des Angriffs von B hinaus, und auch wenn sie zum Tod von B geführt hat, stellt sie keine Notwehrüberschreitung dar.

Drittens müssen auch die besonderen Umstände der Angegriffenen in die Überprüfung einbezogen werden, die sich in die physische Verteidigungsfähigkeit und die psychische Befindlichkeit des Angegriffenen unterteilen lassen. Wenn die spezifische Verteidigungsfähigkeit des Angegriffenen oder die besondere Notsituation dazu führt, dass er in einen klaren Nachteil gerät, sollte die Erforderlichkeitsgrenze der Verteidigungshandlung gelockert werden, denn es kann vom Verteidiger nicht verlangt werden, dass er das Risiko des Scheiterns der Verteidigung eingeht, um ein geringeres Verteidigungsmittel einzusetzen. Zum Beispiel planten Sun, Zhang und Li, Frau Yin zwei Tage lang in ihrem Hotelzimmer gefangen zu halten, weil sie bei der Arbeit einen Streit mit ihr hatten. Am nächsten Morgen um 3 Uhr standen sie vor der Tür von Frau Yins Wohnheim und forderten sie auf, die Tür zu öffnen. Als Frau Yin sich weigerte, schlugen sie die Tür ein. Sun versuchte, Frau Yin mit Gewalt zu entführen. Als Frau Yin sich wehrte, begann Sun sie zu schlagen und zerriss ihren Schlafanzug. Frau Wu, Frau Yins Mitbewohnerin, sah die Szene und forderte Sun auf, sein Verhalten zu beenden. Sun drehte sich um und schlug Frau Wu, wobei er auch ihren Schlafanzug zerriss. Frau Wu ergriff ein Obstmesser und stach Sun in den linken Arm. Li versuchte, Frau Wu mit einem Eisenschloss zu schlagen, aber Frau Wu schnappte sich das Messer und stach Li in die Brust, woraufhin Li an einem akuten hämorrhagischen Schock starb.[33] In Anbetracht der Tatsache, dass die Verteidigung von Frau Wu schwächer war als die ihres männlichen Angreifers und dass die Tat in der sehr persönlichen Sphäre von Frau Wus Wohnheim stattfand, hätte dies ihre psychologische Verletzlichkeit und Hilflosigkeit noch verstärkt. Selbst wenn es stimmt, dass das von Frau Wu benutzte

[31] *Lao*, Peking University Law Journal 2015 (1), 1342.

[32] Strafkammer 1 und 2 des OVG, Referenz 22, S. 5 f.

[33] Strafkammer 1 des OVG, Leitende Fälle, S. 410.

Messer zur Verteidigung stärker war als der Angriff der anderen Partei, kann nicht behauptet werden, dass ihre Verteidigung die Grenze der Notwendigkeit überschritten habe, da die Verteidigung zu diesem Zeitpunkt bereits das mildeste aller Mittel war und von ihr nicht erwartet werden konnte, dass sie das noch mildere Verteidigungsmittel ihrer bloßen Hände benutzte, was nur zu einer hohen Wahrscheinlichkeit geführt hätte, sich nicht erfolgreich verteidigen zu können.

c) Bestimmungszeitpunkt der „notwendig gebotenen Grenzen"

Die Frage, zu welchem Zeitpunkt die Grenzen der Notwehr zu bestimmen sind, ist umstritten. Theoretisch hängt der Umfang des Notwehrrechts vom Gefährdungsgrad des rechtswidrigen Angriffs ab. Da die Gefährlichkeit eines Angriffs in der konkreten Situation stets mit Unsicherheiten behaftet ist, lässt sich oft erst im Nachhinein beurteilen, welche Verteidigungsmittel tatsächlich geeignet waren, den Angriff zu beenden. Daher stellt sich die zentrale Frage, ob eine sachgerechte Regelung der Notwehr auch die besondere Situation des Verteidigers berücksichtigen und ihm gestatten muss, aus einer ex ante-Perspektive oder einer ex post-Perspektive die Verteidigungsmittel zu wählen, die ihm in diesem Moment als erforderlich erscheinen.[34]

Die Vertreter der ex ante-Perspektive argumentieren, dass bei Vorliegen eines rechtswidrigen Angriffs die Beurteilung einer Notwehrüberschreitung auf der tatsächlichen Lage des Verteidigers im Zeitpunkt der Verteidigung beruhen müsse, nicht auf einer ex post Bewertung. Ähnlich wie bei der Frage, ob ein Angriff noch andauert, ist entscheidend, dass der Angreifer bereits eine rechtswidrige Handlung begonnen hat; die Schwere der Bedrohung sei dann nach den Umständen des Angriffs und nach der allgemeinen gesellschaftlichen Wahrnehmung zu beurteilen.[35] Diese Sichtweise findet auch in Art. 12 LeitNotw ihre Bestätigung, wonach die Beurteilung der Verteidigungsgrenzen auf die Situation des Verteidigers im Zeitpunkt der Abwehrhandlung und auf die allgemeine soziale Wahrnehmung abzustellen hat.

Ein klassisches Beispiel ist der Fall, dass A mit einer täuschend echt wirkenden Spielzeugpistole einen Geldtransport überfällt und der Wachmann B in der irrigen Annahme, A sei bewaffnet, tödlich auf ihn schießt. Auch wenn sich ex post herausstellt, dass eine Warnschusshandlung genügt hätte, gilt die Verteidigung als gerechtfertigt, weil aus der damaligen Sicht ein durchschnittlicher Beobachter die Spielzeugwaffe ebenfalls für echt gehalten hätte. Die Begründung dieser Ansicht liegt darin, dass die Notwehr als Verhaltensnorm den Verteidiger in der konkreten Situation zu rechtmäßigem Handeln anleiten soll; dieses Handlungsmodell muss auf einer realistisch erreichbaren Erkenntnisbasis beruhen und darf keine „übermenschliche" Beurteilungsfähigkeit verlangen. Wird eine Handlung, die im Zeit-

[34] Vgl. *Kindhäuser*, NK/StGB, § 32, Rn. 88.

[35] *Wang*, Kernkonzepte, S. 45.

punkt der Abwehr als notwendig erschien, nachträglich wegen neuer Tatsachen für rechtswidrig erklärt, so verliert die Notwehrregel ihre Funktion als handlungsleitende Verhaltensnorm.

Allerdings ist zu unterscheiden, dass die Beurteilung der Verteidigungsgrenzen nicht mit der Feststellung der Verteidigungslage gleichzusetzen ist. Ob eine Notwehrlage vorliegt, ist eine rein faktische Frage und daher ex post nach dem objektiven Geschehensablauf zu beurteilen. Die Prüfung der Verteidigungsgrenzen hingegen enthält ein prognostisches Element, etwa die Einschätzung, wie sich der Angriff entwickeln oder welche Wirkung ein Verteidigungsmittel entfalten wird, und erfordert deshalb eine Bewertung aus der Sicht eines objektiven Beobachters im Zeitpunkt der Tat. Bei Tatsachen, die im Zeitpunkt der Tat bereits objektiv bestanden, etwa ob der Angriff tatsächlich eine tödliche Gefahr begründete, genügt jedoch nicht allein die Annahme, dass der Verteidiger vernünftigerweise glauben durfte, eine solche Gefahr bestehe. Diese Tatsachen bilden die tatsächliche Grundlage für das Eingreifen des Notwehrrechts und betreffen nicht nur die Handlungsnorm für den Verteidiger, sondern auch die Grundrechte des Angreifers, deren Einschränkung nur bei realer Gefahr zulässig ist.[36]

Dies lässt sich durch das umgekehrte Beispiel verdeutlichen: Ein scheinbar unbewaffneter Angreifer trägt in Wahrheit eine versteckte Schusswaffe. Der Verteidiger, der dies nicht erkennen kann, verwendet aus Angst ein augenscheinlich übermäßiges Verteidigungsmittel. Obwohl die Abwehr ex post betrachtet tatsächlich notwendig war, wäre sie nach der ex-ante-Lehre als „subjektiv übermäßig" zu verurteilen. Eine solche Bewertung überzeugt jedoch nicht, da die Handlung in diesem Fall keinen Erfolgsunwert, sondern nur einen Handlungsunwert aufweist.

Das Notwehrrecht ist als Eingriffsbefugnis nur dann legitim, wenn die tatsächlichen Voraussetzungen für die Einschränkung fremder Grundrechte wirklich vorliegen. Besteht die Gefahr nur scheinbar, kann auch kein legitimer Anspruch auf Duldung des Eingriffs entstehen. Andernfalls würde die Verteidigungsbefugnis auf einer bloßen Fehlvorstellung beruhen und die Rechte des wahren Opfers unverhältnismäßig einschränken.[37]

Daraus folgt, dass bei der Prüfung der Notwehrgrenzen zwischen prognostischen und faktischen Beurteilungselementen zu unterscheiden ist. Prognostische Einschätzungen, etwa zur Erforderlichkeit, sind aus ex ante Sicht zu beurteilen, während die tatsächliche Existenz einer Gefahr ex post anhand der objektiven Sachlage zu bestimmen ist. Der Verteidiger trägt hierbei eine Pflicht zu sorgfältiger Gefahreneinschätzung. Unterlässt er es, bei gegebener Möglichkeit die Situation richtig zu bewerten, so kann trotz vorhandener Verteidigungsabsicht eine Überschreitung der Grenzen vorliegen. In solchen Fällen kann sich der Verteidiger auf die Regeln des Erlaubnistatbestandsirrtums berufen, wodurch der Vorsatz entfällt. Je nach Ver-

---

[36] *Engländer*, Matt/Renzikowski/StGB, § 32 Rn. 24.

[37] *Perron*, in: Notwehr in Deutschland und China, S. 342.

meidbarkeit des Irrtums kommt entweder eine Fahrlässigkeitstat oder Straffreiheit in Betracht.

2. Verursachung eines gravierenden Schadens

Im Rahmen der Trennungstheorie wird die Verursachung eines gravierenden Schadens zu einem eigenständigen Element, und im Allgemeinen ist die h. M., dass der Schaden hier ein tatsächlich eingetretener Schaden sein muss und nicht die Gefahr eines Schadens umfassen kann. Solange die Folge nicht tatsächlich eintritt, kann keine Notwehrüberschreitung im Sinne von § 20 Abs.2 chStGB vorliegen.[38]

Diskussionswürdiger ist das Kriterium der Schwere, das nach einer Ansicht anhand eines Vergleichs der Folgen beurteilt werden soll. Dabei solle der tatsächliche oder voraussichtliche Schaden, der dem Verteidiger durch den Angriff drohe, dem Schaden gegenübergestellt werden, der dem Angreifer infolge der Verteidigungshandlung entstehe. Wenn der durch die Verteidigung verursachte Schaden erheblich größer ausfalle als der durch den Angriff drohende, gelte das Verteidigungsergebnis als gravierender Schaden.[39] Mit dieser hierarchischen Einstufung des Schadens werde versucht, einen operativen Standard für die Gerichtspraxis zu schaffen.

Das Problem ist jedoch, dass diese Sichtweise die Unterscheidung zwischen aggressivem Notstand und Notwehr auf der Ebene der Rechtfertigung nicht beachtet. Die Rechtfertigungsgrundlage für den aggressiven Notstand liegt im Überwiegen des Solidaritätsprinzips. Das Opfer der Notstandshandlung ist nicht der verantwortliche Verursacher der Notsituation und muss daher nicht die Abwälzung eines schwereren Schadens dulden; bei der Notwehr hingegen, die eine erneute Bestätigung des Rechts gegenüber dem Unrecht darstellt, ist der Verteidiger nicht verpflichtet, den durch die Verteidigung verursachten Schaden auf die Höhe des Schadens zu begrenzen, den er hätte erleiden können, sondern nur sein Recht im Rahmen einer bestimmten Begrenzung zu berücksichtigen. Die oben erläuterte Berechnung ignoriert eindeutig den unterschiedlichen Schutzstatus der beiden Parteien.[40]

Eine abweichende Auffassung argumentiert, dass die bloße Verursachung eines schweren Schadens nicht ausreiche, um von einem „erheblichen Schaden“ auszugehen. Vielmehr sei dies erst dann der Fall, wenn das Rechtsgut des Angreifers nach einer einschränkenden Bewertung zurücktrete und dasjenige des Verteidigers als vorrangig anerkannt werde.[41] Problematisch an dieser Argumentation ist jedoch, dass eine solche einschränkende Bewertung des Rechtsguts des Angreifers im Verdacht steht, gegen den verfassungsrechtlichen Gleichheitsgrundsatz zu versto-

[38] *Lao*, Peking University Law Journal, 2015 (1), 1340.

[39] *Jiang*, in: Notwehr in Deutschland und China, S. 242.

[40] *Jiang*, in: Notwehr in Deutschland und China, S. 243.

[41] *Zhang*, Strafrecht I, S. 194 f.

ßen. Wird das Rechtsgut bestimmter Personen geringer gewichtet, impliziert dies einen reduzierten Rechtsschutz für diese Personen, was mit dem Grundsatz der Gleichbehandlung nicht vereinbar wäre. Selbst grundlegende Rechtsgüter des Angreifers, wie Leben und körperliche Unversehrtheit, sind daher weiterhin vom Gesetz in vollem Umfang zu schützen.

Eine überzeugende Auffassung ist, dass der Schwerpunkt der Prüfung der Grenzen des Notwehrrechts auf der Verteidigungshandlung liege und dass der Erfolg der Verteidigung lediglich als Kriterium zur umgekehrten Abgrenzung herangezogen werden solle, um zu bestimmen, welche Folgen nicht als gravierender Schaden gelten können. Nach dieser Sichtweise beschränkt sich ein gravierender Schaden auf schwere Körperverletzungen und Todesfälle, während leichtere Verletzungen sowie reine Vermögensschäden nicht darunterfielen.[42] Diese Auffassung findet zunehmend Anerkennung in der judikativen Praxis.[43] Auf diese Weise wird zum einen bestätigt, dass das wesentliche Merkmal des Notwehrrechts im Schutz des Rechts vor rechtswidriger Verletzung liegt, und nicht in einer bloßen Beurteilung der Rechte und Interessen des Angreifers. Wenn die Verteidigungshandlung dem Angreifer nur einen Vermögensschaden zufügt, dann stellt dies, selbst wenn der Vermögensschaden des Angreifers viel größer ist als der des Angegriffenen, keinen „gravierenden Schaden" im Sinne des Notwehrrechts dar. Zum anderen wird der Angegriffene durch dieses Verständnis davon entlastet, vor der Vornahme einer Verteidigungshandlung eine komplexe und vielschichtige Abwägung der möglichen Folgen vorzunehmen, was den praktischen Anwendungsbereich des Notwehrrechts erheblich erweitert.

Art. 13 LeitNotw übernimmt eine negativ definierte Abgrenzung und legt den Maßstab für das Merkmal „Verursachung eines gravierenden Schadens" dahingehend fest, dass dieser erst dann gegeben ist, wenn der Angreifer schwer körperlich verletzt oder getötet wird. Wird hingegen lediglich eine leichte Verletzung oder ein noch geringerer Schaden verursacht, so liegt keine Notwehrüberschreitung im Sinne von Art. 20 Abs. 2 StGB vor.

Daraus folgt, dass eine Verteidigungshandlung, die zwar über das erforderliche Maß hinausgeht, jedoch zufällig nicht zu einer schweren körperlichen Verletzung oder zum Tod des Angreifers führt, weiterhin als Notwehr anerkannt werden kann. Dies bedeutet in der Konsequenz, dass die Begrenzung der Notwehrintensität letztlich aus einer Ex-post-Perspektive betrachtet wird. Diese durch die Justizauslegung festgelegte Ansicht dient letztlich der Erweiterung des Notwehrrechts in der gerichtlichen Praxis und verfolgt zudem das kriminalpolitische Ziel, die zuvor bestehende übermäßige Einschränkung der Notwehr zu korrigieren.

---

[42] *Lao*, Peking University Law Journal, 2015 (1), 1340.

[43] Strafkammer 1 und 2 des Obersten Volksgerichts, Referenz 38, S. 104.

III. Bedeutung von § 20 Abs. 3 chStGB

§ 20 Abs. 3 StGB enthält Sonderregelungen für einige Arten von rechtswidrigen Übergriffen, d. h., bei einigen Gewaltdelikten, die die persönliche Sicherheit ernsthaft gefährden, stellt es keine Notwehrüberschreitung dar, wenn der Verteidiger den Angreifer verletzt oder tötet, und sein Handeln ist in diesen Fällen nicht strafbar. Akademiker bezeichnen diese Bestimmung manchmal als das „besondere Notwehrrecht" oder das „unbegrenzte Notwehrrecht".[44]

Eine verbreitete gerichtliche Praxis besteht darin, § 20 Abs. 3 chStGB als eine Leitlinie des Notwehrrechts zu verstehen. Danach sei eine Verteidigungshandlung, die zum Tod oder zu einer körperlichen Verletzung des Angreifers führe, ausschließlich dann gerechtfertigt, wenn sie sich gegen ein Gewaltdelikt richtet, das die persönliche Sicherheit ernsthaft gefährdet. Dagegen werde die Verteidigung gegen andere rechtswidrige Angriffe, selbst wenn sie ähnliche Folgen haben, nicht als Notwehr anerkannt.[45] Diese Auslegung ist jedoch äußerst problematisch. Es erscheint widersinnig, eine Norm als Ausnahme vom Notwehrrecht zu behandeln, wenn gerade die in ihr beschriebene Verteidigungshandlung ohne die Existenz dieser Norm als strafbare Notwehrüberschreitung qualifiziert würde. Zudem hätte eine solche Interpretation zur Folge, dass die Rechtfertigung einer Verteidigung mit tödlicher oder schwer verletzender Wirkung ausschließlich auf § 20 Abs. 3 chStGB gestützt werden müsste. Dies würde in der gerichtlichen Praxis zwangsläufig zu einer erheblichen Ausweitung der strafrechtlichen Haftung für Notwehrüberschreitungen führen.

Problematisch ist auch die Frage, ob eine Notwehrüberschreitung im Falle von Absatz 3 noch möglich ist. Wang Gang ist der Ansicht, dass bei der Beendigung eines Gewaltdelikts, das eine ernsthafte Gefährdung der persönlichen Sicherheit darstellt, der Verteidiger auch die Möglichkeit habe, eine Notwehrüberschreitung zu begründen. Dies sei zum Beispiel dann der Fall, wenn A feststellt, dass B eine gewalttätige Vergewaltigung durchzuführen versucht, und B unmittelbar tötet, obwohl er weiß, dass er B nur leichte Verletzungen zufügen muss, um den rechtswidrigen Angriff zu beenden. In diesem Fall sei das Handeln von A nicht erforderlich gewesen und könne nicht als Notwehr angesehen werden.[46]

Diese Schlussfolgerung steht jedoch im Verdacht, gegen das Gesetzlichkeitsprinzip zu verstoßen, denn § 20 Abs. 3 chStGB besagt ausdrücklich, dass die Verteidigung in diesem Fall auch dann gerechtfertigt sein kann, wenn sie zum Tod führt. Es gibt kein zusätzliches Erfordernis, dass die Verteidigungshandlung selbst erforderlich ist. Denn selbst wenn man davon ausgeht, dass die Verteidigungshandlung in diesem Beispiel nicht erforderlich war und somit die entsprechenden Grenzen überschritten hat, hat der Verteidiger nur die Grenzen der Verteidigungs-

[44] *Chen*, Law Science 1998 (6), 33.

[45] *Wang*, Peking University Law Journal 2018 (6), 1608.

[46] *Wang*, Peking University Law Journal 2018 (6), 1608.

handlung und nicht die Grenzen des Verteidigungserfolgs überschritten, denn § 20 Abs. 3 chStGB legt eindeutig fest, dass der Erfolg der Tötung und Körperverletzung in diesem Fall keine Überschreitung darstellt. Dementsprechend sehen die Regeln des § 20 Abs. 3 chStGB keine strafbare Notwehrüberschreitung vor.

Bei einer Konfrontation mit den in § 20 Abs. 3 chStGB vorgesehenen rechtswidrigen Angriffen ist festzustellen, dass der Gesetzgeber angesichts der Verantwortung des Angreifers, der durch Angst und Anspannung des Verteidigers verursachten verminderten Vorwerfbarkeit sowie der kriminalpolitischen Zielsetzung, solche Gewaltverbrechen entschieden zu bekämpfen, die Strafbarkeit des Verteidigungsakts ausnahmsweise ausgeschlossen hat, obwohl dieser aufgrund offensichtlichen Mangels an Erforderlichkeit und erheblicher Schäden den Anforderungen von § 20 Abs. 2 chStGB entspricht, und nicht nur die Milderung der Strafe gemäß § 20 Abs. 2 chStGB vorgesehen hat.[47] Wenn die Verteidigungshandlung die Erforderlichkeit erfüllt oder keine erheblichen Schäden verursacht, gilt sie als gewöhnliche Notwehr. Übersteigt die Verteidigung jedoch die Erforderlichkeit und führt zu erheblichen Schäden, findet die Straflosigkeit gemäß § 20 Abs. 3 chStGB Anwendung.

Jedoch erwähnt § 20 Abs. 3 chStGB in keinem Fall die Bedeutung einer etwaigen Überschreitung der Handlungsgrenzen. Daher kann diese Regelung als unwiderlegliche gesetzliche Vermutung des Einhaltens der Notwehrgrenzen angesehen werden. Das bedeutet, dass ein Verteidiger, der sich gegen einen in § 20 Abs. 3 chStGB definierten rechtswidrigen Angriff zur Wehr setzt, automatisch als im Rahmen der Notwehrgrenzen handelnd betrachtet wird, ohne dass eine weitergehende Prüfung der Erforderlichkeit der Verteidigungshandlung oder der Schwere des Verteidigungserfolgs erforderlich wäre. Diese Vermutung kann nicht durch gegenteilige Beweise widerlegt werden, was dem Verteidiger bei Gewaltverbrechen erweiterte Verteidigungsbefugnisse einräumt.

Eine Gegenmeinung lehnt diese gesetzliche Vermutungstheorie ab und argumentiert, dass die Einstufung des § 20 Abs. 3 chStGB als gesetzliche Vermutung dazu führen könne, dass die Rechtfertigung für eine Notwehr mit Tod oder schwerer Körperverletzung ausschließlich auf den in § 20 Abs. 3 chStGB geregelten Bereich beschränkt bliebe, was wiederum zu einer übermäßig restriktiven Begrenzung der allgemeinen Notwehr führen würde.[48]

Diese Befürchtung ist jedoch unbegründet, da Notwehrhandlungen außerhalb des § 20 Abs. 3 chStGB weiterhin den doppelten Beschränkungen der Handlungserforderlichkeit und der Erfolgsgrenzen unterliegen. Solange die Verteidigungshandlung selbst erforderlich ist, liegt keine Überschreitung der Notwehrgrenzen vor. Diese Auffassung wird auch durch Art. 18 LeitNotw gestützt, der klarstellt, dass § 20 Abs. 3 chStGB lediglich den Maßstab für die Erforderlichkeit der Ver-

---

[47] *Ma*, Journal of Political Science and Law 2019 (5), 78.

[48] *Zhang*, Strafrecht I, S. 278 f.

teidigungshandlung in bestimmten Fällen rechtswidriger Angriffe modifiziert, ohne jedoch die allgemeinen Notwehrgrenzen grundlegend zu verändern.

C. Einschränkung der Grenzkriterien der Notwehr

Der Grund dafür, dass es in China ein zu enges Verständnis der Grenzen der gerechtfertigten Notwehr sowie heftige Meinungsverschiedenheiten über die Grenzen der Notwehr gibt, liegt in der Uneinigkeit über die Grundlage der Rechtfertigung der Notwehr, insbesondere in dem extrem starken Einfluss der utilitaristischen Güterabwägung, die zu einer Betonung des Erfolgs der Verteidigung führt. Daraus folgt, dass der Mythos des Grundgedankens der Notwehr entschlüsselt werden muss, um die Grenzkriterien der Notwehr richtig abzugrenzen.

I. Grundgedanke der Notwehr

1. Kritik an den Grundgedanken der Theorie der Rechtsgüterabwägung

Erstens wird in der Theorie der Rechtsgüterabwägung argumentiert, dass der Schutz von Rechtsgütern und der Rückgang der Schutzfähigkeit der Rechtsgüter des Angreifers die beiden Kernelemente seien, die das Wesen der Notwehr ausmachten.[49] Grundlage der Notwehr als Rechtsfertigungsgrund sei das Prinzip des übergeordneten Interesses, das im Vergleich zu den Rechtsgütern des Angegriffenen nicht völlig negiert werde, sondern in der Auseinandersetzung zwischen „Recht" und „Unrecht" und damit in der normativen Bewertung enger gefasst werde. Die Rechtsgüter des Angegriffenen überwögen die des Angreifers und rechtfertigten somit die Notwehr.[50]

Aber diese Ansicht wird zunehmend in Frage gestellt. Die Grundlage für die einschränkende Bewertung der Rechtsgüter des Angreifers ist fragwürdig. Da das Rechtsgut objektiv ist, haben sich die Rechtsgüter des Angreifers und des Angegriffenen aus rein positivistischer Sicht nicht in einem existentiellen Sinne verändert.[51] Außerdem wirft die Einschränkung des Rechtsguts des Angreifers andere Folgeprobleme auf, nämlich dass sie gegen den verfassungsrechtlichen Gleichheitsgrundsatz verstoßen könnte.

Dieser Kritik an der Verengung der Bewertung halten die Befürworter der Theorie der Rechtsgüterabwägung entgegen, dass der Angreifer das „Unrecht" und der Verteidiger das „Recht" vertrete. Die Überlegenheit der Seite des Verteidigers

[49] *Chen*, Chinese Journal of Law 2015 (4), 121 f.

[50] *Zhang*, Strafrecht I, S. 198.

[51] *Lao*, Peking University Law Journal 2016 (2), 362.

könne nachgewiesen werden, indem man das Recht mit dem Unrecht konfrontiere.[52] Das Problem ist jedoch, dass die Grundlage der Notwehr im Wesentlichen ein relativer Konflikt zwischen Recht und Unrecht ist, nicht zwischen Rechtsgut und Rechtsgut; das Unrecht ist eine Verneinung des Rechts, und so verlangt die Rechtsordnung eine Verneinung des Unrechts, um die Bejahung des Rechts wiederherzustellen. Daraus ergibt sich weder eine Verneinung des Rechtsguts des Angreifers an sich, noch kann dies die Grundlage für eine Verringerung der Schutzwürdigkeit des Rechtsguts des Angreifers sein.[53]

Ein zweiter Ansatz zur Begründung der Vorrangstellung des Interesses des Verteidigers liegt darin, dass im Rahmen der Notwehr auch das Interesse an der Rechtsbewährung bestehe. Das Schutzinteresse hinsichtlich des eigenen Rechtsguts in Verbindung mit dem Rechtsbewährungsinteresse könne das Rechtsgutinteresse des Angreifers überwiegen und somit eine Notwehrhandlung rechtfertigen.[54]

Diese Sichtweise erklärt jedoch nicht, warum qualitativ unterschiedliche und auf verschiedenen Ebenen angesiedelte Interessen, nämlich der Schutz von Rechtsgütern einerseits, das Interesse an Rechtsbewährung andererseits, einfach durch Addition zusammengerechnet werden können. Noch darüber hinaus stellt die Bewährung der Rechtsordnung ihrem Wesen nach bereits den Schutz der individuellen Rechtsgüter der Bürger dar. Wird sie als ein zusätzlich zu berücksichtigendes Rechtsgut behandelt, führt dies zu einer unzulässigen Doppelverwertung. Der Versuch, die Überlegenheit der Interessen des Verteidigenden durch eine Aufwertung seiner Schutzgüter zu begründen, erscheint daher nicht überzeugend.

Eine dritte Argumentationslinie besteht darin, dass der Angreifer einen Interessenkonflikt verursache und sich selbst aus einem sicheren Zustand in eine Situation gebracht hat, in der ein Interessenkonflikt vermeidbar gewesen wäre, so dass die Interessen des Täters in erheblichem Maße aus dem „Heiligtum des Rechts" vertrieben werden.[55]

Diese Argumentation weist jedoch eine Inkonsistenz auf: Wird die eigenverantwortliche Selbstschädigung als Grund für eine Herabsetzung der rechtlichen Bewertung herangezogen, so impliziert dies, dass der rechtswidrige Angreifer als autonomes Subjekt seiner eigenen Entscheidungen betrachtet wird. Konsequenterweise müsste daraus folgen, dass er auch die daraus resultierenden Pflichten übernimmt. Stattdessen wird er nach der Theorie der Rechtsgüterabwägung jedoch lediglich als passiver Träger der Rechtsgüter und nicht als selbstverantwortlich handelndes Subjekt betrachtet.

Außerdem ist die Schlussfolgerung, dass die Interessen des Angreifers vom Schutz der Rechtsordnung abgekoppelt seien, höchst unangebracht. Da es außerhalb

---

[52] *Zhang*, Strafrecht I, S. 74.

[53] *Zhao*, Peking University Law Journal 2018 (6), 1620 f.

[54] *Naito*, AT II, S. 329.

[55] *Li*, Journal of Law and Commerce 2007 (4), 70.

der Rechtsordnung keine zwingenden Rechte, sondern nur zwingende Tatsachen gibt, kann das Notwehrrecht als Recht nicht außerhalb der Rechtsordnung existieren.[56] Aus der Rechtsordnung herausgenommen zu werden, bedeutet auch, dass die Rechtsgüter des Angreifers in keiner Weise geschützt werden, was eindeutig im Widerspruch zu der normativen Tatsache steht, dass das Gesetz vorsieht, dass die Notwehr Grenzen haben muss.

Zusammenfassend lässt sich sagen, dass die Rangfolge der abstrakten Rechtsgüter in der Theorie der Rechtsgüterabwägung in dem Versuch, die Überlegenheit der Seite des Verteidigers zu rechtfertigen, unweigerlich zu einer Verlagerung des Schwerpunkts der Prüfung der Notwehr auf den Erfolg der Verteidigung führt, wobei die Prüfung der Erforderlichkeit der Verteidigungshandlung vernachlässigt wird; dies kann letztlich zu einer unangemessenen Einschränkung der Verteidigung führen. Diese Tendenz hat dazu geführt, dass sich die Notwehr allmählich in eine besondere Art von Notstand verwandelt hat, wobei die Tatsache ignoriert wird, dass die Grundlage der Notwehr die Gegenüberstellung von Recht und Unrecht ist und nicht die Anordnung der Rangfolge der Rechtsgüter. M. a. W.: Die Rechtfertigung der Verteidigung ergibt sich aus dem normativen Anliegen, den Eingriff zu unterbinden, dem der Verteidiger ausgesetzt ist, und nicht aus dem Anliegen, die Rechtsgüter des Angreifers zu beschränken. Das Notwehrrecht ist ein Recht, die eigenen Rechtsgüter vor Beeinträchtigungen zu schützen, nicht den Angreifer zu bestrafen.

2. Entfaltung von Grundgedanken im chinesischen Strafrecht

a) Schärfe des Notwehrrechts aufgrund des Rechtsarguments

Die Ordnung der Rechtsgüter kann zu einer Vermischung des Wesens und der Funktionsweise der Notwehr mit dem Notstandsrecht führen, mit dem Ergebnis, dass es unmöglich ist, zu erklären, warum das Notwehrrecht schärfer sein kann als das Notstandsrecht, was wiederum zu einer unangemessenen Verengung des Notwehrrechts führt.

Tatsächlich liegt die Grundlage für die Notwehr in der selbstbestimmten Verletzung der Rechtssphäre eines anderen durch den Angreifer. Aus dieser Natur ergibt sich, dass das Notwehrrecht für den Angreifer im gesamten Notrechtesystem einen höheren Stellenwert haben muss als das Notstandrecht. Ein rechtswidriger Angriff in der Notlage ist im Wesentlichen ein Akt der Missachtung seitens des Angreifers als Subjekt gegenüber der Person eines anderen Subjekts, des Angegriffenen, und nicht nur gegenüber einem Träger von Rechtsgütern. Auf dieser Basis muss, da der Konflikt ausschließlich dem Angreifer zugerechnet wird, die

[56] *Zhao*, Peking University Law Journal 2018 (6), 1622.

Verantwortung des Verteidigers ausgeschlossen werden, so dass das Notwehrrecht seine Schärfe annimmt.[57]

Ursprünglich ging die normative Zurechnung einer Rechtsgutverletzung in dieselbe Richtung wie die Verursachung im natürlichen Sinne, wobei derjenige, der die Rechtsgutverletzung kausal auslöst, verantwortlich ist. Doch das System der Notwehr kehrt diesen allgemeinen Zuständigkeitsgrundsatz vollständig um: Der rechtswidrige Angreifer entscheidet sich durch sein eigenes autonomes Verhalten, eine Handlung zu begehen, die die Rechte anderer verneint. In diesem Fall wird, ausgehend von der Bestätigung des Rechts, auch das Notwehrrecht als Negation der Negation des Rechts bestätigt, und die Schlussfolgerung lautet, dass die Verteidigungshandlung, solange sie sich innerhalb des Notwehrrechts bewegt, ausreicht, um eine Umkehrung der Verantwortungszuweisung zu begründen. Es kommt also nicht nur auf die Verletzung des Rechtsguts selbst im natürlichen Sinne an, sondern auf die Zurechnung im normativen Sinne. Speziell im Hinblick auf das Notwehrrecht im chinesischen Strafrecht ist diese Zuständigkeitszuweisung in der Tat die Grenze der Notwehr.

Solange feststeht, dass die Grundlage für die Rechtfertigung des Notwehrrechts in der Bestätigung des Freiheitsrechts liegt, ist die Schärfe des Notwehrrechts eine logische Schlussfolgerung im Rahmen des Grundsatzes, dass Rechte nicht dem Unrecht weichen müssen. Auf dieser Grundlage zeichnet sich das Notwehrrecht durch seine besondere Schärfe aus: Der Angegriffene ist grundsätzlich nicht verpflichtet, einen rechtswidrigen Angriff zu dulden oder ihm auszuweichen, selbst dann nicht, wenn dadurch sowohl der Angriff abgewehrt als auch die Rechtsgüter des Angreifers geschont werden könnten.

Zum einen ist vom Rechtsbegriff her das Recht selbst die gerechtfertigte Bedingung der menschlichen Handlungsfreiheit nach dem allgemeinen Recht und unterliegt grundsätzlich keinen Einschränkungen, die vom Freiheitsrecht abweichen; das Fehlen einer Ausweichpflicht kann nicht unter dem Gesichtspunkt des Rechtsgüterschutzes allein gerechtfertigt werden, sondern nur unter dem Aspekt des Rechts, da nämlich das aktive Ausweichen faktisch eine Schwächung der Wiederbestätigung des Rechts darstellt. Wenn eine Ausweichpflicht auferlegt wird, werden die Rechtsgüter des Einzelnen gezwungen, sich der Drohung des Angreifers zu unterwerfen, und können nicht rechtzeitig verteidigt werden. Dies widerspricht dem Geist des Gesetzes, das dem Einzelnen die Autonomie gibt, seine eigenen Rechte und Interessen zu verteidigen. Zum anderen ist die bloße Duldung und das Ausweichen auch aus der Sicht der chinesischen Gesetzesvorschriften keine „Handlung zur Abwendung eines gegenwärtigen rechtswidrigen Angriffes“ im Sinne von § 20 Abs. 1 chStGB, sondern ein bloßer Verzicht auf Verteidigung.[58]

---

[57] *Zhao*, Peking University Law Journal 2018 (6), 1627.

[58] *Zhao*, Peking University Law Journal 2018 (6), 1628.

Theoretisch wird ebenfalls vertreten, dass das Notwehrrecht keine delegierte Ausübung staatlicher Strafgewalt darstellt, sondern vielmehr als privates Recht auf rechtmäßige Gewalt zu verstehen ist.[59] Das Wesen der Notwehr liegt in der Selbstbehauptung eigener Rechte, weshalb es grundsätzlich nicht erforderlich ist, dass der Verteidigende vor der Ausübung seines Notwehrrechts staatliche Hilfe in Anspruch nimmt.[60] Auch das chinesische Strafgesetz enthält keine deutliche Regelung, die die Inanspruchnahme staatlicher Intervention zur Voraussetzung für die Ausübung des Notwehrrechts macht. Die „Schärfe" der Notwehr begründet daher prinzipiell ihre Unabhängigkeit von der staatlichen Gewalt, es sei denn, der Rückgriff auf staatliche Hilfe stellt im konkreten Fall das mildeste und zugleich erforderliche Verteidigungsmittel dar.[61]

b) Teleologische Reduktion des Notwehrrechts

Allerdings muss man zugeben, dass das Konzept der reinen Rechte weiterhin gewisse Mängel aufweist, denn selbst wenn der Unterschied zwischen den Rechtsgütern der beiden Parteien zu groß ist, kann er immer noch gerechtfertigt sein, und eine solche Schlussfolgerung kann im Rahmen des chinesischen Strafrechts nicht akzeptiert werden. Insbesondere dann, wenn das durch die Verteidigungshandlung verletzte Rechtsgut unverhältnismäßig größer ist als das zu schützende Rechtsgut, wie z. B. bei der Tötung eines Diebes, um ein geringfügiges Vermögensinteresse zu schützen, wäre es schwierig, eine solche Verteidigungshandlung als innerhalb der Grenzen der Verteidigung liegend zu bewerten, selbst wenn sie das einzig mögliche Mittel zum Schutz des Rechtsgutes ist.[62]

Darüber hinaus kann der Auslegungsweg, eine solche unverhältnismäßige Verteidigung zuzulassen, aus Sicht der verfassungsrechtlichen Grundrechte auch verfassungswidrig sein, da das Notwehrrecht als strafrechtliches Institut immer mit dem objektiven Wertesystem der Verfassung in Einklang stehen muss und die Zulassung einer unverhältnismäßigen Beeinträchtigung des Rechtsgutes einen Verstoß gegen den öffentlich-rechtlichen Verhältnismäßigkeitsgrundsatz und eine Verletzung der Menschenwürde des Einzelnen bedeuten würde.

Die Menschen leben in einer Gesellschaft, und der Einzelne kann sein Freiheitsrecht nur verwirklichen, wenn alle Individuen einander in der Gesellschaft gegenseitig respektieren und anerkennen. Einerseits beruht das Freiheitsrecht auf dem Autonomieprinzip und dem Selbstbestimmungs- und Selbstverantwortungsprinzip, das dem Notwehrrecht seine Schärfe verleiht. Andererseits muss der Mensch in der Gesellschaft bestimmte institutionelle Pflichten übernehmen, um die

---

[59] *Chen*, Political Science and Law 2019 (8), 49.

[60] *Xu*, Journal of Soochow University (Law Edition) 2024 (1), 93 f.; *Jiang*, Research in Law 2024 (6), 162 ff.

[61] *Xu*, Journal of Soochow University (Law Edition) 2024 (1), 94.

[62] *Wang*, Peking University Law Journal 2018 (6), 1608.

Existenz des Gesellschaftssystems selbst aufrechtzuerhalten, und daher werden die Rechte des einzelnen Bürgers unter bestimmten Umständen durch andere Menschen und durch das Gesellschaftssystem eingeschränkt, insbesondere unter dem Titel des gesellschaftlichen Solidaritätsprinzips.[63]

Daher erhält das Solidaritätsprinzip gerade dann seine normative Geltungslage, wenn die Ausübung der Freiheit durch den Verteidiger zu einem unverhältnismäßigen Schaden des Angreifers führt oder der Angreifer für die Herbeiführung der Notwehrlage nicht die vollständige Verantwortung trägt. Der Zweck liegt dabei nicht lediglich in der formalen Aufrechterhaltung einer abstrakten Ordnung, sondern in der Verwirklichung der materiellen Freiheit aller Mitglieder innerhalb dieser Ordnung.

Das Konzept der Rechte muss daher durch das Solidaritätsprinzip modifiziert werden, unabhängig von der Ableitung des Autonomieprinzips, das die Grundlage für die Schärfe bildet, aus der Grundidee des Notwehrrechts. Daher kann es unter bestimmten Umständen gerechtfertigt sein, vom Autonomieprinzip abzuweichen und das Solidaritätsprinzip heranzuziehen, indem die Solidaritätspflicht von einer bloß impliziten Erwartung zu einer explizit normativen Anforderung erhoben wird, um das Notwehrrecht teleologisch zu begrenzen.

II. Güterabwägung in den Grenzen der Notwehr

Auf der Grundlage des Grundgedankens, Notwehr zu rechtfertigen, muss weiter darüber diskutiert werden, ob die Grenzen der Notwehr eine Güterabwägung erfordern. In dieser Hinsicht gibt es drei Ansichten: die umfassende Negativtheorie der Güterabwägung, die umfassende Positivtheorie der Güterabwägung und die Kompromisstheorie.

1. Umfassende Negativtheorie der Güterabwägung

Wenn der Standpunkt, dass „Rechte nicht Unrecht weichen müssen“, durchgesetzt wird, sollte die Wichtigkeit der Güter beider Konfliktparteien nicht berücksichtigt werden. Selbst wenn der durch eine Verteidigungshandlung verursachte Schaden in einem großen Missverhältnis zu dem Schaden steht, der durch die rechtswidrige Verletzung verursacht werden könnte, ändert dies nichts an der ursprünglichen Gegensätzlichkeit von Recht und Unrecht, was zur Rechtfertigung extremer Unverhältnismäßigkeit führt. Diese Schlussfolgerung ist jedoch im Hinblick auf das Risiko des Rechtsmissbrauchs fragwürdig.

Wenn der Verteidiger den Tod des Angreifers herbeiführt, obwohl er lediglich ein geringfügiges Interesse schützt, entsteht ein Problem. Besonders problematisch

[63] *Kühl*, in: FS-Hirsch, S. 273.

ist es, wenn dem Verteidiger nur ein einziges Verteidigungsmittel zur Verfügung steht, das jedoch mit einem hohen Risiko tödlicher Folgen verbunden ist.[64] In einer solchen Konstellation wird die Rechtfertigung der Verteidigung fragwürdig.

Tatsächlich schließt Art. 10 LeitNotw Fälle eines krassen Missverhältnisses von der Notwehr aus. Die Justizauslegung stellt klar, dass bei einem offensichtlich geringfügigen rechtswidrigen Angriff der Einsatz eines Mittels, das erkennbar schwere Verletzungen oder den Tod verursachen kann, als Missbrauch des Notwehrrechts gilt und nicht als Notwehrhandlung anerkannt wird. Aus dieser Perspektive betrachtet scheint es daher, dass der vollständige Ausschluss einer Interessenabwägung im chinesischen Notwehrrecht nicht möglich ist. Selbst wenn ein erforderliches Verteidigungsmittel zu einem extremen Ungleichgewicht der geschützten Interessen führt, wird seine Rechtmäßigkeit dennoch abgelehnt.

2. Umfassende Positivtheorie der Güterabwägung

Im Gegensatz dazu stellt die umfassende Positivtheorie der Güterabwägung die vorherrschende Notwehr-Auffassung in der chinesischen Strafrechtstheorie dar. Die Bejahung der Abwägung von Rechtsgütern geht zunächst auf den Einfluss der utilitaristischen Notwehrtheorie zurück, die davon ausgeht, dass eine Verteidigungshandlung zwar die Rechtsgüter des Angreifers beeinträchtige und formal einen strafrechtlichen Tatbestand erfülle, aber im Wesentlichen eine rechtswidrige Verletzung, die die Gesellschaft gefährde, unterbunden und ein wichtigeres Rechtsgut geschützt habe. Insoweit handele es sich um ein rechtlich gerechtfertigtes Verhalten, da keine soziale Schädlichkeit vorliege. Im Konflikt zwischen Recht und Unrecht seien die Rechtsgüter des Verteidigers, der das Recht vertrete, überlegen und rechtfertigten daher seine Verteidigungshandlung. Daher müsse die Abwägung der Rechtsgüter ein umfassendes Urteil sein, da die Rechtfertigung der Notwehr auf der Abwägung der Rechtsgüter beruhe.[65]

Dieser utilitaristische Denkansatz ist jedoch in den letzten Jahren zunehmend in die Kritik geraten. Die utilitaristische Philosophie betont die Interessen der Gesellschaft und das Gemeinwohl und ist der Ansicht, dass eine Schädigung der Interessen einzelner Personen durch die Befriedigung der Interessen anderer Personen ausgeglichen werden kann.[66] Dieser Ansatz ist mit dem enormen Risiko verbunden, dass die individuellen Interessen der Mitglieder der Gesellschaft vernachlässigt werden und die Möglichkeit besteht, die eigenen Interessen auf Kosten anderer im Namen des Gemeinwohls zu befriedigen. Dies verwischt die Trennlinie zwischen den individuellen Rechtspositionen und erschwert damit die Gewährleistung des persönlichen Selbstbestimmungsrechts, das als fundamentaler Eckpfeiler der

[64] *Wang*, Peking University Law Journal 2018 (6), 1607.

[65] *Wang*, Rechtfertigungshandlung, S. 50.

[66] Vgl. *Kliemt*, in: Eine Theorie der Gerechtigkeit, S. 100.

Rechtsordnung gilt.[67] Darüber hinaus stützt sich der Utilitarismus auf einen einfachen Interessenvergleich, was dazu führen kann, dass die Interessen der Minderheit zugunsten der Interessen der Mehrheit missachtet werden. Diese Herangehensweise ist daher nur wenig akzeptabel.

Erstens ist ein solches Vorgehen im Hinblick auf das Recht auf Leben schwer zu rechtfertigen. § 20 Abs. 3 chStGB erlaubt ausdrücklich die Notwehr durch Tötung eines Angreifers, der einen rechtswidrigen Angriff ausführt, und theoretisch umfassen die Rechtsfolgen der Notwehr auch die Wirkung, eine Verteidigung zu rechtfertigen, die zum Tod des Angreifers führt. Die Strafrechtstheorie besagt jedoch, dass das Lebensrecht das höchste Recht ist, dessen Wesen nicht anhand irgendeiner Skala verglichen werden kann, und daher kann das Leben als Rechtsgut nicht abgewogen werden.[68] Dies führt zu einem Paradoxon: Einerseits wird argumentiert, dass das Leben als Rechtsgut nicht abgewogen werden kann und daher Notstand gegen Leben nicht gerechtfertigt werden kann; andererseits wird argumentiert, dass bei der Abwägung der Notwehr das Leben des Angreifers als Rechtsgut erneut abgewogen werden kann, wodurch die Tötung des Angreifers gerechtfertigt wird.

Zweitens ist die Grenze der Abwägung der Rechtsgüter bei der Notwehr auch dann nicht eindeutig, wenn es nicht um die Abwägung des Rechtsguts des Lebens des Angreifers geht.[69] Anders als im Notstand kann der Schaden für den rechtswidrigen Angreifer in der Notwehr größer sein als das bedrohte Rechtsgut des Verteidigers. In solchen Fällen besteht erhebliche Unsicherheit darüber, wo die Grenze der Zulässigkeit zu ziehen ist. Ob es darum geht, das Gewicht aufseiten des Verteidigers zu erhöhen, etwa durch die Berufung auf die Bewährung der Rechtsordnung oder auf das Argument der Selbstgefährdung des Angreifers, oder das Gewicht aufseiten des Angreifers zu verringern, etwa durch eine abwertende Bewertung seines Rechtsguts – beide Ansätze sind zu schwach, um die Notwehr positiv zu rechtfertigen. Eine klare Prüfungsgrenze lässt sich im tatsächlichen Vollzug daher kaum bestimmen.

Zusammenfassend lässt sich sagen, dass der hohe Rang des Lebensrechts in Verbindung mit der Ungewissheit der Grenze des Interessenausgleichs bei der Notwehr zu dem Problem geführt hat, dass es in der chinesischen Rechtspraxis schwierig ist, Notwehr festzustellen, wenn der Verteidiger den Tod des Angreifers verursacht. Aufgrund des hochrangigen Lebensrechts zeigt sich in der gerichtlichen Praxis eine Tendenz, dem tatsächlich verstorbenen Angreifer bei der Interessenabwägung den Vorrang einzuräumen. Dies ist eigentlich eine unangemessene Einschränkung des Notwehrrechts.

---

[67] *Wang*, Peking University Law Journal 2011 (3), 615.

[68] *Zhou*, AT, S. 218.

[69] *Wang*, Peking University Law Journal 2018 (6), 1592.

3. Stellungnahme: Kompromisstheorie

Das Argument, dass eine Güterabwägung nicht geeignet ist, Notwehr im positiven Sinne zu rechtfertigen, ist nachvollziehbar. Eine vollständige Ausklammerung relevanter Interessen würde jedoch zu untragbaren Ergebnissen führen. Diese Arbeit vertritt daher die Auffassung, dass zwischen der Güterabwägung als positiver Begründungsgrundlage der Notwehr und der Verhältnismäßigkeit als negativer Einschränkung strikt unterschieden werden muss. Die Güterabwägung kann die Frage nicht beantworten, welche Verteidigungshandlungen gerechtfertigt sind, da sie keinen klaren und anwendbaren Maßstab setzt, wenn zwischen den kollidierenden Interessen kein offenkundiger Wertunterschied besteht. Sie erklärt insbesondere nicht, warum im chinesischen Strafrecht eine Verteidigungshandlung selbst dann als Notwehr anerkannt wird, wenn sie ein unverhältnismäßiges Ergebnis verursacht, solange das angewandte Verteidigungsmittel als solches nicht übermäßig war. Zudem zeigt die Theorie des subjektiven Rechts, dass die Schärfe der Notwehr nicht aus der Güterabwägung resultiert, sondern auf der erneuten Bestätigung von (Grund-)Rechten beruht.

Jedoch wird der Verhältnismäßigkeitsgrundsatz nicht vollständig aus dem Notwehrbereich ausgeschlossen. Zumindest in Fällen, in denen eine eklatante Diskrepanz zwischen den betroffenen Interessen besteht, kann die Verhältnismäßigkeit herangezogen werden, um eine Rechtfertigung abzulehnen. Diese Einschränkung durch das Verhältnismäßigkeitsprinzip ergibt sich unmittelbar aus dem Bedürfnis einer verfassungskonformen Auslegung des Notwehrrechts. Da das Strafrecht als einfaches Gesetz nicht in Widerspruch zu der durch die Verfassung festgelegten Wertordnung stehen darf, bleibt das Notwehrrecht auch in Notwehrlagen der Prüfung durch das staatliche Gewaltmonopol und der Schutzpflicht des Staates für die Grundrechte der Bürger unterworfen. Daher trägt diese Differenzierung zur präziseren dogmatischen Erfassung des Notwehrrechts bei und fördert seine rechtsdogmatische Weiterentwicklung.

„Erst in der Gemeinschaft wird also die persönliche Freiheit möglich."[70] Bürger bilden eine Gemeinschaft, um gegenseitig ihre Freiheit zu verwirklichen. Dabei geht es nicht nur um die Verteidigung der negativen Freiheit, also um das Recht, nicht von anderen verletzt zu werden, sondern auch um die positive Freiheit, die eine Verbesserung und Förderung des eigenen Zustands umfasst. Das Solidaritätsprinzip sollte daher auf die Sorge um die positive Freiheit anderer gerichtet sein.

Dementsprechend ist es pflichtethisch vertretbar, zwischen Bürgern eine Verpflichtung zur aktiven Fürsorge für wesentliche persönliche Interessen des anderen zu statuieren, da diese Interessen die Grundlage für die individuelle Entwicklung bilden. Diese Form der altruistischen Solidarität wird als ein Faktor in die Überprüfung des Verhältnismäßigkeitsgrundsatzes einfließen und die Reichweite des Notwehrrechts einschränken.

---

[70] *Marx/Engels*, Die deutsche Ideologie, S. 58.

III. Die Solidaritätspflichten und die Grenzen der Notwehr

1. Offenkundige Unverhältnismäßigkeit als Einschränkung des Notwehrrechts und Modifizierung der Theorie der Verteidigungshandlung

Nachdem die Einschränkungen des Notwehrrechts bei unverhältnismäßigen Verteidigungshandlungen festgelegt wurden, muss geprüft werden, wie die unverhältnismäßige Verteidigungshandlung im Rahmen von § 20 chStGB positioniert ist. In der Lehre und Praxis ist es nahezu unstrittig, dass es sich um eine Notwehrüberschreitung der Notwehr nach § 20 Abs. 2 StGB handelt und eine strafrechtliche Haftung vorliegt, wenn das durch die Notwehrhandlung beeinträchtigte Rechtsgut unverhältnismäßig größer ist als das geschützte Rechtsgut.[71] Wenn die Interessen der beiden Parteien, die bewertet werden müssen, zu unterschiedlich sind, muss die Verteidigungshandlung selbst eingeschränkt werden. Wenn also ein offenkundiges Missverhältnis zwischen den Rechtsgütern besteht, muss eine solche Verteidigungshandlung als „Überschreitung der Grenzen der Notwendigkeit" und „Verursachung eines gravierenden Schadens" bewertet werden.

a) Theorie der Erforderlichkeit und Angemessenheit bei Grenzen der Verteidigungshandlung

Laut dieser Arbeit sollten die Grenzen der Verteidigungshandlung und die Grenzen des Verteidigungserfolgs getrennt beurteilt werden. Erst wenn beide überschritten sind, kann eine strafbare Notwehrüberschreitung festgestellt werden. Dies gilt grundsätzlich auch für eine offenkundig unverhältnismäßige Verteidigung. Daher kann von vornherein festgestellt werden, dass nur dann, wenn tatsächlich schwere Körperverletzung oder Tod als Folgen der Verteidigung verursacht werden, eine offenkundig unverhältnismäßige Notwehrüberschreitung festgestellt werden kann. Andere Rechtsgutverletzungen als diese können unter dem Titel des offenkundigen Missverhältnisses nicht berücksichtigt werden, und wenn sie in die Diskussion einbezogen werden, wäre dies eine Rückkehr zum falschen Paradigma einer umfassenden Bejahung der Güterabwägung. Daher besteht nur dann, wenn die Verteidigungshandlung tatsächlich zu schwerer Körperverletzung oder zum Tod des Angreifers führt, die Notwendigkeit, die Einschränkung des Notwehrrechts unter dem Kriterium des offenkundigen Missverhältnisses weiter zu erörtern.

Bei der offenkundigen Unverhältnismäßigkeit muss nicht nur der dem Angreifer zugefügte Schaden berücksichtigt werden, sondern auch das Gewicht des durch die Verteidigungshandlung geschützten Rechtsguts. Dieses Element fällt nicht in den Bereich der Diskussion über die „Verursachung eines gravierenden Schadens", da dieses Element nur Handlungen ausschließt, die ein bestimmtes Ergebnis verursachen und die Verteidigung nicht rechtfertigen können. Im Zuge der theoretischen

[71] *Yin*, Modern Law Science 2018 (1), 181 ff.

Begründung der Ablehnung der vollständigen Bejahung der Interessenabwägung bei der Verteidigung kann die Offenkundigkeit des Missverhältnisses zwischen dem geschützten Rechtsgut und dem geschädigten Rechtsgut nicht als Schwere des Schadens interpretiert werden. Daher sollte das geschützte Interesse nicht im Zusammenhang mit den Grenzen des Verteidigungserfolgs diskutiert werden, sondern im Zusammenhang mit den Grenzen der Verteidigungshandlung betrachtet werden.

Traditionelle Theorien der Erforderlichkeit sind für diesen Erklärungsbedarf unzureichend, da eine strenge Theorie der Erforderlichkeit besagt, dass eine Verteidigungshandlung, solange sie eine erforderliche Maßnahme zur Beendigung des rechtswidrigen Angriffs ist, nicht aufgrund höherer Interessen eingeschränkt werden kann. Wenn der Verteidiger in einem bestimmten Fall den rechtswidrigen Angriff nur auf eine bestimmte Weise beenden kann, ist diese Verteidigungsmaßnahme auch dann gerechtfertigt, wenn sie dem Täter schweren Schaden zufügt.[72] Daraus folgt, dass die Tötung eines Diebes mit dem Ziel, ein sehr geringes Eigentumsinteresse zu schützen, dann gerechtfertigt sein kann, wenn diese Tötung das einzige Mittel ist, den rechtswidrigen Angriff zu stoppen. Nach der Theorie der Erforderlichkeit ist diese Verteidigungshandlung erforderlich und daher nicht übertrieben, aber diese Ansicht muss überdacht werden.

Daher ist die Theorie der Erforderlichkeit in Bezug auf die Lehre von den Grenzen der Verteidigungshandlung unvollständig. Was befürwortet werden sollte, ist eine Theorie der Erforderlichkeit und Angemessenheit.[73] Nur so kann einerseits die ungerechtfertigte Schwächung des Notwehrrechts durch die Interessenabwägung abgewehrt und andererseits die Möglichkeit gewahrt werden, das Notwehrrecht in Extremfällen einzuschränken. Diese Angemessenheit ist im Allgemeinen der Erforderlichkeitsprüfung untergeordnet, d. h. solange eine Verteidigungshandlung erforderlich ist, ist sie im Allgemeinen auch angemessen, wodurch sichergestellt wird, dass die Schärfe des Notwehrrechts nicht verloren geht. Unter besonderen Umständen, wenn die Autonomie der Rechte durch Solidaritätspflichten eingeschränkt werden muss, kommt jedoch das Erfordernis der Angemessenheit ins Spiel, was sich auf die Überprüfung des Notwehrrechts auswirkt. Ein offenkundiges Missverhältnis zwischen den Rechtsgütern ist die typischste Situation. Ein offenkundiges Missverhältnis bei der Abwägung der Rechtsgüter ist daher in erster Linie eine Einschränkung der Verteidigungshandlung, d. h. Verteidigungsmaßnahmen sind verboten, wenn das zu verteidigende Rechtsgut in einem offenkundigen Missverhältnis zu dem Schaden steht, der durch die Verteidigungsmaßnahme verursacht werden könnte.

Art. 12 LeitNotw bietet eine Unterstützung der Angemessenheit als Voraussetzung der Verteidigungshandlung. Demnach muss eine Verteidigungshandlung, die in einem eklatanten Missverhältnis zum rechtswidrigen Angriff steht und als of-

[72] *Wang*, Peking University Law Journal 2018 (6), 1607.

[73] Vgl. *Jiang*, in: Notwehr in Deutschland und China, S. 235.

fenkundig überzogen einzustufen ist, als ein Überschreiten der notwendig gebotenen Grenze eingestuft werden. In diesem Fall wird die Verteidigungshandlung, auch wenn sie als die einzige und daher als erforderlich erscheint, dennoch als ungerechtfertigt betrachtet, wenn sie die Anforderungen der Angemessenheit nicht erfüllt.

Zudem kann die uneingeschränkte Anwendung des § 20 Abs. 2 chStGB problematisch sein, wenn die Gegenwehr in einer Weise ausgeübt wird, die in ihrer extremen Ausgestaltung ein Maß an Unangemessenheit erreicht, das als Rechtsmissbrauch einzustufen ist, insbesondere in Fällen, in denen der Verteidiger vorsätzlich tödliche Gewalt gegen einen äußerst geringfügigen rechtswidrigen Angriff einsetzt. In solchen Konstellationen wiegt die Verantwortlichkeit des Angreifers nur sehr leicht, und es erscheint zweifelhaft, ob bei einem derart geringen Unrechtsgehalt überhaupt von einer asthenischen Affekthandlung des Verteidigers ausgegangen werden kann. Vielmehr könnten die Beweggründe des Verteidigers auf sthenischen Affekten beruhen, so dass die dogmatische Grundlage einer Strafmilderung entfällt.[74]

Daher kann, wenn der Mangel an Angemessenheit ein Maß erreicht, das als Rechtsmissbrauch zu qualifizieren ist, weitergehend vertreten werden, dass die Gegenwehr nicht nur die Notwehrgrenze überschreitet, sondern insgesamt den Charakter einer Notwehrhandlung verliert. Infolgedessen wäre die Handlung nicht mehr strafmildernd zu behandeln, und die Strafbarkeit könnte sich außerhalb der Begrenzung des § 20 Abs. 2 chStGB entfalten. Diese Problematik wird im Folgenden anhand verschiedener Fallgruppen näher analysiert.

Zusammenfassend lässt sich die in dieser Arbeit vertretene Theorie der Notwehr in folgender logischer Form darstellen:

(1) Notwehrüberschreitung = überschrittene Verteidigungshandlung ∧ überschrittener Verteidigungserfolg

(2) überschrittene Verteidigungshandlung = ¬ Erforderlichkeit ∨ ¬ Angemessenheit
⇒ ¬ überschrittene Verteidigungshandlung = Erforderlichkeit ∧ Angemessenheit

(3) ¬Angemessenheit ∧ Rechtsmissbrauch = ¬ Notwehrhandlung
⇒ ¬ Notwehrüberschreitung ∧ ¬ Notwehr

b) Einschränkung von offenkundiger Unverhältnismäßigkeit

Die Notwehrüberschreitung vom Typ „offenkundige Unverhältnismäßigkeit“ muss zudem die Voraussetzungen der Notwehrüberschreitung nach § 20 Abs. 2 chStGB erfüllen. Das Rechtsgut des Angreifers, der durch den Gegenangriff Scha-

[74] *Rengier*, AT, § 27 Rn. 22.

den erlitten hat, muss das Leben oder die körperliche Unversehrtheit sein. Auf der anderen Seite der Waage sollte es sich um ein Rechtsgut handeln, das nicht die körperliche Unversehrtheit betrifft und das Potenzial für eine Wiederherstellung hat, was durch Eigentumsinteressen repräsentiert wird.

Insbesondere wenn eine Partei ein Eigentumsinteresse und die andere ein Lebensinteresse hat, kann dies den erheblichen Rangunterschied zwischen den beiden Parteien direkt widerspiegeln, da das Lebensrecht über allem steht und eng mit der Menschenwürde verbunden ist. Daher ist die Ausübung des scharfen Notwehrrechts unter Berücksichtigung der erheblichen persönlichen Interessen des Angreifers so zu gestalten, dass auch dessen Möglichkeit zur Verwirklichung positiver Freiheit gewahrt bleibt. D. h., selbst wenn Verteidigungsmaßnahmen erforderlich sind, aber die Wahrscheinlichkeit hoch ist, dass diese Verteidigungsmaßnahmen zum Tod führen, kann der Angegriffene diese Verteidigungsmaßnahmen nicht wählen, um ein Eigentumsinteresse zu schützen.

Es ist zu beachten, dass diese Art der Interessenabwägung immer eine Ergänzung zu den Einschränkungen des Notwehrrechts darstellt und nicht im weiteren Sinne zum Nachteil der Schärfe des Notwehrrechts ausgelegt werden darf. Wenn ein Angreifer beispielsweise einen Raub begeht, kann dies, auch wenn sein Motiv darin besteht, sich ein geringwertiges Eigentum anzueignen, nicht als offenkundiges Missverhältnis der Interessen angesehen werden, da ein Raub bereits ein körperliches Interesse beinhaltet und die Möglichkeit besteht, ein erhebliches Rechtsgut zu schädigen. Wenn der Vergleich zwischen den Rechtsgütern nicht das Niveau eines erheblichen Ungleichgewichts erreicht, müssen die Grenzen der Notwehrhandlung nur noch im Hinblick auf die Erforderlichkeit geprüft werden.

Es muss noch genauer erörtert werden, ab welchem Grad an Missverhältnis von einer „Offenkundigkeit" gesprochen werden kann. Zunächst einmal ist es sicher, dass der Einsatz von Verteidigungsmitteln mit Tötungspotenzial zur Verteidigung eines Eigentums von äußerst geringem Wert auf jeden Fall die Grenze überschreitet. Wang Gang ist beispielsweise der Ansicht, dass der Verteidiger zum Schutz von Eigentum im Wert von weniger als 100 Yuan keine Verteidigungsmittel einsetzen dürfe, die den Angreifer verletzen oder töten.[75] Gegenständlich könne man sagen, dass das Notwehrrecht ab einem bestimmten Schwellenwert nicht mehr der Angemessenheitsbegrenzung unterliege.

Allerdings vertritt diese Arbeit die Auffassung, dass zwischen reinen Eigentumsinteressen und Lebensinteressen nach wie vor eine unüberbrückbare Rangdifferenz besteht. Eine Verteidigung, die eine andere Person ihres Lebens beraubt, nur um Eigentumsinteressen zu schützen, ist nach wie vor unverhältnismäßig. Insbesondere in einer rechtsstaatlich organisierten Gesellschaft können reine Eigentumsinteressen durch einen rechtlichen Prozess wiederhergestellt werden, während Schäden an Lebensinteressen irreversibel sind. Der zentrale Grund liegt aber im

[75] *Wang*, Peking University Law Journal 2018 (6), 1609 f.

Solidaritätsprinzip, das von den Bürgern verlangt, die Pflicht zur Berücksichtigung gravierender persönlicher Interessen anderer zu übernehmen.

Natürlich dürfen hier nicht alle Verteidigungsmittel eingeschränkt werden, die zum Tod führen können, denn selbst das Stoßen einer Person birgt eine geringe Möglichkeit, zum Tod zu führen. Nur solche Mittel, die mit hoher Wahrscheinlichkeit zum Tod führen können, wie der Einsatz von Schusswaffen oder direkte Angriffe auf lebenswichtige Körperteile mit einer Klinge, sollten eingeschränkt werden. Wenn das geschützte Rechtsgut die persönliche Sicherheit betrifft, kann diese verhältnismäßige Einschränkung aufgehoben werden.

c) Ausschluss der Verteidigung gegen offenkundig geringfügige rechtswidrige Angriffe als Rechtsmissbrauch

In Fällen offenkundiger Unverhältnismäßigkeit stellt sich dennoch eine systematische Frage: Wie soll man mit der Situation umgehen, wenn der Verteidiger mit tödlichen Mitteln gegen einen Angreifer vorgeht, der nur einen offenkundig geringfügigen Angriff begangen hat, aber nur aufgrund eines Zufalls keine tödlichen oder schweren Körperverletzungen verursacht werden? Da § 20 Abs. 2 chStGB eine Notwehrüberschreitung nur dann anerkennt, wenn tatsächlich schwere Folgen eintreten, bedeutet dies, dass eine solche versuchte Handlung, sobald sie als Notwehrhandlung im Sinne des § 20 Abs. 1 chStGB anerkannt wird, die Anwendung der Notwehrüberschreitung ausschließt. Infolgedessen kommt keine Strafmilderung in Betracht, sondern es liegt unmittelbar eine gerechtfertigte Notwehrhandlung vor.

Eine derartige Behandlung wirft jedoch erhebliche Probleme auf. Wenn die Gegenwehr des Handelnden in hohem Maße unangemessen ist, etwa indem er zur Verteidigung offenkundig geringfügiger Interessen tödliche Mittel einsetzt, erscheint es problematisch, allein aufgrund des fehlenden Schadenseintritts infolge zufälliger Umstände eine Strafbarkeit wegen Versuchs gänzlich auszuschließen. In solchen Fällen verletzt der Handelnde offenkundig seine Solidaritätspflicht und verwirklicht damit ein erhebliches Maß an Handlungsunrecht.[76] Dass das Erfolgsunrecht lediglich aus zufälligen, nicht von ihm kontrollierbaren Gründen ausbleibt, ändert nichts daran. Diese Konstellation unterscheidet sich grundlegend von einer Rechtfertigung durch Notwehr, bei der das Unrecht der Tat insgesamt entfällt.

Daher versucht Art. 10 Satz 2 LeitNotw, die Blockierungswirkung des tatsächlichen Verteidigungsergebnisses auf die Strafbarkeit der Notwehrüberschreitung zu umgehen. Er besagt, dass bei einem offenkundig geringfügigen rechtswidrigen Angriff der Einsatz von Verteidigungsmitteln, die schwerwiegenden Verletzungen oder den Tod verursachen könnten, selbst wenn der Verteidiger die Geringfügigkeit des Angriffs und die Gefährlichkeit seiner Verteidigungsmittel erkennen kann, nicht

[76] Vgl. *Wang*, Peking University Law Journal 2018 (6), 1610.

als Notwehrhandlung anerkannt werden sollte. Daher kann eine versuchte Tötung in diesem Kontext weder durch Notwehr gerechtfertigt noch gemäß § 20 Abs. 2 StGB mit einer Strafmilderung belegt werden. Insofern ermöglicht es das versuchte Tötungsdelikt angesichts eines offenkundig geringfügigen rechtswidrigen Angriffs, die Anwendung von § 20 chStGB zu umgehen und eine Bestrafung zu verhängen.

Nach diesem Verständnis ergeben sich bei offenkundiger Unverhältnismäßigkeit zwei unterschiedliche Möglichkeiten:

Erstens handelt es sich um eine Fallkonstellation, in der die Unangemessenheit der Gegenwehr ein solches Ausmaß erreicht, dass sie als Rechtsmissbrauch zu bewerten ist. Dies ist typischerweise dann gegeben, wenn der Verteidiger auf eine offenkundig geringfügige rechtswidrige Beeinträchtigung mit einem tödlich gefährlichen Mittel reagiert. In einem solchen Fall wird die Handlung aus dem Anwendungsbereich der Notwehr ausgeschlossen. § 20 Absatz 2 chStGB ist nicht anwendbar, was die Strafbarkeit des versuchten Tötungsdelikts ermöglicht (nach Art. 10 Satz 2 LeitNotw).

Zweitens bleibt die Notwehrhandlung bei anderen unverhältnismäßigen Handlungen, die jedoch nicht den Charakter eines Rechtsmissbrauchs erreichen, weiterhin anerkannt. Eine Notwehrüberschreitung ist in solchen Fällen nur dann strafbar, wenn tatsächlich ein Todes- oder Schwerverletzungsereignis eintritt (nach Art. 11–13 LeitNotw).

Die Ansicht dieser Arbeit ist, dass, selbst wenn man Art. 10 Satz 2 LeitNotw anerkennt, der den Missbrauch des Notwehrrechts und die Ausschlusskriterien für Notwehrhandlungen definiert, diese Einschränkung nicht verallgemeinert, sondern vielmehr eng gefasst werden sollte, da sie andernfalls § 20 Abs. 2 StGB hinsichtlich der Anforderungen an das Ergebnis der Notwehrhandlung faktisch untergraben würde. Mit anderen Worten: Nur wenn der rechtswidrige Angriff als Bagatellangriff qualifiziert wird, also gemäß § 13 chStGB die Umstände geringfügig sind und der Schaden so unerheblich ist, dass der Angriff nicht als Straftat betrachtet wird, kann er als ein offenkundig geringfügiger Angriff angesehen werden.[77]

Es ist wichtig zu betonen, dass der Angegriffene bei einem solchen geringfügigen Angriff nicht vollständig seines Notwehrrechts beraubt wird. Er kann weiterhin Notwehr mit Mitteln ausüben, die keine Körperverletzungsfolgen nach sich ziehen. In diesem Fall behält der Handelnde ein eingeschränktes Notwehrrecht, das durch das Solidaritätsprinzip limitiert ist. Selbst wenn der Täter lediglich Mittel anwendet, die dem Angreifer leichte Verletzungen zufügen, kann er dies noch aufgrund des Fehlens gravierender Schäden nach § 20 Abs. 1 chStGB rechtfertigen. Nur in extremen Fällen, in denen der Handelnde in vorsätzlicher und aktiv schwerwiegender Weise gegen die Solidaritätspflicht verstößt und auf einen offenkundig geringfügigen Angriff mit tödlicher Gewalt reagiert, so dass die Unangemessenheit seiner Handlung das Maß eines Rechtsmissbrauchs erreicht, kann seine Handlung nicht

[77] Vgl. *Xu*, Güterabwägung, S. 370 f.

mehr als Notwehr gerechtfertigt werden. In solchen Fällen wird der Charakter der Notwehrhandlung grundsätzlich verneint, sodass § 20 Abs. 2 chStGB nicht mehr anwendbar ist.

Diese Arbeit vertritt die Auffassung, dass eine extrem übermäßige Unangemessenheit der Verteidigung als Rechtsmissbrauch angesehen werden kann. Aus der Perspektive des Autonomieprinzips verfügt der Verteidiger zwar grundsätzlich über ein Abwehrrecht, doch aus Sicht des Solidaritätsprinzips hat er dieses Recht in einer Weise ausgeübt, die dessen zulässige Grenzen deutlich überschreitet. Da Autonomieprinzip und Solidaritätsprinzip gleichrangig sind und beide in der Freiheit ihren gemeinsamen Ausgangspunkt haben, kann das Solidaritätsprinzip in außergewöhnlich extremen Fällen die auf dem Autonomieprinzip beruhende Verteidigungsbefugnis aufheben. Eine Verteidigungshandlung, die in einem extremen Missverhältnis zur Angriffslage steht, ist daher als Fall anzusehen, in dem das Solidaritätsprinzip das Notwehrrecht einschränkt und die Handlung als Rechtsmissbrauch zu bewerten ist. Dies bildet im chinesischen Rechtskontext die Grundlage dafür, dass bei einer extrem unproportionalen Verteidigungshandlung die Regeln über die Notwehrüberschreitung keine Anwendung finden und die Tat daher als strafbarer Versuch gewertet werden kann.

2. Weitere Einschränkungen aus Solidaritätspflichten bei der Notwehr

Die vorstehenden Ausführungen zeigen, dass eine Notwehrhandlung grundsätzlich nur das Erfordernis der Erforderlichkeit erfüllen muss, um als gerechtfertigt zu gelten. Wenn jedoch die Geltungslage des Solidaritätsprinzips gegeben ist, kann eine Gegenwehr, der es an Angemessenheit mangelt oder die gar den Charakter eines Rechtsmissbrauchs erreicht, auch zur Strafbarkeit führen. In der Praxis kann die Solidaritätspflicht neben der offenkundigen Unverhältnismäßigkeit auch in anderen Situationen zum Tragen kommen, was ebenfalls eine Einschränkung des Notwehrrechts in diesen Fällen erfordert.

a) Einschränkung aufgrund fehlender oder eingeschränkter Schuldfähigkeit

Art. 7 LeitNotw enthält eine detaillierte Beschreibung der Objekte der Notwehr, und Satz 4 dieses Artikels sieht Einschränkungen für Personen vor, die schuldunfähig oder eingeschränkt schuldfähig sind: Wenn man weiß, dass es sich bei dem Angreifer um eine schuldunfähige oder beschränkt schuldfähige Person handelt, sollte man andere Mittel einsetzen, um den Angriff so weit wie möglich zu verhindern oder zu beenden. Wenn es keine andere Möglichkeit gibt, den rechtswidrigen Angriff zu verhindern oder zu beenden, oder wenn der rechtswidrige Angriff die persönliche Sicherheit ernsthaft gefährdet, darf man sich wehren. Gemäß dieser Justizauslegung muss der Verteidiger, wenn er erkennen kann, dass es sich bei dem rechtswidrigen Angreifer um eine Person ohne Schuldfähigkeit oder eine Person mit eingeschränkter Schuldfähigkeit handelt, die vorrangige Ausweichpflicht tragen.

Nur wenn keine Möglichkeit zum Ausweichen besteht oder wenn die rechtswidrige Verletzung wesentlicher Körper- oder Lebensinteressen droht, kann das volle Notwehrrecht wiederhergestellt werden.

Bei rechtswidrigen Angriffen, die von psychisch kranken Personen und Minderjährigen begangen werden, die eindeutig an einem Mangel an Schuldfähigkeit leiden, begünstigt diese Justizauslegung klar eine Einschränkung des Notwehrrechts unter der Voraussetzung, dass die Anwendbarkeit der Notwehr bestätigt wird. Diese Ansicht entspricht auch der h. M. in der Theorie, die die Rechtswidrigkeit eines Angriffs mit der allgemeinen Rechtswidrigkeitstheorie verbindet. Die auf der objektiven Rechtswidrigkeitstheorie basierende Ansicht besagt, dass Notwehr gegen einen Angriff einer nicht schuldfähigen Person zulässig sein solle, da Notwehr keine Sanktion für rechtswidrige Handlungen sei und der rechtswidrige Angreifer daher nicht schuldhaft sein müsse.[78] Es sei nicht plausibel, den „rechtswidrigen Angriff" in der Voraussetzung der Notwehr als schuldhaften Angriff zu interpretieren.[79] Darüber hinaus gibt es die Ansicht, dass aus der Perspektive des Rechtsgutsschutzes nur die Einbeziehung von Angriffen durch Schuldlose in das Notwehrsystem das Rechtsgut des Angegriffenen umfassend schützen könne.[80]

In der h. M. wird daher die Einschränkung des Notwehrrechts gegenüber Schuldlosen kontrovers diskutiert. Einige Ansichten unterstützen die Einschränkung des Notwehrrechts.[81] Wang Gang ist beispielsweise der Ansicht, dass der Gegenstand der Notwehr ein rechtswidriges Verhalten sei, nicht ein rechtswidriges und schuldhaftes Verhalten, so dass Notwehr auch auf Schuldlose angewendet werden könne. Aufgrund ihrer mangelnden Fähigkeit, ihre Handlungen zu kontrollieren, seien psychisch kranke Menschen und Minderjährige nicht in der Lage, ihr Verhalten wirksam zu kontrollieren, und stellten eine Bedrohung für das Rechtsgut anderer dar. Um in solchen Fällen gravierende Gegenmaßnahmen anderer zu verhindern, würde eine vernünftige Person hinter dem „Schleier des Nichtwissens" dafür eintreten, das Notwehrrecht einzuschränken.[82]

Es gibt jedoch auch gegenteilige Ansichten, die keine Notwendigkeit sehen, das Notwehrrecht im Falle einer Schuldunfähigkeit einzuschränken. Zhang Mingkai ist der Ansicht, dass Justizauslegungen wie LeitNotw das Strafrecht nicht auslegten, sondern vielmehr formulierten. Die zusätzlichen Einschränkungen des Notwehrrechts, die sie festlegten, hätten jedoch keine Grundlage im Strafrecht und seien ultra vires. Der Grund, warum die Grenzen des Notwehrrechts bei Schuldunfähigkeit kontrolliert werden müssten, liege darin, dass die Gefahr eines Angriffs gering sei, was die Grenzen des Notwehrrechts verschiebe, und nicht in einem Mangel an

[78] *Zhang*, Strafrecht I, S. 199; *Zhou*, AT, S. 201; *Han*, Prinzipien, S. 109.

[79] *Zhang*, Global Law Review 2018 (2), 64.

[80] *Li*, AT, S. 219.

[81] Strafkammer 1 und 2 des OVG, Referenz 45, 10 f.

[82] *Wang*, Peking University Law Journal 2018 (6), 1611.

Schuld. Wenn der rechtswidrige Angriff äußerst schwerwiegend sei, könnten tödliche Verteidigungsmaßnahmen in vollem Umfang umgesetzt werden. Diese Ansicht verneint also die Ausweichpflicht und besagt, dass der Verteidiger selbst bei einem Angriff durch eine psychisch kranke Person oder einen Minderjährigen nicht zur Ausweichung verpflichtet ist und direkt das volle Notwehrrecht ausüben kann.

Das Problem ist jedoch, dass diese Ansichten das Konzept des rechtswidrigen Angriffs, der Gegenstand der Notwehr ist, mit dem allgemeinen Konzept einer Straftat verwechseln, die eigentlich nicht gleichwertig sind. Dies liegt daran, dass das Strafrecht nicht vorsieht, dass man sich nur gegen Handlungen verteidigen könne, die die Tatbestandsmerkmale erfüllen.[83] Daher können Rechtswidrigkeit im Sinne eines rechtswidrigen Angriffs und Rechtswidrigkeit im Sinne einer allgemeinen Straftat nicht gleichgesetzt werden. Insofern lässt sich aus der Dichotomie von Rechtswidrigkeit und Schuld nicht direkt ableiten, dass das Notwehrrecht keine Schuldfähigkeit voraussetze.

Darüber hinaus reduziert diese Auffassung das Notwehrrecht vollständig auf ein Mittel zum Schutz von Rechtsgütern und betont primär dessen utilitaristische Wirkung. Tatsächlich handelt es sich dabei um eine Position, die stark von einer „Rechtsgüterabwägung“ geprägt ist. Wird jedoch die Rechtfertigung der Notwehr anhand des Rechtsarguments betrachtet, so ist sie zwingend auf das Prinzip zu gründen, dass der Angreifer die Verteidigung dulden muss. Infolgedessen darf die Frage, ob das Verteidigungsobjekt überhaupt verantwortlich handeln kann, nicht einfach verneint oder unbeachtet gelassen werden.

Eine Mindermeinung lehnt die Inanspruchnahme des Notwehrrechts auf der Grundlage der subjektiven Rechtswidrigkeitstheorie ab. Diese Ansicht betrachtet die Strafrechtsnormen als Befehlsnormen, so dass nur die Handlungen von Menschen, die den Inhalt der Norm verstehen könnten, rechtswidrig seien, und die Handlungen von Schuldlosen seien natürlich nicht rechtswidrig.[84] Daher stellten ihre Handlungen keinen rechtswidrigen Angriff dar, und es könne keine Notwehr, sondern nur Notstand angewendet werden.[85]

Das Problem ist jedoch, dass Notwehr ein Notrecht ist, dessen Zweck darin besteht, die Rechtsverletzung zu beenden und die Grundrechte der Person in einer Notsituation zu schützen, und nicht darin, eine Straftat zu ahnden oder ihr vorzubeugen. Daher macht die negative Theorie, die auf der subjektiven Rechtswidrigkeitstheorie basiert, den gleichen Fehler wie die positive Theorie, die auf der objektiven Rechtswidrigkeitstheorie basiert.[86]

Ausgehend von der Theorie des subjektiven Rechts ist Zhao Xueshuang daher der Ansicht, dass die Schärfe des Notwehrrechts aus der Duldungspflicht resultiere,

---

[83] *Li*, AT, S. 128.

[84] *Feng*, Peking University Law Journal 2014 (1), 187.

[85] *Wang*, Rechtfertigungshandlung, S. 127.

[86] *Zhao*, Peking University Law Journal 2018 (6), 1618.

die dem Notwehrrecht des Verteidigers entspreche. Die Verteidigung des Angegriffenen und ihre Folgen stünden im Zusammenhang mit dem Angriff, so dass sie dem Angreifer zugerechnet würden und dieser alle aus der erforderlichen Verteidigung resultierenden Schäden zu tragen habe, auch wenn der durch die Verteidigung verursachte Schaden höher sei als das geschützte Interesse. Diese Argumentation setze voraus, dass der rechtswidrige Angreifer Schuldfähigkeit besitze, so dass er für den Konflikt verantwortlich gemacht werden könne.[87] Auf der Grundlage dieses Verständnisses des Notwehrrechts könne das Notwehrrecht nicht auf einen schuldunfähigen Angreifer angewendet werden. Stattdessen könne nur im Zusammenhang mit dem Notrecht diskutiert werden, ob der defensive Notstand anwendbar sei. Und solange das Konzept des defensiven Notstands anerkannt werde, wären Bürger nicht schutzlos einer Gefahr ausgesetzt, wenn sie mit einem Angriff von Schuldlosen konfrontiert seien.

Laut dieser Arbeit ist ein Schuldloser im Sinne des Autonomieprinzips nicht subjektiv verantwortlich, wodurch die Konstruktionsgrundlage für die Schärfe des Notwehrrechts fehlt. Eine Anwendung des scharfen Notwehrrechts auf einen Schuldlosen ist daher mangels Verantwortung im Sinne der Duldung der Notwehrhandlung nicht möglich. Im Gegensatz dazu lässt das Fehlen des Autonomieprinzips das Solidaritätsprinzip dominieren, so dass im Falle eines Angriffs durch schuldunfähige Personen Notstand geltend gemacht werden kann. Die Rechtswidrigkeit bei rechtswidrigen Angriffen und die Rechtswidrigkeit im allgemeinen Sinne von Straftaten stimmen in ihrer Zielsetzung nicht überein, und das Verständnis der Letzteren kann nicht direkt auf die Ersteren angewendet werden. Darüber hinaus sind im chinesischen Strafrecht die Begriffe der Rechtswidrigkeit und die Schuld im Strafgesetzbuch nicht klar definiert, sondern lediglich theoretische Begriffe. Daher verstößt die Ansicht, dass ein rechtswidriger Angriff in § 20 chStGB die Schuldfähigkeit des Angreifers voraussetzt, nicht gegen das Gesetzlichkeitsprinzip. Die Verteidigung gegen Angriffe von Personen ohne Schuldfähigkeit kann gemäß den Vorschriften des § 21 chStGB durch Notstand gerechtfertigt werden.

Wenn demnach die Schuldfähigkeit des Angreifers nicht vollständig verloren, sondern nur nach §§ 17 Abs. 3, 18 Abs. 3 chStGB eingeschränkt ist, entfällt die subjektive Verantwortlichkeit des Angreifers im Sinne des Autonomieprinzips nicht, sondern wird nur gemindert, so dass das Notwehrrecht auf ihn noch anwendbar ist. Aufgrund der verminderten Wirkung des Autonomieprinzips tritt jedoch die Rolle des Solidaritätsprinzips in den Vordergrund, so dass das Notwehrrecht bestimmten Einschränkungen unterliegen muss, d.h. dem Vorrang der Ausweichpflicht und einer restriktiveren Definition der Grenzen der Verteidigung. Wenn in diesem Fall der Verteidiger seiner Solidaritätspflicht zum Ausweichen nicht nachkommt, fehlt es seiner Notwehrhandlung an Angemessenheit, wodurch sie als Notwehrüberschreitung gewertet werden könnte.

---

[87] *Zhao*, Peking University Law Journal 2018 (6), 1630.

Art. 7 LeitNotw legt eine Einschränkung des Notwehrrechts in bestimmten Fällen fest, in denen es sich um rechtswidrige Angriffe handelt, die von Minderjährigen auf andere Minderjährige verübt werden. In solchen Situationen wird von einem erwachsenen Verteidiger verlangt, zunächst den Angriff durch Ermahnung oder Unterbindung zu verhindern. Erst wenn diese Maßnahmen erfolglos bleiben, darf er von seinem Notwehrrecht Gebrauch machen. Da diese Justizauslegung die Einschränkung des Notwehrrechts auf Fälle bezieht, in denen der Angreifer ein Minderjähriger ist, umfasst sie sowohl schuldunfähige Angreifer gemäß § 17 Abs. 1 und Abs. 2 chStGB als auch beschränkt schuldfähige Angreifer gemäß § 17 Abs. 3 chStGB. Kritisch zu hinterfragen ist zudem, dass die LeitNotw die Einschränkung des Notwehrrechts speziell auf erwachsene Nothelfer im Kontext der Nothilfe für minderjährige Opfer beschränkt. Nach der in dieser Arbeit vertretenen Auffassung sollte in Fällen der Verteidigung gegen minderjährige Angreifer vielmehr das allgemeine Konzept des defensiven Notstandsrechts oder eines eingeschränkten Notwehrrechts angewandt werden.

b) Einschränkung bei Notwehrprovokation

Theoretisch wird die Einschränkung des Notwehrrechts durch einen selbstverschuldeten Angriff hauptsächlich im Zusammenhang mit der absichtlichen Provokation diskutiert. Die h. M. ist, dass eine Handlung, bei der ein Verteidiger absichtlich einen Angriff auf sich selbst provoziert, um dem Angreifer Schaden zuzufügen, und dann dem Angreifer unter dem Vorwand der Notwehr Schaden zufügt, keine Notwehr darstellt.[88] Diese Ansicht wird auch durch einige Rechtsprechungen gestützt.[89] Dafür gibt es folgende Gründe:

Der erste Lösungsansatz besagt, dass eine absichtliche Provokation keine Notwehr darstelle, da es an einem subjektiven Rechtfertigungsgrund fehle. Die Mehrheit ist der Ansicht, dass ein subjektives Rechtfertigungselement eine notwendige Voraussetzung für die Feststellung von Notwehr sei. Der Provokateur habe jedoch nur den subjektiven Vorsatz, der anderen Partei Schaden zuzufügen, und nicht den Vorsatz, sich selbst zu verteidigen. Daher seien die subjektiven Voraussetzungen für die Feststellung von Notwehr nicht erfüllt.[90]

Der zweite Lösungsansatz konzentriert sich auf die objektive Provokation. Ausgehend vom Grundsatz der überlegenen Interessen wird argumentiert, dass der Provokateur, da er die verletzende Handlung einer anderen Person mitverursacht habe, keine überlegenen Interessen gegenüber dem Angreifer habe und somit die

---

[88] *Zhang*, Strafrecht I, S. 267.

[89] Entscheidung des oberen Volksgericht Beijing, (2020) Nr. 115; Urteil des mittleren Volksgerichts Shijiazhuang, Hebei, (2014) Nr. 00650; Urteil des mittleren Volksgerichts *Chengdu*, Sichuan, (2019) Nr. 01.

[90] *Zhou/Liu*, Journal of Northwest University of Political Science and Law 1986 (3), 52; *Wang*, Rechtfertigungshandlung, S. 172.

Grundlage für das Notwehrrecht verliere.[91] Wenn man diesen Gedanken weiterführt, könnte man sagen, dass, wenn die Provokation geringfügig und die Angriffshandlung erheblich ist, die Interessen des Verteidigers wieder übergeordnet werden, was ihm das Notwehrrecht gibt.

Die Gegenmeinung, vertreten durch Chen Xuan, ist jedoch der Ansicht, dass das umfassende Notwehrrecht auch im Falle einer Notwehrprovokation, einschließlich Absichtsprovokation, bejaht werden solle. Seiner Ansicht nach darf das Notwehrrecht des Provokateurs nicht verneint oder eingeschränkt werden, unabhängig davon, ob die Handlung des Provokateurs rechtswidrig ist, und unabhängig davon, ob der Provokateur eine absichtliche, vorsätzliche oder fahrlässige Einstellung zum Eintreten des rechtswidrigen Angriffs hat. Seiner Argumentation zufolge entsprechen der Entzug oder die Einschränkung des Notwehrrechts mit der Begründung, dass der Täter zur Verursachung des rechtswidrigen Angriffs beigetragen habe, einer Tendenz zum „moralischen Reinigungszwang", die mit dem Werteverständnis eines Rechtsstaats unvereinbar sei und überwunden werden müsse.[92]

Der Grund in der Perspektive der subjektiven Rechtfertigung sei, dass, solange der Täter die Tat in dem Bewusstsein begehe, sich einem andauernden rechtswidrigen Angriff zu widersetzen, ein Verteidigungsvorsatz in Betracht gezogen werden könne und kein positiver Verteidigungszweck hinzugefügt werden müsse. Wenn die Verteidigung mit dem alleinigen Ziel des aktiven Schutzes von Rechten verfolgt werden müsse, sei dies aus moralischer Sicht tatsächlich eine übermäßige Anforderung an einen subjektiven Rechtfertigungsgrund.[93]

Darüber hinaus vertritt er auf der Grundlage der Notwehr die Theorie der verminderten Schutzwürdigkeit des Angreifers. Wenn also die Provokation an sich keinen Gesetzesverstoß darstelle, verletze der Angreifer nicht nur die spezifischen Rechtsgüter der Bürger, sondern fordere auch die Rechtsordnung heraus. Daher müsse die Gegenwehr des Verteidigers gerechtfertigt sein. Auch wenn die Provokation rechtswidrig sei, liege die Entscheidung, ob rechtswidrige Handlungen begangen würden, die einen schwerwiegenden Konflikt zwischen Rechtsgütern verursachen, immer fest in der Hand des Angreifers, nicht des Provokateurs. Da die Willensautonomie des Angreifers unversehrt sei, sei seine Schutzwürdigkeit stark eingeschränkt, wie in einer normalen Notwehrlage. Und da der Angreifer tatsächlich den rechtswidrigen Angriff kontrolliere, könne das schädliche Ergebnis nicht dem Provokateur zugerechnet werden, so dass es keine wesentliche Einschränkung der Schutzwürdigkeit des Provokateurs gebe.[94]

Chen Xuans Überlegungen zur Theorie der Notwehrprovokation, insbesondere ihre Kritik an der Aberkennung des Notwehrrechts bei Absichtsprovokation, sind

---

[91] *Zhang*, Strafrecht I, S. 268.

[92] Vgl. *Chen*, Tsinghua Law Journal 2016 (6), 53 ff.

[93] *Chen*, Law Science 2011 (1), 120.

[94] *Chen*, Tsinghua Law Journal 2016 (6), 64 ff.

sehr überzeugend. Diese Arbeit stimmt ebenfalls der Auffassung zu, dass das Notwehrrecht nicht eingeschränkt werden kann, wenn die Provokation keine rechtswidrige Handlung darstellt, und dass das Notwehrrecht im Fall der Absichtsprovokation nicht aufgehoben werden kann. Es ist auch zutreffend anzumerken, dass, solange der Angreifer die vollständige Herrschaft über den rechtswidrigen Angriff hat, die Verteidigungshandlung und ihre Folgen nach den Regeln der Notwehr dem Angreifer zugerechnet werden können, wodurch das Notwehrrecht gerechtfertigt wird.

Nach dem in dieser Arbeit vertretenen Grundgedanken der Notwehr ist jedoch das Autonomieprinzip die Grundlage für die Schärfe des Notwehrrechts. Die Verantwortung, die dem Autonomieprinzip zugrunde liegt, hat nicht nur eine qualitative, sondern auch eine quantitative Dimension. Die rechtswidrige Provokation durch den Provokateur ist eine Form des Mitverschuldens, die zu einer Minderung der Verantwortung des Angreifers führt. Ein gewisses Maß an Mitverschulden kann die Schärfe der Notwehr beeinträchtigen und damit die Solidaritätspflicht sichtbar machen, die sich letztlich in gewissen Einschränkungen auf der Grundlage der Bejahung des Notwehrrechts äußert.

Letztlich verlangt die Solidaritätspflicht zur Begrenzung der Schärfe des Notwehrrechts vom Verteidiger die Erfüllung einer Ausweichpflicht, es sei denn, es besteht keine Möglichkeit zum Ausweichen.[95] Bei Mitverschulden des Verteidigers gibt es auch eine gewisse Anpassung der Grenzen der Notwehr, d. h. die Angemessenheit der Verteidigungshandlung erfordert, dass tödliche Verteidigungsmittel nicht direkt eingesetzt werden dürfen. Der Verteidiger ist verpflichtet, ein milderes Verteidigungsmittel anzuwenden, auch wenn dieses für ihn mit einem höheren Risiko verbunden ist. Dabei hat er das damit einhergehende Risiko im Rahmen einer Duldungspflicht in Kauf zu nehmen, um den Angreifer zu schonen. Darüber hinaus kann das Notwehrrecht seine volle Wirksamkeit wiedererlangen, wenn der Verteidiger ausreichende Solidaritätspflichten erfüllt hat, die Bedrohung durch den rechtswidrigen Angriff jedoch weiterhin besteht.

Die LeitNotw regelt auch die Notwehrprovokation. In Art. 8 LeitNotw wird durch die Ablehnung des subjektiven Rechtfertigungselements festgestellt, dass im Falle der Absichtsprovokation, bei der jemand zunächst vorsätzlich durch Worte, Handlungen oder andere Mittel den Gegner dazu anstiftet, ihn (den Provokateur) selbst zu verletzen, um anschließend zurückzuschlagen, die Verteidigung nicht als Notwehrhandlung anerkannt werden sollten, wodurch das Notwehrrecht in solchen Fällen vollständig entzogen wird. Wie jedoch oben erwähnt, könnte dieser Ansatz Zweifel an der Übereinstimmung mit dem allgemeinen Prinzip des subjektiven Rechtfertigungselements aufwerfen.

Zusätzlich regelt Art. 10 Satz 3 LeitNotw die unabsichtlich verschuldete Provokation. Wenn ein rechtswidriger Angriff aufgrund eines groben Fehlverhaltens des

---

[95] *Jiang*, Research in Law 2024 (6), 179.

Täters, d. h. des Verteidigers erfolgt und dieser Täter vorsätzlich mit einer Gegenmaßnahme zurückschlägt, die zu schwerer Körperverletzung oder zum Tod führen könnte, obwohl andere Mittel zur Vermeidung des Angriffs zur Verfügung stehen, wird diese Handlung nicht als Notwehrhandlung anerkannt. Ähnlich wie die Regelung in Art. 8 LeitNotw verliert die Gegenmaßnahme des Täters in diesem Fall ihren Charakter als Notwehrhandlung. Daher kann sie nicht nur nicht durch Notwehr gerechtfertigt werden, sondern auch nicht gemäß § 20 Abs. 2 chStGB als Notwehrüberschreitung zur Strafmilderung führen.

Daraus ergibt sich, dass die LeitNotw zwei Formen der Notwehrprovokation unmittelbar als rechtsmissbräuchlich qualifizieren und daher die Anerkennung als Notwehrhandlung ausschließen: zum einen die sog. Absichtsprovokation, bei der der Provokateur gezielt eine Notwehrlage herbeiführt, um unter dem Deckmantel der Notwehr eine Gegenwehr auszuführen; zum anderen Fälle, in denen der Täter durch grobes eigenes Fehlverhalten eine Notwehrlage verursacht und sodann, obwohl mildere Abwehrmittel zur Verfügung stehen, unmittelbar zu tödlicher Gewalt greift. In beiden Konstellationen ist die Strafbarkeit nicht durch § 20 Abs. 2 chStGB eingeschränkt. Selbst wenn kein erheblicher Schaden tatsächlich eingetreten ist, kann der Täter wegen eines Versuchs bestraft werden.

Wie bereits dargelegt, verkennt diese Form der Verantwortungszuschreibung die Autonomie des Angreifers bei der Herbeiführung der Notwehrlage. Die Entscheidung zum rechtswidrigen Angriff bleibt eine eigenverantwortliche Handlung des Angreifers; der Provokateur trägt lediglich eine Mitverantwortung. Die strafrechtliche Beurteilung der LeitNotw bevorzugt den Angreifer in unangemessener Weise, indem sie die Verantwortung einseitig auf den Provokateur überträgt. Ein sachgerechterer Ansatz wäre es, die Notwehrhandlung des Provokateurs dann als unangemessen zu bewerten, wenn dieser gegen eine bestehende Solidaritätspflicht verstößt, etwa durch das Unterlassen milderer Mittel oder des Ausweichens. In solchen Konstellationen sollte nicht der Charakter der Notwehrhandlung vollständig aberkannt, sondern lediglich eine Einschränkung des Notwehrrechts anerkannt und gegebenenfalls eine Notwehrüberschreitung gemäß § 20 Abs. 2 chStGB angenommen werden, wenn ein gravierender Schaden tatsächlich verursacht wird.

Selbst wenn man einen Schritt zurücktritt und den in den LeitNotw formulierten Ausschluss der Notwehrhandlung akzeptiert, ist dennoch zu betonen, dass dem Provokateur zumindest ein Notrecht im Sinne des defensiven Notstands verbleibt. In diesen Fällen kommt die Annahme einer Notstandüberschreitung nach § 21 Abs. 2 chStGB in Betracht.[96]

Nur wenn der Provokateur die fehlende Handlungsfreiheit des Provozierten ausnutzt und die Tatherrschaft über das gesamte Geschehen erlangt, kann die Unangemessenheit seiner Gegenwehr als Rechtsmissbrauch qualifiziert werden, da in einem solchen Fall die Verantwortung des Angreifers vollständig ausgeschlossen

[96] Vgl. *Rönnau/Hohn*, LK/StGB, § 32 Rn. 252.

ist. In dieser Konstellation verliert die Gegenwehr eindeutig ihren Charakter als Notwehrhandlung. Selbst wenn das Verhalten des Provokateurs nur aufgrund eines Zufalls keinen tatsächlichen Schaden verursacht, kann gleichwohl ein Versuchsdelikt verwirklicht sein.

c) Notwehr bei häuslicher Gewalt

Das Notwehrrecht im Kontext häuslicher Gewalt stellt einen besonders diskussionsbedürftigen Anwendungsfall dar. Im Hinblick auf die Justizauslegung legt Art. 19 der Stellungnahmen zur gerichtlichen Behandlung von Fällen häuslicher Gewalt (StHGe) aus dem Jahr 2015 den maßgeblichen Standard für die korrekte Feststellung der Notwehr bei häuslicher Gewalt eindeutig fest: Um die eigenen oder die persönlichen Rechte anderer vor rechtswidrigen Angriffen zu schützen, sollten Maßnahmen zur Beendigung gegenwärtiger häuslicher Gewalt, sofern sie den im Strafrecht festgelegten Voraussetzungen entsprechen, rechtlich als Notwehr anerkannt werden, ohne dass eine strafrechtliche Haftung entsteht. Wie man sieht, besteht die Grundhaltung dieser Justizauslegung darin, die Voraussetzungen für die Feststellung von Notwehr bei häuslicher Gewalt genauso zu behandeln wie die Voraussetzungen für die Feststellung von Notwehr im Allgemeinen, ohne dass es zu einer erweiternden oder einschränkenden Auslegung kommt. Im späteren Erlass der LeitNotw wurden jedoch keine neuen Regelungen zur Notwehr bei häuslicher Gewalt getroffen.

Zur weiteren Erläuterung wird häusliche Gewalt in Form von körperlicher Misshandlung in der Theorie separat als sofortige häusliche Gewalt und andauernde häusliche Gewalt diskutiert. Was Notwehr bei sofortiger häuslicher Gewalt betrifft, so wird allgemein die Ansicht vertreten, dass die allgemeinen Regeln der Notwehr grundsätzlich weiterhin gelten sollten und dass die Grenzen der Notwehr sogar bis zu einem gewissen Grad gelockert werden sollten, um der Vorgeschichte häuslicher Gewalt Rechnung zu tragen.[97] Chen Xingliang ist beispielsweise der Ansicht, dass Notwehr gegen anhaltende häusliche Gewalt aufgrund von langfristigem Missbrauch von starken Emotionen dominiert werde und durch die Explosion aufgestauten Konfliktpotenzials gekennzeichnet sei, so dass das Verteidigungsverhalten leicht außer Kontrolle geraten könne. In diesem Fall sollten bei der Prüfung die notwendigen Grenzen der Verteidigungshandlung vorzugsweise aus der Perspektive der missbrauchten bzw. misshandelten Person beurteilt werden.[98]

Bei andauernder häuslicher Gewalt werden auch theoretische Anstrengungen unternommen, um das Notwehrrecht der Misshandelten zu stärken. Die Erweiterung des Notwehrrechts von Opfern häuslicher Gewalt wird hauptsächlich die Gegenwärtigkeit des Angriffs erreichen. Obwohl die Rechtsprechung das Vorliegen einer

---

[97] *Chen*, Politics and Law Forum 2022 (3), 81.

[98] *Chen*, Politics and Law Forum 2022 (3), 82.

Notwehrlage verneint,[99] wenn zum Zeitpunkt der Verteidigung keine akute Handlung häuslicher Gewalt stattfindet, wird in einer Auffassung unter Verweis auf die Kontinuität häuslicher Gewalt vertreten, dass, selbst wenn während der Verteidigung keine physischen Angriffe wie Schläge gegeben seien, die anhaltende Natur solcher Misshandlungen nicht negiert werden könne. Daher könne auch die Verteidigungshandlung, die ergriffen werde, um bevorstehende missbräuchliche häusliche Gewalt zu verhindern, vollständig den zeitlichen Anforderungen der Notwehr entsprechen.[100] In Bezug auf die Grenzen einer Notwehrhandlung werde davon ausgegangen, dass bei Gegenangriffen im Rahmen einer andauernden häuslichen Gewalt tödliche Gewalt gegen den Missbrauchstäter generell nicht zulässig sei, da der Misshandelte derjenige sei, der den Vorfall begonnen habe.[101] Da jedoch die zeitlichen Anforderungen für Notwehr erfüllt seien, könne § 20 Abs. 2 chStGB (Notwehrüberschreitung) angewendet werden, um die Strafe zu mildern, zu reduzieren oder aufzuheben.[102]

Zusammengefasst neigt die chinesische Strafrechtstheorie bei häuslicher Gewalt dazu, das Notwehrrecht auszuweiten. Wenn der Verteidiger mit sofortiger häuslicher Gewalt konfrontiert ist, wird davon ausgegangen, dass sein Notwehrrecht nicht wie üblich eingeschränkt ist und insbesondere nicht an die traditionelle Ethik in der Beziehung zwischen Vorfahren und Nachkommen gebunden ist.[103] Im Falle anhaltender häuslicher Gewalt wird befürwortet, die Bedingungen für die Feststellung von Notwehr zu lockern, und selbst wenn eine Strafbarkeit festgestellt wird, sollte bei der Bestrafung eine günstigere Behandlung gewährt werden.

Unter dem Einfluss der deutschen Strafrechtstheorie haben einige chinesische Gelehrte jedoch begonnen, dafür einzutreten, dass der Umfang des Notwehrrechts auch dann eingeschränkt werden sollte, wenn der Angegriffene und der rechtswidrige Angreifer Mitglieder einer engen familiären Lebensgemeinschaft sind. *Wang Gang* ist der Ansicht, dass das Notwehrrecht unter engen Familienmitgliedern teilweise eingeschränkt werden solle. Das bedeute, dass bei einem relativ geringen Schaden, der durch ein Familienmitglied verursacht werde, kein schwerer Gegenangriff durchgeführt werden dürfe, der zu einer Behinderung oder Körperverletzung der anderen Partei führen könne. Dies liege daran, dass es im familiären Zusammenleben kaum zu vermeiden sei, dass es zwischen Familienangehörigen wegen geringfügiger Anlässe zu Ermahnungen oder sogar körperlichen Übergriffen komme. Um zu verhindern, dass geringfügige rechtswidrige Angriffe schwere Gegenangriffe auslösen und Familienmitglieder erhebliche Interessenverluste erleiden,

[99] Urteil des mittleren Volksgerichts Dalian, Liaoning, (2005) Nr. 753203.

[100] *Chen*, Politics and Law Forum 2022 (3), 85. Dagegen *Chen*, Politics and Law 2015 (9), 15 ff.

[101] *Peng*, Law Review 2022 (5), 73 f.

[102] *Chen*, Politics and Law Forum 2022 (3), 86.

[103] *Chen*, Politics and Law Forum 2022 (3), 82.

müsse das Notwehrrecht entsprechend eingeschränkt werden.[104] Aus dieser Sicht sei die Einschränkung des Notwehrrechts zwischen Familienmitgliedern im Wesentlichen eine besondere Art der „offenkundigen Unverhältnismäßigkeit“, die nur dann zum Tragen komme, wenn dem durch den rechtswidrigen Angriff bedrohten minderwertigen Rechtsgut das höherwertige Rechtsgut der Verteidigungshandlung gegenüberstehe. Es wird jedoch nicht erklärt, inwiefern sich die beiden Situationen wesentlich und praktisch unterscheiden.

Wenn davon ausgegangen wird, dass es bestimmte Einschränkungen des Notwehrrechts unter engen und verwandten Familienmitgliedern geben sollte, die sich von denen der offenkundigen Unverhältnismäßigkeit der Gewaltanwendung unterscheiden, kann es zu der Situation kommen, dass in derselben Notwehrlage dieselbe Verteidigungshandlung des Verteidigers je nach Verwandtschaftsverhältnis unterschiedliche Rechtswirkungen hat. Wenn der Angreifer keine besondere familiäre Beziehung zum Verteidiger hat, kann der Verteidiger aich auf Notwehr berufen; wenn der Angreifer und der Verteidiger jedoch eng familiär verbunden sind, ist der Verteidiger nicht gerechtfertigt. Dieses Ergebnis widerspricht dem Prinzip der Gleichheit der Rechte.

Diese Arbeit vertritt die Ansicht, dass aus der Perspektive der Solidaritätspflicht keine Einschränkung des Notwehrrechts zwischen engen Familienangehörigen abgeleitet werden kann. Wenn der Angreifer die volle Verantwortung für die Entstehung der Notwehrlage trägt, ist die Geltungslage der Solidarität bereits aufgehoben. Selbst wenn man eine über die Mindestsolidaritätspflicht hinausgehende erhöhte Solidaritätspflicht in Betracht zieht, fehlt es an der Zumutbarkeit, vom Verteidiger zu verlangen, dass er gravierende persönliche Interessen opfert, um diese Pflicht zu erfüllen.

Im Falle eines Bagatellangriffs im Familienleben sollte die allgemeine Notwehrrechtseinschränkung nach dem Prinzip der offenkundigen Unverhältnismäßigkeit angewendet werden. Darüber hinaus dürfen aber dem Verteidiger weder bei kontinuierlicher noch bei akuter häuslicher Gewalt zusätzliche Einschränkungen des Notwehrrechts auferlegt werden. Andernfalls würde die Grundlage für diese Einschränkungen lediglich im Schutz eines formal bestehenden Familiensystems liegen[105] und den Kern der Solidaritätspflicht, die die Freiheit schützt, missachten, was somit als nicht legitim anzusehen wäre.

D. Zwischenfazit

§ 20 chStGB definiert klar die Voraussetzungen für Notwehr und deren Rechtsfolgen, insbesondere für Fälle, in denen die Notwehr die notwendigen

[104] *Wang*, Peking University Law Journal 2018 (6), 1612.

[105] *Jiang*, Chinese Journal of Law 2024 (6), 181.

Grenzen überschreitet. Die Rechtspraxis neigt jedoch nach wie vor dazu, die Grenzen der Notwehr streng auszulegen, was es in vielen Fällen schwierig macht, Handlungen, bei denen es zu schweren Verletzungen oder zum Tod kommt, als Notwehr anzuerkennen. Diese Situation regt weiterhin zu akademischen Untersuchungen über die Erweiterung der Grenzen des Notwehrrechts an, und die „Einschränkung der Einschränkung des Notwehrrechts" ist somit zu einem zentralen Thema in einem Rechtsstaat geworden. Die Einführung der LeitNotw hat in erheblichem Maße das Problem einer zu engen Auslegung des Notwehrrechts umgekehrt und für bestimmte Fälle der Einschränkung des Notwehrrechts Lösungsansätze bereitgestellt.

Bei der Theorie des Verhältnisses zwischen den Merkmalen „offenkundige Überschreitung der notwendig gebotenen Grenzen" und „Verursachung eines gravierenden Schadens" im Kontext des § 20 Abs. 2 chStGB konzentriert sich die Einheitstheorie zu sehr auf das Ergebnis und ignoriert die unabhängige Bedeutung der Handlung selbst. Im Gegensatz dazu sieht die Trennungstheorie die beiden Merkmale als unabhängig an, was eine differenzierte Betrachtung der Notwehrüberschreitung ermöglicht. Daher sollten die beiden als unabhängige und nebeneinanderstehende Elemente betrachtet werden. Und die Grenzen der Verteidigungshandlung selbst sollten betont werden, anstatt sie als Nebenaspekt des Verteidigungserfolges zu betrachten, um die Schärfe des Notwehrrechts zu gewährleisten.[106] D.h., die Verteidigungshandlung muss nur grundsätzlich erforderlich sein, während der Verteidigungserfolg nur dann das Kriterium „Verursachung eines gravierenden Schadens" erfüllt, wenn er tatsächlich zu einer schweren Verletzung oder zum Tod des Angreifers führt.

Die Theorie der Güterabwägung eignet sich nicht als Grundlage für die Rechtfertigung der Notwehr. Die Schärfe der Notwehr ergibt sich aus dem Autonomieprinzip, das aus der Rechtstheorie abgeleitet wird. Die Grenzen der Verteidigungshandlung müssen sich hingegen aus der Erforderlichkeits- und Angemessenheitstheorie ergeben. Eine offenkundige Unverhältnismäßigkeit der Rechtsgüter ist unangemessen und daher kann eine Notwehrüberschreitung festgestellt werden. Darüber hinaus gibt es andere Anwendungsbereiche für das Kriterium der Angemessenheit der Verteidigungshandlung, nämlich Notwehrprovokation und Verteidigung gegen einen schuldunfähigen Angreifer. Im Falle einer Einschränkung des Notwehrrechts ist die direkte Anwendung von Abwehrmaßnahmen mit Lebensgefahr nicht angemessen. Nach dem Verantwortungsprinzip ist bei Angriffen durch schuldunfähige Personen keine Rechtfertigung durch Notwehr möglich; in solchen Fällen ist vielmehr auf den defensiven Notstand zurückzugreifen. Demgegenüber kann bei vermindert schuldfähigen Angreifern ein eingeschränktes Notwehrrecht bestehen. Im Gegensatz dazu dürfen bei Verteidigungshandlungen innerhalb familiärer Beziehungen keine zusätzlichen Anforderungen an die Angemessenheit der Notwehr gestellt werden.

---

[106] *Jiang*, Science of Law Journal 2022 (1), 148.

Im Weiteren kann eine Gegenwehr, der es extrem an Angemessenheit mangelt und die daher den Charakter eines Rechtsmissbrauchs erreicht, dazu führen, dass sie nicht mehr als Notwehrhandlung anerkannt wird. In einem solchen Fall kommt weder § 20 Abs. 1 chStGB (Rechtfertigung durch Notwehr) noch § 20 Abs. 2 chStGB (Strafmilderung durch Notwehrüberschreitung) zur Anwendung. Nach dem in dieser Arbeit vertretenen Ansatz betrifft dies insbesondere Fälle, in denen der Täter bewusst tödliche Gewalt gegen einen offensichtlich geringfügigen Angriff einsetzt.

Insoweit die LeitNotw das Konzept des Rechtsmissbrauchs auf Konstellationen der Notwehrprovokation ausdehnen, vernachlässigt diese Herangehensweise nach der in dieser Arbeit vertretenen Auffassung die Verantwortlichkeit des Angreifers. Eine angemessenere Lösung bestünde darin, dem Verteidiger ein eingeschränktes Notwehrrecht zuzugestehen und die Anwendbarkeit des § 20 Abs. 2 chStGB anzuerkennen, statt das Notwehrrecht vollständig auszuschließen.

Fünftes Kapitel

Vergleich der Rechtsordnungen

Eine Untersuchung des deutschen und des chinesischen Rechtssystems zeigt, dass es viele Unterschiede zwischen den beiden Ländern gibt, die sich auf die gesetzliche Beurteilung der Intensität des Notwehrrechts auswirken. Während das deutsche Recht grundsätzlich eine Schärfe des Notwehrrechts anerkennt[1] und die Strafrechtstheorie das Verteidigungsrecht in besonderen Fällen durch das Thema „Einschränkungen des Notwehrrechts" begrenzen muss,[2] ist die chinesische Herangehensweise an die Notwehr eher auf den Verhältnismäßigkeitsgrundsatz ausgerichtet, und die Theorien neigen eher dazu, die Ausweitung des Notwehrrechts zu diskutieren, als es einzuschränken.[3]

Dies wird im Folgenden durch eine Zusammenfassung der beiden Rechtssysteme im Vergleich veranschaulicht. Daran anschließend werden mögliche Ursachen für diese Unterschiede analysiert. Abschließend erfolgt ein Ausblick auf die Entwicklungstendenzen beider Länder im Umgang mit der Einschränkung des Notwehrrechts sowie eine abschließende Gesamtbewertung.

A. Vergleich der verfassungsrechtlichen Wertordnung

I. Menschenwürde und Notwehrrecht

1. Menschenwürde im deutschen Rechtssystem

Die Menschenwürde ist ein äußerst wichtiger Begriff im deutschen Rechtssystem. Sie bildet nicht nur den Kern des deutschen Grundgesetzes, sondern stellt in gewissem Umfang auch die theoretische Grundlage für das scharfe deutsche Notwehrrecht dar.[4] Gemäß Art. 1 Abs. 1 dGG ist die Menschenwürde unantastbar. Das bedeutet, dass die Würde jedes Menschen unter allen Umständen geschützt werden muss und dass weder der Staat noch Privatpersonen die Würde anderer verletzen dürfen.

---

[1] *Erb*, MK/StGB, § 32 Rn. 12.

[2] *Erb*, MK/StGB, § 32 Rn. 201; *Jescheck/Weigend*, AT, S. 344; *Lenckner*, GA 1968, 9; *Kühl-Bemmann*, S. 197; *Roxin*, ZStW 93 (1981), 78.

[3] Vgl. *Liu*, Law Science Magazine 2024 (4), 125 f.

[4] *Wang*, Rettungsfolter, S. 351.

Dieser verfassungsrechtliche Grundsatz findet seinen Ausdruck auch im Notwehrrecht, das als konkrete Ausprägung des Schutzes der Menschenwürde interpretiert werden kann. In früheren Diskussionen wurde der Berührungspunkt zwischen Menschenwürde im verfassungsrechtlichen Sinne und Notwehr hauptsächlich anhand der Frage der Notwehrfolter reflektiert, d. h. Notwehrfolter ist aufgrund des Grundsatzes der Achtung der Menschenwürde verboten.[5] Es ist ebenfalls hervorzuheben, dass die Notwehr als Recht auch das Recht der Angegriffenen umfasst, ihre Menschenwürde zu verteidigen. Wenn der Staat den potenziellen Kausalitätsbeitrag der Notwehrhandlung zur Abwehr eines Angriffs durch eine Einschränkung des Notwehrrechts ausschließt, unterstützt er faktisch die Vollendung des rechtswidrigen Angriffs.[6] Solange die Notwehrhandlung erforderlich und geboten ist, besteht kein Konflikt mit der Menschenwürde, da sie eine legitime Reaktion auf einen rechtswidrigen Angriff darstellt und die Würde des Angreifers nicht negiert. Der Angreifer wird somit nicht zum bloßen Mittel im Sinne von Kants Philosophie degradiert, sondern bleibt als Subjekt anerkannt.

Nach der h. M. ist die Menschenwürde ein absoluter Wert, der nicht gegen andere Erwägungen abgewogen werden kann.[7] Das bedeutet, dass der Schutz der Menschenwürde nicht außer Acht gelassen werden darf, auch nicht im Interesse der Aufrechterhaltung der sozialen Ordnung oder zur Erreichung anderer Vorteile. Das Notwehrrecht basiert daher auf dem Grundsatz, dass der Staat oder die Gesellschaft von einem Einzelnen nicht verlangen kann, seine Würde zu opfern, indem er auf Widerstand verzichtet, wenn diese Würde durch eine rechtswidrige Handlung bedroht ist. Der Einzelne darf alle erforderlichen Mittel einsetzen, um sich gegen den rechtswidrigen Angriff zu wehren, auch wenn dies zu einer Schädigung des Angreifers führt. Bezüglich der Notwehr stärkt das Konzept der Menschenwürde daher die Legitimität des Widerstands des Einzelnen gegen rechtswidrige Angriffe. Die Notwehr ist nicht nur eine Reaktion auf den rechtswidrigen Angriff des Angreifers, sondern auch eine Verteidigung der eigenen Würde.

Im Rahmen der grundrechtlichen Wertordnung nimmt die Menschenwürde eine herausragende Stellung ein. Ihre Verankerung an der Spitze des Grundrechtskatalogs, die Erklärung ihrer „Unantastbarkeit", die explizit normierte staatliche Schutzpflicht (Art. 1 Abs. 1 Satz 2 dGG) sowie ihre Tabuisierung durch die Ewigkeitsklausel (Art. 79 Abs. 3 dGG) verleihen ihr oberste Priorität.[8] Das bedeutet, dass der Schutz der Menschenwürde nicht außer Acht gelassen werden darf, auch nicht im Interesse der Aufrechterhaltung der sozialen Ordnung oder zur Erreichung anderer Vorteile. Das Notwehrrecht basiert daher auf dem Grundsatz, dass der Staat oder die Gesellschaft von einem Einzelnen nicht verlangen kann, seine Würde zu opfern, indem er auf Widerstand verzichtet, wenn diese Würde durch eine rechts-

[5] *Perron/Eisele*, Schönke/Schröder/StGB, § 32 Rn. 62a.

[6] Vgl. *Erb*, MK/StGB, § 32 Rn. 197.

[7] Vgl. BVerfGE 107, 284; 109, 314.

[8] *Herdegen*, Maunz/Dürig/GG, Art. 1 Rn. 25.

widrige Handlung bedroht ist. Der Einzelne darf alle erforderlichen Mittel einsetzen, um sich gegen den rechtswidrigen Angriff zu wehren, auch wenn dies zu einer Schädigung des Angreifers führt.

Ein weiterer zentraler Aspekt der Menschenwürde ist das Recht auf Selbstbestimmung. Dieses beinhaltet das Recht jedes Einzelnen, grundlegende Entscheidungen über das eigene Leben autonom zu treffe,[9] auch in einer Situation, in der seine Grundrechte rechtswidrig verletzt werden. Daraus ergibt sich das Recht, selbst über die Art und Weise der Gegenwehr zu entscheiden. Dieses Recht betont, dass der Einzelne im Angesicht einer Rechtsgutsbedrohung nicht zur Unterwerfung gegenüber dem Angreifer verpflichtet ist.

Das Notwehrrecht verkörpert die Menschenwürde gerade deshalb, weil es das Recht auf Selbstbestimmung schützt. Wenn der Staat die individuelle Verteidigungsbefugnis übermäßig einschränkt, kann der Einzelne sich im Angriffsfall nicht mehr effektiv schützen, was letztlich die Verwirklichung seiner Würde beeinträchtigt. Aus diesem Grund weist das deutsche Notwehrsystem eine vergleichsweise ausgeprägte „Schärfe" auf, die sicherstellt, dass dem Einzelnen im Ernstfall die Möglichkeit zur angemessenen Gewaltanwendung zur Selbstverteidigung zusteht.

Gestützt auf das Autonomieprinzip hat der Angegriffene das Recht, im Rahmen der Erforderlichkeit und Gebotenheit selbst zu entscheiden, wie er auf eine rechtswidrige Beeinträchtigung reagiert, ohne passiv auf ein staatliches Eingreifen warten zu müssen. Der Staat darf den Einzelnen nicht dazu zwingen, rechtswidrige Angriffe hinzunehmen, sondern muss ihm das Recht einräumen, eigenständig Abwehrmaßnahmen zu ergreifen. Diese Selbstbestimmung stellt einen grundlegenden Ausdruck der Achtung der Menschenwürde dar. Die Schärfe des Notwehrrechts ist daher als funktionaler Bestandteil des Grundrechtsschutzes zu verstehen und aus diesem abzuleiten.

2. Menschenwürde im chinesischen Rechtssystem

Art. 38 chVG sieht die Menschenwürde vor: „Die Würde der Persönlichkeit der Bürger der Volksrepublik China ist unantastbar. Es ist verboten, Bürger auf irgendeine Weise zu beleidigen, zu verleumden oder sie fälschlich zu beschuldigen." Die h. M. ist jedoch, dass die Verfassung die Menschenwürde nicht direkt mit dem Status eines verfassungsrechtlichen Grundwerts ausstatte.[10] Ausgehend von der Negativliste „Beleidigungen, Verleumdungen und fälschliche Beschuldigungen" hätten die Verfasser der Verfassung die Konnotation der Menschenwürde im Allgemeinen als eine soziale Bewertung und Behandlung verstanden, die impliziere, dass sie respektiert werden solle.[11] Es gibt auch die Ansicht, dass die Würde der

[9] Vgl. *Pfordten*, Menschenwürde, S. 53 ff.

[10] *Zheng*, Comparative Law Research 2019 (1), 171.

[11] Vgl. *Xiao*, Entstehung, S. 138; *Xu*, Verfassungsgeschichte II, S. 496.

Persönlichkeit die Grundlage der Persönlichkeitsrechte sei und dass ihr Inhalt die Rechte auf Ansehen, Namen, Bild und Körper umfasse.[12] Daher werde die Menschenwürde in der chinesischen Verfassung als Garant für den spirituellen Aspekt der umfassenden „persönlichen Freiheit" angesehen. Ihr Ziel sei es, die Würde und den Respekt der Person im gesellschaftlichen Leben und im Umgang miteinander zu wahren, damit die Person frei von Zwang und Unterdrückung sei, sowohl physisch als auch psychisch.[13]

Aus dem Inhalt von Art. 38 chVG und insbesondere aus dem Verbot im letzten Teil des Artikels lässt sich daher ableiten, dass die in diesem Artikel anerkannte Würde der Person nicht den Status eines unumstrittenen Grundwertprinzips hat, sondern lediglich ein individuelles Recht ist. Dies entspricht der Einbeziehung der Persönlichkeitsrechte, die eng mit dem Wert der Person verbunden sind, wie des Rechts auf Namen, des Rechts auf Ansehen, des Rechts auf Ehre, des Rechts am eigenen Bild sowie des Rechts auf Privatsphäre und des Rechts auf Selbstbestimmung.[14] Dies ist in der Philosophie der Person nicht dasselbe wie die deutsche Vorstellung von Menschenwürde. Das Menschenbild des deutschen Grundgesetzes ist nicht das des isolierten und verabsolutierten Individuums, sondern das des Menschen, der in einer „Gesellschaftsgemeinschaft" in soziale Beziehungen eingebunden ist. Dieses Konzept geht auf die Philosophie Kants zurück, in der der „Mensch" ein moralisch autonomes und ethisch verantwortliches Wesen ist.[15]

Obwohl umstritten ist, ob Art. 38 chVG einen verfassungsrechtlich verankerten Anspruch auf Menschenwürde begründet, hat die chinesische Verfassungsrechtswissenschaft das Streben nach einem solchen Würdeartikel keineswegs aufgegeben. Vielmehr lassen sich in der Theorie verschiedene Ansatzpunkte erkennen: Erstens wird eine mögliche Verfassungsänderung zur expliziten Aufnahme eines Würdeartikels erwogen.[16] Zweitens wird diskutiert, dass Art. 33 Abs. 3 chVG eine ähnliche Funktion wie ein Würdegrundsatz erfüllen könne. Shangguan Piliang schlägt vor, die in Art. 33 Abs. 3 chVG enthaltene Formulierung „Der Staat achtet und schützt die Menschenrechte" dahingehend auszulegen, dass sie auch den Schutz der Menschenwürde umfasse.[17] Drittens wird eine weitere Ansicht vertreten, wonach sich ein „verfassungsimmanenter Geist der Würde" bereits aus dem Aufbau und den Einzelbestimmungen der chinesischen Verfassung ableiten lasse.[18]

Angesichts dessen ist der verfassungsrechtliche Wert der Menschenwürde in China mittlerweile weitgehend anerkannt. Er bildet zugleich den normativen Aus-

---

[12] *Dong/Han/Li*, Verfassungsrecht, S. 393.

[13] *Zhang*, China Law Review 2023 (1), 57 f.

[14] *Lin*, Zhejiang Social Sciences 2008 (5), 52.

[15] *Llompart*, Menschenwürde, S. 58 ff.

[16] *Hu*, Legal and Business Studies 2017 (1), 9 ff.

[17] *Shangguan*, Jiangsu Social Sciences 2008 (2), 80 ff.

[18] *Chen*, Tsinghua Journal of Philosophy and Social Sciences 2025 (1), 245.

gangspunkt für die Konstruktion eines scharfen Notwehrrechts. Denn die Anerkennung des Notwehrrechts als Ausdruck des Selbstschutzes des Verletzten entspricht in ihrer Substanz der Anerkennung der menschlichen Würde im verfassungsrechtlichen Sinne.

II. Stellenwert des öffentlichen Interesses

1. Vorrang der individuellen Rechte im deutschen Grundgesetz

Das deutsche Grundgesetz bringt auf mehreren Ebenen die Vorrangstellung individueller Rechte zum Ausdruck, insbesondere durch die Betonung und den Schutz der Grundrechte. Der erste Teil des deutschen Grundgesetzes (Kapitel 1, Artikel 1 bis 19) ist eine Liste von Grundrechten, darunter die Versammlungsfreiheit, Leben und körperliche Unversehrtheit, Eigentum und Erbrecht usw. Diese ausdrückliche Aufzählung von Rechten dient nicht nur als verständliche und umsetzbare Liste von Rechten für die Bürger, sondern auch als Handlungsrichtlinie für die Staatsgewalt, die den Einzelnen vor unangemessenen staatlichen Eingriffen schützt. Auf diese Weise spiegelt das Grundgesetz seine Wertorientierung wider, indem es den Grundrechten strukturell Vorrang einräumt, und verdeutlicht auch die grundlegendste Funktion der Grundrechte: Freiheit vom Staat.[19]

Darüber hinaus spiegelt auch die praktische Durchsetzbarkeit der Grundrechte die Vorrangstellung der individuellen Rechte wider und stärkt die praktische Bedeutung dieser Rechte. Insbesondere Art. 19 Abs. 4 dGG sieht Rechtsmittel vor, wenn die öffentliche Gewalt die Grundrechte von Einzelpersonen verletzen. Gemäß der inhärenten Logik der Rechtsweggarantie reicht es jedoch aus, wenn der Grundrechtsträger eine Verletzung seiner Rechte geltend macht.[20] Das Verfahren der Verfassungsbeschwerde spiegelt nicht nur die Bedeutung wider, die den individuellen Rechten beigemessen wird, sondern stärkt auch den praktischen Schutz dieser Rechte.[21] Dies befähigt den Einzelnen nicht nur, unangemessenen staatlichen Maßnahmen entgegenzuwirken, sondern spiegelt auch die Vorrangstellung der Grundrechte wider.

Darüber hinaus verbietet Art. 19 Abs. 2 dGG als Garantie des Wesensgehalts den öffentlichen Gewaltträgern jede mögliche Einschränkung der Grundrechte. Es herrscht die Auffassung, dass dieser Wesensschutz absolut ist und die Frage, unter welchen Bedingungen ein solcher Eingriff in Ausnahmefällen noch zulässig ist, irrelevant ist, so dass eine Berücksichtigung auf der Grundlage des Verhältnismä-

[19] *Pieroth/Schlink/Kingreen/Poscher*, Grundrechte, § 4 Rn. 77.

[20] Vgl. BVerfGE 31, 368.

[21] *Degenhart*, Staatsorganisationsrecht, § 11 Rn. 809.

ßigkeitsprinzips ausgeschlossen ist.[22] Es gibt keine höherrangigen Güter im Vergleich zum Wesensgehalt des Grundrechts.[23]

Diese Wertorientierung des deutschen Grundgesetzes wirkt sich natürlich auf die Ausgestaltung des Notwehrrechts als objektive Werteordnung aus. Die Wertorientierung der Individualrechte sorgt zweifellos dafür, dass die Schärfe des Notwehrrechts nicht übermäßig zugunsten von etwaigen Ansprüchen der Gemeinschaft und der Staatsmacht beschnitten wird, und hat daher einen sehr starken Charakter.

2. Einschränkungen der individuellen Rechte aus Gründen des öffentlichen Interesses in der chinesischen Verfassung

Im Gegensatz zum individualistisch geprägten Grundgesetz Deutschlands weist die chinesische Verfassung eine stark kollektivistische Ausrichtung auf, was sich typischerweise in den Beschränkungen individueller Rechte widerspiegelt. Die chinesische Verfassung sieht vier Kategorien von Interessen vor, die bei der Festlegung von Einschränkungen der Grundrechte in folgender Reihenfolge zu berücksichtigen sind: öffentliches Interesse, nationales Interesse, soziales Interesse und kollektives Interesse. Art. 13 Abs. 3 chVG besagt: „Der Staat kann im öffentlichen Interesse Privateigentum gemäß dem Gesetz enteignen und eine Entschädigung leisten.“ Art. 51 chVG besagt: „Bei der Ausübung ihrer Freiheiten und Rechte dürfen die Bürger der Volksrepublik China weder den staatlichen, sozialen oder kollektiven Interessen noch den rechtmäßigen Freiheiten und Rechten anderer Bürger schaden.“

In diesem Zusammenhang hat das öffentliche Interesse als Rechtfertigung für die Einschränkung von Grundrechten, insbesondere des Rechts auf Privateigentum, Eingang in die Verfassungstexte vieler Länder gefunden[24] und wird auch mit ethischen Argumenten begründet.[25] Neben dem öffentlichen Interesse nennt die chinesische Verfassung auch die Interessen des Staates, der Gesellschaft und des Kollektivs als Gründe für die Einschränkung von Grundrechten. Diese Ausdrücke sind sehr chinesisch geprägt. Viele Gelehrte haben versucht, diese Formulierungen im Sinne des Konstitutionalismus zu interpretieren,[26] aber es ist unbestreitbar, dass diese Interessen alle einen überindividuellen Charakter haben und eine verfas-

---

[22] Vgl. *Stern*, Staatsrecht III/2, S. 867.

[23] *Sachs*, Sachs/GG, Art. 19 Rn. 41.

[24] Zum Beispiel: Artikel 40, 42 und 43 der irischen Verfassung; Artikel 17 der französischen Erklärung der Menschen- und Bürgerrechte; Artikel 29 der japanischen Verfassung usw.

[25] *Yang*, Journal of China Youth University of Political Studies 1998 (4), 68 ff.

[26] *Liu*, Science of Law 2006 (4), 38 ff.

sungsrechtliche Grundlage für die Rechtfertigung von Eingriffen in die individuellen Rechte durch bereichsspezifische Gesetze bieten können.[27]

Daher wird das Notwehrrecht auch in seiner praktischen Anwendung von dieser verfassungsrechtlichen kollektivistischen Wertorientierung beeinflusst. Neben der Berücksichtigung der Rechte des rechtswidrigen Angreifers kann das Notwehrrecht auch Einschränkungen unterliegen, die auf öffentlichen Interessen wie denen des Staates oder der Gesellschaft beruhen. In diesem Fall kann es zu einer Tendenz kommen, das Recht so anzuwenden, dass die Schärfe des Notwehrrechts eingeschränkt wird. So kann das Gericht bei der Beurteilung, ob eine Notwehrhandlung die notwendigen Grenzen überschreitet, berücksichtigen, ob die Handlung dem öffentlichen Interesse oder der sozialen Ordnung schadet. Eine häufig geäußerte Sorge ist die, dass die Gewährung eines zu weitreichenden Notwehrrechts zu einer Gefährdung der sozialen Ordnung führen könnte.

Die chinesische Verfassung verankert bereits in ihrer Präambel und im allgemeinen Teil den Vorrang des Sozialismus und der kollektiven Interessen. Diese normative Grundausrichtung betont, dass der Bürger seinen individuellen Wert innerhalb der übergeordneten Ziele von Staat und Gesellschaft, wie gemeinsamer Wohlstand, soziale Stabilität und öffentliches Interesse, zu verwirklichen hat. Freiheit wird dabei als eine institutionell gewährleistete und sozialisierte Form positiver Freiheit verstanden, die durch staatliche Organisation, Lenkung und die Bereitstellung entsprechender Rahmenbedingungen ermöglicht wird, sodass der Bürger in der Lage ist, seine Freiheit tatsächlich auszuüben.

Eine solche Betonung positiver Freiheit birgt jedoch auch Risiken. Zum einen besteht die Gefahr, dass öffentliche und kollektive Ziele die individuellen Grundrechte überlagern. Verfassungsbestimmungen im Bereich sozialer Stabilität, kollektiver Interessen oder gemeinsamer Entwicklung können ohne hinreichende normative Begrenzung in der Auslegung leicht den Grundrechten Vorrang erhalten. Zum anderen führt diese Auffassung zu einer übermäßigen Abhängigkeit der Bürger vom Staat. Wird Freiheit vollständig als Ergebnis staatlicher Gewährleistung verstanden, so werden die Aspekte der individuellen Selbstbestimmung und Eigenverantwortung geschwächt.

Vor diesem Hintergrund ist aus verfassungsrechtlicher Perspektive eine normative Vorsicht geboten. Die chinesische Verfassung sollte bei der institutionellen Sicherung positiver Freiheit zugleich die grundlegende Bedeutung ihrer negativen Dimension bewahren und hervorheben. Nur wenn den Bürgern ein Schutzraum vor übermäßiger Intervention erhalten bleibt, kann die Freiheit als konstitutives Prinzip einer rechtsstaatlichen Ordnung bestehen.

[27] *Shangguan*, Journal of National School of Administration 2009 (3), 79.

B. Vergleich der Notwehr als strafrechtliche Regel

I. Unterschiede der vorherrschenden Grundgedanken der Notwehr

1. Deutschland: Von der Schärfe-Argumentation zu Einschränkungen als Ausnahme

In Deutschland und China bestehen signifikante Unterschiede bezüglich der dominierenden rechtlichen Grundgedanken der Notwehr sowie bezüglich der Berücksichtigung des dabei involvierten, eventuell gewichteten Interesses. Diese Unterschiede wirken sich unmittelbar auf den Umfang und die Anwendung des Notwehrrechts in beiden Ländern aus.

In Deutschland basiert die Konstruktion des Notwehrrechts auf der traditionellen Rechtsprechung und den wissenschaftlichen Ansichten. Die geltenden Notwehrregeln bilden die gesetzliche Grundlage, die sich anhand der zugrunde liegenden Grundgedanken interpretieren lässt. Diese Grundgedanken dienen insoweit der „Rationalisierung des Status quo".[28]

Um die Schärfe bzw. die grundsätzliche Unbeschränktheit des Notwehrrechts in Deutschland auf fundamentaler Ebene zu verdeutlichen, greift die h. M. auf einen dualistischen Ansatz zurück. Im Bereich des Individualschutzes ziele die Notwehr darauf ab, die rechtlichen Interessen des Verteidigers oder eines Dritten zu schützen, da die Gefahr vom rechtswidrigen Verhalten des Angreifers selbst ausgehe. Der Schutz der Interessen des Angreifers werde daher aufgrund seiner eigenen Handlungsverantwortung abgeschwächt.[29] Darüber hinaus trage das Notwehrrecht auch zur Bewährung der allgemeinen Rechtsordnung bei. Die Ausübung der Notwehr vermittele ein legitimes Zeichen der Geltung und Durchsetzbarkeit rechtlicher Normen. Selbst wenn die geschützten Rechtsgüter durch Ausweichen gesichert werden könnten oder im Vergleich zu den Folgen für den Angreifer von geringerem Wert erscheinen würden, erlange die Notwehrhandlung durch die Bewährung der Rechtsordnung eine besondere „Schärfe". Ausgehend von diesem Gedanken sei der Verteidiger nicht verpflichtet, vor dem Angreifer zurückzuweichen.

Daraus folgt, dass die breit unterstützte Konzeption der Notwehr zunächst eine konstruktive Interpretationsgrundlage für das Notwehrrecht einschließlich seiner Schärfe bieten muss und auf dieser Grundlage dann zu den „sozialen und ethischen Einschränkungen" der Notwehr in bestimmten Situationen führen kann. Für den dualistischen Ansatz wird das Argument vorgetragen, dass die Bedeutung der Rechtsbewährung weniger offensichtlich oder deutlich schwächer sei; an diesem Punkt verliere die durch § 32 dStGB gewährte „Schärfe" ihre theoretische Grundlage, und vom mutmaßlichen Verteidiger könne vernünftigerweise verlangt werden,

---

[28] *Lührmann*, Tötungsrecht, S. 197.

[29] *Kühl*, JuS 93, 183.

sich zwischen Vermeidung oder einer geringeren Verletzung der Rechtsgüter zu entscheiden.[30]

Diese Argumentationsweise, die die Schärfe des Notwehrrechts positiv rechtfertigt und dabei die Einschränkungen als nachgeordnet betrachtet, findet sich nicht nur in der herrschenden dualistischen Lehre, sondern auch in anderen Ansätzen. Die rein individualrechtliche Interpretation zur Rechtfertigung der Schärfe des Notwehrrechts basiert darauf, dass das individuelle Bedürfnis, die eigene Handlungsfreiheit zu verteidigen, also nicht weiter durch den rechtswidrigen Angreifer in der eigenen Freiheit beschränkt zu werden, vom Staat umfassend respektiert werden muss. Die unrechtmäßige Situation soll durch erforderliche Gegenmaßnahmen wieder ins Gleichgewicht gebracht werden.[31] Ebenso verdeutlicht die rein individualrechtliche Auslegung den Ausnahmecharakter von Einschränkungen des Notwehrrechts. Nur unter besonderen Umständen kann das rechtliche Interesse des Einzelnen durch spezifische Faktoren so weit relativiert werden, dass eine vollständige Ausklammerung der Interessenabwägung nicht mehr zumutbar erscheint.[32]

Aus der Perspektive der normativen Ethik betrachtet, entstammt der Grundgedanke im Bereich der Notwehr in Deutschland eindeutig einer deontologischen Ethik. Die Notwehr wird als eine Form der „Selbstbehauptung des Rechts" verstanden. Sie gründet sich nicht nur auf das individuelle Recht zur Verteidigung eigener Rechtsgüter, sondern bringt zugleich die moralische Autonomie und die Selbstachtung der Menschenwürde gegenüber einem rechtswidrigen Angriff zum Ausdruck. Dementsprechend trifft den rechtswidrigen Angreifer eine Duldungspflicht gegenüber der Notwehr. Auch wenn eine Verteidigungshandlung erhebliche Nachteile für den Angreifer mit sich bringt, ist sie dennoch als gerechtfertigt anzuerkennen, sofern sie den Anforderungen der Erforderlichkeit und der Gebotenheit entspricht, und darf nicht ausschließlich auf der Grundlage ihrer Folgen bewertet werden.[33]

2. China: Güterabwägungsorientierte endogene Beschränkung

Bei der Erörterung der Grundprinzipien der Notwehr im chinesischen Strafrecht neigt die h. M. dazu, die Legitimation auf der Grundlage des stark utilitaristisch geprägten Prinzips der überwiegenden Rechtsgüter zu begründen.[34] Nach diesem Argument liegt die Rechtfertigung für Notwehr im Vergleich der Rechtsgüter des Angreifers und des Angegriffenen. Aufgrund des Gegensatzes von Recht und Unrecht kann man entweder aus der Perspektive des Angreifers argumentieren, dass

[30] *Erb*, MK/StGB, § 32 Rn. 12.

[31] *Erb*, MK/StGB, § 32 Rn. 18.

[32] *Erb*, MK/StGB, § 32 Rn. 202.

[33] *Schmidt*, in: Handbuch Angewandte Ethik, S. 43 ff.

[34] *Zhang*, Strafrecht I, S. 194 f.

dessen Rechtsgüter aufgrund der von ihm begangenen rechtswidrigen Handlung einen geringeren Schutz genießen, oder aus der Perspektive des Verteidigers, dass dieser nicht nur die bedrohten Rechtsgüter schützt, sondern auch andere Interessen wahrt.

Aufgrund dieser Rechtfertigung wurde die Schärfe des Notwehrrechts von Anfang an durch die Rechtsgüterabwägung eingeschränkt, und die Prüfung musste sich auf den tatsächlichen Erfolg der Verteidigungshandlung konzentrieren. Das Notwehrrecht wurde von der Rechtfertigungsgrundlage her recht zurückhaltend ausgelegt, was dazu geführt hat, dass den zusätzlichen sozialethischen Einschränkungen des Notwehrrechts theoretisch nicht viel Aufmerksamkeit geschenkt wird und die Hauptanstrengung darin besteht, den Anwendungsbereich des Notwehrrechts zu erweitern und nicht einzuschränken.

Ebenso führen die Schwierigkeiten bei der Emanzipation von der bisher dominierenden Interessenabwägung bei der Rechtfertigung der Notwehr dazu, dass sowohl der Verteidiger als auch der Angreifer eher als Gegenstand des Interessenvergleichs denn als Subjekt von Rechten in Erscheinung treten. Ihre individuellen Bilder als Gesellschaftsmitglieder werden abstrahiert, ihre Grenzen verschwimmen und sie werden in den Gesamtkontext sozialer und öffentlicher Interessen aufgelöst. Dieser theoretische Lösungsansatz verlässt sich zu sehr auf Argumente, die die Schärfe des Rechts auf autonome Entscheidungsfindung herunterspielen, und versucht stattdessen, die Proportionalitätsgrenzen zu erweitern. Solange die zugrunde liegenden Ideen jedoch nicht vom Bereich der utilitaristischen Philosophie getrennt werden, wird die Schärfe immer durch die Kette des Güterabwägungsprinzips gefesselt sein und nicht wirklich gedeihen können.

II. Unterschiede der Anwendung der Notwehreinschränkung

1. Normative Gebotenheit als Einschränkung in Deutschland

Der unmittelbare Grund für die Unterschiede beim Notwehrrecht zwischen China und Deutschland liegt zweifellos in den unterschiedlichen Gesetzestexten im Strafrecht. § 32 dStGB legt die Rechte des Verteidigers eindeutig fest. Der Absatz 2 formuliert die Voraussetzungen der Notwehr in klarer Weise, wobei dem Verteidigenden ein weiter Handlungsspielraum eingeräumt wird. Darüber hinaus sieht die Norm keine offensichtlichen Einschränkungen vor, außer dem Erfordernis der Erforderlichkeit der Verteidigungshandlung. Das bedeutet, dass das Notwehrrecht in Deutschland grundsätzlich nicht dem Verhältnismäßigkeitsgrundsatz unterliegt. Die Feststellung der Notwehr hängt also grundsätzlich nicht von der Verhältnismäßigkeit zwischen dem Angriff und dem durch die Notwehr verursachten Schaden ab. Das Notwehrrecht unterliegt grundsätzlich nur einer Einschränkung hinsichtlich der Wahl der Verteidigungsmittel, nicht jedoch hinsichtlich des Verteidigungserfolgs. Selbst wenn die Verteidigungshandlung schwerwiegende Folgen nach sich zieht, bleibt sie dennoch gerechtfertigt, sofern sie zur Abwehr eines rechtswidrigen Angriffs erforderlich gewesen ist.[35]

In jedem Fall muss die Anwendung des Strafrechts jedoch immer seiner sozialen Funktion gerecht werden. Um den Bedürfnissen der sozialen Ethik entgegenzukommen, sollte das Notwehrrecht nicht zulasten der Rechtsordnung übermäßig ausgeweitet werden. Die deutsche Rechtspraxis und die h. L. akzeptieren bestimmte sozialethische Einschränkungen des Notwehrrechts. Um die Anforderungen an die soziale Funktion des Strafrechts zu erfüllen und in bestimmten Fällen die Verhältnismäßigkeit in die Prüfung der Notwehr einzubeziehen, muss daher eine textliche Grundlage für die Rechtfertigung der Einschränkungen des Notwehrrechts geschaffen werden. Theoretisch wird dies durch die Verknüpfung der Einschränkungen mit der „Gebotenheit" in § 32 Abs. 1 dStGB erreicht.[36]

Allerdings muss man zugeben, dass die Verwendung der Gebotenheit als gesetzlicher Bezugspunkt auch gewisse Herausforderungen mit sich bringt, da der Gesetzestext zur Notwehr selbst dazu neigt, das Notwehrrecht nicht dem Grundsatz der Verhältnismäßigkeit zu unterwerfen. Diese Auslegungslinie ist von vornherein zweckorientiert. Es geht darum, bestimmte Situationen bzw. in bestimmten Situationen bestimmte Verteidigungsmittel auszuschließen, die zwar erforderlich wären, aber aus sozialethischer Sicht nicht als Notwehr gelten. Der Begriff „Gebotenheit" in einem Gesetzestext liefert an sich keine klaren zusätzlichen Kriterien für diese juristisch-soziale Funktion und definiert nicht, wie das Notwehrrecht tatsächlich eingeschränkt wird. Wie einige Stellungnahmen aufgezeigt haben, ist der Begriff der Gebotenheit im Wesentlichen ein leerer Begriff[37] und begegnet eventuell verfassungsrechtlichen Einwänden.[38] Und all dies ist auf die bewusste Mehrdeutigkeit des Strafrechtstextes selbst zurückzuführen.

Kurz gesagt: Angesichts der im Strafrecht verankerten umfangreichen Verteidigungsrechte müssen die sogenannten sozialethischen Einschränkungen des Notwehrrechts, die sich an der juristisch-sozialen Funktion orientieren, berücksichtigt werden. Die Notwendigkeit solcher Einschränkungen besteht zuerst, und erst dann wird die Bedeutung der Gebotenheit durch Textinterpretation herausgearbeitet und auf diese Weise die Legitimität der Einschränkungen erlangt. Dies ist eine Art realistische Revision der umfangreichen Anwendung des Notwehrrechts.

2. Normativer Aufbau chinesischer Notwehrgrenze

Die im § 20 chStGB geregelte Notwehr zeigt bereits im Gesetzestext eine zurückhaltende Tendenz in Bezug auf die Schärfe des Notwehrrechts. Der Absatz 2

---

[35] *Wessels/Beulke/Satzger*, AT, Rn. 518.

[36] BGH 42, 102; *Perron/Eisele*, Schönke/Schröder/StGB, § 32 Rn. 44.

[37] *Bitzilekis*, Einschränkung, S. 95 ff.

[38] *Rienen*, Einschränkungen, S. 166 ff.

legt die Grenzen der Notwehrhandlung fest. Nach h.M. umfasst die Grenze der Notwehr auch ein Erfordernis der Verhältnismäßigkeit, wobei betont wird, dass kein allzu großes Missverhältnis zwischen dem geschützten Rechtsgut und dem durch die Verteidigungshandlung verursachten Schaden bestehen dürfe.[39] Daraus ergibt sich, dass im chinesischen System des Notwehrrechts das Verteidigungsergebnis als zentrales Kriterium der Beurteilung angesehen wird.

Obwohl der ursprüngliche Gesetzestext das Erfordernis der Verhältnismäßigkeit zwischen Schaden und Verteidigungserfolg nicht direkt festlegt, lässt sich das Bedürfnis nach einer Verhältnismäßigkeitsprüfung bei der Auslegung des Erfordernisses der Verteidigungsgrenze in der Notwehr nicht umgehen. Die in der Gesetzesformulierung verwendeten Begriffe, insbesondere „Verursachung eines gravierenden Schadens", weisen semantisch eine hohe Nähe zum ergebnisorientierten Verhältnismäßigkeitsprinzip auf. Dadurch entsteht eine Verbindung zwischen dem Erfordernis der Verteidigungsgrenze und dem Verhältnismäßigkeitsprinzip im Gesetzeswortlaut, was dieses Prinzip zu einem weithin anerkannten inneren Merkmal des Notwehrrechts macht.[40]

Das umstrittenste Thema im chinesischen Notwehrrecht ist die Notwehrgrenze, und die Auslegung von § 20 Abs. 2 chStGB, der als Rechtsgrundlage für die Notwehrgrenze dient, ist stark von utilitaristischem Denken geprägt. Die utilitaristische Verteidigungstheorie und die damit verbundene Unklarheit bei der Interessenabwägung werden von einigen als wesentlicher Grund für die strikte Begrenzung der Verteidigungsrechte in der chinesischen Rechtspraxis angesehen. Dies hat zwei Auswirkungen: Einerseits ist der Ausschluss eines gravierenden Missverhältnisses nicht nur eine Anforderung der Sozialethik, sondern auch eine in Gesetzestexten festgelegte unbestreitbare Regel. Andererseits ist es für Justizbehörden schwierig anzuerkennen, dass die vom Verteidiger geschützten Interessen im Falle einer schweren Verletzung oder des Todes des Angreifers Vorrang haben, da Leben und Körper als besonders wichtige Rechtsgüter angesehen werden.[41]

Darüber hinaus bezieht der Gesetzestext das Ergebnis der Notwehrhandlung ausdrücklich in die Prüfung der Notwehrgrenze ein. Dies führt dazu, dass die Beurteilung des Notwehrrechts letztlich nicht allein aus einer Ex-ante-Perspektive erfolgen kann, sondern zwingend auch eine Ex-post-Bewertung des Verteidigungsergebnisses einbezieht. All diese Aspekte verdeutlichen, dass dem Ergebnis der Verteidigung im chinesischen Notwehrsystem eine zentrale Beurteilungsfunktion zukommt.

---

[39] *Zhang*, Strafrecht I, S. 275; *Wang*, Rechtfertigungshandlung, S. 50.

[40] *Li*, Journal of Law and Commerce 2007 (2), 70.

[41] *Wang*, Peking University Law Journal 2018 (6), 1592.

III. Unterschiede der Funktionen anhand der Überschreitung der Notwehr

Die funktionalen Unterschiede zwischen den Notwehrrechten in China und Deutschland spiegeln sich auch in den Rechtsfolgen der Überschreitung der Notwehr wider.

1. Straflosigkeitsmöglichkeit trotz Überschreitung der Notwehr in Deutschland

a) Notwehrexzess nach § 33 dStGB

§ 33 dStGB sieht den sogenannten „Notwehrexzess" vor. Überschreitet jemand, der sich in einer Notwehrlage befindet, aus Verwirrung, Furcht oder Schrecken die Grenzen der Notwehr, wird er dafür nicht bestraft. Diese Entschuldigung gilt vor allem für eine Überschreitung der Intensität (d. h. für den „intensiven Exzess"),[42] die im Wesentlichen eine Überschreitung der Grenzen der Erforderlichkeit in der Notwehr umfasst.[43]

Diese nachsichtige Haltung gegenüber der Intensität von Verteidigungshandlungen in Notwehrsituationen hat dazu geführt, dass Gerichte in der Praxis § 33 dStGB als eine Auffangnorm betrachten. Wenn Streit darüber besteht, ob die Voraussetzungen der Notwehr gemäß § 32 dStGB erfüllt sind, neigen BGH sowie andere Gerichte häufig dazu, § 33 dStGB anzuwenden und auf Freispruch zu erkennen, sofern dessen Voraussetzungen vorliegen.[44]

Dieser Freispruch nach § 33 dStGB verbessert die juristisch-soziale Funktion der Entlastung des Verteidigers bei der Ausübung des Notwehrrechts erheblich. Dies spiegelt einen sorgfältigeren Schutz der individuellen Rechte wider, trägt dazu bei, die Wahrnehmung der Bürger für die Gerechtigkeit des Gesetzes zu verbessern, und ermutigt Einzelpersonen somit, ihr Notwehrrecht aktiver auszuüben. M. a. W.: Die Existenz von § 33 dStGB macht den Erforderlichkeitsmaßstab für Notwehr im Sinne der Feststellung von Strafbarkeit oder Straflosigkeit in vielen Fällen relativ unwichtig und erweitert damit faktisch die Spielräume für die Intensität von Verteidigungshandlungen.

Diese eindeutige Bevorzugung des Verteidigers bei der Rechtsanwendung wirft jedoch die Frage auf, ob § 33 dStGB über die Verteidigungshandlung hinaus auf die „Gebotenheitsmaßstäbe" angewendet werden kann. Insbesondere ist umstritten, ob § 33 StGB auch dann noch anwendbar ist, wenn die Grenzen der Notwehr offenkundig überschritten werden (z. B. Erschießen eines Angreifers aus Verwirrung, der

[42] BGH 3, 198; *Perron/Eisele*, Schönke/Schröder/StGB, § 33 Rn. 2.

[43] BGH NStZ-RR 2009, 70 f.; *Erb*, MK/StGB, § 33 Rn. 10; *Kühl*, AT, § 12 Rn. 253.

[44] *Erb*, MK/StGB, § 33 Rn. 4.

einen leichten Angriff begangen hat). Ebenso wie bei der Frage nach der Rechtfertigung einer extrem unverhältnismäßigen Verteidigung innerhalb des Notwehrrechts gibt das Gesetz selbst auf dieses Problem keine direkte und klare Antwort, sondern nimmt eine offene Haltung ein.

Eine Ansicht schließt jedoch die Möglichkeit einer extrem unverhältnismäßigen Verteidigung nicht vollständig aus. Nach der von Erb vertretenen Ansicht wirkten in Fällen eines extrem unverhältnismäßigen Notwehrexzesses neben Verwirrung, Furcht oder Schrecken in der Regel auch starke emotionale Affekte oder „kaltblütige" Verletzungsmotive zumindest gleichwertig mit, was in solchen Fällen eine Entschuldigung ausschließe. Liege jedoch eine Ausnahme einer extremen „asthenischen" Affektanfälligkeit vor, solle die Entschuldigung nicht verweigert werden.[45] Diese Ansicht versucht tatsächlich, die Tatbestandsmerkmale des § 33 dStGB ohne Einschränkung anzuwenden, da der Text des § 33 dStGB einen extrem unverhältnismäßigen Notwehrexzess nicht ausschließe.

Allerdings vertritt die h. M. die Auffassung, dass ein extrem unverhältnismäßiger Notwehrexzess nicht unter die Entschuldigung nach § 33 dStGB falle.[46] Roxin führt ergänzend aus, dass auch die Nachsicht ihre Grenzen im generalpräventiv erträglichen Bereich habe, weshalb ein derart unverhältnismäßiger Notwehrexzess nicht zur Straflosigkeit führen könne.[47] Diese Positionen betonen zugleich, dass der Wortlaut der Notwehrexzess-Klausel nicht übermäßig formal ausgelegt werden dürfe. Befinde sich der Angegriffene etwa lediglich wegen einer geringfügigen Gefahr oder in einem Zustand leichter Verwirrung in einem Ausnahmezustand und begehe in dieser Situation eine Notwehrüberschreitung, so sei eine Entschuldigung systemwidrig, da die Zurechnung zum Angreifer in solchen Fällen nicht überwiege.[48]

Abseits dieser Problematik des groben Missverhältnisses kann § 33 dStGB auch in anderen Fällen sozialethischer Einschränkungen des Notwehrrechts zur Straflosigkeit führen.[49] In Situationen wie der Notwehrprovokation ist es möglich, dass ein eingeschränktes Notwehrrecht besteht und der Verteidiger gegen bestehende Ausweich- oder Duldungspflichten verstößt. Solange die Verteidigungshandlung jedoch aus asthenischen Affekten heraus erfolgt, kann auch in diesen Konstellationen § 33 dStGB zur Anwendung kommen und als Entschuldigung wirken.[50]

Daraus ergibt sich, dass § 33 dStGB als Auffangnorm zur Straflosigkeit die deutliche Haltung des Gesetzgebers zugunsten des Verteidigers widerspiegelt und eine soziale Funktion erfüllt, indem er die Bürger zur Ausübung des Notwehrrechts

---

[45] *Erb*, MK/StGB, § 33 Rn. 24.

[46] *Rogall*, SK/StGB, § 33 Rn. 24; *Perron/Eisele*, Schönke/Schröder/StGB, § 33 Rn. 7.

[47] *Roxin/Greco*, AT I, § 22 Rn. 79.

[48] *Jakobs*, AT, § 20 Rn. 29.

[49] BGHSt 39, 140.

[50] *Erb*, MK/StGB, § 33 Rn. 12; *Duttge*, HK-GS, § 33 Rn. 3.

ermutigt. Dennoch versucht die Hauptmeinung in der deutschen Rechtslehre, ein gewisses Gleichgewicht zu finden und die Anwendungsmöglichkeit der Entschuldigung in Fällen extremer Unverhältnismäßigkeit durch eine systematische Auslegung und nicht durch eine rein wörtliche Interpretation einzuschränken. Hier wird deutlich, dass das deutsche Strafrechtssystem im Umgang mit der Notwehrüberschreitung einen relativ weiten Freiraum für Straflosigkeit gewährt und zugleich versucht, das Notwehrsystem unter der Prämisse der Aufrechterhaltung seiner systematischen Kohärenz angemessen zu begrenzen.

b) Unvermeidbarer Erlaubnistatbestandsirrtum

Darüber hinaus kann sich der Notwehrexzess mit einem Erlaubnistatbestandsirrtum überschneiden,[51] wenn zwar ein rechtswidriger Angriff tatsächlich besteht, der Angegriffene jedoch die tatbestandlichen Voraussetzungen der Notwehr falsch einschätzt, also insbesondere die Gefährlichkeit des Angriffs oder die Intensität der Verteidigungsmittel falsch eingeschätzt wird.[52]

Obwohl die systematische Einordnung des Erlaubnistatbestandsirrtums in der Rechtsdogmatik umstritten ist,[53] besteht Einigkeit darüber, dass bei einem unvermeidbaren Erlaubnistatbestandsirrtums keine Fahrlässigkeitsstrafbarkeit vorliegt:

(1) Nach der Lehre von den negativen Tatbestandsmerkmalen werden Rechtfertigungsgründe als negative Tatbestandsmerkmale betrachtet. Daher findet § 16 Abs. 1 dStGB unmittelbar Anwendung, so dass dem Verteidiger eine objektive Sorgfaltspflichtverletzung fehlt und somit die Tatbestandsmäßigkeit eines Fahrlässigkeitsdelikts entfällt.[54]

(2) Nach der eingeschränkten Schuldtheorie wird § 16 Abs. 1 dStGB analog angewendet, was ebenfalls die Strafbarkeit eines Fahrlässigkeitsdelikts ausschließt.[55]

(3) Nach der strengen Schuldtheorie wird der Erlaubnistatbestandsirrtum dem Erlaubnisirrtum gleichgestellt und es findet § 17 dStGB unmittelbare Anwendung, wodurch die Schuld ausgeschlossen wird.[56]

---

[51] Nach der h. M. kann sowohl ein bewusster als auch ein unbewusster Exzess unter § 33 dStGB fallen. Daher können die beiden Straflosigkeitsgründe in Fällen eines unbewussten Exzesses zusammentreffen. *Perron/Eisele*, Schönke/Schröder/StGB, § 33 Rn. 6; *Kindhäuser*, NK/StGB, § 33 Rn. 26.

[52] *Sternberg-Lieben/Schuster*, Schönke/Schröder/StGB, § 16 Rn. 21.

[53] *Joecks*, MK/StGB, § 16 Rn. 123 ff.; *Vogel*, LK/StGB, § 16 Rn. 112 ff.

[54] *Schünemann/Greco*, GA 2006, 777 ff.

[55] Hier sind sowohl die vorsatzunrechtverneinende eingeschränkte Schuldtheorie als auch die schuldverneinende eingeschränkte Schuldtheorie erfasst. Obwohl beide Ansätze unterschiedliche Begründungswege verfolgen, stützen sie sich auf die gleiche gesetzliche Grundlage. Vgl. *Rengier*, AT, § 30 Rn. 17 ff.

[56] *Erb*, in: FS-Paeffgen, S. 205 ff.

Wenn ein sachlicher Irrtum über die Grenzen der Notwehr als strafbarkeitsbegründendes Element besteht und unvermeidbar ist, entfällt der Fahrlässigkeitsvorwurf gegen dem Verteidiger, was eine substantielle Straflosigkeit zur Folge hat. Die Beurteilung der Vermeidbarkeit des Irrtums kann je nach Auffassung jedoch unterschiedlichen Maßstäben unterliegen: Wenn der Erlaubnistatbestandsirrtum mit einem Tatumstandsirrtum gleichgesetzt wird, dürfte der Prüfungsmaßstab nicht über die Anforderungen der Sorgfaltspflichten hinausgehen; wird er hingegen mit einem Verbotsirrtum gleichgesetzt, so folgt aus der Rechtsprechung, dass ein strengerer Maßstab anzulegen ist.[57]

Unabhängig von diesen Differenzierungen argumentiert Perron, dass ein Erlaubnistatbestandsirrtum in einer tatsächlich bestehenden Notwehrlage im Vergleich zu Situationen ohne eine solche Lage anders zu bewerten sei. Da der Angreifer wesentlich zur Entstehung der Notwehrlage beigetragen habe, müsse das Risiko einer durch Fehlbeurteilung bedingten Überschätzung der Angriffsdrohung primär von ihm selbst getragen werden.[58]

Daher vertritt diese Arbeit die Auffassung, dass der Angreifer, wenn er für den Erlaubnistatbestandsirrtum des Verteidigers verantwortlich ist, dem Verteidiger einen Anlass zur Überprüfung geben muss. Kommt er dieser Verpflichtung nicht nach, kann dies dazu führen, dass der Irrtum als unvermeidbar anzusehen ist, wodurch der Verteidiger von der Strafbarkeit befreit wird. Dies liegt daran, dass im Rahmen der Verteilung des Irrtumsrisikos bei der Notwehr der Angreifer, der für die tatsächliche Entstehung der Notwehrlage verantwortlich ist, ein höheres Irrtumsrisiko zu tragen hat.

Selbst wenn der Erlaubnistatbestandsirrtum als vermeidbar angesehen wird, kann der Verteidiger strafrechtlich begünstigt werden. Entscheidend ist, ob § 16 dStGB direkt oder analog angewendet wird oder ob die Regelung des § 17 dStGB greift. Im ersten Fall entfällt die Vorwerfbarkeit des Vorsatzdelikts, so dass der Täter lediglich wegen Fahrlässigkeit bestraft werden kann.[59] Im zweiten Fall kann ihm nach § 49 Abs.1 dStGB wegen eines Vorsatzdelikts eine fakultative Strafmilderung gewährt werden.[60]

2. Strafbarkeit der Notwehrüberschreitung nach § 20 Abs. 2 chStGB

Gemäß § 20 Abs. 2 chStGB stellt die Notwehrüberschreitung zwar eine Straftat dar, doch kann das Gericht je nach den Umständen die Strafe mildern oder ganz von ihr absehen. Dies bedeutet, dass eine strafrechtliche Verantwortlichkeit besteht, jedoch eine Strafmilderung möglich ist. Man kann argumentieren, dass das Rechts-

---

[57] *Rudolphi*, SK/StGB, § 17 Rn. 30a; *Neumann*, NK/StGB, § 17 Rn. 60.

[58] *Perron*, in: Notwehr in Deutschland und China, S. 347.

[59] *Kühl*, AT, § 13 Rn. 74.

[60] *Bockelmann*, NJW 1950, 830 ff.; *Erb*, in: FS-Paeffgen, S. 205.

konzept der Notwehrüberschreitung zweiseitig ist. Einerseits handelt es sich um eine Verneinung der Rechtfertigung, und in den theoretischen Kontexten deutet die Feststellung der Notwehrüberschreitung deutlich auf strafbare Straftaten hin. Andererseits kann das Konzept aus kriminalpolitischer Sicht auch Ausdruck strafrechtlicher Nachsicht sein, insofern es Strafmilderungsmöglichkeiten bis hin zur Straflosigkeit enthält. In China nimmt der erste Aspekt der Notwehrüberschreitung, also die Verneinung der Rechtfertigung, in Diskussionen offensichtlich mehr Raum ein.

Das zentrale Thema in der Debatte über Notwehr war in der Vergangenheit häufig die Grenzziehung bei der Notwehr, die auch die Grenze zwischen einer Straftat oder einer Nichtstraftat festlegt. Einige Gelehrte sind sich jedoch inzwischen darüber im Klaren, dass die juristisch-soziale Funktion der Notwehr nicht nur durch eine erweiterte Auslegung der Grenze der Notwehr, sondern auch durch eine eingehende Diskussion über die Milderung bei der Notwehrüberschreitung selbst ergänzt werden muss.[61]

a) Unzumutbarkeit als übergesetzlicher Entschuldigungsgrund

Lao Dongyan argumentiert, dass es schwierig sei, den Verteidiger strafrechtlich zur Verantwortung zu ziehen, wenn die Notwehrüberschreitung durch Faktoren wie Anspannung, Panik und Angst verursacht werde und vom Verteidiger angesichts seiner individuellen Umstände nicht erwartet werden könne, angemessene Verteidigungsmaßnahmen zu ergreifen, da es ihm an Schuld mangele.[62] Diese Behauptung lässt sich natürlich nicht direkt aus § 20 Abs. 2 chStGB ableiten, sondern stellt vielmehr den Versuch dar, die Unzumutbarkeit als übergesetzlichen Entschuldigungsgrund zu nutzen, um die Strafbarkeit der Notwehrüberschreitung auf anderem Wege aufzuheben.

Die ursprüngliche Absicht der Zumutbarkeitstheorie bestehe darin, „denjenigen, der unglücklicherweise in einer bestimmten und widrigen Umgebung gefangen sei, von der Verantwortung zu befreien und der allgemeinen Verletzlichkeit der menschlichen Natur rechtlichen Respekt zu erweisen".[63] Eine Notwehrüberschreitung, die durch asthenische Affekte beherrscht werde, könne das Kriterium der Unzumutbarkeit rationaler Kontrolle als Entschuldigungsgrund erfüllen. Denn wenn sich der Angegriffene in einer Notwehrlage befinde und subjektiv von psychologischen Faktoren wie Anspannung, Panik und Angst beherrscht werde, fehle ihm die Möglichkeit, eine alternative Handlungsweise zu wählen. Man könne sagen, dass es zu viel verlangt sei, von ihr zu erwarten, die Intensität ihrer Verteidi-

[61] *Chen*, Notwehr, S. 177.

[62] *Lao*, Peking University Law Journal, 2015 (1), 1345.

[63] *Feng*, Verantwortung, S. 247.

gungshandlungen vernünftig zu kontrollieren. Daher solle der Verteidiger entschuldigt und freigesprochen werden.[64]

Diese Ansicht, dass ein Entschuldigungsgrund vorliege, ist wahrscheinlich vom deutschen Strafrecht inspiriert. Sie versucht, eine übergesetzliche Ausnahme von der Strafbarkeit der Notwehrüberschreitung zu konstruieren. Dies ist zweifellos systemkonform und wertvoll, könnte jedoch in der gerichtlichen Praxis auf erhebliche Herausforderungen stoßen. Da es diesem übergesetzlichen Entschuldigungsgrund an einer klaren normativen Grundlage fehlt, beschränkt sich die Auseinandersetzung damit weitgehend auf theoretische Diskussionen. In der Praxis des Strafverfahrens findet er hingegen kaum Anwendung.

b) Einschränkung des Anwendungsbereichs des Vorsatzdelikts

Eine weitere Möglichkeit, bei Notwehrüberschreitung eine Milderung herbeizuführen, besteht in der Erörterung der subjektiven Tatbestandsmerkmale. Die Rechtspraxis in China neigt dazu, Vorsatzdelikte bei der Notwehrüberschreitung anzuerkennen. In vielen Rechtsprechungen wurde festgestellt, dass eine Notwehrüberschreitung, die zu einer schweren Verletzung des Angreifers führt, eine vorsätzliche Körperverletzung darstellt. In der Rechtsprechung wird eine Notwehrüberschreitung, die zum Tod des Angreifers führt, jedoch selten als vorsätzliche Tötung bestraft, sondern es wird in der Regel festgestellt, dass der Täter eine vorsätzliche Körperverletzung mit Todesfolge begangen habe.[65]

Einige Meinungen schränken hingegen vorsätzliche Formen der Notwehrüberschreitung ein oder lehnen sie sogar vollständig ab. Eine der starken Meinungen argumentiert, dass bei der Notwehrüberschreitung kein direkter Vorsatz angenommen werden könne, sondern nur Fahrlässigkeit oder bedingter Vorsatz;[66] eine weitere Meinung geht noch weiter und argumentiert, dass Notwehrüberschreitung nur als Fahrlässigkeitsdelikt betrachtet werden dürfe.[67] Die Absicht dieser Ansichten ist sehr klar, denn die Verurteilung von Fahrlässigkeitsdelikten wird offensichtlich geringer ausfallen als die von Vorsatzdelikten mit den gleichen objektiven Tatbestandsmerkmalen. Daher wird theoretisch versucht, das Handeln eines Verteidigers, der eine Notwehrüberschreitung begeht, so weit wie möglich als Fahrlässigkeitsdelikt zu interpretieren, um seine Strafe zu mildern und so die Folgen einer zu strengen Auslegung der Grenzen der Notwehr auszugleichen.

Um das Verhältnis zwischen Notwehrüberschreitung und den Bedingungen für eine vorsätzliche Begehung zu klären, ist es tatsächlich notwendig, das Verhältnis zwischen subjektivem Rechtfertigungselement und Vorsatz als subjektivem Tatbe-

---

[64] *Lao*, Peking University Law Journal, 2015 (1), 1346.

[65] *Chen*, Law Science 2011 (1), 117 ff.

[66] *Chen*, Notwehr, S. 177.

[67] Vgl. *Hu*, Law Review 2008 (4), 152 ff.

standsmerkmal zu erörtern. Die auf die Einschränkung von Vorsatzdelikten abzielende Ansicht besagt, dass das subjektiv rechtfertigende Element bei der Notwehr und der Vorsatz in allgemeinen strafrechtlichen Systemen schwer miteinander koexistieren können. Der Verteidiger erkenne bei einer Notwehrüberschreitung, dass ein rechtswidriger Angriff stattfinde, und führe die entsprechende Handlung in einer auf den Schutz des Rechtsguts gerichteten Absicht aus. Eine solche subjektive Form entspreche nicht der Definition des Vorsatzes in § 14 chStGB. Die Verteidigung und die Notwehrüberschreitung würden zu einer einzigen Handlung zusammengefasst. Das Vorliegen eines subjektiv rechtfertigenden Elements schließe daher die Feststellung eines Vorsatzdelikts aus.[68]

Darüber hinaus wird in dieser Ansicht auch versucht, die Einschränkung des Anwendungsbereichs von Vorsatzdelikten aus der Perspektive der Strafzumessung zu rechtfertigen. Der Vergleich der Notwehrüberschreitung mit der Putativnotwehr ohne tatsächliche Notwehrlage, die im Prinzip ein Fahrlässigkeitsdelikt sei, führe zu einem inhärenten Widerspruch in der Bewertung der Rechtsordnung. Denn bei der Notwehrüberschreitung liege ein tatsächlicher rechtswidriger Angriff vor, und der Verteidiger befinde sich auf der Seite des „Rechts"; bei der Putativnotwehr ohne tatsächliche Notwehrlage hingegen liege der sogenannte „Angriff" nicht vor, und der „Verteidiger" der Putativnotwehr ohne tatsächliche Notwehrlage befinde sich von Anfang an auf der Seite des „Unrechts". Es sei jedoch unangemessen, dass die Strafe für vorsätzliche Notwehrüberschreitung höher ausfalle als die Strafe für fahrlässige Putativnotwehr,[69] weil Erstere weniger mit Unrecht in Verbindung stehe als Letztere.

Neben der dogmatischen Begründung hat diese Ansicht auch eine kriminalpolitische Intention, nämlich die durch zu strenge Grenzen der Notwehr verursachte übermäßige Einschränkung des Notwehrrechts indirekt zu mildern, indem die Schwere der Strafe für Notwehrüberschreitung verringert wird. Allerdings wird man bei genauerer Betrachtung dieser Argumente einige Zweifel an dieser Sichtweise feststellen können. In der Innenperspektive der Notwehr kann jedoch, solange der Täter die Tat in dem Verteidigungsbewusstsein begeht, sich dem gegenwärtigen rechtswidrigen Angriff zu widersetzen, das subjektive Rechtfertigungselement als gegeben angesehen werden, d. h. es besteht keine Notwendigkeit für einen positiven Verteidigungszweck. Ein darüber hinausgehender Verteidigungswille ist nicht erforderlich.[70] Der Grund dafür ist, dass es ein reines Gesinnungsstrafrecht wäre, wenn eine Person, die eine rechtmäßige Handlung begangen hat, bestraft würde, nur weil sie nicht das richtige Ziel verfolgt hat.[71]

---

[68] *Lao*, Peking University Law Journal, 2015 (1), 1346.

[69] *Lao*, Peking University Law Journal, 2015 (1), 1347.

[70] *Chen*, Law Science 2011 (1), 119.

[71] *Rengier*, AT, § 18 Rn. 105.

In der modernen dualistischen Unrechtstheorie entspricht der rechtliche Handlungsunwert nicht notwendigerweise dem moralischen Handlungsunwert. Solange der Handelnde in dem Bewusstsein handelt, sich gegen einen rechtswidrigen Angriff zu wehren, und sein Verhalten in eine Richtung lenkt, die auf die Verwirklichung eines wertvollen Ergebnisses (d. h. den Schutz von Rechtsgütern) abzielt, ist es nicht ausgeschlossen, dass die Handlung eine positive rechtliche Bewertung erfährt, selbst wenn seine subjektiven Motive nicht oder nicht hauptsächlich der Wahrung rechtmäßiger Interessen dienen, sondern von Rache, Wut oder anderen negativen Absichten geleitet sind.[72] Solche subjektiven Motive beeinträchtigen nicht die positive rechtliche Bewertung der Handlung und sind ausreichend, um den Handlungsunwert zu kompensieren.

So kann der Verteidiger ohne Widerspruch auf kognitiver Ebene Verteidigungsbewusstsein haben, während auf voluntativer Ebene die Absicht besteht, eine Körperverletzung zu verursachen oder sogar zu töten. Eine vorsätzliche Notwehrüberschreitung ist am augenscheinlichsten in Fällen extremer Unverhältnismäßigkeit. Die Geringfügigkeit eines rechtswidrigen Angriffs schließt die Existenz einer Notwehrlage nicht aus. Extreme Unverhältnismäßigkeit bei der Notwehr ist auch eine Manifestation der Notwehrüberschreitung im Rahmen des chinesischen Strafrechts. Zu diesem Zeitpunkt muss der Verteidiger nicht unter der emotionalen Dominanz von Angst oder Panik stehen, sondern kann absichtlich und kaltblütig seine Rechte missbrauchen, eine andere Person zu töten. Dann ist kaum zu bestreiten, dass es sich um ein Vorsatzdelikt handelt.

Es ist unangemessen, die Einschränkung der Feststellung von Vorsatzdelikten bei der Notwehrüberschreitung rein durch den Vergleich der Strafzumessung zwischen Notwehrüberschreitung und Putativnotwehr zu begründen. Denn wenn der Täter die Grenzen der Notwehr überschreitet, dann vertritt er nicht mehr das „Recht“, sondern steht jetzt ebenfalls auf der Seite des „Unrechts“. Deshalb ist die Annahme unzutreffend, dass die Putativnotwehr notwendigerweise weniger schwerwiegend ist als die Notwehrüberschreitung. Darüber hinaus kann die Notwehrüberschreitung die in § 20 Abs. 2 chStGB vorgesehene Strafmilderung in Anspruch nehmen, und die tatsächliche Verurteilung kann durchaus milder ausfallen als bei den entsprechenden Fahrlässigkeitsdelikten, was auch damit zusammenhängt, dass der Grad des Unrechts des Verteidigers in der Notwehrüberschreitung aufgrund des rechtswidrigen Angriffs geringer ist.

Die Notwehrüberschreitung schließt die Feststellung eines Vorsatzdelikts nicht aus, sondern beeinflusst lediglich die Begründung der subjektiven Tatbestandsmerkmale im Rahmen der Prüfung von Vorsatzdelikten. Nach der Auffassung dieser Arbeit liegt eine Notwehrüberschreitung nur dann vor, wenn sowohl die Verteidigungshandlung als auch der Verteidigungserfolg die Grenze der Notwehr überschreiten. Diese objektiven Merkmale des Unrechts sollten auch auf die Vor-

---

[72] *Chen*, Law Science 2011 (1), 120.

satzprüfung angewendet werden. Der Täter muss sowohl die kognitiven als auch die voluntativen Elemente, die für einen Vorsatz erforderlich sind, hinsichtlich der Verteidigungshandlung und des Verteidigungserfolgs aufweisen. Handelt der Täter bei der Ausführung der Tat bewusst mit Verteidigungsmaßnahmen, die über die erforderlichen Grenzen hinausgehen, und nimmt er dabei zumindest einen „gravierenden Schaden" im Sinne von § 20 Abs. 2 chStGB billigend in Kauf, handelt es sich um ein Vorsatzdelikt. Wenn der Täter jedoch die Verteidigungsmaßnahmen falsch einschätzt und daher unbewusst übermäßige Verteidigung anwendet, liegt ein Erlaubnistatbestandsirrtum vor, was zu einem Fahrlässigkeitsdelikt führt.[73] Selbst wenn der Täter vorsätzlich übermäßige Verteidigungsmaßnahmen ergreift, kann er nur dann wegen eines Fahrlässigkeitsdelikts bestraft werden, wenn er hinsichtlich des „gravierenden Schadens" fahrlässig handelt.[74]

Die Einschränkung der Feststellung von Vorsatzdelikten in Fällen von Notwehrüberschreitung kann sicherlich bestimmte kriminalpolitische Auswirkungen haben und die nachteiligen Folgen für Bürger, die ihr Notwehrrecht ausüben, verringern. Diejenige Ansicht, die die Feststellung von Vorsatzdelikten allgemein ausschließt, ist jedoch systemwidrig. Man sollte bei § 20 Abs. 2 chStGB ansetzen und nur dann ein Vorsatzdelikt annehmen, wenn der Täter sowohl vorsätzlich hinsichtlich der Überschreitung der Verteidigungshandlung als auch vorsätzlich hinsichtlich des Verteidigungserfolges handelt.

Die bisherige Lehre hat die Putativnotwehr oder den Erlaubnistatbestandsirrtum häufig auf Fälle beschränkt, in denen der Handelnde irrtümlich annimmt, dass eine Notwehrlage vorliegt. Tatsächlich kann jedoch auch dann die Regelung des Erlaubnistatbestandsirrtums angewendet werden, wenn der Handelnde fälschlicherweise davon ausgeht, dass die Voraussetzungen der Strafbarkeit eines Notwehrüberschreitung nicht gegeben sind, während eine Notwehrlage tatsächlich vorliegt.[75] In einem solchen Fall, wenn der Verteidiger die Gefährlichkeit seiner Verteidigungsmaßnahmen oder das Ausmaß der durch den Angriff verursachten Bedrohung falsch einschätzt, ist zwischen vermeidbaren und unvermeidbaren Irrtümern zu unterscheiden. Ist der Irrtum vermeidbar, so ist der Verteidiger wegen Fahrlässigkeit zu bestrafen.[76] Ist der Irrtum hingegen unvermeidbar, darf der Ver-

---

[73] *Chen*, Law Science 2011 (1), 121 f.

[74] Zum Beispiel versuchte der Täter, mit einer Pistole zu schießen, um einen Dieb einzuschüchtern und davon abzuhalten, seine Sachen zu stehlen. Der Täter war in der Regel ein guter Schütze und war daher zuversichtlich, den Dieb nicht zu treffen. Er traf den Dieb jedoch versehentlich und fügte ihm schwere Verletzungen zu. In diesem Fall war die Verteidigungsmaßnahme des Täters nicht erforderlich und daher übertrieben. Er hatte auch den Vorsatz, die Schusswaffe zu verwenden, aber nicht den Vorsatz, schwere Verletzungen zu verursachen. Daher wurde die Tat letztendlich nur als fahrlässige Körperverletzung bestraft.

[75] Vgl. *Sternberg-Lieben/Schuster*, Schönke/Schröder/StGB, § 16 Rn. 21.

[76] Im chinesischen Strafrecht existiert keine dem § 17 dStGB vergleichbare Regelung zum Verbotsirrtum, und die h. M. lehnt weitgehend die Strenge Schuldtheorie ab. Siehe *Zhang*, Strafrecht I, S. 366.

teidiger aufgrund des Fehlens einer Sorgfaltspflichtverletzung nicht bestraft werden.

In der traditionellen chinesischen Strafrechtstheorie fehlt weitgehend das Denken in stufigen Strukturen des Straftatsaufbaus,[77] was leicht zu Unklarheiten im Umgang mit unterschiedlichen Irrtumsarten führt. Insbesondere wenn keine klare Trennung zwischen Tatbestandsmäßigkeit und Rechtswidrigkeit vorgenommen wird, werden der Tatbestandsirrtum und der Erlaubnistatbestandsirrtum häufig miteinander vermengt, was wiederum zu Verwirrung bei der Abgrenzung von Vorsatz und Fahrlässigkeit führt.[78] Deshalb sollte auf Grundlage des stufenförmigen Deliktsaufbaus zwischen Tatbestandsirrtum und Erlaubnistatbestandsirrtum differenziert werden. Im Zusammenhang mit der Notwehr bedeutet dies, dass wenn der Täter irrig annimmt, seine Verteidigungshandlung werde keine tödlichen oder schweren Verletzungen verursachen, tatsächlich aber der Angreifer schwer verletzt wird, bereits auf Tatbestandsebene der Vorsatz hinsichtlich Tötung oder Körperverletzung zu verneinen ist, sodass nur eine fahrlässige Körperverletzung in Betracht kommt. Nur wenn sich der Irrtum auf die objektiven Voraussetzungen der Notwehr bezieht, etwa auf das Vorliegen einer Notwehrlage oder die faktischen Grundlagen der Verteidigungsgrenzen, ist der Fall nach den Regeln des Erlaubnistatbestandsirrtums zu behandeln.

IV. Empirische Reflexion über die Schärfe des Notwehrrechts

1. Empirische Forschungen als Quelle des Zweifels am scharfen Notwehrrecht in Deutschland

Die offizielle justizielle Statistik in Deutschland, vertreten durch die Polizeiliche Kriminalstatistik (PKS), veröffentlicht keine präzisen Zahlen darüber, wie viele Fälle, in denen sich die Angeklagten auf Notwehr berufen haben, letztlich als Notwehr anerkannt wurden. Nach empirischen Untersuchungen von Kinzig und Stelly zu Freisprüchen in Deutschland liegt der Anteil der Fälle, in denen ein Freispruch aufgrund eines Rechtfertigungs- oder Entschuldigungsgrundes, wie etwa Notwehr, im Hellfeld ergeht, bei lediglich 3 %.[79]

Dies bedeutet jedoch nicht, dass die Justizbehörden Notwehrbehauptungen nicht ernst nehmen. Vielmehr werden die meisten Fälle, die tatsächlich die Voraussetzungen der Notwehr erfüllen, bereits vorgerichtlich eingestellt und erscheinen daher nicht in den oben genannten Gerichtsstatistiken. Denn sobald eine Handlung als Notwehr anerkannt wird, stellt sie im juristischen Sinne keine Straftat dar, so dass das Verfahren oft bereits im Ermittlungsstadium eingestellt wird. Wenn die

[77] *Gao/Ma*, Strafrecht, S. 48 f.

[78] *Wang*, Rechtfertigungshandlung, S. 196.

[79] *Kinzig/Stelly*, in: Der Schrei nach Strafe, S. 54.

Staatsanwaltschaft feststellt, dass das in Rede stehende Verhalten rechtmäßig war, etwa weil es sich um Notwehr handelte, erfolgt die Verfahrenseinstellung nach § 170 Abs. 2 dStPO aus rechtlichen Gründen.[80] Daher werden solche Fälle nur selten in die Gerichtsstatistiken aufgenommen.

Die bedeutendste empirische Studie der letzten Jahre, die einen maßgeblichen Einfluss auf die Theorie der Notwehr hat, ist die Dresdner Notwehrstudie. Kilian führte im Rahmen dieser Studie eine telefonische Umfrage mit etwa 3.400 Personen durch, um zu untersuchen, wie Bürger den Anwendungsbereich des Notwehrrechts einschätzen. Diese empirische Untersuchung zeigte dabei eine deutliche Diskrepanz zwischen der juristischen Anerkennung der Notwehr und der öffentlichen Wahrnehmung konkreter Fälle auf. Die Ergebnisse belegen, dass die Bevölkerung die Merkmale der Schärfe des Notwehrrechts, wie den Verzicht auf eine Verhältnismäßigkeit oder das Fehlen einer Ausweichpflicht für den Verteidiger, nicht uneingeschränkt akzeptiert.

Beispielsweise hielten im oft diskutierten problematischen Fall einer erforderlichen Sachnotwehr mit der Folge schwerer Körperverletzungen oder des Todes im „Scheunenfall"[81] 79 % der Befragten die Notwehr für nicht gerechtfertigt.[82] Ebenso verneinten im „Steinwerferfall"[83] 99 % der Befragten die Frage, ob der Notwehrübende trotz einer bestehenden Möglichkeit zur Ausweichung gerechtfertigt handelte.[84] Dies zeigt, dass die deutsche Bevölkerung eine Einschränkung des Notwehrrechts durch das Verhältnismäßigkeitsprinzip stärker befürwortet und sogar eine Ausweichpflicht anerkennt.

Die Studie untersuchte auch, ob die von der Rechtsprechung anerkannten „sozialethischen Einschränkungen" des Notwehrrechts gleichermaßen akzeptiert werden, etwa bei Angriffen durch schuldunfähige Personen oder in Fällen der Notwehrprovokation. Die Ergebnisse zeigen, dass diese Einschränkungen weitgehend befürwortet werden. Hingegen ergab sich eine deutliche Meinungsverschiedenheit bei Notwehrhandlungen innerhalb enger persönlicher Beziehungen, insbesondere

[80] *Kölbel/Neßeler*, MK/StPO, § 170 Rn. 19.

[81] Ein Landwirt beobachtet aus einiger Entfernung, dass eine Person versucht, seine Scheune in Brand zu setzen. In der Scheune befinden sich sowohl die Ernte als auch wertvolle landwirtschaftliche Maschinen. Der Täter reagiert nicht auf die Zurufe des Landwirts. Da es dem Landwirt aufgrund der Entfernung nicht möglich ist, rechtzeitig einzugreifen, sieht er sich als einzige verbleibende Möglichkeit gezwungen, auf die Person zu schießen. Dabei wird der Täter schwer verletzt. Siehe *Hillenkamp*, 32 Problem, S. 23.

[82] *Kilian*, Notwehrstudie, S. 71.

[83] Vor kurzem wurde nachts das auf der Straße geparkte Auto eines Mannes zerkratzt. Aus Sorge vor einer Wiederholung steht er nun vor seinem Haus und beobachtet vier junge Männer aufmerksam. Diese fühlen sich durch sein Verhalten provoziert und beginnen daraufhin, mit Steinen auf ihn zu werfen. Als die Angreifer näherkommen, gibt der Mann mehrere ungezielte Schüsse ab. Einer der Schüsse trifft einen der Steinewerfer und verursacht eine Querschnittslähmung. Siehe *Amelung/Kilian*, in: FS-Schreiber, S. 8.

[84] *Kilian*, Notwehrstudie, S. 75.

zwischen Ehepartnern. So hielten 52 % der Befragten eine tödliche Gegenwehr der Ehefrau gegen einen Angriff ihres Ehemannes für gerechtfertigt. Wenn der Ehemann jedoch wiederholt Gewalt ausgeübt hatte, stieg die Zustimmung auf 65 %.[85]

Die Ergebnisse der Dresdner Notwehrstudie liefern zudem ein starkes Argument gegen die Rechtfertigung eines „scharfen Notwehrrechts" aus der Perspektive der positiven Generalprävention.[86] Kriminologisch betrachtet lässt sich positive Generalprävention in Einzelfällen kaum empirisch quantifizieren.[87] Für das Notwehrrecht bedeutet dies insbesondere, dass die Bevölkerung in bestimmten Situationen keinen besonders scharfen Notwehranspruch erwartet, sondern diesen vielmehr als übermäßig und rechtswidrig ansieht. Dies wiederum untergräbt die Annahme, dass das Notwehrrecht eine generalpräventive Funktion erfüllen könne.[88] Die im Regierungsentwurf von 1962 vertretene Auffassung, dass das Notwehrrecht ein „schneidiges und seit alters her in der Rechtsüberzeugung des Volkes verwurzeltes Schutzrecht" sei,[89] könnte daher durch empirische Untersuchungen als überholt angesehen werden.

Es sollte berücksichtigt werden, dass gemäß Humes Gesetz eine direkte Ableitung eines „Sollens" aus einem bloßen „Sein" zu einem naturalistischen Fehlschluss führt.[90] Daher können normative Schlussfolgerungen nicht unmittelbar aus empirischen Untersuchungen gezogen werden. Die Frage, wie mit der Diskrepanz zwischen der öffentlichen Meinung und der strafrechtlichen Dogmatik umzugehen ist, fällt vielmehr in den Bereich der Kriminalpolitik.

Im Allgemeinen gilt, dass bei der Berücksichtigung empirischer Forschungsergebnisse in der strafrechtlichen Auslegung innerhalb des bestehenden Gesetzgebungssystems eine größere verfassungsrechtliche Akzeptanz besteht, wenn diese Ergebnisse zur Einschränkung des Strafbarkeitsbereichs und damit zur Erweiterung individueller Freiheitsrechte führen. Dies ist insbesondere im Kontext des verfassungsrechtlichen Legalitätsprinzips der Fall, etwa wenn es darum geht, die Einschränkung des Notwehrrechts bei häuslicher Gewalt abzulehnen.

Jedoch ist bei einer Einschränkung des Notwehrrechts besondere Vorsicht geboten, insbesondere im Hinblick auf das Legalitätsprinzip. Bevor eine grundlegende gesetzgeberische Änderung vorgenommen wird, sollten verschiedene Faktoren sorgfältig abgewogen werden. Insbesondere im Spannungsfeld zwischen Rechtsaufklärung und öffentlicher Meinung sollte die Gesetzgebung nicht zwangsläufig Letzterer folgen. Eine Anpassung des Rechts sollte zwar gesellschaftliche Einstellungen berücksichtigen, zugleich aber den Grundsätzen des Rechtsstaats und der

---

[85] *Kilian*, Notwehrstudie, S. 78 ff.

[86] *Kaspar*, RW 2013, 55.

[87] *Dölling/Hermann/Laue*, Kriminologie, § 28 Rn. 8.

[88] *Roxin/Greco*, AT I, § 15 Rn. 2.

[89] BT-Drucks. IV/7650, 157.

[90] *Moore*, Principia Ethica, S. 10 f.

Gerechtigkeit verpflichtet bleiben. Wenn empirische Forschungsergebnisse dazu herangezogen werden, den Anwendungsbereich strafrechtlicher Sanktionen auszuweiten, muss nachgewiesen werden, dass das in Frage stehende Verhalten tatsächlich eine erhebliche Gefahr für die Gesellschaft darstellt. Allein ein gesellschaftliches „Bestrafungsbedürfnis" reicht als Begründung für eine Erweiterung strafrechtlicher Sanktionen nicht aus.[91] Vielmehr bedarf es weiterhin einer normativen Herleitung, etwa durch die Drittwirkung der EMRK, um über entsprechende Auslegungsmethoden eine indirekte Einflussnahme auf die Justiz zu ermöglichen.

2. Justizielle Rekonstruktion der Notwehrregeln in China

Die derzeitige empirische Forschung in China konzentriert sich hauptsächlich auf den Bereich der Strafrechtspflege. Im Jahr 2019 führte Zhao Jun eine empirische Studie zur gerichtlichen Anwendung der Notwehr durch. Mithilfe des Äquidistanzverfahrens wurden 1976 Fälle aus Gerichtsentscheidungen mit Bezug zur Notwehr als Stichprobe ausgewählt. Die Untersuchung ergab, dass der tatsächliche Freispruch aufgrund von Notwehr nur in 1,3 % der Fälle erfolgte.[92]

Hinsichtlich der Begründung von Verurteilungen zeigt die Studie, dass in bis zu 60,5 % der Fälle eine Verurteilung durch die Bejahung des Tatvorsatzes und die Verneinung subjektiver Rechtfertigungselemente erfolgte. In einem erheblichen Teil der Notwehrfälle wurde die Anwendung der Notwehrnorm faktisch ausgesetzt, da in 22,4 % der einschlägigen Verurteilungen das Urteil allein auf die Erfüllung der Tatbestandsmerkmale der vorsätzlichen Körperverletzung gestützt wurde, ohne dass eine ausdrückliche Prüfung der Notwehr erfolgte.[93]

Darüber hinaus hat die chinesische Rechtsprechung sogar „übergesetzliche Rechtfertigungsausschlussgründe" konstruiert: 1,6 % der Fälle führten zu einer Verurteilung allein aufgrund der vorherigen Beschaffung von Werkzeugen (Abwehrprovokation), die als Indiz für einen Tatvorsatz gewertet wurde. Das Signifikanzniveau für „die Vorbereitung des Tatwerkzeugs" lag bei 0,000,[94] und der Exp(B)-Wert betrug 1,487.[95] Zudem erfolgten 1,3 % der Verurteilungen mit der Begründung, der Angeklagte habe die Möglichkeit zur Flucht gehabt, diese jedoch nicht genutzt. Das Signifikanzniveau für die „Rückzugsmöglichkeit" lag bei 0,001,

---

[91] *Kaspar*, NK 2012, 164.

[92] *Zhao*, Chinese Journal of Law 2019 (4), 159.

[93] *Zhao*, Chinese Journal of Law 2019 (4), 160.

[94] Das Signifikanzniveau bezeichnet die Schwelle, bei deren Unterschreitung ein beobachtetes Ergebnis als statistisch signifikant gilt. Ein p-Wert unter 0,05 gilt üblicherweise als statistisch signifikant.

[95] Der Exp(B)-Wert ist der Exponentialwert des Regressionskoeffizienten (B) und bezeichnet, wie stark sich die Chance für das Eintreten eines Ereignisses mit einer Einheit Veränderung des Prädiktors verändert. Werte über 1 zeigen eine erhöhte, unter 1 eine verringerte Wahrscheinlichkeit.

und der Exp(B)-Wert betrug 2,123. Das bedeutet, dass, wenn der Angeklagte im Konflikt ein Werkzeug verwendet hat, die Wahrscheinlichkeit einer tatsächlichen Verurteilung mit jedem Anstieg der Bestimmtheit der Werkzeugverfügbarkeit: von „vor Ort improvisiert" über „nicht ermittelt" bis hin zu „vorab zum Tatort mitgebracht" um das 1,487-Fache steigt. Zudem erhöht sich die Wahrscheinlichkeit einer Verurteilung um das 2,123-Fache, wenn der Angeklagte zum Zeitpunkt der Tat die Möglichkeit gehabt hätte, durch Rückzug den Konflikt zu vermeiden. Dies verdeutlicht den erheblichen Gegensatz zwischen der restriktiven Anerkennung der Notwehr in der Rechtsprechung und dem gesetzgeberischen Ziel, die Notwehr zu fördern.[96]

Das entscheidende Element in der gerichtlichen Praxis ist die Opfervergebung als Ermessensumstand (Signifikanzniveau 0,000, Exp(B)-Wert 0,10), die als primärer Faktor in der richterlichen Abwägung berücksichtigt wird. In der Regressionsanalyse stellt sich die Frage, ob das Opfer Vergebung gewährt, als die mit Abstand erklärungskräftigste Variable dar und macht einen wesentlichen Teil der Gesamtvarianz im Urteil aus. Dies entspricht etwa 60 % der gesamten Erklärungskraft des Modells. An zweiter Stelle steht der „Schadenserfolg" als gesetzlicher Umstand (Signifikanzniveau 0,000, Exp(B)-Wert 2,962), der wesentlich stärker zur Erklärung des Urteils beiträgt als alle anderen Variablen im Modell, abgesehen von der Variable „Opfervergebung". Dagegen haben theoretisch diskutierte Aspekte wie enge persönliche Beziehungen oder Notwehrprovokation keine signifikante Auswirkung.[97]

Hinsichtlich der faktischen Rekonstruktion der justiziellen Abweichung von der Notwehrdogmatik vertritt diese Arbeit die Auffassung, dass die Rechtsrezeption stets unter Berücksichtigung der lokalen Gegebenheiten erfolgen sollte. Dabei ist es besonders wichtig, die spezifischen Streitfragen der nationalen Rechtsprechung zu beachten, wie etwa das Verhältnis zwischen Tatvorsatz und subjektiven Rechtfertigungselementen.

Allerdings sollte gegenüber den sogenannten „übergesetzlichen Rechtfertigungsausschlussgründen" eine besonders kritische Haltung eingenommen werden, da sie in Wirklichkeit zu einer Einschränkung des Notwehrrechts und damit zu einer Begrenzung der Bürgerrechte führen. Insbesondere nach 2020, nachdem also die Justizauslegung das Prinzip „Das Recht braucht dem Unrecht nicht zu weichen" fest verankert hat, bedarf es einer Korrektur solcher theoretisch nicht fundierten Einschränkungen oder Negationen des Notwehrrechts. Ein Beispiel hierfür ist Art. 7 LeitNotw, der ausdrücklich festlegt, dass eine bloße Verteidigungsvorbereitung im Vorfeld nicht zur Verneinung der Verteidigungsabsicht führen darf. Dies stellt faktisch eine Ablehnung der Einschränkung des Notwehrrechts im Rahmen der

[96] *Zhao*, Chinese Journal of Law 2019 (4), 161 ff.

[97] *Zhao*, Chinese Journal of Law 2019 (4), 164 ff.

Abwehrprovokation dar und korrigiert damit eine zuvor praktizierte restriktive Auslegung.

C. Ursachen der Unterschiede

I. Rechtskultureller Hintergrund

Die Unterschiede im Verständnis und in der Anwendung des Notwehrrechts zwischen Deutschland und China sind tief in der jeweiligen Rechtskultur und den historischen Hintergründen der beiden Länder verwurzelt. Diese Hintergründe prägen nicht nur die spezifischen Gesetzestexte, sondern beeinflussen auch tiefgehend die Anwendung des Rechts und das gesellschaftliche Verständnis davon.

In Deutschland wurde das Rechtssystem stark vom Denken der Aufklärung geprägt, das individuelle Rechte und Rechtsstaatsprinzipien betont. Aufgrund der Erfahrungen mit den Gräueltaten der Nazi-Zeit sind heutige deutsche Juristen gegenüber staatlichen Maßnahmen, insbesondere solchen, die die Menschenwürde und die Freiheit der Individuen verletzen könnten, äußerst misstrauisch. Vor diesem Hintergrund wird das Notwehrrecht als ein unveräußerliches Recht angesehen, das das Selbstschutzrecht des Individuums bei rechtswidrigen Angriffen betont. Diese Rechtsidee spiegelt nicht nur die Achtung vor individueller Freiheit wider, sondern auch die Reflexion über historische Traumata. Das deutsche Recht betrachtet die Notwehr als wichtiges Instrument zum Schutz individueller Rechte, was zu einem relativ weit gefassten Anwendungsbereich des Notwehrbefugnis sowie zu einer ablehnenden Haltung gegenüber dem Verhältnismäßigkeitsprinzip im Notwehrsystem führt.

Die moderne deutsche Rechtskultur ist tief vom Rationalismus geprägt und lässt sich insgesamt als eine rationalistische Rechtskultur charakterisieren. Sie entstand im individualistischen Kontext der Aufklärung und der Reformation, in dem der Mensch, befreit von religiöser und staatlicher Autorität, als sich autonome Vernunftperson verstanden wurde. Freiheit wird daher als Unabhängigkeit von fremder Willkür definiert.

Darüber hinaus hat auch die kantische Tugendethik die deutsche Rechtskultur nachhaltig beeinflusst, wenn auch eher auf einer indirekten, kultur- und geisteshistorischen Ebene. Die in kantische Tugendlehre vollzogene Unterscheidung zwischen äußerer Legalität und innerer Moralität wirkt bis heute fort. Tugendhaftigkeit bedeutet die Pflicht, die eigene Fähigkeit zum vernunftbestimmten Handeln zu gebrauchen, ungeachtet anderer Beweggründe,[98] sodass der Bürger nicht nur gesetzeskonform handelt, sondern aus Achtung vor dem Gesetz gehorcht. Entsprechend betont das deutsche Strafrecht die Vorwerfbarkeit des Handelnden und seine Fä-

[98] Vgl. *Kant*, Die Metaphysik der Sitten, S. 525 f.

higkeit zur Selbstbestimmung, wodurch die moralische Verantwortlichkeit im rechtlichen Kontext verankert bleibt.

Diese auf Vernunft und Autonomie gegründete Ethik hat zur Ausbildung einer Rechtskultur geführt, die durch formale Rechtsstaatlichkeit, Verfahrensgerechtigkeit und Rechtszentriertheit gekennzeichnet ist. Sie stellt die negative Freiheit und individuelle Selbstbestimmung in das Zentrum und auf die Grundlage der Rechtsordnung.

Im Gegensatz dazu ist die Rechtskultur Chinas stark von konfuzianischem Denken geprägt, das soziale Harmonie und kollektives Wohl betont. Persönliche Interessen werden manchmal als der sozialen Ordnung untergeordnet betrachtet.[99] Dies spiegelt sich sehr deutlich in der Tatsache wider, dass das Notwehrrecht in China im Gegensatz zu Deutschland Rechtsgüter der Allgemeinheit nicht ausschließt. Gemäß § 20 Abs. 1 chStGB können Bürger Notwehr zugunsten staatlicher und öffentlicher Interessen ausüben. Währenddessen ist der Anwendungsbereich des Notwehrrechts in der Rechtsanwendung relativ eng. Richter neigen bei der Prüfung von Fällen dazu, die soziale Ordnung und Stabilität zu wahren, was dazu führt, dass individuelle Verteidigungsrechte in bestimmten Fällen eingeschränkt werden. Ebenso führt diese Gewohnheit, die Gesellschaftsinteressen und das Allgemeininteresse zu berücksichtigen, in der Tendenz dazu, dass sich Notwehr und Notstand überschneiden, d. h. sowohl das Prinzip des überlegenen Interesses berücksichtigt als auch dem Erfolgsunwert Bedeutung beigemessen wird.

Das konfuzianische Denken versteht das Individuum nicht als isoliertes Subjekt, sondern als Teil eines Beziehungsgeflechts, in dem moralische Pflichten und soziale Rollen einander ergänzen. Recht und Moral werden dabei nicht strikt getrennt, sondern gemeinsam auf die Herstellung von sozialer Harmonie und gegenseitiger Verantwortung ausgerichtet. In diesem kulturellen Kontext ist die Rechtskultur stark von altruistischen Wertvorstellungen geprägt. Freiheit als Abwehrrecht gegen andere wird zwar nicht aufgehoben, aber relativ zurückgedrängt, während ihre positive Dimension, verstanden als Pflichterfüllung im Dienst der Gemeinschaftsordnung und des Gemeinwohls, stärker betont wird. Damit reflektiert die chinesische Rechtskultur eine ethische Orientierung, die auf soziale Integration, kollektive Verantwortung und moralische Selbstverwirklichung zielt, anstatt auf die formale Sicherung individueller Grenzen.

Als eine klassische Tugendethik setzt der Konfuzianismus seinen ethischen Ausgangspunkt bei der „Selbstkultivierung", also bei der Internalisierung von Tugenden zur Herausbildung einer stabilen moralischen Persönlichkeit. Diese Tugenden stellen jedoch keine in sich geschlossene Form individueller Selbstvervollkommnung dar, sondern besitzen eine ausgeprägte Relationalität und Öffentlichkeit. Durch die konfuzianische Entwicklungslogik von „Selbstkultivierung – Familienharmonisierung – Staatsführung – Weltordnung" werden individuelle

[99] *Heuser*, Chinesische Rechtskultur, S. 64.

Tugenden schrittweise in familiäre, staatliche und weltliche Beziehungsstrukturen externalisiert.[100] Auf diese Weise zielt die Kultivierung der Tugend auf die Verwirklichung gesellschaftlicher „Harmonie“ und bildet die ethische Grundlage dafür, dass die konfuzianisch geprägte Rechtskultur Zurückhaltung, Deeskalation und eine koordinierende Gerechtigkeit betont.

Der Einfluss dieser Rechtskultur ist jedoch nicht unveränderlich, insbesondere im Zusammenspiel zwischen Kultur und Recht verschiedener Rechtskreise ist dieses Rechtsstereotyp nicht mehr absolut. Obwohl die Unterschiede in den oben genannten Kontexten zu sehr unterschiedlichen Rechtssystemen für das Notwehrrecht in China und Deutschland geführt haben, gab es in den letzten Jahren tatsächlich einen gewissen Trend zur Konvergenz. Einerseits gehen die verschiedenen Einschränkungen der Notwehr, die im deutschen Recht eingeführt wurden, in die Richtung, einen angemessenen Interessenausgleich zu fördern,[101] um zu verhindern, dass die Verteidigung selbst zu einem Rechtsmissbrauch wird; andererseits haben chinesische Gelehrte viele Anstrengungen unternommen, um die Befugnisse des Notwehrrechts zu erweitern oder zumindest die Bestrafung des übertrieben handelnden Verteidigers zu mildern. Vor allem in China kann man zwar nicht behaupten, dass traditionelle Rechtskonzepte völlig verschwunden sind, aber Rechtskonzepte, die sich auf Freiheit und individuelle Rechte konzentrieren und auf dem Eckpfeiler des Selbstbestimmungsrechts der Bürger basieren, haben sich in der Theorie fest etabliert. Daher wird diese zielgerichtete extensive Auslegung von der Mehrheitsmeinung unterstützt.[102]

II. Handlungsethische Grundlage im Rechtskonzept

Das Konzept der Notwehr ist eng mit der Staatsgewalt verbunden, denn erst durch die Entstehung staatlicher Macht und ihrer Strafgewalt wird die private Rache eingeschränkt und in eine begrenzte Selbsthilfe im Rahmen des Gesetzes umgewandelt.[103]

In Deutschland hat sich der freiheitliche Charakter des Rechtsstaatsprinzips als theoretische Grundlage des Notwehrrechts im allgemeinen Rechtsdenken etabliert.[104] Das deutsche Recht betont das Spannungsverhältnis zwischen individueller Freiheit und staatlicher Macht und betrachtet das Notwehrrecht als notwendige Ergänzung zur Bekämpfung rechtswidriger Angriffe. Bei Fällen von Notwehr neigt das deutsche Rechtssystem im Allgemeinen dazu, Einzelpersonen mehr Handlungsfreiheit zu gewähren, da das Notwehrrecht von der Ansicht getragen ist, dass

---

[100] Vgl. *Xue*, Hubei Social Sciences 2012 (4), 113 ff.

[101] *Lührmann*, Tötungsrecht, 206.

[102] *Chen*, Politics and Law 2019 (8), 41 ff.; *Jiang*, China Legal Science 2019 (2), 27 ff.

[103] *Kurakēs*, Notwehr, S. 28 f. Fn. 52.

[104] *Kurakēs*, Zur sozialethischen Begründung der Notwehr, S. 30 f. Fn. 53.

die Staatsgewalt das individuelle Verteidigungsverhalten nicht beeinträchtigen sollte. Das Notwehrrecht bietet dem Einzelnen einen rechtlichen Rahmen, um seine eigenen Angelegenheiten ohne staatliche Hilfe zu regeln. Dieser Zustand ermöglicht es dem Einzelnen, die erforderlichen Maßnahmen zu ergreifen, um sich bei Angriffen eigenständig zu schützen und so das Grundrecht auf persönliche Freiheit zu verwirklichen.[105]

Das deutsche Rechtskonzept ist von einer stark deontologischen Tradition geprägt, die die Pflichtethik und die fundamentale Bedeutung der individuellen Freiheit in den Mittelpunkt stellt. Im Zentrum dieser Denkweise steht die Vorstellung, dass die moralische und rechtliche Ordnung auf der Autonomie des vernünftigen Willens beruht. Die Selbstbestimmung des Einzelnen gilt dabei als Ausdruck seiner Menschenwürde und bildet zugleich die normative Grundlage des Rechts. Diese deontologische Theorie basiert auf der Annahme einer negativen Freiheit, also der Freiheit von fremder Einwirkung und willkürlicher Beeinflussung. Das Recht soll in diesem Verständnis nicht vorschreiben, wie der Mensch leben soll, sondern lediglich die äußeren Bedingungen sichern, unter denen die Freiheit jedes Einzelnen mit der Freiheit der anderen vereinbar bleibt.

Die Pflichtethik besitzt eine hohe normative Überzeugungskraft, weil sie die Freiheit des Individuums, als unbedingten und nicht abwägbaren Wert versteht. Damit bietet sie einen klaren Schutz gegen utilitaristische Abwägungen und gegen eine kollektivistische Zweckrationalität, die das Individuum dem Gemeinwohl unterordnen könnte.

Gleichwohl kann eine streng deontologische Perspektive in besonderen oder extremen Ausnahmefällen an ihre Grenzen stoßen.[106] In Situationen, in denen ein krasses Missverhältnis zwischen Handlung und Folge besteht, kann die starre Anwendung des Pflichtprinzips zu Ergebnissen führen, die mit moralischer Intuition und Gerechtigkeitsgefühl nicht im Einklang stehen. Daher erscheint es erforderlich, die Strenge der Deontologie kritisch zu überprüfen und durch eine ausgleichende Gegenkraft zu begrenzen, um in extremen Ausnahmefällen die materielle Gerechtigkeit zu wahren.

Im Gegensatz dazu legt das Rechtssystem Chinas mehr Wert auf die Aufrechterhaltung der Staatsgewalt, und die individuellen Freiheiten werden oft durch die Staatsgewalt eingeschränkt. Das Notwehrrecht muss im Rahmen des staatlichen Rechts ausgeübt werden. Jede Verteidigung, die über das gesetzlich Vorgesehene hinausgeht, kann als Bedrohung der sozialen Ordnung angesehen werden, wodurch die Schärfe des Notwehrrechts nicht im Vordergrund steht. Der Staat überprüft die Anwendung der Notwehr streng auf gerichtlichem Wege, was dazu geführt hat, dass das Notwehrsystem praktisch „eingeschlafen" ist.[107] Aufgrund dieser Wahrneh-

---

[105] Vgl. *Pieroth/Schlink/Kingreen/Poscher*, Grundrechte, § 4 Rn. 76 f.

[106] Vgl. *Seelmann/Demko*, Rechtsphilosophie, § 9 Rn. 9.

[107] *Jiang*, Science of Law Journal 2022 (1), 143.

mung der strengen Einschränkungen, die für die Notwehr gelten, neigen Einzelpersonen dazu, bei der Ausübung des Selbstschutzes eine vorsichtige Haltung einzunehmen. Diese gesellschaftliche Wahrnehmung hat auch dazu geführt, dass das Rechtssymbol der Notwehr, die Handlungsrichtlinie „Das Recht braucht dem Unrecht nicht zu weichen", in der Öffentlichkeit nicht bekannt ist.

Diese dominante Stellung staatlicher Macht ist tief im chinesischen Rechtssystem verwurzelt, das vom Utilitarismus beeinflusst ist. Im Vergleich zum strengen Konzept der negativen Freiheit legt der Utilitarismus mehr Wert auf die Interessen der Gesellschaft und der Öffentlichkeit. Daher wird der Schutz der Rechte des Einzelnen nur als Mittel zur Maximierung des Gesamtinteresses angesehen. Aus utilitaristischer Sicht haben Individuen daher keine absoluten natürlichen Rechte; selbst ihr Leben ist nur ein Faktor, der in utilitaristischen Berechnungen abgewogen werden muss, und wird daher nicht als „heilig" oder unantastbar angesehen.[108] Um die Stabilität von Staat und Gesellschaft zu erhalten, betonen Gesetze und Richtlinien oft den Schutz des Gemeinwohls, was den Grundprinzipien des Utilitarismus entspricht. Der Utilitarismus betont die Maximierung der Gesamtinteressen der Gesellschaft, oft auf Kosten individueller Rechte und Freiheiten, um das allgemeine Wohl und die Sicherheit zu erreichen.[109]

Die Dominanz der Staatsmacht bedeutet auch, dass die Formulierung und Umsetzung von Gesetzen oft stark utilitaristisch orientiert ist. Rechtspolitische Maßnahmen werden oft auf der Grundlage von Kosten-Nutzen-Analysen der sozialen Auswirkungen konzipiert, anstatt einfach die Grundrechte des Einzelnen zu schützen. So kann es beispielsweise vorkommen, dass die Regierung in einigen öffentlichen Maßnahmen Sozialleistungen über die Rechte und Interessen des Einzelnen stellt. Dieses Phänomen zeigt sich besonders deutlich in den Sphären des Umweltschutzes und der öffentlichen Sicherheit. Infolgedessen ist der utilitaristische Charakter des Rechts immer deutlicher geworden und hat sich zu einem allgemein anerkannten utilitaristischen Ansatz im Rechtsbereich entwickelt. In einigen Notwehr-Fällen kann die gesetzliche Bestimmung der Verantwortung des Verteidigers vom Utilitarismus beeinflusst werden. Wenn die Verteidigung zu einer schweren Verletzung oder zum Tod des Angreifers führt, kann das Gericht die allgemeine Stabilität der Gesellschaft berücksichtigen. Da das Rechtsgut des Angreifers zu wichtig ist, kann das Gericht den Verteidiger im Rahmen des Utilitarismus für die Folgen, die der Angreifer verursacht hat, teilweise haftbar machen, um dem Streben nach sozialer Harmonie entgegenzukommen.

Für die faktische richterliche Entscheidungslogik, die sich erheblich von der strafrechtlichen Dogmatik entfernt, sieht Zhao Jun die Ursache in einer „politischen und rechtlichen Gemeinschaft". Dieses System bietet sowohl den Antrieb als auch den Handlungsspielraum für eine justizielle Rekonstruktion der gesetzlichen Re-

---

[108] Vgl. *Picker*, in: FG-Flume, S. 198.

[109] Vgl. *Rawls*, A Theory of Justice, S. 26.

geln. Die enge „Gemeinschaftsbeziehung der politischen und rechtlichen Organe“ von Polizei, Staatsanwaltschaft und Gerichten führt dazu, dass Staatsanwälte und Richter rationale Entscheidungen treffen, die darauf abzielen, andere Mitglieder dieser Gemeinschaft zu unterstützen, die Meinung des Strafverteidigers zu ignorieren und gemeinsam die von diesen Organen dominierte „rechtsstaatliche Ordnung“ sowie die Autorität der Justiz zu wahren.[110] Dies resultiert letztlich in einer restriktiven Anwendung der Notwehr und einer faktischen Einschränkung ihres Anwendungsbereichs.

Es ist darauf hinzuweisen, dass der Konfuzianismus und der Utilitarismus im chinesischen Rechtssystem nicht im Widerspruch zueinanderstehen, sondern auf unterschiedlichen Ebenen zusammenwirken. Der Konfuzianismus gehört zur Tugendethik, deren moralisches Verständnis primär auf die Selbstvervollkommnung des Individuums und die Ausbildung eines guten Charakters gerichtet ist. Wenn die Individuen allgemein tugendhaft sind, entsteht eine Tugendgemeinschaft, die eine harmonische soziale Ordnung hervorbringt. Die normative Kraft des Konfuzianismus liegt daher nicht in der Begründung rechtlich erzwingbarer Pflichten, sondern in der Bereitstellung kultureller und indirekter ethischer Legitimität für das Rechtssystem. Der Utilitarismus hingegen gehört zur Handlungsethik und sein Schwerpunkt liegt in der äußeren Beurteilung und normativen Steuerung menschlichen Verhaltens.[111] Nur eine handlungsbezogene Ethik kann als direkte Grundlage für normative Faktoren und Maßstäbe dienen. Somit bilden Konfuzianismus und Utilitarismus eine komplementäre Struktur: Der erstere liefert das moralische Fundament und die kulturelle Orientierung der chinesischen Rechtskultur, während der letztere die praktische Logik ihrer normativen Handlungssteuerung darstellt.

Der Utilitarismus enthält jedoch zugleich die Tendenz zu einem extremen Altruismus, der das Opfer des Individuums für das Wohl des Ganzen rechtfertigen kann.[112] In dieser Hinsicht stellt er eine radikale Ausprägung der positiven Freiheit dar, die leicht in ihr Gegenteil umzuschlagen droht. Wird das Streben nach kollektiver Wohlfahrt über die Achtung der individuellen Autonomie gestellt, so läuft die Freiheit Gefahr, ihren emanzipatorischen Charakter zu verlieren und sich in eine normative Verpflichtung zur Selbstaufgabe zu verwandeln. Daher muss die Rechtsordnung die personale Subjektstellung des Einzelnen betonen und eine Überdehnung des Begriffs der positiven Freiheit vermeiden, um zu verhindern, dass die Freiheit selbst zum Instrument ihrer Aufhebung wird.

---

[110] *Zhao*, Chinese Journal of Law 2019 (4), 169 f.

[111] *Seelmann/Demko*, Rechtsphilosophie, § 9 Rn. 2.

[112] *Fletcher*, Basic Concepts of Legal Thought, S. 145.

D. Ausblick

In Deutschland bleibt die zukünftige Entwicklung des Notwehrrechts weiterhin umstritten und offen für mögliche Reformen. Während das derzeitige rechtliche Rahmenwerk die Schärfe des Notwehrrechts und das Prinzip „Das Recht braucht dem Unrecht nicht zu weichen“ weiterhin auf normativer Ebene verteidigt, könnten sich durch die sich wandelnde internationale Auffassung zur Notwehr, insbesondere durch den Einfluss von Art. 2 Abs. 2 EMRK, sowie durch eine zunehmende Differenzierung in der Rechtsprechung und strafrechtlichen Dogmatik neue Herausforderungen und Anpassungsbedarfe ergeben.

Erstens bleibt die Frage der Verhältnismäßigkeit im Notwehrrecht ein zentraler Streitpunkt zwischen Theorie und Praxis. Während die herrschende Lehre die Anwendung des Verhältnismäßigkeitsgrundsatzes grundsätzlich ablehnt, rücken juristische Praxis und gesellschaftliche Wahrnehmung zunehmend die Erforderlichkeit und Angemessenheit von Verteidigungshandlungen in den Fokus. So zeigen Gerichtsurteile beispielsweise, dass selbst in Fällen uneingeschränkter Notwehr die Schutzwehr Vorrang vor der Trutzwehr haben sollte.[113] Ebenso wird bei der Anwendung lebensgefährlicher Verteidigungsmittel oft eine Warnung oder eine möglichst schonende Abwehr gefordert. Solche richterlichen Einschränkungen deuten darauf hin,[114] dass das Verhältnismäßigkeitsprinzip faktisch eine Rolle im Notwehrrecht spielt, auch wenn es dogmatisch nicht ausdrücklich anerkannt ist.

Zweitens nimmt der Einfluss des ausländischen Rechts, insbesondere des europäischen Rechts, auf das deutsche Notwehrrecht stetig zu. Besonders Art. 2 Abs. 2 EMRK wirkt als Grundrechtsmaßstab für den Einsatz von Gewalt in Notwehrsituationen und zwingt deutsche Gerichte zu einer zunehmend restriktiven Prüfung tödlicher Verteidigungsmittel. Diese Entwicklung lässt erkennen, dass ein einheitliches europäisches Verständnis des Notwehrrechts zunehmend in greifbare Nähe rückt.[115]

Im Gegensatz zum Trend in Deutschland, der auf eine restriktivere Anwendung des Notwehrrechts zusteuert, reagiert die chinesische Justiz zunehmend auf Forderungen nach einer Erweiterung des Notwehrrechts, insbesondere seit der Veröffentlichung der LeitNotw im Jahr 2020. In den letzten Jahren hat China begonnen, offizielle Daten zur Anwendung des Notwehrrechts zu veröffentlichen. Laut dem Arbeitsbericht der OVS zeigt sich ein deutlicher Anstieg der Anerkennung von Notwehrfällen: 2019 und 2020 wurde in 819 Fällen von einer Strafverfolgung abgesehen, was 2,8-mal mehr ist als in den beiden vorangegangenen Jahren.[116] Im Jahr

---

113 BGH 24, 356.

114 BGH NJW 2001, 3201.

115 *Perron*, in: FS-Eser, S. 1039.

116 OVS, „In den letzten zwei Jahren haben die Staatsanwaltschaften 819 Personen im Zusammenhang mit Notwehr nicht angeklagt oder festgenommen“, www.spp.gov.cn/spp/zdgz/202103/t20210308_511525.shtml, Zugriff am 17. März 2025.

2023 lehnten die Staatsanwaltschaften landesweit in 261 Fällen die Haft oder Anklage aufgrund von Notwehr ab, was einem Anstieg von 25,5 % im Vergleich zum Vorjahr entspricht.[117] Auch der Arbeitsbericht des OVG bestätigt diesen Trend: Zwischen 2021 und 2023 wurden in ganz China 77 Angeklagte aufgrund von Notwehr freigesprochen.[118] Diese offiziellen Statistiken zeigen, dass die Justizbehörden in den letzten Jahren zunehmend Fälle von Notwehr anerkennen.

Außerdem hat sich mit der Fortentwicklung des Rechtsbewusstseins das Verständnis der Gesellschaft für Notwehr allmählich geändert. Die Öffentlichkeit ist zunehmend geneigt, die Fähigkeit des Einzelnen zu unterstützen, sich bei rechtswidrigen Angriffen legal und wirksam zu schützen.[119] Diese Verschiebung der öffentlichen Meinung hat auch zu theoretischen Überlegungen[120] über die Mängel des derzeitigen Rechtsrahmens geführt und die Einführung und Anwendung eines angemesseneren Notwehrrechts gefördert. Das utilitaristische Konzept der Notwehr wurde in den letzten Jahren vielfach überdacht und kritisiert.[121] Es wächst das Bewusstsein, dass die Rechtsordnung den Rechten des Einzelnen mehr Aufmerksamkeit schenken und sicherstellen sollte, dass die Ausübung des Notwehrrechts die persönliche Sicherheit angemessen und wirksam schützen kann, ohne die allgemeinen Interessen der Gesellschaft zu untergraben. Dieses Nachdenken ermöglicht auch einen Ausblick auf großzügiger gefasste Grenzen der Schärfe des Notwehrrechts.

In der zukünftigen Entwicklung des Notwehrrechts in China und Deutschland sollte der Fokus verstärkt auf die Verhältnismäßigkeit sowie auf eine umfassende Berücksichtigung des Zusammenspiels verschiedener Grundsätze gelegt werden. Es zeigt sich, dass beide Rechtsordnungen in gewissem Maße aufeinander zugehen, insbesondere in Bezug auf die mögliche Anwendung des Verhältnismäßigkeitsprinzips, vor allem im Rahmen der Angemessenheitsprüfung. Durch die Einbindung normativer Theorien und die Interaktion verschiedener Subjekte wird eine ausgewogenere Anpassung angestrebt, um ein angemessenes Gleichgewicht zwischen individueller Sicherheit und solidarischem Gemeinwohl zu gewährleisten.

Darüber hinaus eröffnet der Vergleich beider Systeme die Möglichkeit gegenseitiger Anregungen. Das deutsche Notwehrrecht kann aus der in China entwickelten Diskussion über die Verhältnismäßigkeit lernen, um in Grenzfällen unter

---

[117] OVS, „Im Jahr 2023 lehnten die Staatsanwaltschaften landesweit in 261 Fällen die Haft oder Anklage aufgrund von Notwehr ab, was einem Anstieg von 25,5 % im Vergleich zum Vorjahr entspricht", https://www.spp.gov.cn/spp/2024zgjgzbg/202403/t20240308_647940.shtml, Zugriff am 17. März 2025.

[118] OVG, „§ 20 des Strafgesetzbuches wurde aktiviert", https://www.news.cn/politics/20240308/6641d8fa9bc34b63acae98e4a8680ea5/c.html, Zugriff am 17. März 2025.

[119] Vgl. *Sprick*, in: Notwehr in Deutschland und China, S. 76 f.

[120] Vgl. *Jiang*, Science of Law Journal 2022 (1), 143; *Zhang*, Tsinghua Law Journal 2013 (1), 6 ff.; *Zhou*, Law Science 2017 (4), 3 ff.

[121] *Wang*, Peking University Law Journal 2018 (6), 1591.

Rückgriff auf das im deutschen Recht verankerte Solidaritätsprinzip und die Kontrolle der Verfassungsmäßigkeit die Bedeutung sozialethischer Erwägungen stärker zu berücksichtigen und damit die abstrakte Schärfe des Autonomieprinzips in konkreten Situationen zu relativieren.

Umgekehrt kann das chinesische Recht von der deutschen Betonung individueller Autonomie profitieren, um sicherzustellen, dass die Anwendung des Solidaritätsprinzips nicht die Geltung der Grundrechte beeinträchtigt. Dabei soll die im chinesischen Kontext tief verankerte positive Freiheit nicht aufgegeben, sondern in ihrer emanzipatorischen, auf das individuelle Wohl gerichteten Bedeutung neu reflektiert und auf dem Fundament der negativen Freiheit verwirklicht werden, anstatt fremde Rechtsmodelle unkritisch zu übernehmen. Das hier entwickelte duale Modell von Autonomie und Solidarität bietet somit einen theoretischen Rahmen, der die gegenseitige Ergänzung beider Prinzipien ermöglicht und eine integrative Perspektive für die Weiterentwicklung des Notwehrrechts in beiden Ländern eröffnet.

E. Abschließende Bewertung im Vergleich

Das in dieser Arbeit entwickelte Modell der „Autonomie und Solidarität" bietet einen theoretischen Schlüssel zum Verständnis der unterschiedlichen dogmatischen und kulturellen Ausprägungen des Notwehrrechts in Deutschland und China. Es erlaubt zugleich, die strukturellen Gemeinsamkeiten und die normativen Spannungsverhältnisse beider Systeme metadogmatisch zu erfassen.

In Deutschland wird die Notwehr traditionell aus der Perspektive der Autonomie begründet. Das Recht auf Selbstbehauptung gegen rechtswidrige Angriffe gilt als Ausdruck individueller Freiheit und als Kernbestand des Rechtsstaates. Diese deontologische Orientierung hat eine hohe normative Überzeugungskraft, weil sie die Menschenwürde und die Selbstbestimmung des Einzelnen in den Mittelpunkt stellt. Gleichwohl zeigt sich, dass eine streng autonomiebasierte, pflichtenethische Argumentation in extremen oder außergewöhnlichen Situationen an ihre Grenzen stößt. Wenn das Prinzip der Autonomie absolut gesetzt wird, kann es zu Ergebnissen führen, die der moralischen Intuition widersprechen. In solchen Fällen ist die Einbeziehung solidarischer Erwägungen unverzichtbar. Das Solidaritätsprinzip dient hier nicht der Aufweichung der individuellen Freiheit, sondern ihrer Einbettung in eine soziale Verantwortungsethik, die die normative Legitimität der Begrenzung des Notwehrrechts erklärt und zugleich seine humane Funktion wahrt.

Demgegenüber zeigt sich in der chinesischen Rechtskultur eine gegenläufige Dynamik. Die Betonung der sozialen Harmonie und der kollektiven Verantwortung führt zu einer Überakzentuierung der positiven Freiheit und der Solidarität, was das Risiko einer normativen Verschiebung zulasten individueller Selbstbestimmung birgt. Das Ziel der sozialen Kohärenz kann leicht in ein Übermaß an kollektiver Disziplinierung umschlagen. Daher muss die moderne Rechtsentwicklung in China die Bedeutung der Autonomie wieder stärker hervorheben und daran festhalten, dass das Recht dem Unrecht nicht zu weichen braucht.[122] Auf dieser Grundlage erhält die Solidarität ihre angemessene Stellung, nicht als überindividuelles Ideal, sondern als funktionales Prinzip, das der Verwirklichung individueller Rechte dient. Nur durch diesen Ausgleich zwischen Autonomie und Solidarität lässt sich die Struktur des modernen Notwehrrechts normativ konsistent und zugleich kulturadäquat begründen.

In metadogmatischer Hinsicht liefert dieses duale Modell eine tragfähige Grundlage für die Bestimmung der Grenzen des Notwehrrechts. In einer modernen Rechtsordnung können weder Autonomie noch Solidarität vollständig aufgegeben werden. Beide Prinzipien müssen in ihrem normativen und empirischen Zusammenhang gewichtet und ausgeglichen werden, um die Legitimität der Verteidigungsgrenzen zu begründen. Entscheidend ist dabei, wie die Rechtsordnung und die Rechtskultur eines Landes diese Prinzipien im Lichte ihrer verfassungsrechtlichen Werte und gesellschaftlichen Erfahrung konkret ausformen.

Für die zukünftige Entwicklung des Notwehrrechts in beiden Ländern lassen sich drei normative Leitlinien formulieren:

(1) Die Verteidigung muss auf dem Recht auf individuelle Selbstbestimmung beruhen, nicht auf der Idee einer funktionalen Ordnung oder gesellschaftlichen Disziplin. Das Notwehrrecht ist ein aus den Grundrechten abgeleitetes Freiheitsrecht, kein Instrument zur Sicherung bloßer sozialer Ordnung.

(2) Die Solidarität darf nur in den Diensten des Schutzes individueller Rechte stehen, nicht zur Verwirklichung eines abstrakten, überindividuellen „Guten“. Ihre Geltung muss klar definiert und normativ begrenzt werden.

(3) Erst die Verbindung beider Prinzipien gewährleistet eine vollständige Freiheit, die sowohl die negative Dimension der Freiheit als das Freisein von ungerechtfertigter Einwirkung als auch ihre positive Dimension als die Fähigkeit zur Verwirklichung eigener Lebensentwürfe innerhalb einer solidarischen Ordnung umfasst.

In diesem Sinne kann das Modell der Autonomie und Solidarität als metadogmatisches Fundament eines modernen, freiheitlichen Notwehrrechts verstanden werden. Es bietet zugleich eine theoretische Grundlage sowohl für die Schärfe des Notwehrrechts als auch für seine Grenzen und besitzt eine über die einzelnen Rechtsordnungen hinausreichende Erklärungskraft.

---

[122] *Wang*, Peking University Law Journal 2018 (6), 1612.

Zusammenfassung der Untersuchungsergebnisse

Diese Arbeit hat sich mit der Frage befasst, wie das Verhältnis zwischen der Schärfe des Notwehrrechts und seiner Einschränkung zu bewerten ist. Bei der Diskussion des Notwehrrechts hat man es oft mit einem situativen Wertkonflikt zu tun, in dem ein Widerspruch zwischen dem Recht des Individuums auf Selbstschutz und den Grundrechten des rechtswidrigen Angreifers sowie dem Wohl der Gesellschaft als Ganzes besteht. Da es sich hierbei um einen Schutzpflichtkonflikt handelt, ist es nicht einfach, zu diesem Thema Stellung zu beziehen. Unter Berücksichtigung der verschiedenen Modelle der Schärfe und der Einschränkungen des Notwehrrechts in Deutschland und China vertritt diese Arbeit die Auffassung, dass die Schärfe des Notwehrrechts im Vordergrund steht, aber auch Einschränkungen notwendig sind. Durch diese Einschränkungen kann in der Praxis eine echte Schärfe gewährleistet werden. Die Schärfe des Notwehrrechts bedeutet, dass eine Person das Recht haben sollte, die erforderliche Schutzmaßnahme zu ergreifen, um ihre Sicherheit zu gewährleisten, wenn sie mit einem rechtswidrigen Angriff konfrontiert ist. Ein zu weit gefasstes Notwehrrecht kann jedoch zu Rechtsmissbrauch und Unruhe in der Gesellschaft führen.[1] Daher sind angemessene Einschränkungen der Rechte unerlässlich, um unnötige Schäden zu verhindern, die von Personen im Zuge des Selbstschutzes verursacht werden können.

Der Grundgedanke des Notwehrrechts beruht auf zwei zentralen Säulen: dem Autonomieprinzip und dem Solidaritätsprinzip. Beide Prinzipien leiten sich aus dem Verständnis und der Ausdeutung des Begriffs „Recht“ und dem Individualitätsprinzip ab, das die konzeptionelle Grundlage des modernen Verfassungsstaates bildet und dem Notwehrrecht seine Schärfe bzw. seine entsprechenden Einschränkungen verleiht.

Das Autonomieprinzip betont, dass das Individuum die Freiheit zur Selbstbestimmung hat, gleichzeitig aber auch die Verantwortung für seine selbstbestimmten Handlungen tragen muss. Da der rechtswidrige Angreifer in die Rechtssphäre eines anderen eingreift, ist er verpflichtet, diese Verletzung zu beseitigen. Das Notwehrrecht, das als „Negation der Negation“ der Rechte entsteht, kann als zwingende Befugnis des Rechts wirken und den Zustand der Unversehrtheit wiederherstellen. Daher kann die Notwehr als eine Form der Zuständigkeitszuweisung betrachtet werden, bei der die Konsequenzen des Notwehrrechts in den Zuständigkeitsbereich des rechtswidrigen Angreifers fallen sollten und nicht in den des Verteidigers. Die Legitimität des Notwehrrechts und seine Schärfe sind somit gegeben, gerade weil

[1] *Haas*, in: Notwehr in Deutschland und China, S. 218.

sie ihrem Wesen nach aus dem Konzept des Rechts stammen. Das Ziel der Notwehr ist es, den Angriff zu beenden und den Rechtsraum wiederherzustellen, nicht jedoch Strafen zu verhängen oder vorzubeugen. Dies erklärt auch, warum Notwehr nur dann gerechtfertigt ist, wenn die Abwehrmaßnahme nach Art und Intensität erforderlich ist, den Angriff zu beenden, da übermäßige Mittel ebenfalls den Rahmen der Rechte überschreiten. Die Schärfe der Notwehr beruht daher nicht auf der Übertragung oder Vertretung des staatlichen Gewaltmonopols und entsprechend gibt es keine allgemeine Pflicht zur Herbeiholung staatlicher Hilfe. Da das Notwehrrecht seinen Ursprung in einem subjektiven Recht hat, kann es keine zusätzlichen Voraussetzungen für die Ausübung geben, solange das subjektive Recht selbst keine zusätzlichen Voraussetzungen für die Ausübung erfordert, und daher gibt es keine allgemeine Ausweich- und Duldungspflicht. Überschreitet der Angreifer seinen Rechtsraum, so ist es gleichgültig, ob er mehr oder weniger schwere Schädigungen von Rechtsgütern anderer verursacht; dem formalen Begriff des Rechts ist diese Quantifizierung wesensfremd. In einer Notwehrlage gibt es somit nur eine Konfrontation zwischen Recht und Unrecht, und es ist nicht zulässig, den Grad der Bedeutung beider Seiten zu bewerten.[2] Dass der Täter unbegrenzt für die Beseitigung des Eingriffs haftet, bedeutet, dass das Notwehrrecht grundsätzlich nicht einfach in Bezug auf die Intensität mit dem Rechtsgut abgewogen werden kann.

Aber der moderne Rechtsstaat strebt nicht nur nach formaler und negativer Freiheit, sondern auch nach substanzieller und positiver Freiheit. Sowohl das Sozialstaatsprinzip im deutschen Grundgesetz als auch das sozialistische Prinzip in der chinesischen Verfassung weisen im Wesentlichen darauf hin. Daher muss das Autonomieprinzip durch das Solidaritätsprinzip eingeschränkt werden, und die Menschen müssen in bestimmten Situationen bestimmte Solidaritätspflichten erfüllen, wobei die Interessen anderer Mitglieder der Gemeinschaft zu berücksichtigen sind. Der kontraktualistische Ansatz und der kommunitaristische Ansatz weisen beide erhebliche Mängel bei der Erklärung des Solidaritätsprinzips im Rahmen der Notwehr auf. Nur der altruistische Ansatz kann die Legitimität der Solidaritätspflicht gewährleisten, indem er sowohl die Subjektivität des konkret zu schützenden Opfers als auch die des Helfenden sichert. Wenn die Notsituation durch eine nur geringe oder unvollständige Verantwortung des Angreifers verursacht wurde und dabei seine unwiederherstellbaren gravierenden persönlichen Interessen bedroht sind, besteht eine Geltungslage der Solidarität. In einem solchen Fall ist der Verteidiger verpflichtet, im Rahmen des Solidaritätsprinzips den Angreifer zu schonen, sofern diese Rücksichtnahme erforderlich und zumutbar ist.

Aus Gründen der individuellen Freiheit sollte diese Dichotomie zwischen Autonomie und Solidarität jedoch von Ersterer dominiert werden und Letztere eine ergänzende und unterstützende Rolle spielen. Dies gilt insbesondere im Bereich des Notwehrrechts, in dem das Autonomieprinzip, da der Angreifer auf rechtswidrige und autonome Weise in den Rechtsraum einer anderen Person eingreift, absolut

---

[2] *Pawlik*, StW 114 (2002), 271.

dominiert, während die Solidaritätspflichten in der Regel „schlummern". Angesichts der antagonistischen Beziehung zwischen Autonomie- und Solidaritätsprinzip können jedoch in bestimmten Ausnahmefällen Solidaritätspflichten wiederaufleben. Dann besteht das Notwehrrecht nach wie vor, aber seine Einschränkungen kommen zum Tragen, indem seine Schärfe teilweise aufgehoben wird.

Das Notwehrrecht als ein Recht, das aus den verfassungsrechtlichen Grundrechten abgeleitet wird, unterliegt ebenfalls den Beschränkungen der Grundrechtskonfliktregelungen bei seiner Ausübung. Obwohl das Autonomieprinzip in der Regel den Einsatz des Verhältnismäßigkeitsprinzips im Rahmen der Notwehr ausschließt, zeigt sich im Zuge einer verfassungskonformen Auslegung, dass das verfassungsrechtliche Verhältnismäßigkeitsprinzip dennoch eine gewisse einschränkende Wirkung auf das Notwehrrecht hat.[3] Bei der Überprüfung der Angemessenheit kommt insbesondere die Solidaritätspflicht zur Geltung, nämlich als altruistische Schutzpflicht jedes Einzelnen gegenüber anderen, sofern Erforderlichkeit und Zumutbarkeit bei der Geltungslage der Solidarität gegeben sind. Dieses Ergebnis kann sowohl anhand des deutschen Grundgesetzes als auch anhand der EMRK überprüft werden.

In China hingegen hat das Prinzip der Verhältnismäßigkeit aufgrund der gesetzlichen Bestimmungen und des utilitaristischen Einflusses einen größeren Spielraum, was jedoch lediglich bedeutet, dass der Verteidiger bei der Ausübung seines Rechts eine relativ größere Solidaritätspflicht erfüllen muss, ohne jedoch die Schärfe des Notwehrrechts grundsätzlich in Frage zu stellen. Daher ist es eine vernünftigere Auslegung, die Grenzen der Notwehr als die Grenzen der Verteidigungshandlung und die Grenzen des Verteidigungserfolgs zu verstehen. Nur wenn beide überschritten werden, kann von einer strafbaren Notwehrüberschreitung gesprochen werden. Die Beurteilung des Verteidigungserfolgs sollte ein ausschließlich negatives Element sein, d. h. nur der Erfolg einer schweren Körperverletzung oder des Todes kann als Notwehrüberschreitung angesehen werden. Selbst wenn eine Verteidigungshandlung übertrieben ist, liegt keine Notwehrüberschreitung im Sinne von § 20 Abs. 2 chStGB vor, solange keine gravierenden Folgen eintreten.

Jedoch verneint Art. 10 LeitNotw das Notwehrrecht weitergehend in Fällen von offenkundig geringfügigen rechtswidrigen Angriffen, wenn unmittelbar ein lebensgefährliches Verteidigungsmittel angewendet wird, das geeignet ist, schwere Verletzungen oder den Tod herbeizuführen. Indem ein solches Verhalten als „Rechtsmissbrauch" des Notwehrrechts eingestuft wird, wird es aus dem Bereich der Verteidigungshandlung ausgeschlossen. Dadurch wird nicht nur eine Strafminderung ausgeschlossen, wie sie bei der Notwehrüberschreitung möglich ist, sondern auch das Erfordernis eines Erfolgseintritts umgangen, so dass bereits der Versuch eines Tötungsdelikts strafbar bleibt. Dies bedeutet im Ergebnis, dass eine Gegenwehr, die zwar grundsätzlich wegen fehlender Angemessenheit als Überschreitung

[3] Vgl. *Perron*, in: FS-Eser, S. 1021.

der Grenzen der Verteidigungshandlung angesehen wird, bei einer besonders gravierenden Unangemessenheit, nämlich wenn sie den Charakter eines Rechtsmissbrauchs erreicht, ihre Eigenschaft als Notwehrhandlung vollständig verliert und damit § 20 chStGB keinerlei Anwendung mehr findet.

Zusammenfassend lässt sich das grundlegende Rahmenwerk der Unterschiede zwischen der Notwehr in China und Deutschland hinsichtlich der Erforderlichkeit der Verteidigungsmittel und des Eintritts eines tödlichen Erfolgs in tabellarischer Form darstellen:

	Deutschland	**China**
Erlaubte Verteidigungshandlung ohne tödlichen Erfolg	Notwehr	Notwehr
Erlaubte Verteidigungshandlung mit tödlichem Erfolg	Notwehr	Alte Rechtsprechung: Strafminderung wegen Notwehrüberschreitung Jetzige Lehre und LeitNotw: Notwehr
Verbotene Verteidigungshandlung ohne tödlichen Erfolg	Keine Notwehr Versuch ist strafbar	Notwehr LeitNotw: Rechtsmissbrauch bei offenkundig geringfügigem rechtswidrigem Angriff ist völlig strafbar
Verbotene Verteidigungshandlung mit tödlichem Erfolg	Keine Notwehr Möglichkeit der Straflosigkeit bei unvermeidbarem Erlaubnistatbestandsirrtum oder Notwehrexzess	Möglichkeit der Strafminderung aufgrund von Notwehrüberschreitung

Bei einer Notwehrprovokation wird die Solidaritätspflicht aktiviert, weil der Verteidiger durch seine Mitverantwortung an der Herbeiführung der Notwehrlage beteiligt ist und daher die Einschränkung des Notwehrrechts auch durch den Grad des Mitverschuldens bestimmt wird. Im extremsten Fall von „a. i. i. c." hat der Provokateur das gesamte Tatgeschehen beherrscht, so dass die Folgen der Notwehr vollständig in den Zuständigkeitsbereich des Provokateurs fallen. In anderen Fällen beherrscht der Angreifer den rechtswidrigen Angriff, da er frei handeln kann, so dass das Autonomieprinzip, das die Grundlage der Schärfe bildet, nicht vollständig verschwunden ist und daher nur bestimmte Merkmale der Schärfe einschränkt.

Nach der in dieser Arbeit vertretenen Auffassung ergibt sich die Rechtfertigung der Notwehr aus der Reaktion auf eine Verletzung von Rechten, so dass die Voraussetzung für dieses Recht darin besteht, dass der rechtswidrige Angreifer der geeignete Adressat des Rechts ist, d. h. er muss in seiner eigenen Person Verantwortung tragen können. Daher kann eine Person ohne Schuldfähigkeit nicht zum Objekt des Notwehrrechts werden, weil die vom Autonomieprinzip geforderte subjektive Verantwortung nicht gegeben ist. Das Zurücktreten des Autonomieprinzips an dieser Stelle ermöglicht es dem Solidaritätsprinzip, Vorrang zu haben, so dass Selbstschutz durch defensiven Notstand anstelle von Notwehr möglich ist. Bei einem Angreifer, der sich nur in einem Zustand geminderter, nicht aber fehlender Schuldfähigkeit befindet, ist das Autonomieprinzip noch gegeben, so dass das Notwehrrecht besteht, aber durch das Solidaritätsprinzip in seiner Schärfe begrenzt wird. Ausgehend von der gleichen Struktur wie bei der Einschränkung des Notwehrrechts aufgrund von Mitverantwortung, stellt die Schuldfähigkeit des Angreifers die Verantwortlichkeitsstufe dar, die dem Autonomieprinzip zugrunde liegt. Je geringer die Schuldfähigkeit des Angreifers ist, desto größer ist der Anteil des Solidaritätsprinzips, desto eingeschränkter ist die Schärfe des Notwehrrechts und desto näher kommt seine Ausprägung dem Notstandsrecht.

Mitglieder von engen Familienbeziehungen haben die Pflicht, füreinander zu sorgen. Diese aus der institutionellen Ordnung resultierende positive Verpflichtung begründet jedoch im Bereich der Notwehr keine zusätzliche Einschränkung des Notwehrrechts. Es kann unzumutbar sein, dass ein Angegriffener, dem der Angriff nicht vorwerfbar ist, seine gravierenden persönlichen Interessen opfert, um einen vollständig verantwortlichen Angreifer zu schützen. In einer akuten häuslichen Gewaltsituation führt die Notwehrlage dazu, dass der Verteidiger keine erhöhte Solidaritätspflicht mehr trägt.

Die unterschiedlichen Ausprägungen des Notwehrrechts in Deutschland und China beruhen auf verschiedenen ethisch-philosophischen Grundlagen ihrer Rechtskulturen. Während das deutsche System durch die deontologische Tradition und das Ideal individueller Autonomie geprägt ist, steht das chinesische Denken unter dem Einfluss des Utilitarismus und der Harmonieethik, die soziale Kohärenz und kollektive Verantwortung betont.

Das Modell der „Autonomie und Solidarität" dient dazu, diese Unterschiede zu erklären und zugleich die gemeinsamen normativen Strukturen offenzulegen. Es zeigt, dass ein modernes Notwehrrecht nur dann gerechtfertigt werden kann, wenn individuelle Selbstbestimmung und zwischenmenschliche Solidarität in ein ausgewogenes Verhältnis gebracht werden.

In Deutschland bildet das Autonomieprinzip den Ausgangspunkt: Die Notwehr gilt als Ausdruck persönlicher Freiheit und Menschenwürde. Doch in extremen Ausnahmefällen kann eine streng deontologische Begründung zu unbilligen Ergebnissen führen. Solidarität ist hier notwendig, um Beschränkungen ethisch zu legitimieren, ohne die Autonomie aufzugeben.

In China hingegen führt die starke Betonung positiver Freiheit und kollektiver Harmonie zu einer Übergewichtung solidarischer Werte. Um einem Missbrauch des Begriffs der positiven Freiheit vorzubeugen, der leicht in sein Gegenteil umschlagen kann, muss das Autonomieprinzip als Fundament individueller Rechte gestärkt und die Solidarität in ihrer emanzipatorischen, auf individuelle Freiheit gerichteten

Bedeutung betont werden, anstatt sie als bloße Pflicht zur Selbstaufgabe zu verstehen.

Die Schärfe der Notwehr geht Hand in Hand mit ihren Einschränkungen. Die Schärfe der Notwehr, als scharfes Werkzeug für Bürger eines modernen Rechtsstaates zur Verteidigung ihrer Rechte und ihrer formalen Freiheit, sollte gesetzlich anerkannt und garantiert werden. Unter besonderen Umständen wird diese Schärfe jedoch durch die Solidaritätspflicht ausnahmsweise eingeschränkt, wodurch die materielle Freiheit der Bürger verwirklicht wird. Erst durch das Gleichgewicht zwischen den beiden Dimensionen der Freiheit lässt sich eine wahrhaft vollständige Freiheit erreichen. Bei Hegel heißt es dazu: „[D]as Wohl ist nicht ein Gutes ohne das Recht. Ebenso ist das Recht nicht das Gute ohne das Wohl.“[4] Das Schwert des Notwehrrechts als individuelles Recht muss an dem Schleifstein des Wohls im intersubjektiven Zusammenhang geschärft werden, um seine Schärfe zu bewahren.

[4] *Hegel*, Philosophie des Rechts, § 130.

Anhang

Art. 2 EMRK

(1) Das Recht jedes Menschen auf Leben wird gesetzlich geschützt. Niemand darf absichtlich getötet werden, außer durch Vollstreckung eines Todesurteils, das ein Gericht wegen eines Verbrechens verhängt hat, für das die Todesstrafe gesetzlich vorgesehen ist.

(2) Eine Tötung wird nicht als Verletzung dieses Artikels betrachtet, wenn sie durch eine Gewaltanwendung verursacht wird, die unbedingt erforderlich ist, um

a) jemanden gegen rechtswidrige Gewalt zu verteidigen;

b) jemanden rechtmäßig festzunehmen oder jemanden, dem die Freiheit rechtmäßig entzogen ist, an der Flucht zu hindern;

c) einen Aufruhr oder Aufstand rechtmäßig niederzuschlagen.

§ 20 chStGB

(1) Wird eine Handlung zur Abwendung eines gegenwärtigen rechtswidrigen Angriffes auf den Staat, auf öffentliche Interessen, auf Leben, Leib, Freiheit, Ehre, Eigentum oder auf sonstige Rechte der eigenen Person oder einer anderen Person vorgenommen und entsteht dadurch dem rechtswidrigen Angreifer ein Schaden, so liegt Notwehr vor und eine strafrechtliche Verantwortung ist nicht gegeben.

(2) Wenn die Notwehr offenkundig die notwendig gebotenen Grenzen überschreitet und durch sie gravierender Schaden verursacht wird, ist eine strafrechtliche Verantwortlichkeit gegeben, jedoch ist die Strafe zu mildern oder von Strafe abzusehen.

(3) Wenn eine Verteidigungshandlung vorgenommen wird gegen ein gegenwärtig unternommenes Delikt, wie einen mörderischen bzw. lebensgefährdenden körperlichen Angriff, eine Tötung eines Menschen, einen Raub, eine Vergewaltigung, eine gewaltsame Entführung oder ein anderes Gewaltverbrechen, das eine ernsthafte und schwerwiegende Gefährdung der persönlichen körperlichen Sicherheit darstellt, und dabei eine Verletzung oder der Tod des Angreifers verursacht wird, liegt keine Notwehrüberschreitung vor und eine strafrechtliche Verantwortlichkeit ist nicht gegeben.

§ 21 chStGB

(1) Wer eine gebotene Notstandshandlung zur Abwendung einer gegenwärtigen, nicht anders abwendbaren Gefahr für den Staat, für öffentliche Interessen, für Persönlichkeitswerte, für Vermögenswerte oder für sonstige Rechte vornimmt, um die Gefahr von sich oder einer anderen Person abzuwenden, macht sich für den dadurch herbeigeführten Schaden strafrechtlich nicht verantwortlich.

(2) Wer bei der Notwehrhandlung die notwendig gebotenen Grenzen überschreitet und dadurch unangemessenen Schaden verursacht, macht sich dafür strafrechtlich verantwortlich, jedoch wird die Strafe gemildert oder von Strafe abgesehen.

(3) Die in Absatz 1 enthaltene Bestimmung ist nicht anwendbar auf Personen, die aufgrund ihrer Funktion oder ihres Berufes eine besonders festgelegte Verantwortung tragen.

§ 13 chStGB

Alle Handlungen, die die nationale Souveränität, territoriale Integrität und Sicherheit gefährden, die nationale Einheit spalten, die demokratische Diktatur des Volkes und das sozialistische System stürzen, die soziale und wirtschaftliche Ordnung zerstören, das Eigentum des Staates oder das kollektive Eigentum der arbeitenden Massen beeinträchtigen, das private Eigentum der Bürger verletzen, die persönlichen Rechte, demokratischen Rechte und anderen Rechte der Bürger angreifen, sowie andere gesellschaftsschädliche Handlungen, die gemäß den Gesetzen mit Strafe belegt werden, stellen Straftaten dar. Wenn jedoch die Umstände geringfügig sind und der Schaden nicht erheblich, wird dies nicht als Straftat betrachtet.

§ 17 chStGB

(1) Personen, die das 16. Lebensjahr vollendet haben, sind für Straftaten strafrechtlich verantwortlich.

(2) Personen, die das 14., aber noch nicht das 16. Lebensjahr vollendet haben, sind strafrechtlich verantwortlich, wenn sie vorsätzlichen Mord, vorsätzliche Körperverletzung mit schwerer Verletzung oder Todesfolge, Vergewaltigung, Raub, Drogenhandel, Brandstiftung, Explosion oder das Freisetzen gefährlicher Stoffe begehen.

(3) Personen, die das 14., aber noch nicht das 18. Lebensjahr vollendet haben, sind für Straftaten strafrechtlich verantwortlich, es soll jedoch eine mildere oder verminderte Strafe verhängt werden.

(4) Wird eine Person unter 16 Jahren nicht strafrechtlich belangt, so werden ihre Eltern oder Erziehungsberechtigten angewiesen, sie zu erziehen und zu disziplinieren. Falls erforderlich, kann die Regierung sie in eine Erziehungsanstalt einweisen.

§ 18 chStGB

(1) Personen mit psychischen Erkrankungen, die im Zustand der Unfähigkeit zur Einsicht oder Kontrolle ihres Verhaltens eine schädigende Folge verursachen und nach einem gesetzlich geregelten Verfahren begutachtet und bestätigt werden, sind strafrechtlich nicht verantwortlich. Ihre Familienangehörigen oder Erziehungsberechtigten sind jedoch verpflichtet, sie streng zu beaufsichtigen und medizinisch behandeln zu lassen; falls erforderlich, kann die Regierung eine Zwangsbehandlung anordnen.

(2) Personen mit intermittierenden psychischen Erkrankungen, die im Zustand geistiger Klarheit eine Straftat begehen, sind strafrechtlich verantwortlich.

(3) Personen mit psychischen Erkrankungen, die ihre Fähigkeit zur Einsicht oder Kontrolle ihres Verhaltens noch nicht vollständig verloren haben und eine Straftat begehen, sind strafrechtlich verantwortlich, es kann jedoch eine mildere oder verminderte Strafe verhängt werden.

(4) Personen, die im Zustand der Trunkenheit eine Straftat begehen, sind strafrechtlich verantwortlich.

§ 18 chStGB a. F. (1979)

(1) Wer eine Handlung zur Abwendung eines gegenwärtigen rechtswidrigen Angriffes auf öffentliche Interessen, auf die körperliche Integrität oder auf sonstige Rechtsgüter seiner selbst oder eines anderen vornimmt, um dem rechtswidrigen Angriff Einhalt zu gebieten, und dadurch dem Angreifer einen Schaden verursacht, handelt in gerechtfertigter Notwehr und macht sich für den Schaden strafrechtlich nicht verantwortlich.

(2) Wenn die Notwehr die notwendig gebotenen Grenzen überschreitet und durch sie unangemessener Schaden verursacht wird, ist eine strafrechtliche Verantwortlichkeit gegeben, jedoch ist die Strafe zu mildern oder von Strafe abzusehen.

Art. 13 chVG

(1) Das rechtmäßige Privateigentum der Bürger ist unverletzlich.

(2) Der Staat schützt gemäß den gesetzlichen Bestimmungen das Privateigentumsrecht und das Erbrecht der Bürger.

(3) Der Staat kann im öffentlichen Interesse Privateigentum gemäß dem Gesetz enteignen und eine Entschädigung leisten.

Art. 33 chVG

(1) Alle Personen mit der Staatsangehörigkeit der Volksrepublik China sind Bürger der Volksrepublik China.

(2) Alle Bürger der Volksrepublik China sind vor dem Gesetz gleich.

(3) Der Staat achtet und schützt die Menschenrechte.

(4) Jeder Bürger genießt die durch die Verfassung und Gesetze gewährten Rechte und muss gleichzeitig die durch die Verfassung und Gesetze festgelegten Pflichten erfüllen.

Art. 38 chVG

Die Würde der Persönlichkeit der Bürger der Volksrepublik China ist unantastbar. Es ist verboten, Bürger auf irgendeine Weise zu beleidigen, zu verleumden oder sie falsch zu beschuldigen.

Art. 51 chVG

Bei der Ausübung ihrer Freiheiten und Rechte dürfen die Bürger der Volksrepublik China weder den staatlichen, sozialen oder kollektiven Interessen noch den rechtmäßigen Freiheiten und Rechten anderer Bürger schaden.

Art. 1 LeitNotw

Das gesetzgeberische Ziel ist zu erfassen und Fälle sind streng sowie gerecht zu behandeln. Notwehr ist ein vom Gesetz gewährtes Recht der Bürger. Die gesetzlichen Bestimmungen und die gesetzgeberische Intention des Notwehrrechts müssen präzise verstanden und angewendet werden. Wenn die Voraussetzungen der Notwehr erfüllt sind, ist dies konsequent und rechtskonform anzuerkennen. Es ist unerlässlich, Fehlentwicklungen wie „Das lauteste Argument gewinnt“ oder „Wer verletzt wird, hat automatisch Recht“ zu vermeiden. Das rechtsstaatliche Prinzip, dass „das Recht dem Unrecht nicht zu weichen braucht“, muss entschlossen verteidigt werden.

Art. 4 LeitNotw

Die Grenzen sind präzise zu erfassen und eine unrechtmäßige Anerkennung ist zu verhindern. Rechtswidrige Handlungen, die unter dem Vorwand der Notwehr begangen werden, sollten entschieden nicht als Notwehr oder Notwehrüberschreitung anerkannt werden. Wenn die Handlung zwar eine Eigenschaft wie Notwehr aufweist, jedoch die Verteidigungshandlung die notwendig gebotenen Grenzen überschreitet und gravierenden Schaden verursacht, sollte sie als Notwehrüberschreitung gemäß den gesetzlichen Vorschriften anerkannt werden.

Art. 5 LeitNotw

Die kausalen Voraussetzungen des Notwehrrechts sind präzise zu erfassen. Die Voraussetzung für die Notwehr ist das Vorliegen eines rechtswidrigen Angriffs. Ein rechtswidriger Angriff umfasst sowohl Handlungen, die das Leben oder die Gesundheit gefährden, als auch solche, die die persönliche Freiheit oder das öffentliche und private Eigentum verletzen. Dabei sind nicht nur Straftaten, sondern auch rechtswidrige Handlungen erfasst. Der Begriff des rechtswidrigen Angriffs darf nicht unangemessen auf Gewalttaten oder Straftaten verengt werden. Notwehr darf auch gegen rechtswidrige Angriffe wie die unrechtmäßige Freiheitsbeschränkung oder das unbefugte Eindringen in eine Wohnung ausgeübt werden. Ein rechtswidriger Angriff kann sich nicht nur gegen die eigene Person richten, sondern auch gegen den Staat, das öffentliche Interesse oder gegen Dritte. So ist es zulässig, Notwehr gegen rechtswidrige oder strafbare Handlungen auszuüben, die die öffentliche Sicherheit gefährden, wie etwa das Ziehen am Lenkrad oder das Schlagen eines Fahrers während der Fahrt. Erwachsene sind verpflichtet, rechtswidrige Angriffe von Minderjährigen gegen andere Minderjährige durch Ermahnung oder Unterbindung zu verhindern; wenn eine Ermahnung oder Unterbindung erfolglos bleibt, kann auch Notwehr ausgeübt werden.

Art. 7 LeitNotw

Die Voraussetzungen des Notwehrrechts in Bezug auf den Angreifer sind präzise zu erfassen. Notwehr darf ausschließlich gegen den rechtswidrigen Angreifer gerichtet sein. Bei einem gemeinschaftlich begangenen rechtswidrigen Angriff kann die Verteidigung sowohl gegen den unmittelbar handelnden Täter als auch gegen andere Beteiligte erfolgen, die am Tatort gemeinsam das Unrecht begehen. Ist dem Verteidiger bekannt, dass der Angreifer schuldunfähig oder in seiner Schuldfähigkeit eingeschränkt ist, sollte er nach Möglichkeit andere Maßnahmen zur Abwehr oder Verhinderung des Angriffs ergreifen; falls jedoch keine anderen Möglichkeiten bestehen oder der rechtswidrige Angriff eine erhebliche Gefahr für die körperliche Unversehrtheit darstellt, ist eine Gegenwehr zulässig.

Art. 8 LeitNotw

Die subjektiven Voraussetzungen des Notwehrrechts sind präzise zu erfassen. Notwehr muss darauf abzielen, rechtswidrige Angriffe auf die Rechtsgüter des Staates, der Allgemeinheit sowie die Person, das Eigentum und sonstige Rechte des Verteidigers oder Dritter abzuwehren. Eine sogenannte Notwehrprovokation, bei der der Verteidiger vorsätzlich durch Worte oder Verhalten den Angreifer zu einem Angriff verleitet, um dann Gegenmaßnahmen zu ergreifen, ist nicht als Notwehrhandlung anzuerkennen.

Art. 10 LeitNotw

Missbrauch des Notwehrrechts ist von der Notwehrhandlung abzugrenzen. Bei offensichtlich geringfügigen Angriffen darf eine Handlung nicht als Notwehr anerkannt werden, wenn der Verteidiger in einer erkennbaren Situation unmittelbar eine Abwehrmaßnahme wählt, die geeignet ist, dem Angreifer schwere Verletzungen oder den Tod zuzufügen. Ebenso ist eine Handlung nicht als Notwehrhandlung anzuerkennen, wenn der rechtswidrige Angriff durch ein grobes Fehlverhalten des Verteidigers selbst provoziert wurde und dieser, obwohl ihm mildere Mittel zur Verfügung stehen, dennoch vorsätzlich eine lebensgefährliche oder schwer körperlich verletzende Gegenmaßnahme ergreift.

Art. 11 LeitNotw

Die Voraussetzungen der Überschreitung der Notwehr sind genau zu erfassen. Gemäß § 33 chStGB liegt eine Notwehrüberschreitung nur dann vor, wenn die Handlung offenkundig die notwendig gebotenen Grenzen überschreitet und dadurch einen gravierenden Schaden verursacht. Fehlt eine dieser Voraussetzungen, ist sie nicht als Notwehrüberschreitung anzuerkennen.

Art. 12 LeitNotw

Die Kriterien für eine offenkundige Überschreitung der notwendig gebotenen Grenzen der Notwehr sind präzise zu erfassen. Ob eine Notwehrhandlung offenkundig die notwendig gebotenen Grenzen überschreitet, muss anhand einer umfassenden Bewertung aller relevanten Umstände festgestellt werden. Dabei sind die Art, die Mittel, die Intensität und das Gefährdungspotenzial des rechtswidrigen Angriffs sowie der Zeitpunkt, die Mittel, die Intensität und die Folgen der Verteidigung zu berücksichtigen. Ebenso ist das Kräfteverhältnis zwischen Angreifer und Verteidiger zu analysieren, wobei die Beurteilung aus der Perspektive einer objektiven, allgemein anerkannten Bewertung erfolgen muss. Bei der Einschätzung der Gefährlichkeit des Angriffs darf nicht nur der bereits eingetretene Schaden berücksichtigt werden, sondern auch die konkrete und unmittelbare Gefahr weiterer Schäden. Ein Verteidiger darf nicht unzumutbar darauf beschränkt werden, ausschließlich mit den Angriffsmitteln vergleichbare Mittel gleicher Intensität einzusetzen. Nach einer Gesamtbetrachtung ist eine Notwehrhandlung als offenkundige Überschreitung der notwendig gebotenen Grenzen zu bewerten, wenn sie in einem eklatanten Missverhältnis zum rechtswidrigen Angriff steht und als offenkundig überzogen einzustufen ist.

Art. 13 LeitNotw

Die Kriterien für das Verursachen eines gravierenden Schadens sind präzise zu erfassen. Ein gravierender Schaden im Sinne der Notwehrüberschreitung liegt vor, wenn der Angreifer durch die Verteidigungshandlung schwer verletzt oder getötet wird. Leichtere Verletzungen oder geringfügige Schäden fallen nicht unter diesen Begriff. Selbst wenn eine Notwehrhandlung offenkundig die notwendig gebotenen Grenzen überschreitet, kann sie nicht als Notwehrüberschreitung anerkannt werden, sofern sie keinen gravierenden Schaden verursacht hat.

Art.18 LeitNotw

Das Verhältnis zwischen allgemeiner Notwehr und besonderer Notwehr ist präzise zu bestimmen. Verteidigungshandlungen, die nicht die Voraussetzungen einer besonderen Notwehrlage erfüllen, aber zu Verletzungen oder zum Tod des Angreifers führen, sind als rechtmäßige Notwehr anzuerkennen, sofern sie nicht offenkundig die notwendig gebotenen Grenzen überschreiten. In solchen Fällen liegt keine Strafbarkeit des Verteidigers vor.

Art. 19 StHGe

Die präzise Feststellung der Notwehr bei häuslicher Gewalt. Um die persönlichen Rechte des Täters oder einer anderen Person vor rechtswidrigen Angriffen zu schützen, sollte das Abwehren von gegenwärtiger häuslicher Gewalt gemäß den im Strafgesetzbuch festgelegten Bedingungen als Notwehr anerkannt werden und nicht strafbar sein. Wenn jedoch die Verteidigungsmaßnahme schwere Körperverletzungen oder den Tod des Täters verursacht und die notwendig gebotenen Grenzen offenkundig überschreitet, liegt ein Fall von Notwehrüberschreitung vor, für den der Verteidiger strafrechtlich verantwortlich gemacht wird, wobei jedoch eine Strafmilderung oder Straffreiheit in Betracht gezogen werden sollte.

Die Feststellung, ob die Verteidigungsmaßnahme „offenkundig die notwendig gebotenen Grenzen überschreitet", sollte anhand des Standards getroffen werden, ob die Maßnahme erforderlich ist, um die Person vor weiterer häuslicher Gewalt zu schützen und den Angreifer zu stoppen. Hierbei sind die Schwere der durchgeführten häuslichen Gewalt, die Grausamkeit der angewandten Mittel, die Situation des Verteidigers, das Ausmaß der Bedrohung, die Art der zur Gewaltabwehr eingesetzten Mittel, das Ausmaß des verursachten Schadens beim Täter sowie die Schwere früherer häuslicher Gewaltfälle umfassend zu beurteilen.

Literaturverzeichnis

Ambos, Kai: Internationales Strafrecht, 5. Aufl., München 2018.

Amelung, Knut: Das Problem der heimlichen Notwehr gegen die erpresserische Androhung kompromittierender Enthüllungen, GA 1982, 381 ff.

Amelung, Knut: Irrtum und Zweifel des Getäuschten beim Betrug Amelung, GA 1977, 1 ff.

Amelung, Knut: Kommentar zur Hellikamp, GA 1984, 579 ff.

Amelung, Knut: Unternehmerpfandrecht und Schadensberechnung beim Betrug, NJW 1975, 624 ff.

Amelung, Knut: Zur Kritik des kriminalpolitischen Strafrechtssystems von Roxin, JZ 1982, 617 ff.

Amelung, Knut/*Boch*, Gerhard: Hausarbeitsanalyse – Strafrecht: Ein Ehestreit mit dem Hockeyschläger, JuS 2000, 261 ff.

Amelung, Knut/*Kilian*, Ines: Zur Akzeptanz des deutschen Notwehrrechts in der Bevölkerung – Erste Ergebnisse der Dresdner Notwehrerhebung, in: Knut Amelung (Hrsg.), Strafrecht, Biorecht, Rechtsphilosophie: Festschrift für Hans-Ludwig Schreiber zum 70. Geburtstag am 10. Mai 2003, Heidelberg 2003, 3 ff.

Arzt, Gunther: Notwehr, Selbsthilfe, Bürgerwehr – Zum Vorrang der Verteidigung der Rechtsordnung durch den Staat, in: Gerald Grünwald (Hrsg.), Festschrift für Friedrich Schaffstein zum 70. Geburtstag am 28. Juli 1975, Göttingen 1975.

Asai, Torao (浅井 虎夫), Geschichte der chinesischen Kodifizierung (中国ニ於ケル法典編纂ノ沿革), Tokio 2016.

Ashworth, Andrew: Die Rettungspflicht im englischen Recht, in: Andreas von Hirsch/Ulfrid Neumann/Kurt Seelmann (Hrsg.), Solidarität im Strafrecht, Baden-Baden 2013.

Baier, Rudolf: Die verschuldete Notwehrlage in strafrechtlicher Beziehung, Marburg, Univ., Diss., 1928.

Barthe, Christoph/*Gericke*, Jan (Hrsg.): Karlsruher Kommentar zur Strafprozessordnung: mit GVG, EGGVG und EMRK, München 2023.

Baumann, Jürgen: Strafrecht: Allgemeiner Teil: ein Lehrbuch, 7. Aufl., Bielefeld 1975.

Baumann, Jürgen/*Weber*, Ulrich/*Mitsch*, Wolfgang: Strafrecht, Allgemeiner Teil: Lehrbuch, 13. Aufl., Bielefeld 2021.

Beale, Joseph H. Jr.: Retreat from a Murderous Assault, Harvard Law Review 16 (1902–1903), 567 ff.

Bentham, Jeremy: Anarchical Fallacies, Edinburgh 1843.

Berlin, Isaiah: Freiheit: Vier Versuche, aus dem Engl. von Reinhard Kaiser, Frankfurt a. M. 2006.

Berner, Albert Friedrich: Die Nothwehrtheorie, ArchCrim NF 1848, 547 ff.

Berner, Albert Friedrich: Lehrbuch des deutschen Strafrechts, 18. Aufl., Leipzig 1898.

Bernsmann, Klaus: Überlegungen zur tödlichen Notwehr bei nicht lebensbedrohlichen Angriffen, ZStW 104 (1992), 290 ff.

Bertel, Christian: Notwehr gegen verschuldete Angriffe, ZStW 84 (1972), 1 ff.

Berz, Ulrich: An der Grenze von Notwehr und Notwehrprovokation – BGH. NJW 1983, 2267, JuS 1984, 340 ff.

Beulke, Werner: Die fehlgeschlagene Notwehr zur Sachwertverteidigung, Jura 1988, 641 ff.

Beulke, Werner/*Wessels*, Johannes/*Satzger*, Helmut: Strafrecht Allgemeiner Teil, 6. Aufl., München 2011.

Binding, Karl: Handbuch des Strafrechts, Leipzig 1885.

Bitzilekis, Nikolaos: Die neue Tendenz zur Einschränkung des Notwehrrechts: unter besonderer Berücksichtigung der Notwehrprovokation, Berlin 1984.

Blei, Hermann: Strafrecht I. Allgemeiner Teil, München 1996.

Bockelmann, Paul: Menschenrechtskonvention und Notwehrrecht, in: Paul Bockelmann (Hrsg.): Festschrift für Karl Engisch zum 70. Geburtstag, Frankfurt a. M. 1969.

Bockelmann, Paul: Notrechtsbefugnisse der Polizei, in: Hans-Heinrich Jescheck (Hrsg.), Festschrift für Eduard Dreher: zum 70. Geburtstag am 29. April 1977, Berlin u. a. 1977.

Bockelmann, Paul: Notwehr gegen verschuldete Angriffe, in: Über die Wertstruktur der Notwehr, in: Eberhard Barth (Hrsg.): Festschrift für Richard M. Honig: zum 80. Geburtstag, 3. Januar 1970, Göttingen 1970.

Bockelmann, Paul: OGHBrZ Köln: * OGHBrZ, Köln, I. StS, Urteil vom 4. 4. 1950 – StS 416/49 – (SchwGer. Essen), NJW 1950, 830 ff.

Bockelmann, Paul/*Volk*, Klaus: Strafrecht: allgemeiner Teil, München 1987.

Bracher, Christian-Dietrich: Gefahrenabwehr durch Private: eine verfassungsrechtliche Untersuchung zu den Grenzen der Übertragung von Aufgaben der Gefahrenabwehr auf Private und der staatlichen Zulassung privater Gefahrenabwehr, Berlin 1987.

Brown, Richard Maxwell: No duty to retreat: violence and values in American history and society, New York 1991.

Bülte, Jens: Der Verhältnismäßigkeitsgrundsatz im deutschen Notwehrrecht aus verfassungsrechtlicher und europäischer Perspektive, GA 2011, 145 ff.

Buri, Maximilian von: Notstand und Notwehr, GerS 30 (1878), 434 ff.

Busolt, Georg: Griechische Staatskunde Erste Hälfte: Allgemeine Darstellung des griechischen Staates, München 1982.

Cai, Shuheng (蔡枢衡): Geschichte des chinesischen Strafrechts (中国刑法史), Nanning 2005.

Chang, Ming-Woei (张明伟): Studium des Strafrechts Allgemeiner Teil (学习刑法：总则篇), 3. Aufl., Taipei 2008.

Chelidonis, Apostolos: „Legalität und Legitimation" – Gedanken zum Verhältnis von subjektivem Recht und Rechtsmissbrauch, Jura 2010, 726 ff.

Chen, Chaobi (陈朝璧): Ein erster Blick auf die Besonderheiten des chinesischen Rechtskreises (中华法系特点初探), Chinese Journal of Law (法学研究), Nr. 7, 1980.

Chen, Sibin (陈斯彬): Zwei Dimensionen der Menschenwürde und ihre verfassungsrechtliche Bedeutung (尊严的两个面向及其宪法意义), Tsinghua Journal of Philosophy and Social Sciences (清华大学学报·哲学社会科学版) Nr. 1, 2025, S. 232 ff.

Chen, Tzu-ping (陈子平): Strafrecht Allgemeiner Teil (刑法总论), Beijing 2008.

Chen, Xingliang (陈兴良): Änderungen im System der Notwehr: Vom Strafgesetz von 1979 zum Strafgesetz von 1997 (正当防卫的制度变迁：从1979年刑法到1997年刑法), Criminal Law Review, Nr. 2, 2006.

Chen, Xingliang (陈兴良): Die Lehre von der Notwehr (正当防卫论), 3. Aufl., Beijing 2017.

Chen, Xingliang (陈兴良): Ein fortgeschrittenes Werk über das Studium der Notwehr: Vorwort zu „Notwehr: Ideologie, Doktrin und systemische Anwendung" (正当防卫研究的进阶之作——《正当防卫：理念、学说与制度适用》序言), People's Procuratorial Semimonthly (人民检察), Nr. 17, 2020, S. 69.

Chen, Xingliang (陈兴良): Ein fortgeschrittenes Werk über das Studium der Notwehr: Vorwort zu „Notwehr: Ideologie, Doktrin und systemische Anwendung" (正当防卫研究的进阶之作——《正当防卫：理念、学说与制度适用》序言), People's Procuratorial Semimonthly (人民检察), Nr. 17, 2020, 69 ff.

Chen, Xingliang (陈兴良): Justizielle Abweichungen bei der Notwehr und deren Korrektur (正当防卫的司法偏差及其纠偏), Politics and Law (政治与法律), Nr. 8, 2019, 41 ff.

Chen, Xingliang (陈兴良): Notwehr gegen häusliche Gewalt (家庭暴力的正当防卫), Politics and Law Forum (政法论坛), Nr. 3, 2022, S. 78 ff.

Chen, Xingliang (陈兴良): Wie die Notwehr nicht auf eine Zombie-Klausel beschränkt werden kann (正当防卫如何才能避免沦为僵尸条款), The Jurist (法学家) , Nr. 5, 2017, 79 ff.

Chen, Xingliang (陈兴良): Zur Notwehr ohne Überschreitung (论无过当之防卫), Law Science (法学), Nr. 6, 1998, 23 ff.

Chen, Xuan (陈璇): Anwendung der defensiven Notstandshandlung in Fällen des Widerstands gegen häusliche Gewalt: Auch eine Ablehnung der Ausweitung der Notwehr (家庭暴力反抗案件中防御性紧急避险的适用——兼对正当防卫扩张论的否定), Politics and Law (政治与法律), Nr. 9, 2015, 13 ff.

Chen, Xuan (陈璇): Das Notrecht: Systemaufbau, konkurrierende Anwendungen und Hierarchie (紧急权：体系建构、竞合适用与层级划分), Peking University Law Journal (中外法学), Nr. 1, 2021, 137 ff.

Chen, Xuan (陈璇): Die Förderung der Risikoverteilung bei Notwehr (正当防卫中风险分担之提倡), Law Review (法学评论), Nr. 1, 2009, 102 ff.

Chen, Xuan (陈璇): Notrechte: Systemischer Aufbau und Grundprinzipien (紧急权: 体系建构与基本原理), Beijing 2021.

Chen, Xuan (陈璇): Theorie der Notwehr aus der Perspektive des Angreifers (侵害人视角下的正当防卫论), Chinese Journal of Law (法学研究), Nr. 4, 2015, 120 ff.

Chen, Xuan (陈璇): Überwindung des „moralischen Reinigungszwangs“ in der Beurteilung der Notwehr (克服正当防卫判断中的“道德洁癖”), Tsinghua Law Journal (清华法学), Nr. 6, 2016, 53 ff.

Chen, Xuan (陈璇): Versuche zur Auslegung der Verfassungsmäßigkeit der strafrechtlichen Bestimmungen über die Notwehr und den Grundsatz der Verhältnismäßigkeit (正当防卫与比例原则——刑法条文合宪性解释的尝试), Global Law Review, Nr. 6, 2016.

Chen, Xuan (陈璇): Zur Kompatibilität von Notwehrüberschreitung mit Vorsatzdelikten: Rekonstruktion des subjektiven Elements der Notwehr aus rechtsvergleichender Perspektive (论防卫过当与故意犯罪的兼容——兼从比较法的角度重构正当防卫的主观要件), Law Science (法学), Nr. 1, 2011, 117 ff.

Chou, Yang-Yi (周漾沂): Reconstructing Legal Grounds of Guarantor's Obligations (重新建构刑法上保证人地位的法理基础), National Taiwan University Law Journal (国立台湾大学法学论丛), 201403, 209 ff.

Cicero, Marcus Tullius: De officiis, übertr. u. hrsg. von Harald Merklin, Frankfurt a. M. u. a. 1991.

Cicero, Marcus Tullius: Pro Milone, edited by Thomas J. Keeline, Cambridge u. a. 2021.

Coninx, Anna: Zufall und Verteilungsgerechtigkeit – Grundlagen für eine kontraktualistische Begründung von rechtlichen Solidaritätspflichten in Notstandssituationen, in: Andreas von Hirsch/Ulfrid Neumann/Kurt Seelmann (Hrsg.), Solidarität im Strafrecht, Baden-Baden 2013.

Constadinidis, Angelos: Die „Actio Illicita In Causa“: Ein Beitrag zu den Voraussetzungen und Grenzen der strafrechtlichen Zuordnung eines Handlungserfolges sowie zur Problematik der provozierten Notwehr, Würzburg 1982.

Coyle, Sean: Natural law and modern society, New York 2003.

Degenhart, Christoph: Staatrecht I Staatsorganisationsrecht, 33. Aufl., Heidelberg 2017.

Deubner, Karl G.: Anmerkung zu BGH, Urteil vom 26. 2. 1969 – 3 StR 322/68 (SchwurG Duisburg), NJW 1969, 1184 ff.

Devitt, Michael: Realism and Truth, Princeton 1984.

Dewey, John: The Later Works of John Dewey, Volume 12, Carbondale 2008.

Dietlein, Johannes: Die Lehre von den grundrechtlichen Schutzpflichten, Berlin 2005.

Dilcher, Hermann: Besteht für die Notwehr nach § 227 BGB das Gebot der Verhältnismäßigkeit oder ein Verschuldenserfordernis?, in: Gottfried Baumgärtel/Hans-Jürgen Becker/Ernst Klingmüller/Andreas Wacke (Hrsg.), Festschrift für Heinz Hübner zum 70. Geburtstag am 7. November 1984, Berlin 1984.

Dohna, Alexander zu: Der Aufbau der Verbrechenslehre, 4. Aufl., Bonn 1950.

Dölling, Dieter/*Duttge*, Gunnar u. a. (Hrsg.): Gesamtes Strafrecht: StGB, StPO, Nebengesetze. Handkommentar, 5. Aufl., Baden-Baden 2022.

Dölling, Dieter/*Hermann*, Dieter/*Laue*, Christian: Kriminologie: ein Grundriss, Berlin 2022.

Dong, Heping (董和平)/*Han*, Dayuan (韩大元)/*Li*, Shuzhong (李树忠): Verfassungsrecht (宪法学), Beijing 2000.

Dörr, Christina: Dogmatische Aspekte der Rechtfertigung bei Binnenkollision von Rechtsgütern, Heidelberg 2016.

Dürig, Günter/*Herzog*, Roman/*Scholz*, Rupert: Grundgesetz: Kommentar, München 2024.

Echterhölter, Rudof: Die Europäische Menschenrechtskonvention in der juristischen Praxis, JZ 1956, 142 ff.

Eisele, Jörg: Anm. zu OLG Düsseldorf: Strafrecht AT: Notwehr gegenüber einem Kind Entscheidungsbesprechung, JuS 2017, 81 ff.

Eisele, Jörg: Die einzelnen Beschuldigtenrechte der Europäischen Menschenrechtskonvention, JA 2005, 901 ff.

Eisenberg, Ulrich: Jugendgerichtsgesetz, 20. Aufl., München 2018.

Engels, Dieter: Der partielle Ausschluss der Notwehr bei tätlichen Auseinandersetzungen zwischen Ehegatten, GA 1982, 109 ff.

Engisch, Karl: Auf der Suche nach der Gerechtigkeit: Hauptthemen der Rechtsphilosophie, München 1971.

Engländer, Armin: Grund und Grenzen der Nothilfe, Tübingen 2008.

Engländer, Armin: Die Rechtsfertigung des rechtfertigenden Aggressivnotstands, GA 2007, 242 ff.

Engländer, Armin: Kann die Mitgliedschaft in einem Rockerclub eine Notwehreinschränkung begründen?, in: Mark A. Zöller (Hrsg.), Gesamte Strafrechtswissenschaft in internationaler Dimension: Festschrift für Jürgen Wolter zum 70. Geburtstag am 7. September 2013, Berlin 2013.

Engländer, Armin: Moralische Richtigkeit als Bedingung der Rechtsgeltung? Eine erkenntnistheoretische Kritik, ARSP 2004, 86 ff.

Epping, Volker: Grundrechte, 8. Aufl., Berlin 2019.

Erb, Volker: Der Erlaubnistatbestandsirrtum als Anwendungsfall von § 17 StGB in: Carl-Friedrich Stuckenberg/Klaus Ferdinand Gärditz (Hrsg.), Strafe und Prozess im freiheitlichen Rechtsstaat: Festschrift für Hans-Ullrich Paeffgen zum 70. Geburtstag am 2. Juli 2015, Berlin 2006.

Erb, Volker: Die Schutzfunktion von Art. 103 Abs. 2 GG bei Rechtfertigungsgründen, ZStW 108 (1996), 266 ff.

Erb, Volker: Nothilfe durch Folter, Jura 2005, 24 ff.

Erb, Volker: Notwehr als Menschenrecht – Zugleich eine Kritik der Entscheidung des LG Frankfurt am Main im „Fall Daschner“, NStZ 2005, 593 ff.

Erb, Volker: Notwehr bei präsenter staatlicher Hilfe, in: Rainer Griesbaum/Rolf Hannich/Karl Heinz Schnarr (Hrsg.), Strafrecht und Justizgewährung: Festschrift für Kay Nehm zum 65. Geburtstag, Berlin 2006.

Erman, Walter: Bürgerliches Gesetzbuch, 17. Aufl., Köln 2003.

Eser, Albin/*Burkhardt*, Björn: Strafrecht: 1. Schwerpunkt allgemeine Verbrechenselemente, 4. Aufl., München 1992.

Esser, Robert/*Krey*, Volker: Deutsches Strafrecht Allgemeiner Teil: Studienbuch in systematisch-induktiver Darstellung, 6. Aufl., Stuttgart 2016.

Fechner, Frank: Grenzen polizeilicher Notwehr, Frankfurt a. M. 1991.

Felber, Roland: Die Rechtswidrigkeit des Angriffs in den Notwehrbestimmungen: zugleich ein Beitrag zur ratio des Notwehrrechts, München 1979.

Feng, Jun (冯军): Die Position und Methode der Strafrechtsdogmatik (刑法教义学的立场和方法), Peking University Law Journal (中外法学), Nr. 1, 2014, 172 ff.

Feng, Jun (冯军): Theorie der strafrechtlichen Verantwortung (刑事责任论), Beijing 1996.

Fischer, Thomas: Strafgesetzbuch und Nebengesetze, 57. Aufl., München 2010.

Fletcher, George P.: Basic Concepts of Legal Thought, Oxford 1996.

Frank, Reinhard von: Über den Aufbau des Schuldbegriffs, Giessen 1907.

Freund, Georg: Strafrecht Allgemeiner Teil: Personale Straftatlehre, Berlin u. a. 2009.

Frister, Helmut: Die Notwehr im System der Notrechte, GA 1988, 291 ff.

Frister, Helmut: Zur Einschränkung des Notwehrrechts durch Art. 2 der Europäischen Menschenrechtskonvention, GA 1985, 553 ff.

Frowein, Jochen Abr./*Peukert*, Wolfgang: Europäische Menschenrechtskonvention: EMRK-Kommentar, 2. Aufl., Kehl u. a. 1996.

Fuchs, Helmut: Grundfragen der Notwehr, Wien 1986.

Fuller, Lon Luvois: The Morality of Law, New Haven/London, 1969.

Gallas, Wilhelm: Zum gegenwärtigen Stand der Lehre vom Verbrechen, ZStW 67 (1955), 1 ff.

Gao, Mingxuan (高铭暄): Die Entstehung und Entwicklung des Strafrechts der Volksrepublik China (中华人民共和国刑法的孕育诞生和发展完善), Beijing 2012.

Gao, Mingxuan (高铭暄): Die Grenze zwischen Notwehr und Notwehrüberschreitung (正当防卫与防卫过当的界限), Journal of south China normal University social science edition (华南师范大学学报社会科学版), Nr. 1, 2015, 157 ff.

Gao, Mingxuan (高铭暄)/*Ma*, Kechang (马克昌): Strafrecht, 8. Aufl., Beijing 2017.

Gao, Xijiang (高西江): Überarbeitung und Anwendung des Strafrechts der Volksrepublik China (中华人民共和国刑法的修订与适用), Beijing 1997.

Gao, Yunlin (高蕴嶙): Zur Feststellung der Notwehr in der Justizpraxis, Rechtswissenschaft (论防卫过当在司法实践中的认定), Fujian Law Review (福建法学) Nr. 3, 2012, 44 ff.

Geddert-Steinacher, Tatjana: Menschenwürde als Verfassungsbegriff: Aspekte der Rechtsprechung des Bundesverfassungsgerichts zu Art. 1 Abs. 1 Grundgesetz, Berlin 1990.

Geilen, Gerd: Eingeschränkte Notwehr unter Ehegatten?, JR 1976, 314 ff.

Geilen, Gerd: Notwehr und Notwehrexzeß, Jura 1981, 370 ff.

Gewirth, Alan: Are All Rights Positive?, Philosophy and Public Affairs 30 (2001), 321 ff.

Gierke, Otto von: Deutsches Privatrecht I: Allgemeiner Teil und Personenrecht, Leipzig 1895.

Gizewski, Christian: Überlieferte Fragmente der Lex duodecim tabularum, in: Huchthausen, Liselot (Hrsg.), Römisches Recht in einem Band, 2. Aufl., Berlin/Weimar 1991.

Goldschmidt, James: Der Notstand, ein Schuldproblem: mit Rücksicht auf die Strafgesetzentwürfe Deutschlands, Österreichs und der Schweiz, Wien 1913.

Goltdammer, Theodor: Die Materialien zum Straf-Gesetzbuche für die Preußischen Staaten, Teil I, Berlin 1852.

Gramm, Christof: Mitmenschlichkeit und Gemeinsinn als Verfassungsrechtssatz, JZ 1994, 611 ff.

Greco, Luís: Der Anteil der Gesellschaft: Eine Theorie des rechtfertigenden Notstands, ZStW 134 (2022), 1 ff.

Greco, Luís: Notwehr und Proportionalität, GA 2018, 665 ff.

Greger, Reinhard: Mitverschulden und Schadensminderungspflicht – Treu und Glauben im Haftungsrecht?, NJW 1985, 1130.

Grünewald, Anette: Notwehreinschränkung – insbesondere bei provoziertem Angriff, ZStW 122 (2010), 51 ff.

Gusy, Christoph: Rechtsgüterschutz als Staatsaufgabe. Verfassungsfragen der Staatsaufgabe Sicherheit, DÖV 1996, 573 ff.

Gusy, Christoph/*Eichenhofer*, Johannes: Polizei- und Ordnungsrecht, 11. Aufl., Tübingen 2023.

Haas, Robert: Notwehr und Nothilfe, Frankfurt a. M. u. a. 1978.

Haas, Volker: Kausalität und Rechtsverletzung: Ein Beitrag zu den Grundlagen strafrechtlicher Erfolgshaftung am Beispiel des Abbruchs rettender Kausalverläufe, Berlin 2002.

Haas, Volker: Zur Einschränkung des Notwehrrechts durch Güterabwägungen, in: Urs Kindhäuser/Michael Pawlik (Hrsg.), Notwehr in Deutschland und China, Baden-Baden 2020.

Hälschner, Hugo: Erster oder Allgemeiner Theil des Systems, Berlin 1858.

Han, Zhongmo (韩忠谟): Prinzipien des Strafrechts (刑法原理), Beijing 2002.

Hardtung, Bernhard: Strafrecht: Das Duell, JuS 1990, 302 ff.

Hardwig, Werner: Pflichtirrtum, Vorsatz und. Fahrlässigkeit, ZStW 78 (1966), 1 ff.

Hartmann, Nicolai: Ethik, 1. Neuaufl., Berlin 2019.

Hashizume, Takashi (橋爪 隆): Grundlagen der Theorie der Notwehr (正当防衛論の基礎), Tokio 2007.

Hassemer, Winfried: Die provozierte Provokation oder Über die Zukunft des Notwehrrechts, in: Arthur Kaufmann (Hrsg.): Festschrift für Paul Bockelmann zum 70. Geburtstag am 7. Dezember 1978, München 1979.

He, Qinhua (何勤华): Ausländische Rechtsgeschichte (外国法制史), 3. Aufl., Beijing 2016.

Hegel, Georg Wilhelm Friedrich: Grundlinien der Philosophie des Rechts, 2. Aufl., Leipzig 1921.

Heimberger, Joseph: Strafrecht, Berlin u. a. 1931.

Heller, Frank Michael: Die aufgedrängte Nothilfe, Düren 2004.

Henkel, Heinrich: Zumutbarkeit und Unzumutbarkeit als regulatives Rechtsprinzip, in: Karl Engisch (Hrsg.), Festschrift für Edmund Mezger zum 70. Geburtstag, 15. 10. 1953, München 1954.

Hermes, Georg: Das Grundrecht auf Schutz von Leben und Gesundheit: Schutzpflicht und Schutzanspruch aus Art. 2 Abs. 2 Satz 1 GG, Heidelberg 1987.

Herzberg, Rolf Dietrich: Mittelbare Täterschaft bei rechtmässig oder unverboten handelndem Werkzeug, Berlin 1967.

Herzog, Felix: Einschränkungen des Notwehrrechts innerhalb sozialer Näheverhältnisse, JZ 1999, 434 ff.

Hesse, Konrad: Grundzüge des Verfassungsrechts der Bundesrepublik Deutschland, 20. Aufl., Heidelberg 1999.

Heuser, Robert: Einführung in die chinesische Rechtskultur, 3. Aufl., Hamburg 2006.

Hilgendorf, Eric/*Kudlich*, Hans/*Valerius*, Brian: Handbuch des Strafrechts, Band 2, Strafrecht Allgemeiner Teil I, Heidelberg 2020.

Hillenkamp, Thomas: 32 Probleme aus dem Strafrecht: Allgemeiner Teil, 13. Auf., München 2010.

Himmelreich, Klaus: Erforderlichkeit der Abwehrhandlung, Gebotensein der Notwehrhandlung; Provokation und Rechtsmissbrauch; Notwehrexzess, GA 1966, 129 ff.

Hinz, Manfred, Die fahrlässig provozierte Notwehrlage unter besonderer Berücksichtigung der Rechtsprechung des Bundesgerichtshofes, JR 1993, 353 ff.

Hirano, Ryuichi (平野 龍一): Vorlesungen über Strafrecht Allgemeiner Teil II (刑法講義総論II), Tokio 1975.

Hirsch, Andreas von/*Ashworth*, Andrew: Proportionate Sentencing: Exploring the Principles, Oxford 2005.

Hirsch, Andreas von/*Schorscher*, Vivian C.: Die Kriminalisierung der unterlassenen Hilfeleistung: Eine Frage von „Solidarität" oder Altruismus? in: Andreas von Hirsch/Ulfrid Neumann/Kurt Seelmann (Hrsg.), Solidarität im Strafrecht, Baden-Baden 2013.

Hirsch, Hans Joachim: Die Notwehrvoraussetzung der Rechtswidrigkeit des Angriffs, in: Hans-Heinrich Jescheck (Hrsg.), Festschrift für Eduard Dreher zum 70. Geburtstag am 29. April 1977, Berlin u. a. 1977.

Hobbes, Thomas: Grundzüge der Philosophie, 3. Aufl., Berlin 2014.

Hobbes, Thomas: Leviathan, London u. a. 1914.

Hold-Ferneck, Alexander: Die Rechtswidrigkeit: Notwehr und Notstand, Jena 1905.

Hoyer, Andreas: Das Rechtsinstitut der Notwehr, JuS 1988, 89 ff.

Hoyer, Andreas: Strafrechtsdogmatik nach Armin Kaufmann: Lebendiges und Totes in Armin Kaufmanns Normentheorie, Berlin 1997.

Hruschka, Joachim: Extrasystematische Rechtfertigungsgriinde, in: Hans-Heinrich Jescheck (Hrsg.), Festschrift für Eduard Dreher zum 70. Geburtstag am 29. April 1977, Berlin u. a. 1977.

Hruschka, Joachim: Strafrecht nach logisch-analytischer Methode: systematisch entwickelte Fälle mit Lösungen zum Allgemeinen Teil, Berlin u. a. 1983.

Hu, Dongfei (胡东飞): Zur Schuldform der Notwehrüberschreitung (论防卫过当的罪过形式), Law Review (法学评论), Nr. 6, 2008, 152 ff.

Hu, Yuhong (胡玉鸿): Zur Vervollkommnung der Regelungen über die Menschenwürde im geltenden chinesischen Recht (我国现行法中关于人的尊严之规定的完善), Legal and Business Studies (法商研究) Nr. 1, 2017, 3 ff.

Humboldt, Wilhelm von: Ideen zu einem Versuch, die Grenzen der Wirksamkeit des Staats zu bestimmen, Breslau 1851.

Huster, Stefan: Die ethische Neutralität des Staates: eine liberale Interpretation der Verfassung, Tübingen 2002.

Hwang, Ho-Won: Die Provokation bei Notwehr, Herbolzheim 2003.

Ihering, Rudolf von: Der Kampf um's Recht, Berlin 1992.

Iijima, Mitsuru (飯島 暢), Universelle Freiheitsgarantien und philosophische Theorien des Strafrechts (自由の普遍的保障と哲学的刑法), Tokio 2016.

Isensee, Josef: Das Grundrecht auf Sicherheit: Zu den Schutzpflichten des freiheitlichen Verfassungsstaates, Tübingen 2012.

Isensee, Josef: Das Staatliche Gewaltmonopol als Grundlage und Grenze der Grundrechte, in: Everhardt Franßen/Konrad Redeker/Otto Schlichter/Dieter Wilke (Hrsg.): Bürger – Richter – Staat: Festschrift für Horst Sendler, Präsident des Bundesverwaltungsgerichts, zum Abschied aus seinem Amt, München 1991.

Jäger, Christian: Anm. zu BGH: Wenn Engel Banditen erwarten und stattdessen Polizisten treffen, JA 2012, 227 ff.

Jahn, Matthias: Anm. zu AG Erfurt: Strafrecht AT: Notwehr Entscheidungsbesprechung, JuS 2014, 176 ff.

Jakobs, Günther: – Beteiligung bei Herrschaftsdelikten und bei Pflichtdelikten (支配犯および義務犯における関与), in: The Journal of Law and Political Science (法学), Vol. LVII Nr. 3 (1993), S. 294 ff. (in japanischer Sprache).

Jakobs, Günther: Die strafrechtliche Zurechnung von Tun und Unterlassen, Düsseldorf 1996.

Jakobs, Günther: Kommentar: Rechtfertigung und Entschuldigung bei Befreiung aus besonderen Notlagen, in: Albin Eser/Haruo Nishihara (Hrsg.), Rechtfertigung und Entschuldigung im japanischen Recht aus deutscher Perspektive, Baden-Baden 1998.

Jakobs, Günther: Norm, Person, Gesellschaft: Vorüberlegungen zu einer Rechtsphilosophie, 3. Aufl., Berlin 2008.

Jakobs, Günther: Rechtzwang und Personalität, Paderborn 2008.

Jakobs, Günther: Strafrecht Allgemeiner Teil, 2. Aufl., Berlin 1991.

Jakobs, Günther: System der strafrechtlichen Zurechnung, Frankfurt a. M. 2012.

Jakobs, Günther: Über die Behandlung von Wollensfehlern und von Wissensfehlern, ZStW 101 (1989), 516 ff.

Jarass, Hans/*Pieroth*, Bodo: Grundgesetz für die Bundesrepublik Deutschland: Kommentar, 17. Aufl., München 2022.

Jeremias, Johannes: Moses und Hammurabi, Leipzig 1903.

Jescheck, Hans-Heinrich/*Weigend*, Thomas: Lehrbuch des Strafrechts Allgemeiner Teil, 5. Aufl., Berlin 1996.

Jiang, Su (江溯): Die Verhältnismäßigkeit der Notwehrhandlung im chinesischen Strafrecht, in: Urs Kindhäuser/Michael Pawlik (Hrsg.), Notwehr in Deutschland und China, Baden-Baden 2020.

Jiang, Su (江溯): Pflicht zum Rückzug in der Notwehr (正当防卫中的退避义务), Chinese Journal of Law (法学研究), Nr. 6, 2024, 162 ff.

Jiang, Su (江溯): Systematische Entwicklung der Regeln zur Beurteilung der Grenzen der Notwehr (防卫限度判断规则的体系化展开), Science of Law Journal (法律科学), Nr. 1, 2022, 142 ff.

Jiang, Tao (姜涛): Anwendungsschwierigkeiten und Verbesserungsvorschläge zur Beurteilung der Grenzen der Notwehr (正当防卫限度判断的适用难题与改进方案), China Legal Science (中国法学), Nr. 2, 2019, 27 ff.

Joecks, Wolfgang: Erfolglose Notwehr, in: Erich Samson/Friedrich Dencker/Peter Frisch/Helmut Frister/Wolfram Reiß (Hrsg.), Festschrift für Gerald Grünwald zum siebzigsten Geburtstag, Baden-Baden 1999.

Joecks, Wolfgang/*Miebach*, Klaus (Hrsg.): Münchener Kommentar zum Strafgesetzbuch, 3. Aufl., München 2017.

Joerden, Jan C.: Solidaritätspflichten und Strafrecht, in: Andreas von Hirsch/Ulfrid Neumann/Kurt Seelmann (Hrsg.), Solidarität im Strafrecht, Baden-Baden 2013.

Kant, Immanuel: Die Metaphysik der Sitten, in: Wilhelm Weischedel (Hrsg.), Werkausgabe in 12 Bänden, VIII, Frankfurt a. M. 1977.

Kant, Immanuel: Kritik der praktischen Vernunft, in: Wilhelm Weischedel (Hrsg.), Werkausgabe in 12 Bänden, VIII, 8. Aufl., Frankfurt a. M. 1985.

Kant, Immanuel: Metaphysische Anfangsgründe der Rechtslehre, Frankfurt a. M. u. a. 1979.

Kaplan, John/*Weisberg*, Robert/*Binder*, Guyora: Criminal Law – Cases and Materials, 7. Aufl., Austin u. a. 2012.

Kargl, Walter: Die intersubjektive Begründung und Begrenzung der Notwehr, ZStW 110 (1998), 38 ff.

Kargl, Walter: Strafrecht: Einführung in die Grundlagen von Gesetz und Gesetzlichkeit, Baden-Baden 2019.

Kaser, Max: Das römische Privatrecht, 16. Aufl., München 1992.

Kasiske, Peter: Begründung und Grenzen der Nothilfe, Jura 2004, 832 ff.

Kaspar, Johannes: „Rechtsbewährung" als Grundprinzip der Notwehr? Kriminologisch-empirische und verfassungsrechtliche Überlegungen zu einer Reformulierung von § 32 StGB, RW 2013 Heft 1, 40 ff.

Kaspar, Johannes: Rezension von: Kilian, Ines, Die Dresdner Notwehrstudie, NK 2012 Band 24 Heft 4, 162 ff.

Kiefer, Günther: Regelungsbedarf und Gestaltungsspielräume bei der Beleihung, LKRZ 2009, 441 ff.

Kilian, Ines: Die Dresdner Notwehrstudie: zur Akzeptanz des deutschen Notwehrrechts in der Bevölkerung, Baden-Baden 2011.

Kilian, Ines: Zur Akzeptanz des deutschen Notwehrrechts in der Bevölkerung, in: Knut Amelung u. a. (Hrsg.), Strafrecht, Biorecht, Rechtsphilosophie: Festschrift für Hans-Ludwig Schreiber zum 70. Geburtstag am 10. Mai 2003, Heidelberg 2003.

Kindhäuser, Urs: Objektive und subjektive Zurechnung beim Vorsatzdelikt, in: Sharon Byrd (Hrsg.), Philosophia practica universalis: Festschrift für Joachim Hruschka zum 70. Geburtstag, Berlin 2005.

Kindhäuser, Urs: Zur Genese der Formel „das Recht braucht dem Unrecht nicht zu weichen", in: Georg Freund/Uwe Murmann/René Bloy/Walter Perron (Hrsg.), Grundlagen und Dogmatik des gesamten Strafrechtssystems: Festschrift für Wolfgang Frisch zum 70. Geburtstag, Berlin 2013.

Kindhäuser, Urs/*Hilgendorf*, Eric: Strafgesetzbuch: Lehr- und Praxiskommentar, 9. Aufl., Baden-Baden 2022.

Kindhäuser, Urs/*Pawlik*, Michael (Hrsg.): Notwehr in Deutschland und China, Baden-Baden 2020.

Kindhäuser, Urs/*Zimmermann*, Till: Strafrecht Allgemeiner Teil, 9. Aufl, Baden-Baden 2020.

Kinzig, Jörg/*Stelly*, Wolfgang: Der Freispruch: Vermeidbarer Irrtum oder „Reibungsverlust der Gerechtigkeit"?: Einsichten aus einem aktuellen Forschungsprojekt, in: Baden-Württembergische Strafverteidiger e. V. (Hrsg.), Der Schrei nach Strafe, Bremen 2017, 33 ff.

Kioupis, Dimitrios: Notwehr und Einwilligung, Baden-Baden 1992.

Klein, Eckart: Grundrechtliche Schutzpflicht des Staates, NJW 1989, 1633 ff.

Klesczewski, Diethelm: Ein zweischneidiges Recht – Zu Grund und Grenzen der Notwehr in einem vorpositiven System der Erlaubnissätze, in: Rainer Zaczyk (Hrsg.), Festschrift für E. A. Wolff: zum 70. Geburtstag am 1. 10. 1998, Berlin u. a. 1998.

Kliemt, Hartmut: Rawls Kritik am Utilarismus, in: Otfried Höffe (Hrsg.), John Rawls: Eine Theorie der Gerechtigkeit, Berlin 1998.

Klingbeil, Stefan: Die Not- und Selbsthilferechte: eine dogmatische Rekonstruktion, Tübingen 2017.

Klinkhardt, Ingo: Die Selbsthilferechte des Amtsträgers, VerwaltungsArchiv 55 (1964), 264 ff.

Kloepfer, Michael: Verfassungsrecht, Band I: Grundlagen, Staatsorganisationsrecht, Bezüge zum Völker- und Europarecht, München 2011.

Klose, Peter: Notrecht des Staates aus staatlicher Rechtsnot. Zum rechtlichen Funktionszusammenhang zwischen Notwehr und Gefahrenabwehr, ZStW 89 (1977), 61 ff.

Kneihs, Benjamin: Privater Befehl und Zwang: verfassungsrechtliche Bedingungen privater Eingriffsgewalt, Wien u. a. 2004.

Koch, Burkhard: Prinzipientheorie der Notwehreinschränkungen, ZStW 104 (1992), 785 ff.

Kohler, Josef: Rechtsvergleichende Studien über islamitisches Recht, das Recht der Berbern, das chinesische Recht und das Recht auf Ceylo, Berlin 1889.

Kohlrausch, Eduard: Strafgesetzbuch [für das Deutsche Reich] mit Nebengesetzen und Erläuterungen, 36. Aufl., Berlin 1941.

Konrad, Heinrich: Probleme der eheähnlichen Gemeinschaft im Strafrecht, Frankfurt a. M. u. a. 1986.

Koriath, Heinz: Das Brett des Karneades, JA 1998, 250 ff.

Koriath, Heinz: Einige Gedanken zur Notwehr, in: Guido Britz (Hrsg.), Grundfragen staatlichen Strafens: Festschrift für Heinz Müller-Dietz zum 70. Geburtstag, München 2001.

Köstlin, Christian Reinhold: Neue Revision der Grundbegriffe des Criminalrechts, Tübingen 1845.

Krack, Ralf: Anmerkung zum Urteil des BGH v. 21. 3. 1996 – 5. StR 432/95 (BGHSt 42, 97), JR 1996, 466 ff.

Kratzsch, Dietrich: Der „Angriff" – ein Schlüsselbegriff des Notwehrrechts, StV 1987, 224 ff.

Kratzsch, Dietrich: Grenzen der Strafbarkeit im Notwehrrecht: zugleich ein Beitrag zur Grundlagenforschung der Rechtswissenschaft unter besonderer Berücksichtigung der erkenntnistheoretischen Untersuchungen von Fr. Vinding Kruse, Berlin 1968.

Kratzsch, Dietrich: Verhaltenssteuerung und Organisation im Strafrecht: Ansätze zur Reform des strafrechtlichen Unrechtsbegriffs und der Regeln der Gesetzesanwendung, Berlin 1985.

Krause, Friedrich-Wilhelm: Zur Einschränkung der Notwehrbefugnis, GA 1979, 329.

Krause, Friedrich-Wilhelm: Zur Problematik Krause der Notwehr, in: Wolfgang Frisch/Werner Schmid (Hrsg.): Festschrift für Hans-Jürgen Bruns zum 70. Geburtstag, Köln u. a. 1978.

Krey, Volker: Zur Einschränkung des Notwehrrechts bei der Verteidigung von Sachgütern, JZ 1979, 702 ff.

Krölls, Albert: Privatisierung der öffentlichen Sicherheit in Fußgängerzonen?, NVwZ 1999, 233 ff.

Kroß, Antje: Notwehr gegen Schweigegelderpressung: zugleich ein Beitrag zu den Grundprinzipien der Notwehr, Berlin 2004.

Kühl, Kristian: Der Einfluß der Europäischen Menschenrechtskonvention auf das Strafrecht und Strafverfahrensrecht der Bundesrepublik Deutschland, ZStW 100 (1988), 406 ff.

Kühl, Kristian: Die gebotene Verteidigung gegen provozierte Angriffe. Überlegungen aus Anlaß der neuesten Rechtsprechung des BGH zur Notwehrprovokation, in: Joachim Schulz/Thomas Vormbaum (Hrsg.), Festschrift für Günter Bemmann: zum 70. Geburtstag am 15. Dezember 1997, Baden-Baden 1997.

Kühl, Kristian: Freiheit und Solidarität bei den Notrechten, in: Thomas Weigend (Hrsg.), Festschrift für Hans Joachim Hirsch zum 70. Geburtstag am 11. April 1999, Berlin u. a. 1999.

Kühl, Kristian: Notwehr und Nothilfe, JuS 1993, 177 ff.

Kühl, Kristian: Sozialethische Einschränkungen der Notwehr, Jura 1990, 244 ff.

Kühl, Kristian: Strafrecht, Allgemeiner Teil, 8. Aufl., München 2017.

Kuhlen, Lothar: Einschränkungen der Verteidigungsbefugnis bei der Nothilfe, GA 2008, 282 ff.

Kühnbach, Lena: Solidaritätspflichten Unbeteiligter: dargelegt am Beispiel von Aggressivnotstand, Defensivnotstand, unterlassener Hilfeleistung und polizeilichem Notstand, Baden-Baden 2007.

Kunz, Karl-Ludwig: Die organisierte Nothilfe, ZStW 95 (1983), 973 ff.

Kunz, Karl-Ludwig/*Mona*, Martino: Rechtsphilosophie, Rechtstheorie, Rechtssoziologie, 2. Aufl., Bern u. a. 2015.

Küper, Wilfried: Von Kant zu Hegel: Das Legitimationsproblem des rechtfertigenden Notstandes und die freiheitsphilosophischen Notrechtslehren, JZ 2005, 105 ff.

Kurakēs, Nestōr E.: Zur sozialethischen Begründung der Notwehr: die sozialethischen Schranken des Notwehrrechts nach deutschem und griechischem Strafrecht, Baden-Baden 1978.

Kutschera, Franz von: Grundlagen der Ethik, Berlin u. a. 1982.

Lackner, Karl/*Kühl*, Kristian: Strafgesetzbuch: Kommentar, 29. Aufl., München 2018.

Lagodny, Otto: Strafrecht vor den Schranken der Grundrechte: die Ermächtigung zum strafrechtlichen Vorwurf im Lichte der Grundrechtsdogmatik, dargestellt am Beispiel der Vorfeldkriminalisierung, Tübingen 1996.

Lange, Hermann/*Schiemann*, Gottfried: Schadensersatz, 3. Aufl., Tübingen 2003.

Lange, Richard: Der „gezielte Todesschuss", JZ 1976, 546 ff.

Langer, Winrich: Das Sonderverbrechen: eine dogmatische Untersuchung zum Allgemeinen Teil des Strafrechts, Berlin 1972.

Lao, Dongyan (劳东燕): Die Feststellung einer Notwehrüberschreitung und das Defizit der Erfolgsunwertlehre (防卫过当的认定与结果无价值的不足), Peking University Law Journal（中外法学）Nr. 1, 2015.

Lao, Dongyan (劳东燕): Die Logik des Erfolgsunwerts in der Praxis: Betrachtung hinsichtlich der Notwehr (结果无价值逻辑的实务：以防卫过当为视角的展开), Political Science and Law (政治与法律) Nr. 1, 2015, 13 ff.

Lao, Dongyan (劳东燕): Eine Überprüfung der Doktrin des Verhältnismäßigkeitsprinzips des Rechtsguts (法益衡量原理的教义学检讨), Peking University Law Journal（中外法学）Nr. 2, 2016.

Larenz, Karl: Lehrbuch des Schuldrechts: 1. Allgemeiner Teil., München 1987.

Larenz, Karl: Methodenlehre der Rechtswissenschaft, 6. Aufl., Berlin 1991.

Laufhütte, Heinrich Wilhelm/*Rissing-van Saan*, Ruth/*Tiedemann*, Klaus (Hrsg.): Leipziger Kommentar: Strafgesetzbuch, Großkommentar, 12. Aufl., Berlin 2007 ff.

Lenckner, Theodor: „Gebotensein" und „Erforderlichkeit" der Notwehr, GA 1968, 1 ff.

Lenckner, Theodor: Der Grundsatz der Güterabwägung als Grundlage der Rechtfertigung, GA1985, 295 ff.

Lenckner, Theodor: Der rechtfertigende Notstand: zur Problematik der Notstandsregelung im Entwurf eines Strafgesetzbuches (E 1962), Tübingen 1965.

Lenckner, Theodor: Notwehr bei provoziertem und verschuldetem Angriff, GA 1961, 299 ff.

Lenckner, Theodor: Technische Normen und Fahrlässigkeit, in: Paul Bockelmann (Hrsg.): Festschrift für Karl Engisch zum 70. Geburtstag, Frankfurt a. M. 1969.

Lenckner, Theodor: Urteil vom 14. 06. 1972, JZ 1973, 253 ff.

Lesch, Heiko Hartmut: Die Notwehr, in: Gunter Widmaier (Hrsg.), Festschrift für Hans Dahs, Köln 2005.

Lesch, Heiko Hartmut: Notwehrrecht und Beratungsschutz: zur Zulässigkeit der Nothilfe gegen die nach § 218a Abs. 1 StGB tatbestandslose Abtötung der Leibesfrucht, Paderborn u. a. 2000.

Leßmann-Faust, Peter: Polizei und Politische Bildung, Wiesbaden 2008.

Li, Hong (黎宏): Strafrecht Allgemeiner Teil (刑法总论), 2. Aufl., Beijing 2016.

Li, Hong (黎宏): Zur subjektiven Voraussetzung der Notwehr (论正当防卫的主观条件), Journal of Law and Commerce (法商研究), Nr. 4, 2007, 63 ff.

Liang, Huaren (梁华仁)/*Liu*, Weibo (刘为波): Zur Änderung des Notwehrsystems im neuen Strafrecht (评新刑法对正当防卫制度的修改), Politics and Law Forum (政法论坛), Nr. 1, 1998, 25 ff.

Lin, Laifan (林来梵): Menschenwürde und die Würde der Person – Zur Auslegung des Artikels 38 der chinesischen Verfassung (人的尊严与人格尊严——兼论中国宪法第38条的解释方案), Zhejiang Social Sciences (浙江社会科学), Nr. 5, 2008, 47 ff.

Lin, Yuxiong (林钰雄): Neues Strafrecht Allgemeiner Teil (新刑法总则)，3. Aufl., Taipei 2019.

Lindner, Josef Franz: Die Würde des Menschen und sein Leben, DÖV 2006, 577 ff.

Liu, Chongliang (刘崇亮): Normative Interpretation und empirische Untersuchung der Grenzen der Notwehr (正当防卫限度的规范解释与实证考察), Law Science Magazine (法学杂志), Nr. 4, 2024, 124 ff.

Liu, Liantai (刘连泰): Das Verhältnis der vier Interessenkategorien als Begründung für Menschenrechtsbeschränkungen im chinesischen Verfassungstext (我国宪法文本中作为人权限制理由的四个利益范畴之关系), Science of Law (法律科学), Nr. 4, 2006, 37 ff.

Liu, Zongzhen (刘宗珍): Notwehr in der chinesischen Rechtsgeschichte (我国法制史上的正当防卫), in: People's Court Daily (人民法院报), 16. 11. 2018, S. 5.

Llompart, José: Menschenwürde und Staatsgewalt: Ideologie und Realität, Theorie und Geschichte (人間の尊厳と国家の権力—その思想と現実、理論と歴史), Tokio 1990.

Locke, John: Two Treatises of Government, Hamilton 2000.

Löffler, Alexander: Unrecht und Notwehr. Prolegomena zu einer Revision der Lehre von der Notwehr, ZStW 21 (1901), 537 ff.

Loos, Fritz: Zur Einschränkung der Notwehr in Garantenbeziehungen – BGH, NJW 1984, 986, JuS 1985, 859 ff.

Loos, Fritz: Zur Einschränkung des Notwehrrechts wegen Provokation, in: Hans-Jürgen Ahrens (Hrsg.): Festschrift für Erwin Deutsch: zum 70. Geburtstag, Köln u. a. 1999.

Looschelders, Dirk: Die Mitverantwortlichkeit des Geschädigten im Privatrecht, Tübingen 1999.

Looschelders, Dirk: Schuldrecht Allgemeiner Teil, 16. Aufl., München 2018.

Lührmann, Olivia: Tötungsrecht zur Eigentumsverteidigung?, Frankfurt a. M. 1999.

Ma, Kechang (马克昌): Allgemeine Kriminaltheorie (犯罪通论), Wuhan 1999.

Ma, Le (马乐): „Stand Your Ground"-Gesetz und die „notwendigen Grenzen" der Notwehr in China ("不退让法"与我国正当防卫条款中的"必要限度"), in: Journal of Political Science and Law (政法论丛), Nr. 5, 2019, S. 69 ff.

Mangoldt, Hermann von/*Klein*, Friedrich/*Starck*, Christian: Kommentar zum Grundgesetz, 6. Aufl., München 2010.

Manthe, Ulrich: Die Tötung des Ehebrechers in: Leonhard Burckhardt/Jürgen von Ungern-Sternberg (Hrsg.), Große Prozesse im antiken Athen, München 2000.

Marx, Karl/*Engels*, Friedrich: Die deutsche Ideologie, 3. Aufl., Berlin 2014.

Marxen, Klaus: Die „sozialethischen" Grenzen der Notwehr, Frankfurt a. M. 1979.

Matt, Holger/*Renzikowski*, Joachim: Strafgesetzbuch: Kommentar, 2. Aufl., München 2020.

Maunz, Theodor/*Dürig*, Günter: Grundgesetz-Kommentar, München 2013.

Maurach, Reinhart/*Zipf*, Heinz: Grundlehren des Strafrechts und Aufbau der Straftat, 8. Aufl., Heidelberg 1992.

Maurer, Hartmut/*Waldhoff*, Christian: Allgemeines Verwaltungsrecht, München 2020.

Meißner, Andreas: Die Interessenabwägungsformel in der Vorschrift über den rechtfertigenden Notstand (§ 34 StGB), Berlin 1990.

Merkel, Adolf: Kriminalistische Abhandlungen, Leipzig 1971.

Merkel, Reinhard: § 14 Abs. 3 Luftsicherheitsgesetz: Wann und warum darf der Staat töten?, JZ 2007, 373 ff.

Merkel, Reinhard: Luftsicherheitsgesetz: Wann und warum darf der Staat töten?, JZ 2007, 373 ff.

Merten, Detlef: Rechtsstaat und Gewaltmonopol, Tübingen 1975.

Mill, John Stuart: Utilitarianism, London 1936.

Min, Dongfang (闵冬芳): Eine Studie über den Ursprung des Artikels „Nächtlicher Wohnungseinbruch ohne Grund im Tang-Gesetz" (唐律"夜无故入人家"条源流考), Chinese Journal of Law (法学研究), Nr. 6, 2010.

Mitsch, Wolfgang: Gegenwärtigkeit des Angriffs bei Beleidigung, JuS 1992, 289 ff.

Mitsch, Wolfgang: Nothilfe gegen provozierte Angriffe, GA 1986, 533 ff.

Mitsch, Wolfgang: Rechtfertigung und Opferverhalten, Hamburg 2004.

Mitsch, Wolfgang: Straflose Provokation strafbarer Taten: eine Studie zu Grund und Grenzen der Straffreiheit des agent provocateur, Lübeck 1986.

Mitteis, Heinrich/*Lieberich*, Heinz: Deutsche Rechtsgeschichte, 19. Aufl., München 1992.

Mommsen, Theodor: Römisches Strafrecht, 2. Aufl., Leipzig 1899.

Montenbruck, Axel: Anmerkung zu BGH, Urteil vom 11–01–1984–2 StR 541/83 (SchwG Wiesbaden), JR 1985, 115 ff.

Montenbruck, Axel: Thesen zum Notwehrrecht, Heidelberg 1983.

Moore, George Edward: Principia Ethica, Cambridge 1903.

Möstl, Markus: Die staatliche Garantie für die öffentliche Sicherheit und Ordnung: Sicherheitsgewährleistung im Verfassungsstaat, im Bundesstaat und in der Europäischen Union, Tübingen 2002.

Münzberg, Wolfgang: Verhalten und Erfolg als Grundlagen der Rechtswidrigkeit und Haftung, Frankfurt a.M. 1966.

Naito, Ken (内藤　謙): Vorlesungen über Strafrecht Allgemeiner Teil II (刑法講義総論　中), Tokio, 1986.

Naucke, Wolfgang: „Mißbrauch" des Strafantrags?, in: Friedrich Geerds/Wolfgang Naucke (Hrsg.), Beiträge zur gesamten Strafrechtswissenschaft: Festschrift für Hellmuth Mayer zum 70. Geburtstag am 1. Mai 1965, Berlin 1966.

Neubecker, Friedrich Karl: Zwang und Notstand in rechtsvergleichender Darstellung, Leipzig 1910.

Neumann, Ulfrid: Die Bedeutung des § 34 StGB für die Rechtfertigung von Tötungshandlungen, GA 1999, 477 ff.

Neumann, Ulfrid: Individuelle und überindividuelle Begründung des Notwehrrechts, in: Klaus Lüderssen (Hrsg.), Modernes Strafrecht und ultima-ratio-Prinzip, Frankfurt a.M. 1990.

Neumann, Ulfrid: Zurechnung und „Vorverschulden": Vorstudien zu e. dialog. Modell strafrechtl. Zurechnung, Berlin 1985.

Nishida, Noriyuki (西田 典之): Strafrecht Allgemeiner Teil (刑法総論), 2. Aufl., Tokio 2010.

Noll, Peter: Tatbestand und Rechtswidrigkeit: Die Wertabwägung als Prinzip der Rechtfertigung, ZStW 77 (1965), 1 ff.

Nomos Kommentar zum Strafgesetzbuch, herausgegeben von Urs Kindhäuser/Ulfrid Neumann/Hans-Ullrich Paeffgen, 4. Aufl., Baden-Baden 2013.

Nozick, Robert: Anarchy, state, and utopia, New York NY 2013.

Nusser, Stephanie: Notwehr zur Verteidigung von Sachwerten, Hamburg 2012.

Oetker, Friedrich: Notwehr und Notstand, in: August Hegler (Hrsg.), Festgabe für Reinhard von Frank zum 70. Geburtstag, Tübingen 1930.

Olshausen, Justus von: J. von Olshausen's Kommentar zum Strafgesetzbuch für das Deutsche Reich, Berlin 1942.

Otto, Harro: Grundkurs Strafrecht – Allgemeine Strafrechtslehre, 7. Aufl., Berlin 2004.

Otto, Harro: Rechtsverteidigung und Rechtsmißbrauch im Strafrecht, in: Rüdiger Herren (Hrsg.), Kultur, Kriminalität, Strafrecht: Festschrift für Thomas Würtenberger zum 70. Geburtstag am 7.10.1977, Berlin 1977.

Palandt, Otto: Bürgerliches Gesetzbuch, Kommentar, 71. Aufl., München 2012.

Pawlik, Michael: Das Unrecht des Bürgers, Tübingen 2012.

Pawlik, Michael: Der rechtfertigende Defensivnotstand im System der Notrechte, GA 2003, 12 ff.

Pawlik, Michael: Der rechtfertigende Notstand: zugleich ein Beitrag zum Problem strafrechtlicher Solidaritätspflichten, Berlin u.a. 2002.

Pawlik, Michael: Die Notwehr nach Kant und Hegel, ZStW 114 (2002), 259 ff.

Pelz, Christian: Notwehr- und Notstandsrechte und der Vorrang obrigkeitlicher Hilfe, NStZ 1995, 306 ff.

Peng, Wenhua (彭文华): Das Battered Woman Syndrome und die Anerkennung der Notwehr in Fällen von Ehegattenmord (受虐妇女综合症与杀夫案中正当防卫的认定), Law Review (法学评论), Nr. 5, 2022, 66 ff.

Peng, Wenhua (彭文华): Die Anwendung des Rechts auf uneingeschränkte Verteidigung – ein Einstiegspunkt durch eine doktrinäre Auslegung von „Gewalt" (无限防卫权的适用——以对"暴力"的教义学解读为切入), Political Science and Law (政治与法律) Nr. 9, 2016, 3 ff.

Peng, Wenhua (彭文华): Zum Maßstab des gravierenden Schadens bei den Grenzen der Notwehr (论正当防卫限度的重大伤害标准), Jianghan Forum (江汉论坛) Nr. 7, 2015, 137 ff.

Perron, Walter: Rechtfertigung und Entschuldigung bei Befreiung aus besonderen Notlagen, in: Albin Eser/Walter Perron (Hrsg.), Rechtfertigung und Entschuldigung III: deutsch-italienisch-portugiesisch-spanisches Strafrechtskolloquium 1990, Freiburg i. Br. 1991.

Perron, Walter: Rechtsvergleichende Betrachtung zur Notwehr, in: Jörg Arnold (Hrsg.), Menschengerechtes Strafrecht: Festschrift für Albin Eser zum 70. Geburtstag, München 2005.

Perron, Walter: Verteilung des Irrtumsrisikos bei Notwehr, in: Urs Kindhäuser/Pawlik Michael (Hrsg.), Notwehr in Deutschland und China, Baden-Baden 2020.

Pfeifer, Guido: Die Gesetze des Königs Hammu-rapi von Babylon, in: Mathias Schmoeckel/Stefan Stolte (Hrsg.), Examinatorium Rechtsgeschichte, München 2008.

Pfordten, Dietmar von der: Menschenwürde, 2. Aufl., München 2023.

Pfordten, Dietmar von der: Zu den Prinzipien der Notwehr, in: Knut Amelung u. a. (Hrsg.), Strafrecht, Biorecht, Rechtsphilosophie: Festschrift für Hans-Ludwig Schreiber zum 70. Geburtstag am 10. Mai 2003, Heidelberg 2003.

Philipps, Lothar: Der Handlungsspielraum: Untersuchungen über das Verhältnis von Norm und Handlung im Strafrecht, Frankfurt a. M. 1974.

Picker, Eduard: Menschenwürde und Menschenleben – Zum Auseinanderdriften zweier fundamentaler Werte als Ausdruck moderner Tendenzen zur Relativierung des Menschen, in: Horst Heinrich Jakobs (Hrsg.), Festgabe für Werner Flume zum 90. Geburtstag dem Lehrer, Berlin u. a. 1998.

Pieroth, Bodo/*Schlink*, Bernhard/*Kingreen*, Thorsten/*Poscher*, Ralf: Staatsrecht II: Grundrechte: mit ebook: Lehrbuch, Entscheidungen, Gesetzestexte – 29. Aufl., Heidelberg u. a. 2013.

Pufendorf, Samuel: On the Duty of Man and Citizen, translated by Michael Silverthorne, Cambridge 1991.

Rawls, John: A Theory of Justice. Revised Edition., Cambridge MA 1999.

Rawls, John: Der Gedanke eines übergreifenden Konsenses, in: Wilfried Hinsch (Hrsg.), Die Idee des politischen Liberalismus: Aufsätze 1978 – 1989, Frankfurt a. M. 1994.

Rengier, Rudolf: Strafrecht Allgemeiner Teil, 11. Aufl., München 2019.

Rengier, Rudolf: Strafrecht Besonderer Teil II, Delikte gegen die Person und die Allgemeinheit, 18. Aufl., München 2017.

Renzikowski, Joachim: Intra- und extrasystematische Rechtfertigungsgründe, in: Sharon Byrd (Hrsg.), Philosophia practica universalis: Festschrift für Joachim Hruschka zum 70. Geburtstag, Berlin 2005.

Renzikowski, Joachim: Notstand und Notwehr, Berlin 1994.

Retzko, Susanne: Die Angriffsverursachung bei der Notwehr, Münster 2021.

Rienen, Rafael van: Die „sozialethischen" Einschränkungen des Notwehrrechts, Baden-Baden 2009,

Rönnau, Thomas/*Wegner*, Kilian: Grundwissen – Strafrecht: Beihilfe und „neutrales" Verhalten, JuS 2019.

Rönnau, Thomas: Grundwissen – Strafrecht: Einverständliche Fremdgefährdung, JuS 2019, 119 ff.

Roxin, Claus: Die „sozialethischen Einschränkungen" des Notwehrrechts, ZStW 93 (1981), 68 ff.

Roxin, Claus: Die notstandsähnliche Lage – ein Strafunrechtsausschließungsgrund?, in: Rolf Dietrich Herzberg (Hrsg.), Festschrift für Dietrich Oehler zum 70. Geburtstag, Köln 1985.

Roxin, Claus: Die provozierte Notwehrlage, ZStW 75 (1963), 541 ff.

Roxin, Claus: Ein „neues Bild" des Strafrechtssystems, ZStW 83 (1971), 369 ff.

Roxin, Claus: Strafrecht Allgemeiner Teil Band II, 4. Aufl., München 2006.

Roxin, Claus: Trutzwehr mit einer Waffe bei vorwerfbarer Provokation. Urteil vom 14.06. 1972 – 2 StR 679/71, NJW 1972, 1821 ff.

Roxin, Claus/*Greco*, Luís: Strafrecht Allgemeiner Teil Band I, 5. Aufl., München 2020.

Rudolphi, Hans-Joachim: Fälle zum Strafrecht: Allgemeiner Teil, 5. Aufl., München 2000.

Rudolphi, Hans-Joachim: Notwehrexzeß nach provoziertem Angriff – OLG Hamm, NJW. 1965, 1928, JuS 1969, 461 ff.

Rüthers, Bernd/*Fischer*, Christian/*Birk*, Axel: Rechtstheorie: mit juristischer Methodenlehre, 10. Aufl., München 2018.

Ryle, Gilbert: Der Begriff des Geistes, Stuttgart 1978.

Sachs, Michael: Grundgesetz: Kommentar, 9. Aufl., München 2021.

Saito, Seiji (斉藤 靖二), Begründung und Entwicklung des Notwehrrechts (正当防衛権の根拠と展開), Tokio 1991.

Sánchez-Vera, Javier: Pflichtdelikt und Beteiligung: zugleich ein Beitrag zur Einheitlichkeit der Zurechnung bei Tun und Unterlassen, Berlin 1999.

Satzger, Helmut: Dreimal „in causa" – actio libera in causa, omissio libera in causa und actio illicita in causa, Jura 2006, 513 ff.

Schaffstein, Friedrich: Die allgemeinen Lehren vom Verbrechen in ihrer Entwicklung durch die Wissenschaft des gemeinen Strafrechts, 2. Aufl., Aalen 1986.

Scherenberg, Carl-Friedrich von: Die sozialethischen Einschränkungen der Notwehr, Frankfurt a. M. u. a. 2009.

Schmidhäuser, Eberhard: Die Begründung der Notwehr, GA 1991, 97 ff.

Schmidhäuser, Eberhard: Über die Wertstruktur der Notwehr, in: Eberhard Barth (Hrsg.): Festschrift für Richard M. Honig: zum 80. Geburtstag, 3. Januar 1970, Göttingen 1970.

Schmidt, Eberhard: Einführung in die Geschichte der deutschen Strafrechtspflege, Göttingen 1995.

Schmidt, Thomas: Deontologische Ethik, in: Ralf Stoecker/Christian Neuhäuser/Marie-Luise Raters (Hrsg.), Handbuch Angewandte Ethik, Stuttgart 2011.

Schneider, Hans: Widerstand im Rechtsstaat, Karlsruhe 1969.

Scholz, Rupert: Rechtsfrieden im Rechtsstaat – Verfassungsrechtliche Grundlagen, aktuelle Gefahren und rechtspolitische Folgerungen, NJW 1983, 705 ff.

Schönke, Adolf/*Schröder*, Horst (Hrsg.): Strafgesetzbuch, Kommentar, 29. Aufl., München 2014.

Schröder, Horst: Anmerkung zu BGH JR 1962, JR 1962, 187 ff.

Schröder, Horst: Notwehr bei schuldhaftem Vorverhalten, JuS 1973, 157 ff.

Schroeder, Friedrich-Christian: Die Notwehr als Indikator politischer Grundanschauungen, in: Friedrich-Christian Schroeder (Hrsg.), Festschrift für Reinhart Maurach zum 70. Geburtstag, Karlsruhe 1972.

Schroeder-Kurth, Traute: Grenzen der Autonomie und Manipulation der Medizinischen Genetik, in: Nikolaus Knoepffler/Anja Haniel (Hrsg.), Menschenwürde und medizinethische Konflikte, Stuttgart 2000.

Schroth, Ulrich: Notwehr bei Auseinandersetzungen in engen persönlichen Beziehungen, NJW 1984, 2562 ff.

Schubert, Claudia (Hrsg.): Münchener Kommentar zum Bürgerlichen Gesetzbuch, 9. Aufl., München 2021.

Schulte, Martin: Gefahrenabwehr durch private Sicherheitskräfte im Lichte des staatlichen Gewaltmonopols, DVBl. 1995, 130 ff.

Schumann, Heribert: Strafrechtliches Handlungsunrecht und das Prinzip der Selbstverantwortung der Anderen, Tübingen 1986.

Schünemann, Bernd: Der strafrechtliche Schutz von Privatgeheimnissen, ZStW 90 (1978), 11 ff.

Schünemann, Bernd: Die Zukunft der Viktimo-Dogmatik: die viktimologische Maxime als umfassendes regulatives Prinzip zur Tatbestandseingrenzung im Strafrecht, in: Wolfgang Zeidler (Hrsg.), Festschrift Hans Joachim Faller, München 1984.

Schünemann, Bernd: Über die objektive Zurechnung, GA 1999, 207 ff.

Schünemann, Bernd: Unternehmenskriminalität und Strafrecht, Köln 1979.

Schünemann, Bernd/*Greco*, Luís: Der Erlaubnistatbestandsirrtum und das Strafrechtssystem – Oder: Das Peter-Prinzip in der Strafrechtsdogmatik?, GA 2006, 777 ff.

Schünemann, Wolfgang: „Mitwirkendes Verschulden" als Haftungsgrund bei Fernwirkungsschäden, VersR 1978, 116 ff.

Schwab, Dieter/*Löhnig*, Martin: Einführung in das Zivilrecht: mit BGB – Allgemeiner Teil, Schuldrecht Allgemeiner Teil, Kauf- und Deliktsrecht, 20. Aufl., Heidelberg 2016.

Seeberg, Rouven: Aufgedrängte Nothilfe, Notwehr und Notwehrexzess, Frankfurt a.M u.a. 2005.

Seebode, Manfred: Gesetzliche Notwehr und staatliches Gewaltmonopol, in: Ellen Schlüchter/Klaus Laubenthal (Hrsg.), Recht und Kriminalität: Festschrift für Friedrich-Wilhelm Krause zum 70. Geburtstag, Köln u.a. 1990.

Seelmann, Kurt: Grenzen privater Nothilfe, ZStW 89 (1977), 36 ff.

Seelmann, Kurt: Ideengeschichte des Solidaritätsbegriffs im Strafrecht, in: Andreas von Hirsch/Ulfrid Neumann/Kurt Seelmann (Hrsg.), Solidarität im Strafrecht, Baden-Baden 2013.

Seelmann, Kurt: Solidaritätspflichten im Strafrecht? in: Karsten Schmidt (Hrsg.), Vielfalt des Rechtseinheit der Rechtsordnung? Berlin 1994.

Seelmann, Kurt: Unterlassene Hilfeleistung oder: Was darf das Strafrecht?, JuS 1995, 281 ff.

Seelmann, Kurt/*Demko*, Daniela: Rechtsphilosophie, 7. Aufl., München 2019.

Sen, Amartya: The Idea of Justice, Cambridge MA 2009.

Sengbusch, René: Die Subsidiarität der Notwehr: zum Verhältnis von eigenhändiger Verteidigung und der Abwehr eines Angriffs durch staatliche oder private Helfer, Berlin 2008.

Shangguan, Piliang (上官丕亮): Verfassungsrechtliche Interpretation des „öffentlichen Interesses" ("公共利益" 的宪法解读), Journal of National School of Administration (国家行政学院学报), Nr. 4, 2009, 78 ff.

Shangguan, Piliang (上官丕亮): Zur Menschenwürde im Verfassungsrecht (论宪法上的人格尊严), Jiangsu Social Sciences (江苏社会科学) Nr. 2, 2008, 77 ff.

Shen, Deyong (沈德咏)/*Dai*, Changlin (戴长林): Verbesserung der Strafgesetzgebung und Stärkung des Notwehrrechts der Bürger (完善刑事立法强化公民的正当防卫权), China Legal Science (中国法学), Nr. 5, 1996, 3 ff.

Sherman, Lawrence W.: Defiance, Deterrence, and Irrelevance, in: Journal of Research in Crime and Delinquency 30 (1993), 445 ff.

Siebert, Wolfgang: Verwirkung und Unzulässigkeit der Rechtsausübung: ein rechtsvergleichender Beitrag zur Lehre von den Schranken der privaten Rechte und zur exceptio doli (§§ 226, 242, 826 BGB.), unter besonderer Berücksichtigung des gewerblichen Rechtsschutzes (§ 1 UWG.), Marburg i. Hessen 1934.

Simons, Kenneth: Self-Defense: Reasonable Beliefs or Reasonable Self-Control?, New Criminal Law Review 11 (2008), 51 ff.

Sinn, Arndt: Notwehr gegen nicht sorgfaltswidriges Verhalten, GA 2003, 96 ff.

Soergel, Hans Theodor/*Siebert*, Wolfgang (Hrsg.): Bürgerliches Gesetzbuch mit Einführungsgesetz und Nebengesetzen: BGB, 14. Aufl., Stuttgart 2021.

Spendel, Günter: Keine Notwehreinschränkung unter Ehegatten, JZ 1984, 507 ff.

Sprick, Daniel: Entwicklungslinien der Notwehr in China, in: Urs Kindhäuser/Michael Pawlik (Hrsg.), Notwehr in Deutschland und China, Baden-Baden 2020.

Staudinger, Julius von/*Schiemann*, Gottfried/*Kaiser*, Dagmar: J. von Staudingers Kommentar zum Bürgerlichen Gesetzbuch mit Einführungsgesetz und Nebengesetzen, Berlin 2017.

Stemmer, Peter: Handeln zugunsten anderer: eine moralphilosophische Untersuchung, Berlin u.a. 2000.

Stern, Klaus: Das Staatsrecht der Bundesrepublik Deutschland Band III/2 Allgemeine Lehren der Grundrechte, München 1988.

Sternberg-Lieben, Detlev/*Sternberg-Lieben*, Irene: Zur Strafbarkeit der aufgedrängten Nothilfe, JuS 1999, 444 ff.

Stiller, Tanja: Grenzen des Notwehrrechts bei der Verteidigung von Sachwerten, Frankfurt a.M. 1999.

Stooss, Carl: Babylonische Strafrecht Hammurabis, Bern 1903.

Strafkammer 1 des Obersten Volksgerichts (最高院刑事审判一庭): Leitende Fälle für Strafurteile in China: Straftaten gegen die Persönlichkeitsrechte und demokratischen Rechte der Bürger (中国刑事审判指导案例: 侵犯公民人身权利, 民主权利罪), Beijing 2009.

Strafkammer 1 und 2 des Obersten Volksgerichts (最高院刑事审判一庭、第二庭): Referenz zum Strafurteil Band 22. (刑事审判参考第22辑), Beijing 2002.

Strafkammer 1 und 2 des Obersten Volksgerichts (最高院刑事审判一庭、第二庭): Referenz zum Strafurteil Band 38. (刑事审判参考第38辑), Beijing 2004.

Strafkammer 1 und 2 des Obersten Volksgerichts (最高院刑事审判一庭、第二庭): Referenz zum Strafurteil Band 45. (刑事审判参考第45辑), Beijing 2005.

Strafkammer 1 und 2 des Obersten Volksgerichts (最高院刑事审判一庭、第二庭): Referenz zum Strafurteil Band 46. (刑事审判参考第46辑), Beijing 2006.

Stratenwerth, Günter: Prinzipien der Rechtfertigung, ZStW 68 (1956), 41 ff.

Stratenwerth, Günter/*Kuhlen*, Lothar: Strafrecht Allgemeiner Teil, 6. Aufl., München 2011.

Suhr, Dieter: Die Freiheit vom staatlichen Eingriff als Freiheit zum privaten Eingriff? Kritik der Freiheitsdogmatik am Beispiel des Passivraucherproblems, JZ 1980, 166 ff.

Suppert, Hartmut: Studien zur Notwehr und „notwehrähnlichen Lage“, Bonn 1973.

Systematischer Kommentar zum Strafgesetzbuch, herausgegeben von Jürgen Wolter/Andreas Hoyer, 9. Auflage, Köln 2017.

Systematischer Kommentar zur Strafprozessordnung, herausgegeben von Jürgen Wolter, 5. Auflage, Köln 2016.

Tenthoff, Christian: Die Strafbarkeit der Tötung auf Verlangen im Lichte des Autonomieprinzips, Berlin 2008.

Tugendhat, Ernst: Zur Entwicklung von moralischen Begründungsstrukturen im modernen Recht, ARSP-Beiheft Nr. 14, Wiesbaden 1978.

Uttelbach, Artur: Die Verhältnismäßigkeit bei der Notwehr, Köln 1935.

Voigt, Lea/*Hoffmann-Holland*, Klaus: Notwehrprovokation und actio illicita in causa in Fällen der Putativnotwehr – Überlegungen aus Anlass von BGH, Urt. v. 2.11.2011 – 2 StR 375/11, NStZ 2012, 257 ff.

Volkmann, Uwe: Solidarität: Programm und Prinzip der Verfassung, Tübingen 1998.

Wagner, Heinz: Individualistische oder überindividualistische Notwehrbegründung, Berlin 1984.

Walker, Wolf-Dietrich/*Brox*, Hans: Allgemeines Schuldrecht, München 2023.

Walther, Susanne: Eigenverantwortlichkeit und strafrechtliche Zurechnung: zur Abgrenzung der Verantwortungsbereiche von Täter und „Opfer" bei riskantem Zusammenwirken, Freiburg i. Br. 1991.

Walton, Douglas N.: Informal Fallacies: Towards a Theory of Argument Criticisms, Amsterdam 1987.

Wang, Gang (王钢): Die Grundlage der Rechtfertigung von Notwehr und ihre Grenze (正当防卫的正当性依据及其限度), Peking University Law Journal（中外法学), Nr. 6, 2018.

Wang, Gang (王钢): Die strafrechtliche Rechtfertigung von Rettungsfolter: Ein Rechtsvergleich zwischen Deutschland und den USA, Berlin 2014.

Wang, Gang (王钢): Duldungspflicht unschuldiger Dritter und deren Grenzen im Notstand (紧急避险中无辜第三人的容忍义务及其限度), Peking University Law Journal (中外法学), Nr. 3, 2011, 609 ff.

Wang, Gang (王钢): Kernkonzepte im Strafrecht und hierarchische Fallanalyse (刑法犯罪论核心知识与阶层式案例分析), Beijing 2025.

Wang, Yongzhi (汪永智): Spezielles Notwehrrecht (论特殊防卫权), Political Science and Law (政治与法律), Nr. 3, 2003, 50 ff.

Wang, Zhengxun (王政勋): Rechtfertigungshandlung (正当行为论), Beijing 2000.

Ward, Cynthia V.: „Stand Your Ground" and Self-Defense, American Journal of Criminal Law 42 (2015), 89 ff.

Warda, Günter: Die Eignung der Verteidigung als Rechtfertigungselement bei der Notwehr (§§ 32 StGB, 227 BGB), Jura 1990, 344 ff.

Weber, Max: Politik als Beruf, Stuttgart 1992.

Weggel, Oskar: Chinesische Rechtsgeschichte, Leiden u. a. 1980.

Wessels, Johannes/*Beulke*, Werner/*Satzger*, Helmut: Strafrecht Allgemeiner Teil, 54. Aufl., Heidelberg 2024.

Wilenmann, Javier: Freiheitsdistribution und Verantwortungsbegriff: die Dogmatik des Defensivnotstands im Strafrecht, Tübingen 2014.

Wohlers, Wolfgang: Einschränkungen des Notwehrrechts innerhalb sozialer Näheverhältnisse, JZ 1999, 434 ff.

Wössner, Marion: Die Notwehr und ihre Einschränkungen in Deutschland und in den USA, Berlin 2006.

Xiao, Weiyun (肖蔚云): Die Entstehung der gegenwärtigen chinesischen Verfassung (我国现行宪法的诞生), Beijing 1986.

Xu, Cheng (徐成): Abwägung der Interessen bei der Beurteilung der Verteidigungslimits (防卫限度判断中的利益衡量), Chinese Journal of Law (法学研究), Nr. 3, 2019, 148 ff.

Xu, Cheng (徐成): Güterabwägung als Notwehreinschränkung? Eine Revision der Lehre der Einschränkung von Notwehrrecht, Berlin 2024.

Xu, Chongde (许崇德): Verfassungsgeschichte der Volksrepublik China, Band II (中华人民共和国宪法史（下卷）), Fuzhou 2005.

Xu, Wanglong (徐万龙): Notwehr im System der Notrechte und ihre Verneinung (紧急权体系中的正当防卫及其否定), Contemporary Law Review (当代法学), Nr. 6, 2022, 137 ff.

Xu, Wanglong (徐万龙): The Subsidiarity of Justifiable Defense: Theoretical Basis and Rule Application (论正当防卫的辅助性：理论基础与规则适用), Journal of Soochow University (Law Edition) (苏州大学学报法学版), Nr. 1, 2024, 83 ff.

Xue, Lifang (薛立芳): Eine knappe Erörterung des Zusammenhangs zwischen der konfuzianischen Li-Yue-Kultur und dem Modell von „Selbstkultivierung, Familienharmonisierung, Staatsführung und Weltordnung", Hubei Social Sciences (湖北社会科学), 2012 (4), 113 ff.

Yamaguchi, Atsushi (山口 厚): Probleme Strafrecht Allgemeiner Teil (問題探究刑法総論), Tokio 1998.

Yamamoto, Kazuki (山本 和輝): Die Grundtheorie der Notwehr (正当防衛の基礎理論的考察), Diss. jur. Ritsumeikan Universität, Kyoto 2018.

Yang, Tongjin (杨通进): Helvétius und Holbach über individuelles und gesellschaftliches Interesse (爱尔维修与霍尔巴赫论个人利益与社会利益), Journal of China Youth University of Political Studies (中国青年政治学院学报), Nr. 4, 1998, 68 ff.

Yin, Ziwen (尹子文): Praktische Identifizierung und Reflexion von Notwehrüberschreitung – Analyse auf der Grundlage von 722 Strafurteilen (防卫过当的实务认定与反思—基于722份刑事判决的分析), Modern Law Science (现代法学), Nr. 1, 2018, 178 ff.

Zenz, Gisela: Notwehr unter Ehegatten – psychodynamische Aspekte, in: Klaus Lüderssen/Fritz Sack (Hrsg.), Vom Nutzen und Nachteil der Sozial-Wissenschaften für das Strafrecht, Frankfurt a. M. 1980.

Zhang, Jinfan (张晋藩): Wiedererforschung der Merkmale des chinesischen Rechtskreises (中华法系特点再议), Jiangxi Social Sciences (江西社会科学), Nr. 8, 2005, 5 ff.

Zhang, Mingkai (张明楷): Das Rechtwidrigkeitstheorie im Verhaltensutilitarismus (行为功利主义的违法性观念), China Legal Science (中国法学), Nr. 5, 2011, 113 ff.

Zhang, Mingkai (张明楷): Grundlagen und Anwendung der Notwehr (正当防卫的原理及其运用), Global Law Review (环球法律评论), Nr. 2, 2018, 64 ff.

Zhang, Mingkai (张明楷): Strafrecht I (刑法学上), 5. Aufl., Beijing 2016.

Zhang, Mingkai (张明楷): Notwehrüberschreitung: Kriterien für die Beurteilung und Arten der Überschreitung (防卫过当：判断标准与过当类型), Law Science (法学), Nr. 1, 2019, 3 ff.

Zhang, Mingkai (张明楷): Strafrechtliche Analyse der aktuellen Rechtsprechung zur vorsätzlichen Körperverletzung (故意伤害罪司法现状的刑法学分析), Tsinghua Law Journal (清华法学), Nr. 1, 2013, 6 ff.

Zhang, Xiang (张翔): Soziale Pflichten des Eigentumsrechts (财产权的社会义务), Social Sciences in China (中国社会科学), Nr. 9, 2012, 123 ff.

Zhang, Xiang (张翔): Typisierung der verfassungsrechtlichen Menschenwürde: – Nutzung des Persönlichkeitsrechts und des Schutzes personenbezogener Daten im Zivilrecht als Material (宪法人格尊严的类型化———以民法中的人格权、个人信息保护为素材), China Law Review (中国法律评论), Nr. 1, 2023, 57 ff.

Zhao, Bingzhi (赵秉志) (Hrsg.): Allgemeiner Teil des Strafrechts (刑法总论), 3. Auflage, Beijing 2016.

Zhao, Bingzhi (赵秉志)/*Xiao*, Zhonghua (肖中华): Fortschritte und Mängel in der Gesetzgebung zur Notwehr – eine Studie über wichtige Ereignisse in der Rechtsgemeinschaft seit der Gründung der Volksrepublik China (19) (正当防卫立法的进展与缺陷—建国以来法学界重大事件研究（十九）), Law Science (法学), Nr. 12, 2018, 3 ff.

Zhao, Hao (赵浩)/*Cheng*, Hong (程红): Die Entwicklung und Spiegelung des Elements der Notwehr im antiken chinesischen Strafrecht (中国古代刑法中正当防卫因素的流变与镜鉴), Journal of Hainan Open University (海南开放大学学报), Nr. 3, 2022, 110 f.

Zhao, Jun (赵军): Eine empirische Studie über die gerichtliche Rekonstruktion der rechtlichen Regeln der Notwehr (正当防卫法律规则司法重构的经验研究), Chinese Journal of Law (法学研究), Nr. 4, 2019, 137 ff.

Zhao, Xueshuang (赵雪爽): Die Pflicht zur Hilfe des Verteidigers – Notwehr und vorheriges Verhalten aus der Perspektive der freien Verteilung (论防卫人的救助义务——自由分配视角下的正当防卫与先前行为), Chinese Journal of Law (法学研究), Nr. 2, 2023, 100 ff.

Zhao, Xueshuang (赵雪爽): Notwehr bei Schuldlosen und Notrecht im Strafrecht (对无责任能力者进行正当防卫兼论刑法的紧急权体系), Peking University Law Journal（中外法学）, Nr. 6, 2018, 1614 ff.

Zheng, Yushuang (郑玉双): Die Wertbegründung und rechtstheoretische Konstruktion der Menschenwürde (人的尊严的价值证成与法理构造), Comparative Law Research (比较法研究), Nr. 1, 2019, 170 ff.

Zhou, Guangquan (周光权): Strafrecht Allgemeiner Teil (刑法总论), 4. Aufl., Beijing 2021.

Zhou, Guangquan (周光权): Zum Verhältnis von andauernder Rechtsverletzung und Notwehr (论持续侵害与正当防卫的关系), Law Science (法学), Nr. 4, 2017, 3 ff.

Zhou, Guojun (周国均)/*Liu*, Genju (刘根菊): Über die Provokation zur Notwehr (试论防卫挑拨), Journal of Northwest University of Political Science and Law (西北政法学院学报), Nr. 3, 1986, 50 ff.

Zieschang, Frank: Einschränkung des Notwehrrechts bei engen persönlichen Beziehungen?, Jura 2003, 527 ff.

Zweigert, Konrad/*Kötz*, Hein: Einführung in die Rechtsvergleichung, 3. Aufl., Tübingen 1996.

Stichwortverzeichnis

Franz-Xaver Lehmeyer

Strafrecht und Menschenwürde

Dogmatik und Funktion des Art. 1 Abs. 1 GG
im Rahmen von Extremsituationen und Extremsanktionen

Art. 1 Abs. 1 GG beeinflusst als erste Norm und oberstes Prinzip der Verfassung alle Bereiche des Strafrechts. Der Autor wählt in seiner Untersuchung einen intradisziplinären Ansatz, der Verfassungs- und Strafrecht verbindet, um für ausgewählte Konflikte das Menschenwürdeargument präzise herauszuarbeiten. Er bedient sich dazu der drei Extreme »Rettungstötung«, »Rettungsfolter« sowie »lebenslange Freiheitsstrafe«. Die Betrachtung dieser außergewöhnlichen, den jeweiligen Entscheidungsträger bzw. Verurteilten immens belastenden Grenzbereiche des Rechts ermöglicht es, dogmatische Einfallstore der Menschenwürde im Strafrecht zu analysieren und zu festigen. Im Wege einer Synthese bestimmt der Autor sodann eine Funktion der Menschenwürde bei der Begründung von Schuldstrafe, im dreistufigen Deliktsaufbau und bei der Begrenzung von Strafsanktionen. Der Leser erfährt auf anschauliche Weise, dass Menschenwürdeschutz weitaus mehr bedeutet als die bloße Bewahrung eines Tabus.

Schriften zum Strafrecht, Band 445
395 Seiten, 2025
ISBN 978-3-428-19497-1, € 99,90
Titel auch als E-Book erhältlich.

Duncker & Humblot · Berlin